200种 中药材商品
电子交易规格等级标准

● 主 编 龙兴超 郭宝林

中国医药科技出版社

内 容 提 要

　　本书介绍的 200 种中药材商品的电子交易规格等级标准系由中药材信息和电商平台企业联合研究所行业专家共同制定。本标准基本涵盖了常用的中药材品种,每个品种介绍了来源、产地、采收加工方法、影响规格等级的规格要素和名词解释,每一个规格包括其形成方法和主要参数的规格定义,同时附有高像素的中药材规格照片。本书可作为电子交易标准参照,也是中药材生产、加工、流通、科研和监管的重要参考书籍。

图书在版编目(CIP)数据

200 种中药材商品电子交易规格等级标准 / 龙兴超,郭宝林主编. -- 北京:中国医药科技出版社,2017.10
ISBN 978-7-5067-9353-7

Ⅰ.①2… Ⅱ.①龙… ②郭… Ⅲ.①中药材 – 商品 – 电子商务 – 标准 – 中国 Ⅳ.①F724.73-65

中国版本图书馆CIP数据核字(2017)第 122029号

美术编辑　陈君杞

版式设计　大汉方圆

出版　　中国医药科技出版社
地址　　北京市海淀区文慧园北路甲 22 号
邮编　　100082
电话　　发行:010-62227427　邮购:010-62236938
网址　　www.cmstp.com
规格　　889×1194mm　1/16
印张　　30¾
字数　　853 千字
版次　　2017 年 10 月第 1 版
印次　　2017 年 10 月第 1 次印刷
印刷　　北京盛通印刷股份有限公司
经销　　全国各地新华书店
书号　　ISBN 978-7-5067-9353-7
定价　　158.00 元

一部适应互联网电子商务时代中药材大流通需要的《200 种中药材商品电子交易规格等级标准》，经成都天地网信息科技有限公司与中国医学科学院药用植物研究所多年通力合作努力，现在付梓成册了。这对推进中药材电子商务，促进中药材流通现代化，具有重要意义。

商品质量标准的规范与透明是电子商务公平交易的基础。2006 年"全国电子商务产品质量信息共享联盟"及"全国电子商务质量管理标准化技术委员会"的成立，标志着我国电子商务产品质量的规范化与标准化过程进入新的时期，这必将促进电子商务在我国的健康发展。中药材流通历史悠久，长期以来药材产地及其表观形态是日常交易中评判品规按质论价的重要依据。由此形成的各个品种丰富多样的品规分等，凝聚了历史的沿革与沉淀。这方面的系统整理，距今最近的还是 1984 年中国药材公司制定发布的《七十六种药材商品规格标准》。此标准也是在 1959 年三十八种药材、1964 年五十四种药材商品品规基础上的充实完善，成为一个时期交易论质定价的依据。目前，药材内含组分以及农药、重金属、霉菌、硫化物杂质限度等现代质量指标已成为评判药材质量的重要依据。但是传统产地与形态品规分等仍是不可缺失的论质基础。在"互联网 + 中药材"的今天，如何把各方各地"看货评级，分挡议价"的习惯、传统及其行话、俗语与内含的商业秘窍，去伪存真，去粗存精，规范透明，与现代药用资源学结合，上升为互联网语言，已是一项迫切而又艰巨的任务。

"天地网"是我国"互联网 + 中药材"的领头企业。早在 2006 年就初步建成覆盖全国的中药材信息监测站点并开始了中药材电子商务商品标准化的探索，筹划编制交易标准。天地网创始人龙兴超作为中药材流通业内摸爬滚打数十载成长起来的行家里手，具有丰富的实践知识与人脉。他邀请从事中药材资源研究几十年的资深专家、中国医学科学院药用植物研究所郭宝林研究员共同合作，组成的"行家 + 专家"的模式，保证了标准制定的务实、科学、适用。

为保证第一手材料的可靠、完整、准确，他们制定了基于产地专营商、结合市场专营商、集合多市场多商户的调研方案，多方位、多层次收集、核对素材。在此基础上，就每种药材的规格名称、规格要素、要素参数，依据产地和市场相融、历史与现实结合、国际需求和国内市场兼顾、电子交易与一般流通通用、表述简洁明了便于交易等原则，认真梳理，科学归纳，反复核定。如为了确定规格要素，把相关规格的形成原因，特别是规格形成与种植、采收、加工各环节的关系与影响逐一摸清，从而理出规格要素。并对制定的商品规格标准，一律反馈产地与商户，并经线上运用，予以确定。

　　这次提出的中药材商品规格等级标准,不仅品种扩大到 200 个,而且对原 76 种药材的品规也结合 30 多年来的变化,就现实流通中规格等级已明显不同的地黄、麦冬等,逐个做了说明与调整。就此而言,本册《200种中药材商品电子交易规格等级标准》在中药材产地、形态的交易质量标准体系上具有里程碑式的意义。

　　希望此交易标准在业内能很好地推广应用,并在应用中不断优化完善。也希望在 200 个品种的基础上再扩大到 400、到 500 个常用品种。

原国家食品药品监督管理局副局长　任德权

2017 年 3 月 6 日

　　全球大健康时代来临,传统医药巨大的医疗价值和市场潜力日益显现,中医药随着"一带一路"将向全球普及,中药标准化的国际国内呼声和需求也日益高涨。无论是《中医药发展"十三五"规划》,还是《中华人民共和国中医药法》,都对持续推进中药产业链标准体系建设,加快形成中药标准化支撑提出明确要求。中药标准化必将引领中药产业整体提质增效,保障人民用药安全有效,提振民众对中医药的信心,进而让中药全球飘香。

　　中药材天地网人在 28 年市场实践基础上,于 2015 年 8 月推出了全国首个《中药材商品电子交易流通规格标准》,填补了国内此领域空白。该标准涉及的数据既充分经过大数据平台优化提取,又经天地网旗下"中药材诚实通"电商平台的实际检验和完善。首批投入应用的标准包括 202 个常用中药材品种的 1184 个细分商品规格,初步实现了来源明确和商品分级,取得了良好的实战效果;更为重要的是,该标准对所有可用数据来表述的参数,均建立了易于操作的数据化认定方法,这是对中药材现代贸易的数字化质量评价方法的创造性探索。

　　该标准的发布实施和推广,是对国家中药标准化体系建设的积极响应,坚持了"市场导向、多方参与、重点突破和注重创新"四大原则。通过将该标准推广应用到诚实通几十万用户,改变了千年来中药材需"看货定价"的落后模式,开创了全球首个由第三方电子商务平台主动通过建立商品质量标准,并推广实施,以促进行业市场规范化发展的新型模式。这对促进中药材优质生产,建立以优驱劣、公平竞争、可持续发展的健康市场环境有着重要意义。

　　上海天亿集团董事长俞熔先生多年来致力于推动中医药产业发展,长期给予中药材天地网大力支持。在此,对俞熔先生的无私奉献表示感谢;对参与中药材电子商务标准体系建设的编制者、指导者和使用者,致以诚挚问候!

　　是为序!

中国中药协会会长　**房书亭**

2017 年 3 月 29 日于北京

序三

中医药事业是我国医药卫生事业的重要部分。为了继承和弘扬祖国优秀的传统文化，维护和保障人民的身心健康，国家大力发展中医药事业。《中华人民共和国中医药法》(以下简称《中医药法》)的颁布便是最好的例证。今后中医药事业的健康发展更有了法律上的可靠保证。

《中医药法》第二十一条中明确规定："加强对中药材生产流通全过程的质量监督管理，保障中药材质量安全。"民间广泛流传的谚语："药材好，药才好。"一语道破了中医药事业供给侧改革的主要方向和目的。

"任重而道远。"全国医药工作者在保障药材的质量方面做了大量的工作，都在积极探索行之有效的方法和途径。《200种中药材商品电子交易规格等级标准》即是顺应时代发展的需要，针对电子商务市场的快速发展，需要相应配套的中药材商品规格，以应对快速交易的现状。对主要的中药材商品提供出界定衡量标准，为业界做了件大好事。

因此，在一定意义上说，本书也可以说是贯彻落实《中医药法》的实际行动和微薄贡献。

欣慰之余，乐为之序。

中国工程院院士
肖培根
中国医学科学院药用植物研究所名誉所长
2017 年 2 月 28 日

　　中药材和任何商品一样,有优劣区分,类别差异,也就是中药材商品也有规格等级。这些差异来自于生产的结果,也来自于需求的影响。过去几十年中药材生产、流通和应用产生了很大的变化,商品的规格等级也在变化。电子商务的发展对中国社会、人民生活各个方面都产生了巨大的影响,中药材电子商务也在蓬勃发展,但是商家在电子商务页面上如何把自己的产品说清楚,用户从商家提供的信息中如何选择适合自己所需的产品,没有一个通行的商品规格等级标准,是难以实现的,那么电子商务所具有的的信息透明、交易快捷等优点就无法发挥,药材市场上"货不对板"的现象在电商中发生的频率可能更高。因此建立一套适用于常用中药材商品的电子商务的规格等级标准,就显得尤为重要。

　　中药材天地网一直是中药材信息和电子商务的重要平台。成都天地网信息科技有限公司是行业中信息和电商龙头企业,也是具有良好社会责任感的企业,针对中药材电子交易缺乏商品规格等级的现状,联合中国医学科学院药用植物研究所郭宝林研究员一起制定了200种常用中药材商品的电子交易规格等级标准。这一套标准,不仅顺应时代的发展,破解电子商务的关键问题,也可用于传统中药材市场的流通。

　　标准的编写参照GB/T 1.1—2009《标准化工作导则 第1部分:标准的结构和编写》。标准的制定信息来自于生产和市场第一线,从专业生产和专业经营的商家来调研、发掘和整理信息,以商品规格形成原因进行标准规格划分和参数制定;重视编制方法的系统性和科学性,用一套符合实践应用的、系统的方法来进行规格梳理排列和参数测量,每个药材商品的规格等级兼顾生产过程的形成和市场流通的认知,也有实用的界定衡量标准。希望本书的出版对于形成行业通行中药材商品规格等级标准、推进中药材电子商务的发展起到积极作用。

编　者

2017 年 3 月

目录

第一章

中药材商品电子交易规格等级标准编制说明

1 工作简况

1.1 编制背景和任务来源

我国中药材标准的现状为药典标准、部颁标准和省级标准三级共存,用于中药材的生产、流通、使用和监管,但均为鉴定中药材真伪和合格的标准。在流通和使用环节,供需双方以质论价,中药材的规格等级自然形成并存在,而属于行业共识通用的规格等级标准,则呈现缺失状态。

我国在 1959 年、1964 年和 1984 年先后颁布了三部中药材商品规格标准,其中 1984 年由原国家医药管理局制定发布的《七十六种药材商品规格标准》【国药联材字(84)第 72 号文附件】属于现行应用标准。但是该标准仅涉及 76 个药材品种,而目前常用药材 600 余种,各地较常应用的更达到 1000 余种,品种数量上远不能满足现在的需求。另一方面,该标准颁布已 30 多年,经济迅猛发展,人口增长,健康需求高涨,药材需求量平均提高了 10 多倍。从生产的角度,家种产地扩大且多样化、种植品种复杂化、野生品种家种化、种植技术现代化、种植规模集约化、加工技术和方法多样化;从需求的角度,成药、饮片等应用,出口、兽用、提取、化工等多用途化,每一用途类别中又有分化,从而导致中药材商品的流通环节品类规格极为繁杂,越是贵细品种、越是多样化用途品种、越常用品种,规格越是复杂。

在这种情况下,原有的 76 种中药材标准已极少有人使用,经调查,市场人员真正知晓这 76 种中药材规格标准的人数不足 10%。中药材商品流通规格标准的缺失,导致买卖双方没有共同语言,各自所称规格类别没有相通性和可比性,买卖双方信息严重不对等,卖家欺瞒和违约为业界常态,交易双方无法脱离看货定价,网上交易常常"货不对板(样板)",双方实现交易常常还需要进一步沟通,因此体现不出中药材商品网上交易透明化和快速化的优势。规格标准的缺失已成为严重制约中药材行业发展的重要因素;加之市场经济的发展,没有优劣之分的药材,合格而低价成为主要的追求目标,或者盲目的追求品相,而导致熏硫、染色等不良行为的盛行。中药材的优质优价体系难以形成,中药行业发展无法进入良性循环。

制定中药材规格标准成为当前中药发展的重要任务。国家商务部、发展和改革委员会、国家中医药管理局均立项支持中药材规格标准的研究和制定,特别是 2015 年国家发展和改革委员会委托国家中医药管理局执行的中药标准化项目,在未来 3 年的项目执行过程中,无论是成药项目还是饮片项目,均要求完成相应的中药材和饮片流通规格等级标准。这对于项目主导者科研院所和药材使用(和生产)企业来说,不是一件很容易的事情。一方面规格标准制定的对象是商品,具有产出方面和需求方面决定的商品所具备的多种属性,不完全是科学问题,有生产方式方法决定和制约的农业加工业问题,也有多样化的用户喜好、某种特殊需求决定的没有固定道理可循的问题,甚至有一些商业的潜规则,以及传统、习惯、俗语、商业秘密等,非科研人员能完全理解和驾驭,而需要对中药材商品属性和商品流通各环节问题非常熟悉的人梳理和制定;另一方面,规格等级标准是对流通各种类型的全部状况了解和掌握以后,归纳整理,才能分门别类,梳理出高低层次来,而大多数饮片厂、成药企业所需要的,或者中药材种植生产企业生产的只是其中的一类和少数几类,不是商品类别全貌。

1.2　标准编制单位和协作单位

标准编制单位:成都天地网信息科技有限公司。
协作单位:中国医学科学院药用植物研究所。

1.3　编制过程

1.3.1　成立项目组

天地网公司联合药用植物研究所成立规格标准研制项目组,药用植物研究所专家郭宝林教授为技术总负责,公司内具有多年中药材市场经验的品种专家、专员分任西南西北区、华中华东区、华南区、华北东北区的区域负责人,每个分区由 3~5 人构成。

1.3.2　规格等级标准方案制定

首先对四川成都附近主产的川芎、泽泻、粉葛、麦冬、茯苓等品种进行试点性调研,确定了调研具体方案。汇总初步调研结果,参考我国已经颁布的《七十六种中药材规格等级标准》,以及产地和市场的真实情况,兼顾电子商务适用性,讨论制定出中药材商品电子交易规格等级标准的规格名称、规格要素和要素参数的表征方法。

1.3.3　按品种负责制划分品种

每个品种由单人全权负责,同品种多产地的,则负责人指定其他区域人员协助完成,并由负责人汇总,目的在于一个人对品种的全貌有总体了解和把握,以便制定规格标准的统一性和全面性。

1.3.4　调研前培训

1.3.4.1　标准培训

介绍和理解《中华人民共和国药典》标准、地方药材标准、七十六种中药材规格等级标准。

1.3.4.2　话术培训

针对产地专营商、市场专营商、一般经营商、熟悉商户、陌生商户等不同的调研对象,运用不同的沟通话术,以顺应商业规则、习惯和商户的喜好,使对方获得实惠,从而得到真实准确的信息,并与调研商户建立良好的关系,便于后续信息补充和标准运用。

1.3.4.3　工作方法培训

培训样品收集和标签方法、调研笔记记录方法、要素选择方法、参数测量和计算方法、描述语言运用、表格编制方法、文件编号和归档方法、影像材料搜集保存和归档方法等。

1.3.5 调研

基于产地专营商、结合市场专营商、集合多市场多商户的调研。专营商指的是多年甚至几十年专门经营一个或者几个药材的商户,是产地和市场的行业专家,他们对中药材的生产情况和需求情况了如指掌。产地专营商居于首位,因为他们不仅极为熟悉药材的种植(养殖)和野生分布等,也了解当地老百姓的采收和初加工习惯和方法,他们的客户也十分多样化,包括海外直销、药厂饮片厂直供、市场中间商供应等,也是药材的产地加工商,有熟练的加工技术,包括润、切、干燥技术等,是形成中药材商品规格的基础方面。市场专营商基本都掌握产地情况,产新期间直接到产地收货,区别于产地专营商的特点是面临更多样的市场需求,而对市场规则比产地商熟悉,包括市场流通习惯,掺杂使假方法和技巧等,部分专营商既是产地专营也是市场专营。

多市场包括:河北安国市场、成都荷花池市场、安徽亳州市场、广西玉林市场为主的国内17个中药材专业批发市场,以及近年形成的单品种产地市场,如吉林万良人参市场、重庆黄水黄连市场、浙江磐安药材市场、山东平邑流峪金银花市场等。

不同的专业市场的特点在于:药材来源以所属区域产出为主,所以这些品种的规格最为丰富;不同市场针对的需求和用户不同,即使同类用户不同区域也有独特的使用习惯,因此规格也有差异。如白芍在亳州规格品类最多,而在成都荷花池市场一般只有少数几个规格;地骨皮在安国、亳州市场的规格分化很细,在成都荷花池市场一般只有统货和切段各3个规格;成都荷花池市场具有冬虫夏草最丰富和完整的规格;广东市场是出口海外市场,几乎所有的药材都有自己的加工规格,以契合各种国外市场的需求。另外,部分加工品只在市场进行,如东北品种在产地一般没有加工,而主要集中在安国市场加工。多商户包括:市场单品种专营商、产地单品种专营商和一般经营商。每个品种调研的产地专营商有多个,市场专营商有多个,还要进行市场一般经营商的调研,以保证规格的调研涵盖了产地、市场、需求等所有的环节,规格的整理全面而完整。

1.3.6 预案和结果统一讨论

市场调研前,根据产地调研情况和以往的知识积累,考虑影响品质和价格的主要因素,制定出品种的规格标准预案,并全体讨论。任务完成到一定阶段,对已经完成的规格标准进行全体讨论。旨在汇聚项目组所有技术人员的知识和经验,保障研制。

1.3.7 边应用边论证

对于已完成的规格标准,随时返回给被调研商户和其他天地网会员商户,让其评价标准是否合适,如果获得认同,则建议运用,并随时反馈运用情况,如有问题,品种负责人及时调整和修改。同时,快速运用于公司的电子商务平台,对标准上传、商户展示和运用、用户展示和运用等进行优化,以保障电子商务适用性。

1.4 主要起草人及工作内容

本标准主要起草人及工作内容:

龙兴超	成都天地网信息科技有限公司董事长兼总经理,国家食品药品监督管理总局高级研修学院客座教授,为项目总负责人,全面推动标准起草工作
郭宝林	中国医学科学院药用植物研究所药用资源学研究专家,为项目技术总负责人,全面负责标准编制技术和规范的制定,以及每个品种标准的审核和定稿
赵茂	成都天地网信息科技有限公司总经理,为项目管理总负责人,全面管理标准编制项目工作
李文昌	成都天地网信息科技有限公司品种专家,为西南西北组带头人,负责西南西北中药材品种的标准编制工作
邓严冰	成都天地网信息科技有限公司品种专家,为华中华东组带头人,负责华中华东中药材品种的标准编制工作

王堂海	成都天地网信息科技有限公司品种专家,为华北东北组带头人,负责华北东北中药材品种的标准编制工作
陈向阳	成都天地网信息科技有限公司品种专家,为华东华中组带头人,负责华东华中中药材品种的标准编制工作,以及全部规格的照片拍摄和整理
龚黎明	成都天地网信息科技有限公司品种专员,为全草类品种组负责人,负责全草类品种的标准编制工作
刘芹	成都天地网信息科技有限公司品种专员,为西南西北组成员,协助西南西北中药材品种的标准编制工作
甘我挺	成都天地网信息科技有限公司质量工程师,为项目技术总负责人助理,负责标准编制项目的文稿审校、编撰整理
刘红卫	成都天地网信息科技有限公司品种专家,中药材市场经验丰富,协助指导标准编制工作
龙水云	成都天地网信息科技有限公司品种专家,中药材市场经验丰富,协助指导标准编制工作
包丽	成都天地网信息科技有限公司品种专员,中药材市场经验丰富,协助指导标准编制工作
毛杰	成都天地网信息科技有限公司品种专员,为华东华中组成员,协助华东华中中药材品种的标准编制工作
吴承键	成都天地网信息科技有限公司品种专员,为华北东北组成员,协助西南西北中药材品种的标准编制工作
张镇雄	成都天地网信息科技有限公司品种专员,为华中华东组成员,协助西南西北中药材品种的标准编制工作

2 主要技术内容

2.1 编制原则

编制规格标准,要基于真实性,重视可行性,实现科学性,规定参数规范化、数据化和统一化,这是总的原则。

基于真实性的原则,本标准中包括了同一个药材名称下(也就是临床功能相同)非药典来源物种的情况,部分来自于地方药材标准记载,如覆盆子中的小覆盆子、骨碎补中的硬骨碎补,部分虽并未在任何标准中收载,但市场份额不容忽视,如苍术中的朝鲜苍术,枳实枳壳中的杂枳实、杂枳壳,陈皮中的杂陈皮等。另一种情况是,由于切片在产地和市场远比个子药材更常见和流通,来自于产地直接加工的便利,因此切片属于饮片还是药材,并没被界定清楚。虽然作为标准来说,首先应该符合国家标准,但是本次规格等级标准还是以真实性为原则,给同行以正确的市场面貌。此外对于药食同源的品种,食用的规格等级要求普遍大于药用规格,这也是几十年来的真实状况,药材未被足够重视,或者药用过于追求化学成分而使得评价体系发生了变化,由此可见一斑。

2.1.1 产地和市场相融的原则

产地和市场对商品规格的影响各不相同,而且重视产地和加工地的调查和整理,可以回避市场调配、掺杂使假导致的规格变化,而分析和了解各种市场需求的现状、形成原因和历史,可以去除因价格的单方面因素,以及其他人为原因而形成的差品。

2.1.2 成因与现实相结合的原则

历史成因和现实交易相结合:参照中药材规格的传统方法,包括 1984 年公布的《七十六种中药材商品规格》被认知、使用和调整的情况,重视民间知识和方法,遵从国家的相关标准,结合当前交易的情况,进行总结。

规格的形成原因和规格现象相结合:充分调查各规格的形成原因,以便于确定正确的参数范围,总结和归纳多样化但是同质化的规格类别,也避免市场人为掺混。

2.1.3　国际市场和国内市场兼顾的原则

由于历来的传统是好药材出口,近几十年来尤为严重。通过调查出口和国内高端使用品规的状况、形成过程和特征特点,便于总结优质和高等级规格的类别特点,引导中药材行业向良性发展。

2.1.4　电子交易标准和一般流通商品标准相参照的原则

电子交易规格标准是来自和总结于市场的现有流通商品规格标准的,只是具有适合电子交易的快速、信息丰富和透明特点,如果偏离一般流通商品标准,在被认识理解和掌握上也会受到限制。

2.1.5　便于交易的原则

由于实施交易的主体人群是基层的各级药材经销商,因此一方面要适应他们的需求,描述语言通俗化和易于理解,另一方面要和目前商户使用的规格有良好的承继和对接,便于应用和推广。如规格名称和规格要素的参数中涉及的名词术语不严格要求用科学术语,而贴近市场和行业间流传的习惯和认知,以满足行业各层次人员的需要。如保留了市场称三七花的总花序柄为"花杆",部分种仁称为"芯子"。

2.2　调研方案

2.2.1　技术路线

划定主产区——确定核心调查产地和专营商户——产地调研——确定调查主流市场和专营商户——市场调研。

2.2.2　产地调研方法

①以点带面的调研方法,即以重点专营商为核心详细调研,然后拓展到其他专营商和一般商户;②主要商户集会共同讨论方法,由产地大户、合作社或者药材品种协会组织主要商户一起开会讨论;③产地专营商带样品讨论方法。其中以第一种方法为主。

2.2.3　产地调研内容

产地调研包括种子来源、种植方法和过程、采收时间、采收方法、产地初加工方法、产品加工方法、储藏方法和售出途经。产地初加工方法中,调查新鲜药材的性状、清洗、干燥、干燥前处理、干燥设备及使用、熏硫与否及目的、干燥后个子药材的性状等。产品加工方法中,调查切制设备、切制工艺、筛选设备、筛选工艺、干燥设备、干燥工艺,以及每个过程的粗放或精细程度;调查加工后成品的性状、各种残次品性状、形成原因、灰渣形成的原因等。调查储藏条件、时间,售出对象以及客户需求等;调查已经形成的不同规格的名称、名称的含义、辨别方法、需求对象,以及价格及影响因素,力求对规格的形成原因进行充分地调研。

2.2.4　市场调研方法

市场调研直接到商户摊位,看商品,取样品,咨询和一起讨论货物来源、现有规格、规格俗称等,先确定出影响规格的核心要素和可能的规格框架,然后集中1~3天的市场一般调查,将市场的主要销售摊位考察一遍,确定核心要素和规格框架的可行性,确定不会疏漏主要规格类型,广泛收集样品,必要的时候寻找更多的市场专营商重新调查。

2.2.5 市场调研内容

市场调研包括不同品类规格的辨别方法、掺杂使假方法、陈货的形态变化及形成原因、不同类别的需求、市场去向特点、价格及影响因素等。如果产品是市场加工,调研内容同产地调研。

市场调研还包括每个品种在国内饮片应用、国内药厂原料应用、国外饮片应用、国内保健食用、国外保健食用等方面的需求情况,了解每种需求的特点和导向,从而认识和了解规格存在的意义。

2.3 标准编制方法

2.3.1 规格要素的梳理

完整调研或者主要商户调研结束后,根据调研中各规格类型形成的主要原因,按照影响价格和品质因素的重要性和可区分性,区分出核心要素和一般要素作为规格要素,并确定要素的可能表述方式。不同品种的主要规格要素一般包括:(多来源品种)物种来源、野生或家种、产地、主要形态特征(特别是颜色),大小及比例、各种残次品比例、杂质比例、含硫情况、干度、虫蛀霉变等。

大小及比例、残次品比例、杂质比例、特定颜色、形态特征等是本次规格等级标准划分的主要要素。因为这些属性广泛适应于农产品类的规格评价,用于中药材区分规格也由来已久,并仍在广泛应用,同时也最适用于电子交易过程中网络展示和货物快速认定。气味、味道不易计量和认定,暂未列入,有效成分含量等理化特征,有待以后逐步补充。

2.3.2 规格的划分和归并

先根据核心要素梳理出规格分类和规格数量,确定从高到低的等级顺序。然后对可以合并的规格进行合并,由于药材来源于天然产品,除了规定该规格的最低标准,在规格内的部分要素如果存在数据上的差异类型,用可选参数来体现,这样处理也可以简化规格,规格过多不易认识、记忆和实行,除了特别贵重药材和多种用途药材,尽量控制药材规格等级数量。

2.3.3 参数的计量和总结

2.3.3.1 计量器具

本标准编制过程中用到了以下计量器具:托盘,取样铲,电子称(精确至 0.1g),游标卡尺,直尺,卷尺,国家标准筛(圆筛孔,孔径 0.05cm、0.1cm、0.2cm、0.3cm、0.4cm、0.5cm、0.6cm、0.7cm、0.8cm、0.9cm、1.0cm、1.2cm、1.4cm、1.5cm、1.6cm、1.8cm、2.0cm、2.5cm、3.0cm 等),调速小风扇(用以风选杂质),风选杂质收集盘,RAL 国际标准色卡(用于颜色比对)等。

2.3.3.2 计量和表征方法

对每个规格对应的多个代表样品的定性规格要素进行描述,颜色用色卡比对并记录主要颜色和颜色变化范围;定量要素依据市场常用方法,给予明确化和准确化,避免不同地区不同商家用不同的筛孔和不同的杂质选择方法,而不好统一和认定。一般过程是筛选(手选或风选)杂质和灰渣,计算比例;拣选残次品,计算比例;分出大小,各自称重,计算比例,部分测量长度、宽度、厚度等。然后综合同规格多个样品的参数值进行总结。使用"重量占比",极少数情况根据需要用"体积占比"和"数量占比",数据测量和描述保证准确而无歧义。

由于产地的扩大,加工方法的多样化和个性化,市场需求的极大分化,很多品类之间只有细微差别,如果过于细化展示每个差异,势必导致规格数量的巨大,一般人群(包括一般商户和用户)难于迅速理解和运用。因此对于规格等级过多的药材品种,进行了分级处理,将可以合并的要素参数给予合并处理,使得整体规格数量适中,大多数常用药材的规格数量在 6~13 个(如产地过多如丹参,加工性状和厚度多样化如黄芪,特别强调微细差异的贵细药材冬虫夏草则超出此数量)。

充分利用电子交易的特点,每个规格规定了要素参数大致范围的前提下,将参数分出不同的备选级别,如"甘肃黄芪圆片中选片"中的片形比例规定为"直径 0.8~1.0cm 的片 ≥90%/ 直径 0.6~0.8cm 的片 ≥90%"两个不同的选项,均属于"中选片"的规格内。这样处理可以合并仅仅在某个或者某几个参数上存在差异的一些类别为一个规格。

在对残次片及杂质限量上的多级别选择,如枳壳的"沤果重量占比"给出"≤10%/≤5%/ 无"三个选项;"川芎大统片"中的"苓珠片和苓盘片重量占比"为"≤3%/≤1%"两个选项;"远志小统段"中"须根重量占比"为"≤20%/≤10%",以及"0.2cm 以下灰渣重量占比"有"≤10%/≤5%",有利于卖家展示优质类型,引导商户实施简单优选措施,去掉灰渣和非药用部位,从而优化品质。

2.3.3　其他技术特征

2.3.3.1　展示市场存在的各类商品形式和类别

由于中药材生产的规模加大,集约化程度提高,产地切制药材极为普遍,大多数药材在产地或者加工集散地(药材专业市场均为某区域药材或者某些药材的加工地)根据市场需求被切制成各种形式,远不限于药典规定的产地加工品种,因此广义的切片(包括切段、切块、切丁)为药材流通的主要形式,而少见个子药材,因此本标准的主体是加工片。这其实顺应了药材及饮片加工生产的潮流,原因是产地或集散地加工在药材干燥成适当程度切制较干透了再润湿易于加工,同时提高了药材产品的附加值,从质量的角度,也避免了重新洗润带来的成分流失。

市场存在的药材类别,包括了不按照规定的来源物种(部分为地方标准收载,但全国流通),如白土茯苓和红土茯苓代替土茯苓用,用麻牛膝代替川牛膝用,荆三棱用作三棱,其他品种还有莱菔子、骨碎补、罗布麻、苍术、天冬、木瓜、覆盆子、重楼等;不按照规定的药用部位品种,如夏枯草用全草、淫羊藿带根等;不按照规定的加工方法比较多,如多数药材的熏硫、全蝎、肉苁蓉加盐过多,水蛭等加矾,红参加糖等。这些现象历史已久,被行业和市场广为流传和应用,或者便于加工和贮藏,或者单纯为了增重、好看等,由于监管不力而泛滥。真实反映各种规格类别和当前的现状,对于错误应用的予以警示,并利于良性引导;对于资源短缺引起的非正品盛行则提示我们及时进行资源保护和合理应用;少数情况下,反映出法定要求可能存在疑问和不当。

此外,有些多来源药材,某些来源市场占有量极少,如党参中的川党参,也由于标准制定时间上的限制,部分特殊的产地和规格类别暂时没有收录到标准中,待以后逐步完善。值得注意的是,由于药材产出和需要呈现动态变化,特别是产出方面,因此标准需要即时修订和更新。

2.3.3.2　规避市场称谓的灵活性和揭示隐蔽性

本标准来自于产地和市场,但是基于科学和规范,排除了市场称谓的灵活性和隐蔽性。如三七的规格主要来自于每 1kg 的个体的头数,三七 80 头,市场中会区分硬 80 头和软 80 头,硬 80 头指的是低于或者等于 80 头,软 80 头则是 80~100 头,本规格标准严格按照硬 80 头执行,人参和西洋参也存在类似情况;又如称为野生天麻的部分是野生种栽的第一代种植产品,部分是仿照野生天麻的特征加工干燥出来的,本规格标准对这两类分别称为"近野生"和"仿野生",以示真相。

2.3.3.3　适用于电子交易

本标准具有可检索性、易于分级分类性、易于传播性,以及信息完整性等适用于电子交易的特点。可检索性:每个药材和每个规格名称都是唯一的,满足检索需求。易于分级分类:主要规格属性的参数设立步长备选,可用于分级分类,分层筛选,以及避免不同参数级别之间的套叠,而导致的规格过于繁杂,不容易快速了解和掌握。易于传播性:所有的药材,都使用类似的规范性的方法,包括名称、属性和参数,易于传播。信息完整性:规格名称包含了包括数字等最丰富的规格内涵。

3 标准编制意义

这项标准的出现填补了行业空白,开创了中药材现代化交易的新时代。中药材交易规格等级标准的缺失导致了买卖双方信息不对称,也给不法商贩制造了掺杂使假、以次充好的机会,已经严重影响了中药材行业的健康发展。《中药材商品电子交易规格等级标准》的制定将迅速填补行业空白,在行业内率先建立中药材电子商务的应用标准和运营模式,改变了数千年来中药材需"看货定价"的落后局面,开创了农产品现代化交易的新时代。

开启农产品中药材电子商务质量控制 2.0 时代。《中药材商品电子交易规格等级标准》已于 2015 年 8 月 1日由成都天地网信息科技有限公司正式发布与应用,公司旗下"中药材诚实通"电子商务交易平台,严格按照标准要求,在"诚实通超市"推出了"一站式采购"交易服务。对上线交易的中药材产品按质分级,实行优质优价的交易准则。这有效改变了电子商务 1.0 时代,由商家自行描述产品规格质量、缺乏行业规范和第三方监督的弊病。"中药材诚实通"还通过现代仓储、产品抽检、交付监督、保证金监管、信用评价等方式,确保交易透明,杜绝以次充好、掺杂使假等违法行为。该标准在电子商务平台上运行,即时在市场应用中滚动,平台对标准定期进行完善和提升,促进中药材优质生产,建立以优驱劣、公平竞争、可持续发展的健康市场环境。这是我国乃至全球电子商务领域首个由第三方交易平台大规模独立制订、实施并监控的电子交易规格标准,将开启中药材电子商务质量控制 2.0 时代,对我国电子商务发展起到了重要的示范作用。

开启农业生产精细化、品牌化发展模式。品牌不仅能赋予商品重要的价值和文化内涵,并且对商品在市场竞争中赢得成功具有关键性作用。长期以来,我国农产品品牌化发展相对滞后,难以满足各种需求层次消费者。中药材只是农产品中的一个种类,农产品中药材电子交易规格标准的普及和推广,将有效引导上千种中药材细分产品与消费者的个性化需求精准对接,充分挖掘并提升中药材产品的市场价值和品牌价值。中药材产品的价值被充分挖掘后,必将促进中药材种植者按照市场需求进行精细化生产,并被市场赋予品牌价值,扩大到农产品其他领域,将开启无数个个性化生态环境下"生物工厂"式的农业生产精细化、品牌化发展模式。

为数字中药奠定坚实基础,推动中药材标准走向世界。《中药材商品电子交易规格等级标准》对所有可用数据来表述的参数,均建立了易于操作的数据化认定方法,摒弃主观性、模糊性或描述性的表述。这是对中药材数字化的创造性探索,为中药数字化发展奠定了坚实基础。成都天地网信息科技有限公司旗下"中药材天地网"英文网站,将同步向全球用户推出该"标准"。该英文网是全球首个外文中药材电子商务网站,随后还将建立日、韩、马来语等多个语种电商网站。英文版标准的发布是"互联网 + 农业"在电子商务领域里的一次成功探索,将大力推动我国中药材产品跨境电子商务发展,对弘扬中药文化,推动"中国中药材标准"走向世界都具有里程碑式的意义。

第二章

中药材商品电子交易规格等级标准

1 范　围

本标准规定了巴戟天、白扁豆、白果、白花蛇舌草、白及、白茅根、白芍、白术、白鲜皮、白芷、百部、柏子仁、板蓝根、薄荷、北沙参、萹蓄、补骨脂、苍耳子、苍术、草果、蝉蜕、车前草、车前子、陈皮、赤芍、重楼、茺蔚子、川贝母、川木通、川木香、川牛膝、川芎、穿心莲、大腹皮、大黄、大青叶、大血藤、大枣、丹参、淡竹叶、当归、党参、地肤子、地骨皮、地黄、地龙、地榆、滇鸡血藤、冬虫夏草、独活、杜仲、莪术、番泻叶、防风、粉葛、佛手、茯苓、覆盆子、甘草、干姜、葛根、钩藤、枸杞子、骨碎补、瓜蒌、瓜蒌子、广藿香、广金钱草、桂枝、海金沙、合欢皮、何首乌、荷叶、红参、红花、厚朴、胡芦巴(芦巴子)、虎杖、黄柏、黄精、黄连、黄芪、黄芩、火麻仁、鸡内金、鸡血藤、急性子、姜黄、僵蚕、芥子、金钱草、金荞麦、金银花、金樱子、荆芥、荆芥穗、九香虫、桔梗、决明子、苦杏仁、款冬花、莱菔子、连翘、莲子、莲子心、路路通、罗布麻叶、麻黄根、麦冬、蔓荆子、猫爪草、没药、墨旱莲、牡丹皮、木瓜、木通、木香、南沙参、南五味子、牛蒡子、牛膝、女贞子、枇杷叶、蒲公英、蒲黄、前胡、芡实、羌活、秦艽、青皮、全蝎、人参、肉苁蓉、乳香、三棱、三七、三七花、桑白皮、桑叶、桑枝、沙苑子、砂仁、山麦冬、山药、山楂、山茱萸、射干、伸筋草、石菖蒲、使君子、首乌藤、水蛭、酸枣仁、锁阳、太子参、桃仁、天冬、天麻、葶苈子、通草、土鳖虫、土茯苓、菟丝子、王不留行、乌梅、乌梢蛇、乌药、吴茱萸、蜈蚣、五加皮、五味子、西洋参、夏枯草、仙鹤草、香附、香加皮、薤白、辛夷、续断、玄参、延胡索(元胡)、益母草、薏苡仁、茵陈、银柴胡、淫羊藿、鱼腥草、预知子(八月札)、玉竹、郁金、远志、皂角刺、泽泻、浙贝母、知母、栀子、枳壳、枳实、竹黄、猪苓等200种中药材商品的规格交易标准,以及规格标准中涉及的来源物种、术语和定义。

本标准适用于中华人民共和国境内上述200种中药材商品的生产、购销和使用。本标准正文以药名首字拼音为序。绝大部分中药材商品配有部分规格图示。

2　规范性引用文件

本规格等级标准的制定参考了下列标准。

凡是标注日期的引用文件,仅所注日期的版本适用于本文件。凡是不注日期的引用文件,其最新版本(包括所有的修改单)适用于本文件。

1.《中华人民共和国药典(2015 年版)》

2.《四川省中药材标准(2010 年版)》

3.《湖南省中药材标准(2009 年版)》

4.《贵州省中药材、民族药材标准(2003 年版)》

5.《山东省中药材标准(2002 年版)》

6.《广西中药材标准(1990 年版)》

7.《新疆维吾尔自治区药品标准(1987 年版)》

8.《七十六种药材商品规格标准》

9.《藏药标准(1979 年版)》

其中,对《中华人民共和国药典(2015 年版,一部)》的引用不再作特别说明,对其他药材标准的引用以星号标示,并在标记段后面注释说明。

3　标准构成及规格要素说明

该标准由标准和标准说明构成。后者又具体分为基本数据、规格要素说明、规格定义几部分。标准用表格表示,包括各个规格等级、规格要素名称和各规格的要素参数;基本数据包括了来源物种、产地、加工方式、药材的形态特征;规格要素说明用以解释标准中的要素及计量方法;规格定义则由规格的形成方式加主要要素参数构成。

除了统一的规格名称体系,在规格参数的应用上也是较为统一的方法。

3.1　来源物种

对于多来源药材,来源物种不同一般品质差别比较大,形成不同的商品规格,如党参分为党参和纹党参,分别来自于党参 *Codonopsis pilosula* Nannf. 和素花党参 *C. pilosula* var. modesta,又如淫羊藿,不同来源药材用植物名区分为不同的规格,部分品种不同来源应用不予区分,则不分,如钩藤。

3.2　产地

产地是影响药材品质和规格的重要要素。道地产地药材,常用产地名称加药材品名作为单独规格类别,如"江西栀子""中江丹参"等;如果不同产地的药材品质有较大的差别,也成为主要的规格限制要素加以区分。例如有进口和国产区分类别的品种,使用"进口"和"国产"区别规格。

3.3　家种 / 野生

部分药材品种中野生品和家种品共存,且二者的品质和价格存在差异,则区分为野生或者家种不同的规格,如"野生白花蛇舌草""野生关防风"。一种特殊的情况是,行业里认为野生者品质好,将家种药材中形态类似野生的药材遴选出来,称为野生品。本规格标准中这些类野生的规格被称为"近野生"或者"仿野生",如"仿野生天麻""近野生天麻"等,相对应真正野生的规格,称为"纯野生",以示区别。

3.4　大个(片、段、块、丁)重量占比

大多数药材都是大者规格等级高,通过测量、简单测量或筛子筛选,取一定尺寸的大个子或较大个子,所占重量比例作为好的规格要素。如果是切片(段、块、丁),用大个子切,或者切后用大孔径的筛子筛选出大片(段、块、丁),大片(段、块、丁)的重量占比是好的规格要素。

3.5　小个(片、段、块、丁)重量占比

有两种情况,一种情况是统货规格,用其中的小个(片、段、块、丁)重量占比作为限定规格要素,防止掺入次等大小的货物;另一种情况是强调大小均匀度的规格,除了用大个(片、段、块、丁)重量占比外,同时用小于一定尺寸的小个(片、段、块、丁)重量占比来限定该规格的均匀度。

3.6　芦(带根)头片(段、块)重量占比

如果根及根茎类药材带有非药用部位的芦头,切后一般会产生芦头(或带根头)片(段、块),其重量占比为限制要素,如甘草、白茅根等。

3.7　边片(块、丁)重量占比

有两种情况,一种情况是,部分中药材的商品规格为选择切制后无外皮的中心片(块、丁),那么带外皮的片(块、丁)的重量占比则为限定规格要素,如泽泻、山楂;另一种情况是,统片(块、丁)规格中,边片(块、丁)一般有较为固定的比例,用边片(块、丁)的重量占比来限制人为添加高等级规格中挑选出来的次等级货物。

3.8　残次个(粒、片、段、块、丁)重量占比

药材在生长发育、采收加工、贮存等环节产生的品相和质量较差的如带病斑、焦糊、碎裂、色差等残次个(粒、片、段、块、丁)。一种情况是,在高等级规格中一般为限定规格要素,常人工挑选去除;另一种情况是,低等级规格中残次片比例是较为固定的,作为限定要素,防止加工粗放,或者人为掺入高等级规格中挑选出来的残次品。

3.9　抽芯率

皮类药材一般要求无木质芯部,但是加工过程中,特别是直径比较细的低等级规格药材,未做到全去木芯,抽芯的比例是好的规格要素,如白鲜皮、巴戟天。

3.10　新货 / 陈货

本规格标准所指均为产新后到下一次产新前的货物,一般不对陈货设立规格。但有些药材很容易加工不当或存放不当使药材变色变质,则用陈货表示该种情况,区分为不同的规格,如"新疆红花陈货"区别"新疆红花新货";此外,陈皮、地黄等少量药材陈货好于新货,而新货也流通时,用"陈皮陈货"区别于"陈皮新货",为不同的规格。

3.11 杂质重量占比

除了贵重、种子类和其他细小药材,一般杂质重量占比 0.5% 以下的视为无杂质。

3.11.1 0.2cm(0.3cm、0.5cm、120 目等)以下灰渣重量占比

药材中常存在一些泥沙、外皮碎末、药材碎末等,这些灰渣的重量占比影响规格的品质,一般用孔径为 0.2cm 的筛子筛出。部分较大的块状药材习惯用 0.3cm、0.5cm 或其他孔径的筛子筛出,海金沙、蒲黄等花粉孢子类药材,用 120 目的筛子筛出杂质。

3.11.2 风选杂质重量占比

籽仁类中药材,常混有枝叶、果柄、泥沙、石块等杂质,常用风吹筛选出来,用风选杂质重量占比表示。

3.11.3 杂质(手选杂质)重量占比

全草类中药材中的杂草,或者一般药材中较大的非药用部位杂质,风选和筛选无效的,一般手选,所占比例用杂质(手选杂质)重量占比表示。

3.12 虫蛀、霉变

一般规定为无虫蛀、无霉变。个别自然生长时有虫蛀现象的,用"自然虫口重量占比"作为限定规格要素,如栀子、山楂;有的药材比较容易霉变或者虫蛀,单独用"虫蛀重量占比"或"霉变重量占比"做为限定规格要素,如使君子。

3.13 干度

一般规定药材应晾晒或烘干至足干,保证常温下储存中不发生霉变,即为干货。

3.14 含硫情况

本标准涉及的 200 个品种中有 77 个在加工过程中有人为熏硫现象。具体为:白及、白芍、白术、党参、粉葛、牛膝、山药、天冬、天麻、白果、白茅根、白芷、百部、板蓝根、北沙参、苍耳子、苍术、赤芍、川木通、川牛膝、川芎、丹参、当归、地榆、滇鸡血藤、独活、莪术、防风、佛手、甘草、干姜、葛根、枸杞子、瓜蒌、虎杖、黄柏、黄精、黄连、黄芪、黄芩、鸡内金、鸡血藤、姜黄、桔梗、苦杏仁、款冬花、莲子、麦冬、牡丹皮、木瓜、木香、南沙参、前胡、芡实、秦艽、人参、三棱、砂仁、山麦冬、射干、太子参、桃仁、土茯苓、乌药、五味子、西洋参、香附、续断、郁金、预知子、玉竹、远志、泽泻、浙贝母、知母、枳壳、枳实等。

这些药材的加工过程中,有的多个环节熏硫,如白芍,鲜药干燥期间熏硫,可加速干燥,切片前熏硫,利于润透切片和切片平整,切好的片如有变色,也熏硫,因此不同的加工品,熏硫的程度不一样。此外,很多药材用燃煤产生的热气烘干,煤炭中释放的二氧化硫也会导致药材的硫超标。本标准对于药食同源品种,根据含硫情况的不同,区分为不同的规格,如"白芷无硫中选片"和"白芷中选片"为两个规格,"当归头无硫大个"和"当归头大个"两个不同的规格,其他有熏硫情况的品种,则对"有硫加工"或"无硫加工"作为规格要素予以标明。在这些药材的传统加工过程中有熏硫工艺,但因为硫黄熏蒸药材对健康有不利的影响,有些品种已经不再使用熏硫工艺,有硫加工和无硫加工的药材性状有较大差异,因此部分药材分出无硫规格,如山药,或者将"有硫加工"和

"无硫加工"作为药材规格标准的要素。

4 中药材商品电子交易规格等级标准正文

4.1 巴戟天

4.1.1 基础数据

4.1.1.1 来源

本品为茜草科植物巴戟天 *Morinda officinalis* How 的干燥根(《中华人民共和国药典(2015 年版)》,以下简称《中国药典(2015 年版)》)。又称为巴戟。栽培 3~6 年。全年均可采挖,以秋、冬季为主,除去须根,洗净,晒干或用木槌轻轻捶扁,晒干。

4.1.1.2 产地

产于广东、福建、海南、广西等地,主产于广东。

4.1.1.3 巴戟天

呈扁圆柱形,略弯曲,长短不等,直径 0.5~2.0cm。表面灰黄色或暗灰色,具纵纹和横裂纹,有的皮部横向断离露出木部;质韧,断面皮部厚,紫色或淡紫色,易与木部剥离;木部坚硬,黄棕色或黄白色,直径 1.0~5.0mm。

4.1.1.4 巴戟肉

将巴戟天蒸透,趁热抽去木芯,干燥或切段后干燥。呈圆筒形、扁圆筒形长段或短段。直径 0.2~1.5cm,长段长 2.0~8.0cm,短段长 0.5~2.0cm。外皮灰黄色或暗灰色,具纵纹和横裂纹。切面皮部厚,紫色或淡紫色,中空。

4.1.2 规格要素说明及名词解释

4.1.2.1 抽芯率

巴戟肉在加工过程中要抽去木芯,以抽芯率高者为好。

4.1.2.2 毛须

巴戟天的须根,需拣出。

4.1.2.3 灰末

巴戟肉在贮存和运输过程掉落少量的泥土等。一般用孔径 0.2cm 筛子筛出。

4.1.3 规格等级定义(表 4-1)

4.1.3.1 巴戟肉一级个 0.8

巴戟肉,圆筒形,长 2.0~8.0cm,直径 0.8cm 以上,抽芯率不低于 98%,无毛须和 0.2cm 以下灰末。(图 0001-1)

4.1.3.2 巴戟肉二级个 0.6

巴戟肉,圆筒形,长 2.0~8.0cm,直径 0.6cm 以上,抽芯率不低于 98%,无毛须和 0.2cm 以下灰末。(图 0001-2)

4.1.3.3 巴戟肉三级个 0.4

圆筒形,长 2.0~8.0cm,直径 0.4cm 以上,抽芯率不低于 80%,无毛须和 0.2cm 以下灰末。(图 0001-3)

4.1.3.4 巴戟肉四级个 0.4 以下

巴戟肉，圆筒形，长 5cm 以内，直径多 0.4cm 以下，抽芯率不低于 50%，无毛须和 0.2cm 以下灰末。（图 0001-4）

4.1.3.5 巴戟肉压扁个

巴戟肉，扁圆筒形，长 2.0~8.0cm，宽 0.4~1.0cm，抽芯率不低于 70%，毛须和 0.2cm 以下灰末重量占比不超过 1%。（图 0001-5）

4.1.3.6 巴戟天统个

巴戟天，扁圆柱形，长 5.0cm 以内，宽 0.8cm 以上的个不低于 50%，未抽芯，毛须和 0.2cm 以下灰末重量占比不超过 2%。

4.1.3.7 巴戟肉大选段 0.6

巴戟肉，圆筒形，长 1.0cm 左右，直径多 0.6cm 以上，抽芯率不低于 98%，无毛须和 0.2cm 以下灰末。（图 0001-6）

4.1.3.8 巴戟肉压扁段

巴戟肉，扁圆筒形，长 0.5~2.0cm，直径 0.4~1.0cm，抽芯率不低于 70%，毛须和 0.2cm 以下灰末重量占比不超过 1%。

表 4-1　中药材商品电子交易规格等级标准——巴戟天

序号	品名	规格名称	流通俗称	大小	抽芯率	毛须和 0.2cm 以下灰末重量占比	虫蛀、霉变	干度
1	巴戟天（巴戟）	巴戟肉一级个 0.8	巴戟肉	长 2.0~8.0cm，直径 0.8cm 以上	≥98%	无	无	干货
2	巴戟天（巴戟）	巴戟肉二级个 0.6	巴戟肉	长 2.0~8.0cm，直径 0.6cm 以上	≥98%	无	无	干货
3	巴戟天（巴戟）	巴戟肉三级个 0.4	巴戟肉	长 2.0~8.0cm，直径 0.4cm 以上	≥80%/≥90%	无	无	干货
4	巴戟天（巴戟）	巴戟肉四级个 0.4 以下	巴戟肉	长 5.0cm 以内，直径 0.4cm 以上的个≤30%	≥50%/≥70%	无	无	干货
5	巴戟天（巴戟）	巴戟肉压扁个	压扁	长 2.0~8.0cm，宽 0.4~1.0cm	≥70%	≤1%	无	干货
6	巴戟天（巴戟）	巴戟天统个	统个	宽 0.8cm 以上的个≥50%/宽 0.8cm 以上的个≥60%	未抽芯	≤2%/≤1%	无	干货
7	巴戟天（巴戟）	巴戟肉大选段 0.6	巴戟肉	长 1.0cm 左右，直径 0.6cm 以上的段≥90%	≥98%	无	无	干货
8	巴戟天（巴戟）	巴戟肉压扁段	压扁	长 0.5~2.0cm，宽 0.4~1.0cm	≥70%	≤1%	无	干货

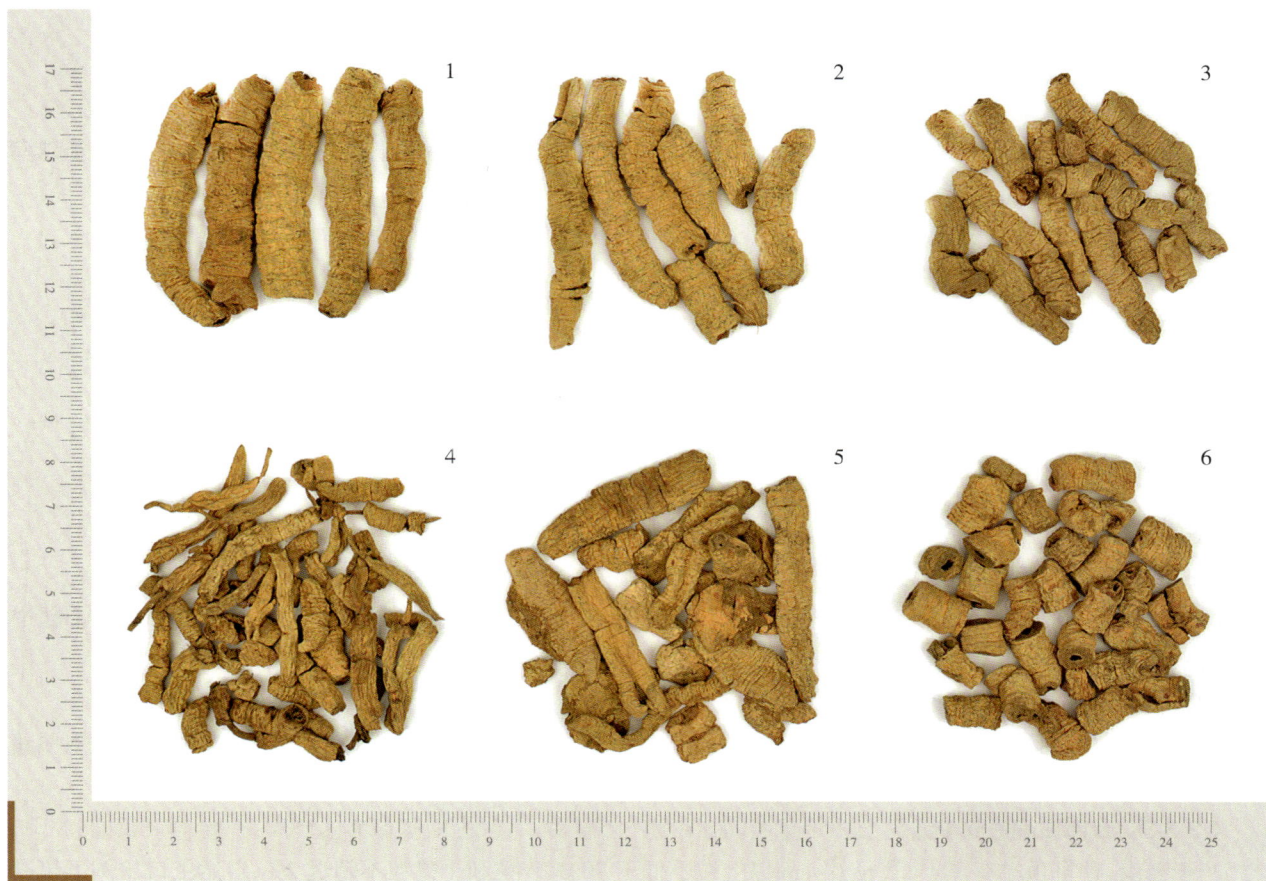

图 0001 巴戟天商品部分规格图示

1. 巴戟肉一级个 0.8；2. 巴戟肉二级个 0.6；3. 巴戟肉三级个 0.4；4. 巴戟肉四级个 0.4 以下；5. 巴戟肉压扁个；6. 巴戟肉大选段 0.6

4.2 白扁豆

4.2.1 基础数据

4.2.1.1 来源

本品为豆科植物扁豆 *Dolichos lablab* L. 的干燥成熟种子（《中国药典（2015 年版）》）。栽培 1 年。秋、冬二季采收成熟果实，晒干，取出种子，再晒干。

4.2.1.2 产地

主产于四川、云南，以及从广西和云南口岸进口，广西进口者主要来自越南，云南进口者主要来自缅甸。不同国产产地和进口地来源的白扁豆可能来自不同的栽培品种，一般认为国产的品质好，国产又以四川出产的为好。

4.2.1.3 白扁豆

呈扁椭圆形或扁卵圆形，直径 0.7~1.0cm。表面淡黄白色或淡黄色，平滑，略有光泽，一侧边缘有隆起的白色眉状种阜，有黑点或无。质坚硬。种皮薄而脆，气微，味淡，嚼之有豆腥气。

4.2.2 规格要素说明及名词解释

4.2.2.1 直径

因产地而异,产于四川和缅甸等地者直径一般在 0.8cm 左右,产于云南者直径一般在 0.9cm 左右,产于越南等地者直径一般在 0.7cm 左右。

4.2.2.2 种阜顶端有无黑点

缅甸等地产的白扁豆无黑点,区别于其他产地的白扁豆。

4.2.2.3 干瘪粒

在采收期尚未完全成熟或受虫害影响的种子。

4.2.2.4 自然虫口

白扁豆在生长期间或干燥期间受到虫蛀。

4.2.3 规格等级定义(表 4-2)

4.2.3.1 四川白扁豆选货

产于四川,种阜顶端有黑点,直径 0.8cm 以上粒不低于 70%,碎粒和干瘪粒不超过 2%,自然虫口比例不超过 2%。(图 0002-1)

4.2.3.2 四川白扁豆统货

产于四川,种阜顶端有黑点,直径 0.8cm 以上粒不低于 70%,碎粒和干瘪粒不超过 10%,自然虫口比例不超过 3%。

4.2.3.3 云南白扁豆选货

产于云南,种阜顶端有黑点,直径 0.9cm 以上粒不低于 70%,碎粒和干瘪粒不超过 2%,自然虫口比例不超过 2%。

4.2.3.4 云南白扁豆统货

产于云南,种阜顶端有黑点,直径 0.9cm 以上粒不低于 70%,碎粒和干瘪粒不超过 10%,自然虫口比例不超过 3%。(图 0002-3)

4.2.3.5 云南进口白扁豆选货

产于缅甸等地,从云南进口,种阜顶端无黑点,直径 0.8cm 以上粒不低于 70%,碎粒和干瘪粒不超过 2%,自然虫口比例不超过 2%。

4.2.3.6 云南进口白扁豆统货

产于缅甸等地,从云南进口,种阜顶端无黑点,直径 0.8cm 以上粒不低于 70%,碎粒和干瘪粒不超过 10%,自然虫口比例不超过 3%。(图 0002-4)

4.2.3.7 广西进口白扁豆选货

产于越南等地,种阜顶端有黑点,直径 0.7cm 以上粒不低于 90%,碎粒和干瘪粒不超过 2%,自然虫口比例不超过 2%。

4.2.3.8 广西进口白扁豆统货

产于越南等地,种阜顶端有黑点,直径 0.7cm 以上粒不低于 90%,碎粒和干瘪粒不超过 10%,自然虫口比例不超过 3%。(图 0002-2)

表 4-2　中药材商品电子交易规格等级标准——白扁豆

序号	品名	规格名称	流通俗称	产地	大粒重量占比	种阜顶端有无黑点	破碎粒、干瘪粒和果荚重量占比	自然虫口比例	霉变	干度
1	白扁豆	四川白扁豆选货	选货	四川	直径 0.8cm 以上粒≥70%	有	≤2%	≤2%	无	干货
2	白扁豆	四川白扁豆统货	统货	四川	直径 0.8cm 以上粒≥70%	有	≤10%/≤5%	≤3%	无	干货
3	白扁豆	云南白扁豆选货	选货	云南	直径 0.9cm 以上粒≥70%	有	≤2%	≤2%	无	干货
4	白扁豆	云南白扁豆统货	统货	云南	直径 0.9cm 以上粒≥70%	有	≤10%/≤5%	≤3%	无	干货
5	白扁豆	云南进口白扁豆选货	选货	缅甸等地	直径 0.8cm 以上粒≥70%	无	≤2%	≤2%	无	干货
6	白扁豆	云南进口白扁豆统货	统货	缅甸等地	直径 0.8cm 以上粒≥70%	无	≤10%/≤5%	≤3%	无	干货
7	白扁豆	广西进口白扁豆统货	选货	越南等地	直径 0.7cm 以上粒≥90%	有	≤2%	≤2%	无	干货
8	白扁豆	广西进口白扁豆统货	统货	越南等地	直径 0.7cm 以上粒≥90%	有	≤10%/≤5%	≤3%	无	干货

图 0002　白扁豆商品部分规格图示
1. 四川白扁豆选货；2. 广西进口白扁豆统货；3. 云南白扁豆统货；4. 云南进口白扁豆统货

4.3 白果

4.3.1 基础数据

4.3.1.1 来源

本品为银杏科植物银杏 *Ginkgo biloba* L. 的干燥成熟种子(《中国药典(2015 年版)》)。栽培。秋季种子成熟时采收,除去肉质外种皮,洗净,干燥,或稍蒸、略煮后干燥。

4.3.1.2 产地

产于全国多数地区,主产于江苏、山东。

4.3.1.3 白果

略呈椭圆形,一端稍尖,另端钝。长 1.5~2.5cm,宽 1.0~2.0cm,厚约 1.0cm。表面白色、黄白色或淡棕黄色,平滑。中种皮(壳)骨质,坚硬。内种皮膜质,种仁宽卵球形或椭圆形,一端淡棕色,另一端金黄色,横断面外层黄色,胶质样,内层淡黄色或淡绿色,粉性,中间有空隙。

4.3.1.4 白果仁

取白果,除去杂质及硬壳。呈宽卵球形或椭圆形。长 1.5~2.0cm,宽 1.0~1.5cm,厚 0.5~1.0cm。表面金黄色至淡棕色,偶有棕红色种皮残留。断面外层黄色,胶质样,内层淡黄色或淡绿色,粉性,中间有空隙。

4.3.1.5 熟白果仁

取白果,剥取种仁,蒸或煮熟,干燥。呈宽卵球形或椭圆形。长 1.5~2.0cm,宽 1.0~1.5cm,厚 0.5~1.0cm。表面和断面淡黄棕色,半透明。

4.3.2 规格要素说明及名词解释

4.3.2.1 霉变果

果壳表面正常,但内部的种仁发生了霉变,需敲碎检查。

4.3.2.2 碎壳果

白果在加工和运输过程中硬壳破裂或破碎。

4.3.2.3 碎仁

小于完整个一半的果仁。

4.3.2.4 黑仁

因干度不足,或者贮存时间较长时,颜色加深,变为棕褐色的白果仁。

4.3.2.5 含硫情况

无硫加工:在加工过程中不熏硫,干燥后白果表面多淡棕黄色,白果仁表面多淡棕色。

有硫加工:为了使外观美观,白果先熏硫后干燥,干燥后白果表面白色或黄白色,白果仁表面多金黄色。

4.3.3 规格等级定义(表 4-3)

白果药食同源,其中白果统货和熟白果仁统货为药用规格,其他为食用规格。

4.3.3.1 白果选货

白果,无霉变果,碎壳果不超过 2%。(图 0003-1)

4.3.3.2 白果统货

白果,霉变果不超过 15%,碎壳果不超过 15%。

4.3.3.3　白果仁选货

白果仁,除去种皮及灰末,个体多完整,碎仁不超过1%,黑仁不超过1%。(图0003-2)

4.3.3.4　白果仁统货

白果仁,除去种皮及灰末,个体相对完整,碎仁不超过10%,黑仁不超过10%。(图0003-3)

4.3.3.5　熟白果仁统货

熟白果仁,除去种皮、灰末及黑仁,碎仁不超过5%。(图0003-4)

表 4-3　中药材商品电子交易规格等级标准——白果

序号	品名	规格名称	流通俗称	霉变果重量占比	碎壳果重量占比	碎仁重量占比	黑仁重量占比	含硫情况	干度
1	白果	白果选货	白果、银杏果	无	≤2%	——	——	有硫加工/无硫加工	干货
2	白果	白果统货	白果、银杏果	≤15%/≤10%/≤5%	≤15%/≤10%/≤5%	——	——	有硫加工/无硫加工	干货
3	白果	白果仁选货	白果仁选货	——	——	≤1%	≤1%	有硫加工/无硫加工	干货
4	白果	白果仁统货	白果仁统货	——	——	10%/≤5%	≤10%/≤5%	有硫加工/无硫加工	干货
5	白果	熟白果仁统货	熟白果仁统货	——	——	≤5%/≤1%	无	有硫加工/无硫加工	干货

图 0003　白果商品部分规格图示

1. 白果选货;2. 白果仁选货;3. 白果仁统货;4. 熟白果仁统货

4.4　白花蛇舌草

4.4.1　基础数据

4.4.1.1　来源

本品为茜草科植物白花蛇舌草 *Hedyotis diffusa* Willd. 的全草(《湖南省中药材标准(2009 年版)》)。栽培或野生,栽培为主。8 月中下旬,果实成熟时采收,齐地面割取地上部分,除去杂质和泥土,晒干。

4.4.1.2　产地

产于河南、江西、广东、广西、安徽、湖南等地。主产于河南、江西。

4.4.1.3　白花蛇舌草

干燥全草,扭缠成团状,灰绿色至灰棕色。有主根一条,粗约 0.2~0.4cm,须根纤细,浅灰棕色。茎细而卷曲,质脆易折断,中央有白色髓部。叶多破碎,极皱缩,易脱落。果腋生,扁球形,直径 0.2~0.3cm。气微,味淡。

4.4.1.4　白花蛇舌草段

除去杂质,切段,段长 5.0~10cm。

4.4.2　规格要素说明及名词解释

4.4.2.1　颜色

一般为灰绿色或灰棕色,采收后、未及时晾晒或储藏时间过长则容易变为灰黑色。

4.4.2.2　家种/野生

家种白花蛇舌草质软,杂草少;野生白花蛇舌草质硬,杂草较多,一般认为品质较好。

4.4.2.3　杂质及 0.1cm 以下灰渣

杂质主要为杂草,野生者一般在 15% 左右,家种者杂草少,灰渣为泥沙和碎末,可用 0.1cm 筛子筛出。

4.4.3　规格等级定义(表 4-4)

4.4.3.1　白花蛇舌草野生统货

野生,全草,灰绿色或灰棕色,黑色货重量占比不超过 7%,杂质及 0.1cm 以下灰渣重量占比不超过 15%。(图 0004-1)

4.4.3.2　白花蛇舌草家种选货

家种,全草,灰绿色或灰棕色,无黑色货,杂质及 0.1cm 以下灰渣重量占比不超过 5%。

4.4.3.3　白花蛇舌草家种统货

家种,全草,颜色不分,黑色货重量占比不超过 3%,杂质及 0.1cm 以下灰渣重量占比不超过 7%。(图 0004-2)

4.4.3.4　白花蛇舌草野生统段

野生全草切段,灰绿色或灰棕色,黑色货重量占比不超过 7%,杂质及 0.1cm 以下灰渣重量占比不超过 10%。

4.4.3.5　白花蛇舌草家种选段

家种全草切段,灰绿色或灰棕色,无黑色货,杂质及 0.1cm 以下灰渣重量占比不超过 3%。

4.4.3.6　白花蛇舌草家种统段

家种全草切段,颜色不分,黑色货重量占比不超过 3%,杂质及 0.1cm 以下灰渣重量占比不超过 5%。

表 4-4 中药材商品电子交易规格等级标准——白花蛇舌草

序号	品名	规格名称	流通俗称	颜色	黑色货（段）重量占比	杂质及 0.1cm 以下灰渣重量占比	虫蛀、霉变	干度
1	白花蛇舌草	白花蛇舌草野生统货	野生统货	灰绿色、灰棕色	≤7%/≤5%	≤15%/≤10%/≤5%	无	干货
2	白花蛇舌草	白花蛇舌草家种选货	家种选	灰绿色、灰棕色	无	≤5%/≤3%/≤1%	无	干货
3	白花蛇舌草	白花蛇舌草家种统货	家种统货	灰绿色至灰黑色	≤3%	≤7%/≤5%	无	干货
4	白花蛇舌草	白花蛇舌草野生统段	野生统片	灰绿色、灰棕色	≤7%/≤5%	≤10%/≤7%/≤5%	无	干货
5	白花蛇舌草	白花蛇舌草家种选段	家种选片	灰绿色、灰棕色	无	≤3%/≤1%	无	干货
6	白花蛇舌草	白花蛇舌草家种统段	家种统片	灰绿色至灰黑色	≤3%	≤5%/≤3%	无	干货

图 0004 白花蛇舌草商品部分规格图示
1. 白花蛇舌草野生统货；2. 白花蛇舌草家种统货

4.5　白及

4.5.1　基础数据

4.5.1.1　来源

本品为兰科植物白及 *Bletilla striata*(Thunb.) Reichb. f. 的干燥块茎(《中国药典(2015 年版)》)。野生。夏、秋二季采挖,除去须根,洗净,置于沸水中煮或蒸至无白心,晒至半干,除去外皮,晒干。

4.5.1.2　产地

产于西南、华东、华中、华南,以及甘肃、陕西等地,主产于贵州、云南。

4.5.1.3　白及

呈不规则扁圆形,多有 2~3 个爪状分枝,长 1.5~5.0cm,厚 0.5~1.5cm。表面灰白色或黄白色,有数圈同心环节和棕色点状须根痕,上面有突起的茎痕,下面有连接另一块茎的痕迹。质坚硬,不易折断,断面类白色,角质样。气微,味苦,嚼之有黏性。

4.5.1.4　白及片

将白及洗净,润透,切薄片,晒干。呈不规则的薄片,直径 0.5~5.0cm,厚 0.1~0.2cm。外皮灰白色或黄白色。切面类白色,角质样,半透明,维管束小点状,散生。质脆。气微,味苦,嚼之有黏性。

4.5.2　规格要素说明及名词解释

4.5.2.1　体长

白及生长期一般在 5 年以上,地下常保留三代根(块茎)由母根分支的 1~2 爪顶端芽发育出第一代子根,再由子根分叉 1~2 爪顶端发育出第二代子根。药用第一代子根长度最长,干燥后长度一般在 2.0cm 以上。第二代子根一般生长 1~2 年,体内水分含量大,干燥后不饱满,长度一般在 1cm 以下。

4.5.2.2　体宽

剖开爪后的宽度一般以 1.0cm 为界,大于 1.0cm 为好货。

4.5.2.3　干瘪个

白及母根及第二代子根加工,干燥后呈干瘪状,体轻。

4.5.2.4　颜色

白及因加工工艺等因素影响表面颜色。经过蒸煮后反复晾晒时未受阴雨天气影响,加工出来的表面颜色为灰白色,但也有经双氧水和亚硫酸钠漂白的白及,也为灰白色。晾晒过程受阴雨天气影响或撞皮不彻底时,表面颜色为黄棕色;也有用火烧掉须根后加工者,也为黄棕色。不经蒸煮直接晒干的白及,多为灰褐色。

4.5.2.5　含硫情况

为了使颜色美观,加工过程中用焦亚硫酸钠漂白,或鲜白及用硫黄熏蒸后加工,二氧化硫含量均较高。

4.5.3　规格等级定义(表 4-5)

4.5.3.1　白及大选个

白及,宽 1.0cm 以上的个重量占比不低于 90%,无干瘪个、须根和杂质。(图 0005-1)

4.5.3.2　白及小选个

白及,干瘪个不超过 10%,无须根、杂质。(图 0005-2)

4.5.3.3　白及统个

白及,干瘪个不超过 80%,须根、杂质不超过 5%。(图 0005-3)

4.5.3.4　白及选片

白及片,宽1.0cm以上的片重量占比不低于60%,须根、杂质不超过3%。(图0005-4)

4.5.3.5　白及白统片

白及片,宽1.0cm以上的片重量占比不低于30%,须根、杂质不超过5%,颜色灰白色。(图0005-5)

4.5.3.6　白及统片

白及片,须根、杂质不超过10%,颜色黄棕色和灰褐色。

表 4-5　中药材商品电子交易规格等级标准——白及

序号	品名	规格名称	流通俗称	颜色	大个(片)重量占比	干瘪个重量占比	须根、0.5cm以下灰渣重量占比	含硫情况	虫蛀、霉变	干度
1	白及	白及大选个	白及大个	灰白色/黄棕色/灰褐色	宽1.0cm以上的个≥90%/宽1.0cm以上的个≥95%	无	无	有硫加工/无硫加工	无	干货
2	白及	白及小选个	白及小个	灰白色/黄棕色/灰褐色	——	≤10%/≤5%	无	有硫加工/无硫加工	无	干货
3	白及	白及统个	白及统个	灰白色/黄棕色/灰褐色	——	≤80%/≤60%/≤40%	≤5%/≤3%	有硫加工/无硫加工	无	干货
4	白及	白及选片	白及大选片	灰白色/黄棕色/灰褐色	宽1.0cm以上片≥60%/宽1.0cm以上片≥70%	——	≤3%	有硫加工/无硫加工	无	干货
5	白及	白及白统片	白及统片	灰白色	宽1.0cm以上片≥30%/宽1.0cm以上片≥40%/宽1.0cm以上片≥50%	——	≤5%/≤3%	有硫加工/无硫加工	无	干货
6	白及	白及统片	白及次统片	黄棕色或灰褐色	——	——	≤10%/≤5%	有硫加工/无硫加工	无	干货

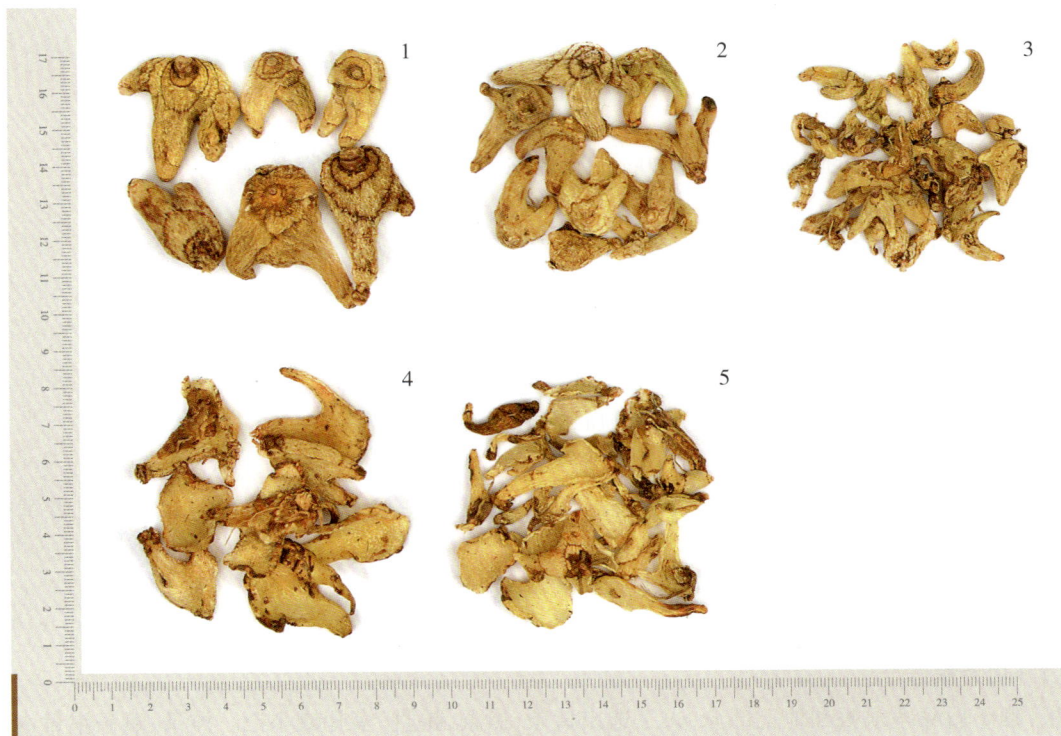

图 0005　白及商品部分规格图示
1. 白及大选个;2. 白及小选个;3. 白及统个;4. 白及选片;5. 白及白统片

4.6 白茅根

4.6.1 基础数据

4.6.1.1 来源

本品为禾本科植物白茅 *Imperata cylindrica* Beauv. var. *major*（Nees）C. E. Hubb. 的干燥根茎（《中国药典（2015 年版）》）。野生。春、秋二季采挖，洗净，晒干，除去须根和膜质叶鞘，捆成小把。

4.6.1.2 产地

全国大部分地区均产，主产于河北。

4.6.1.3 白茅根

呈长圆柱形，长 30~60cm，直径 0.2~0.3cm。表面黄白色或淡黄色，微有光泽，具纵皱纹，节明显，稍突起，节间长短不等，通常长 1.5~3.0cm。体轻，质略脆，断面皮部白色，多有裂隙，放射状排列，中柱淡黄色，易与皮部剥离。气微，味微甜。

4.6.1.4 白茅根段

将白茅根洗净，微润，切段，干燥，除去碎屑。呈圆柱形的短段，长 1.0~2.0cm，直径 0.2~0.3cm。

4.6.2 规格要素说明及名词解释

4.6.2.1 外形

白茅根个子呈长圆柱形，选货多条形齐整，去须干净；统货多不规整，须根多。

4.6.2.2 黑条、黄条

干燥不及时的沤根或者采挖前的死根，干燥后呈黑色或黄褐色的根条。

4.6.2.3 碎末、杂质

碎末多为掉落须根，杂质包含泥土、杂草等异物。

4.6.2.4 2cm 以上段

白茅根切成 1.0cm 左右的段使用，超过 2.0cm 的段会影响整齐度，等级降低。

4.6.2.5 根头

白茅根地上茎与地下根的结合部位，也称为"芦头"，影响规格等级。

4.6.2.6 0.2cm 以下碎节

白茅根质较脆，加工切制时产生的 0.2cm 以下的碎节需要筛除。

4.6.2.7 杂质

采收过程中其他杂草的根，也有晾晒过程中地面的泥沙。

4.6.2.8 含硫情况

为了使颜色美观，有鲜白茅根熏硫后再切段干燥的情况。一般熏硫后颜色灰白，未熏硫者黄白色至淡黄色。

4.6.3 规格等级定义（表 4-6，表 4-7）

4.6.3.1 白茅根选个

白茅根，晒干后除净须根和地上部分，人工选出黄条、黑条，捋直，多扎成小把。黑条、黄条重量占比不超过 1%，碎末、杂质重量占比不超过 0.5%。

4.6.3.2　白茅根统个

白茅根,晒干后除去大部分须根和地上部分,不选或稍微挑选出黄条、黑条,多为散包或机压包。黑条、黄条重量占比不超过 10%,碎末、杂质重量占比不超过 5%。

4.6.3.3　白茅根精选段

选根条粗壮,根头少的白茅根选个切段,筛尽碎节,2.0cm 以上段不超过 5%,根头和手选杂质重量占比不超过 2%。(图 0006-1)

4.6.3.4　白茅根选段

选根条粗壮,根头较少的白茅根切段,筛去大部分碎节,2.0cm 以上段不超过 10%,根头重量占比不超过 1%,0.2cm 以下碎节不超过 3%,根头和手选杂质重量占比不超过 4%。(图 0006-2)

4.6.3.5　白茅根统段

白茅根统货切段,筛去碎末,2.0cm 以上段不超过 15%,根头重量占比不超过 15%,0.2cm 以下碎节不超过 10%,根头和手选杂质重量占比不超过 15%。(图 0006-3)

表 4-6　中药材商品电子交易规格等级标准——白茅根

序号	品名	规格名称	流通俗称	外形	黑条、黄条重量占比	碎末及杂质重量占比	虫蛀、霉变	干度
1	白茅根	白茅根选个	选个	齐整,少分叉	≤1%	≤0.5%	无	干货
2	白茅根	白茅根统个	统个	多弯曲分叉,须根多	≤10%/≤5%	≤5%/≤3%	无	干货

表 4-7　中药材商品电子交易规格等级标准——白茅根(续)

序号	品名	规格名称	流通俗称	2cm 以上段重量占比	0.2 以下碎节重量占比	根头和手选杂质重量占比	含硫情况	虫蛀、霉变	干度
3	白茅根	白茅根精选段	精选段	≤5%/≤3%/≤1%	——	≤2%	有硫加工/无硫加工	无	干货
4	白茅根	白茅根选段	选段	≤10%/≤5%/≤3%	≤3%	≤4%	有硫加工/无硫加工	无	干货
5	白茅根	白茅根统段	统段	≤15%/≤10%/≤5%	≤10%/≤5%	≤15%/≤10%/≤5%	有硫加工/无硫加工	无	干货

图 0006　白茅根商品部分规格图示
1. 白茅根精选段；2. 白茅根选段；3. 白茅根统段

4.7　白芍

4.7.1　基础数据

4.7.1.1　来源

本品为毛茛科植物芍药 *Paeonia lactiflora* Pall. 的干燥根（《中国药典（2015 年版）》）。栽培 3~5 年。夏、秋二季采挖，洗净，除去头尾和细根，置沸水中煮后除去外皮或去皮后再煮，晒干。不去皮直接晒干者称为"黑白芍"。

4.7.1.2　产地

安徽、四川、山西、浙江、河南等地均产，主产于安徽亳州。浙江为其道地产区，所产白芍称"杭白芍"。

4.7.1.3　白芍

呈圆柱形，平直或稍弯曲，长 5.0~18cm，直径 0.4~3.0cm。表面棕红色、淡棕红色或类白色，光洁或有纵皱纹及细根痕，偶有残存的棕褐色外皮。质坚实，不易折断，断面较平坦，微带棕红色或类白色，形成层环明显，射线放射状。

4.7.1.4　黑白芍

表面棕黑色，较粗糙。断面形成层环不明显。

4.7.1.5　杭白芍

呈圆柱形,表面棕色或浅棕色,较粗糙,有明显的纵皱纹及细根痕。质坚实而重,不易折断,断面灰白色或微带棕色,角质样,木部有放射状纹理。

4.7.1.6　白芍片

将白芍洗净,润透,切片,干燥。呈类圆形或柳叶形的片,圆片直径 0.4~3.0cm,厚 0.1~0.2cm 或 0.2~0.4cm;柳叶形片长 2.0~7.0cm,宽 0.4~2.0cm,厚 0.2~0.4cm。外皮棕红色、淡棕红色或类白色,平滑。切面微带棕红色或类白色,形成层环明显,可见稍隆起的筋脉纹呈放射状排列。

4.7.1.7　杭白芍片

外皮棕色或浅棕色,较粗糙,有明显的纵皱纹及细根痕。切面灰白色或微带棕色,角质样,有放射状纹理。

4.7.2　规格要素说明及名词解释

4.7.2.1　直径和长度

测量白芍个中部的直径和两端之间的长度。

4.7.2.2　片形

白芍一般加工成圆片或斜片,以圆片居多。圆片为横切片,呈类圆形,斜片为斜切片,呈柳叶状也称柳叶片。

4.7.2.3　厚度

白芍圆片有厚片和薄片两种,以加工厚片居多。厚片厚度为 0.2~0.4cm,薄片厚度为 0.1~0.2cm。

4.7.2.4　新货/陈货

新货:为当年采收的白芍加工成的片,存放时间不超过 1 年。新货白芍片外皮淡棕红色或类白色,切面类白色或微带棕红色。市场流通中白芍片以新货居多。

陈货:存放时间 1 年以上的白芍加工成的片,或加工成片之后存放时间 1 年以上。陈货白芍片外皮外皮棕红色、浅黄色,切面浅黄色或微带棕红色。

4.7.2.5　不规则片

在加工中碎裂或折断的白芍片,以及白芍横切圆片时切口不正形成的条状片均属不规则片。不规则片的比例受加工设备、加工方式和技术影响,规格等级较高的白芍片,要拣除不规则片。

4.7.2.6　黄片、地狗眼与黑片、中空个(片)、夹生个(片)

白芍切片之后烘干,温度过高导致部分片切面变黄,称为"黄片"。白芍在生长过程遇到病虫产生坑洞(晒干之后呈黑色),习称"地狗眼",切片之后可以看到明显的黑斑,称为"黑片"。白芍芯部中空(外部性状无变化)为"中空个","中空个"切的片中部为空洞,称为"中空片"。白芍在加工过程中水煮不充分为"夹生个",切片之后切面呈白色环纹状,为"夹生片"。规格等级较高的白芍片,要拣除黄片、地狗眼与黑片、中空个(片)、夹生个(片)。(图 0007-12)

4.7.2.7　狗头片

白芍在采挖之后一般要切除根条头部的根状茎,未切除或未切净者,根状茎部分切片称为"狗头片"。

4.7.2.8　干枯个

白芍原植物未到采挖期便枯死,然后加工形成的白芍,外皮干皱,无光泽,表面黄白色,竖纹较明显,断面黄白色,无粉性。

4.7.2.9　灰末

在加工、存放和运输过程中,白芍片因摩擦而产生粉末,一般用孔径 0.2cm 筛子筛除。

4.7.2.10　含硫情况

无硫加工:白芍加工过程中不熏硫。无硫加工的白芍片外皮淡棕红色,切面类白色或微带棕红色,部分片微翘,不平整。近年无硫加工白芍片增多。

有硫加工:为便于加工和美观,加工过程是将白芍水煮后,熏硫,晒干,润透,再熏硫,切片。所得白芍片外皮类白色,切面白色,平整,粉性强。或者仅水煮后熏硫,润透后不再熏硫,则切片含硫较低,颜色与无硫加工片相近。

4.7.3 规格等级定义(表4-8,表4-9)

4.7.3.1 白芍特级 2.2以上

白芍,手工挑选,使直径2.2cm以上的个重量占比不低于90%,长度不低于5.0cm,地狗眼、干枯、中空、夹生个重量占比不超过1%。

4.7.3.2 白芍一级 1.8~2.2

白芍,手工挑选,使直径在1.8~2.2cm的个重量占比不低于90%,长度不低于5.0cm,地狗眼、干枯、中空、夹生个重量占比不超过1%。

4.7.3.3 白芍二级 1.6~1.8

白芍,挑选使直径在1.6~1.8cm的个重量占比不低于90%,长度不低于5.0cm,地狗眼、干枯、中空、夹生个重量占比不超过1%。

4.7.3.4 白芍三级 1.2~1.6

白芍,手工挑选,使直径在1.2~1.6cm的个重量占比不低于90%,长度不低于5.0cm,地狗眼、干枯、中空、夹生个重量占比不超过1%。

4.7.3.5 白芍四级 0.6~1.2

白芍,手工挑选,使直径在0.6~1.2cm的个重量占比不低于90%,长度不低于5.0cm,地狗眼、干枯、中空、夹生个重量占比不超过1%。

4.7.3.6 尾芍

白芍,挑选剩余直径在0.6cm以下的白芍,地狗眼、干枯、中空、夹生个重量占比不超过5%。

4.7.3.7 白芍一二级

白芍,手工挑选,使直径1.8cm以上的个重量占比不低于40%,1.6cm以上(含1.8cm以上)的个重量占比不低于90%,地狗眼、干枯、中空、夹生个重量占比不超过5%。

4.7.3.8 白芍三四级

白芍,手工挑选,使直径1.2cm以上的个重量占比不少于40%,0.6cm以上(含1.2cm以上)的个重量占比不低于90%,地狗眼、干枯、中空、夹生个重量占比不超过5%。

4.7.3.9 黑白芍一二级

黑白芍,手工挑选,使直径1.8cm以上的个重量占比不低于40%,1.6cm以上(含1.8cm以上)的个重量占比不低于90%,地狗眼、干枯、中空个重量占比不超过5%。

4.7.3.10 黑白芍三四级

黑白芍,手工挑选,使直径1.2cm以上的个重量占比不少于40%,0.6cm以上(含1.2cm以上)的个重量占比不低于90%,地狗眼、干枯、中空个重量占比不超过5%。

4.7.3.11 黑白芍小统

黑白芍,手工挑选,使直径0.6cm以上的个重量占比不低于50%,地狗眼、干枯、中空个重量占比不超过5%。

4.7.3.12 杭白芍选货

杭白芍,手工挑选,直径1.2cm以上的个重量占比不低于90%,地狗眼、干枯、夹生个重量占比不超过5%。

4.7.3.13 杭白芍统货

杭白芍,不挑选,直径1.2cm以上的个重量占比不低于50%,地狗眼、干枯、中空、夹生个重量占比不超过5%。

4.7.3.14 白芍圆片大选片 1.6 以上

选取直径较大（多为一、二级）的白芍切圆片，原片筛出直径 1.6cm 或 1.8cm 以上的片不低于 90%，拣除不规则片、黄片、黑片、中空片、夹生片，不规则片重量占比不超过 5%，黄片、黑片、中空片、夹生片重量占比不超过 5%，狗头片重量占比不超过 0.5%。（图 0007-1）

4.7.3.15 白芍圆片大统片 1.6 以上

选取直径较大（多为一、二级）的白芍切圆片，原片，筛出直径 1.6cm 或 1.8cm 以上的片不低于 90%，不规则片重量占比不超过 20%，黄片、黑片、中空片、夹生片重量占比不超过 5%，狗头片重量占比不超过 0.5%。（图 0007-2）

4.7.3.16 白芍圆片中选片 1.2~1.6

选取直径中等（多为二、三级白芍，中部直径 1.0cm 以上）的白芍切圆片，原片，用双筛筛出直径 1.2~1.6cm 之间的片，直径 1.2~1.6cm 之间的片不低于 90%，不规则片重量占比不超过 20%，黄片、黑片、中空片、夹生片重量占比不超过 5%，狗头片重量占比不超过 0.5%。（图 0007-3）

4.7.3.17 白芍圆片中统片 1.2 以上

选取直径中等（多为二、三级白芍，中部直径 1.0cm 以上）的白芍切圆片，原片，筛出直径 1.2cm 以上的片不低于 90%，不规则片重量占比不超过 20%，黄片、黑片、中空片、夹生片重量占比不超过 5%，狗头片重量占比不超过 0.5%。（图 0007-4）

4.7.3.18 白芍圆片中小统片 0.8~1.6

选取直径较小（多为三、四级白芍，中部直径 0.7cm 以上）的白芍切圆片，原片，用双筛筛出直径 0.8~1.6cm 之间的片，直径 0.8~1.6cm 以上的片不低于 90%，不规则片重量占比不超过 20%，黄片、黑片、中空片、夹生片重量占比不超过 5%，狗头片重量占比不超过 0.5%。（图 0007-5）

4.7.3.19 白芍圆片中小统片 0.2~1.6

选取直径较小（多为三、四级白芍，中部直径 0.7cm 以上）的白芍切圆片，原片，用双筛筛出直径 0.2~1.6cm 之间的片，直径 0.2~1.6cm 以上的片不低于 90%，不规则片重量占比不超过 20%，黄片、黑片、中空片、夹生片重量占比不超过 5%，狗头片重量占比不超过 0.5%。（图 0007-6）

4.7.3.20 白芍圆片小统片 0.2~1.2

原片，白芍切片之后筛出的直径 1.2cm 以下的白芍片，再用 0.2cm 筛子除杂质，直径 0.2~1.2cm 以上的片不低于 90%，不规则片重量占比不超过 20%，黄片、黑片、中空片、夹生片重量占比不超过 5%，狗头片重量占比不超过 0.5%。（图 0007-7）

4.7.3.21 白芍斜片大选片 0.8 以上

选取直径中等（多为二、三级白芍，中部直径 1.0cm 以上）的白芍切斜片，原片，长 5cm 以上，宽 0.8cm 以上的片不低于 90%，不规则片重量占比不超过 5%，黄片、黑片、中空片、夹生片重量占比不超过 5%，狗头片重量占比不超过 0.5%。（图 0007-8）

4.7.3.22 白芍斜片统片

选取直径较小（多为三、四级白芍，中部直径 0.7cm 以上）的白芍原药切斜片，原片，长 2~7cm，宽 0.5cm 以上的片不低于 60%，不规则片重量占比不超过 5%，黄片、黑片、中空片、夹生片重量占比不超过 5%，狗头片重量占比不超过 0.5%，0.2cm 以下灰末重量占比不超过 0.5%。（图 0007-9）

4.7.3.23 白芍薄片统片

选取直径中等或较小（二至四级白芍，中部直径 0.7cm 以上）的白芍切薄片，再筛选，直径 0.1cm 以上的片不低于 90%，不规则片重量占比不超过 20%，黄片、黑片、中空片、夹生片重量占比不超过 5%，狗头片重量占比不超过 0.5%。（图 0007-10）

4.7.3.24 黑白芍统片

黑白芍切圆片，原片，直径 1.0cm 以上的片重量占比不低于 30%，不规则片重量占比不超过 20%，狗头片重

量占比不超过 0.5%。（图 0007-11）

4.7.3.25　杭白芍选片

以杭白芍选货切片，或以杭白芍统货切片后筛选，直径 1.2cm 以上的片重量占比不低于 90%，不规则片重量占比不超过 5%、黄片、黑片、中空片、夹生片重量占比不超过 5%，狗头片重量占比不超过 0.5%。

4.7.3.26　杭白芍统片

杭白芍统货切片，原片，不筛选，直径 1.2cm 以上的片不低于 50%，不规则片重量占比不超过 20%、黄片、黑片、中空片、夹生片重量占比不超过 5%，狗头片重量占比不超过 0.5%。

表 4-8　中药材商品电子交易规格等级标准——白芍

序号	品名	规格名称	流通俗称	长度/cm	大个重量占比	地狗眼、干枯、中空、夹生个重量占比	含硫情况	虫蛀霉变	干度
1	白芍	白芍特级 2.2 以上	特级	≥5.0	直径 2.2cm 以上的个 ≥90%	≤1%	有硫加工／无硫加工	无	干货
2	白芍	白芍一级 1.8~2.2	一级	≥5.0	直径 1.8~2.2cm 的个 ≥90%	≤1%	有硫加工／无硫加工	无	干货
3	白芍	白芍二级 1.6~1.8	二级	≥5.0	直径 1.6~1.8cm 的个 ≥90%	≤1%	有硫加工／无硫加工	无	干货
4	白芍	白芍三级 1.2~1.6	三级	≥5.0	直径 1.2~1.6cm 的个 ≥90%	≤1%	有硫加工／无硫加工	无	干货
5	白芍	白芍四级 0.6~1.2	四级	≥5.0	直径 0.6~1.2cm 的个 ≥90%	≤1%	有硫加工／无硫加工	无	干货
6	白芍	尾芍	尾芍	——	直径 0.6cm 以下	≤5%/≤2%	有硫加工／无硫加工	无	干货
7	白芍	白芍一二级	一二级	——	直径 1.8cm 以上的个 ≥40%，直径 1.6cm 以上的个 ≥90%	≤5%/≤2%	有硫加工／无硫加工	无	干货
8	白芍	白芍三四级	三四级	——	直径 1.2cm 以上的个 ≥40%，直径 0.6cm 以上的个 ≥90%	≤5%/≤2%	有硫加工／无硫加工	无	干货
9	白芍	黑白芍一二级	——	——	直径 1.8cm 以上的个 ≥40%，直径 1.6cm 以上的个 ≥90%	≤5%/≤2%	无硫加工	无	干货
10	白芍	黑白芍三四级	——	——	直径 1.2cm 以上的个 ≥40%，直径 0.6cm 以上的个 ≥90%	≤5%/≤2%	无硫加工	无	干货
11	白芍	黑白芍小统	——	——	直径 0.6cm 以上的个 ≥50%	≤5%/≤2%	无硫加工	无	干货
12	白芍	杭白芍选货	——	——	直径 1.2cm 以上的个 ≥90%	≤5%/≤2%	无硫加工	无	干货
13	白芍	杭白芍统货	——	——	直径 1.2cm 以上的个 ≥50%	≤5%/≤2%	无硫加工	无	干货

表 4-9　中药材商品电子交易规格等级标准——白芍（续）

序号	品名	规格名称	流通俗称	片形	大片重量占比	不规则片重量占比	黄片、黑片、中空片、夹生片重量占比	狗头片重量占比	含硫情况	虫蛀霉变	干度
14	白芍	白芍圆片大选片 1.6 以上	大选片	圆片	直径 ≥1.6cm 的片 ≥90%/直径 ≥1.8cm 的片 ≥90%	≤5%/≤2%	≤5%/≤2%	≤0.5%	有硫加工／无硫加工	无	干货
15	白芍	白芍圆片大统片 1.6 以上	大统片	圆片	直径 ≥1.6cm 的片 ≥90%/直径 ≥1.8cm 的片 ≥90%	≤20%/≤10%	≤5%/≤2%	≤0.5%	有硫加工／无硫加工	无	干货
16	白芍	白芍圆片中选片 1.2~1.6	中选片	圆片	直径 1.2~1.6cm 的片 ≥90%	≤20%/≤10%	≤5%/≤2%	≤0.5%	有硫加工／无硫加工	无	干货
17	白芍	白芍圆片中统片 1.2 以上	中统片	圆片	直径 ≥1.2cm 的片 ≥90%	≤20%/≤10%	≤5%/≤2%	≤0.5%	有硫加工／无硫加工	无	干货
18	白芍	白芍圆片中小统片 0.8~1.6	中小统片	圆片	直径 0.8~1.6cm 的片 ≥90%	≤20%/≤10%	≤5%/≤2%	≤0.5%	有硫加工／无硫加工	无	干货
19	白芍	白芍圆片中小统片 0.2~1.6	中小统片	圆片	直径 0.2~1.6cm 的片 ≥90%	≤20%/≤10%	≤5%/≤2%	≤0.5%	有硫加工／无硫加工	无	干货

序号	品名	规格名称	流通俗称	片形	大片重量占比	不规则片重量占比	黄片、黑片、中空片、夹生片重量占比	狗头片重量占比	含硫情况	虫蛀、霉变	干度
20	白芍	白芍圆片小统片 0.2~1.2	小统片	圆片	直径 0.2~1.2cm 的片≥90%	≤20%/≤10%	≤5%/≤2%	≤0.5%	有硫加工/无硫加工	无	干货
21	白芍	白芍斜片大选片 0.8 以上	斜片选片	斜片	长 5.0cm 以上，宽≥0.8cm 的片≥90%	≤5%/≤2%	≤5%/≤2%	≤0.5%	有硫加工/无硫加工	无	干货
22	白芍	白芍斜片统片	斜片统片	斜片	长 2.0~7.0cm，宽≥0.5cm 的片≥60%	≤5%/≤2%	≤5%/≤2%	≤0.5%	有硫加工/无硫加工	无	干货
23	白芍	白芍薄片统片	薄片	圆片	直径 0.4cm 以上片≥90%/直径 0.6cm 以上片≥90%	≤20%/≤10%	≤5%/≤2%	≤0.5%	有硫加工/无硫加工	无	干货
24	白芍	黑白芍统片	黑白芍统片	圆片	直径≥1.0cm 的片≥30%，直径≤0.6cm 的片≥30%	≤20%/≤10%	——	≤0.5%	有硫加工/无硫加工	无	干货
25	白芍	杭白芍选片	——	圆片	直径 1.2cm 以上的片≥90%	≤5%/≤2%	≤5%/≤2%	≤0.5%	无硫加工	无	干货
26	白芍	杭白芍统片	——	圆片	直径 1.2cm 以上的片≥50%	≤20%/≤10%	≤5%/≤2%	≤0.5%	无硫加工	无	干货

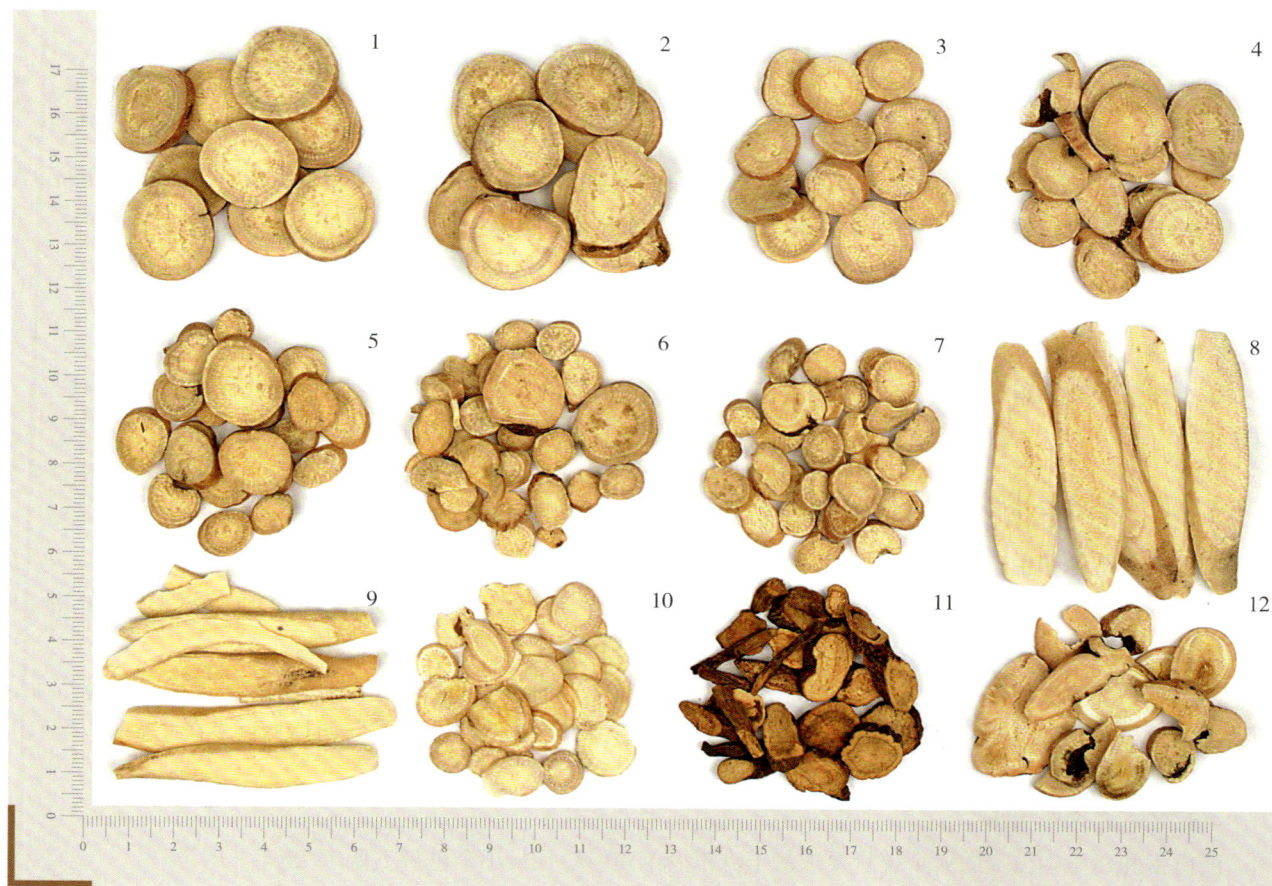

图 0007　白芍商品部分规格图示

1. 白芍圆片大选片 1.6 以上；2. 白芍圆片大统片 1.6 以上；3. 白芍圆片中选片 1.2~1.6；4. 白芍圆片中统片 1.2 以上；5. 白芍圆片中小统片 0.8~1.6；6. 白芍圆片中小统片 0.2~1.6；7. 白芍圆片小统片 0.2~1.2；8. 白芍斜片大选片 0.8 以上；9. 白芍斜片统片；10. 白芍薄片统片；11. 黑白芍统片；12. 黄片、地狗眼与黑片、中空个（片）、夹生个（片）示例

4.8 白术

4.8.1 基础数据

4.8.1.1 来源

本品为菊科植物白术 *Atractylodes macrocephala* Koidz. 的干燥根茎(《中国药典(2015 年版)》)。栽培 2 年,少数为 1 年。冬季下部叶枯黄、上部叶变脆时采挖,除去泥沙,烘干或晒干,再除去须根;或采挖后,除去泥沙,趁鲜切片,干燥。

4.8.1.2 产地

产于安徽、河北、浙江、湖北、湖南、河南、四川、重庆等地,主产于安徽亳州、河北安国、浙江。

4.8.1.3 浙白术

不规则的肥厚团块,长 3.0~13cm,直径 1.5~7.0cm,表面土黄色或灰棕色,有瘤状突起及断续的纵皱和沟纹,并有须根痕,顶端有残留茎基和芽痕。质坚硬不易折断,断面不平坦,黄棕色,有棕黄色的点状油室散在;烘干者断面角质样,色较深或有裂隙。

4.8.1.4 2 年生白术

断面黄白色或淡棕色。

4.8.1.5 1 年生白术

类圆形或类三角形团块,长 2.0~8.0cm,直径 1.0~4.0cm,断面黄白色。

4.8.1.6 浙白术片

将浙白术除去杂质,洗净,润透,切厚片,干燥。呈类圆形或不规则长片,长 1.5~8.0cm,宽 1.5~5.0cm,厚 0.3~0.5cm,外皮土黄色或灰棕色。切面黄棕色,有裂隙及棕黄色油点。

4.8.1.7 2 年生白术片

切面黄白色或淡棕色。

4.8.1.8 1 年生白术片

呈类圆形或类三角形片,长 1.0~3.5cm,直径 1.0~3.0cm,厚 0.2~0.5cm,外皮土黄色或灰棕色。切面黄白色,质紧实。

4.8.2 规格要素说明及名词解释

4.8.2.1 产地和生产年限

浙白术主产于浙江磐安、天台、新昌、仙居等地,浙江为道地产区,所产白术个大体圆,气味清香,习称"浙白术";2 年生白术主产于安徽、湖南、湖北、重庆等地;1 年生白术主产于河北、安徽、河南。

浙白术和 2 年生白术生长期为 2 年,1 年育苗,1 年移栽,俗称"大白术",切片宽(或直径)多在 2.5cm 以上,切面裂隙及棕黄色油点明显,质量较好;1 年生白术生长期为 1 年,俗称"小白术",切片直径多在 2.5cm 以下,切面无裂隙和棕黄色油点,质量较差。

4.8.2.2 白术个大小

浙白术和 2 年生白术的大个统货要求每千克不少于 40 只,且最小个重量不低于 25g。

4.8.2.3 焦枯个(片)

白术个在烘干过程,温度过高会导致其内部焦黄甚至变黑为"焦枯个",切片的切面呈焦黄色,称"焦枯片"。

4.8.2.4 走油个(片)

在贮存过程断面颜色变为棕色或黑色,质软有油润感,为"走油个(片)"。

4.8.2.5　白术片片形

纵切片为不规则长片,横切片为类圆形片。

4.8.2.6　边片

一面全为外皮的片,习称边片。

4.8.2.7　1.0cm 以下小片、茎秆、灰末

白术带少量茎秆,加工过程中未去除或未去尽,切片后掉落。白术在切片、贮存和运输过程中掉落的少量灰末。白术小片、茎秆、灰末可用 1.0cm 标准筛筛出。

4.8.2.8　加工方式

一般切制为干切,将白术润透后切片,切面多呈黄棕色,有裂隙及明显的棕黄色油点;以鲜白术切片的较少,切面多呈黄白色,无裂隙及棕黄色油点。

4.8.2.9　含硫情况

无硫加工:白术采挖后用柴烘干,切片过程中不熏硫。

有硫加工:将白术润透后熏硫,切片之后晒干。有硫加工的白术片切面黄白色或淡棕色,有裂隙及明显的棕黄色油点。有时在白术晒干前熏硫,切片过程不熏硫,切片中也含硫。目前市场流通中,以有硫加工的白术片为主。

4.8.3　规格等级定义(表 4-10,表 4-11)

4.8.3.1　浙白术大统货

浙白术,挑选大个,每千克 40 只以内,最小个重量不低于 25 克,焦枯个、走油个重量占比不超过 1%。

4.8.3.2　浙白术小统货

浙白术,挑选大个后剩余,焦枯个、走油个重量占比不超过 2%。

4.8.3.3　2 年生白术大统货

2 年生白术,挑选大个,每千克 40 只以内,最小个重量不低于 25 克,焦枯个、走油个重量占比不超过 1%。

4.8.3.4　2 年生白术小统货

2 年生白术,挑选大个后剩余,焦枯个、走油个重量占比不超过 2%。

4.8.3.5　1 年生白术统货

1 年生白术,大小均有,焦枯个、走油个重量占比不超过 2%。

4.8.3.6　浙白术长片中心片 2.0

浙白术大统货纵切片,再拣去边片。宽 2.0cm 以上的片重量占比不低于 95%,无焦枯片、走油片,无 1.0cm 以下小片、茎秆、灰末。

4.8.3.7　浙白术长片大统片 2.0

浙白术大统货纵切片。宽 2.0cm 以上的片重量占比不低于 95%,无焦枯片、走油片,边片重量占比不超过 5%,无 1.0cm 以下小片、茎秆、灰末。

4.8.3.8　浙白术长片统片

浙白术大统货纵切片。宽 2.0cm 以上的片重量占比不低于 70%,边片重量占比不超过 20%,焦枯片、走油片重量占比不超过 1%,无 1.0cm 以下小片、茎秆、灰末。

4.8.3.9　2 年生白术长片中心片 2.0

选取白术大统货纵切片,再拣去边片。宽 2.0cm 以上的片重量占比不低于 95%,无焦枯片、走油片,边片重量占比不超过 0.5%,无 1.0cm 以下小片、茎秆、灰末。(图 0008-1)

4.8.3.10　2 年生白术长片大统片 2.0

选取白术大统货纵切片。宽 2.0cm 以上的片重量占比不低于 95%,无焦枯片、走油片,边片重量占比不超过 5%,无 1.0cm 以下小片、茎秆、灰末。(图 0008-2)

4.8.3.11　2 年生白术长片统片

选取白术大统货纵切片。宽 2.0cm 以上的片重量占比不低于 70%，边片重量占比不超过 20%，焦枯片、走油片重量占比不超过 5%，1.0cm 以下小片、茎秆、灰末重量占比不超过 10%。（图 0008-3）

4.8.3.12　2 年生白术圆片中心片 1.5

选取白术大统货横切片，再拣去边片。宽 2.0cm 以上的片重量占比不低于 60%，无焦枯片、走油片，边片重量占比不超过 0.5%，无 1.0cm 以下小片、茎秆、灰末。（图 0008-4）

4.8.3.13　2 年生白术圆片大统片 1.5

选取选取白术大统货横切片。宽 2.0cm 以上的片重量占比不低于 60%，无焦枯片、走油片，边片重量占比不超过 5%，无 1.0cm 以下小片、茎秆、灰末。

4.8.3.14　2 年生白术圆片统片

选取白术大统货横切片。宽 2.0cm 以上的片重量占比不低于 50%，边片重量占比不超过 20%，焦枯片、走油片重量占比不超过 1%，1.0cm 以下小片、茎秆、灰末重量占比不超过 10%。

4.8.3.15　1 年生白术长片统片

以 1 年生白术统货纵切片。宽 2.0cm 以上的片重量占比不低于 40%，边片重量占比不超过 20%，焦枯片、走油片重量占比不超过 2%，1.0cm 以下小片、茎秆、灰末重量占比不超过 10%。（图 0008-5）

4.8.3.16　1 年生白术圆片统片

以 1 年生白术统货横切片。宽 2.0cm 以上的片重量占比不低于 40%，边片重量占比不超过 20%，焦枯片、走油片重量占比不超过 2%，1.0cm 以下小片、茎秆、灰末重量占比不超过 10%。（图 0008-6）

表 4-10　中药材商品电子交易规格等级标准——白术

序号	品名	规格名称	流通俗称	产地	生长年限	个数(/kg)	最小个重量/g	焦枯个、走油个重量占比	含硫情况	虫蛀霉变	干度
1	白术	浙白术大统货	大统货	浙江	2 年生	≤40	≥25	≤1%	有硫加工 / 无硫加工	无	干货
2	白术	浙白术小统货	小统货	浙江	2 年生	——	——	≤2%	有硫加工 / 无硫加工	无	干货
3	白术	2 年生白术大统货	大统货	湖南、湖北、重庆、安徽及其他地区	2 年生	≤40	≥25	≤1%	有硫加工 / 无硫加工	无	干货
4	白术	2 年生白术小统货	小统货	湖南、湖北、重庆、安徽及其他地区	2 年生	——	——	≤2%	有硫加工 / 无硫加工	无	干货
5	白术	1 年生白术统货	统货	河南、河北、安徽	1 年生	——	——	≤2%	有硫加工 / 无硫加工	无	干货

表 4-11　中药材商品电子交易规格等级标准——白术（续）

序号	品名	规格名称	流通俗称	产地	外观形态	2.0cm 以上片重量占比	边片重量占比	焦枯片、走油片重量占比	1.0cm 以下小片、茎秆、灰末重量占比	含硫情况	虫蛀霉变	干度
6	白术	浙白术长片中心片 2.0	中心片	浙江	外皮灰棕色，切面黄棕色，分散的棕黄色油点，微显油性，气清香	≥95%	无	无	无	有硫加工 / 无硫加工	无	干货

序号	品名	规格名称	流通俗称	产地	外观形态	2.0cm以上片重量占比	边片重量占比	焦枯片、走油片重量占比	1.0cm以下小片、茎秆、灰末重量占比	含硫情况	虫蛀、霉变	干度
7	白术	浙白术长片大统片2.0	大统片	浙江	外皮灰棕色,切面黄棕色,分散的棕黄色油点,微显油性,气清香	≥95%	≤5%	无	无	有硫加工/无硫加工	无	干货
8	白术	浙白术长片统片	统片	浙江	外皮灰棕色,切面黄棕色,分散的棕黄色油点,微显油性,气清香	≥70%	≤20%/≤10%	≤1%	无	有硫加工/无硫加工	无	干货
9	白术	2年生白术长片中心片2.0	中心片	湖南、湖北、重庆、安徽及其他地区	外皮土黄色或灰棕色,切面黄白色至淡棕色,有裂隙及棕黄色油点	≥95%	无	无	无	有硫加工/无硫加工	无	干货
10	白术	2年生白术长片大统片2.0	大统片	湖南、湖北、重庆、安徽及其他地区	外皮土黄色或灰棕色,切面黄白色至淡棕色,有裂隙及棕黄色油点	≥95%	≤5%	无	无	有硫加工/无硫加工	无	干货
11	白术	2年生白术长片统片	统片	湖南、湖北、重庆、安徽及其他地区	外皮土黄色或灰棕色,切面黄白色至淡棕色,有裂隙及棕黄色油点	≥70%/≥80%	≤20%/≤10%	≤5%/≤3%	≤10%/≤6%	有硫加工/无硫加工	无	干货
12	白术	2年生白术圆片中心片1.5	中心片	湖南、湖北、重庆、安徽及其他地区	外皮土黄色或灰棕色,切面黄白色至淡棕色,有裂隙及棕黄色油点	≥60%	无	无	无	有硫加工/无硫加工	无	干货
13	白术	2年生白术圆片大统片1.5	大统片	湖南、湖北、重庆、安徽及其他地区	外皮土黄色或灰棕色,切面黄白色至淡棕色,有裂隙及棕黄色油点	≥60%	≤5%	无	无	有硫加工/无硫加工	无	干货
14	白术	2年生白术圆片统片	统片	湖南、湖北、重庆、安徽及其他地区	外皮土黄色或灰棕色,切面黄白色至淡棕色,有裂隙及棕黄色油点	≥50%	≤20%/≤10%	≤1%	≤10%/≤6%	有硫加工/无硫加工	无	干货
15	白术	1年生白术长片统片	统片	安徽、河南、河北及其他地区	外皮土黄色或灰棕色,切面黄白色	≥40%	≤20%/≤10%	≤2%/无	≤10%/≤6%	有硫加工/无硫加工	无	干货
16	白术	1年生白术圆片统片	统片	安徽、河南、河北及其他地区	外皮土黄色或灰棕色,切面黄白色	≥40%	≤20%/≤10%/≤5%	≤2%/无	≤10%/≤6%	有硫加工/无硫加工	无	干货

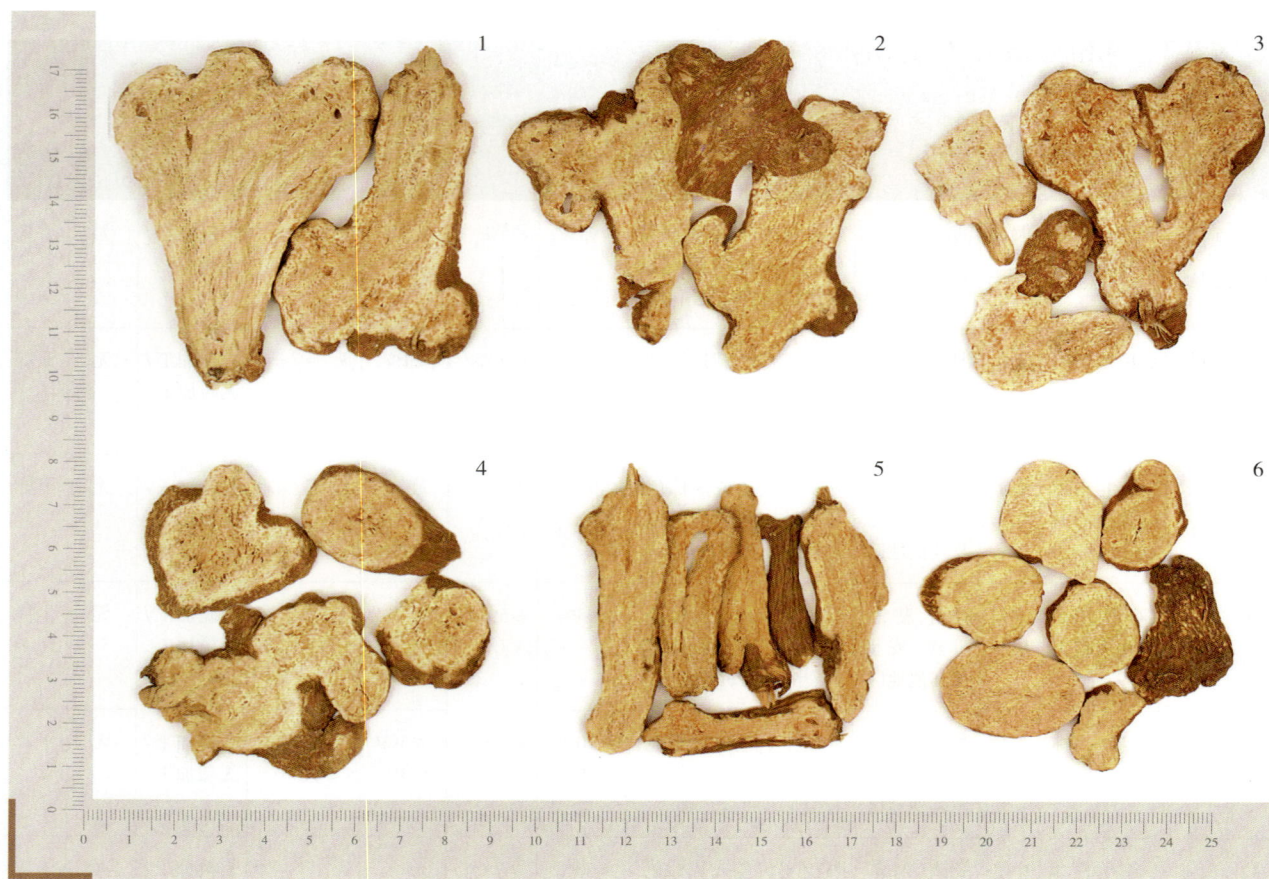

图 0008　白术商品部分规格图示

1. 2 年生白术长片中心片 2.0;2. 2 年生白术长片大统片 2.0;3. 2 年生白术长片统片;4. 2 年生白术圆片中心片 1.5;5. 1 年生白术长片统片;6. 1 年生白术圆片统片

4.9　白鲜皮

4.9.1　基础数据

4.9.1.1　来源

本品为芸香科植物白鲜 Dictamnus dasycarpus Turcz. 的干燥根皮(《中国药典(2015 年版)》)。野生。春、秋二季采挖根部,除去泥沙和粗皮,剥取根皮,干燥。

4.9.1.2　产地

产于黄河以北,主产于东北三省及内蒙古东部。

4.9.1.3　白鲜皮性状

呈卷筒状(或未去芯的圆柱状),长 5.0~15cm,直径 0.3~2.0cm,厚 0.1~0.5cm。外表面灰白色或淡灰黄色,具细纵皱纹和细根痕,常有突起的颗粒状小点;内表面类白色,有细纵纹。质脆,折断时有粉尘飞扬,断面不平坦,略呈层片状,剥去外层,迎光可见闪烁的小亮点。有羊膻气,味微苦。

4.9.1.4　白鲜皮片加工和性状

除去杂质,洗净,稍润,切厚片,干燥。呈不规则的厚片。

4.9.2 规格要素说明及名词解释

4.9.2.1 抽芯率
木质芯为非药用部位,应趁鲜未干时抽去,抽芯率越高,等级越高。

4.9.2.2 直径
白鲜生长年限越长,根条越粗,抽芯越容易。加工好的白鲜皮片多使用 0.8cm 和 0.6cm 的筛子进行分级,0.4cm 以下的则为小片和切碎的碎片。

4.9.2.3 芦头
白鲜地下根与地上茎的结合部位,也称为"花头",一般应去掉。(图 0009-6)

4.9.3 规格等级定义(表 4-12,表 4-13)

4.9.3.1 白鲜皮大选条
选取直径 0.7cm 以上抽芯个,大部分无芦头或芦头长 1cm 以内,抽芯率 95% 以上。

4.9.3.2 白鲜皮小选条
选取直径 0.3~1.0cm 的抽芯个,大部分无芦头或芦头长 1cm 以内,抽芯率 80% 以上。

4.9.3.3 白鲜皮统个
大小不分,部分抽芯,芦头长 3.0cm 以内,抽芯率 60% 以上。

4.9.3.4 白鲜皮未抽芯统个
大小不分,不抽芯,芦头长 3.0cm 以内。

4.9.3.5 白鲜皮精选片抽芯 95% 以上
选直径 1.0cm 以上的白鲜皮个子切片,抽芯率不低于 95%,芦头片重量占比不超过 1%,直径 0.8cm 以上片重量占比不低于 90%,直径 0.6cm 以下片重量占比不超过 5%。(图 0009-1)

4.9.3.6 白鲜皮选片抽芯 90% 以上
选直径 1.0cm 左右的白鲜皮个子切片,抽芯率不低于 90%,芦头片重量占比不超过 5%,直径 0.6cm 以上片重量占比不低于 70%,直径 0.4cm 以下片重量占比不超过 5%。(图 0009-2)

4.9.3.7 白鲜皮统片抽芯 80% 以上
选抽芯率较高的白鲜皮小条切片,抽芯率不低于 80%,芦头片重量占比不超过 10%,直径 0.6cm 以上片不低于 40%,直径 0.4cm 以下片重量占比不超过 10%。(图 0009-3)

4.9.3.8 白鲜皮统片抽芯 40% 以上
抽芯率较低的白鲜皮小条切片,抽芯率不低于 40%,芦头片重量占比不超过 20%,直径 0.6cm 以上片重量占比不低于 20%,直径 0.4cm 以下片重量占比不超过 20%。(图 0009-4)

4.9.3.9 白鲜皮未抽芯统片
未抽芯或抽芯率很低的白鲜皮个子切片,芦头片重量占比不超过 20%,直径 0.6cm 以上片重量占比不低于 10%,直径 0.4cm 以下重量占比不超过 20%。(图 0009-5)

表 4-12 中药材商品电子交易规格等级标准——白鲜皮

序号	品名	规格名称	流通俗称	抽芯率	直径 /cm	芦头长度 /cm	虫蛀、霉变	干度
1	白鲜皮	白鲜皮大选条	大选	≥95%	≥0.7	≤1	无	干货
2	白鲜皮	白鲜皮小选条	小选	≥80%	0.3~1.0	≤1	无	干货
3	白鲜皮	白鲜皮统条	统条	≥60%	——	≤3	无	干货
4	白鲜皮	白鲜皮未抽芯统条	统棍	——	——	≤3	无	干货

表 4-13　中药材商品电子交易规格等级标准——白鲜皮（续）

序号	品名	规格名称	流通俗称	抽芯率	直径 0.8cm 以上片重量占比	直径 0.6cm 以上片重量占比	芦头片重量占比	直径 0.6cm 以下片重量占比	直径 0.4cm 以下重量占比	虫蛀、霉变	干度
5	白鲜皮	白鲜皮精选片抽芯 95% 以上	精选	≥95%	≥90%	——	≤1%	≤5%/≤3%/无	——	无	干货
6	白鲜皮	白鲜皮选片抽芯 90% 以上	选	≥90%	——	≥70%/≥90%	≤5%/≤3%	——	≤5%/≤3%	无	干货
7	白鲜皮	白鲜皮统片抽芯 80% 以上	统	≥80%	——	≥40%/≥50%/≥60%	≤10%/≤5%	——	≤10%/≤5%	无	干货
8	白鲜皮	白鲜皮统片抽芯 40% 以上	次统	≥40%/≥60%	——	≥20%/≥30%	≤20%/≤10%	——	≤20%/≤10%	无	干货
9	白鲜皮	白鲜皮未抽芯统片	等外	未抽芯	——	≥10%	≤20%/≤10%	——	≤20%/≤10%	无	干货

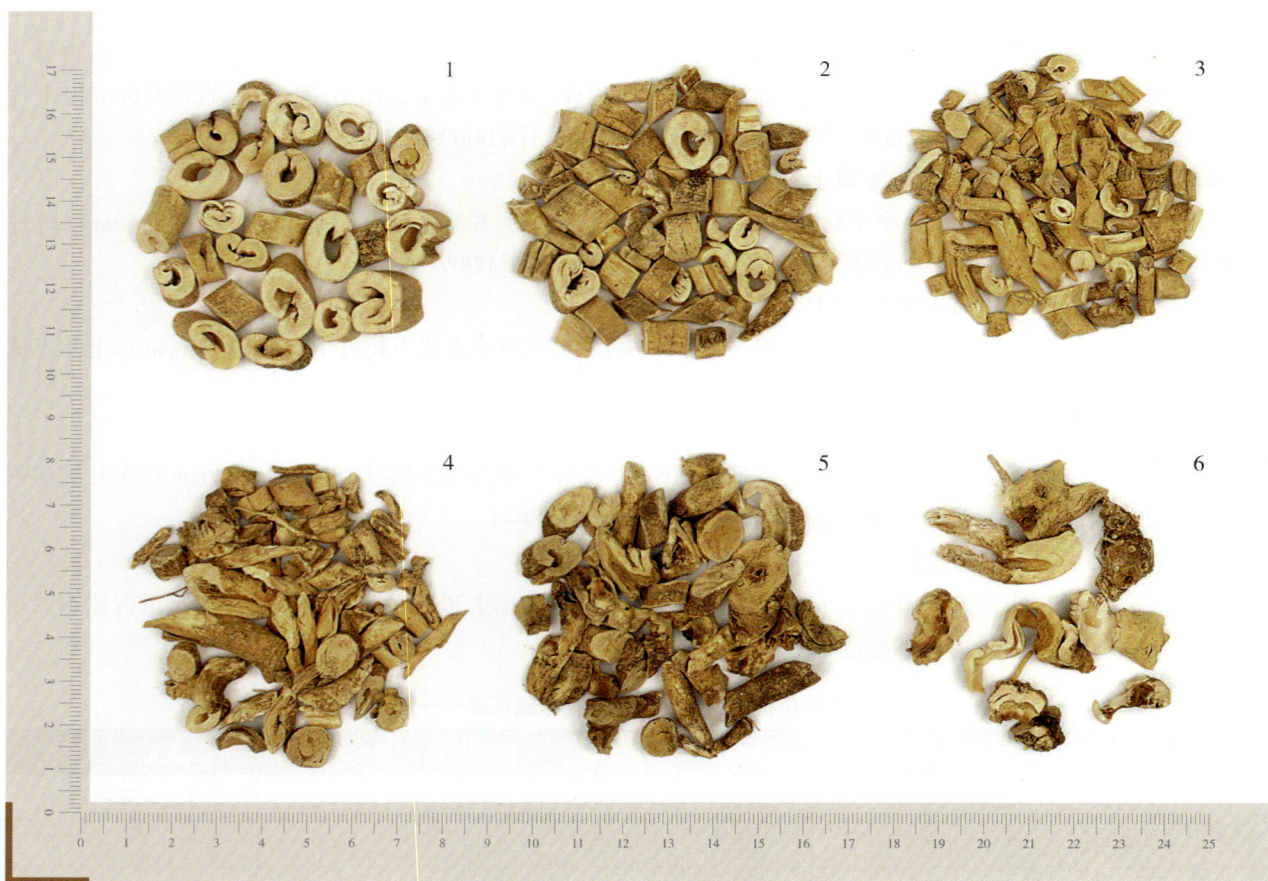

图 0009　白鲜皮商品部分规格图示

1. 白鲜皮精选片抽芯 95% 以上；2. 白鲜皮选片抽芯 90% 以上；3. 白鲜皮统片抽芯 80% 以上；4. 白鲜皮统片抽芯 40% 以上；
5. 白鲜皮未抽芯统片；6. 白鲜皮"芦头"

4.10　白芷

4.10.1　基础数据

4.10.1.1　来源

本品为伞形科植物白芷 *Angelica dahurica*（Fisch. ex Hoffm.）Benth. et Hook. f. 或杭白芷 *Angelica dahurica*（Fisch. ex Hoffm.）Benth. et Hook. f. var. *formosana*（Boiss.）Shan et Yuan 的干燥根（《中国药典（2015 年版）》）。栽培 1 年。夏、秋间叶黄时采挖，除去须根和泥沙，熏硫后炕干或晒干，或者熏硫和烘炕交替进行至干，或鲜切片，晒干或炕干。

4.10.1.2　产地

产于四川、安徽、河北、河南、浙江、重庆等地，主产于四川遂宁、安岳，安徽亳州，河南禹州，河北安国。不同的产地外皮颜色不一样，四川遂宁产外皮灰褐色，四川安岳产外皮棕红色，安徽亳州产外皮灰黄色，河北安国产外皮土黄色。

4.10.1.3　白芷

呈长圆锥形，长 10~25cm，直径 1.5~2.5cm。根头部钝四棱形或近圆形，具纵皱纹、支根痕及皮孔样的横向突起，有的排列成四纵行。顶端有凹陷的茎痕。质坚实，断面白色或灰白色，粉性，形成层环棕色，近方形或近圆形，皮部散有多数棕色油点。气芳香，味辛、微苦。

4.10.1.4　切片加工

传统熏硫加工：干白芷个通过蒸气蒸润后机器加工成片，熏硫，晒干或炕干。

无硫加工是将鲜白芷个洗净后机器切片，晒干或热气炕干。

4.10.1.5　白芷片

呈类圆形的厚片。直径 0.5~3.0cm，厚 0.2~0.4cm。有硫加工片切面白色或灰白色，具粉性，形成层环棕色，皮部散有多数棕色油点。无硫加工片切面颜色浅棕黄色，无粉性。气芳香，味辛、微苦。

4.10.2　规格要素说明及名词解释

4.10.2.1　白芯子个

断面白色，为好货。陈货、未熏硫或硫黄未熏透的个子断面颜色变深，呈黄色或黄褐色。

4.10.2.2　支数 /kg

每千克白芷的个数。

4.10.2.3　去尾

去除根端部尾须。

4.10.2.4　新货 / 陈货

新货断面为白色，陈货断面为黄色。

4.10.2.5　泛油个（片）

加工过程中未熏硫或者熏硫少，存放时间长容易导致断面（切面）颜色变深，片子则油润变软。

4.10.2.6　黄片、油片

有硫加工，如果硫黄未熏透，颜色泛黄的片称"黄片"。加工过程中熏硫少，存放时间长导致颜色变深，片子则油润变软的片称"油片"。

4.10.2.7　含硫情况

白芷传统加工方法为熏硫加工，个子和切片多个环节熏硫，存入仓库后还要定期熏硫改善颜色和防虫保管。

近年才开始发展无硫加工。

4.10.2.8　虫蛀、霉变

白芷易生虫、生霉,防止生虫、生霉的传统方法为熏硫储存,而无硫白芷储存则是低温库保存或存放过程用磷化铝熏蒸。

4.10.3　规格等级定义(表4-14,表4-15)

4.10.3.1　川白芷新货大选货

川白芷,挑选25支/kg以内,去尾,白芯个不低于90%,无泛油个,无虫蛀霉变个,无0.5cm以下的灰渣。

4.10.3.2　川白芷陈货大选货

川白芷,挑选25支/kg以内,去尾,白芯个不低于40%,泛油个不超过40%,无0.5cm以下的灰渣。

4.10.3.3　川白芷新货中选货

川白芷,挑选100支/kg以内,去尾,白芯个不低于90%,无泛油个,无虫蛀霉变个,无0.5cm以下的灰渣。

4.10.3.4　川白芷陈货中选货

川白芷,挑选100支/kg以内,去尾,白芯个不低于40%,泛油个不超过40%,无0.5cm以下的灰渣。

4.10.3.5　川白芷尾节

川白芷,泛油个不超过40%,0.5cm以下的灰渣杂质不超过5%。

4.10.3.6　川白芷无硫大选片2.0

产于四川,无硫加工,挑选直径较大的白芷个切片,直径2.0cm以上片重量占比不低于60%,直径(宽)1.0cm以下整片及碎片重量占比不超过5%,无黄片、油片,无0.3cm以下灰渣。

4.10.3.7　川白芷无硫中选片1.5

产于四川,无硫加工,挑选直径中等的白芷个切片,直径1.5cm以上片重量占比不低于60%,直径(宽)1.0cm以下整片及碎片重量占比不超过15%,无黄片、油片,无0.3cm以下灰渣。(图0010-1)

4.10.3.8　川白芷无硫统片

产于四川,无硫加工,用白芷统个切片,直径1.5cm以上片重量占比不低于30%,直径(宽)1.0cm以下整片及碎片重量占比不超过40%,无黄片、油片,0.3cm以下灰渣重量占比不超过3%。

4.10.3.9　川白芷无硫小片

产于四川,无硫加工,挑选直径较小的白芷切片,直径(宽)1.0cm以下整片及碎片重量占比不超过40%,无黄片、油片,0.3cm以下灰渣重量占比不超过3%。

4.10.3.10　川白芷大选片2.0

产于四川,多为有硫加工,挑选直径较大的白芷个切片,直径2.0cm以上片重量占比不低于60%,直径(宽)1.0cm以下整片及碎片重量占比不超过5%,黄片、油片重量占比不超过10%,无0.3cm以下灰渣。

4.10.3.11　川白芷中选片1.5

产于四川,多为有硫加工,挑选直径中等的白芷个切片,直径1.5cm以上片重量占比不低于60%,直径(宽)1.0cm以下整片及碎片重量占比不超过15%,黄片、油片重量占比不超过10%,无0.3cm以下灰渣。(图0010-2)

4.10.3.12　川白芷统片

产于四川,多为有硫加工,用白芷统个切片,直径1.5cm以上片重量占比不低于30%,直径(宽)1.0cm以下整片及碎片重量占比不超过40%,黄片、油片重量占比不超过15%,0.3cm以下灰渣重量占比不超过3%。

4.10.3.13　川白芷小片

产于四川,多为有硫加工,挑选直径较小的白芷切片,直径(宽)1.0cm以下整片及碎片重量占比不超过40%,黄片、油片重量占比不超过20%,0.3cm以下灰渣重量占比不超过3%。

4.10.3.14 亳白芷无硫大选片 2.0

产于安徽、河南及其他华中地区,无硫加工,挑选直径较大的白芷个切片,直径 2.0cm 以上片重量占比不低于 60%,直径(宽)1.0cm 以下整片及碎片重量占比不超过 5%,无黄片、油片,无 0.3cm 以下灰渣。

4.10.3.15 亳白芷无硫中选片 1.5

产于安徽、河南及其他华中地区,无硫加工,挑选直径中等的白芷个切片,直径 1.5cm 以上片重量占比不低于 60%,直径(宽)1.0cm 以下整片及碎片重量占比不超过 15%,无黄片、油片,无 0.3cm 以下灰渣重量占比不超过 1%。(图 0010-3)

4.10.3.16 亳白芷无硫统片

产于安徽、河南及其他华中地区,无硫加工,用白芷统个切片,直径 1.5cm 以上片重量占比不低于 40%,直径(宽)1.0cm 以下整片及碎片重量占比不超过 40%,无黄片、油片,0.3cm 以下灰渣重量占比不超过 3%。

4.10.3.17 亳白芷无硫小片

产于安徽、河南及其他华中地区,无硫加工,挑选直径较小的白芷切片,直径(宽)1.0cm 以下整片及碎片重量占比不超过 40%,无黄片、油片,0.3cm 以下灰渣重量占比不超过 3%。(图 0010-4)

4.10.3.18 亳白芷大选片 2.0

产于安徽、河南及其他华中地区,多为有硫加工,挑选直径较大的白芷个切片,直径 2.0cm 以上片重量占比不低于 60%,直径(宽)1.0cm 以下整片及碎片重量占比不超过 5%,黄片、油片重量占比不超过 10%,无 0.3cm 以下灰渣。

4.10.3.19 亳白芷中选片 1.5

产于安徽、河南及其他华中地区,多为有硫加工,挑选直径中等的白芷个切片,直径 1.5cm 以上片重量占比不低于 60%,直径(宽)1.0cm 以下整片及碎片重量占比不超过 15%,黄片、油片重量占比不超过 10%,无 0.3cm 以下灰渣。(图 0010-5)

4.10.3.20 亳白芷统片

产于安徽、河南及其他华中地区,多为有硫加工,用白芷统个切片,直径 1.5cm 以上片重量占比不低于 40%,直径(宽)1.0cm 以下整片及碎片重量占比不超过 40%,黄片、油片重量占比不超过 15%,0.3cm 以下灰渣重量占比不超过 3%。

4.10.3.21 亳白芷小统片

产于安徽、河南及其他华中地区,多为有硫加工,挑选直径较小的白芷切片,直径(宽)1.0cm 以下整片及碎片重量占比不超过 40%,黄片、油片重量占比不超过 20%,0.3cm 以下灰渣重量占比不超过 3%。(图 0010-6)

4.10.3.22 祁白芷的相应规格

产于河北及其他华北地区,规格名称、要素及参考值与亳白芷(4.10.3.9 至 4.10.3.16)相应规格一致。

表 4-14 中药材商品电子交易规格等级标准——白芷

序号	品名	规格名称	流通俗称	产地	支数(/kg)	白芯子个重量占比	泛油个重量占比	0.5cm 以下灰渣重量占比	去尾与否	含硫情况	虫蛀、霉变	干度
1	白芷	白芷新货大选货	选货	四川遂宁/四川安岳/安徽亳州/河北安国	≤25/≤20	≥90%	无	无	去尾	有硫加工	无	干货
2	白芷	白芷陈货大选货	选货	四川遂宁/四川安岳/安徽亳州/河北安国	≤25/≤20	≥40%/无	≤40%/≤20%/无	无	去尾	有硫加工	无	干货
3	白芷	白芷新货中选货	选货	四川遂宁/四川安岳/安徽亳州/河北安国	≤100/≤80/≤60	≥90%	无	无	去尾	有硫加工	无	干货

续表

序号	品名	规格名称	流通俗称	产地	支数(/kg)	白芯子个重量占比	泛油个重量占比	0.5cm 以下灰渣重量占比	去尾与否	含硫情况	虫蛀、霉变	干度
4	白芷	白芷陈货中选个	选货	四川遂宁/四川安岳/安徽亳州/河北安国	≤100/≤80/≤60	≥40%/无	≤40%/20%/无	无	去尾	有硫加工	无	干货
5	白芷	白芷尾节	投料	四川遂宁/四川安岳/安徽亳州/河北安国	——		≤40%/20%/无	≤5%/≤2%	——	有硫加工	无	干货

表 4-15　中药材商品电子交易规格等级标准——白芷（续）

序号	品名	规格名称	流通俗称	片型	产地	大片重量占比	直径(宽)1.0cm 以下整片及碎片重量占比	黄片、油片重量占比	0.3cm 以下灰渣重量占比	含硫情况	虫蛀、霉变	干度
6	白芷	川白芷无硫大选片2.0	选货	圆片	四川遂宁、安岳	直径 2.0cm 以上片≥60%/直径 2.0cm 以上片≥70%/直径 2.0cm 以上片≥80%	≤5%	——	无	无硫加工	无	干货
7	白芷	川白芷无硫中选片1.5	选货	圆片/斜片	四川遂宁、安岳	直径(宽)1.5cm 以上片≥60%/直径(宽)1.5cm 以上片≥70%/直径(宽)1.5cm 以上片≥80%	≤15%/≤8%	——	无	无硫加工	无	干货
8	白芷	川白芷无硫统片	统片	圆片/斜片	四川遂宁、安岳	直径(宽)1.5cm 以上片≥30%/直径(宽)1.5cm 以上片≥40%/直径(宽)1.5cm 以上片≥50%	≤40%/≤30%/≤20%	——	≤3%/≤2%	无硫加工	无	干货
9	白芷	川白芷无硫小片	统货	圆片	四川遂宁、安岳	——	≤40%/≤30%/≤20%	——	≤3%	无硫加工	无	干货
10	白芷	川白芷大选片2.0	选货	圆片	四川遂宁、安岳	直径 2.0cm 以上片≥60%/直径 2.0cm 以上片≥70%/直径 2.0cm 以上片≥80%	≤5%	≤10%/≤5%	无	有硫加工	无	干货
11	白芷	川白芷中选片1.5	选货	圆片/斜片	四川遂宁、安岳	直径(宽)1.5cm 以上片≥60%/直径(宽)1.5cm 以上片≥70%/直径(宽)1.5cm 以上片≥80%	≤15%/≤8%	≤10%/≤5%	无	有硫加工	无	干货
12	白芷	川白芷统片	统片	圆片/斜片	四川遂宁、安岳	直径(宽)1.5cm 以上片≥30%/直径(宽)1.5cm 以上片≥40%/直径(宽)1.5cm 以上片≥50%	≤40%/≤30%/≤20%	≤15%/≤10%	≤3%/≤2%	有硫加工	无	干货
13	白芷	川白芷小片	统货	圆片	四川遂宁、安岳	——	≤40%/≤30%/≤20%	≤20%/≤10%	≤3%	有硫加工	无	干货

序号	品名	规格名称	流通俗称	片型	产地	大片重量占比	直径（宽）1.0cm以下整片及碎片重量占比	黄片、油片重量占比	0.3cm以下灰渣重量占比	含硫情况	虫蛀、霉变	干度
14	白芷	亳白芷无硫大选片2.0	选货	圆片	安徽、河南及其他华中地区	直径2.0cm以上片≥60%/直径2.0cm以上片≥70%/直径2.0cm以上片≥80%	≤5%	——	无	无硫加工	无	干货
15	白芷	亳白芷无硫中选片1.5	选货	圆片/斜片	安徽、河南及其他华中地区	直径（宽）1.5cm以上片≥60%/直径（宽）1.5cm以上片≥70%/直径（宽）1.5cm以上片≥80%	≤15%/≤8%	——	无	无硫加工	无	干货
16	白芷	亳白芷无硫统片	统片	圆片/斜片	安徽、河南及其他华中地区	直径（宽）1.5cm以上片≥40%/直径（宽）1.5cm以上片≥50%	≤40%/≤30%/≤20%	——	≤3%/≤2%	有硫加工	无	干货
17	白芷	亳白芷无硫小片	统货	圆片	安徽、河南及其他华中地区	——	≤40%/≤30%/≤20%	——	≤3%	无硫加工	无	干货
18	白芷	亳白芷大选片2.0	选货	圆片	安徽、河南及其他华中地区	直径2.0cm以上片≥60%/直径2.0cm以上片≥70%/直径2.0cm以上片≥80%	≤5%	≤10%/≤5%	无	有硫加工	无	干货
19	白芷	亳白芷中选片1.5	选货	圆片/斜片	安徽、河南及其他华中地区	直径（宽）1.5cm以上片≥60%/直径（宽）1.5cm以上片≥70%/直径（宽）1.5cm以上片≥80%	≤15%/≤8%	≤10%/≤5%	无	有硫加工	无	干货
20	白芷	亳白芷统片	统片	圆片/斜片	安徽、河南及其他华中地区	直径（宽）1.5cm以上片≥40%/直径（宽）1.5cm以上片≥50%	≤40%/≤30%/≤20%	≤15%/≤30%/≤10%	≤3%/≤2%	有硫加工	无	干货
21	白芷	亳白芷小片	统货	圆片	安徽、河南及其他华中地区	——	≤40%/≤30%/≤20%	≤20%/≤10%	≤3%	有硫加工	无	干货
22	白芷	祁白芷无硫大选片2.0	选货	圆片	河北及其他华北地区	直径2.0cm以上片≥60%/直径2.0cm以上片≥70%/直径2.0cm以上片≥80%	≤5%	——	无	无硫加工	无	干货
23	白芷	祁白芷无硫中选片1.5	选货	圆片/斜片	河北及其他华北地区	直径（宽）1.5cm以上片≥60%/直径（宽）1.5cm以上片≥70%/直径（宽）1.5cm以上片≥80%	≤15%/≤8%	——	无	无硫加工	无	干货
24	白芷	祁白芷无硫统片	统片	圆片/斜片	河北及其他华北地区	直径（宽）1.5cm以上片≥40%/直径（宽）1.5cm以上片≥50%	≤40%/≤30%/≤20%	——	≤3%/≤2%	有硫加工	无	干货
25	白芷	祁白芷无硫小片	统货	圆片	河北及其他华北地区	——	≤40%/≤30%/≤20%	——	≤3%	无硫加工	无	干货
26	白芷	祁白芷大选片2.0	选货	圆片	河北及其他华北地区	直径2.0cm以上片≥60%/直径2.0cm以上片≥70%/直径2.0cm以上片≥80%	≤5%	≤10%/≤5%	无	有硫加工	无	干货

序号	品名	规格名称	流通俗称	片型	产地	大片重量占比	直径（宽）1.0cm 以下整片及碎片重量占比	黄片、油片重量占比	0.3cm 以下灰渣重量占比	含硫情况	虫蛀、霉变	干度
27	白芷	祁白芷中选片 1.5	选货	圆片/斜片	河北及其他华北地区	直径（宽）1.5cm 以上片 ≥60%/ 直径（宽）1.5cm 以上片 ≥70%/ 直径（宽）1.5cm 以上片 ≥80%	≤15%/≤8%	≤10%/≤5%	无	有硫加工	无	干货
28	白芷	祁白芷统片	统片	圆片/斜片	河北及其他华北地区	直径（宽）1.5cm 以上片 ≥40%/ 直径（宽）1.5cm 以上片 ≥50%	≤40%/≤30%/≤20%	≤15%/≤30%	≤3%/≤2%	有硫加工	无	干货
29	白芷	祁白芷小片	统货	圆片	河北及其他华北地区	——	≤40%/≤30%/≤20%	≤20%/≤10%	≤3%	有硫加工	无	干货

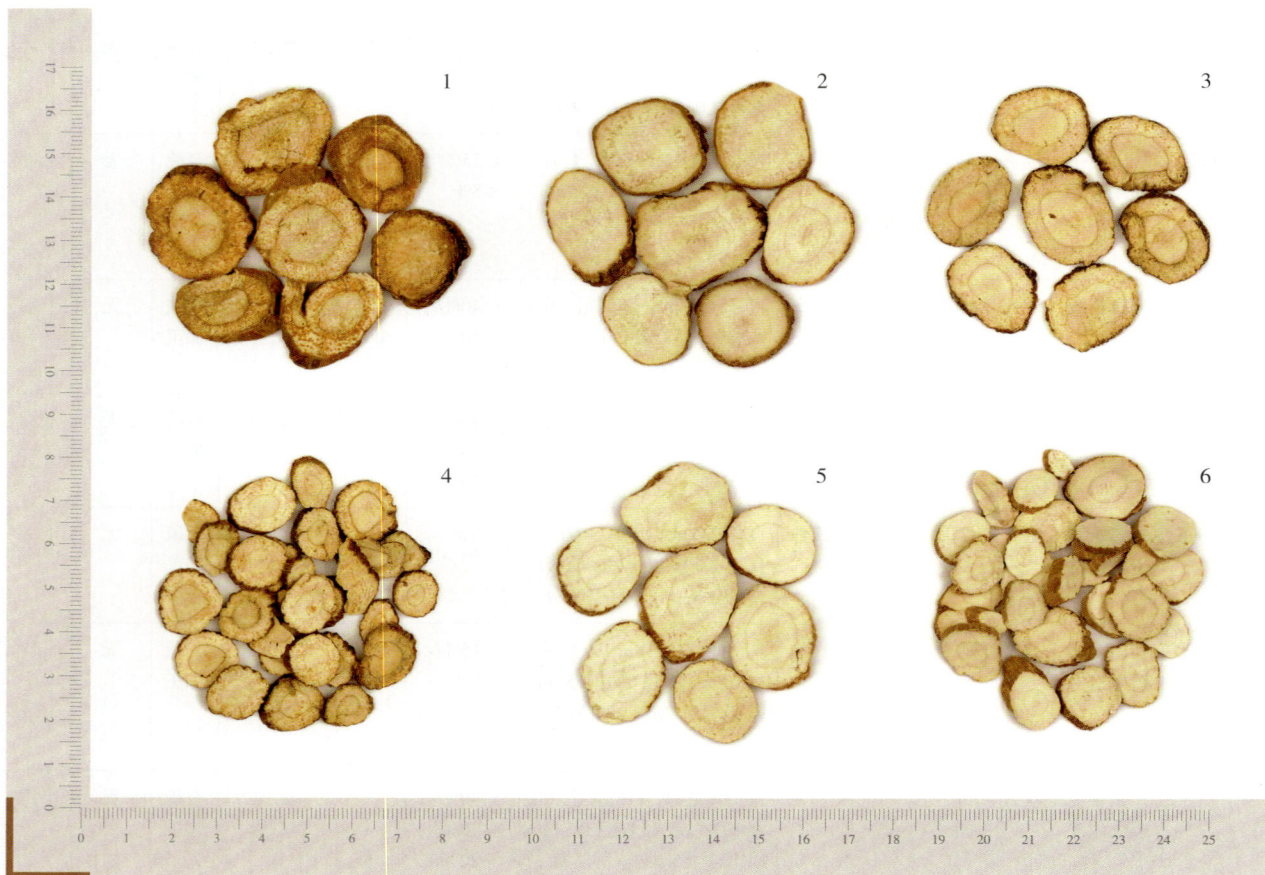

图 0010　白芷商品部分规格图示

1. 川白芷无硫中选片 1.5；2. 川白芷中选片 1.5；3. 亳白芷无硫中选片 1.5；4. 亳白芷无硫小片；5. 亳白芷中选片 1.5；6. 亳白芷小统片

4.11　百部

4.11.1　基础数据

4.11.1.1　来源

本品为百部科植物直立百部 *Stemona sessilifolia* (Miq.) Miq.、蔓生百部 *Stemona japonica* (Bl.) Miq. 或对叶百部 *Stemona tuberosa* Lour. 的干燥块根（《中国药典（2015 年版）》）。野生，少量栽培。春、秋二季采挖，除去须根，洗净，晒干，或者置沸水中略烫取出，晒干或炕干。粗壮者纵剖两瓣再干燥。

4.11.1.2　产地

产于广西、贵州、云南、湖南、湖北、四川及越南。主产于广西百色、贵州、云南及越南。

4.11.1.3　百部

呈长纺锤形或长条形，长 8.0~24cm，直径 0.8~2.0cm。表面黄白色、浅黄色、浅黄棕色至灰棕色，具深纵皱纹，质坚实，断面黄白色而角质样，或灰白色，中柱较大，髓部类白色。气微，味甘、苦。

4.11.1.4　百部片

百部药材除去杂质，洗净，润透，切厚片，干燥。不规则条形斜片或段节，长 2.0~11cm，宽（直径）0.3~1.2cm，厚 0.4~1.0cm。外皮类白色或浅黄色，切面黄白色，髓部类白色。气微，味甘、苦。

4.11.2　规格要素说明及名词解释

4.11.2.1　加工方法

有水煮后晒干（或炕干）和直接晒干（或炕干）两种加工方法。水煮后去皮干燥者表面黄白色，市场价格高；未去皮者表面浅黄色，市场价格略低。直接干燥者表面浅黄棕色或灰白色，市场价格低。

4.11.2.2　含硫情况

有硫加工：在燃煤炕干过程导致的含硫；或存放过程中为恢复黄白色而熏硫，熏硫后闻之有硫味，表面黄白色。无硫加工：煮后晒干或直接晒干，表面灰白色、浅黄色或浅黄棕色。

4.11.3　规格等级定义（表 4-16）

4.11.3.1　百部黄白色选个

挑选新鲜大个，水煮后去皮干燥，表面及断面黄白色的百部重量占比不低于 95%，中部直径 1.0cm 以上，无须根及 0.3cm 以下的灰渣。

4.11.3.2　百部统个

大小、颜色不分，须根及 0.3cm 以下的灰渣重量占比不超过 5%。

4.11.3.3　百部黄白色选片

一般用百部选个切片，表面及断面黄白色的百部片重量占比不低于 95%，无须根及 0.3cm 以下的灰渣。

4.11.3.4　百部统片

大小、颜色不分，须根及 0.3cm 以下的灰渣重量占比不超过 5%。

表 4-16 　中药材商品电子交易规格等级标准——百部

序号	品名	规格名称	流通俗称	加工方法	表面及断面黄白色的个（片）重量占比	须根及 0.3cm 以下的灰渣重量占比	含硫情况	虫蛀、霉变	干度
1	百部	百部黄白色选个	百部选个	水煮后干燥	≥95%/≥98%	无	有硫加工 / 无硫加工	无	干货
2	百部	百部统个	百部统个	直接干燥	——	≤5%/≤3%/ 无	有硫加工 / 无硫加工	无	干货
3	百部	百部黄白色选片	百部选片	水煮后干燥	≥95%/≥98%	无	有硫加工 / 无硫加工	无	干货
4	百部	百部统片	百部统片	直接干燥	——	≤5%/≤3%/ 无	有硫加工 / 无硫加工	无	干货

4.12　柏子仁

4.12.1　基础数据

4.12.1.1　来源

本品为柏科植物侧柏 *Platycladus orientalis*（L.）Franco 的干燥成熟种仁（《中国药典（2015 年版）》）。野生或栽培。秋、冬二季采收成熟种子，晒干，除去种皮，破壳，机器筛选或用水淘尽种壳，收集种仁，色选机筛选。

4.12.1.2　产地

全国大部分地区均产，主产于山东、江苏，加工地集中于山东汶上。

4.12.1.3　柏子仁

本品呈长卵形或长椭圆形，长 0.4~0.7cm，直径 0.15~0.3cm。表面黄白色或淡黄棕色，外包膜质内种皮，顶端略尖，有深褐色的小点，基部钝圆。质软，富油性。气微香，味淡。

4.12.2　规格要素说明及名词解释

4.12.2.1　种皮、黑子

种皮为未去净的种壳；黑子为鲜货加工不及时形成的霉粒，或者存放过久因走油而颜色加深至棕褐色。

4.12.2.2　碎末、碎瓣

加工破壳过程中导致种仁破碎形成的碎末和不完整粒。

4.12.2.3　虫蛀、霉变

鲜柏子仁加工不及时容易导致霉变，干货存放不当易生虫。

4.12.3　规格等级定义（表 4-17）

4.12.3.1　柏子仁精选货

用色选机高精度多次筛选，种皮、黑子重量占比不超过 1%，碎末、碎瓣重量占比不超过 0.5%。（图 0011-1）

4.12.3.2　柏子仁 98 货

用色选机筛选次数少，种皮、黑子重量占比不超过 2%，碎末、碎瓣重量占比不超过 1%。（图 0011-2）

表 4-17 　中药材商品电子交易规格等级标准——柏子仁

序号	品名	规格名称	流通俗称	种皮、黑子重量占比	碎末、碎瓣重量占比	虫蛀、霉变	干度
1	柏子仁	柏子仁精选货	精选货	≤1%	≤0.5%	无	干货
2	柏子仁	柏子仁 98 货	统货（98 货）	≤2%	≤1%	无	干货

图 0011　柏子仁商品部分规格图示
1. 柏子仁精选货；2. 柏子仁 98 货

4.13　板蓝根

4.13.1　基础数据

4.13.1.1　来源

本品为十字花科植物菘蓝 *Isatis indigotica* Fort. 的干燥根（《中国药典（2015 年版）》）。栽培 1 年。秋季采挖，除去泥沙，晒干。

4.13.1.2　产地

产于甘肃、黑龙江、河南、陕西、河北、安徽等地，主产于甘肃、黑龙江。

4.13.1.3　板蓝根

呈圆柱形，直径 0.2~1.2cm，长 3.0~15cm。外皮灰棕色或灰黄色，有纵皱纹、横长皮孔样突起及支根痕。根头略膨大，可见暗绿色或暗棕色轮状排列的叶柄残基和密集的疣状突起。断面菊花心，黄白色或白色。体实，质略软。气微，味微甜后苦涩。

4.13.1.4　板蓝根片（段）

除去杂质，洗净，润透，切片或段，干燥。呈圆形片或圆柱形段，直径 0.2~1.2cm，片厚 0.2~0.5cm，段长 0.5~2.0cm。外皮灰棕色或灰黄色。有纵皱纹、横长皮孔样突起及支根痕。切面菊花心，黄白色或白色。体实，质略软。气微,味微甜后苦涩。

4.13.2 规格要素说明及名词解释

4.13.2.1 芦头
又称青头,指板蓝根刚出土的根头部位,呈墨绿色,一般长 1.0~2.0cm。

4.13.2.2 碎块
又称沫子,指 0.5cm 以下板蓝根的碎渣。

4.13.2.3 杂质和泥沙
板蓝根栽培期用的农用薄膜杂质和自身带的泥土灰渣。

4.13.2.4 走油条
又称泛油条,干度不够或受潮导致变质,质软,表皮颜色变深,浅棕色,芯子变黄棕色。

4.13.2.5 走油片(段)
部分板蓝根在贮存过程中走油,切片后未去除,少量板蓝根片(段)在贮存过程中走油。质软,切面多深棕色。

4.13.2.6 厚度
板蓝根薄片厚 0.2~0.5cm。板蓝根段长 0.5~2.0cm。

4.13.2.7 灰末
板蓝根粉性较强,在切片、贮存和运输过程中易掉落灰末或未洗净的泥沙,一般用孔径 0.2cm 的筛子筛除。

4.13.2.8 含硫情况
无硫加工,板蓝根在加工过程中不熏硫,干燥后外皮常为灰棕色,切面黄色至黑棕色;有硫加工,为方便切片,板蓝根先浸润,后熏硫,再切片,干燥后外皮黄色,切面常为白色。

4.13.3 规格等级定义(表 4-18,表 4-19)

4.13.3.1 板蓝根选货
手工选择直径 0.8cm 以上的板蓝根条重量占比不低于 40%,无带芦头条,走油条重量占比不超过 50%,0.5cm 以下的碎块不超过 3%,无杂质及泥沙。

4.13.3.2 板蓝根统货
手工选择直径 0.8cm 以上的板蓝根条重量占比不低于 40%,带芦头条重量占比不超 15%,走油条重量占比不超过 50%,0.5cm 以下的碎块不超过 10%,无杂质及泥沙。

4.13.3.3 板蓝根毛统货
直径 0.8cm 以上的板蓝根条重量占比不低于 40%,带芦头条重量占比不超过 15%,走油条重量占比不超过 50%,0.5cm 以下的碎块不超过 15%,杂质及泥沙不超过 5%。

4.13.3.4 板蓝根无硫大选段 0.8
无硫加工,将板蓝根原药切为长 0.5~1.0cm 的段,用孔径 0.8cm 筛子筛选,直径 0.8cm 以上的段重量占比不低于 90%,走油片重量占比不超过 2%,无 0.2cm 以下灰末。(图 0012-1)

4.13.3.5 板蓝根无硫片 0.6
无硫加工,将板蓝根切为厚 0.2~0.5cm 的片,用孔径 0.6cm 的筛子筛选,直径 0.6cm 以上的片重量占比不低于 80%,走油片重量占比不超过 2%,无 0.2cm 以下灰末。(图 0012-2)

4.13.3.6 板蓝根无硫中统段 0.6
无硫加工,将板蓝根切为长 0.5~2.0cm 的段,用孔径 0.6cm 筛子筛选,直径 0.6cm 以上的段重量占比不低于 80%,走油片重量占比不超过 2%,无 0.2cm 以下灰末。(图 0012-3)

4.13.3.7 板蓝根无硫小统段 0.4 以下
无硫加工,将板蓝根尾部较细部分切成长 0.5~2.0cm 的段,直径多 0.6cm 以下,走油片重量占比不超过 2%,

0.2cm 以下灰末重量占比不超过 2%。(图 0012-4)

4.13.3.8 板蓝根大选段 0.8

多为有硫加工,将板蓝根切为长 0.5~1.0cm 的段,用孔径 0.8cm 筛子筛选,直径 0.8cm 以上的段重量占比不低于 90%,走油片重量占比不超过 2%,无 0.2cm 以下灰末。(图 0012-5)

4.13.3.9 板蓝根片 0.6

多为有硫加工,将板蓝根切为厚 0.2~0.5cm 的片,用孔径 0.6cm 的筛子筛选,直径 0.6cm 以上的片重量占比不低于 80%,走油片重量占比不超过 2%,无 0.2cm 以下灰末。(图 0012-6)

4.13.3.10 板蓝根中统段 0.6

多为有硫加工,板蓝根原药切为长 0.5~2.0cm 的段,用孔径 0.6cm 筛子筛选,直径 0.6cm 以上的段重量占比不低于 80%,走油片重量占比不超过 2%,无 0.2cm 以下灰末。(图 0012-7)

4.13.3.11 板蓝根小统段 0.4 以下

多为有硫加工,将板蓝根尾部较细部分切成长 0.5~2.0cm 的段,直径多 0.6cm 以下,走油片重量占比不超过 2%,0.2cm 以下灰末重量占比不超过 2%。(图 0012-8)

表 4-18 中药材商品电子交易规格等级标准——板蓝根

序号	品名	规格名称	流通俗称	大条重量占比	带芦头条重量占比	走油条重量占比	0.5cm 以下的碎块	杂质及泥沙	虫蛀、霉变	干度
1	板蓝根	板蓝根选货	板蓝根选货	直径 0.8cm 以上的条 ≥40%/≥60%/≥80%	无	≤50%/≤30%/无	≤3%	无	无	干货
2	板蓝根	板蓝根统货	板蓝根统货	直径 0.8cm 以上的条 ≥40%/≥60%/≥80%	≤15%/≤10%	≤50%/≤30%/无	≤10%/≤5%	无	无	干货
3	板蓝根	板蓝根毛统货	板蓝根毛统货	直径 0.8cm 以上的条 ≥40%/≥60%/≥80%	≤15%/≤10%	≤50%/≤30%/无	≤15%/≤10%	≤5%	无	干货

表 4-19 中药材商品电子交易规格等级标准——板蓝根(续)

序号	品名	规格名称	流通俗称	片厚/cm	大片重量占比	走油片重量占比	0.2cm 以下灰末重量占比	含硫情况	虫蛀、霉变	干度
4	板蓝根	板蓝根无硫大选段 0.8	板蓝根大选段	0.5~1.0	直径 0.8cm 以上的段 ≥90%	≤2%/无	无	无硫加工	无	干货
5	板蓝根	板蓝根无硫片 0.6	板蓝根薄片	0.2~0.5	直径 0.6cm 以上的片 ≥80%	≤2%	无	无硫加工	无	干货
6	板蓝根	板蓝根无硫中统段 0.6	板蓝根中统段	0.5~2.0	直径 0.6cm 以上的段 ≥80%	≤2%	无	无硫加工	无	干货
7	板蓝根	板蓝根无硫小统段 0.4 以下	板蓝根尾子段	0.5~2.0	——	≤2%	≤2%	无硫加工	无	干货
8	板蓝根	板蓝根大选段 0.8	板蓝根大选段	0.5~1.0	直径 0.8cm 以上的段 ≥90%	≤2%/无	无	有硫加工	无	干货
9	板蓝根	板蓝根片 0.6	板蓝根薄片	0.2~0.5	直径 0.6cm 以上的片 ≥80%	≤2%	无	有硫加工	无	干货
10	板蓝根	板蓝根中统段 0.6	板蓝根中统段	0.5~2.0	直径 0.6cm 以上的段 ≥80%	≤2%	无	有硫加工	无	干货
11	板蓝根	板蓝根小统段 0.4 以下	板蓝根尾子段	0.5~2.0	——	≤2%	≤2%	有硫加工	无	干货

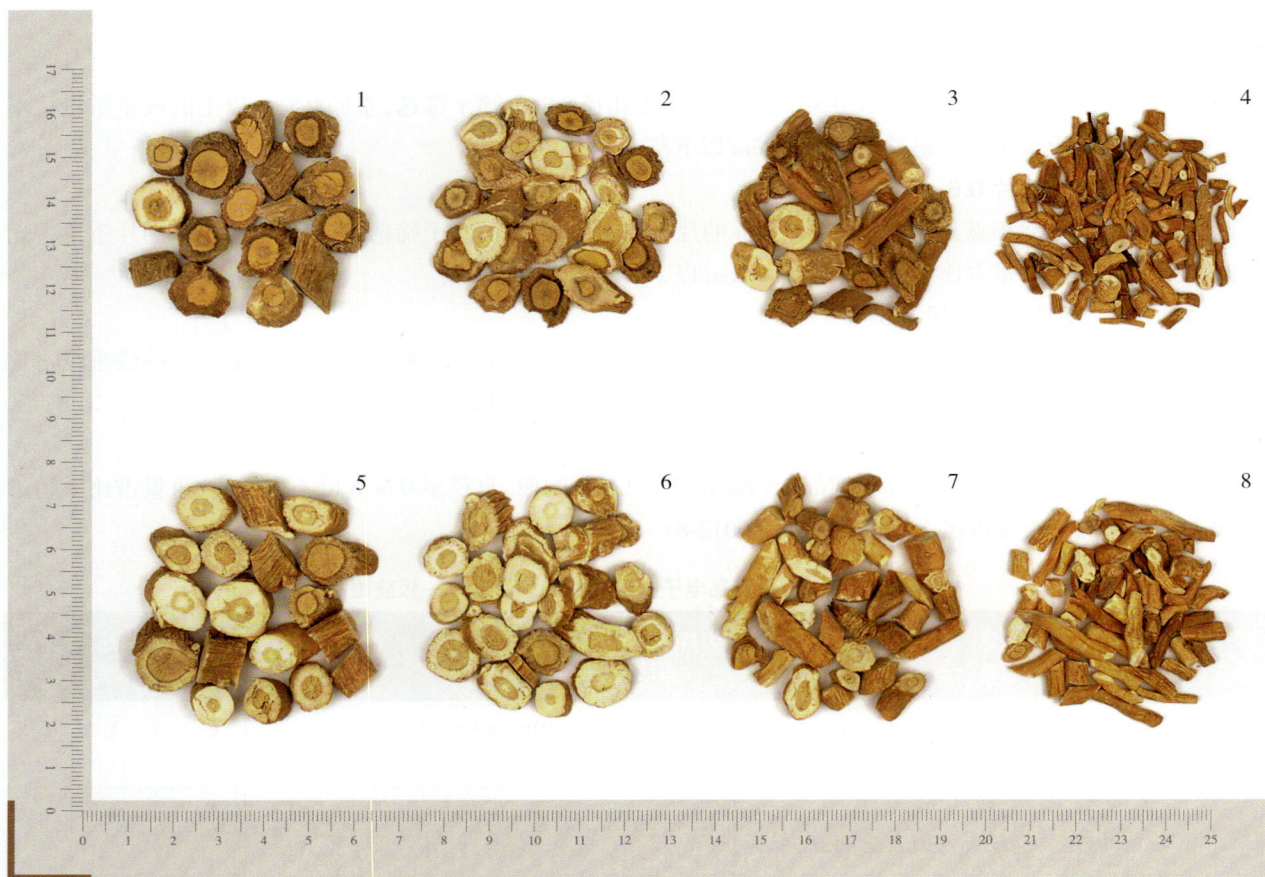

图 0012　板蓝根商品部分规格图示

1.板蓝根无硫大选段 0.8；2.板蓝根无硫薄片 0.6；3.板蓝根无硫中统段 0.6；4.板蓝根无硫小统段 0.4 以下；5.板蓝根大选段 0.8；6.板蓝根片 0.6；7.板蓝根中统段 0.6；8.板蓝根小统段 0.4 以下

4.14　北沙参

4.14.1　基础数据

4.14.1.1　来源

本品为伞形科植物珊瑚菜 *Glehnia littoralis* Fr. Schmidt ex Miq. 的干燥根（《中国药典（2015 年版）》）。栽培 1 年。夏、秋二季采挖，除去须根，洗净，稍晾，置沸水中烫后，除去外皮，干燥，或洗净直接干燥。

4.14.1.2　产地

产于河北、内蒙古和山东等地，主产于河北安国、内蒙古赤峰。内蒙古产北沙参根条细长，分叉少，去皮干净，表面白净，质量较好。河北产北沙参根条粗壮，多有分叉，去皮多不彻底，外表有黄褐色的老皮。

4.14.1.3　北沙参

呈细长圆柱形，偶有分枝，长 15~45cm，直径 0.4~1.5cm。表面淡黄白色，略粗糙，偶有残存外皮，未除尽外皮的呈黄棕色。全体有细纵皱纹和纵沟，并有棕黄色点状细根痕，顶端常留有黄棕色根茎残基，上端稍细，中部略粗，下部渐细。质脆，易折断，断面皮部浅黄白色，木部黄色。气特异，味微甘。

4.14.1.4　北沙参片

将北沙参润透，切厚片或短段，晒干或炕干。呈类圆形厚片或短段，直径 0.4~1.2cm，片厚 0.3~0.4cm，段长

0.5~1.0cm，表面淡黄白色，偶有黄棕色残存外皮，部分片有黄棕色根茎残基，切面皮部浅黄白色，木部黄色，气香味微甘。

4.14.2 规格要素说明及名词解释

4.14.2.1 直径
靠近芦头的主根直径。

4.14.2.2 栓皮
北沙参根外皮，在新鲜时用沸水烫后或蒸汽蒸后趁热除去，有时去除不净。

4.14.2.3 芦头（带芦头片）
芦头为北沙参根和地上茎结合部位，内蒙北沙参加工过程中一般去掉芦头，河北则一般不去掉。带芦头的根切片后产生带芦头片。

4.14.2.4 油条（油片）
北沙参（片）贮存不当或存放时间过长导致断面颜色变为黄棕色，质地变软。

4.14.2.5 生片
未蒸透的北沙参切片（段），其断面多为粉白色。

4.14.2.6 含硫情况
内蒙古产北沙参多为自然晒干，为无硫货，口感甜，但颜色较差，黄皮较多。河北产北沙参部分鲜货加工前会用硫黄熏蒸，其表面颜色较白，但口感酸涩。

4.14.3 规格等级定义（表4-20，表4-21）

4.14.3.1 内蒙古北沙参一等
产于内蒙古，长度在30cm以上，除去芦头，直径0.8~1.0cm，不分叉，无油条，去栓皮程度不低于95%。

4.14.3.2 内蒙古北沙参二等
产于内蒙古，长度在20cm以上，除去芦头，直径0.5~0.8cm，不分叉，无油条，去栓皮程度不低于95%。

4.14.3.3 内蒙古北沙参三等
产于内蒙古，北沙参长度在20cm以下，除去芦头，中上部直径不超过0.5cm，不分叉，无油条，去栓皮程度不低于95%。

4.14.3.4 内蒙古北沙参统货
产于内蒙古，北沙参直径0.3~1.0cm，不去芦头，去栓皮程度不低于80%，不分叉，油条重量占比不超过5%。

4.14.3.5 河北北沙参选货
产于河北，长度在15cm以上的北沙参，不去芦头，有分叉，直径0.6cm以上，去栓皮程度不低于50%，无油条。

4.14.3.6 河北北沙参统货
产于河北，北沙参直径0.3cm以上，不去芦头，有分叉，去栓皮程度不低于30%，油条重量占比不超过5%。

4.14.3.7 河北北沙参选片1.0
选直径0.8cm以上的北沙参个子（多去尾和芦头）切片，1.0cm以上片重量占比不低于60%，0.4cm以下片重量占比不超过3%，生片重量占比不超过1%，芦头片重量占比不超过2%。（图0013-1）

4.14.3.8 河北北沙参大统片
选直径0.8cm以上的北沙参个子（不去尾和芦头）切片1.0cm以上片重量占比不低于40%，0.4cm以下片重量占比不超过5%，生片重量占比不超过3%，芦头片重量占比不超过10%。（图0013-2）

4.14.3.9 河北北沙参小统片
用直径0.5cm左右的北沙参小条或去下的尾节切片，1.0cm以上片重量占比不低于10%，0.4cm以下片重量占比不超过30%，生片重量占比不超过3%，芦头片重量占比不超过5%。

4.14.3.10　河北北沙参选段

选直径 0.8cm 以上的北沙参个子(多去尾和芦头)切段,1.0cm 以上段重量占比不低于 50%,0.4cm 以下段重量占比不超过 3%,生片重量占比不超过 1%,芦头片重量占比不超过 2%。(图 0013-3)

4.14.3.11　河北北沙参统段

选直径 0.8cm 以上的北沙参个子(不去尾和芦头)切段,1.0cm 以上段重量占比不低于 30%,0.4cm 以下段重量占比不超过 10%,生片重量占比不超过 3%,芦头片重量占比不超过 10%。(图 0013-4)

表 4-20　中药材商品电子交易规格等级标准——北沙参

序号	品名	规格编码	流通俗称	是否去芦头	长度/cm	中上部直径/cm	去栓皮程度	是否分叉	油条重量占比	含硫情况	虫蛀、霉变	干度
1	北沙参	内蒙古北沙参一等	内蒙古去头一级沙参	是	≥30	0.8~1.0	≥95%	否	无	无硫加工	无	干货
2	北沙参	内蒙古北沙参二等	内蒙古去头二级沙参	是	≥20	0.5~0.8	≥95%	否	无	无硫加工	无	干货
3	北沙参	内蒙古北沙参三等	内蒙古去头三级沙参	是	<20	<0.5	≥95%	否	无	无硫加工	无	干货
4	北沙参	内蒙古北沙参统货	内蒙古北沙参统货	否	——	0.3~1.0	≥80%/≥90%	否	≤5%	无硫加工	无	干货
5	北沙参	河北北沙参选货	河北北沙参选货	否	≥15	≥0.6	≥50%	是	无	有硫加工/无硫加工	无	干货
6	北沙参	河北北沙参统货	河北北沙参统货	否	——	≥0.3	≥30%/≥50%	是	≤5%	有硫加工/无硫加工	无	干货

表 4-21　中药材商品电子交易规格等级标准——北沙参(续)

序号	品名	规格名称	流通俗称	产地	1.0cm 以上片(段)重量占比	0.4cm 以下片(段)重量占比	生片重量占比	芦头片重量占比	含硫情况	虫蛀、霉变	干度
7	北沙参	河北北沙参选片 1.0	0.4 筛以上选片	河北及其他不包括内蒙的北方地区	≥60%/≥70%/≥80%	≤3%/≤1%	≤1%	≤2%	有硫加工/无硫加工	无	干货
8	北沙参	河北北沙参大统片	大统片	河北及其他不包括内蒙的北方地区	≥40%/≥50%	≤5%/≤2%	≤3%	≤10%/≤5%	有硫加工/无硫加工	无	干货
9	北沙参	河北北沙参小统片	小统片	河北及其他不包括内蒙的北方地区	≥10%/≥20%/≥30%	≤30%/≤40%	≤3%	≤5%/≤3%	有硫加工/无硫加工	无	干货
10	北沙参	河北北沙参选段	中选咀子	河北及其他不包括内蒙的北方地区	≥50%/≥60%/≥70%	≤3%/≤1%	≤1%	≤2%	有硫加工/无硫加工	无	干货
11	北沙参	河北北沙参统段	大统咀子	河北及其他不包括内蒙的北方地区	≥30%/≥40%	≤10%/≤5%	≤3%	≤10%/≤5%	有硫加工/无硫加工	无	干货

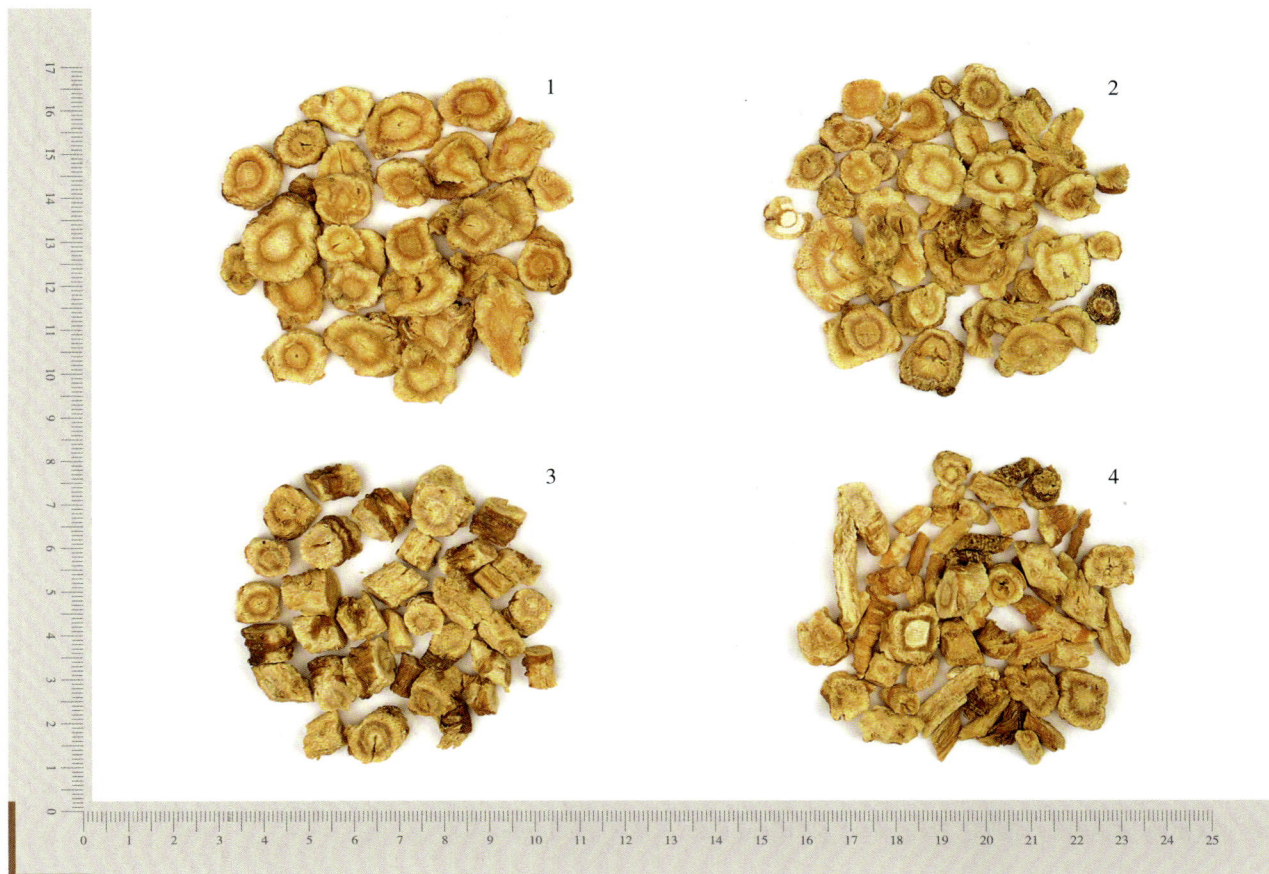

图 0013 北沙参商品部分规格图示
1. 河北北沙参选片 1.0；2. 河北北沙参大统片；3. 河北北沙参选段；4. 河北北沙参统段

4.15 萹蓄

4.15.1 基础数据

4.15.1.1 来源

本品为蓼科植物萹蓄 *Polygonum aviculare* L. 的干燥地上部分（《中国药典（2015 年版）》）。野生。一般在 5~6 月茎叶生长茂盛时采收。割取地上部分，去除泥沙杂质，晒干。

4.15.1.2 产地

全国大部分地区均产，主产于河南、四川、浙江、山东、吉林、河北等地。

4.15.1.3 萹蓄

茎呈圆柱形而略扁，有分枝，长 15~40cm，直径 0.2~0.3cm。表面灰绿色或棕红色，有细密微突起的纵纹；节部稍膨大，有浅棕色膜质的托叶鞘，节间长约 3.0cm；质硬，易折断，断面髓部白色。叶互生，近无柄或具短柄，叶片多脱落或皱缩、破碎，完整者展平后呈披针形，全缘，两面均呈棕绿色或灰绿色。气微，味微苦。

4.15.1.4 萹蓄段

除去杂质，洗净，切段，干燥。呈不规则的段，段长 2.0~3.0cm。

4.15.2 规格要素说明及名词解释

4.15.2.1 颜色（新货/陈货）

萹蓄新货多为绿色或灰绿色，暴晒或存储时间过长颜色变为棕红黄色。

4.15.2.2 杂质及 0.2cm 以下灰渣重量占比

杂质为杂草，应拣除；灰渣及叶片碎末，一般用 0.2cm 的筛子筛出。

4.15.3 规格等级定义（表 4-22）

4.15.3.1 萹蓄选货

萹蓄新货，绿色或灰绿色，杂质及 0.2cm 以下灰渣不超过 5%。

4.15.3.2 萹蓄绿色统货

萹蓄新货，绿色或灰绿色，杂质及 0.2cm 以下灰渣不超过 10%。

4.15.3.3 萹蓄棕黄色统货

萹蓄陈货，棕黄色为主，杂质及 0.2cm 以下灰渣不超过 10%。

4.15.3.4 萹蓄选段

萹蓄新货，切段，绿色或灰绿色，杂质及 0.2cm 以下灰渣不超过 3%。

4.15.3.5 萹蓄绿色统段

萹蓄新货，切段，绿色或灰绿色，杂质及 0.2cm 以下灰渣不超过 7%。

4.15.3.6 萹蓄棕黄色统段

萹蓄陈货，切段，棕黄色为主，杂质及 0.2cm 以下灰渣不超过 7%。

表 4-22 中药材商品电子交易规格等级标准——萹蓄

序号	品名	规格名称	流通俗称	颜色（新货/陈货）	杂质及 0.2cm 以下灰渣重量占比	虫蛀、霉变	干度
1	萹蓄	萹蓄选货	选货	绿色或灰绿色（新货）	≤5%/≤3%	无	干货
2	萹蓄	萹蓄绿色统货	统货	绿色或灰绿色（新货）	≤10%/≤7%/≤5%	无	干货
3	萹蓄	萹蓄棕黄色统货	统货	棕黄色为主（陈货）	≤10%/≤7%/≤5%	无	干货
4	萹蓄	萹蓄选段	选货	绿色或灰绿色（新货）	≤3%/≤1%	无	干货
5	萹蓄	萹蓄绿色统段	统货	绿色或灰绿色（新货）	≤7%/≤5%/≤3%	无	干货
6	萹蓄	萹蓄棕黄色统段	统货	棕黄色为主（陈货）	≤7%/≤5%/≤3%	无	干货

4.16 薄荷

4.16.1 基础数据

4.16.1.1 来源

本品为唇形科植物薄荷 Mentha haplocalyx Briq. 的干燥地上部分（《中国药典（2015 年版）》）。栽培为主。1 年可采收 2 次，夏季茎叶茂盛和秋季花开至三轮时，选晴天采割，晒干或阴干。

4.16.1.2 产地

全国各地均产，主产于江苏、安徽、河南、四川，其中江苏、安徽为传统道地产区。

4.16.1.3　薄荷

茎呈方柱形,有对生分枝,长 15~40cm,直径 0.2~0.4cm;表面紫红色或淡绿色,棱角处具茸毛,节间长 2.0~5.0cm;质脆,断面白色,髓部中空。叶对生,有短柄;叶片皱缩卷曲,完整者展平后呈宽披针形、长椭圆形或卵形,长 2.0~7.0cm,宽 1.0~3.0cm;上表面深绿色,下表面灰绿色,稀被茸毛,有凹点状腺鳞。轮伞花序腋生,花萼钟状,先端 5 齿裂,花冠淡紫色。揉搓后有特殊清凉香气,味辛凉。

4.16.1.4　薄荷段

薄荷全草除去老茎和杂质,略喷清水,稍润,切短段,干燥。呈不规则的段,段长 1.0~1.5cm。

4.16.2　规格要素说明及名词解释

4.16.2.1　叶片重量占比

叶片的挥发油含量高,是影响药材质量的关键因素。

4.16.2.2　颜色（新货/陈货）

薄荷新货多为灰绿色,没有及时晾晒或存储时间过长,颜色易变为褐色,秋季如果后期采收,老叶或者掉落叶也多呈褐色。

4.16.2.3　杂质及 0.2cm 以下灰渣重量占比

杂质多为杂草,应拣除;灰渣及叶片碎末,一般用 0.2cm 的筛子筛出。

4.16.3　规格等级定义（表 4-23）

4.16.3.1　薄荷选货

薄荷新货,叶片颜色为灰绿色,杆茎呈紫红色,叶片重量占比不少于25%,杂质及0.2cm以下灰渣不超过5%。

4.16.3.2　薄荷灰绿色统货

薄荷新货,叶片颜色为灰绿色,杆茎呈紫红色,叶片重量占比不少于7%,杂质及0.2cm以下灰渣不超过7%。

4.16.3.3　薄荷褐色统货

薄荷陈货,褐色为主,叶片重量占比不少于5%,杂质及0.2cm以下灰渣不超过7%。

4.16.3.4　薄荷选段

薄荷新货切段,叶片颜色为灰绿色,杆茎呈紫红色,叶片重量占比不少于20%,杂质及0.2cm以下灰渣不超过5%。（图 0014-1）

4.16.3.5　薄荷灰绿色统段

薄荷新货切段,叶片颜色为灰绿色,杆茎呈紫红色,叶片重量占比不少于5%,杂质及0.2cm以下灰渣不超过7%。（图 0014-2）

4.16.3.6　薄荷褐色统段

陈货切段,褐色为主,叶片重量占比不少于5%,杂质及0.2cm以下灰渣不超过7%。

表 4-23　中药材商品电子交易规格等级标准——薄荷

序号	品名	规格名称	流通俗称	叶片颜色 （新货/陈货）	叶片重量占比	杂质及 0.2cm 以下 灰渣重量占比	虫蛀、 霉变	干度
1	薄荷	薄荷选货	薄荷选货	灰绿色（新货）	≥25%/≥30%/≥40%	≤5%/≤3%	无	干货
2	薄荷	薄荷灰绿色统货	薄荷新统货	灰绿色（新货）	≥7%/≥10%	≤7%/≤5%	无	干货
3	薄荷	薄荷褐色统货	薄荷陈统货	褐色为主（陈货）	≥5%/≥10%	≤7%/≤5%	无	干货
4	薄荷	薄荷选段	薄荷选货	灰绿色（新货）	≥20%/≥30%/≥40%	≤5%/≤3%	无	干货
5	薄荷	薄荷灰绿色统段	薄荷新统货	灰绿色（新货）	≥5%/≥10%	≤7%/≤5%/≤3%	无	干货
6	薄荷	薄荷褐色统段	薄荷陈统货	褐色为主（陈货）	≥5%/≥10%	≤7%/≤5%/≤3%	无	干货

注:《中华人民共和国药典（2015 年版）》规定,薄荷药材中叶不少于 30%。

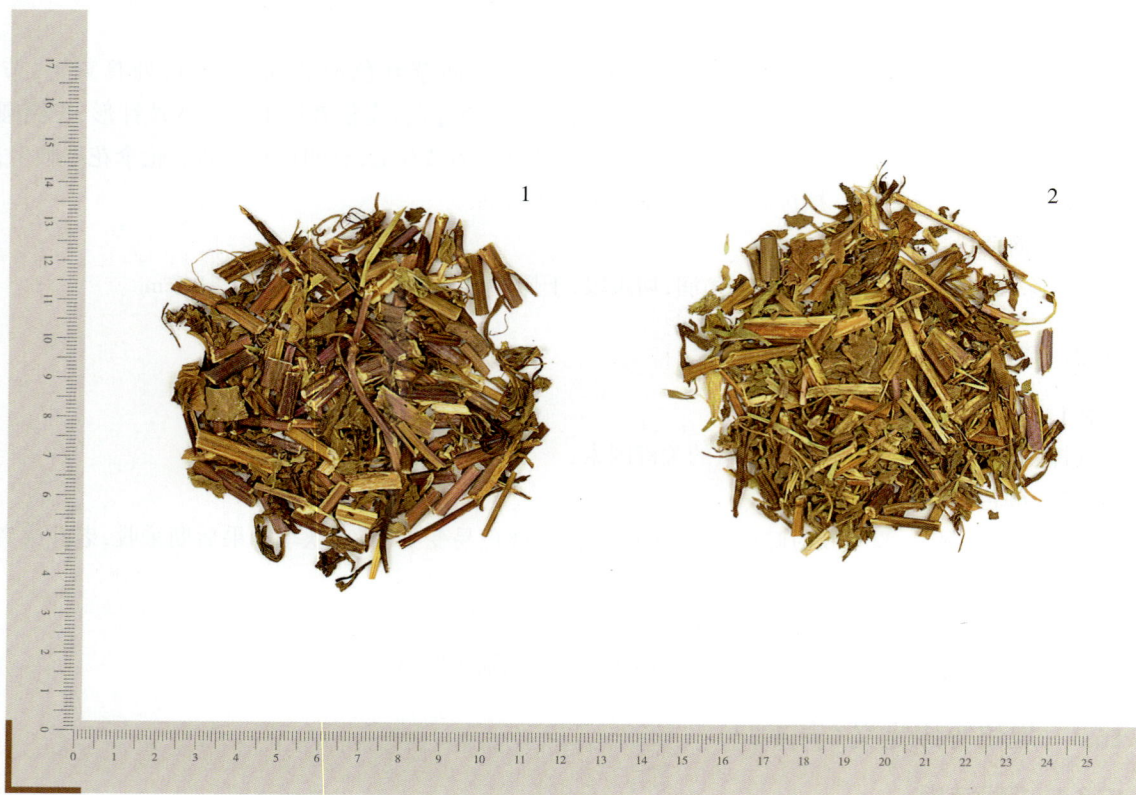

图 0014　薄荷商品部分规格图示
1. 薄荷选段；2. 薄荷灰绿色统段

4.17　补骨脂

4.17.1　基础数据

4.17.1.1　来源

本品为豆科植物补骨脂 *Psoralea corylifolia* L. 的干燥成熟果实（《中国药典（2015 年版）》）。野生。秋季果实成熟时采收果序，晒干，搓出果实，除去杂质。

4.17.1.2　产地

主产于缅甸等地，从云南进口。

4.17.1.3　补骨脂

呈肾形，略扁，长 0.3~0.5cm，宽 0.2~0.4cm，厚约 0.15cm。表面黑色、黑褐色或灰褐色，具细微网状皱纹。顶端圆钝，有一小突起，凹侧有果梗痕。质硬。果皮薄，与种子不易分离；种子 1 枚，子叶 2 枚，黄白色，有油性。气香，味辛、微苦。

4.17.2　规格要素说明及名词解释

4.17.2.1　干瘪 / 饱满

采收前期的补骨脂种仁多不饱满，指标成分含量较高，采收后期的补骨脂种仁饱满，指标成分含量不高。

4.17.2.2　风选杂质

多为未筛净的枝干、碎叶。

4.17.3　规格等级定义（表 4-24）

4.17.3.1　补骨脂干瘪选货

补骨脂果实未成熟前采收，干瘪，风车吹去杂质，风选杂质重量占比不超过 1%。

4.17.3.2　补骨脂饱满统货

补骨脂果实成熟后采收，大多饱满，风选杂质重量占比不超过 3%。

表 4-24　中药材商品电子交易规格等级标准——补骨脂

序号	品名	规格名称	流通俗称	风选杂质重量占比	虫蛀、霉变	干度
1	补骨指	补骨脂干瘪选货	干瘪货	≤1%	无	干货
2	补骨指	补骨脂饱满统货	饱满货	≤3%/≤1%	无	干货

4.18　苍耳子

4.18.1　基础数据

4.18.1.1　来源

本品为菊科植物苍耳 *Xanthium sibiricum* Patr. 的干燥成熟带总苞果实（《中国药典（2015 年版）》）。野生。秋季果实成熟时采收，干燥。用滚筒去掉毛刺的，叫"光苍耳子"。

4.18.1.2　产地

长江以北均有出产，主产于内蒙古、河南等地。

4.18.1.3　苍耳子

呈纺锤形或卵圆形，长 1.0~1.5cm，直径 0.4~0.7cm。表面黄棕色或黄绿色，全体有钩刺，顶端有 2 枚较粗的刺，分离或相连，基部有果梗痕。质硬而韧，横切面中央有纵隔膜，2 室，各有 1 枚瘦果。瘦果略呈纺锤形，一面较平坦，顶端具 1 个突起的花柱基，果皮薄，灰黑色，具纵纹。种皮膜质，浅灰色，子叶 2 枚，有油性。气微，味微苦。

4.18.1.4　光苍耳子

除去梗、叶等杂质，装入滚筒内，撞掉毛刺，筛出掉下的毛刺，呈纺锤形或卵圆形，表面黄棕色或黄绿色，全体无毛刺。

4.18.2　规格要素说明及名词解释

4.18.2.1　前期货／中期货／后期货

前期绿色货，一般指白露前采收的苍耳子，未完全成熟绿色个多，空瘪个多；中期黄绿色货一般在 9 月份采收的苍耳子，部分成熟绿色个和空瘪个次之；后期黄褐色货一般为在 10 月份采收的苍耳子完全成熟。

4.18.2.2　加工方法

苍耳子晒干后放入滚筒内翻滚、打磨，撞去表面毛刺，去除毛刺，为"光苍耳子"。少数情况不撞刺。

4.18.2.3　绿色个

未完全成熟的苍耳子，外皮颜色多为青绿色。早期采收货绿色个的比例高。

4.18.2.4　空瘪子

采摘过早，壳内籽仁水分重，晒干后籽仁干瘪，形成空壳。

4.18.2.5　0.5cm 以下枝杆、灰渣

枝干为未除净的果柄。灰渣为撞下未除尽的毛刺,用 0.5cm 筛子筛选。

4.18.2.6　含硫情况

苍耳子加工多为自然晒干,为无硫货。少部分为了防止生虫,便于保存,存在用硫黄熏蒸情况。

4.18.3　规格等级定义(表 4-25)

4.18.3.1　苍耳子前期绿色选货

前期采收,绿色个重量占比不少于 70%,空瘪个不超过 3%,无枝杆和灰渣。(图 0015-1)

4.18.3.2　苍耳子前期绿色统货

前期采收,绿色个重量占比不少于 70%,空瘪个不超过 15%,枝杆和灰渣不超过 5%。(图 0015-2)

4.18.3.3　苍耳子中期黄绿色选货

中期采收,绿色个重量占比不少于 20%,空瘪个不超过 2%,无枝杆和灰渣。(图 0015-3)

4.18.3.4　苍耳子中期黄绿色统货

中期采收,绿色个重量占比不少于 20%,空瘪个不超过 10%,枝杆和灰渣不超过 5%。(图 0015-4)

4.18.3.5　苍耳子后期黄褐色选货

后期采收,绿色个重量占比不限,空瘪个不超过 1%,无枝杆和灰渣。(图 0015-5)

4.18.3.6　苍耳子后期黄褐色统货

后期采收,绿色个重量占比不限,空瘪个不超过 5%,枝杆和灰渣不超过 5%。(图 0015-6)

表 4-25　中药材商品电子交易规格等级标准——苍耳子

序号	品名	规格名称	流通俗称	加工方法	绿色个重量占比	空瘪个重量占比	0.5cm 以下枝杆、灰渣重量占比	含硫情况	虫蛀、霉变	干度
1	苍耳子	苍耳子前期绿色选货	前期选货	撞刺 / 未撞刺	≥70%/≥80%/≥90%	≤3%/≤1%	无	有硫加工 / 无硫加工	无	干货
2	苍耳子	苍耳子前期绿色统货	前期统货	撞刺 / 未撞刺	≥70%/≥80%/≥90%	≤15%/≤10%/≤5%	≤5%/≤3%/≤1%	有硫加工 / 无硫加工	无	干货
3	苍耳子	苍耳子中期黄绿色选货	中期选货	撞刺 / 未撞刺	≥20%/≥40%/≥60%	≤2%	无	有硫加工 / 无硫加工	无	干货
4	苍耳子	苍耳子中期黄绿色统货	中期统货	撞刺 / 未撞刺	≥20%/≥40%/≥60%	≤10%/≤5%/≤3%	≤5%/≤3%/≤1%	有硫加工 / 无硫加工	无	干货
5	苍耳子	苍耳子后期黄褐色选货	后期选货	撞刺 / 未撞刺	≥20%/≥30%/无	≤1%	无	有硫加工 / 无硫加工	无	干货
6	苍耳子	苍耳子后期黄褐色统货	后期统货	撞刺 / 未撞刺	≥20%/≥30%/无	≤5%/≤3%/≤1%	≤5%/≤3%/≤1%	有硫加工 / 无硫加工	无	干货

图 0015 苍耳子商品部分规格图示

1. 苍耳子前期绿色选货；2. 苍耳子前期绿色统货；3. 苍耳子中期黄绿色选货；4. 苍耳子中期黄绿色统货；5. 苍耳子后期黄褐色选货；6. 苍耳子后期黄褐色统货

4.19 苍术

4.19.1 基础数据

4.19.1.1 来源

本品为菊科植物北苍术 *Atractylodes chinensis* (DC.) Koidz. 的干燥根茎（《中国药典(2015年版)》）。野生或栽培，野生为主。春、秋二季采挖，除去泥沙，晒干，撞去须根。市场流通的商品"朝鲜苍术"主要从朝鲜进口，来源自苍术属其他物种。

4.19.1.2 产地

苍术产于黄河以北地区，主产于河北承德、内蒙古赤峰及海拉尔地区、黑龙江黑山地区、吉林和辽宁的长白山地区。朝鲜苍术产于朝鲜半岛。苍术和朝鲜苍术产地及来源物种不同，药材形态也有差异。

4.19.1.3 苍术

呈疙瘩块状或结节状圆柱形，长 4.0~9.0cm，直径 1.0~4.0cm，表面黑棕色，有皱纹、横曲纹及残留须根，顶端具茎痕或残留茎基。除去外皮者黄棕色。质较疏松，断面散有黄棕色油室。

4.19.1.4 朝鲜苍术

外观与苍术相比，切面黄白色，油室不明显。香气淡。

4.19.1.5 苍术片

将苍术原药撞去毛须和外表粗皮,鲜货切片或干货润透切片。呈不规则类圆形或条形厚片,长 4.0~9.0cm,宽 1.0~4.0cm,厚 0.2~0.4cm。外皮灰棕色至黄棕色,有皱纹,有时可见根痕。切面黄白色或灰白色,散有多数橙黄色或棕红色油室。气香特异,味微甘、辛、苦。

4.19.1.6 朝鲜苍术片

将朝鲜苍术撞去毛须和外表粗皮,鲜货切片或干货润透切片。呈不规则类圆形或条形厚片。外皮黄棕色,有皱纹。切面黄白色,油室不明显。香气淡。

4.19.2 规格要素说明及名词解释

4.19.2.1 是否去外皮

苍术表皮密布须根,也称为"毛苍术",加工前需用滚筒机撞去须根及表面粗皮。表面粗皮残留不超过10%定义为全撞皮,粗皮残留不超过60%定义为半撞皮。

4.19.2.2 断面特征

苍术断面棕黄色油室明显。朝鲜苍术油室不明显。

4.19.2.3 0.2cm 以下灰渣

切片加工过程中容易产生碎末,用 0.2cm 标准筛筛出。

4.19.2.4 含硫情况

干燥多为自然晒干,有硫加工较少。

4.19.3 规格等级定义(表 4-26,表 4-27)

4.19.3.1 苍术全撞皮个

苍术个子晒至半干,滚筒撞去表面90%以上粗皮,风扇吹去细末,地上茎重量占比不超过1%,0.2cm以下灰渣重量占比不超过3%。

4.19.3.2 苍术半撞皮个

苍术个子晒至半干,滚筒撞去表面40%以上粗皮,风扇吹去细末,地上茎重量占比不超过2%,0.2cm以下灰渣重量占比不超过5%。

4.19.3.3 毛苍术个

苍术个子晒干后不撞皮,抖去大部分泥沙,地上茎重量占比不超过2%,0.2cm以下灰渣重量占比不超过10%。

4.19.3.4 朝鲜苍术全撞皮个

朝鲜苍术个子晒至半干,滚筒撞去表面90%以上粗皮,风扇吹去细末,地上茎重量占比不超过1%,0.2cm以下灰渣重量占比不超过3%。

4.19.3.5 朝鲜苍术半撞皮个

朝鲜苍术个子晒至半干,滚筒撞去表面40%以上粗皮,风扇吹去细末,地上茎重量占比不超过2%,0.2cm以下灰渣重量占比不超过5%。

4.19.3.6 朝鲜毛苍术个

朝鲜苍术个子晒干后不撞皮,抖去大部分泥沙,地上茎重量占比不超过2%,0.2cm以下灰渣重量占比不超过10%。

4.19.3.7 苍术选片 1.5

苍术撞去毛须和粗皮后切片,筛去小片和细末,1.5cm以上的片重量占比不低于70%,无0.6cm以下碎片。

(图 0016-1)

4.19.3.8 苍术统片

苍术撞去毛须和粗皮后切片,用风车吹去细末,1.0cm 以上的片重量占比不低于 40%,0.2cm 以下灰渣重量占比不超过 5%。(图 0016-2)

4.19.3.9 朝鲜苍术选片 1.5

朝鲜苍术撞去毛须和粗皮后切片,筛去小片和细末,1.5cm 以上的片重量占比不低于 60%,0.6cm 以下碎片重量占比不超过 3%。(图 0016-3)

4.19.3.10 朝鲜苍术统片

朝鲜苍术撞去毛须和粗皮后切片,用风车除去细末,1.0cm 以上的片重量占比不低于 40%,0.2cm 以下灰渣重量占比不超过 5%。(图 0016-4)

表 4-26 中药材商品电子交易规格等级标准——苍术

序号	品名	规格名称	流通俗称	产地	是否撞去外皮	断面特征	地上茎重量占比	0.2cm 以下灰渣重量占比	含硫情况	虫蛀、霉变	干度
1	苍术	苍术全撞皮个	光苍术个	内蒙古/河北/黑龙江/吉林/辽宁/其他地区	全撞皮	棕红色油室明显	≤1%/无	≤3%/≤1%	有硫加工/无硫加工	无	干货
2	苍术	苍术半撞皮个	半撞皮个	内蒙古/河北/黑龙江/吉林/辽宁/其他地区	半撞皮	棕红色油室明显	≤2%/≤1%	≤5%/≤3%	有硫加工/无硫加工	无	干货
3	苍术	毛苍术个	毛苍术	内蒙古/河北/黑龙江/吉林/辽宁/其他地区	未撞皮	棕红色油室明显	≤2%/≤1%	≤10%/≤5%	有硫加工/无硫加工	无	干货
4	苍术	朝鲜苍术全撞皮个	朝鲜光苍术个	朝鲜	全撞皮	油室不明显	≤1%/≤无	≤3%/%	有硫加工/无硫加工	无	干货
5	苍术	朝鲜苍术半撞皮个	朝鲜半撞皮个	朝鲜	半撞皮	油室不明显	≤2%/≤1%	≤5%/≤3%	有硫加工/无硫加工	无	干货
6	苍术	朝鲜毛苍术个	朝鲜毛苍术	朝鲜	未撞皮	油室不明显	≤2%/≤1%	≤10%/≤5%	有硫加工/无硫加工	无	干货

表 4-27 中药材商品电子交易规格等级标准——苍术(续)

序号	品名	规格名称	流通俗称	产地	是否撞去外皮	断面特征	大片重量占比	0.6cm 以下碎片重量占比	0.2cm 以下灰渣重量占比	含硫情况	虫蛀、霉变	干度
7	苍术	苍术选片 1.5	内蒙古选	内蒙古及周边的河北、黑龙江地区	全撞皮	棕红色油室明显	宽 1.5cm 以上片≥70%/宽 1.5cm 以上片≥90%	无	——	有硫加工/无硫加工	无	干货
8	苍术	苍术统片	内蒙古统	内蒙古及周边的河北、黑龙江地区	半撞皮/全撞皮	棕红色油室明显	宽 1.0cm 以上片≥40%/宽 1.0cm 以上片≥50%/宽 1.0cm 以上片≥60%/宽 1.0cm 以上片≥70%	——	≤5%/≤1%	有硫加工/无硫加工	无	干货

序号	品名	规格名称	流通俗称	产地	是否撞去外皮	断面特征	大片重量占比	0.6cm 以下碎片重量占比	0.2cm 以下灰渣重量占比	含硫情况	虫蛀、霉变	干度
9	苍术	朝鲜苍术选片1.5	进口选	朝鲜,中国东北长白山地区	半撞皮/全撞皮	油室不明显	宽1.5cm以上片≥60%	≤3%	——	有硫加工/无硫加工	无	干货
10	苍术	朝鲜苍术统片	进口统	朝鲜,中国东北长白山地区	半撞皮/全撞皮	油室不明显	宽1.0cm以上片≥40%/宽1.0cm以上片≥50%/宽1.0cm以上片≥60%/宽1.0cm以上片≥70%	——	≤5%/≤1%	有硫加工/无硫加工	无	干货

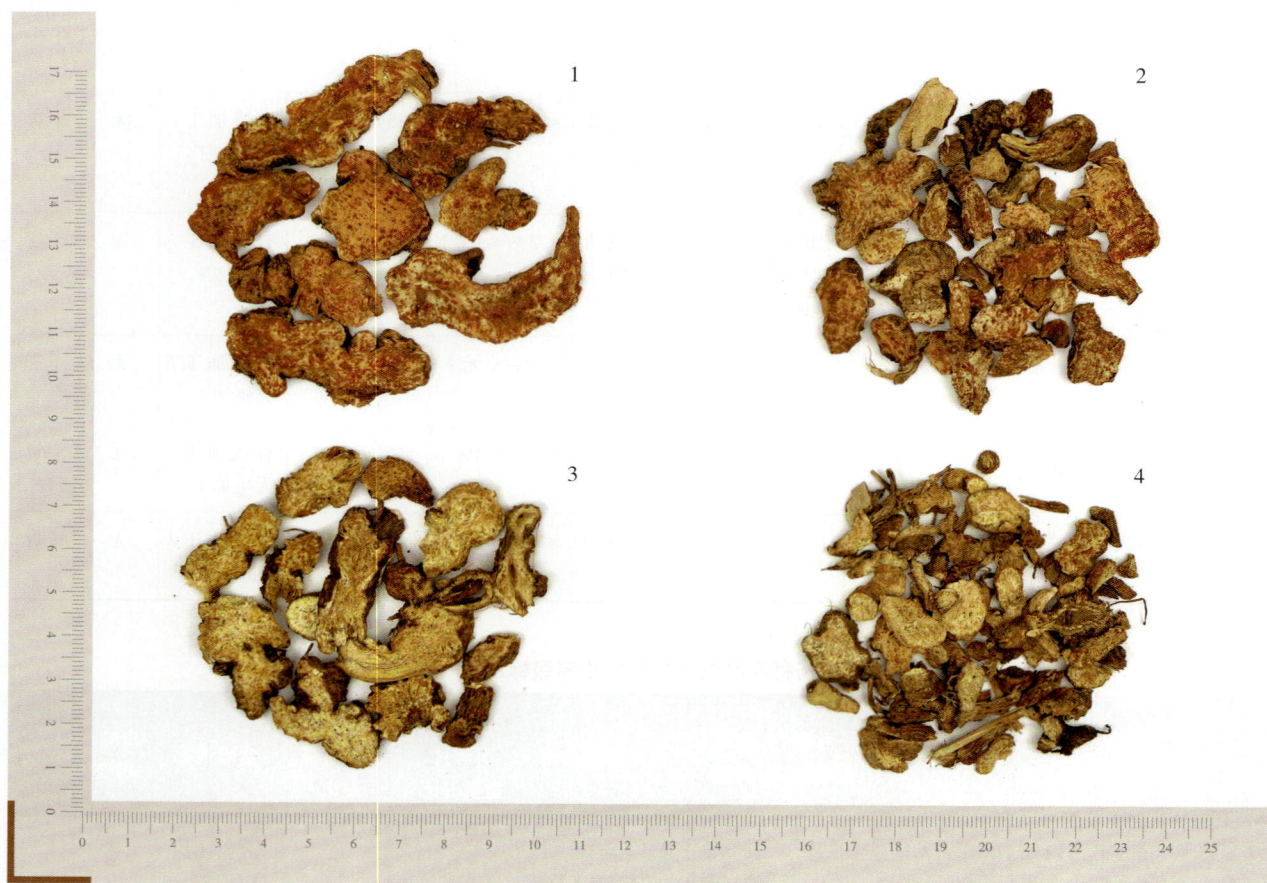

图 0016　苍术商品部分规格图示
1.苍术选片1.5;2.苍术统片;3.朝鲜苍术选片1.5;4.朝鲜苍术统片

4.20　草果

4.20.1　基础数据

4.20.1.1　来源

本品为姜科植物草果 *Amomum tsao-ko* Crevost et Lemaire 的干燥成熟果实（《中国药典（2015 年版）》）。栽培。秋季果实成熟时采收，除去杂质，晒干或低温干燥。

4.20.1.2　产地

产于云南、广西等地，主产于云南文山、大理。

4.20.1.3　草果

呈长椭圆形，具三钝棱，长 2.0~4.0cm，直径 1.0~2.5cm。表面浅红棕色、浅棕色或深棕色，具纵沟及棱线，顶端有圆形突起的柱基，基部有果梗或果梗痕。果皮质坚韧，易纵向撕裂。剥去外皮，中间有黄棕色隔膜，将种子团分成 3 瓣，每瓣有种子多为 8~11 粒。种子呈圆锥状多面体，直径约 0.5cm；表面红棕色，外被灰白色膜质的假种皮，种脊为一条纵沟，尖端有凹状的种脐；质硬，胚乳灰白色。有特异香气，味辛、微苦。

4.20.2　规格要素说明及名词解释

4.20.2.1　粒 /100 克

每 100 克的粒数，手工挑选，粒数越少，个头越大，等级越高。

4.20.2.2　带 1.0~3.0cm 果柄粒

草果果柄较长，非药用部位，应剪去。带 1.0~3.0cm 果柄的草果比例影响药材等级。

4.20.2.3　加工方式

草果一般有炕干或晒干两种方式。炕干为用电烤或柴火炕干，体实，色深呈浅棕色或深棕色。晒干者一般体轻，色浅呈浅红棕色，质次，已少有流通。

4.20.2.4　表皮泛白霜粒

草果存放时干度不够或存放中受潮，表面会泛有白霜，影响草果质量和价格。

4.20.2.5　灰杂

果柄和碎末。

4.20.3　规格等级定义（表 4-28）

草果药食同源，统货为药用规格，选货为食用规格。

4.20.3.1　草果无柄选货

选择草果大粒，每 100 克不超过 30 粒，挑去带 1.0cm 以上的果柄粒、表皮泛白霜粒无灰杂。（图 0017-1）

4.20.3.2　草果统货

草果大小不分，一般每 100 克不超过 40 粒，带 1.0~3.0cm 以果柄粒不超过 40%，表皮泛白霜粒不超过 30%，无灰杂。（图 0017-2）

表 4-28　中药材商品电子交易规格等级标准——草果

序号	品名	规格名称	流通俗称	粒/100克	带1~3cm 果柄粒重量占比	颜色	表皮泛白霜粒重量占比	灰杂重量占比	霉变	干度
1	草果	草果无柄选货	剪把选货	≤30/≤25	无	浅红棕色或浅棕色/深棕色	无	无	无	干货
2	草果	草果统货	统货	≤40/≤35/≤30	≤40%/≤30%/≤20%/≤10%	浅红棕色或浅棕色/深棕色	≤30%/≤10%/无	无	无	干货

图 0017　草果商品部分规格图示
1. 草果无柄选货；2. 草果统货

4.21　蝉蜕

4.21.1　基础数据

4.21.1.1　来源

本品为蝉科昆虫黑蚱 *Cryptotympana pustulata* Fabricius 的若虫羽化时脱落的皮壳(《中国药典(2015 年版)》)。野生。夏、秋二季收集,除去泥沙,晒干。

4.21.1.2　产地

产于山东、河北、河南、山西、四川等地,主产于山东。

4.21.1.3　蝉蜕

略呈椭圆形而弯曲,长约 3.5cm,宽约 2.0cm。表面黄棕色,半透明,有光泽。体轻,中空,易碎。

4.21.2　规格要素说明及名词解释

4.21.2.1　泥土

收集的蝉蜕一般都带有泥土。经水洗净的为净货;未经水洗或未洗净者为统货,表面附有一定量的泥土,会逐渐掉落。

4.21.2.2　死蝉、小蝉蜕

死蝉为死亡成虫的干燥体。小蝉蜕为蝉科昆虫螱蟥 *Platypleura kaempferi* Fabhcius 和蝉科其他品种若虫羽化时脱落的皮壳。外观与蝉蜕相似,但比蝉蜕小,易混于蝉蜕中。

4.21.3　规格等级定义(表 4-29)

4.21.3.1　蝉蜕净货

经水洗净的蝉蜕,死蝉、小蝉蜕重量占比不超过 1%,0.2cm 以下泥土重量占比不超过 1%。(图 0018-1)

4.21.3.2　蝉蜕统货

未经水洗或未洗净的蝉蜕,死蝉、小蝉蜕重量占比不超过 5%,0.2cm 以下泥土重量占比不超过 5%。(图 0018-2)

表 4-29　中药材商品电子交易规格等级标准——蝉蜕

序号	品名	规格名称	流通俗称	是否水洗	死蝉、小蝉蜕重量占比	0.2cm 以下泥土重量占比	干度
1	蝉蜕	蝉蜕净货	净货	水洗	≤1%	≤1%	干货
2	蝉蜕	蝉蜕统货	统货	未水洗	≤5%	≤5%/≤1%	干货

图 0018　蝉蜕商品部分规格图示
1. 蝉蜕净货;2. 蝉蜕统货

4.22 车前草

4.22.1 基础数据

4.22.1.1 来源

本品为车前科植物车前 *Plantago asiatica* L. 或平车前 *Plantago depressa* Willd. 的干燥全草（《中国药典（2015年版）》）。野生为主。夏季 6~8 月采收，除去泥土、杂质，阴干。

4.22.1.2 产地

全国各地均产，主产于贵州、四川、山东。

4.22.1.3 车前草

根丛生须状。叶基生，具长柄；叶片皱缩，展平后呈卵状椭圆形、宽卵形，或椭圆状披针形，长 5.0~14cm，宽 2.0~8.0cm；表面灰绿色或污绿色，具明显弧形脉 5~7 条；先端钝或短尖，基部宽楔形，全缘或有不规则波状浅齿。穗状花序数条，花茎长。蒴果盖裂，萼宿存。气微香，味微苦。

4.22.1.4 车前草段

除去杂质，洗净，切段，干燥。本品为不规则的段，段长约 5.0cm。

4.22.2 规格要素说明及名词解释

4.22.2.1 颜色（新货/陈货）

车前草新货多为灰绿色，采收时间较晚、未及时晾晒或存储时间过长颜色均变为灰褐色。

4.22.2.2 杂质及 0.1cm 以下灰渣

杂质为杂草及根部附带的泥土，灰渣一般用 0.1cm 的筛子筛出。

4.22.3 规格等级定义（表 4-30）

4.22.3.1 车前草选货

车前草新货，灰绿色，杂质及 0.1cm 以下灰渣小于 2%。

4.22.3.2 车前草灰绿色统货

车前草新货，灰绿色，杂质及 0.1cm 以下灰渣小于 5%。

4.22.3.3 车前草灰褐色统货

车前草多为陈货，灰褐色为主，杂质及 0.1cm 以下灰渣小于 5%。

4.22.3.4 车前草选段

车前草切段新货，灰绿色，杂质及 0.1cm 以下灰渣小于 2%。（图 0019-1）

4.22.3.5 车前草灰绿色统段

车前草切段新货，灰绿色，杂质及 0.1cm 以下灰渣小于 5%。（图 0019-2）

4.22.3.6 车前草灰褐色统段

车前草切段，多为陈货，灰褐色为主，杂质及 0.1cm 以下灰渣小于 5%。

表 4-30 中药材商品电子交易规格等级标准——车前草

序号	品名	规格名称	流通俗称	颜色（新货/陈货）	杂质及 0.1cm 以下灰渣重量占比	虫蛀、霉变	干度
1	车前草	车前草选货	选货	灰绿色（新货）	≤2%/≤1%	无	干货
2	车前草	车前草灰绿色统货	统货	灰绿色（新货）	≤5%/≤3%	无	干货

序号	品名	规格名称	流通俗称	颜色(新货/陈货)	杂质及 0.1cm 以下灰渣重量占比	虫蛀、霉变	干度
3	车前草	车前草灰褐色统货	统货	灰褐色为主(陈货)	≤5%/≤3%	无	干货
4	车前草	车前草选段	选片	灰绿色(新货)	≤2%/≤1%	无	干货
5	车前草	车前草灰绿色统段	统片	灰绿色(新货)	≤5%/≤3%	无	干货
6	车前草	车前草灰褐色统段	统片	灰褐色为主(陈货)	≤5%/≤3%	无	干货

图 0019 车前草商品部分规格图示
1. 车前草选段;2. 车前草灰绿色统段

4.23 车前子

4.23.1 基础数据

4.23.1.1 来源

本品为车前科植物车前 *Plantago asiatica* L. 或平车前 *Plantago depressa* Willd. 的干燥成熟种子(《中国药典(2015 年版)》)。野生或栽培,栽培为主,栽培 1 年。夏、秋二季种子成熟时采收果穗,晒干,搓出种子,除去杂质。

4.23.1.2 产地

全国大部分地区均产,栽培主产于江西吉安、四川德阳;野生主产于东北。江西吉安栽培车前子颗粒饱满,黑褐色,质量好。四川德阳栽培车前子颗粒稍瘦小,黄棕色至黑褐色,质量稍次。东北地区野生车前子,黑色,颗粒小于栽培车前子,市面上流通较少。

4.23.1.3　车前子

呈椭圆形、不规则长圆形或三角状长圆形,略扁,长约 0.2cm,宽约 0.1cm。黄棕色至黑色。有细皱纹,一面有灰白色凹点状种脐。质硬。气微,味淡。

4.23.2　规格要素说明及名词解释

4.23.2.1　饱满粒

车前子颗粒越饱满,含量越高,一般出口标准的车前子饱满率在 70% 以上。

4.23.2.2　风选杂质

多为未除净的枝干、碎叶。

4.23.3　规格等级定义(表 4-31)

4.23.3.1　江西车前子饱满净货

选江西车前子中颗粒饱满、颜色黑亮的货,通过风选和水洗等方法,除去枝叶杂质,饱满粒重量占比不低于 70%,风选和瘪壳杂质重量占比不超过 0.5%。

4.23.3.2　江西车前子净货

通过风选和水洗等方法,除去枝叶杂质,风选和瘪壳杂质重量占比不超过 0.5%。

4.23.3.3　车前子净货

通过风选和机器震动筛选除去枝叶杂质,风选和瘪壳杂质重量占比不超过 1%。

4.23.3.4　车前子统货

通过风选除去枝叶杂质,风选和瘪壳杂质重量占比不超过 5%。

表 4-31　中药材商品电子交易规格等级标准——车前子

序号	品名	规格名称	流通俗称	产地	饱满粒重量占比	风选杂质和瘪壳重量占比	虫蛀、霉变	干度
1	车前子	江西车前子饱满净货	出口级	江西	≥70%/≥80%	≤0.5%	无	干货
2	车前子	江西车前子净货	精选货	江西	——	≤0.5%	无	干货
3	车前子	车前子净货	选货	江西、四川	——	≤1%	无	干货
4	车前子	车前子统货	统货	江西、四川	——	≤5%/≤3%	无	干货

4.24　陈皮

4.24.1　基础数据

4.24.1.1　来源

本品为芸香科植物橘 *Citrus reticulata* Blanco 及其栽培变种的干燥成熟果皮(《中国药典(2015 年版)》)。采摘成熟果实,剥取果皮,晒干或低温干燥。另有一种商品"杂陈皮",指各种柑、橘、橙的混合果皮。

产自广东新会的陈皮商品特称为"新会陈皮",为道地药材,来源于茶枝柑品种 *Citrus reticulata* Chachi。

4.24.1.2　产地

产于四川、湖北、广东、云南、贵州、福建、浙江、广西、江西、湖南等地,主产于四川金堂、湖北宜昌、广东新会。

4.24.1.3　陈皮

常剥成数瓣,基部相连,有的呈不规则的片状,厚 0.1~0.4cm。外表面橙红色或棕褐色,有细皱纹和凹下的点状油室,质稍硬而脆。气香,味辛、苦。

4.24.1.4　新会陈皮

新会陈皮的加工一般采取传统的"正三刀法"和"对称二刀法"进行切制剥开。正三刀法为果蒂朝下,从果顶向果蒂纵划三刀,留果蒂部相连,正三瓣剥开。对称二刀法为果蒂朝上,从果肩两边对称反向弧划二刀,留果顶部相连,三瓣剥开。然后选择晴朗天气,将剥开的鲜皮置于通风、向阳处,使其自然失水萎缩,质地变软,然后进行翻皮,即使橘白向外。再晒干或低温烘干。常 3 瓣相连,形状整齐,厚度均匀,约 1.0mm。点状油室较大,对光照视,透明清晰。质较柔软。

4.24.1.5　陈皮丝

将陈皮除去杂质、喷淋水、润透、切丝、干燥。呈丝条状。长 3.0~6.0cm,宽 0.5~0.8cm,外表面橙红色或棕褐色,油室细小,内表面附筋络状维管束,呈淡黄白色。气香,味辛、苦。

4.24.1.6　杂陈皮丝

各种柑、橘、橙的果皮混杂,除去杂质、喷淋水、润透、切丝、干燥。本品呈丝条状。长 3.0~6.0cm,宽 0.5~0.8cm,外表面橙红色或棕褐色,油室粗大,内表面内囊厚,少有筋络状维管束,呈淡黄白色。气香,味辛、苦。

4.24.2　规格要素说明及名词解释

4.24.2.1　红桔皮

正品陈皮又称红桔皮,区别于其他柑、橘、橙的混合果皮的杂陈皮,红桔皮所占比例影响药材质量。

4.24.2.2　黑边个(丝)

陈皮或杂陈皮鲜货沤烂和烘烤不当导致变黑,为黑边个,切丝后成为黑边丝。

4.24.2.3　颜色

陈皮新货颜色呈橙红色,陈货颜色呈棕褐色,存放时间越长品质越好、等级越高。

4.24.2.4　大红皮(红皮)

基本成熟的果实(通常是农历小雪至小寒,11~12 月采收)所加工的新会陈皮,外皮色泽棕红色至红黑色,有无数大而凹入的油室,皱缩十分明显。质软,皮厚,味辛带甜。

4.24.2.5　微红皮(黄皮)

开始果皮着色又未完全着色,果实未充分成熟时(通常是农历寒露至小雪,10~11 月)采收的果实所加工的新会陈皮,外皮色泽褐黄色至棕黄色,有无数大而凹入的油室,皱缩较明显。质较硬,皮较厚,味辛带苦略甜。

4.24.2.6　柑青皮(青皮)

果皮未着色,果实未成熟时(通常是农历立秋至寒露,8~10 月)采收的果实所加工的新会陈皮,外皮色泽青褐色至青黑色,有无数微凹入的油室,不显皱缩。质硬,皮薄,味辛苦,气芳香。

4.24.2.7　历史年份

即是指自然陈放时间。

4.24.2.8　断片

加工或翻晒过程中新会陈皮出现的断裂片。

4.24.2.9　0.3cm 以下的碎末及杂质

直径 0.3cm 以下的刀口碎末和其他枝叶碎末。

4.24.2.10　虫蛀、霉烂重量占比

干度较差或贮存不当时会有虫蛀和霉变。

4.24.3　规格等级定义（表 4-32，表 4-33）

4.24.3.1　陈皮陈货选个

陈皮，陈货，外表面棕褐色，红桔皮重量占比不低于 90%，黑边个重量占比不超过 8%，无虫蛀、霉烂重量占比不超过 8%。（图 0020-1）

4.24.3.2　陈皮新货选个

陈皮，新货，外表面橙红色，红桔皮重量占比不低于 90%，黑边个重量占比不超过 8%，无 0.3cm 以下的碎末及杂质，虫蛀、霉烂重量占比不超过 8%。（图 0020-2）

4.24.3.3　陈皮统丝

用红桔皮较多的陈皮统个切丝，红桔皮重量占比一般不低于 10%，黑边个重量占比不超过 8%，0.3cm 以下的碎末及杂质重量占比不超过 5%，虫蛀、霉烂重量占比不超过 8%。（图 0020-3）

4.24.3.4　杂陈皮统丝

用柑、橘、橙的果皮切丝，黑边个重量占比不超过 10%，0.3cm 以下的碎末及杂质重量占比不超过 5%，虫蛀、霉烂重量占比不超过 10%。（图 0020-4）

4.24.3.5　新会陈皮（大红皮一等）

新会陈皮，历史年份越大越好，外皮色泽棕红色／红黑色，片张完整、片形大小一致。无黑皮、病斑、断片、无虫蛀、霉烂，无断片、0.3cm 以下的碎末及杂质，无虫蛀、霉烂。

4.24.3.6　新会陈皮（大红皮二等）

新会陈皮，历史年份越大越好，外皮色泽棕红色／红黑色，片张基本完整、片形大小基本一致。黑皮、病斑重量占比不超 1%，断片、0.3cm 以下的碎末及杂质重量占比不超 1%，虫蛀、霉烂重量占比不超 1%。

4.24.3.7　新会陈皮（大红皮三等）

新会陈皮，历史年份越大越好，外皮色泽棕红色／红黑色，片张不太完整、片形大小不太一致。黑皮、病斑重量占比不超 8%，断片、0.3cm 以下的碎末及杂质重量占比不超 5%，虫蛀、霉烂重量占比不超 8%。

4.24.3.8　新会陈皮（微黄皮一等）

新会陈皮，历史年份越大越好，外皮色泽褐黄色／棕黄色，片张完整、片形大小一致。无黑皮、病斑、断片、无虫蛀、霉烂，无断片、0.3cm 以下的碎末及杂质，无虫蛀、霉烂。

4.24.3.9　新会陈皮（微黄皮二等）

新会陈皮，历史年份越大越好，外皮色泽褐黄色／棕黄色，片张基本完整、片形大小基本一致。黑皮、病斑重量占比不超 1%，断片、0.3cm 以下的碎末及杂质重量占比不超 1%，虫蛀、霉烂重量占比不超 1%。

4.24.3.10　新会陈皮（微黄皮三等）

新会陈皮，历史年份越大越好，外皮色泽褐黄色／棕黄色，片张不太完整、片形大小不太一致。黑皮、病斑重量占比不超 10%，断片、0.3cm 以下的碎末及杂质重量占比不超 5%，虫蛀、霉烂重量占比不超 10%。

4.24.3.11　新会陈皮（柑青皮一等）

新会陈皮，历史年份越大越好，外皮色泽青褐色／青黑色，片张完整、片形大小一致。无黑皮、病斑、断片、无虫蛀、霉烂，无断片、0.3cm 以下的碎末及杂质，无虫蛀、霉烂。

4.24.3.12　新会陈皮（柑青皮二等）

新会陈皮，历史年份越大越好，外皮色泽青褐色／青黑色，片张基本完整、片形大小基本一致。黑皮、病斑重量占比不超 1%，断片、0.3cm 以下的碎末及杂质重量占比不超 1%，虫蛀、霉烂重量占比不超 1%。

4.24.3.13　新会陈皮（柑青皮三等）

新会陈皮，历史年份越大越好，外皮色泽青褐色／青黑色，片张不太完整、片形大小不太一致。黑皮、病斑重量占比不超 10%，断片、0.3cm 以下的碎末及杂质重量占比不超 5%，虫蛀、霉烂重量占比不超 10%。

表 4-32　中药材商品电子交易规格等级标准——陈皮

序号	品名	规格名称	流通俗称	颜色(新货/陈货)	红桔皮重量占比	黑边个(丝)重量占比	0.3cm 以下的碎末及杂质重量占比	虫蛀、霉烂重量占比	干度
1	陈皮	陈皮陈货选个	选个	棕褐色(陈货)	≥90%/≥95%	≤8%/≤5%	无	≤8%/≤5%	干货
2	陈皮	陈皮新货选个	选个	橙红色(新货)	≥90%/≥95%	≤8%/≤5%	无	≤8%/≤5%	干货
3	陈皮	陈皮统丝	统丝	——	≥10%/≥30%/≥50%/≥70%	≤8%/≤5%	≤5%/≤2%	≤8%/≤5%	干货
4	陈皮	杂陈皮统丝	杂皮丝	——	——	≤10%/≤8%/≤5%	≤5%/≤2%	≤10%/≤8%/≤5%	干货

表 4-33　中药材商品电子交易规格等级标准——新会陈皮

序号	品名	规格名称	流通俗称	外观形状	颜色(采收时间)	历史年份(3~5 年)	历史年份(6~10 年)	历史年份(10~12 年)	黑皮、病斑重量占比	断片、0.3cm 以下的碎末及杂质重量占比	虫蛀、霉烂重量占比	干度
5	新会陈皮	大红皮一等		片张完整、片形大小一致	棕红色/红黑色(11~12 月)	3/4/5	6/7/8/9	10/11/12	无	无	无	干货
6	新会陈皮	大红皮二等		片张基本完整、片形大小基本一致	棕红色/红黑色(11~12 月)	3/4/5	6/7/8/9	10/11/12	≤1%/无	≤1%/无	≤1%/无	干货
7	新会陈皮	大红皮三等		片张不太完整、片形大小不太一致	棕红色/红黑色(11~12 月)	3/4/5	6/7/8/9	10/11/12	≤8%/≤5%	≤5%/≤2%	≤8%/≤5%	干货
8	新会陈皮	微红皮(黄皮)一等		片张基本完整、片形大小一致	褐黄色/棕黄色(10~11 月)	3/4/5	6/7/8/9	10/11/12	无	无	无	干货
9	新会陈皮	微红皮(黄皮)二等		片张基本完整、片形大小基本一致	褐黄色/棕黄色(10~11 月)	3/4/5	6/7/8/9	10/11/12	≤1%/无	≤1%/无	≤1%/无	干货
10	新会陈皮	微红皮(黄皮)三等		片张不太完整、片形大小不太一致	褐黄色/棕黄色(10~11 月)	3/4/5	6/7/8/9	10/11/12	≤10%/≤8%/≤5%	≤5%/≤2%	≤10%/≤8%/≤5%	干货
11	新会陈皮	柑青皮一等		片张完整、片形大小一致	青褐色/青黑色(8~10 月)	3/4/5	6/7/8/9	10/11/12	无	无	无	干货
12	新会陈皮	柑青皮二等		片张基本完整、片形大小基本一致	青褐色/青黑色(8~10 月)	3/4/5	6/7/8/9	10/11/12	≤1%/无	≤1%/无	≤1%/无	干货
13	新会陈皮	柑青皮三等		片张不太完整、片形大小不太一致	青褐色/青黑色(8~10 月)	3/4/5	6/7/8/9	10/11/12	≤10%/≤8%/≤5%	≤5%/≤2%	≤10%/≤8%/≤5%	干货

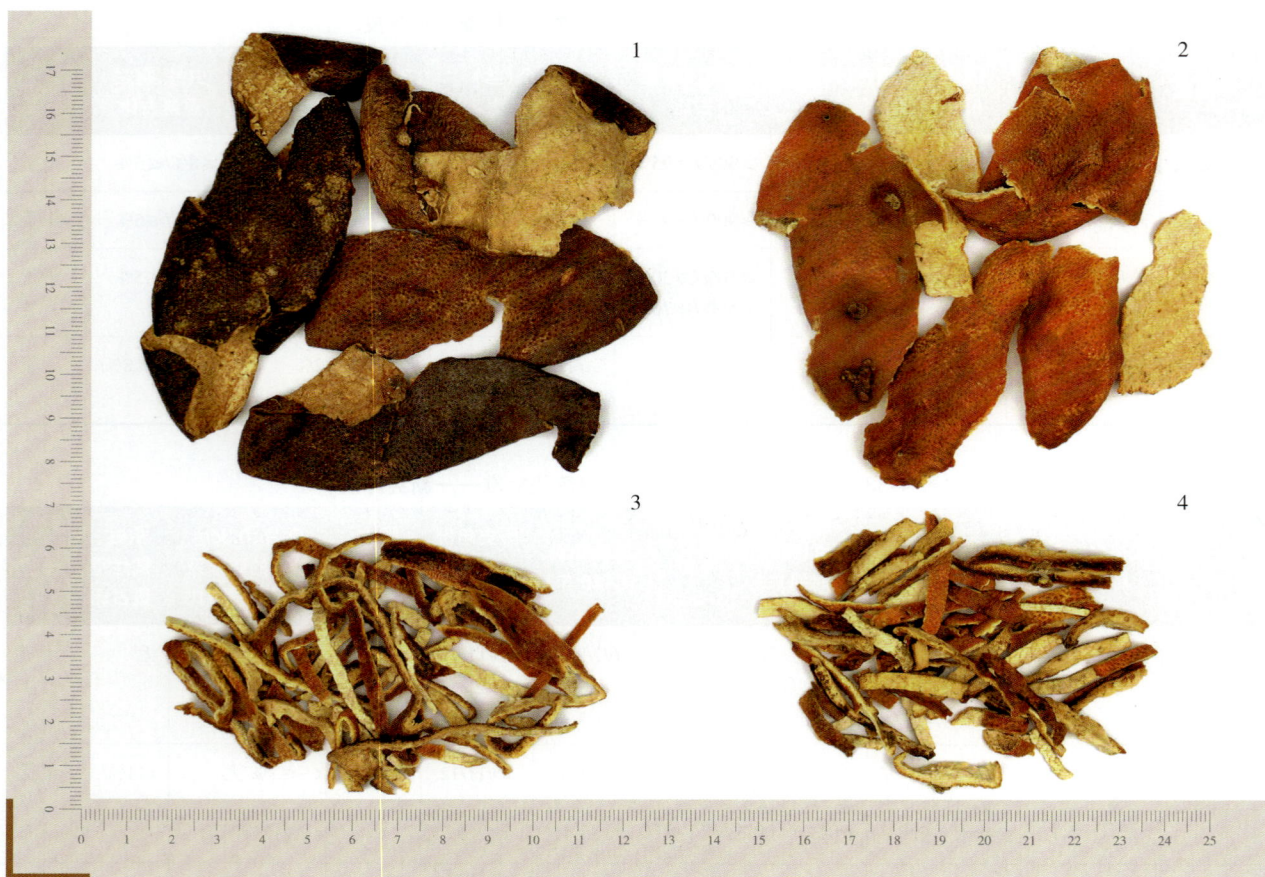

图0020 陈皮商品部分规格图示
1.陈皮陈货选个;2.陈皮新货选个;3.陈皮统丝;4.杂陈皮统丝

4.25 赤芍

4.25.1 基础数据

4.25.1.1 来源

本品为毛茛科植物芍药 *Paeonia lactiflora* Pall. 或川赤芍 *Paeonia veitchii* Lynch 的干燥根(《中国药典(2015年版)》)。野生或栽培。春、秋二季采挖,除去根茎、须根及泥沙,晒干。来源于芍药的赤芍药材又称为"京赤芍"。

4.25.1.2 产地

京赤芍产于内蒙古、河北、黑龙江、吉林、辽宁等地,主产于内蒙古海拉尔;川赤芍产于四川。

4.25.1.3 赤芍

呈圆柱形,稍弯曲,长5.0~40cm,直径0.5~3.0cm 表面棕褐色,粗糙,有纵沟和皱纹,并有须根痕和横长的皮孔样突起,有的外皮易脱落。质硬而脆,易折断,断面粉白色或粉红色,皮部窄,木部放射状纹理明显,有的有裂隙。

4.25.1.4 赤芍片

将赤芍除去杂质,分开大小,洗净,润透,切厚片,干燥。呈类圆形或不规则形厚片,直径0.4~3.0cm,厚0.2~0.3cm。外皮棕褐色,切面类白色至黄白色或黄褐色,皮部窄,木部放射状纹理明显,部分有裂隙。

4.25.2　规格要素说明及名词解释

4.25.2.1　赤芍个大小
一般以中部直径分级,也兼顾长度。

4.25.2.2　赤芍个去粗皮
京赤芍一般不去粗皮,川赤芍有去掉粗皮的规格。

4.25.2.3　须根及 0.2cm 以下杂质
未去尽的须根和 0.2cm 标准筛筛出的泥沙杂质。

4.25.2.4　芦头与芦头片
芦头为根与茎结合部位,切的片称为芦头片,片形多不规则,形如狗头,习称"狗头片"。(图 0021-6)

4.25.2.5　赤芍片直径大小
切片后用 0.8cm 和 0.5cm 的筛进行筛选分级。

4.25.2.6　0.2cm 以下灰末
切片过程中产生的碎末或晾晒过程中所带的泥沙。

4.25.3　规格等级定义(表 4-34,表 4-35)

4.25.3.1　京赤芍一等选个
京赤芍原药除去芦头,挑选中部直径 1.2cm 以上,长 16cm 以上的个,带芦头个重量占比不超过 5%。

4.25.3.2　京赤芍二等选个
京赤芍原药除去芦头,挑选中部直径 0.5cm 以上的个,带芦头个重量占比不超过 5%。

4.25.3.3　京赤芍统个
京赤芍原药不分大小,带芦头个重量占比不超过 20%,须根及 0.2cm 以下杂质重量占比不超过 3%。

4.25.3.4　川赤芍去皮选个
川赤芍原药刮去粗皮,带芦头个重量占比不超过 10%,须根及 0.2cm 以下杂质重量占比不超过 1%。

4.25.3.5　川赤芍统个
川赤芍原药未刮皮,带芦头个重量占比不超过 20%,须根及 0.2cm 以下杂质重量占比不超过 5%。

4.25.3.6　京赤芍选片 0.8 以上
选大条京赤芍云芦头切片,过孔径 0.8cm 的筛子筛去碎片。1.4cm 以上片重量占比不低于 15%,0.8cm 以下片不超过 20%,芦头片重量占比不超过 1%,无 0.2cm 以下灰末。(图 0021-1)

4.25.3.7　京赤芍选片 0.5~0.8
选大小均匀,直径在 0.5~1.0cm 的京赤芍去芦头切片,分别过 0.8cm 和 0.5cm 的筛,筛去大片和小片。1.0cm 以下片重量占比不超过 3%,芦头片重量占比不超过 1%,无 0.2cm 以下灰末。(图 0021-2)

4.25.3.8　京赤芍大统片
用大条京赤芍切片,过孔径 0.2cm 筛子筛去灰末。1.4cm 以上片重量占比不低于 10%,0.8cm 以下片不超过 30%,芦头片重量占比不超过 3%,0.2cm 以下灰末重量占比不超过 1%。(图 0021-3)

4.25.3.9　京赤芍统片 0.8 以下
用小条京赤芍切片,过孔径 0.2cm 筛子筛去灰末。芦头片重量占比不超过 10%,0.2cm 以下灰末重量占比不超过 3%。(图 0021-4)

4.25.3.10　京赤芍小统片
用小条京赤芍切片,掺入部分选片中筛下的小片混合成。1.0cm 以上片重量占比不低于 20%,芦头片重量占比不超过 30%,0.2cm 以下灰末重量占比不超过 5%。

4.25.3.11　京赤芍芦头片

用京赤芍芦头切片，0.2cm以下灰沫重量占比不超过3%。（图0021-5）

表4-34　中药材商品电子交易规格等级标准——赤芍

序号	品名	规格名称	流通俗称	中部直径/cm	体长/cm	带芦头个重量占比	须根及0.2cm以下杂质	含硫情况	虫蛀、霉变	干度
1	赤芍	京赤芍一等选个	京赤芍大选货	≥1.2	≥16	≤5%/无	——	有硫加工/无硫加工	无	干货
2	赤芍	京赤芍二等选个	京赤芍小选货	≥0.5	<16	≤5%/无	——	有硫加工/无硫加工	无	干货
3	赤芍	京赤芍统个	京赤芍统货	——	——	≤20%/≤10%	≤3%	有硫加工/无硫加工	无	干货
4	赤芍	川赤芍去皮选个	川赤芍去皮选个	——	——	≤10%/≤5%	≤1%	有硫加工/无硫加工	无	干货
5	赤芍	川赤芍统个	川赤芍统个	——	——	≤20%	≤5%/≤3%	有硫加工/无硫加工	无	干货

表4-35　中药材商品电子交易规格等级标准——赤芍（续）

序号	品名	规格名称	流通俗称	1.4cm以上片重量占比	1.0cm以上片重量占比	0.8cm以下片重量占比	芦头片重量占比	0.2cm以下灰末重量占比	含硫情况	虫蛀、霉变	干度
6	赤芍	京赤芍选片0.8以上	0.8筛以上	≥15%/≥30%	——	≤20%/≤10%	≤1%	无	有硫加工/无硫加工	无	干货
7	赤芍	京赤芍选片0.5~0.8	0.5~0.8筛	——	≤3%	——	≤1%	无	有硫加工/无硫加工	无	干货
8	赤芍	京赤芍大统片	大统片	≥10%/≥20%	——	≤30%/≤20%	≤3%	≤1%	有硫加工/无硫加工	无	干货
9	赤芍	京赤芍统片0.8以下	0.8筛以下	——	——	——	≤10%	≤3%	有硫加工/无硫加工	无	干货
10	赤芍	京赤芍小统片	小统片	——	≥20%/≥40%	≤30%/≤20%	≤5%	有硫加工/无硫加工	无	干货
11	赤芍	京赤芍芦头片	头片	——	——	——	——	≤3%	有硫加工/无硫加工	无	干货

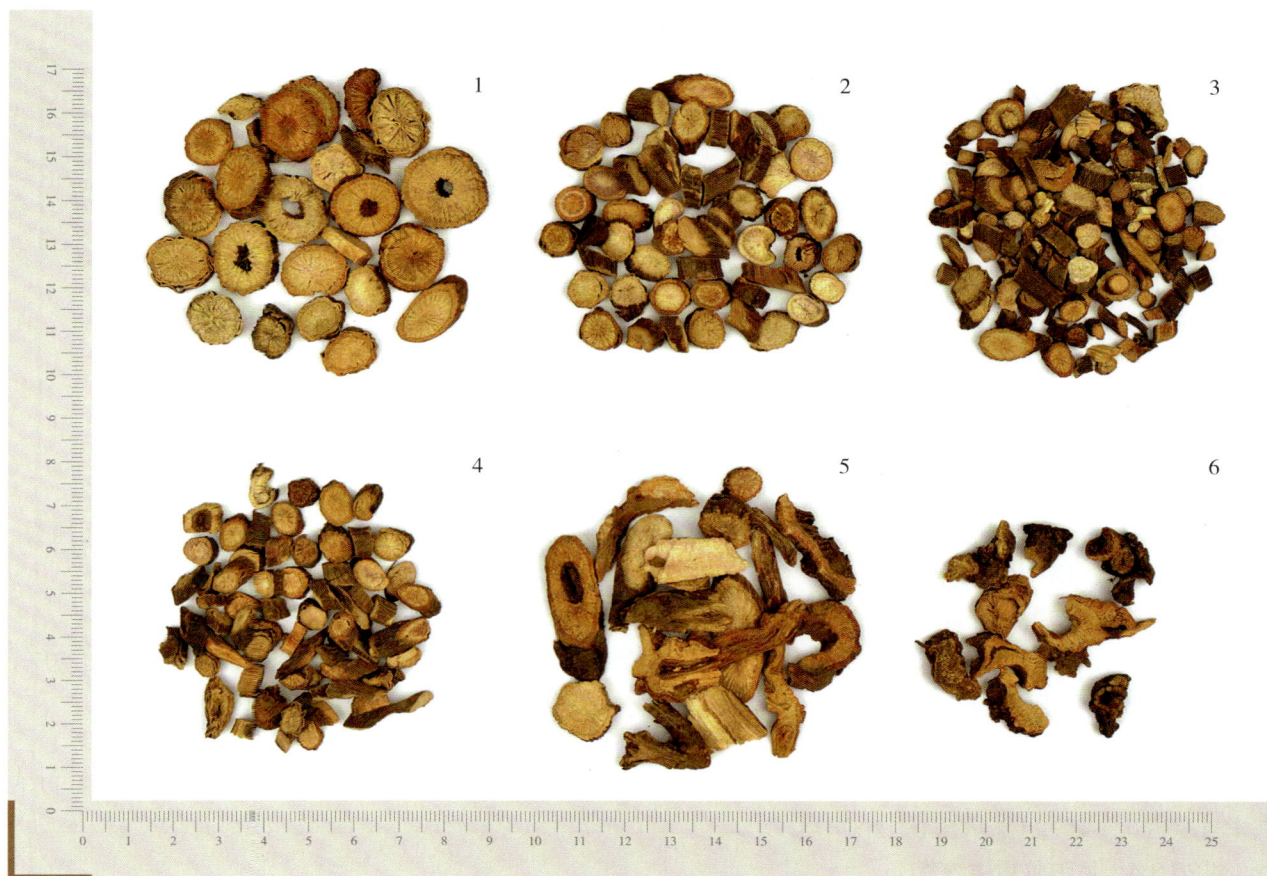

图 0021　赤芍商品部分规格图示

1. 京赤芍选片 0.8 以上；2. 京赤芍选片 0.5~0.8；3. 京赤芍大统片；4. 京赤芍统片 0.8 以下；5. 京赤芍芦头片；6. 京赤芍"芦头片"示例

4.26　重楼

4.26.1　基础数据

4.26.1.1　来源

本品为百合科植物云南重楼 *Paris polyphylla* Smith var. *yunnanensis*（Franch.）Hand. -Mazz. 或七叶一枝花 *Paris polyphylla* Smith var. *chinensis*（Franch.）Hara 的干燥根茎（《中国药典（2015 年版）》）。野生。少量栽培，一般 5~8 年。秋季采挖，除去须根，洗净，晒干。流通商品"进口重楼"来源复杂，物种不详。

4.26.1.2　产地

国产重楼产于四川、云南、贵州、湖北、江西、浙江等地，主产于四川雅安、大小凉山，云南楚雄、丽江，为药典规定正品，质量好。进口重楼产于尼泊尔和东南亚（主要是越南和缅甸），分别习称"尼泊尔重楼"和"越南重楼"，主要来自于重楼属其他物种。

4.26.1.3　重楼

呈结节状扁圆柱形，略弯曲，长 5.0~12cm，直径 1.0~4.5cm。表面黄棕色或灰棕色，外皮脱落处呈白色；密具层状突起的粗环纹，一面结节明显，结节上具椭圆形凹陷茎痕，另一面有疏生的须根或疣状须根痕。顶端具鳞叶和茎的残基。质坚实,断面平坦,白色至浅棕色,粉性或角质。气微,味微苦、麻。

4.26.2 规格要素说明及名词解释

4.26.2.1 断面白色粉性个

国产重楼断面大多呈白色粉性,进口重楼断面呈角质状,一般呈粉性的重楼指标成分含量较高,质量好。

4.26.2.2 大个 / 小个

同种重楼生长年限越长,个头越大,等级越高。

4.26.2.3 须根、0.2cm 以下灰末

加工过程中未除净的重楼须根及泥沙等杂质,在运输包装中易掉落。

4.26.3 规格等级定义(表 4-36)

4.26.3.1 国产重楼选货 1.0 以上

国产重楼,断面白色粉性个重量占比不低于 50%,长 5.0cm 以上个不低于 30%,无 1.0cm 以下个,无须根、0.2cm 以下灰末。(图 0022-1)

4.26.3.2 国产重楼统货

国产重楼,断面白色粉性个重量占比不低于 50%,长 3.0cm 以上个不低于 40%,1.0cm 以下个不超过 10%,须根、0.2cm 以下灰末重量占比不超过 1%。(图 0022-2)

4.26.3.3 尼泊尔重楼选货 3.0

尼泊尔重楼,断面粉性不明显,长 3.0cm 以上个不低于 70%,长 2.5cm 以下个不超过 20%,须根、0.2cm 以下灰末重量占比不超过 1%。(图 0022-3)

4.26.3.4 尼泊尔重楼统货

尼泊尔重楼,断面粉性不明显,长 2.0cm 以上个不低于 40%,长 0.5cm 以下个不超过 20%,须根、0.2cm 以下灰末重量占比不超过 1%。(图 0022-4)

4.26.3.5 越南重楼统货

越南、缅甸产重楼,断面粉性不明显,长 7.0cm 以上不低于 50%,长 3.0cm 以下个不超过 10%,须根、0.2cm 以下灰末重量占比不超过 1%。

表 4-36 中药材商品电子交易规格等级标准——重楼

序号	品名	规格名称	流通俗称	产地	断面白色粉性个重量占比	大个重量占比	小个重量占比	须根、0.2cm 以下灰末重量占比	虫蛀、霉变	干度
1	重楼	国产重楼选货 1.0 以上	重楼	四川及国内其他地区	≥50%/≥60%/≥70%/≥80%	长 5.0cm 以上个≥30%/长 5.0cm 以上个≥40%/长 5.0cm 以上个≥50%	无长 1.0cm 以下个	≤0.5%	无	干货
2	重楼	国产重楼统货	重楼	四川及国内其他地区	≥50%/≥60%/≥70%/≥80%	长 3.0cm 以上个≥40%/长 3.0cm 以上个≥50%/长 3.0cm 以上个≥60%	长 1.0cm 以下个≤10%/长 1.0cm 以下个≤5%	≤1%	无	干货
3	重楼	尼泊尔重楼选货 3.0	重楼	尼泊尔	——	长 3.0cm 以上个≥70%/长 3.0cm 以上个≥80%	长 2.5cm 以下个≤20%/长 2.5cm 以下个≤10%	≤1%	无	干货
4	重楼	尼泊尔重楼统货	重楼	尼泊尔	——	长 2.0cm 以上个≥40%/长 2.0cm 以上个≥50%/长 2.0cm 以上个≥60%	长 0.5cm 以下个≤20%/长 0.5cm 以下个≤10%	≤1%	无	干货
5	重楼	越南重楼统货	重楼	越南、缅甸及东南亚其他地区	——	长 7.0cm 以上个≥50%/长 7.0cm 以上个≥60%	长 3.0cm 以下个≤10%/长 3.0cm 以下个≤5%	≤1%	无	干货

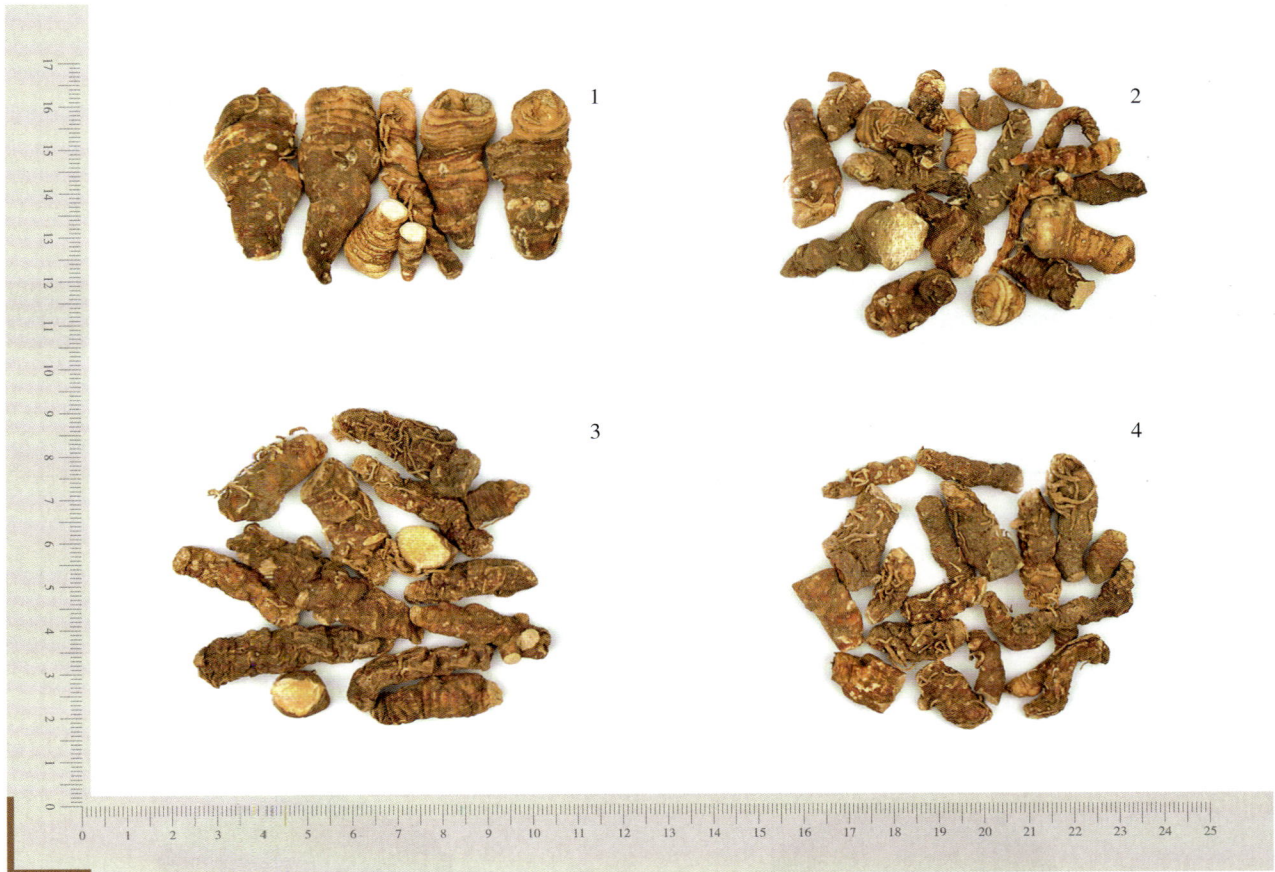

图 0022　重楼商品部分规格图示
1.国产重楼选货 1.0 以上;2.国产重楼统货;3.尼泊尔重楼选货 3.0;4.尼泊尔重楼统货

4.27　茺蔚子

4.27.1　基础数据

4.27.1.1　来源
本品为唇形科植物益母草 *Leonurus japonicas* Houtt. 的干燥成熟果实(《中国药典(2015 年版)》)。野生或栽培,栽培为主,栽培 1 年。秋季果实成熟时采割地上部分,晒干,打下果实,除去杂质。

4.27.1.2　产地
产于河南、湖北、河北、内蒙古、江苏、山东、安徽及东北三省,主产于河南、湖北、河北和内蒙古。

4.27.1.3　茺蔚子
呈三棱形,长 0.2~0.3cm,宽约 0.15cm。外皮灰棕色至灰褐色,有深色斑点,一端稍宽,平截状,另一端渐窄而钝尖。

4.27.2　规格要素说明及名词解释

0.1cm 以下及风选杂质
杂质主要为尘土、草叶、茎秆。一般过 0.1cm 筛再风选可以去除。

4.27.3 规格等级定义（表 4-37）

4.27.3.1 茺蔚子净货

0.1cm 以下及风选杂质不超过 3%。（图 0023-1）

4.27.3.2 茺蔚子统货

0.1cm 以下及风选杂质不超过 8%。（图 0023-2）

表 4-37 中药材商品电子交易规格等级标准——茺蔚子

序号	品名	规格名称	流通俗称	0.1cm 以下及风选杂质重量占比	虫蛀、霉变	干度
1	茺蔚子	茺蔚子净货	净货	≤3%	无	干货
2	茺蔚子	茺蔚子统货	统货	≤8%/≤4%	无	干货

图 0023 茺蔚子商品部分规格图示
1. 茺蔚子净货；2. 茺蔚子统货

4.28　川贝母

4.28.1　基础数据

4.28.1.1　来源

本品为百合科植物川贝母 *Fritillaria cirrhosa* D. Don、暗紫贝母 *Fritillaria unibracteata* Hsiao et K. C. Hsia、甘肃贝母 *Fritillaria przewalskii* Maxim.、梭砂贝母 *Fritillar delavayi* Franch.、太白贝母 *Fritillaria taipaiensis* P. Y. Li 或瓦布贝母 *Fritillaria unibracteata* Hsiao et K. C. Hsia var. *wabuensis*（S. Y. Tang et S. C. Yue）Z. D. Liu，S. Wang et S. C. chen 的干燥鳞茎（《中国药典（2015 年版）》）。野生。按性状不同分别习称"松贝""青贝"。夏、秋二季或积雪融化后采挖，除去须根、粗皮及泥沙，晒干或低温干燥。

4.28.1.2　产地

产于四川、青海等地，主产于四川。

4.28.1.3　川松贝

呈类圆锥形或近球形，高 0.3~0.8cm，直径 0.3~0.9cm。表面类白色。外层鳞叶 2 瓣，大小悬殊，大瓣紧抱小瓣，未抱部分呈新月形，习称"怀中抱月"；顶部闭合，内有类圆柱形、顶端稍尖的心芽和小鳞叶 1~2 枚；先端钝圆或稍尖，底部平，微凹入，中心有 1 灰褐色的鳞茎盘，偶有残存须根。质硬而脆，断面白色，富粉性。气微，味微苦。

4.28.1.4　川青贝

呈类扁球形，高 0.4~1.4cm，直径 0.5~1.5cm。外层鳞叶 2 瓣，大小相近，相对抱合，顶部开裂，内有心芽和小鳞叶 2~3 枚及细圆柱形的残茎。

4.28.2　规格要素说明及名词解释

4.28.2.1　直径

川松贝以直径大小区分出不同的规格。米贝直径小于 0.5cm；小珍珠直径小于 0.65cm；大珍珠直径 0.6~0.78cm；一松直径 0.65~0.88cm。川青贝选货直径 0.65~1.0cm，统货直径 0.5~1.5cm。

4.28.2.2　油籽、黄粒、碎瓣、开花籽

在鲜贝母晒干过程中用手翻动使表面的油皮部分紧贴贝母，水分蒸发不畅，外皮颜色变深，为"油籽"。贝母鳞茎未充分干燥贮存，导致贝母表面颜色稍黄，为"黄粒"。加工中脱落的鳞片，或破碎的鳞片，为"碎瓣"。顶部开裂的贝母，为"开花籽"。

4.28.2.3　水洗与否

鲜贝母晒干后用清水洗去外皮污渍。水洗后的贝母外皮颜色类白色、干净。过去有用双氧水清洗漂白和硫黄熏蒸增白的情况，现在较少。未水洗的贝母，叫"本色"，带有污渍，颜色浅黄色。

4.28.2.4　芯籽

川贝母顶部散开后，脱落的芯芽。

4.28.2.5　虫蛀、霉变

川贝母易生虫，一般低温贮藏可避免生虫，不易变色。

4.28.3　规格等级定义（表 4-38）

4.28.3.1　川松贝本色精选 0.5 以下

川松贝，不水洗，用孔径 0.5cm 或稍小的筛子筛选，再人工挑选，使油粒、黄籽、碎瓣、开花籽总量不超过 5%。

（图 0024-1）

4.28.3.2　川松贝本色精选 0.65 以下

川松贝，不水洗，筛去 0.5cm 孔径米贝后，用孔径 0.65cm 或稍小的筛子筛选，再人工挑选，使油粒、黄籽、碎瓣、开花籽总量不超过 5%。（图 0024-2）

4.28.3.3　川松贝本色精选 0.65~0.88

川松贝，不水洗，筛去 0.65cm 孔径以下的小珍珠后，用孔径 0.88cm 或稍小的筛子筛选，再人工挑选，使油粒、黄籽、碎瓣、开花籽总量不超过 5%。（图 0024-3）

4.28.3.4　川松贝本色统 0.6~0.78

不水洗，川松贝统货筛去 0.6cm 孔径以下的，再用 0.78cm 或稍小的筛子筛选，使油粒、黄籽总量不超过 8%，碎瓣、开花籽总量不超过 50%。（图 0024-4）

4.28.3.5　川松贝本色统 0.65 以下

不水洗，川松贝筛去 0.5cm 孔径米贝后，用孔径 0.65cm 或略小于 0.65cm 的筛子筛选，使油粒、黄籽总量不超过 8%，碎瓣、开花籽总量不超过 50%。（图 0024-5）

4.28.3.6　川松贝本色统 0.65~0.88

不水洗，川松贝筛去 0.65cm 孔径以下的，用孔径 0.88cm 或稍小的筛子筛选，使油粒、黄籽总量不超过 8%，碎瓣、开花籽总量不超过 50%。（图 0024-6）

4.28.3.7　川松贝水洗精选 0.65 以下

川松贝，水洗，筛去 0.5cm 孔径米贝后，用孔径 0.65cm 或稍小的筛子筛选，再人工挑选，使油粒、黄籽、碎瓣、开花籽总量不超过 5%，最后水洗。（图 0024-7）

4.28.3.8　川松贝水洗精选 0.65~0.88

川松贝，水洗，筛去 0.65cm 孔径以下的小珍珠后，用孔径 0.88cm 或稍小的筛子筛选，再人工挑选，使油粒、黄籽、碎瓣、开花籽总量不超过 5%，最后水洗。（图 0024-8）

4.28.3.9　川松贝水洗统 0.6~0.78

水洗，川松贝统货筛去 0.6cm 孔径以下的粒，再用 0.78cm 或稍小的筛子筛选，使油粒、黄籽总量不超过 8%，碎瓣、开花籽总量不超过 50%，最后水洗。（图 0024-9）

4.28.3.10　川松贝水洗统 0.65 以下

水洗，川松贝筛去 0.5cm 孔径米贝后，用孔径 0.65cm 或稍小的筛子筛选，使油粒、黄籽总量不超过 8%，碎瓣、开花籽一般不超过 50%，最后水洗。（图 0024-10）

4.28.3.11　川松贝水洗统 0.65~0.88

水洗，川松贝筛去 0.65cm 孔径以下的，用孔径 0.88cm 或稍小的筛子筛选，使油粒、黄籽总量不超过 8%，碎瓣、开花籽总量不超过 50%，最后水洗。（图 0024-11）

4.28.3.12　川青贝选货 0.65~1.0

川青贝筛去 0.65cm 孔径以下的选入松贝，再用 1.0cm 筛子筛去大粒，油粒、黄粒不超过 10%，芯籽不超过 5%。

4.28.3.13　川青贝统货

川青贝大小不分，一般不挑选、不掺入油粒、黄粒、芯籽，油粒、黄粒不超过 10%，芯籽不超过 8%。（图 0024-12）

表 4-38　中药材商品电子交易规格等级标准——川贝母

序号	品名	规格名称	流通俗称	直径 /cm	水洗与否	油籽、黄粒重量占比	碎瓣、开花籽重量占比	油籽、黄粒、碎瓣、开花籽重量占比	芯籽重量占比	虫蛀、霉变	干度
1	川贝母	川松贝本色精选 0.5 以下	松贝精品本色米贝	≤0.5	不水洗	——	——	≤5%	——	无	干货
2	川贝母	川松贝本色精选 0.65 以下	松贝精品本色小珍珠	≤0.65	不水洗	——	——	≤5%	——	无	干货
3	川贝母	川松贝本色精选 0.65~0.88	松贝精品本色一松	0.65~0.88	不水洗	——	——	≤5%	——	无	干货
4	川贝母	川松贝本色统 0.6~0.78	松贝本色统大珍珠	0.6~0.78	不水洗	≤8%/≤5%/≤2%	≤50%/≤30%/≤20%	——	——	无	干货
5	川贝母	川松贝本色统 0.65 以下	松贝本色统小珍珠	≤0.65	不水洗	≤8%/≤5%/≤2%	≤50%/≤30%/≤20%	——	——	无	干货
6	川贝母	川松贝本色统 0.65~0.88	松贝本色统一松	0.65~0.88	不水洗	≤8%/≤5%/≤2%	≤50%/≤30%/≤20%	——	——	无	干货
7	川贝母	川松贝水洗精选 0.65 以下	松贝精品水洗小珍珠	≤0.65	水洗	——	——	≤5%	——	无	干货
8	川贝母	川松贝水洗精选 0.65~0.88	松贝精品水洗一松	0.65~0.88	水洗	——	——	≤5%	——	无	干货
9	川贝母	川松贝水洗统 0.6~0.78	松贝水洗统大珍珠	0.6~0.78	水洗	≤8%/≤5%/≤2%	≤50%/≤30%/≤20%	——	——	无	干货
10	川贝母	川松贝水洗统 0.65 以下	松贝水洗统小珍珠	≤0.65	水洗	≤8%/≤5%/≤2%	≤50%/≤30%/≤20%	——	——	无	干货
11	川贝母	川松贝水洗统 0.65~0.88	松贝水洗统一松	0.65~0.88	水洗	≤8%/≤5%/≤2%	≤50%/≤30%/≤20%	——	——	无	干货
12	川贝母	川青贝选货 0.65~1.0	选青贝	0.65~1.0	不水洗	≤10%/≤5%	——	——	≤5%/≤2%	无	干货
13	川贝母	川青贝统货	统青贝	——	不水洗	≤10%/≤5%	——	——	≤8%/≤5%	无	干货

图 0024　川贝母商品部分规格图示

1. 川松贝本色精选 0.5 以下；2. 川松贝本色精选 0.65 以下；3. 川松贝本色精选 0.65~0.88；4. 川松贝本色统 0.6~0.78；5. 川松贝本色统 0.65 以下；6. 川松贝本色统 0.65~0.88；7. 川松贝水洗精选 0.65 以下；8. 川松贝水洗精选 0.65~0.88；9. 川松贝水洗统 0.6~0.78；10. 川松贝水洗统 0.65 以下；11. 川松贝水洗统 0.65~0.88；12. 川青贝统货

4.29　川木通

4.29.1　基础数据

4.29.1.1　来源

本品为毛茛科植物小木通 *Clematis armandii* Franch. 或绣球藤 *Clematis montana* Buch. -Ham. 的干燥藤茎（《中国药典（2015 年版）》）。野生。春、秋二季采收，除去粗皮，晒干，或趁鲜切片，晒干。

4.29.1.2　产地

产于四川、云南、广西、陕西等地，主产于四川、云南。

4.29.1.3　川木通片

将川木通原药略泡，润透，切厚片，干燥，或鲜切片。本品呈类圆形片。直径 1.0~4.0cm、厚 0.2~0.4cm，切面边缘不整齐，残存皮部黄棕色，木部浅黄棕色或浅黄色，有黄白色放射状纹理及裂隙，其间密布细孔状导管，髓部较小，类白色或黄棕色，偶有空腔。气微，味淡。

4.29.2　规格要素说明及名词解释

4.29.2.1　完整片
川木通切片易破碎,完整片所占比例影响价格。

4.29.2.2　含有黑斑的片
大木通个干燥较慢,芯子局部变黑。切片后片子常带有黑色斑点,带最大径 0.4cm 以上黑斑的片认定为含有黑斑的片。(图 0025-6)

4.29.2.3　毛须、0.3cm 以下碎末
切制时未切断的韧皮纤维丝称为"毛须",切落的碎末用孔径 0.3cm 的筛子筛出。

4.29.2.4　含硫情况
为使川木通颜色变浅,通过熏硫,使颜色呈淡黄白色。

4.29.3　规格等级定义(表 4-39)

4.29.3.1　川木通选片 3.0
用大小不分的川木通切片,挑选,使直径 3.0~4.0cm 的片重量占比不低于 90%,完整片重量占比不低于 80%,含有黑斑片重量占比不超过 10%,无毛须、0.3cm 以下碎渣。(图 0025-1)

4.29.3.2　川木通选片 2.0
用大小不分的川木通切片,挑选,使直径 2.0~3.0cm 的片重量占比不低于 90%,完整片重量占比不低于 80%,含有黑斑片重量占比不超过 8%,无毛须、0.3cm 以下碎渣。(图 0025-2)

4.29.3.3　川木通选片 1.5
用大小不分的川木通切片,筛选和挑选,使直径 1.5~2.0cm 的片重量占比不低于 90%,完整片重量占比不低于 70%,含有黑斑片重量占比不超过 8%,无毛须、0.3cm 以下碎渣。(图 0025-3)

4.29.3.4　川木通小选片
挑选大片后剩下的川木通小片,直径在 1.0cm 以上的片不低于 30%,含有黑斑片重量占比不超过 8%,毛须、0.3cm 以下碎渣重量占比不超过 1%。(图 0025-4)

4.29.3.5　川木通统片
用大小不分的川木通切片,直径 1.5cm 以上的片不低于 40%,含有黑斑片重量占比不超过 10%,毛须、0.3cm 以下碎渣重量占比不超过 5%。(图 0025-5)

表 4-39　中药材商品电子交易规格等级标准——川木通

序号	品名	规格名称	流通俗称	大片重量占比	完整片重量占比	含有黑斑片重量占比	毛须、0.3cm 以下碎渣重量占比	含硫情况	虫蛀、霉变	干度
1	川木通	川木通选片 3.0	一级片	直径 3.0~4.0cm 片≥90%	≥80%/≥90%/≥95%	≤10%/≤5%	无	有硫加工/无硫加工	无	干货
2	川木通	川木通选片 2.0	二级片	直径 2.0~3.0cm 片≥90%	≥80%/≥90%/≥95%	≤8%/≤4%	无	有硫加工/无硫加工	无	干货
3	川木通	川木通选片 1.5	三级片	直径 1.5~2.0cm 片≥90%	≥70%/≥80%/≥85%	≤8%/≤4%	无	有硫加工/无硫加工	无	干货
4	川木通	川木通小选片	四级片	直径 1.0cm 以上片≥30% 直径 1.0cm 以上片≥50% 直径 1.0cm 以上片≥70%	——	≤8%/≤4%	≤1%	有硫加工/无硫加工	无	干货
5	川木通	川木通统片	统片	直径 1.5cm 以上片≥40%	——	≤10%/≤5%	≤5%/≤3%	有硫加工/无硫加工	无	干货

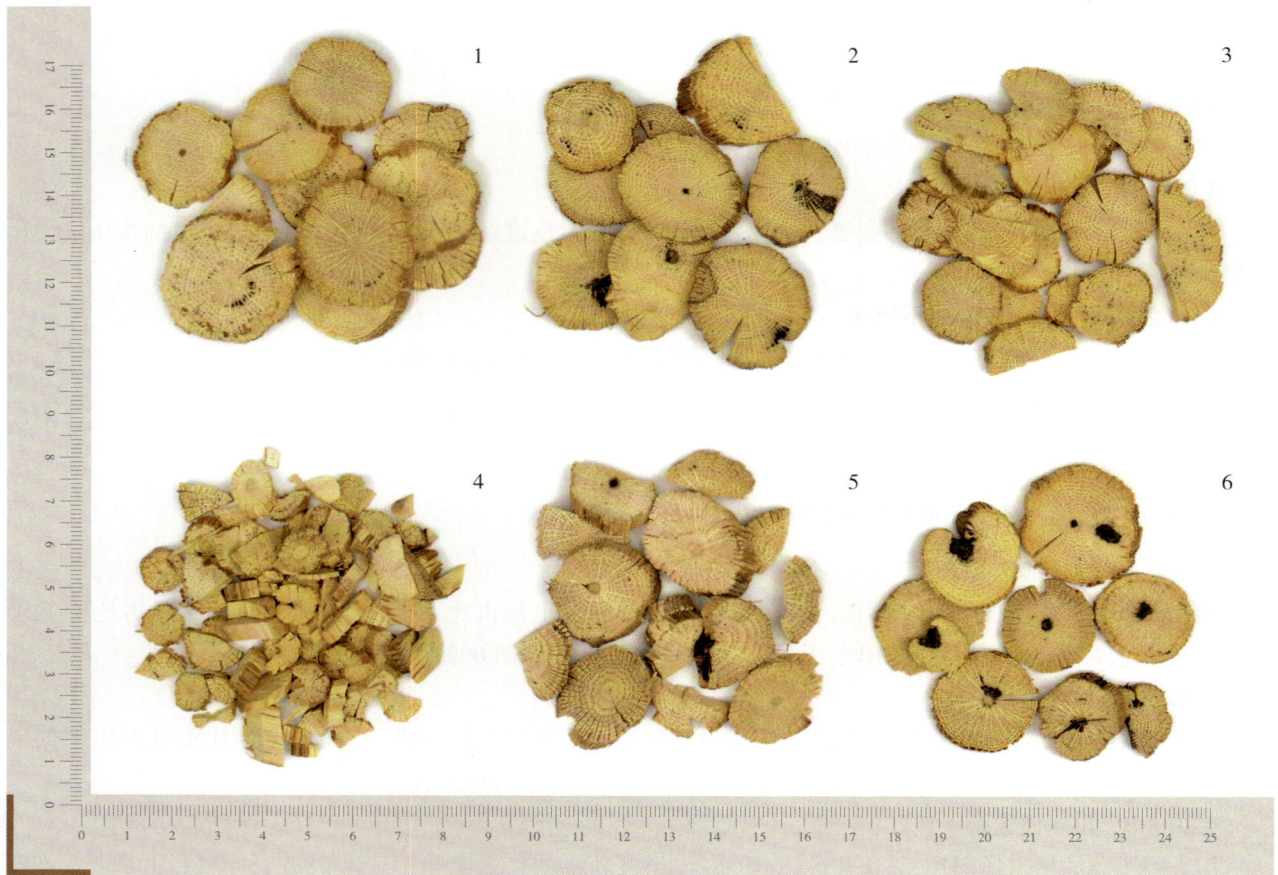

图 0025　川木通商品部分规格图示
1. 川木通选片 3.0；2. 川木通选片 2.0；3. 川木通选片 1.5；4. 川木通小片；5. 川木通统片；6. 川木通"含有黑斑的片"示例

4.30　川木香

4.30.1　基础数据

4.30.1.1　来源

本品为菊科植物川木香 *Vladimira souliei* (Franch.) Ling 或灰毛川木香 *Vladimira souliei* (Franch.) Ling var. *cinerea* Ling 的干燥根（《中国药典（2015 年版）》）。野生。秋季采挖，除去须根、泥沙及根头上的胶状物，干燥。

4.30.1.2　产地

产于四川，主产于四川安县、阿坝、凉山。

4.30.1.3　川木香

呈圆柱形或有纵槽的半圆柱形，稍弯曲，长 10~30cm，直径 1.0~3.0cm。表面黄褐色或棕褐色，具皱纵纹，外皮脱落处可见丝瓜络状细筋脉；根头偶有黑色发黏的胶状物，习称"油头"。体较轻，质硬脆，易折断，断面黄白色或黄色，有深黄色稀疏油点及裂隙，木部宽广，有放射状纹理；有的中心呈枯朽状。气微香，味苦，嚼之黏牙。

4.30.1.4　川木香片

将川木香除去杂质，去"油头"，润透，切厚片，干燥。多为斜切片，不甚规则，直径 0.8~2.5cm，厚 0.4cm 左右。

4.30.2　规格要素说明及名词解释

4.30.2.1　油头、油头片

川木香根头有黑色发黏部分,称为"油头"。带油头个切片后产生带油头的片为"油头片"。(图 0026-4)

4.30.2.2　外观形态

川木香片表面光洁,片大匀称者等级高。

4.30.2.3　直径 1.0cm 以上片

用孔径 1.0cm 的筛子筛出的大片。

4.30.2.4　0.5cm 以下碎末、灰渣

用孔径 0.5cm 的筛子筛出的刀口碎末和泥沙。

4.30.3　规格等级定义(表 4-40,表 4-41)

4.30.3.1　川木香选个

川木香,挑选去油头,去尾(俗称"两头见刀"),根块直、整齐的大个,又称"节子",直径 2.0cm 以上的个不低于 95%,无 0.5cm 以下碎末、灰渣。

4.30.3.2　川木香统个

川木香,大小不分,直径 1.5cm 以上的不低于 70%,带油头个重量占比不超过 60%,0.5cm 以下碎末、灰渣重量占比不超过 3%。

4.30.3.3　川木香大选片

选去"油头"的大个川木香切片,直径 1.0cm 以上的片不低于 95%,无 0.5cm 以下碎末、灰渣。(图 0026-1)

4.30.3.4　川木香中选片

选中等个子川木香切片,直径 1.0cm 以上的片不低于 70%,油头片重量占比不超过 2%,0.5cm 以下碎末、灰渣重量占比不超过 2%。(图 0026-2)

4.30.3.5　川木香统片

用大小不分的川木香切片,直径 1.0cm 以上的皮一般不低于 50%,油头片重量占比不超过 10%,0.5cm 以下碎末、灰渣重量占比不超过 5%。(图 0026-3)

表 4-40　中药材商品电子交易规格等级标准——川木香

序号	品名	规格名称	流通俗称	大个重量占比	带油头个重量占比	0.5cm 以下碎末、灰渣重量占比	虫蛀、霉变	干度
1	川木香	川木香选货	川木香选货	直径 2.0cm 以上个≥95%	无	无	无	干货
2	川木香	川木香统货	川木香统货	直径 1.5cm 以上个≥50%/直径 1.5cm 以上个≥70%	≤60%/≤40%/≤20%	≤3%	无	干货

表 4-41　中药材商品电子交易规格等级标准——川木香(续)

序号	品名	规格名称	流通俗称	直径 1.0cm 以上片重量占比	油头片重量占比	0.5cm 以下碎末、灰渣重量占比	虫蛀、霉变	干度
3	川木香	川木香大选片	选货	≥95%	无	无	无	干货
4	川木香	川木香中选片	中选片	≥70%/≥80%	≤2%	≤2%/≤1%	无	干货
5	川木香	川木香统片	统货	≥50%/≥60%	≤10%/≤5%	≤5%/≤3%	无	干货

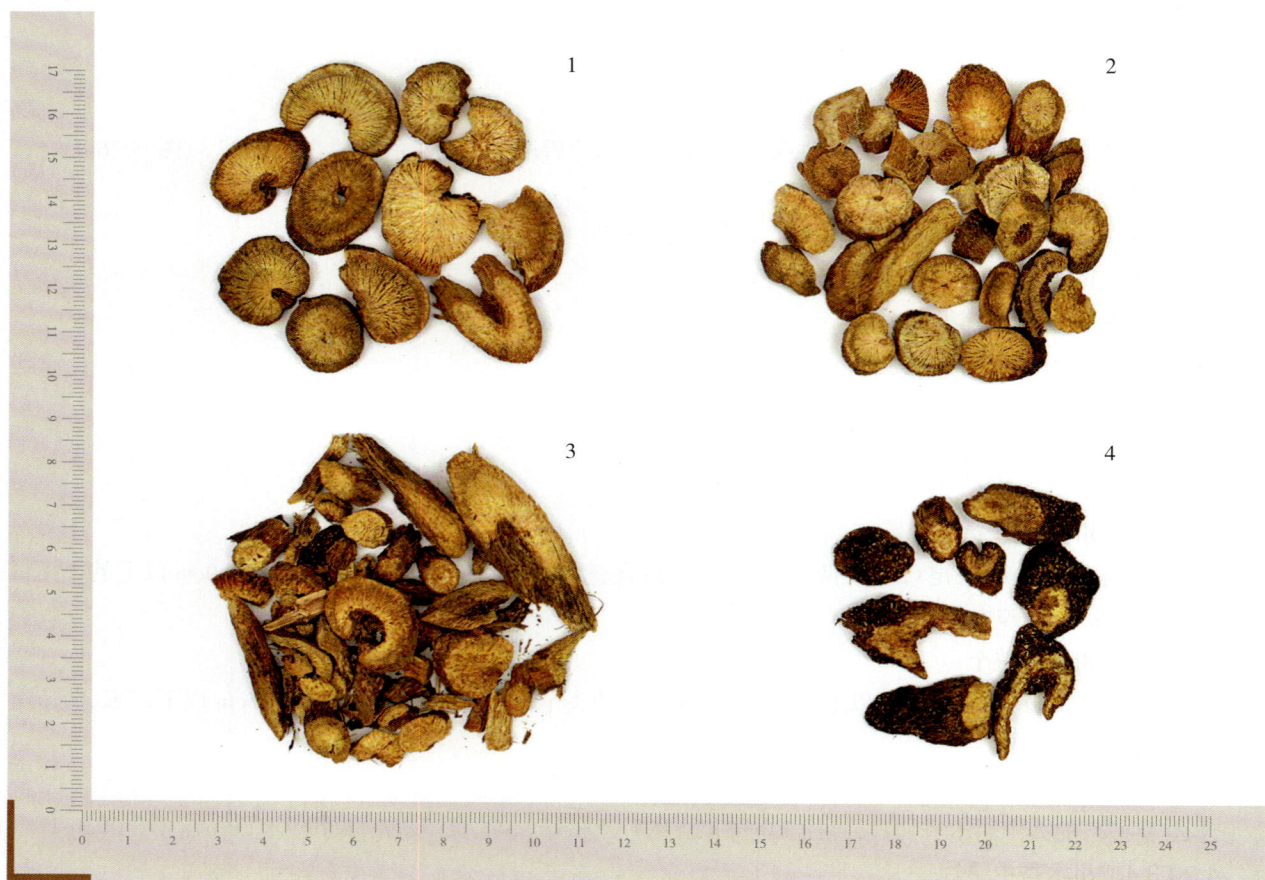

图 026　川木香商品部分规格图示
1. 川木香大选片；2. 川木香中选片；3. 川木香统片；4. 川木香"油头片"示例

4.31　川牛膝

4.31.1　基础数据

4.31.1.1　来源

本品为苋科植物川牛膝 *Cyathula officinalis* Kuan 的干燥根（《中国药典（2015 年版）》）。栽培 2~5 年。秋、冬二季采挖，除去芦头、须根及泥沙，炕或晒至半干，堆放回润，再炕干或晒干。麻牛膝来源于苋科植物头花怀苋 *Cyathula capitata* Moq. 的根。非正品，但市场流通量大。

4.31.1.2　产地

产于四川乐山、雅安，主产于四川乐山。

4.31.1.3　川牛膝

呈圆柱形，稍弯曲，略有分枝，长 25~60cm，直径 0.4~2.0cm。表面黄棕色或灰褐色，有稍扭曲的纵皱纹及侧根痕，并有明显横长突起的皮孔；上部残留木质根茎。质韧，不易折断，断面黄棕色或灰褐色，维管束点状，断续排列成数轮同心环。气微，味甜。

4.31.1.4　川牛膝片

将川牛膝除去杂质及芦头，润透，切片，干燥，为圆片或斜片。圆片直径 0.5~1.5cm，厚 0.2~0.4cm；斜片长

3.0~5.0cm,宽 0.5~1.5cm,厚 0.2~0.3cm。可见多数排列成数轮同心环的黄色点状维管束。

4.31.2 规格要素说明及名词解释

4.31.2.1 芦头
川牛膝的根头部位称为"芦头",应去除。

4.31.2.2 味甜与否
味甜是正品川牛膝的标志之一,市场流通的伪品"麻牛膝",味不甜。

4.31.2.3 片厚
川牛膝机器切片,圆片厚度 0.2~0.4cm,或瓜子片厚度 0.2~0.3cm,统片一般厚度在 0.2~0.8cm。

4.31.2.4 芦头片、不规则片
带芦头川牛膝切片会产生芦头片;一般横切成厚薄不均的圆片或斜切成斜片,切片中也会产生长短不一的条形等不规则片。

4.31.2.5 毛须、灰渣
川牛膝原药外皮带有的根须,切片后称为"毛须";灰渣为泥沙,过 0.2cm 筛子除去。

4.31.2.6 含硫情况
川牛膝原药贮存中易生虫,用硫黄熏蒸防生虫、霉变,导致含硫。

4.31.3 规格等级定义(表 4-42,表 4-43)

4.31.3.1 川牛膝大选货
川牛膝,去芦头,未水洗,直径 1.8cm 的不低于 60%,毛须及 0.2cm 以下灰渣重量占比不超过 1%。

4.31.3.2 川牛膝中选货
川牛膝,去芦头,未水洗,直径 1.0cm 的不低于 60%,毛须及 0.2cm 以下灰渣重量占比不超过 1%。

4.31.3.3 川牛膝小统货
川牛膝,去芦头,未水洗,直径 1.0cm 的不低于 30%,无 0.4cm 以下的个,毛须及 0.2cm 以下灰渣重量占比不超过 3%。

4.31.3.4 川牛膝瓜子片 1.0
挑选去头去尾的川牛膝大条,斜切片,宽 1.0cm 以上的片不低于 60%,芦头片等不规则片重量占比不超过 5%,毛须、0.2cm 以下灰渣重量占比不超过 1%。(图 0027-1)

4.31.3.5 川牛膝瓜子片 0.6
挑选去头去尾的中条,斜切片,或大条切片选大片后剩余,宽 0.6cm 以上的片不低于 60%,芦头片等不规则片重量占比不超过 5%,毛须、0.2cm 以下灰渣重量占比不超过 1%。(图 0027-2)

4.31.3.6 川牛膝圆片 1.0
挑选去头去尾的川牛膝大条,横切片,直径 1.0cm 以上的片不低于 60%,芦头片等不规则片重量占比不超过 5%,毛须、0.2cm 以下灰渣重量占比不超过 1%。(图 0027-3)

4.31.3.7 川牛膝圆片 0.6
挑选去头去尾的川牛膝中条,横切片;或用大条横切片筛选大片后剩下的小片,直径 0.6cm 以上的片不低于 60%,芦头片等不规则片重量占比不超过 5%,毛须、0.2cm 以下灰渣重量占比不超过 1%。(图 0027-4)

4.31.3.8 川牛膝圆片小片
挑选去头去尾的川牛膝小条,横切片;或用大条、中条横切片筛选一级、二级片后剩下的小片,芦头片等不规则片重量占比不超过 5%,毛须、0.2cm 以下灰渣重量占比不超过 3%。(图 0027-5)

4.31.3.9 川牛膝统片
用大小条不分的川牛膝切片,圆片或斜片,圆片厚 0.3~0.8cm,斜片厚 0.2~0.5cm。宽或直径 0.6cm 以上的片

不低于 50%，芦头片不超过 30%，毛须、0.2cm 以下灰渣重量占比不超过 5%。(图 0027-6)

4.31.3.10 麻牛膝统片

用大小条不分的麻牛膝切片，圆片或斜片，圆片厚 0.3~0.8cm，斜片厚 0.2~0.5cm。宽或直径 0.6cm 以上的片不低于 50%，芦头片不超过 30%，毛须、0.2cm 以下灰渣重量占比不超过 5%。

表 4-42　中药材商品电子交易规格等级标准——川牛膝

序号	品名	规格名称	流通俗称	是否带芦头	大个重量占比	毛须及 0.2cm 以下灰渣重量占比	味甜与否	含硫情况	虫蛀、霉变	干度
1	川牛膝	川牛膝大选货	川牛膝一级	否	直径 1.8cm 以上个≥60%/直径 1.8cm 以上个≥80%	≤1%	是	有硫加工/无硫加工	无	干货
2	川牛膝	川牛膝中选货	川牛膝二级	否	直径 1.0cm 以上个≥60%/直径 1.0cm 以上个≥80%	≤1%	是	有硫加工/无硫加工	无	干货
3	川牛膝	川牛膝小统货	川牛膝小统个	否	直径 1.0cm 以上片≥30%	≥3%/≤1%	是	有硫加工/无硫加工	无	干货

表 4-43　中药材商品电子交易规格等级标准——川牛膝(续)

序号	品名	规格名称	流通俗称	片厚/cm	大片重量占比	宽(直径)0.6cm 以下片重量占比	芦头片等不规则片重量占比	毛须、0.2cm 以下灰渣重量占比	味甜与否	含硫情况	虫蛀、霉变	干度
4	川牛膝	川牛膝瓜子片 1.0	一级瓜子片	0.2~0.3	宽 1.0cm 以上片≥60%/宽 1.0cm 以上片≥75%	无	≤5%	≤1%	是	有硫加工/无硫加工	无	干货
5	川牛膝	川牛膝瓜子片 0.6	二级瓜子片	0.2~0.3	宽 0.6cm 以上片≥60%/宽 0.6cm 以上片≥75%	——	≤5%	≤1%	是	有硫加工/无硫加工	无	干货
6	川牛膝	川牛膝圆片 1.0	一级圆片	0.2~0.4	直径 1.0cm 以上片≥60%/直径 1.0cm 以上片≥75%	无	≤5%	≤1%	是	有硫加工/无硫加工	无	干货
7	川牛膝	川牛膝圆片 0.6	二级圆片	0.2~0.4	直径 0.6cm 以上片≥60%/直径 0.6cm 以上片≥75%	——	≤5%	≤1%	是	有硫加工/无硫加工	无	干货
8	川牛膝	川牛膝圆片小片	三级圆片	0.2~0.4	——		≤5%	≤3%	是	有硫加工/无硫加工	无	干货
9	川牛膝	川牛膝统片	统片	0.3~0.8	宽(直径)0.6cm 以上片≥50%/宽(直径)0.6cm 以上片≥60%	——	≤30%/≤20%	≤5%	是	有硫加工/无硫加工	无	干货
10	川牛膝	麻味川牛膝统片	统片	0.3~0.8	宽(直径)0.6cm 以上片≥50%/宽(直径)0.6cm 以上片≥60%	——	≤30%/≤20%	≤5%	否	有硫加工/无硫加工	无	干货

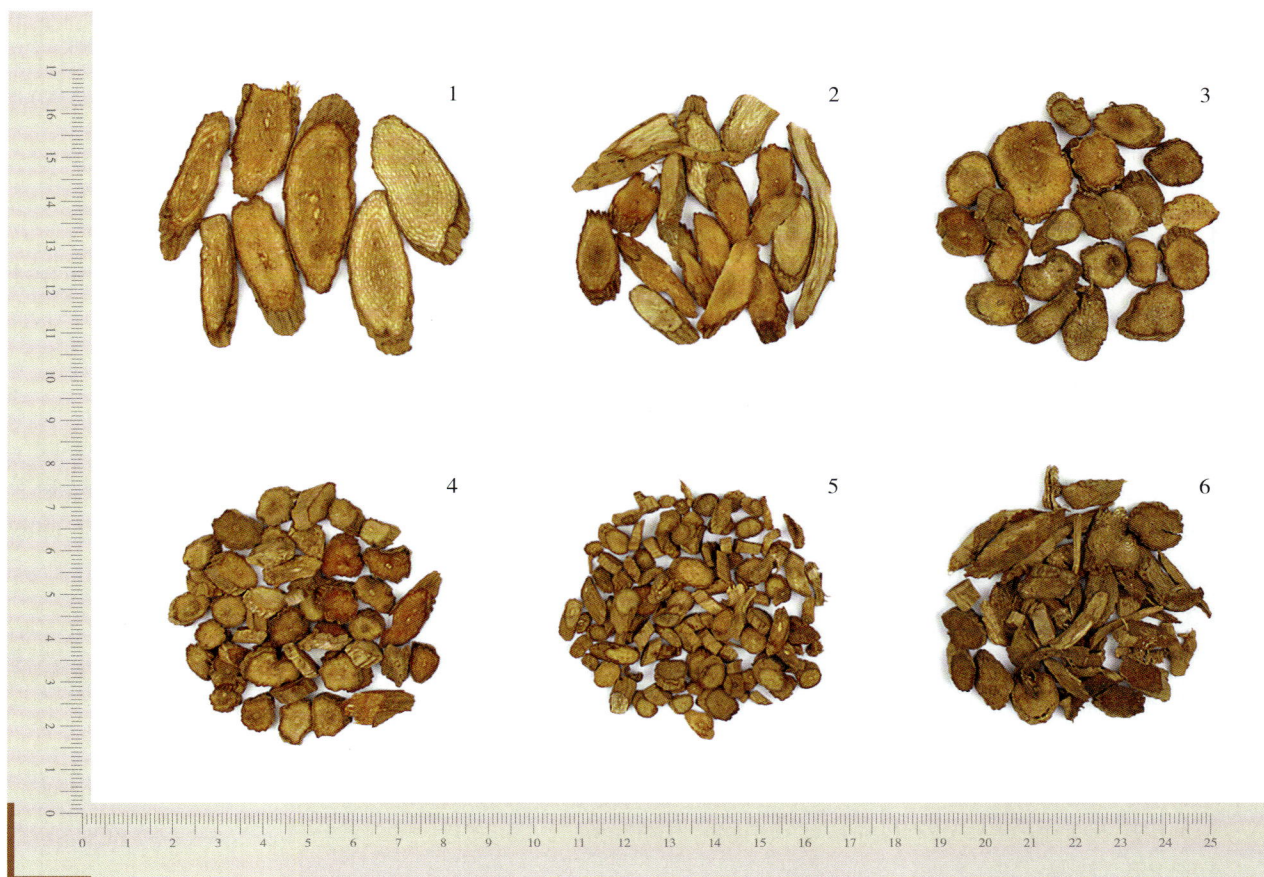

图 0027　川牛膝商品部分规格图示
1. 川牛膝瓜子片 1.0；2. 川牛膝瓜子片 0.6；3. 川牛膝圆片 1.0；4. 川牛膝圆片 0.6；5. 川牛膝圆片小片；6. 川牛膝统片

4.32　川芎

4.32.1　基础数据

4.32.1.1　来源

本品为伞形科植物川芎 *Ligusticum chuanxiong* Hort. 的干燥根茎（《中国药典（2015 年版）》）。栽培 2 年。夏季当茎上的节盘显著突出，并略带紫色时采挖。除去泥沙，晒干或炕干，再去须根。

4.32.1.2　产地

产于四川、河北等地。主产于四川彭州、什邡、彭山、都江堰等地，河北为近年引种。

4.32.1.3　川芎

不规则结节状拳形团块，直径 2.0~7.0cm。表面黄褐色，粗糙皱缩，有多数平行隆起的轮节，顶端有凹陷的类圆形茎痕。质坚实，不易折断，断面黄白色或灰黄色，散有黄棕色的油室，形成层环呈波状。气浓香，味苦、辛，稍有麻舌感，微回甜。

4.32.1.4　川芎片

将川芎大小分开，洗净，润透，机器切片或人工切片，干燥。不规则厚片或薄片，直径 1.0~5.0cm，厚片 0.3~0.5cm，薄片约 0.2cm。外皮黄褐色，有皱缩纹，切面黄白色或灰黄色。具有明显波状环纹或多角形纹理，散生黄棕色油点。

4.32.2 规格要素说明及名词解释

4.32.2.1 头数 /kg

川芎个子每千克的个数,选货每 kg 不少于 30 个,单个重量不低于 33 克,统货每 kg 不少于 60 个。

4.32.2.2 苓珠、苓盘

苓珠是川芎苓节,又叫苓子,苓盘是川芎苓子种后膨大的茎节。苓珠、苓盘一般不入药,但也有采收、切片过程中未完全去除,或少数情况下有人为掺入,因此一般要求无或仅占很小的比例。(图 0028-6)

4.32.2.3 山川芎

川芎苓子发育的母根,质地较松,质量较差,一般要求无或仅占很小的比例。

4.32.2.4 干燥方式

川芎个子一般有晒干和炕干两种干燥方式。晒干是在自然环境下晾晒,也有少部分放在大棚内晾晒,晒干约需 15~20 天。晒干川芎香气较淡,芯子颜色黄白色。炕干是以燃煤热气直接或间接炕干,先炕 20 小时,间断之后再炕 7~8 小时。炕干川芎香气较浓,芯子颜色灰黄色。

4.32.2.5 腐烂个

川芎个子干燥不及时,部分发生腐烂,为"腐烂个"。

4.32.2.6 焦糊个(片)

川芎个子在炕干过程中温度过高(超过 80℃)会导致焦糊,为"焦糊个",切出的片为"焦糊片"。

4.32.2.7 切片加工

手工切片表面光洁,大片多;机器切片效率较高但碎片多。

4.32.2.8 片厚

川芎薄片厚度为 0.2cm 左右,厚片厚度为 0.3~0.5cm。

4.32.2.9 黑片

部分川芎在生长过程中因病虫害等原因死亡后导致干枯、变黑,切出片的为"黑片"。

4.32.2.10 含硫情况

川芎存放过久颜色会变深,为使川芎切面颜色变浅,会有切片后熏硫的情况。使用燃煤热气炕干时,含硫的煤炭也会导致药材微量含硫。

4.32.3 规格等级定义(表 4-44,表 4-45)

4.32.3.1 川芎选货 20/25/30/35/40 头

川芎按照个头大小进行分级,细分为选货 20 头,选货 25 头,选货 30 头,选货 35 头,选货 40 头,挑选每千克分别不超过 20 个、25 个、30 个、35 个、40 个,且无苓珠,无苓盘,无山川芎,无腐烂个,焦糊个不超过 10%,无须根及泥沙。

4.32.3.2 川芎大统货

选择每 kg 不超过 50 头的川芎个子,苓珠及苓盘不超过 2%,无山川芎,腐烂个不超过 2%,焦糊个不超过 10%,须根及泥沙重量占比不超过 1%。

4.32.3.3 川芎中统货

选择每 kg 不超过 50~60 头的川芎个子,苓珠、苓盘重量不超过 2%,山川芎重量占比不超过 15%,腐烂个重量占比不超过 5%,焦糊个重量占比不超过 15%,须根及泥沙重量占比不超过 1%。

4.32.3.4 川芎小统货

选择每 kg 不超过 75 头的个子,苓珠、苓盘重量不超过 2%,山川芎重量占比不超过 15%,焦糊个重量占比不超过 15%,须根及泥沙重量占比不超过 1%。

4.32.3.5 川芎精选薄片 2.0

川芎片,片厚 0.2cm 左右,筛选直径 2.0cm 以上的片重量占比不低于 70%,直径 1.5cm 以下的片重量占比不超过 5%,无苓珠和苓盘片,无山川芎片,无焦枯片和黑片,无 0.5cm 以下的碎片和灰渣。(图 0028-1)

4.32.3.6 川芎精选薄片 1.5

川芎片,片厚 0.2cm 左右,筛选直径 1.5cm 以上的片重量占比不低于 70%,使直径 1.0cm 以下的片重量占比不超过 5%,无苓珠和苓盘片,无山川芎片,无焦枯片和黑片,无 0.5cm 以下的碎片和灰渣。(图 0028-2)

4.32.3.7 川芎大选片 2.0

川芎片,片厚 0.3~0.5cm,筛选直径 2.0cm 以上的片重量占比不低于 70%,使直径 1.5cm 以下的片重量占比不超过 15%,无苓珠和苓盘片,无山川芎片,无焦枯片和黑片,无 0.5cm 以下的碎片和灰渣重量占比不超过 0.5%。(图 0028-3)

4.32.3.8 川芎中选片 1.5

川芎片,片厚 0.3~0.5cm,筛选直径 1.5cm 以上的片重量占比不低于 60%,使直径 1.0cm 以下的片重量占比不超过 10%,无苓珠和苓盘片,无山川芎片,无焦枯片和黑片,无 0.5cm 以下的碎片和灰渣。(图 0028-4)

4.32.3.9 川芎大统片 2.0

川芎片,片厚 0.3~0.5cm,选用大个较多的川芎统个切片,直径 2.0cm 以上的片重量占比不低于 60%,直径 1.5cm 以下的片重量占比不超过 20%,焦枯片和黑片重量占比不超过 3%,苓珠和苓盘片重量占比不超过 3%,山川芎片重量占比不超过 3%,0.5cm 以下的碎片和灰渣重量占比不超过 1%。

4.32.3.10 川芎中统片 1.5

川芎片,片厚 0.3~0.5cm,选用中等大小的川芎统个切片,直径 1.5cm 以上的片重量占比不低于 60%,使直径 1.0cm 以下的片重量占比不超过 30%,焦枯片和黑片重量占比不超过 3%,苓珠和苓盘片重量占比不超过 5%,山川芎片重量占比不超过 5%,0.5cm 以下的碎片和灰渣重量占比不超过 10%。

4.32.3.11 川芎统片

川芎片,片厚 0.3~0.5cm,大小不分的川芎统个切片,直径 2.0cm 以上的片重量占比不低于 30%,使直径 1.0cm 以下的片重量占比不超过 30%,焦枯片和黑片重量占比不超过 3%,苓珠和苓盘片重量占比不超过 5%,山川芎片重量占比不超过 5%,0.5cm 以下的碎片和灰渣重量占比不超过 10%。(图 0028-5)

4.32.3.12 川芎小片

川芎片,片厚 0.3~0.5cm,大小不分的川芎统个切片,直径 0.8cm 以上的片重量占比不低于 20%,焦枯片和黑片重量占比不超过 3%,0.5cm 以下的碎片和灰渣重量占比不超过 10%。

表 4-44 中药材商品电子交易规格等级标准——川芎

序号	品名	规格名称	流通俗称	干燥方式	个数(/kg)	苓珠和苓盘重量占比	山川芎重量占比	腐烂个重量占比	焦糊个重量占比	须根及泥沙重量占比	含硫情况	虫蛀、霉变	干度
1	川芎	川芎选货20头	远货	晒干/炕干	≤20	无	无	无	≤10%/≤5%/无	无	有硫加工/无硫加工	无	干货
2	川芎	川芎选货25头	远货	晒干/炕干	21~25	无	无	无	≤10%/≤5%/无	无	有硫加工/无硫加工	无	干货
3	川芎	川芎选货30头	远货	晒干/炕干	26~30	无	无	无	≤10%/≤5%/无	无	有硫加工/无硫加工	无	干货
4	川芎	川芎选货35头	远货	晒干/炕干	31~35	无	无	无	≤10%/≤5%/无	无	有硫加工/无硫加工	无	干货
5	川芎	川芎选货40头	远货	晒干/炕干	36~40	无	无	无	≤10%/≤5%/无	无	有硫加工/无硫加工	无	干货
6	川芎	川芎大统货	大统货	晒干/炕干	41~50	≤2%/无	无	≤2%/无	≤15%/≤8%/无	≤1%	有硫加工/无硫加工	无	干货

序号	品名	规格名称	流通俗称	干燥方式	个数（/kg）	苓珠和苓盘重量占比	山川芎重量占比	腐烂个重量占比	焦糊个重量占比	须根及泥沙重量占比	含硫情况	虫蛀、霉变	干度
7	川芎	川芎中统货	中统货	晒干/炕干	51~60	≤2%/无	≤15%/≤8%/无	≤5%/≤2%	≤15%/≤8%/无	≤1%	有硫加工/无硫加工	无	干货
8	川芎	川芎小统货	小统货	晒干/炕干	61~75	≤2%/无	≤15%/≤8%/无	——	≤15%/≤8%/无	≤1%	有硫加工/无硫加工	无	干货

表 4-45 中药材商品电子交易规格等级标准——川芎（续）

序号	品名	规格名称	流通俗称	厚度/cm	大片重量占比	小片重量占比	焦枯片和黑片重量占比	苓珠和苓盘片重量占比	山川芎片重量占比	0.5cm以下的碎片和灰渣重量占比	含硫情况	虫蛀、霉变	干度
9	川芎	川芎精选薄片2.0	大精片	0.2（±0.02）	直径2.0cm以上片≥70%/直径2.0cm以上片≥80%	直径1.5cm以下片≤5%	无	无	无	无	有硫加工/无硫加工	无	干货
10	川芎	川芎精选薄片1.5	中精片	0.2（±0.02）	直径1.5cm以上片≥70%/直径1.5cm以上片≥80%	直径1.0cm以下片≤5%	无	无	无	无	有硫加工/无硫加工	无	干货
11	川芎	川芎大选片2.0	大选片	0.3~0.5	直径2.0cm以上片≥70%/直径2.0cm以上片≥80%	直径1.0cm以下片≤15%/直径1.0cm以下片≤10%	无	无	无	无	有硫加工/无硫加工	无	干货
12	川芎	川芎中选片1.5	中选片	0.3~0.5	直径1.5cm以上片≥60%	直径1.0cm以下片≤10%	无	无	无	无	有硫加工/无硫加工	无	干货
13	川芎	川芎大统片2.0	大统片	0.3~0.5	直径2.0cm以上片≥60%	直径1.0cm以下片≤20%/直径1.0cm以下片≤10%	≤3%/≤1%	≤3%/≤1%	≤3%/≤1%	≤1%	有硫加工/无硫加工	无	干货
14	川芎	川芎中统片1.5	中统片	0.3~0.5	直径1.5cm以上片≥60%	直径1.0cm以下片≤30%/直径1.0cm以下片≤20%	≤3%/≤1%	≤5%/≤2%	≤5%/≤2%	≤10%/≤5%	有硫加工/无硫加工	无	干货
15	川芎	川芎统片	统片	0.3~0.5	直径2.0cm以上片≥30%/直径2.0cm以上片≥40%	直径1.0cm以下片≤30%/直径1.0cm以下片≤20%/直径1.0cm以下片≤10%	≤3%/≤1%	≤5%/≤2%	≤5%/≤2%	≤10%/≤5%	有硫加工/无硫加工	无	干货
16	川芎	川芎小片	小片	0.3~0.5	直径0.8cm以上片≥20%/直径0.8cm以上片≥30%/直径0.8cm以上片≥40%	——	≤3%/≤1%		——	≤10%/≤5%	有硫加工/无硫加工	无	干货

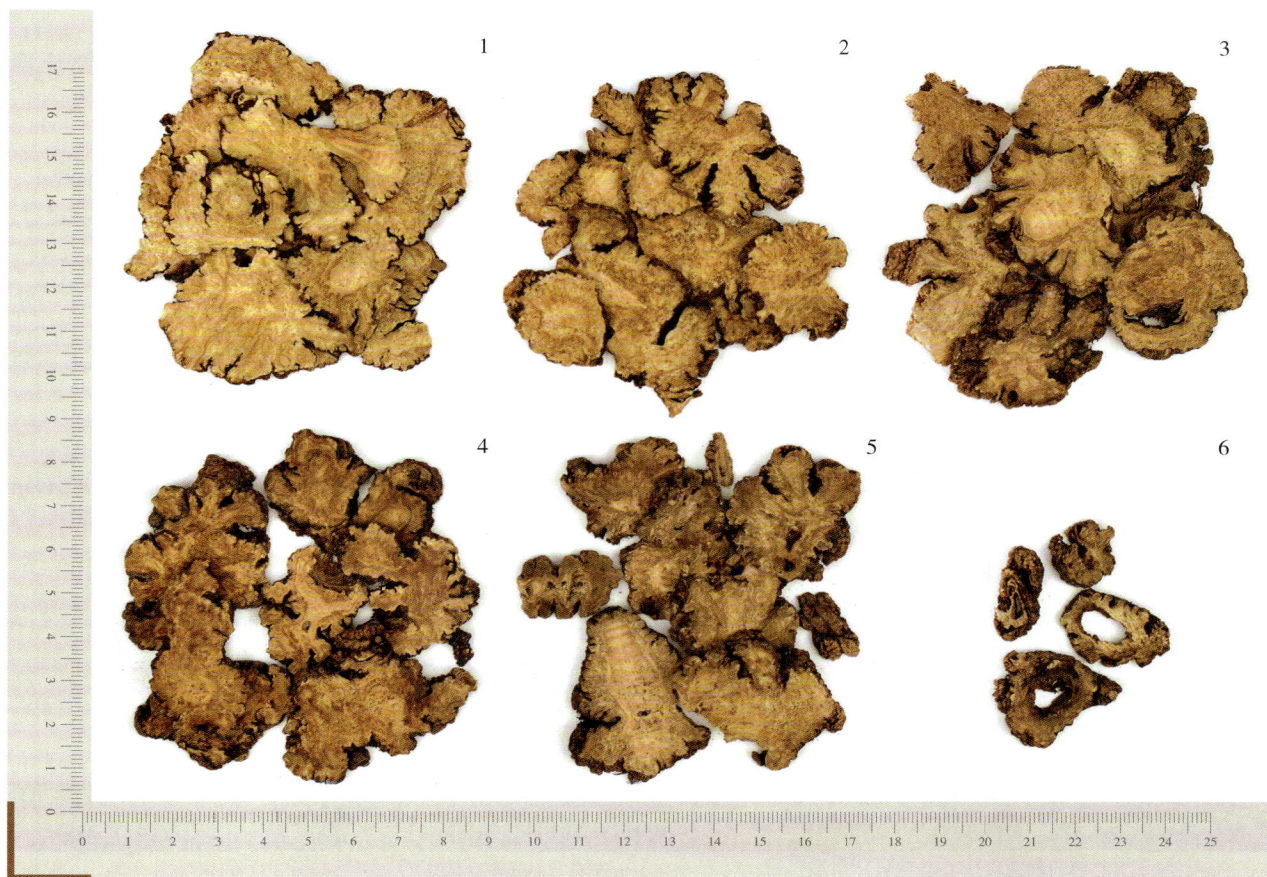

图 0028 川芎商品部分规格图示
1. 川芎精选薄片 2.0;2. 川芎精选薄片 1.5;3. 川芎大选片 2.0;4. 川芎中选片 1.5;5. 川芎统片;6. 川芎"苓珠""苓盘"示例

4.33 穿心莲

4.33.1 基础数据

4.33.1.1 来源
本品为爵床科植物穿心莲 *Andrographis paniculata*（Burm. f.）Nees 的干燥地上部分（《中国药典（2015 年版）》）。栽培,1 年生。秋初茎叶茂盛时采割,晒干。

4.33.1.2 产地
产于广西和广东。主产于广西横县、广东湛江。

4.33.1.3 穿心莲段
将穿心莲除去杂质,切段,干燥。段长 1.5~2.5cm。茎方柱形,节稍膨大。切面不平坦,具类白色髓。叶片多皱缩或破碎,完整者展平后呈披针形或卵状披针形,先端渐尖,基部楔形下延,全缘或波状;上表面绿色,下表面灰绿色,两面光滑。气微,味极苦。

4.33.2 规格要素说明及名词解释

4.33.2.1 叶子重量占比
穿心莲叶的指标成分含量高,叶子比例高者等级高。

4.33.2.2　前期货／后期货

前期货在 8~9 月份采收,含叶量高,不带果壳,质量好。后期货在 9~10 月份采收,含叶量低,带果壳,质量较差。

4.33.2.3　颜色（新货／陈货）

新货的颜色一般为绿色,质量好。陈货的颜色一般为暗绿色,质量稍差,价格低。

4.33.3　规格等级定义（表 4-46）

4.33.3.1　穿心莲前期选段

穿心莲全草段,前期采收,绿色,人工选叶,叶子重量占比不低于 50%,0.2cm 以下碎末和灰渣重量占比不超过 3%。

4.33.3.2　穿心莲前期统段

穿心莲全草段,前期采收,绿色或暗绿色,叶子重量占比不低于 20%,0.2cm 以下碎末和灰渣重量占比不超过 3%。

4.33.3.3　穿心莲后期统段

穿心莲全草段,后期采收,绿色或暗绿色,0.2cm 以下碎末和灰渣重量占比不超过 2%。

4.33.3.4　穿心莲光杆段

穿心莲杆切段,绿色或暗绿色,0.2cm 以下碎末和灰渣重量占比不超过 2%。

表 4-46　中药材商品电子交易规格等级标准——穿心莲

序号	品名	规格名称	流通俗称	颜色（新货／陈货）	段长	叶子重量占比	0.2cm 以下碎末和灰渣重量占比	虫蛀、霉变	干度
1	穿心莲	穿心莲前期选段	穿心莲选片	绿色(新货)	1.5cm 左右 /2.0cm 左右	≥50%	≤3%/≤1%	无	干货
2	穿心莲	穿心莲前期统段	穿心莲统片	绿色(新货)/暗绿色(陈货)	1.5cm 左右 /2.0cm 左右	≥20%/≥30%/≥40%	≤3%/≤1%	无	干货
3	穿心莲	穿心莲后期统段	穿心莲统片	绿色(新货)/暗绿色(陈货)	1.5cm 左右 /2.0cm 左右 / 其他	<5%/≥5%/≥10%	≤2%	无	干货
4	穿心莲	穿心莲光杆段	穿心莲统片	绿色(新货)/暗绿色(陈货)	1.5cm 左右 /2.0cm 左右 / 其他	无	≤2%	无	干货

注:《中国药典(2015 年版)》规定,穿心莲药材中叶不少于 30%。

4.34　大腹皮

4.34.1　基础数据

4.34.1.1　来源

本品为棕榈科植物槟榔 *Areca catechu* L. 的干燥果皮(《中国药典(2015 年版)》)。栽培。冬季至次春采收未成熟的果实,煮后干燥,纵剖两瓣,剥取果皮。习称"大腹皮",大腹皮晒干过程中,用汽车碾压,其中经车碾压变松的,习称"大腹毛"。

4.34.1.2　产地

产于云南、广西、广东、海南、四川等地。主产于云南。

4.34.1.3　大腹皮

呈椭圆形或长卵形瓢状,长 4.0~7.0cm,宽 2.0~3.5cm,厚 0.2~0.5cm。外果皮深绿色至棕褐色,具不规则的纵皱纹及隆起的横纹,内果皮凹陷,黄棕色至浅棕色,光滑呈硬壳状。体轻,质硬,纵向撕裂后可见中果皮纤维。气微,味微涩。

4.34.1.4　大腹毛

略呈椭圆形瓢状。长 4.0~8.0cm,宽 2.0~4.0cm,厚 0.2~0.5cm。破裂,有疏松棕毛。

4.34.2　规格要素说明及名词解释

4.34.2.1　形态

未经碾压的大腹皮为长卵形瓢状,经过碾压的为棕毛状。

4.34.2.2　质地

大腹皮未经碾压,质地坚硬。大腹毛经过碾压,质地疏松。

4.34.2.3　颜色

新货外果皮为深绿色,存放时间过长颜色加深,至棕褐色。

4.34.3　规格等级定义(表4-47)

4.34.3.1　大腹皮新货统货

大腹皮,卵形瓢状货重量占比不低于 70%,外果皮深绿色。

4.34.3.2　大腹皮陈货统货

大腹皮,卵形瓢状货重量占比不低于 70%,外果皮棕褐色。(图 0029-1)

4.34.3.3　大腹毛统货

从大腹皮统货中简单挑选较松软的货。卵形瓢状货重量占比不低于 20%。(图 0029-2)

表 4-47　中药材商品电子交易规格等级标准——大腹皮

序号	品名	规格名称	流通俗称	卵形瓢状货重量占比	颜色	虫蛀、霉变	干度
1	大腹皮	大腹皮新货统货	硬壳统	≥70%/≥90%/100%	深绿色	无	干货
2	大腹皮	大腹皮陈货统货	硬壳统	≥70%/≥90%/100%	棕褐色	无	干货
3	大腹皮	大腹毛统货	软壳统	≤20%/ 无	深绿色 / 棕褐色	无	干货

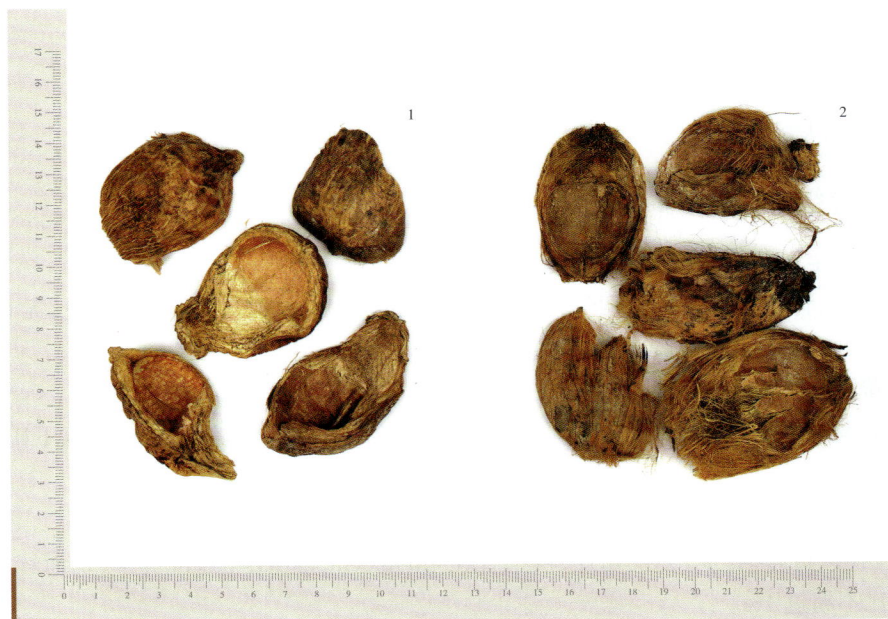

图 0029　大腹皮商品部分规格图示
1.大腹皮陈货统货;2.大腹毛统货

4.35　大黄

4.35.1　基础数据

4.35.1.1　来源

本品为蓼科植物掌叶大黄 *Rheum palmatum* L.、唐古特大黄 *Rheum tanguticum* Maxim. ex Balf. 或药用大黄 *Rheum officinale* Baill. 的干燥根和根茎(《中国药典(2015 年版)》)。野生或栽培,栽培 2~5 年。秋末茎叶枯萎或次春发芽前采挖,除去细根,刮去外皮或未去外皮,切瓣或段,绳穿成串干燥或直接干燥。

4.35.1.2　产地

产于西藏、青海、四川、甘肃、贵州、云南等地。主产于西藏、青海、四川、甘肃。西藏、青海产大黄为唐古特大黄,野生,切面红棕色。四川产大黄为药用大黄,分野生和家种,切面黄褐色。甘肃产大黄为掌叶大黄,家种,切面黄色。

4.35.1.3　大黄片(丝、丁)

将大黄除去杂质,洗净,润透,切厚片或块,晾干。本品呈类圆形、椭圆形、不规则片状、丝状或方丁状,片直径 2.0~10cm,厚 0.4~0.8cm,丝长 3.0~17cm,宽 1.0cm 左右,方丁边长 1.0~1.2cm。野生大黄体轻,切面红棕色或黄褐色。家种大黄体重,切面黄褐色或黄色。

4.35.2　规格要素说明及名词解释

4.35.2.1　野生 / 家种

西藏、青海产大黄为野生,体轻;甘肃产大黄为家种,种植年限短,体重;四川野生、家种大黄均产,种植年限长,体较轻。

4.35.2.2　切面颜色

因产地及品种不同,颜色不同。

4.35.2.3　去皮 / 带皮

加工过程中刮去大黄个子的外表粗皮或者不刮。

4.35.2.4　0.5cm 以下碎末、灰渣重量占比

直径 0.5cm 以下的大黄碎末,以及未去皮大黄带有的泥沙。

4.35.3　规格等级定义(表 4-48)

4.35.3.1　青藏野生大黄精选丝

大黄丝,产于西藏、青海,野生,去皮切丝,丝长 3.0~6.0cm,宽 1.0cm 左右,切面红棕色,无 0.5cm 以下碎末、灰渣。

4.35.3.2　青藏野生大黄精选丁

大黄丁,产于西藏、青海,野生,去皮切丁,丁边长 1.0~1.2cm,切面红棕色,0.5cm 以下碎末、灰渣重量占比不超过 1%。

4.35.3.3　青藏野生大黄选片

大黄片,产于西藏、青海,野生,去皮切片,挑选直径 4.0~8.0cm,厚 0.6~0.8cm 的片,切面红棕色,0.5cm 以下碎末、灰渣重量占比不超过 1%。

4.35.3.4　青藏野生大黄统片

产于西藏、青海,野生,用大小不等的未去皮大黄个子切片,片直径 3.0~10cm,厚 0.6~0.8cm,切面红棕色,

0.5cm 以下碎末、灰渣重量占比不超过 10%。(图 0030-1)

4.35.3.5　四川大黄精选丝

大黄丝,产于四川,野生或家种,去皮切丝,丝长 3.0~6.0cm,宽 1.0cm 左右,切面黄褐色,无 0.5cm 以下碎末、灰渣。(图 0030-2)

4.35.3.6　四川大黄精选丁

大黄丁,产于四川,野生或家种,去皮切丁,丁边长 1.0~1.2cm,切面黄褐色,0.5cm 以下碎末、灰渣重量占比不超过 1%。(图 0030-3)

4.35.3.7　四川大黄选片

大黄片,产于四川,野生或家种,去皮切片,挑选片直径 4.0~8.0cm,厚 0.6~0.8cm 的片,切面黄褐色,0.5cm 以下碎末、灰渣重量占比不超过 1%。

4.35.3.8　四川大黄统片

产于四川,野生或家种,用大小不等的未去皮大黄个子切片,片直径 3.0~10cm,厚 0.6~0.8cm,切面黄褐色,0.5cm 以下碎末、灰渣重量占比不超过 10%。(图 0030-4)

4.35.3.9　甘肃家种大黄统片

产于甘肃,家种,用大小不等的未去皮大黄个子切片,片直径 3.0~10cm,厚 0.6~0.8cm,切面黄色,0.5cm 以下碎末、灰渣重量占比不超过 10%。(图 0030-5)

4.35.3.10　甘肃家种大黄水根片

产于甘肃,家种,用未去皮的大黄支根(水根大黄)切片,片直径 2.0~4.0cm,厚 0.4~0.8cm,切面黄色,0.5cm 以下碎末、灰渣重量占比不超过 10%。(图 0030-6)

表 4-48　中药材商品电子交易规格等级标准——大黄

序号	品名	规格名称	流通俗称	产地	家种/野生	去皮/带皮	切面颜色	0.5cm 以下碎末、灰渣重量占比	虫蛀、霉变	干度
1	大黄	青藏野生大黄精选丝	大黄丝	西藏/青海	野生	去皮	红棕色	无	无	干货
2	大黄	青藏野生大黄精选丁	大黄丁	西藏/青海	野生	去皮	红棕色	≤1%	无	干货
3	大黄	青藏野生大黄选片	大黄片	西藏/青海	野生	去皮	红棕色	≤1%	无	干货
4	大黄	青藏野生大黄统片	大黄片	西藏/青海	野生	带皮	红棕色	≤10%/≤5%/≤1%	无	干货
5	大黄	四川大黄精选丝	大黄丝	四川	家种/野生	去皮	黄褐色	无	无	干货
6	大黄	四川大黄精选丁	大黄丁	四川	家种/野生	去皮	黄褐色	≤1%	无	干货
7	大黄	四川大黄选片	大黄片	四川	家种/野生	去皮	黄褐色	≤1%	无	干货
8	大黄	四川大黄统片	大黄片	四川	家种/野生	带皮	黄褐色	≤10%/≤5%/≤1%	无	干货
9	大黄	甘肃家种大黄统片	大黄片	甘肃	家种	带皮	黄色	≤10%/≤5%/≤1%	无	干货
10	大黄	甘肃家种大黄水根片	水根大黄片	甘肃	家种	带皮	黄色	≤10%/≤5%	无	干货

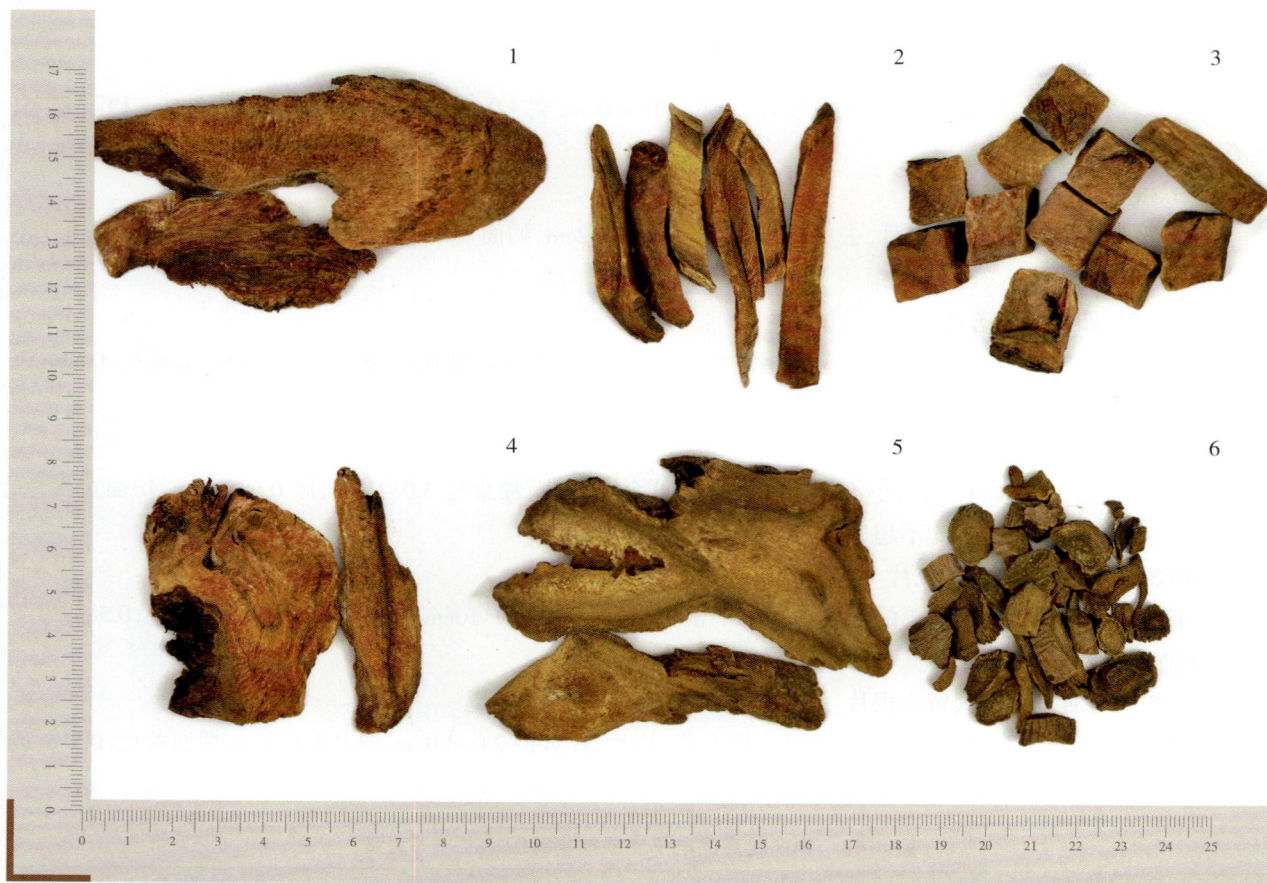

图 0030　大黄商品部分规格图示

1. 青藏野生大黄统片;2. 四川大黄精选丝;3. 四川大黄精选丁;4. 四川大黄统片;5. 甘肃家种大黄统片;6. 甘肃家种大黄水根片

4.36　大青叶

4.36.1　基础数据

4.36.1.1　来源

本品为十字花科植物菘蓝 *Isatis indigotica* Fort. 的干燥叶(《中国药典(2015 年版)》)。栽培 1 年。夏、秋二季采收,1 年可采收 2~3 次。除去杂质,晒干。

4.36.1.2　产地

产于甘肃、黑龙江、河南、陕西、河北、山东、安徽、贵州等地,主产于甘肃、黑龙江。

4.36.1.3　大青叶

本品多皱缩卷曲,有的破碎。完整叶片展平后呈长椭圆形至长圆状倒披针形,长 5.0~20cm,宽 2.0~6.0cm;上表面暗灰绿色,有的可见色较深稍突起的小点;先端钝,全缘或微波状,基部狭窄下延至叶柄呈翼状;叶柄长 4.0~10cm,淡棕黄色。质脆。气微,味微酸、苦、涩。

4.36.1.4　大青叶段

将大青叶除去杂质,切段,干燥。不规则的碎段,长 2.0~5.0cm,宽 0.3~0.5cm,叶片暗灰绿色,多皱缩卷曲,叶柄碎段淡黄棕色。质脆。

4.36.2 规格要素说明及名词解释

杂质和 0.2cm 以下灰渣

为杂草和掉落的碎末等,杂草可用手拣除,碎末用孔径 0.2cm 的筛子筛除。

4.36.3 规格等级定义(表 4-49)

4.36.3.1 大青叶统货

未去除杂质,杂质和 0.2cm 以下灰渣重量占比不超过 5%。

4.36.3.2 大青叶选段

去除杂质,无杂质和 0.2cm 以下灰渣。

4.36.3.3 大青叶统段

未去除杂质,杂质和 0.2cm 以下灰渣重量占比不超过 5%。

表 4-49 中药材商品电子交易规格等级标准——大青叶

序号	品名	规格名称	流通俗称	杂质和 0.2cm 以下灰渣重量占比	虫蛀、霉变	干度
1	大青叶	大青叶统货	统货	≤5%/≤3%	无	干货
2	大青叶	大青叶选段	选货	无	无	干货
3	大青叶	大青叶统段	统货	≤5%/≤3%	无	干货

4.37 大血藤

4.37.1 基础数据

4.37.1.1 来源

本品为木通科植物大血藤 *Sargentodoxa cuneata* (Oliv.) Rehd. et Wils. 的干燥藤茎(《中国药典(2015 年版)》)。野生。秋、冬二季采收,除去侧枝,切片,晒干。

4.37.1.2 产地

产于湖北、贵州、云南、重庆、江西、四川等地。主产于湖北十堰、宜昌,贵州,云南。

4.37.1.3 大血藤片

除去杂质,切厚片,干燥。类椭圆形的厚片。直径 1.5~12cm,厚 0.2~0.5cm。外皮灰棕色,粗糙,切面皮部红棕色,有数处向内嵌入木部,木部黄白色,有多数导管孔,射线呈放射状排列。气微,味微涩。

4.37.2 规格要素说明及名词解释

4.37.2.1 大片

片大者生长年限长,等级高。

4.37.2.2 0.4cm 以下碎片

碎片多为大血藤脱落的粗糙外皮或切片时造成的小颗粒,用直径 0.4cm 的标准筛筛除。(图 0031-4)

4.37.3 规格等级定义(表 4-50)

4.37.3.1 大血藤大选片 2.0

大小不分的大血藤加工切片,过 2.0 标准筛,直径 2.0cm 以上片不少于 85%,无 0.4cm 以下碎片。(图 0031-1)

4.37.3.2 大血藤小选片 1.0

大小不分的大血藤加工切片,过 2.0 筛后的小片,直径 1.0~2.0cm 的片不少于 60%,0.4cm 以下碎片不超过 10%。(图 0031-2)

4.37.3.3 大血藤统片

大小不分的大血藤加工切片,不过筛,直径 1.0cm 以上片不少于 20%,0.4cm 以下碎片不超过 15%。(图 0031-3)

表 4-50　中药材商品电子交易规格等级标准——大血藤

序号	品名	规格名称	流通俗称	大片重量占比	0.4cm 以下碎片重量占比	干度
1	大血藤	大血藤大选片 2.0	大选片	直径 2.0cm 以上片≥85%/ 直径 2.0cm 以上片≥95%	无	干货
2	大血藤	大血藤小选片 1.0	小选片	直径 1.0~2.0cm 的片≥60%/ 直径 1.0~2.0cm 的片≥70%/ 直径 1.0~2.0cm 的片≥80%	≤10%/≤5%	干货
3	大血藤	大血藤统片	小统片	直径 1.0cm 以上片≥20%/ 直径 1.0cm 以上片≥30%/ 直径 1.0cm 以上片≥40%	≤15%/≤10%/≤5%	干货

图 0031　大血藤商品部分规格图示

1. 大血藤大选片 2.0;2. 大血藤小选片 1.0;3. 大血藤统片;4. 0.4cm 以下碎片

4.38 大枣

4.38.1 基础数据

4.38.1.1 来源

本品为鼠李科植物枣 *Ziziphus jujuba* Mill. 的干燥成熟果实(《中国药典(2015年版)》)。栽培。秋季果实成熟时采收,晒干。

4.38.1.2 产地

产于新疆、山东、山西、陕北、甘肃、河北、青海、河南等地,主产于新疆和田、若羌。常见品种有和田骏枣、若羌灰枣、河北阜平枣等。

4.38.1.3 大枣

呈类圆柱形,长 2.0~5.0cm,直径 1.5~2.5cm。表面暗红色,略带光泽,有不规则皱纹。基部凹陷,有短果梗。外果皮薄,中果皮棕黄色或淡褐色,肉质,柔软,富糖性而油润。果核纺锤形,两端锐尖,质坚硬。气微香,味甜。

4.38.2 规格要素说明及名词解释

4.38.2.1 皮皮枣大小

和田产骏枣中未完全成熟提前风吹落地的干皮枣,或者生长过程中糖分不足的肉皮枣(外表皱缩),统称皮皮枣。皮皮枣一般根据长短挑选分级,大个长度不低于 4.2cm,中个长度 3.6~4.2cm,长度小于 3.6cm 的为小个。

4.38.2.2 个数/kg

形体饱满的枣用每 kg 的个数分级,用筛子或手工挑选,个数越少,个头越大,等级越高。

4.38.2.3 虫口、病果

大枣在生长过程中生虫形成虫眼称为"虫口";大枣在生长过程中发生病变,皮部萎缩,表皮有黄褐色斑块,称为"病果"。

4.38.2.4 深皱皮果

大枣肉质不饱满导致表皮深度内陷形成长而深的缝。

4.38.2.5 裂果

大枣成熟后未及时采摘导致果皮开裂称为"裂果"。

4.38.2.6 杂质

大枣果柄、树叶及泥土等杂质。

4.38.3 规格等级定义(表 4-51)

大枣药食同源,其中皮皮枣和阜平四级为药用规格,其他为食用规格。

4.38.3.1 骏枣特级 65

产于新疆和田,筛选大个,每 kg 不超过 68 粒,挑去虫果、病果,皱皮果重量占比不超过 5%,裂果重量占比不超过 5%。

4.38.3.2 骏枣一级 85

产于新疆和田,筛选较大个,每 kg 不超过 90 粒,挑去虫果、病果,皱皮果重量占比不超过 5%,裂果重量占比不超过 5%。

4.38.3.3 骏枣二级 110

产于新疆和田,筛选中等个,每 kg 不超过 115 粒,挑去虫果、病果,皱皮果重量占比不超过 5%,裂果重量占比不超过 5%。

4.38.3.4　骏枣三级 140

产于新疆和田，大个挑选后剩下的较小个，每 kg 不超过 145 粒，挑去虫果、病果，皱皮果重量占比不超过 5%，裂果重量占比不超过 5%。

4.38.3.5　骏枣等外级

产于新疆和田，筛选大个后剩下的小个，每 kg 超过 145 粒，挑去虫果、病果，皱皮果重量占比不超过 5%，裂果重量占比不超过 5%。

4.38.3.6　皮皮枣

产于新疆和田，挑去肉实饱满的之后，剩下的不同大小的大枣。挑去虫果、病果，裂果不超过 10%。

4.38.3.7　灰枣特级 200

产于新疆若羌，筛选大个，每 kg 不超过 200 粒，挑去虫果、病果，皱皮果重量占比不超过 10%，裂果重量占比不超过 5%。

4.38.3.8　灰枣一级 220

产于新疆若羌，筛选中大个，每 kg 不超过 240 粒，挑去虫果、病果，皱皮果重量占比不超过 10%，裂果重量占比不超过 5%。

4.38.3.9　灰枣二级 260

产于新疆若羌，筛选中个，每 kg 不超过 280 粒，挑去虫果、病果，皱皮果重量占比不超过 10%，裂果重量占比不超过 5%。

4.38.3.10　灰枣三级

产于新疆若羌，筛选中大个剩下的小个，每 kg 超过 280 粒，挑去虫果、病果，皱皮果、裂果，未挑净的均不超过 5%。

4.38.3.11　阜平大枣四级

产于河北，每 kg 不低于 500 粒，裂果不超过 20%，虫果、病果不超过 5%。

表 4-51　中药材商品电子交易规格等级标准——大枣

序号	品名	规格名称	市场流通俗称	大小	个数(/kg)	深皱皮果重量占比	裂果重量占比	虫口、病果重量占比	杂质	虫蛀、霉变	干度
1	大枣	骏枣特级 65	骏枣六星特级	——	65 ± 3	≤5%	≤5%	无	无	无	干货
2	大枣	骏枣一级 85	骏枣一级	——	85 ± 5	≤5%	≤5%	无	无	无	干货
3	大枣	骏枣二级 110	骏枣二级	——	110 ± 5	≤5%	≤5%	无	无	无	干货
4	大枣	骏枣三级 140	骏枣三级	——	140 ± 5	≤5%	≤5%	无	无	无	干货
5	大枣	骏枣等外级	骏枣等外级	——	>145	≤5%	≤5%	无	无	无	干货
6	大枣	皮皮枣	皮皮枣	大(长度≥4.2cm)/中(长度 3.6~4.2cm)/小(长度≤3.6cm)	——	——	≤10%/≤5%	无	无	无	干货
7	大枣	灰枣特级 200	灰枣六星特级	——	≤200	≤5%	≤5%	无	无	无	干货
8	大枣	灰枣一级 220	灰枣一级	——	220 ± 20	≤10%/≤5%	≤5%	无	无	无	干货

序号	品名	规格名称	市场流通俗称	大小	个数(/kg)	深皱皮果重量占比	裂果重量占比	虫口、病果重量占比	杂质	虫蛀、霉变	干度
9	大枣	灰枣二级260	灰枣二级	——	260±20	≤10%/≤5%	≤5%	无	无	无	干货
10	大枣	灰枣三级	灰枣三级	——	>280	≤10%/≤5%	≤5%	无	无	无	干货
11	大枣	阜平大枣四级	阜平大枣四级	——	≥600/≥550/≥500	——	≤20%/≤10%	≤5%/≤3%	无	无	干货

4.39　丹参

4.39.1　基础数据

4.39.1.1　来源

本品为唇形科植物丹参 *Salvia miltiorrhiza* Bge. 的干燥根和根茎(《中国药典(2015年版)》)。栽培为主,栽培1~2年,春、秋二季采挖,除去泥沙,干燥。或晾至五成干时,去芦头、尾根、须根和泥土,堆放5~7天进行"发汗"处理,再摊晾至全干(四川中江)。

4.39.1.2　产地

产于山东、山西、河北、安徽、四川、河南等地,主产于山东日照、山西运城、河北行唐、安徽亳州、四川中江。四川中江为丹参道地产区,中江丹参外皮紫红色,断面紫褐色,质坚实。山西、山东丹参外皮红色,质量较好。安徽、河北、河南等地丹参产量较大,外皮多棕红色。

4.39.1.3　丹参

呈圆柱形,略弯曲,有的分枝并具须状细根,长5.0~20cm,直径0.3~1.8cm。表皮紫红色、红色或棕红色,断面略平整而致密,皮部棕红色,木部灰黄色或紫褐色,导管束黄白色,呈放射状排列。气微,味微苦涩。

4.39.1.4　丹参片

将丹参除去杂质和残茎,洗净,润透,切片或段,干燥。呈椭圆形片或圆柱形段,直径0.4~1.5cm,片厚0.2~0.4cm,或段长0.5~2.0cm,外皮红色、紫红色、暗红色或棕红色,具纵皱纹。切面略平整而致密,有的呈角质样,黄白色、红褐色或棕褐色。

4.39.2　规格要素说明及名词解释

4.39.2.1　直径

主根中上部直径。

4.39.2.2　片形

有薄片、斜片和段三种。薄片为横切片,多为圆形或椭圆形,厚0.2~0.3cm。斜片为斜切片,呈长条形,长3.0~5.0cm,厚0.2~0.4cm。段也为横切,较规则的段长度在0.5~1cm之间,不规则的段长度在0.5~2.0cm之间。

4.39.2.3　灰末、毛须

丹参片在切片、贮存和运输过程中,会掉落少量泥土,为灰末。丹参个子在加工过程未去净须根,切片之后会有少量残留,为毛须。灰末、毛须一般用孔径0.2cm的筛子筛除。

4.39.2.4　含硫情况

无硫加工,丹参个子加工和切片过程中都不熏硫,无硫加工的丹参片外皮暗红色或棕红色,切面红褐色;有硫加工,丹参采挖之后熏硫,晒干,切片过程中,润透,熏硫,切片、晒干;或个子加工过程中不熏硫,切片过程中熏硫。有硫加工的丹参片表皮红色或棕红色,切面多黄白色。

4.39.3　规格等级定义(表 4-52,表 4-53)

4.39.3.1　中江丹参超特级条 1.15 以上

丹参,产于四川中江,挑选,长 4.0cm 以上,直径 1.15cm 以上的丹参条重量占比不低于 95%。

4.39.3.2　中江丹参特级条 1.0~1.15

丹参,产于四川中江,挑选,长 4.0cm 以上,直径 1.0~1.15cm 的丹参条重量占比不低于 95%。

4.39.3.3　中江丹参一级条 0.7~1.0

丹参,产于四川中江,挑选,长 4.0cm 以上,直径 0.7~1.0cm 的丹参条重量占比不低于 95%。

4.39.3.4　中江丹参二级条 0.5~0.7

丹参,产于四川中江,挑选,长 4.0cm 以上,直径 0.5~0.7cm 的丹参条重量占比不低于 95%。

4.39.3.5　中江丹参三级条 0.4~0.5

丹参,产于四川中江,挑选,长 4.0cm 以上,直径 0.4~0.5cm 的丹参条重量占比不低于 95%。

4.39.3.6　中江丹参尾节

丹参,产于四川中江,选出的直径较小(多在 0.4cm 以下)的丹参条或切下丹参的尾部较细的部分,0.2cm 以下灰末、毛须重量占比不超过 30%。

4.39.3.7　山东丹参选货

丹参,产于山东,挑选使直径 1.0cm 以上的丹参条重量占比不低于 90%。

4.39.3.8　山东丹参统货

丹参,产于山东,不挑选,直径 1.0cm 以上的丹参条重量占比不低于 20%。

4.39.3.9　山西丹参选货

丹参,产于山西,挑选,使直径 1.0cm 以上的丹参条重量占比不低于 95%。

4.39.3.10　山西丹参统货

丹参,产于山西,不挑选,直径 1.0cm 以上的丹参条重量占比不低于 30%。

4.39.3.11　丹参选货

丹参,产于安徽、河南、河北等地,挑选使直径 1.0cm 以上的丹参条重量占比不低于 90%。

4.39.3.12　丹参统货

丹参,产于安徽、河南、河北等地直径 1.0cm 以上的丹参条重量占比不低于 30%。

4.39.3.13　中江丹参一级段 0.7~1.0

产于四川中江,选取较粗(多为一级条)的丹参切成长 0.5~1.0cm 的段,直径 0.7~1.0cm 的段比例不低于 70%,无 0.2cm 以下灰末、毛须。(图 0032-1)

4.39.3.14　中江丹参二级段 0.5~0.7

产于四川中江,选取中等粗(多为二级条)的丹参原药切成长 0.5~1.0cm 的段,直径 0.5~0.7cm 的段比例不低于 70%,无 0.2cm 以下灰末、毛须。(图 0032-2)

4.39.3.15　中江丹参三级段 0.4~0.5

产于四川中江,选取较细(多为三级条)的丹参切成长 0.5~1.0cm 的段,直径 0.4~0.5cm 的段比例不低于 70%,0.2cm 以下灰末、毛须重量占比不超过 0.5%。(图 0032-3)

4.39.3.16　山西山东丹参薄片大统片 0.6

产于山西或山东,选取较粗(直径多在 0.6cm 以上)的丹参切成厚 0.2~0.3cm 的圆片,直径 0.6cm 以上的片比例不低于 80%,无 0.2cm 以下灰末、毛须。(图 0032-4)

4.39.3.17　山西山东丹参薄片中统片 0.4

产于山西或山东,选取中等粗(直径多在 0.4cm 以上)的丹参切成厚 0.2~0.3cm 的片,直径 0.4cm 以上的片比

例不低于 80%,无 0.2cm 以下灰末、毛须。(图 0032-5)

4.39.3.18　山西山东丹参薄片小统片 0.4 以下

产于山西或山东,丹参切片后筛选出的直径多在 0.4cm 以下的片或段,无 0.2cm 以下灰末、毛须。(图 0032-6)

4.39.3.19　山西山东山丹参斜片统片

产于山西或山东,选取较粗的丹参切而成的长 3.0~5.0cm,宽 0.2cm 以上的斜片,无 0.2cm 以下灰末、毛须。

4.39.3.20　丹参薄片大统片 0.6

产地不分,选取较粗(直径多在 0.6cm 以上)的丹参切成厚 0.2~0.3cm 的圆片,直径 0.6cm 以上的片比例不低于 80%,无 0.2cm 以下灰末、毛须。(图 0032-7)

4.39.3.21　丹参薄片中统片 0.4

产地不分,选取中等粗(直径多在 0.4cm 以上)的丹参切成厚 0.2~0.3cm 的圆片,直径 0.4cm 以上的片比例不低于 80%,无 0.2cm 以下灰末、毛须。(图 0032-8)

4.39.3.22　丹参薄片小统片 0.4 以下

产地不分,丹参切片后筛选出的直径多在 0.4cm 以下的片或段,0.2cm 以下灰末、毛须重量占比不超过 1%。

4.39.3.23　丹参选段 0.6

产地不分,选取较粗的丹参(直径多在 0.6cm 以上)切成长 0.5~1.0cm 大小均匀的段,直径 0.6cm 以上的段比例不低于 80%,0.2cm 以下灰末、毛须重量占比不超过 1%。(图 0032-9)

4.39.3.24　丹参大统段 0.6

产地不分,选取较粗(直径多在 0.6cm 以上)的丹参切成长 0.5~2.0cm 的段,直径 0.6cm 以上的段比例不低于 80%,0.2cm 以下灰末、毛须重量占比不超过 1%。(图 0032-10)

4.39.3.25　丹参中统段 0.4

产地不分,选取中等粗(直径多在 0.4cm 以上)的丹参切成的长 0.5~2.0cm 的段,直径 0.4cm 以上的段比例不低于 80%,0.2cm 以下灰末、毛须重量占比不超过 1%。(图 0032-11)

4.39.3.26　丹参小统段 0.4 以下

产地不分,丹参切段后筛选出的直径多在 0.4cm 以下的段,0.2cm 以下灰末、毛须重量占比不超过 1%。(图 0032-12)

表 4-52　中药材商品电子交易规格等级标准——丹参

序号	品名	规格名称	流通俗称	产地	大片(条、段)重量占比	0.2cm 以下灰末、毛须重量占比	含硫情况	虫蛀、霉变	干度
1	丹参	中江丹参超特级条 1.15 以上	中江丹参超特级条	四川中江	长 4.0cm 以上,直径 1.15cm 以上的条≥95%/ 长 4.0cm 以上,直径 1.15cm 以上的条≥98%	——	无硫加工	无	干货
2	丹参	中江丹参特级条 1.0~1.15	中江丹参特级条	四川中江	长 4.0cm 以上,直径 1.0~1.15cm 的条≥95%/ 长 4.0cm 以上,直径 1.0~1.15cm 的条≥98%	——	无硫加工	无	干货
3	丹参	中江丹参一级条 0.7~1.0	中江丹参一级条	四川中江	长 4.0cm 以上,直径 0.7~1.0cm 的条≥95%/ 长 4.0cm 以上,直径 0.7~1.0cm 的条≥98%	——	无硫加工	无	干货
4	丹参	中江丹参二级条 0.5~0.7	中江丹参二级条	四川中江	长度不限,直径 0.5~0.7cm 的条≥95%/ 直径 0.5~0.7cm 的条≥98%	——	无硫加工	无	干货
5	丹参	中江丹参三级条 0.4~0.5	中江丹参三级条	四川中江	长度不限,直径 0.4~0.5cm 的条≥95%/ 直径 0.4~0.5cm 的条≥98%	——	无硫加工	无	干货

续表

序号	品名	规格名称	流通俗称	产地	大片(条、段)重量占比	0.2cm 以下灰末、毛须重量占比	含硫情况	虫蛀、霉变	干度
6	丹参	中江丹参尾节	中江丹参尾节	四川中江	——	≤30%/≤10%	无硫加工	无	干货
7	丹参	山东丹参选货	肥条	山东	直径 1.0cm 以上的条≥90%	——	有硫加工 / 无硫加工	无	干货
8	丹参	山东丹参统货	统个	山东	直径 1.0cm 以上的条≥20%	——	有硫加工 / 无硫加工	无	干货
9	丹参	山西丹参选货	二条	山西	直径 1.0cm 以上的条≥95%	——	有硫加工 / 无硫加工	无	干货
10	丹参	山西丹参统货	统个	山西	直径 1.0cm 以上的条≥30%	——	有硫加工 / 无硫加工	无	干货
11	丹参	丹参选货	统个	安徽 / 河南 / 河北 / 其他	直径 1.0cm 以上的条≥90%	——	有硫加工 / 无硫加工	无	干货
12	丹参	丹参统货	统个	安徽 / 河南 / 河北 / 其他	直径 1.0cm 以上的条≥30%	——	有硫加工 / 无硫加工	无	干货

表 4-53　中药材商品电子交易规格等级标准——丹参(续)

序号	品名	规格名称	流通俗称	产地	片厚或段长	大片(条、段)重量占比	0.2cm 以下灰末、毛须重量占比	含硫情况	虫蛀、霉变	干度
13	丹参	中江丹参一级段 0.7~1.0	中江丹参一级段	四川中江	段长 0.5~1.0cm	直径 0.7~1.0cm 的段≥70%/直径 0.7~1.0cm 的段≥90%	无	无硫加工	无	干货
14	丹参	中江丹参二级段 0.5~0.7	中江丹参二级段	四川中江	段长 0.5~1.0cm	直径 0.5~0.7cm 的段≥70%/直径 0.5~0.7cm 的段≥90%	无	无硫加工	无	干货
15	丹参	中江丹参三级段 0.4~0.5	中江丹参三级段	四川中江	段长 0.5~1.0cm	直径 0.4~0.5cm 的段≥70%/直径 0.4~0.5cm 的段≥90%	无	无硫加工	无	干货
16	丹参	山西山东丹参薄片大统片 0.6	薄片	山西、山东	片厚 0.2~0.3cm	直径 0.6cm 以上的片≥80%	无	有硫加工 / 无硫加工	无	干货
17	丹参	山西山东丹参薄片中统片 0.4	薄片	山西、山东	片厚 0.2~0.3cm	直径 0.4cm 以上的片≥80%	无	有硫加工 / 无硫加工	无	干货
18	丹参	山西山东丹参薄片小统片 0.4 以下	薄片	山西、山东	片厚 0.2~0.3cm	——	无	有硫加工 / 无硫加工	无	干货
19	丹参	山西山东山丹参斜片统片	斜片统	山西、山东	片厚 0.2~0.4cm	长 3~5cm，宽 0.2cm 以上的片	无	有硫加工 / 无硫加工	无	干货

序号	品名	规格名称	流通俗称	产地	片厚或段长	大片（条、段）重量占比	0.2cm 以下灰末、毛须重量占比	含硫情况	虫蛀、霉变	干度
20	丹参	丹参薄片大统片 0.6	薄片	安徽、河南、河北及其他地区	片厚 0.2~0.3cm	直径 0.6cm 以上的片≥80%	无	有硫加工 / 无硫加工	无	干货
21	丹参	丹参薄片中统片 0.4	薄片	安徽、河南、河北及其他地区	片厚 0.2~0.3cm	直径 0.4cm 以上的片≥80%	无	有硫加工 / 无硫加工	无	干货
22	丹参	丹参薄片小统片 0.4 以下	薄片	安徽、河南、河北及其他地区	片厚 0.2~0.3cm	——	≤1%	有硫加工 / 无硫加工	无	干货
23	丹参	丹参选段 0.6	段	安徽、河南、河北及其他地区	段长 0.5~1.0cm	直径 0.6cm 以上的段≥80%	≤1%	有硫加工 / 无硫加工	无	干货
24	丹参	丹参大统段 0.6	段	安徽、河南、河北及其他地区	段长 0.5~2.0cm	直径 0.6cm 以上的段≥80%	≤1%	有硫加工 / 无硫加工	无	干货
25	丹参	丹参中统段 0.4	段	安徽、河南、河北及其他地区	段长 0.5~2.0cm	直径 0.4cm 以上的段≥80%	≤1%	有硫加工 / 无硫加工	无	干货
26	丹参	丹参小统段 0.4 以下	段	安徽、河南、河北及其他地区	段长 0.5~2.0cm	——	≤1%	有硫加工 / 无硫加工	无	干货

图 0032　丹参商品部分规格图示

1. 中江丹参一级段 0.7~1.0；2. 中江丹参二级段 0.5~0.7；3. 中江丹参三级段 0.4~0.5；4. 山西山东丹参薄片大统片 0.6；5. 山西山东丹参薄片中统片 0.4；6. 山西山东丹参薄片小统片 0.4 以下；7. 丹参薄片大统片 0.6；8. 丹参薄片中统片 0.4；9. 丹参选段 0.6；10. 丹参大统段 0.6；11. 丹参中统段 0.4；12. 丹参小统段 0.4 以下

4.40 淡竹叶

4.40.1 基础数据

4.40.1.1 来源

本品为禾本科植物淡竹叶 *Lophatherum gracile* Brongn. 的干燥茎叶(《中国药典(2015 年版)》)。栽培或野生。夏季未抽花穗前采割,晒干。

4.40.1.2 产地

产于四川、广西、江苏、安徽、浙江、江西、福建、台湾、湖南、广东、云南,主产于四川、广西等地。

4.40.1.3 淡竹叶

长 25~75cm。茎呈圆柱形,有节,表面淡黄绿色,断面中空。叶鞘开裂。叶片披针形,有的皱缩卷曲,长5.0~20cm,宽 1.0~3.5cm;表面绿色或青绿色。叶脉平行,具横行小脉,形成长方形的网格状,下表面尤为明显。体轻,质柔韧。气微,味淡。

4.40.1.4 淡竹叶段

除去杂质,切段,段长 3.0~5.0cm。

4.40.2 规格要素说明及名词解释

4.40.2.1 切片颜色(新货/陈货)

淡竹叶新货多为青绿色或绿色,暴晒或存储时间过长颜色变为黄绿色。

4.40.2.2 根

根为非药用部位,同时易附带泥土,影响药材质量。

4.40.2.3 杂质及 0.2cm 以下灰渣

杂质为杂草及土块儿,需拣除;细土及灰渣一般用 0.2cm 的筛子筛出。

4.40.3 规格等级定义(表 4-54)

4.40.3.1 淡竹叶选货

淡竹叶,青绿色或绿色,杂质及 0.2cm 以下灰渣不超过 1%,根重量占比不超过 1%。

4.40.3.2 淡竹叶绿色统货

淡竹叶,青绿色或绿色,杂质及 0.2cm 以下灰渣不超过 5%,根重量占比不超过 3%。

4.40.3.3 淡竹叶黄绿色统货

淡竹叶,黄绿色为主,杂质及 0.2cm 以下灰渣不超过 5%,根重量占比不超过 3%。

4.40.3.4 淡竹叶选段

淡竹叶段,青绿色或绿色,杂质及 0.2cm 以下灰渣不超过 1%,根重量占比不超过 1%。

4.40.3.5 淡竹叶绿色统段

淡竹叶段,青绿色或绿色,杂质及 0.2cm 以下灰渣不超过 5%,根重量占比不超过 3%。

4.40.3.6 淡竹叶黄绿色统段

淡竹叶段,黄绿色为主,杂质及 0.2cm 以下灰渣不超过 5%,根重量占比不超过 3%。

表 4-54　中药材商品电子交易规格等级标准——淡竹叶

序号	品名	规格名称	流通俗称	叶片颜色（新货/陈货）	根重量占比	杂质及 0.1cm 以下灰渣重量占比	虫蛀、霉变	干度
1	淡竹叶	淡竹叶选货	选货	青绿色或绿色（新货）	≤1%/无	≤1%/无	无	干货
2	淡竹叶	淡竹叶绿色统货	统货	青绿色或绿色（新货）	≤3%/≤2%/≤1%	≤5%/≤3%	无	干货
3	淡竹叶	淡竹叶黄绿色统货	统货	黄绿色为主（陈货）	≤3%/≤2%/≤1%	≤5%/≤3%	无	干货
4	淡竹叶	淡竹叶选段	选段	青绿色或绿色（新货）	≤1%/无	≤1%/无	无	干货
5	淡竹叶	淡竹叶绿色统段	统段	青绿色或绿色（新货）	≤3%/≤2%/≤1%	≤5%/≤3%	无	干货
6	淡竹叶	淡竹叶黄绿色统段	统段	黄绿色为主（陈货）	≤3%/≤2%/≤1%	≤5%/≤3%	无	干货

4.41　当归

4.41.1　基础数据

4.41.1.1　来源

本品为伞形科植物当归 *Angelica sinensis*（Oliv.）Diels 的干燥根（《中国药典（2015 年版）》）。栽培 3 年。秋末采挖，除去须根和泥沙，待水分稍蒸发后，捆成小把，上棚用烟火慢慢熏干。当归商品有"全归"，指当归全根，"归头"指根头部，."归身"指主根部分，"归尾"指支根。

4.41.1.2　产地

产于甘肃、云南、四川、陕西等地，主产于甘肃岷县、宕昌。产于云南大理、丽江、香格里拉等地的当归，习称"云归"。

4.41.1.3　当归

呈圆柱形，下部有支根 3~5 条或更多，长 15~25cm。表面黄棕色至棕褐色，具纵皱纹和横长皮孔样突起。根头（归头）直径 1.5~4.0cm，具环纹，上端圆钝，或具数个明显突出的根茎痕，有紫色或黄绿色的茎和叶鞘的残基；主根（归身）表面凹凸不平；支根（归尾）直径 0.3~1.0cm，上粗下细，多扭曲，有少数须根痕。质柔韧，皮部厚，有裂隙，木部色较淡，形成层环黄棕色。有浓郁的香气，味甘、辛、微麻、微苦。

4.41.1.4　当归片

将当归除去杂质，水洗或不水洗，纵切片，晒干或低温干燥。本品呈不规则纵切薄片。当归片最宽处 1.0~2.5cm，厚 0.1~0.2cm，切面淡黄白色、黄白色或淡棕黄色，平坦，有裂隙，中间有浅棕色的形成层环，并有多数棕色的油点，香气浓郁，味甘、辛、微苦。

4.41.2　规格要素说明及名词解释

4.41.2.1　支数 /kg

全当归按大小分级，以每千克支数表示，支数越少，单个重量越大，等级越高。

4.41.2.2　水洗与否

大多水洗去净泥土后晒干，也有不经水洗直接晒干。

4.41.2.3　拔毛与否

除去全当归的归尾上的细须根，也叫"拔毛归"，拔毛归价格较高。

4.41.2.4　头数 /500g

当归头按大小分级,以每 500g 的头数表示,头数越少,单个重量越大,等级越高。

4.41.2.5　0.2cm 以下碎末、灰渣

全当归中归尾碎落的碎渣、掉落的泥沙;或者全当归切片过程中产生直径在 0.2cm 以下碎末。

4.41.2.6　片形大小

当归切片后大片和小片所占比例,大片越多,等级越高。

4.41.2.7　宽 1.0cm 以上的片

全归切片时,宽 1.0cm 以上的片属于归头片,所占比例越高,等级越高。

4.41.2.8　含硫情况

有硫加工当归:为了使颜色美观和便于贮存,干燥至约七成干时用清水冲洗稍晾干,堆成垛,用硫黄多次熏蒸再炕干,其颜色泛黄,因干度不够而质软。未水洗的当归熏硫后表面颜色变化不大,颜色呈黄棕色至黄褐色。

有硫加工当归片:有硫当归切片,或者用无硫当归快速清洗后切片用硫黄熏蒸,晒干或炕干。熏硫后当归片切面淡黄白色。

未熏硫的当归片:颜色黄白色或淡棕黄色。

4.41.3　规格等级定义(表 4-55,表 4-56,表 4-57)

4.41.3.1　全当归无硫大条 25 支

未熏硫的全当归,挑选大个,每 kg 不超过 25 支。(图 0033A-1)

4.41.3.2　全当归无硫中条 50 支

未熏硫的全当归,挑选中个,每 kg 不超过 50 支。

4.41.3.3　全当归无硫小条 80 支

未熏硫的全当归,挑选小个,每 kg 不超过 80 支,0.2cm 以下碎末、灰渣重量占比不超过 5%。

4.41.3.4　全当归大条 25 支

多为有硫加工的全当归,挑选大个,每 kg 不超过 25 支,0.2cm 以下碎末、灰渣重量占比不超过 5%。(图 0033A-2)

4.41.3.5　全当归中条 50 支

多为有硫加工的全当归,挑选中个,每 kg 不超过 50 支,0.2cm 以下碎末、灰渣重量占比不超过 5%。

4.41.3.6　全当归小条 80 支

多为有硫加工的全当归,挑选小个,每 kg 不超过 80 支,0.2cm 以下碎末、灰渣重量占比不超过 5%。

4.41.3.7　云当归统货

大小不分的云当归个子,0.5cm 以下碎末、灰渣重量占比不超过 15%。

4.41.3.8　当归头无硫大个 30 头

未熏硫的当归头,挑选大个,每 500g 不超过 30 头。(图 0033B-1)

4.41.3.9　当归头无硫中个 50 头

未熏硫的当归头,挑选中个,每 500g 不超过 50 头。(图 0033B-2)

4.41.3.10　当归头无硫中小个 80 头

未熏硫的当归头,挑选中小个,每 500g 不超过 80 头。(图 0033B-3)

4.41.3.11　当归头无硫小个

未熏硫的当归头,选后剩下的小个,每 500g 大于 80 头。(图 0033B-4)

4.41.3.12　当归头大个 30 头

多为有硫加工,挑选大个,每 500g 不超过 30 头。(图 0033B-5)

4.41.3.13　当归头中个 50 头

多为有硫加工的当归头,挑选中个,每 500g 不超过 50 头。(图 0033B-6)

4.41.3.14　当归头中小个 80 头

多为有硫加工的当归头,挑选中小个,每 500g 不超过 80 头。(图 0033B-7)

4.41.3.15　当归头小个

多为有硫加工的当归头,选后剩下的小个,每 500g 大于 80 头。(图 0033B-8)

4.41.3.16　全当归无硫统片

用大小不分的无硫全当归切片,宽 1.0cm 以上的当归头片不少于 20%,0.2cm 以下碎末、灰渣重量占比不超过 8%。(图 0033C-7)

4.41.3.17　全当归统片

有硫加工的全当归切片,宽 1.0cm 以上的当归头片不少于 20%,0.2cm 以下碎末、灰渣重量占比不超过 8%。(图 0033C-8)

4.41.3.18　当归头无硫大片 2.5

挑选每 500g 40 头以下的无硫当归头切片,片宽 2.5cm 以上片的片重量占比不低于 50%,片宽 1.0cm 以下的片重量占比不超过 15%。(图 0033C-1)

4.41.3.19　当归头无硫中片 2.0

挑选每 500g 50 头左右的无硫当归头切片,片宽 2.0cm 以上的片重量占比不低于 50%,片宽 1.0cm 以下的片重量占比不超过 15%。(图 0033C-2)

4.41.3.20　当归头无硫小片 1.0~2.0

挑选每 500g 60 头以上的无硫当归头切片,片宽 1.0~2.0cm 的片重量占比不低于 60%。(图 0033C-3)

4.41.3.21　当归头大片 2.5

挑选每 500g 40 头以下当归头切片,有硫加工,片宽 2.5cm 以上片的片重量占比不低于 50%,片宽 1.0cm 以下的片重量占比不超过 15%。(图 0033C-4)

4.41.3.22　当归头中片 2.0

挑选每 500g 50 头左右当归头切片,有硫加工,片宽 2.0cm 以上的片重量占比不低于 50%,片宽 1.0cm 以下的片重量占比不超过 15%。(图 0033C-5)

4.41.3.23　当归头小片 1.0~2.0

挑选每 500g 60 头以上当归头切片,有硫加工,片宽 1.0~2.0cm 的片重量占比不低于 60%。(图 0033C-6)

表 4-55　中药材商品电子交易规格等级标准——当归

序号	品名	规格名称	流通俗称	产地	水洗与否	去毛与否	支数(/kg)	0.5cm 以下碎末、灰渣重量占比	0.2cm 以下碎末、灰渣重量占比	含硫情况	虫蛀、霉变	干度
1	当归	全当归无硫大条25支	全归无硫大条	甘肃/四川/陕西	未水洗	未去毛/去毛	≤25	——	≤5%/≤2%	无硫加工	无	干货
2	当归	全当归无硫中条50支	全归无硫中条	甘肃/四川/陕西	未水洗	未去毛/去毛	≤50	——	≤5%/≤2%	无硫加工	无	干货
3	当归	全当归无硫小条80支	全归无硫小条	甘肃/四川/陕西	未水洗	未去毛/去毛	≤80	——	≤5%/≤2%	无硫加工	无	干货
4	当归	全当归大条25支	全归大条	甘肃/四川/陕西	水洗/未水洗	未去毛/去毛	≤25	——	≤5%/≤2%	有硫加工	无	干货
5	当归	全当月中条50支	全归中条	甘肃/四川/陕西	水洗/未水洗	未去毛/去毛	≤50	——	≤5%/≤2%	有硫加工	无	干货

续表

序号	品名	规格名称	流通俗称	产地	水洗与否	去毛与否	支数(/kg)	0.5cm 以下碎末、灰渣重量占比	0.2cm 以下碎末、灰渣重量占比	含硫情况	虫蛀、霉变	干度
6	当归	全当归小条80支	全归小条	甘肃/四川/陕西	水洗/未水洗	未去毛/去毛	≤80	——	≤5%/≤2%	有硫加工	无	干货
7	当归	云当归全归统货	云归全归统货	云南	未水洗	未去毛	——	≤15%/≤5%	——	有硫加工/无硫加工	无	干货

表 4-56　中药材商品电子交易规格等级标准——当归(续)

序号	品名	规格名称	流通俗称	头数(/500g)	含硫情况	虫蛀、霉变	干度
8	当归	当归头无硫大个 30 头	无硫归头 20~30	≤30/≤20	无硫加工	无	干货
9	当归	当归头无硫中个 50 头	无硫归头 40~50	≤50/≤40	无硫加工	无	干货
10	当归	当归头无硫中小个 80 头	无硫归头 60~80	≤80/≤60	无硫加工	无	干货
11	当归	当归头无硫小个	无硫小归头	>80/≥100/ 其他	无硫加工	无	干货
12	当归	当归头大个 30 头	归头 20~30	≤30/≤20	有硫加工	无	干货
13	当归	当归头中个 50 头	归头 40~50	≤50/≤40	有硫加工	无	干货
14	当归	当归头中小个 80 头	归头 60~80	≤80/≤60	有硫加工	无	干货
15	当归	当归头小个	小归头	>80/≥100/ 其他	有硫加工	无	干货

表 4-57　中药材商品电子交易规格等级标准——当归(续)

序号	品名	规格名称	流通俗称	大片重量占比	小片重量占比	0.2cm 以下碎末、灰渣重量占比	含硫情况	虫蛀、霉变	干度
16	当归	全当归无硫统片	无硫归片	宽 1.0cm 以上片≥20%/宽 1.0cm 以上片≥30%/宽 1.0cm 以上片≥40%	——	≤8%/≤5%/≤2%	无硫加工	无	干货
17	当归	全当归统片	归片	宽 1.0cm 以上片≥20%/宽 1.0cm 以上片≥30%/宽 1.0cm 以上片≥40%	——	≤8%/≤5%/≤2%	有硫加工	无	干货
18	当归	当归头无硫大片 2.5	当归头无硫大片	宽 2.5cm 以上片≥50%宽 2.5cm 以上片≥60%宽 2.5cm 以上片≥70%	宽 1.0cm 以下片≤15%/宽 1.0cm 以下片≤10%/宽 1.0cm 以下片≤5%	——	无硫加工	无	干货
19	当归	当归头无硫中片 2.0	当归头无硫中片	宽 2.0cm 以上片≥50%宽 2.0cm 以上片≥60%宽 2.0cm 以上片≥70%	宽 1.0cm 以下片≤15%/宽 1.0cm 以下片≤10%/宽 1.0cm 以下片≤5%	——	无硫加工	无	干货
20	当归	当归头无硫小片 1.0~2.0	当归头无硫小片	宽 1.0~2.0cm 片≥60%/宽 1.0~2.0cm 片≥70%	——	——	无硫加工	无	干货
21	当归	当归头大片 2.5	当归头大片	宽 2.5cm 以上片≥50%宽 2.5cm 以上片≥60%宽 2.5cm 以上片≥70%	宽 1.0cm 以下片≤15%/宽 1.0cm 以下片≤10%/宽 1.0cm 以下片≤5%	——	有硫加工	无	干货
22	当归	当归头中片 2.0	当归头中片	宽 2.0cm 以上片≥50%宽 2.0cm 以上片≥60%宽 2.0cm 以上片≥70%	宽 1.0cm 以下片≤15%/宽 1.0cm 以下片≤10%/宽 1.0cm 以下片≤5%	——	有硫加工	无	干货
23	当归	当归头小片 1.0~2.0	当归头小片	宽 1.0~2.0cm 片≥60%/宽 1.0~2.0cm 片≥70%	——	——	有硫加工	无	干货

图 0033A　全当归商品部分规格图示
1. 全当归无硫大条 25 支;2. 全当归大条 25 支

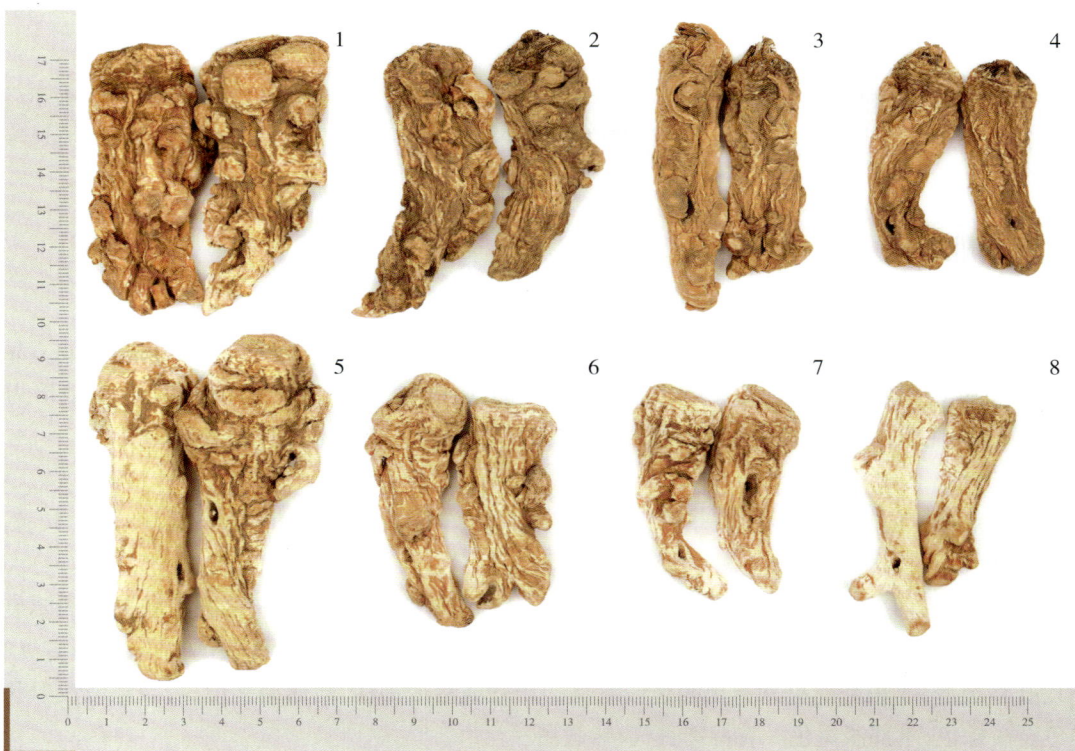

图 0033B　当归头商品部分规格图示
1. 当归头无硫大个 30 头;2. 当归头无硫中个 50 头;3. 当归头无硫中小个 80 头;4. 当归头无硫小个;5. 当归头大个 30 头;6. 当归头中个 50 头;7. 当归头中小个 80 头;8. 当归头小个

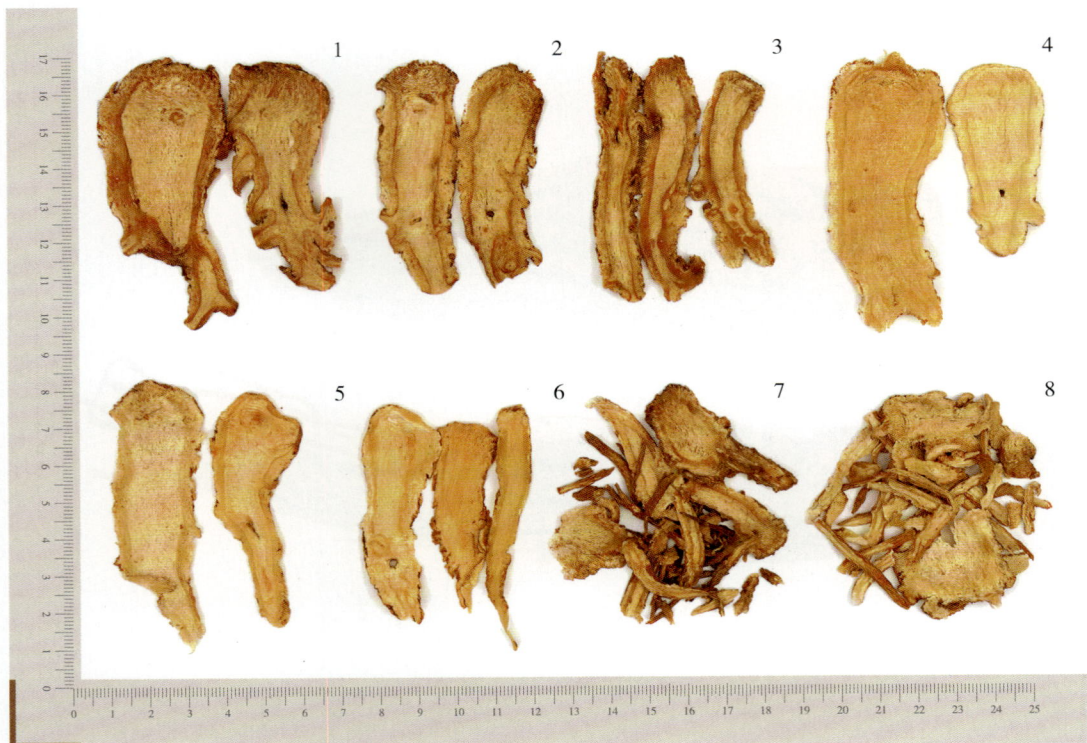

图 0033C　当归头片和当归片商品部分规格图示

1. 当归头无硫大片 2.5；2. 当归头无硫中片 2.0；3. 当归头无硫小片 1.0~2.0；4. 当归头大片 2.5；5. 当归头中片 2.0；6. 当归头小片 1.0~2.0；7. 全当归无硫统片；8. 全当归统片

4.42　党参

4.42.1　基础数据

4.42.1.1　来源

本品为桔梗科植物党参 *Codonopsis pilosula*（Franch.）Nannf.、素花党参 *Codonopsis pilosula* Nannf. var. *modesta*（Nannf.）L. T. Shen 或川党参 *Codonopsis tangshen* Oliv. 的干燥根（《中国药典（2015 年版）》）。栽培为主，栽培 2~5 年。秋季采挖，洗净，晒干。素花党参习称"纹党参"或"西党参"。

4.42.1.2　产地

党参产于甘肃、山西、四川等地，主产于甘肃陇南。纹党参产于甘肃，主产于甘肃文县。

4.42.1.3　党参

呈长圆柱形，稍弯曲，长 10~35cm，直径 0.4~1.2cm。表面浅黄棕色，根头部有多数疣状突起的茎痕及芽，每个茎痕的顶端呈凹下的圆点状；根头下有致密的环状横纹，向下渐稀疏，有的达全长的一半，全体有纵皱纹和散在的横长皮孔样突起，支根断落处常有黑褐色胶状物。质软或略带韧性，断面稍平坦，有裂隙或放射状纹理，皮部淡黄白色至淡棕色，木部淡黄色。有特殊香气，味微甜。

4.42.1.4　纹党参

长 10~35cm，直径 0.5~2.5cm。表面黄白色至灰黄色，根头下致密的环状横纹常达全长的一半以上。断面裂隙较多，皮部灰白色至淡棕色。

4.42.1.5　党参寸节

将党参除去杂质,洗净,切成长节,干燥。本品为长 4.0~6.0cm 的党参节。

4.42.1.6　党参片

将党参除去杂质,洗净,切段,干燥,习称"党参片"。本品呈类圆形的段。直径 0.3~1.0cm,长 0.5~1.0cm。

4.42.2　规格要素说明及名词解释

4.42.2.1　直径

芦头下最粗处测量。

4.42.2.2　大条(片)

大条(片)比例越多,等级越高。

4.42.2.3　泛油条(片)

干度不够贮存会导致党参泛油。党参条泛油俗称"油条",表面呈棕黄色;泛油的党参片切面深棕色至棕褐色。

4.42.2.4　水洗与否

党参条大多水洗去净泥土后晒干,或不经水洗直接晒干。

4.42.2.5　直径 0.5cm 以下条(片)

直径在 0.5cm 以下的党参条称为党参小条;直径在 0.4cm 以下的党参片称为党参小片。小条(片)越多,价格越低。

4.42.2.6　含硫情况

有硫加工的党参条:便于贮存和增白,八成干的党参用水枪冲洗,等水分滴干后码成圆形小堆,盖薄膜熏硫,晒干,熏后外皮颜色变浅呈淡黄白色。未熏硫者表面浅黄棕色。

有硫加工党参片:直接用熏硫党参条切片。熏硫党参片断面淡黄色或淡黄白色。未熏硫者切面则为淡棕色。

4.42.3　规格等级定义（表 4-58,表 4-59,表 4-60）

4.42.3.1　党参无硫特大条 1.0

党参,手工挑选,使直径 1.0cm 以上的无硫党参条重量占比不低于80%,无直径 0.6cm 以下条,泛油条重量占比不超过 10%。

4.42.3.2　党参无硫大条 0.8

党参,手工挑选,使直径 0.8cm 以上的无硫党参条重量不低于80%,无直径 0.5cm 以下条,泛油条重量占比不超过 10%。（图 0034A-1）

4.42.3.3　党参无硫中条 0.5

党参,手工挑选,使直径 0.5cm 以上的无硫党参条重量占比不低于80%,泛油条重量占比不超过 10%。

4.42.3.4　党参无硫小条 0.4

党参,手工挑选大条剩余,直径在 0.4cm 左右的无硫党参小条,泛油条重量占比不超过 10%。

4.42.3.5　党参特大条 1.0

党参,手工挑选,使直径 1.0cm 以上的有硫党参条重量占比不低于80%,无直径 0.6cm 以下条,泛油条重量占比不超过 10%。

4.42.3.6　党参大条 0.8

党参,手工挑选,使直径 0.8cm 以上的有硫党参条重量不低于80%,无直径 0.5cm 以下条,泛油条重量占比不超过 10%。（图 0034A-2）

4.42.3.7　党参中条 0.5

党参,手工挑选,使直径 0.5cm 以上的有硫党参条重量占比不低于80%,无直径 0.5cm 以下条,泛油条重量占比不超过 10%。

4.42.3.8 党参小条 0.4

党参,手工挑选大条剩余,直径在 0.4cm 左右多为有硫的党参小条,泛油条重量占比不超过 10%。

4.42.3.9 党参特大条 1.0

纹党参,手工挑选,直径 1.0~1.2cm,其中长度 14cm 以上,直径 1.0cm 以上条不低于 80%,无直径 0.6cm 以下条,油条占比不超过 3%,水洗,有硫加工的炕货。

4.42.3.10 纹党参大条 0.8

纹党参,手工挑选,直径为 0.8~1.0cm,长度 12~14cm,直径 0.8cm 以上条不低于 80% 无直径 0.5cm 以下条,油条占比不超过 5%,水洗,有硫加工的炕货。

4.42.3.11 纹党参中条 0.6~0.8

纹党参,手工挑选,直径为 0.6~0.8cm,长度 10~14cm,直径 0.6cm 以上不低于 80%,油条占比不超过 5%,水洗,有硫加工的炕货。

4.42.3.12 纹党参小条 0.4

纹党参,直径 0.4cm 左右,长度 10~14cm,油条占比不超过 5%,有硫加工的炕货。

4.42.3.13 纹党党参混级货

纹党参,也称毛货,大小不分,油条占比不超过 5%,有硫加工的炕货。

4.42.3.14 党参无硫寸节 0.9 以上

挑选直径 0.5~1.0cm 的无硫中大条党参,切成长 4.0~6.0cm 的节,筛选出直径 0.9cm 以上的节。(图 0034B-1)

4.42.3.15 党参无硫寸节 0.7~0.9

挑选直径 0.5~1.0cm 的无硫中大条党参,切成长 4.0~6.0cm 的节,筛选出直径 0.7~0.9cm 的节。

4.42.3.16 党参无硫寸节 0.5~0.7

挑选直径 0.5~1.0cm 的无硫中大条党参,切成长 4.0~6.0cm 的节,筛选出直径 0.5~0.7cm 的节。

4.42.3.17 党参无硫寸节 0.3~0.5

挑选直径 0.5~1.0cm 的无硫中大条党参,切成长 4.0~6.0cm 的节,筛选后剩下的直径 0.3~0.5cm 的节。

4.42.3.18 党参寸节 0.9 以上

挑选直径 0.5~1.0cm 的有硫中大条党参,切成长 4.0~6.0cm 的节,筛选出直径 0.9cm 以上的节。

4.42.3.19 党参寸节 0.7~0.9

挑选直径 0.5~1.0cm 的有硫中大条党参,切成长 4.0~6.0cm 的节,筛选出直径 0.7~0.9cm 的节。

4.42.3.20 党参寸节 0.5~0.7

挑选直径 0.5~1.0cm 的有硫中大条党参,切成长 4.0~6.0cm 的节,筛选出直径 0.5~0.7cm 的节。

4.42.3.21 党参寸节 0.3~0.5

挑选直径 0.5~1.0cm 的有硫中大条党参,切成长 4.0~6.0cm 的节,筛选后剩下的直径 0.3~0.5cm 的节。

4.42.3.22 党参无硫大选片 0.7

挑选大条的无硫党参切片,直径 0.7cm 以上的片不低于 70%,直径 0.5cm 以下的片不超过 2%,泛油片不超过 10%。(图 0034B-2)

4.42.3.23 党参无硫中选片 0.5

挑选中条的无硫党参切片,直径 0.5cm 以上的片不低于 70%,直径 0.3cm 以下的片不超过 2%,泛油片不超过 10%。(图 0034B-3)

4.42.3.24 党参无硫中统片

挑选中条的无硫党参切片,直径 0.5cm 以上的片不低于 40%,直径 0.3cm 以下的片不超过 10%,泛油片不超过 10%。(图 0034B-4)

4.42.3.25　党参无硫小片

用 0.5cm 以下无硫党参小条切片，直径 0.3cm 以下的片不超过 40%，泛油片不超过 10%。（图 0034B-5）

4.42.3.26　党参大选片 0.7

挑选大条，多为有硫的党参切片，直径 0.7cm 以上的片不低于 70%，直径 0.5cm 以下的片不超过 2%，泛油片不超过 10%。（图 0034B-6）

4.42.3.27　党参中选片 0.5

挑选中条，多为有硫的党参切片，直径 0.5cm 以上的片不低于 70%，直径 0.3cm 以下的片不超过 2%，泛油片不超过 10%。（图 0034B-7）

4.42.3.28　党参中统片 0.3 以上

挑选中大个较多的，多为有硫的党参切片，直径 0.5cm 以上的片不低于 50%，直径 0.3cm 以下的片不超过 10%，泛油片不超过 10%。（图 0034B-8）

4.42.3.29　党参小片 0.4 以下

用 0.5cm 以下的有硫党参小条切片，直径 0.3cm 以下的片不超过 40%，泛油片不超过 10%。（图 0034B-9）

表 4-58　中药材商品电子交易规格等级标准——党参

序号	品名	规格名称	流通俗称	水洗与否	直径	大条（片）重量占比	小条（片）重量占比	泛油条（片）重量占比	含硫情况	虫蛀、霉变	干货
1	党参	党参无硫特大条 1.0	无硫特大条	水洗/未水洗	——	直径 1.0cm 以上条 ≥80%	无直径 0.6cm 以下条	≤10%/≤5%/≤2%/无	无硫加工	无	干货
2	党参	党参无硫大条 0.8	无硫大条	水洗/未水洗	——	直径 0.8cm 以上条 ≥80%	无直径 0.5cm 以下条	≤10%/≤5%/≤2%/无	无硫加工	无	干货
3	党参	党参无硫中条 0.5	无硫中条	水洗/未水洗	——	直径 0.5cm 以上条 ≥80%	——	≤10%/≤5%/≤2%/无	无硫加工	无	干货
4	党参	党参无硫小条 0.4	无硫小条	水洗/未水洗	0.4cm 左右	——	——	≤10%/≤5%/≤2%/无	无硫加工	无	干货
5	党参	党参特大条 1.0	特大条	水洗/未水洗	——	直径 1.0cm 以上条 ≥80%	无直径 0.6cm 以下条	≤10%/≤5%/≤2%/无	有硫加工	无	干货
6	党参	党参大条 0.8	大条	水洗/未水洗	——	直径 0.8cm 以上条 ≥80%	无直径 0.5cm 以下条	≤10%/≤5%/≤2%/无	有硫加工	无	干货
7	党参	党参中条 0.5	中条	水洗/未水洗	——	直径 0.5cm 以上条 ≥80%	——	≤10%/≤5%/≤2%/无	有硫加工	无	干货
8	党参	党参小条 0.4	小条	水洗/未水洗	0.4cm 左右	——	——	≤10%/≤5%/≤2%/无	有硫加工	无	干货
9	党参	纹党参特大条 1.0	特大条	水洗/未水洗	——	直径 1.0cm 以上条 ≥80%	无直径 0.6cm 以下条	≤3%/无	有硫加工	无	干货
10	党参	纹党参大条 0.8	大条	水洗/未水洗	——	直径 0.8cm 以上条 ≥80%	无直径 0.5cm 以下条	≤5%/无	有硫加工	无	干货
11	党参	纹党参中条 0.5	中条	水洗/未水洗	——	直径 0.5cm 以上条 ≥80%	——	≤5%/无	有硫加工	无	干货
12	党参	纹党参小条 0.4	小条	水洗/未水洗	0.4cm 左右	——	——	≤5%/无	有硫加工	无	干货
13	党参	纹党参混级货	毛货	水洗/未水洗	——	——	——	≤5%/无	有硫加工	无	干货

表 4-59　中药材商品电子交易规格等级标准——党参（续）

序号	品名	规格名称	流通俗称	水洗与否	直径 / cm	长度 / cm	泛油重量占比	含硫情况	虫蛀、霉变	干度
14	党参	党参无硫寸节 0.9 以上	无硫寸节	水洗 / 未水洗	0.9 以上	4.0~6.0	无	无硫加工	无	干货
15	党参	党参无硫寸节 0.7~0.9	无硫寸节	水洗 / 未水洗	0.7~0.9	4.0~6.0	无	无硫加工	无	干货
16	党参	党参无硫寸节 0.5~0.7	无硫寸节	水洗 / 未水洗	0.5~0.7	4.0~6.0	无	无硫加工	无	干货
17	党参	党参无硫寸节 0.3~0.5	无硫寸节	水洗 / 未水洗	0.3~0.5	4.0~6.0	无	无硫加工	无	干货
18	党参	党参寸节 0.9 以上	寸节	水洗 / 未水洗	0.9 以上	4.0~6.0	无	有硫加工	无	干货
19	党参	党参寸节 0.7~0.9	寸节	水洗 / 未水洗	0.7~0.9	4.0~6.0	无	有硫加工	无	干货
20	党参	党参寸节 0.5~0.7	寸节	水洗 / 未水洗	0.5~0.7	4.0~6.0	无	有硫加工	无	干货
21	党参	党参寸节 0.3~0.5	寸节	水洗 / 未水洗	0.3~0.5	4.0~6.0	无	有硫加工	无	干货

表 4-60　中药材商品电子交易规格等级标准——党参（续）

序号	品名	规格名称	流通俗称	水洗与否	直径 / cm	大条（片）重量占比	小条（片）重量占比	泛油重量占比	含硫情况	虫蛀、霉变	干度
22	党参	党参无硫大选片 0.7	无硫选片	水洗 / 未水洗	——	直径 0.7cm 以上片 ≥70%/ 直径 0.7cm 以上片 ≥80%	直径 0.5cm 以下片 ≤2%/ 直径 0.5cm 以下片 ≤1%	≤10%/≤5%/ ≤2%/ 无	无硫加工	无	干货
23	党参	党参无硫中选片 0.5	无硫选片	水洗 / 未水洗	——	直径 0.5cm 以上片 ≥70%/ 直径 0.5cm 以上片 ≥80%	直径 0.3cm 以下片 ≤2%/ 直径 0.3cm 以下片 ≤1%	≤10%/≤5%/ ≤2%/ 无	无硫加工	无	干货
24	党参	党参无硫中统片	无硫统片	水洗 / 未水洗	——	直径 0.5cm 以上片 ≥50%/ 直径 0.5cm 以上片 ≥60%	直径 0.3cm 以下片 ≤10%/ 直径 0.3cm 以下片 ≤5%	≤10%/≤5%/ ≤2%/ 无	无硫加工	无	干货
25	党参	党参无硫小片	无硫小片	水洗 / 未水洗	≤0.4		直径 0.3cm 以下片 ≤40%/ 直径 0.3cm 以下片 ≤30%	≤10%/≤5%/ ≤2%/ 无	无硫加工	无	干货
26	党参	党参大选片 0.7	选片	水洗 / 未水洗	——	直径 0.7cm 以上片 ≥70%/ 直径 0.7cm 以上片 ≥80%	直径 0.5cm 以下片 ≤2%/ 直径 0.5cm 以下片 ≤1%	≤10%/≤5%/ ≤2%/ 无	有硫加工	无	干货
27	党参	党参中选片 0.5	选片	水洗 / 未水洗	——	直径 0.5cm 以上片 ≥70%/ 直径 0.5cm 以上片 ≥80%	直径 0.3cm 以下片 ≤2%/ 直径 0.3cm 以下片 ≤1%	≤10%/≤5%/ ≤2%/ 无	有硫加工	无	干货
28	党参	党参中统片	统片	水洗 / 未水洗	——	直径 0.5cm 以上片 ≥50%/ 直径 0.5cm 以上片 ≥60%	直径 0.3cm 以下片 ≤10%/ 直径 0.3cm 以下片 ≤5%	≤10%/≤5%/ ≤2%/ 无	有硫加工	无	干货
29	党参	党参小片	小片	水洗 / 未水洗	≤0.4	——	直径 0.3cm 及以下片 ≤40%/ 直径 0.3cm 及以下片 ≤30%	≤10%/≤5%/ ≤2%/ 无	有硫加工	无	干货

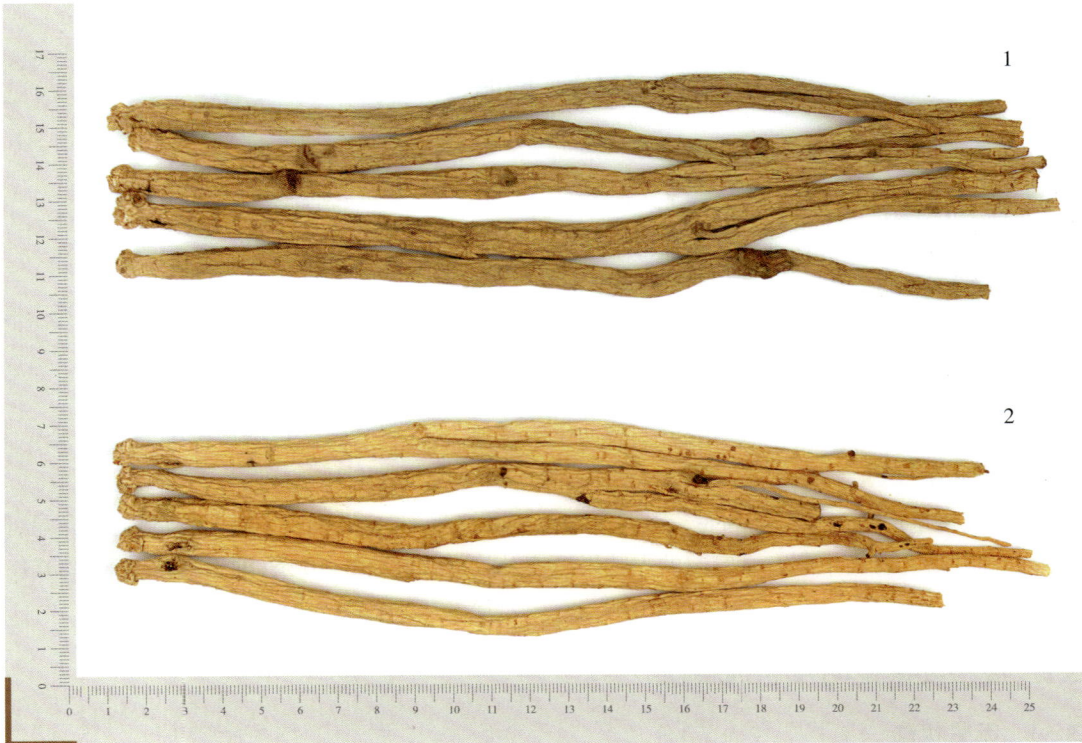

图 0034A　党参（个子／条）商品部分规格图示
1. 党参无硫大条 0.8；2. 党参大条 0.8

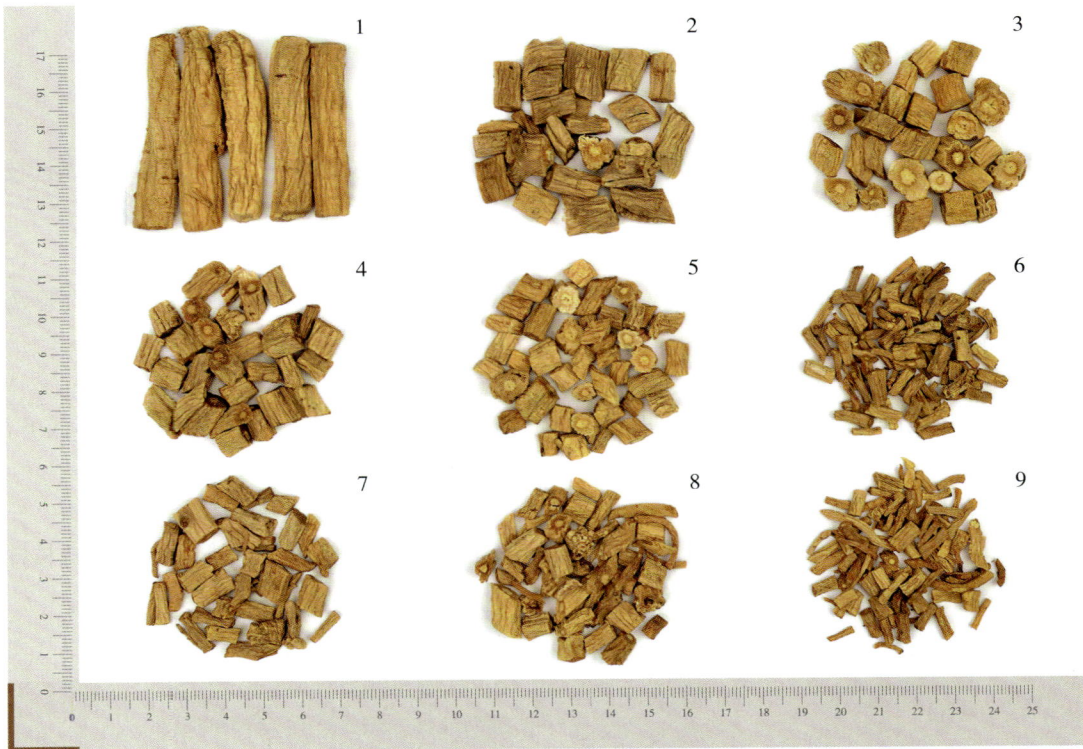

图 0034B　党参（寸节／片）商品部分规格图示

1. 党参无硫寸节 0.9 以上；2. 党参无硫大选片 0.7；3. 党参无硫中选片 0.5；4. 党参无硫中统片；5. 党参无硫小片；6. 党参大选片 0.7；7. 党参中选片 0.5；8. 党参中统片 0.3 以上；9. 党参小片 0.4 以下

4.43 地肤子

4.43.1 基础数据

4.43.1.1 来源

本品为藜科植物地肤 Kochia scoparia (L.) Schrad. 的干燥成熟果实(《中国药典(2015 年版)》)。栽培 1 年。秋季果实成熟时采收植株,晒干,打下果实,除去杂质。

4.43.1.2 产地

全国均产,主产于黑龙江哈尔滨、四川德阳、陕西汉中等地。

4.43.1.3 地肤子

呈扁球形或五角星形,直径 0.1~0.3cm。表面灰绿色或浅棕色,部分具膜质小翅 5 枚,形如五角星,部分不具膜质小翅,形如扁球形。背面中心有微突起的点状果梗痕及放射状脉纹 5~10 条;种子扁卵形,长约 0.1cm,黑色。气微,味微苦。

4.43.2 规格要素说明及名词解释

4.43.2.1 五星状粒

黑龙江产地肤子五星状颗粒较多,质量较好,习称"五星地肤子"。四川及陕西等地产肤子多为椭圆形,质量较差,习称"川地肤子"。

4.43.2.2 枝杆、碎叶

采收过程中,未除净的枝杆、碎叶。

4.43.3 规格等级定义(表 4-61)

4.43.3.1 五星地肤子净货

产于东北地区,过风车和水洗除去碎叶及杂质,0.2cm 以上五星状粒重量占比不低于 40%,风选枝杆、碎叶和瘪壳及 0.1cm 以下灰末总重量占比不超过 3%。

4.43.3.2 五星地肤子统货

产于东北地区,过风车除去杂质,0.2cm 以上五星状粒重量占比不低于 40%,风选枝杆、碎叶和瘪壳及 0.1cm 以下灰末总重量占比不超过 10%。

4.43.3.3 川地肤子净货

产于四川及周边地区,过风车和机器震动除去碎叶及杂质,0.2cm 以上五星状粒重量占比不低于 5%,风选枝杆、碎叶和瘪壳及 0.1cm 以下灰末总重量占比不超过 5%。

4.43.3.4 川地肤子统货

产于四川及周边地区,过风车除去碎叶及杂质,0.2cm 以上五星状粒重量占比不低于 5%,风选枝杆、碎叶和瘪壳及 0.1cm 以下灰末总重量占比不超过 10%。

表 4-61 中药材商品电子交易规格等级标准——地肤子

序号	品名	规格名称	流通俗称	0.2cm 以上五星状粒重量占比	风选枝杆、碎叶和瘪壳,以及 0.1cm 以下灰末重量占比	虫蛀、霉变	干度
1	地肤子	五星地肤子净货	东北选	≥40%/≥50%/≥70%	≤3%	无	干货
2	地肤子	五星地肤子统货	东北统	≥40%/≥50%/≥70%	≤10%/≤5%	无	干货

序号	品名	规格名称	流通俗称	0.2cm 以上五星状粒重量占比	风选枝杆、碎叶和瘪壳，以及 0.1cm 以下灰末重量占比	虫蛀、霉变	干度
3	地肤子	川地肤子净货	四川选	≥5%/≥10%	≤5%	无	干货
4	地肤子	川地肤子统货	四川统	≥5%/≥10%	≤10%/≤7%	无	干货

4.44 地骨皮

4.44.1 基础数据

4.44.1.1 来源

本品为茄科植物枸杞 *Lycium chinense* Mill. 或宁夏枸杞 *Lycium barbarum* L. 的干燥根皮（《中国药典（2015 年版）》）。野生或栽培，野生为主。春初或秋后采挖根部，洗净，剥取根皮，晒干。

4.44.1.2 产地

产于甘肃、山西、河北、山西、陕西等地，主产于甘肃。

4.44.1.3 地骨皮

呈筒状或槽状，长 2.0~10cm，宽 0.5~1.5cm，厚 0.1~0.3cm。外表面灰黄色至棕黄色，粗糙，有不规则纵裂纹，易成鳞片状剥落。内表面黄白色至灰黄色，较平坦，有细纵纹。体轻，质脆，易折断，断面不平坦，外层黄棕色，内层灰白色。气微，味微甘而后苦。

4.44.1.4 地骨皮片

将地骨皮切段，干燥。为长 1.0~2.0cm 的短段。

4.44.2 规格要素说明及名词解释

4.44.2.1 长度

地骨皮药材长短不等。切段后，长度一般在 1.0~2.0cm。

4.44.2.2 带木芯个（片）、木芯、须根

地骨皮根木质的芯称为木芯；未抽去木芯的地骨皮根称为带木芯的个子或片；须根为地骨皮根带的根须。

4.44.2.3 0.5cm 以下碎片灰渣

用孔径为 0.5cm 筛子筛出的地骨皮碎末及泥沙。

4.44.3 规格等级定义（表 4-62）

4.44.3.1 地骨皮精选货

挑选大个，长度为 2.0cm 以上的地骨皮，带木芯个、木芯、须根总重量占比不超过 2%，0.5cm 以下的碎片灰渣重量占比不超过 3%。（图 0035-1）

4.44.3.2 地骨皮选货

地骨皮，大小长度不分，挑选使带木芯个、木芯、须根总重量占比不超过 15%，0.5cm 以下的碎片灰渣重量占比不超过 10%。（图 0035-2）

4.44.3.3 地骨皮统货

地骨皮，大小长度不分，带木芯个、木芯、须根总重量占比不超过 30%，0.5cm 以下的碎片灰渣重量占比不超过 15%。（图 0035-3）

4.44.3.4　地骨皮精选片

挑选大个的地骨皮,切制成长度1.0~2.0cm的片,挑选使带木芯片、木芯、须根总重量占比不超过2%,0.5cm以下的碎片灰渣重量占比不超过5%。(图0035-4)

4.44.3.5　地骨皮选片

大小不分的地骨皮,切制成长度1.0~2.0cm的片,挑选使带木芯片、木芯、须根总重量占比不超过15%,0.5cm以下的碎片灰渣重量占比不超过15%。(图0035-5)

4.44.3.6　地骨皮统片

大小不分的地骨皮,切制成长度1.0~2.0cm的片,带木芯个片、木芯、须根总重量占比不超过30%,0.5cm以下的碎片灰渣重量占比不超过20%。(图0035-6)

表 4-62　中药材商品电子交易规格等级标准——地骨皮

序号	品名	规格名称	流通俗称	长度/cm	带木芯个(片)、木芯、须根重量占比	0.5cm以下碎片灰渣重量占比	虫蛀、霉变	干度
1	地骨皮	地骨皮精选货	选货	≥2.0/≥0.3/≥5.0	≤2%	≤3%	无	干货
3	地骨皮	地骨皮选货	好统货	——	≤15%/≤8%	≤10%/≤5%	无	干货
5	地骨皮	地骨皮统货	统货	——	≤30%/≤20%	≤15%/≤8%	无	干货
2	地骨皮	地骨皮精选片	选片	1.0~2.0	≤2%	≤5%	无	干货
4	地骨皮	地骨皮选片	好统片	1.0~2.0	≤15%/≤8%	≤15%/≤10%	无	干货
6	地骨皮	地骨皮统片	统片	1.0~2.0	≤30%/≤20%	≤20%/≤10%	无	干货

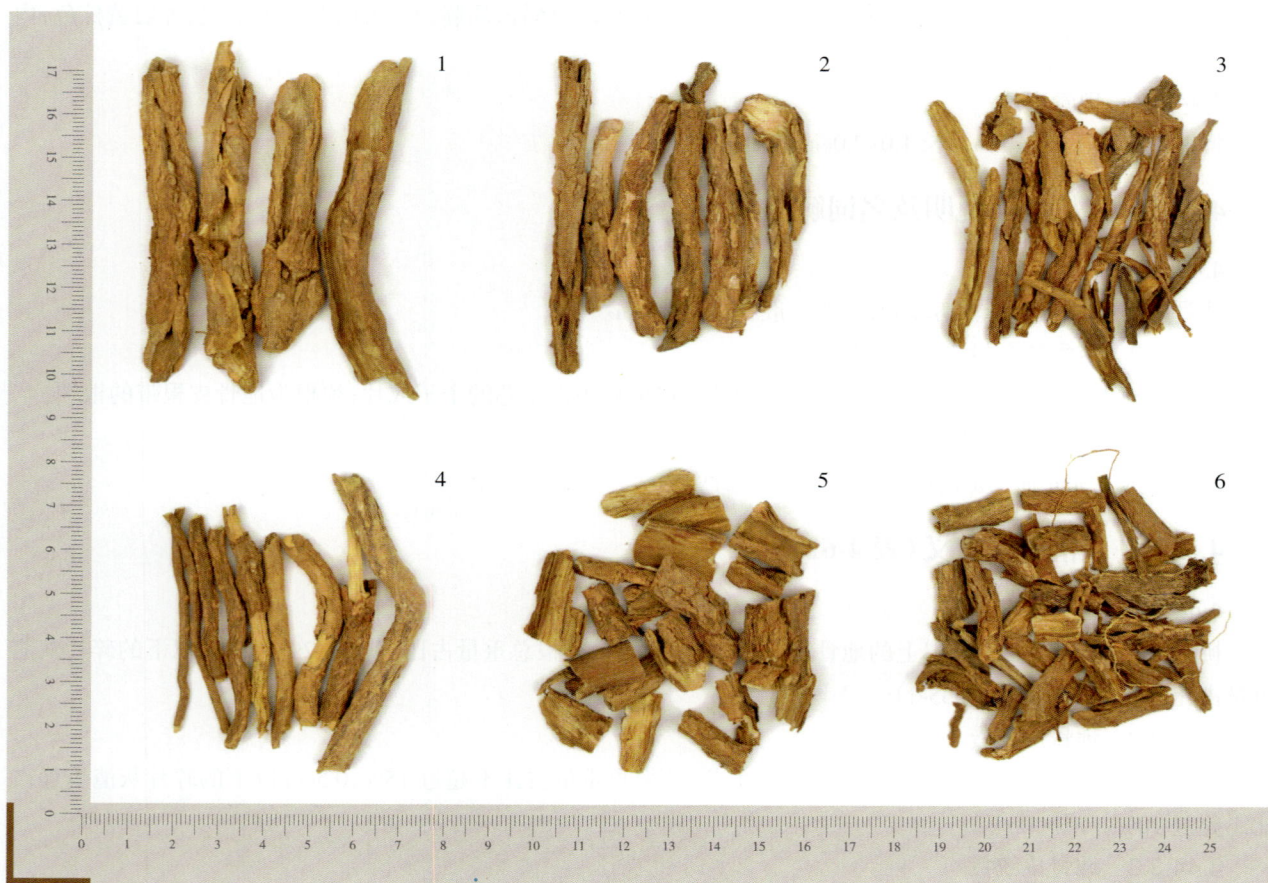

图 0035　地骨皮商品部分规格图示
1.地骨皮精选货;2.地骨皮选货;3.地骨皮统货;4.地骨皮精选片;5.地骨皮选片;6.地骨皮统片

4.45 地黄

4.45.1 基础数据

4.45.1.1 来源

本品为玄参科植物地黄 *Rehmannia glutinosa* Libosch. 的干燥块根（《中国药典（2015 年版）》）。栽培 1 年。秋季采挖，除去芦头、须根及泥沙，炕干。

4.45.1.2 产地

产于河南、山西，主产于河南焦作、山西襄汾。

4.45.1.3 地黄

多呈不规则的团块状或长圆形，中间膨大，两端稍细，有的细小，长条状，稍扁而扭曲，长 6.0~12cm，直径 2.0~6.0cm。表面棕黑色或棕灰色，极皱缩，具不规则的横曲纹。体重，质较软而韧，不易折断，断面黄白色至棕褐色，具黏性。气微，味微甜。

4.45.1.4 地黄片

将地黄洗净、闷润、切厚片、烘干；或不洗蒸润、切厚片、烘干。本品呈不规则条状片，长 2.0~5.0cm，宽 1.0~3.0cm，厚 0.2~0.4cm。外皮棕黑色或棕灰色，极皱缩，具不规则的横曲纹，切面黄白色至棕褐色，具黏性。

4.45.2 规格要素说明及名词解释

4.45.2.1 陈货 / 新货

新加工生地黄为地黄新货，地黄新货切制的为地黄片新货，断（切）面中部多呈黄白色。贮存 1 年以上，断面为棕褐色的地黄为地黄陈货。以陈货生地黄切制的地黄片，或新加工地黄切制后贮存超过 1 年后的地黄片，切面变为棕褐色，为地黄片陈货。

4.45.2.2 芦头片

带芦头的生地黄个子切片后产生的少量芦头片和带芦头片。（图 0036-6）

4.45.3 规格等级定义（表 4-63，表 4-64）

4.45.3.1 地黄特级 25 支

挑选出的每 kg 25 支以内的地黄。

4.45.3.2 地黄一级 35 支

挑选出的每 kg 35 支以内的地黄。

4.45.3.3 地黄二级 50 支

挑选出的每 kg 50 支以内的地黄。

4.45.3.4 地黄三级 100 支

挑选出的每 kg 100 支以内的地黄。

4.45.3.5 地黄四级 150 支

挑选出的每 kg 150 支以内的地黄。

4.45.3.6 地黄五级 150 支以上

挑选出的每 kg 150 支以上的地黄。

4.45.3.7 地黄一级片 2.2

用二级生地黄（36~45 支 /kg）切制的地黄片，宽 2.2cm 以上的片重量占比不低于 60%，宽 1.0cm 以下的片重

量占比不超过 3%,芦头片、带芦头片重量占比不超过 1%。(图 0036-1)

4.45.3.8 地黄二级片 2.0

用二、三级生地黄(36~100 支 /kg)切制的地黄片,宽 2.0cm 以上的片重量占比不低于 60%,宽 1.0cm 以下的片重量占比不超过 5%,芦头片、带芦头片重量占比不超过 1%。(图 0036-2)

4.45.3.9 地黄三级片 1.8

用三级生地黄(51~100 支 /kg)切制的地黄片,宽 1.8cm 以上的片重量占比不低于 60%,宽 1.0cm 以下的片重量占比不超过 8%,芦头片、带芦头片重量占比不超过 1%。(图 0036-3)

4.45.3.10 地黄四级片 1.5

用三、四级生地黄(51~150 支 /kg)切制的地黄片,宽 1.5cm 以上的片重量占比不低于 60%,宽 1.0cm 以下的片重量占比不超过 10%,芦头片、带芦头片重量占比不超过 1%。(图 0036-4)

4.45.3.11 地黄五级片 1.0

四级生地黄原药(101~150 支 /kg)切制的地黄片,宽 1.0cm 以上的片重量占比不低于 60%,宽 1.0cm 以下的片重量占比不超过 3%,芦头片、带芦头片重量占比不超过 1%。(图 0036-5)

表 4-63　中药材商品电子交易规格等级标准——地黄

序号	品名	规格名称	流通俗称	陈货 / 新货(断面颜色)	支 (/kg)	虫蛀、霉变	干度
1	地黄	地黄特级 25 支	特级	陈货(断面棕褐色)/ 新货(断面有黄白色)	≤25	无	干货
2	地黄	地黄一级 35 支	一级	陈货(断面棕褐色)/ 新货(断面有黄白色)	≤35	无	干货
3	地黄	地黄二级 50 支	二级	陈货(断面棕褐色)/ 新货(断面有黄白色)	≤50	无	干货
4	地黄	地黄三级 100 支	三级	陈货(断面棕褐色)/ 新货(断面有黄白色)	≤100	无	干货
5	地黄	地黄四级 150 支	四级	陈货(断面棕褐色)/ 新货(断面有黄白色)	≤150	无	干货
6	地黄	地黄五级 150 支以上	五级	陈货(断面棕褐色)/ 新货(断面有黄白色)	>150	无	干货

表 4-64　中药材商品电子交易规格等级标准——地黄(续)

序号	品名	规格名称	流通俗称	陈货 / 新货(切面颜色)	大片重量占比	宽 1.0cm 以下片重量占比	芦头片、带芦头片重量占比	虫蛀、霉变	干度
7	地黄	地黄一级片 2.2	二级片	陈货(切面棕褐色)/ 新货(切面有黄白色)	宽 2.2cm 以上的片≥60%/ 宽 2.2cm 以上的片≥70%	≤3%	≤1%/ 无	无	干货
8	地黄	地黄二级片 2.0	二三级片	陈货(切面棕褐色)/ 新货(切面有黄白色)	宽 2.0cm 以上的片≥60%/ 宽 2.0cm 以上的片≥70%	≤5%	≤1%/ 无	无	干货
9	地黄	地黄三级片 1.8	三级片	陈货(切面棕褐色)/ 新货(切面有黄白色)	宽 1.8cm 以上的片≥60%/ 宽 1.8cm 以上的片≥70%	≤8%	≤1%/ 无	无	干货
10	地黄	地黄四级片 1.5	三四级片	陈货(切面棕褐色)/ 新货(切面有黄白色)	宽 1.5cm 以上的片≥60%/ 宽 1.5cm 以上的片≥70%	≤10%	≤1%/ 无	无	干货
11	地黄	地黄五级片 1.0	四级片	陈货(切面棕褐色)/ 新货(切面有黄白色)	宽 1.0cm 以上的片≥60%/ 宽 1.0cm 以上的片≥70%	≤12%	≤1%/ 无	无	干货

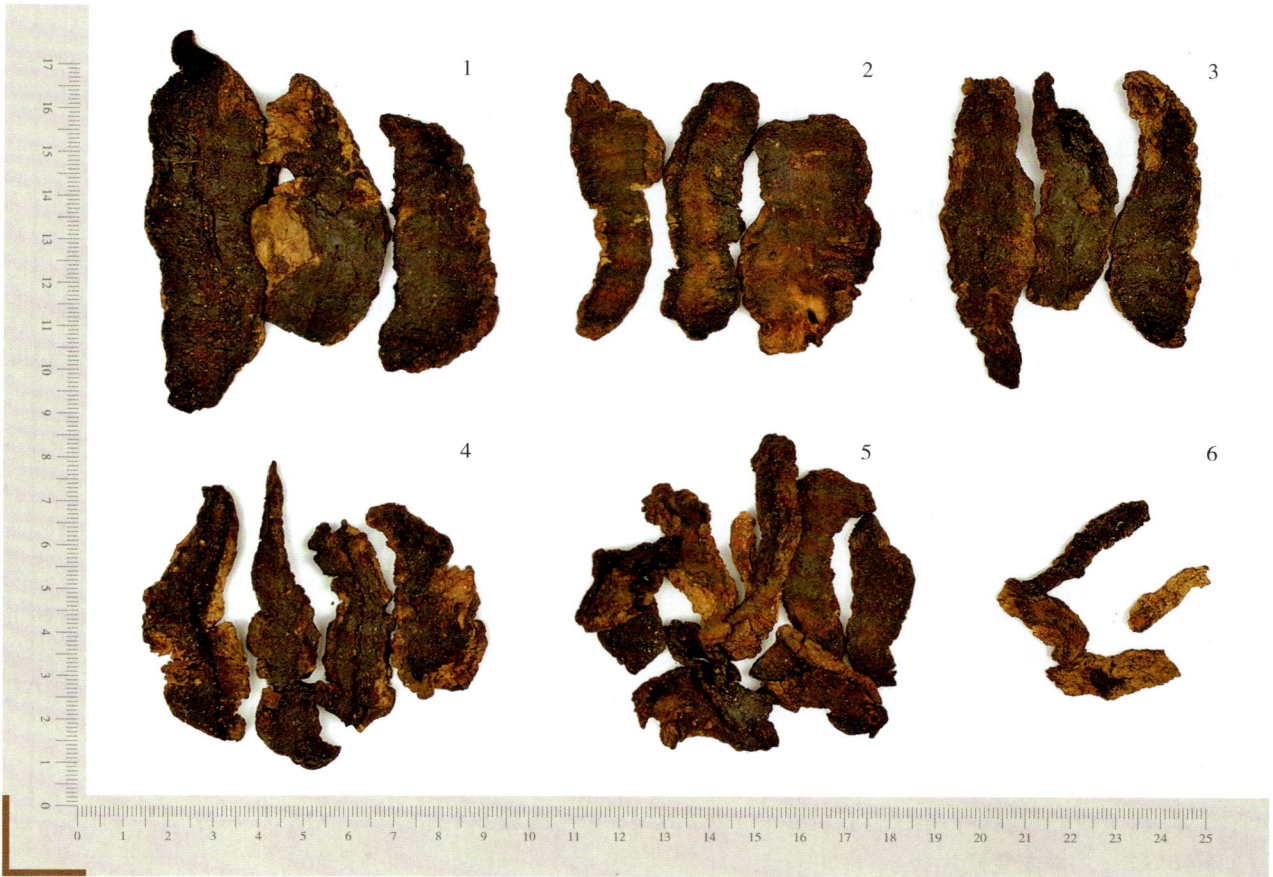

图 0036　地黄商品部分规格图示

1. 地黄一级片 2.2；2. 地黄二级片 2.0；3. 地黄三级片 1.8；4. 地黄四级片 1.5；5. 地黄五级片 1.0；6. 地黄"芦头片"示例

4.46　地龙

4.46.1　基础数据

4.46.1.1　来源

本品为钜蚓科动物参环毛蚓 *Pheretima aspergillum*（E. Perrier）、通俗环毛蚓 *Pheretima vulgaris* Chen、威廉环毛蚓 *Pheretima guillelmi*（Michaelsen）或栉盲环毛蚓 *Pheretima pectinifera* Michaelsen 的干燥体（《中国药典（2015年版）》）。野生。前一种习称"广地龙"，后三种习称"沪地龙"。广地龙春季至秋季捕捉，及时剖开腹部，除去内脏和泥沙，洗净，压平晒干，为全开货。部分开口为半开货。

4.46.1.2　产地

广地龙主产于广东，广西，海南文昌、琼海。

4.46.1.3　广地龙

呈长条状薄片，弯曲，边缘略卷，长 15~20cm，宽 1.0~2.0cm。全体具环节，背部棕褐色至紫灰色，腹部浅黄棕色；第 14~16 环节为生殖带，习称"白颈"，较光亮。体前端稍尖，尾端钝圆，刚毛圈粗糙而硬，色稍浅。雄生殖孔在第 18 环节腹侧刚毛圈一小孔突上，外缘有数环绕的浅皮褶，内侧剐毛圈隆起，前面两边有横排（一排或二排）小乳突，每边 10~20 个不等。受精囊孔 2 对，位于 7/8 至 8/9 环间一椭圆形突起上，约占节周 5/11。体轻，略革质，不易折断。气腥,味微咸。

4.46.1.4 广地龙片

将晒干后的地龙用剪刀剪成段节。呈薄片状,长3.0~5.0cm,宽1.0~2.0cm。全体具环节,背部棕褐色至紫灰色,腹部浅黄棕色;略革质,不易折断。气腥,味微咸。

4.46.2 规格要素说明及名词解释

4.46.2.1 破腹长度占整个虫体长度比例

广地龙有全开(全破腹)和半开(不全破腹)两种情况,破腹长度占整个虫体长度比例越高,内脏、泥沙越少,等级越高。

4.46.2.2 破腹片

用全开个,或用半开个子切片,其中破腹片比例越高越好。

4.46.2.3 0.5cm 以下的泥沙

残留泥沙过直径0.5cm标准筛可去除。

4.46.3 规格等级定义(表4-65)

4.46.3.1 广地龙全开个

广地龙,破腹的长度约占全虫体长的90%以上的条重量占比不低于70%,0.5cm以下的泥沙不超1%。(图0037-1)

4.46.3.2 广地龙半开个

广地龙,破腹的长度约占全虫体长的20%~80%,0.5cm以下的泥沙不超过2%。(图0037-2)

4.46.3.3 广地龙全开片

用全开个地龙切片而成,破腹片重量占比不低于50%。0.5cm以下的泥沙重量占比不超过2%。(图0037-3)

4.46.3.4 广地龙半开片

用半开个地龙切片而成,0.5cm以下的泥沙重量占比不超过4%。(图0037-4)

表 4-65　中药材商品电子交易规格等级标准——地龙

序号	品名	规格名称	流通俗称	破腹条重量占比	破腹片重量占比	0.5cm 以下的泥沙重量占比	虫蛀、霉变	干度
1	地龙	广地龙全开个	全开条	破腹长度超过虫体90%的条≥90%/ 破腹长度超过虫体90%的条≥80%/ 破腹长度超过虫体90%的条≥70%	——	≤1%	无	干货
2	地龙	广地龙半开个	半开条	破腹长度超过虫体60%的条≥60%/ 破腹长度超过虫体60%的条≥40%/ 破腹长度超过虫体60%的条≥20%/ 破腹长度超过虫体60%的条<20%	——	≤2%	无	干货
3	地龙	广地龙全开片	全开片	——	≥50%/≥70%/≥90%	≤2%/≤1.5%	无	干货
4	地龙	广地龙半开片	半开片	——	<15%/≥15%/≥40%	≤4%/≤2%	无	干货

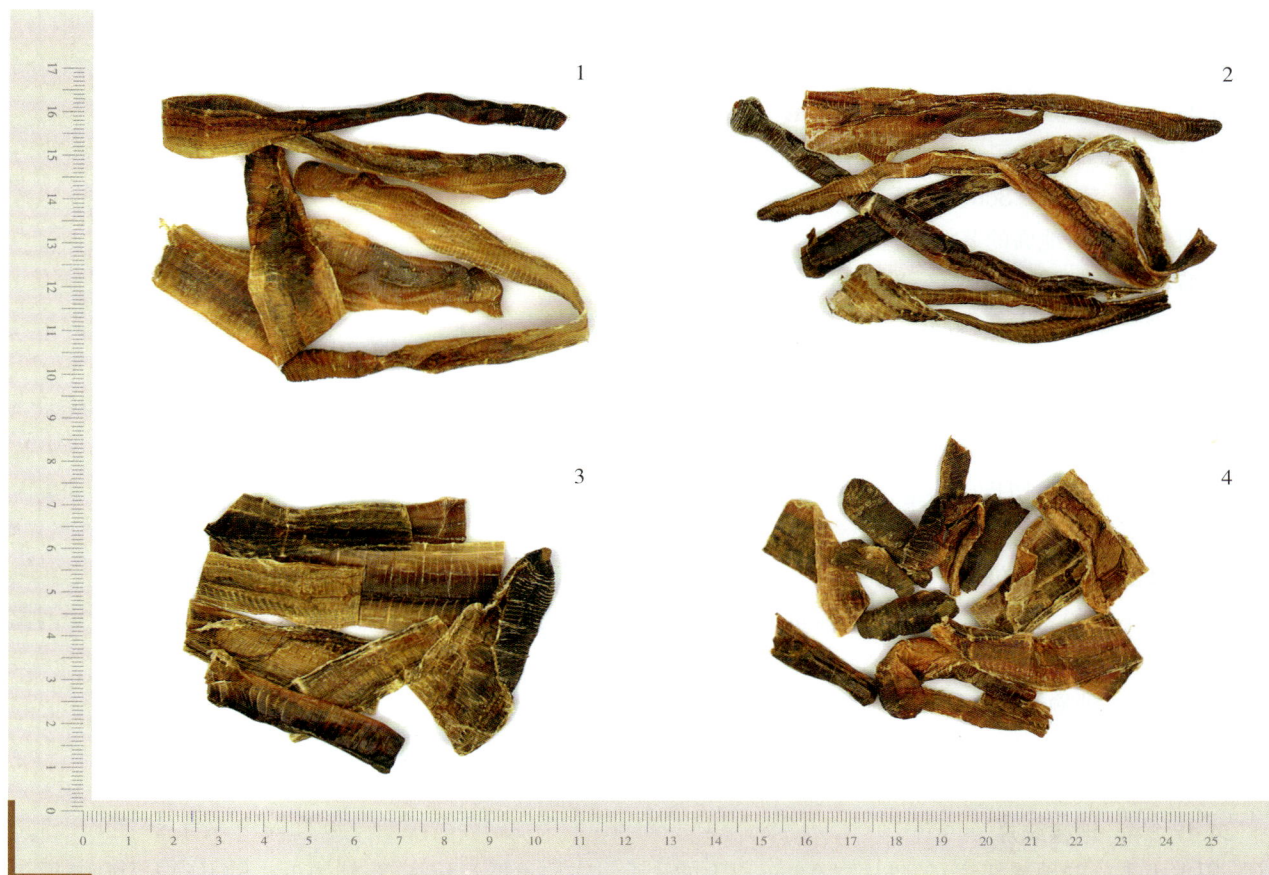

图 0037 地龙商品部分规格图示
1.广地龙全开个；2.广地龙半开个；3.广地龙全开片；4.广地龙半开片

4.47 地榆

4.47.1 基础数据

4.47.1.1 来源

本品为蔷薇科植物地榆 *Sanguisorba officinalis* L. 或长叶地榆 *Sanguisorba officinalis* L. var. *longifolia*（Bert.）Yü et Li 的干燥根（《中国药典(2015年版)》）。后者习称"绵地榆"。野生。春季将发芽时或秋季植株枯萎后采挖，除去须根，洗净，干燥，或趁鲜切片，干燥。

4.47.1.2 产地

产于甘肃、广西等地，主产于甘肃。

4.47.1.3 地榆片

将地榆洗净，除去残茎，润透，切片，干燥；或趁鲜切片，干燥。呈不规则的类圆形片或斜切片。长 1.0~4.0cm，宽或直径 0.5~2.5cm，厚 0.2~0.4cm；外皮灰褐色至深褐色。切面较平坦，粉红色、淡黄色或黄棕色，木部略呈放射状排列，或皮部有多数黄棕色绵状纤维。气微，味微苦涩。

4.47.2 规格要素说明及名词解释

4.47.2.1 宽 0.8cm 以上片

用孔径 0.8cm 的筛子筛选而得的大片,比例越多,等级越高。

4.47.2.2 茎杆、0.3cm 以下碎末及灰渣

包括地榆长出地面的茎杆和直径 0.3c 以下的地榆碎末及泥沙。

4.47.2.3 含硫情况

地榆因干燥和存放不当,易发霉变色,常用硫黄熏蒸改善颜色。

4.47.3 规格等级定义(表 4-66)

4.47.3.1 地榆无硫选片 0.8

选大个无硫地榆切片后筛选,宽 0.8cm 以上的片重量占比不低于 90%,茎杆、0.3cm 以下碎末及灰渣重量占比不超过 2%。

4.47.3.2 地榆无硫统片

用大小不分的无硫地榆切片,宽 0.8cm 以上片重量占比不低于 60%,茎杆、0.3cm 以下碎末及灰渣重量占比不超过 6%。

4.47.3.3 地榆选片 0.8

选大个地榆切片后筛选,宽 0.8cm 以上的片不低于 90%,茎杆、0.3cm 以下碎末及灰渣重量占比不超过 2%。(图 0038-1)

4.47.3.4 地榆统片

用大小不分的地榆切片,一般片宽 0.8cm 以上的片重量占比不低于 60%,茎杆、0.3cm 以下碎末及灰渣重量占比不超过 8%。(图 0038-2)

表 4-66 中药材商品电子交易规格等级标准——地榆

序号	品名	规格名称	流通俗称	宽 0.8cm 以上片重量占比	茎杆、0.3cm 以下碎末及灰渣重量占比	含硫情况	虫蛀、霉变	干度
1	地榆	地榆无硫选片 0.8	选片	≥90%/≥95%	≤2%/≤1%	无硫加工	无	干货
2	地榆	地榆无硫统片	统片	≥60%/≥70%/≥80%	≤6%/≤3%	无硫加工	无	干货
3	地榆	地榆选片 0.8	选片	≥90%/≥95%	≤2%/≤1%	有硫加工	无	干货
4	地榆	地榆统片	统片	≥60%/≥70%/≥80%	≤8%/≤3%	有硫加工	无	干货

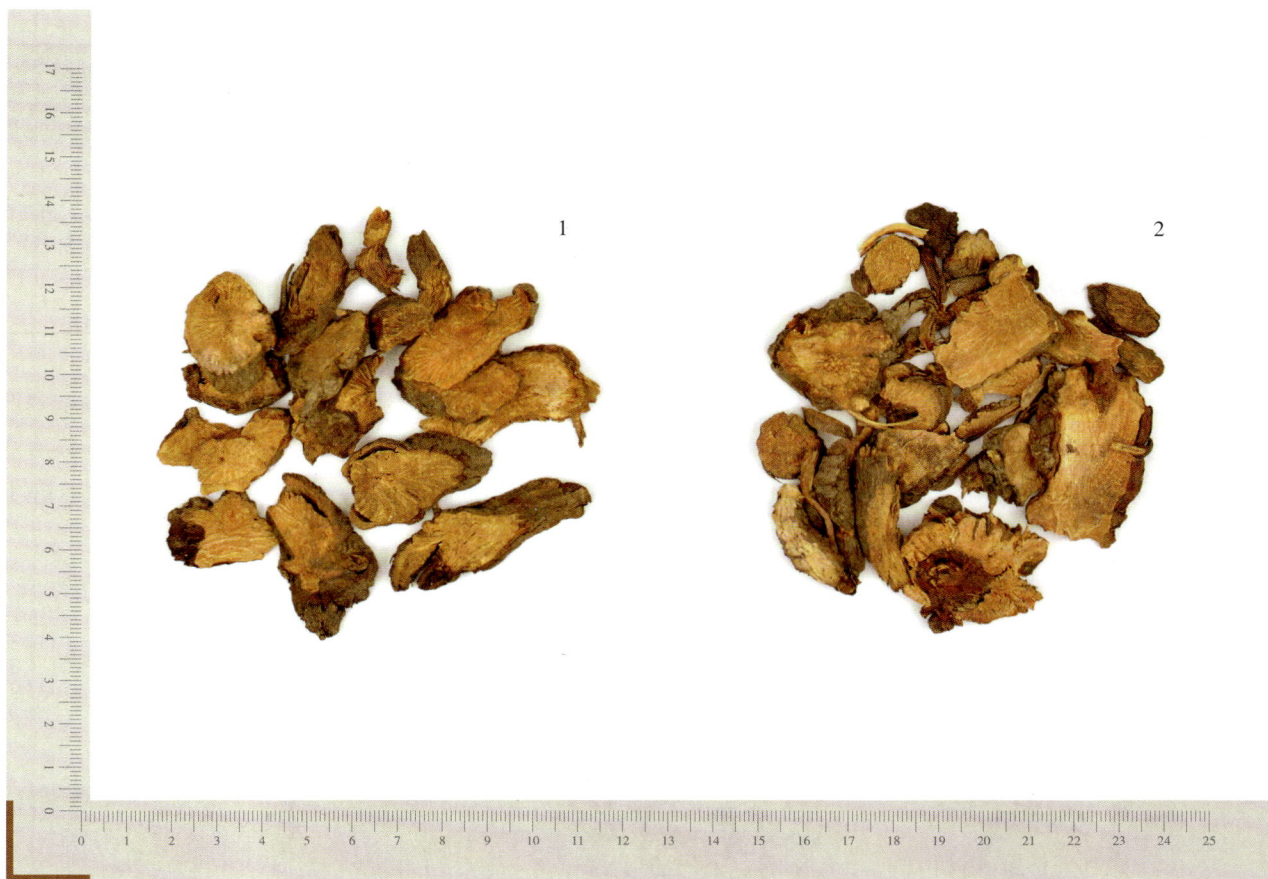

图 0038　地榆商品部分规格图示
1. 地榆选片 0.8;2. 地榆统片

4.48　滇鸡血藤

4.48.1　基础数据

4.48.1.1　来源
本品为木兰科植物内南五味子 *Kadsura interior* A. C. Smith 的干燥藤茎(《中国药典(2015 年版)》)。野生。秋季采收,除去枝叶,切片,晒干。

4.48.1.2　产地
产于云南、缅甸、老挝。主产于云南临沧。

4.48.1.3　滇鸡血藤片
呈圆形、椭圆形或不规则的斜切片,直径 1.8~8.0cm,厚 0.3~1.0cm。表面灰棕色,栓皮剥落处呈暗红紫色,栓皮较厚,质坚硬,不易折断。断面圆形不偏心,横切面皮部窄,红棕色,纤维性强,木部宽,浅棕色,有多数细孔状导管。髓部小,黑褐色,呈空洞状,味苦而涩。

4.48.1.4　滇鸡血藤粒

将滇鸡血藤片用机器切成不规则粒,晒干。呈不规则片状粒,长 1.5~3.0cm,宽 0.5~2.5cm,厚 1.5~4.0cm。

4.48.2　规格要素说明及名词解释

4.48.2.1　断面圆形是否偏心

滇鸡血藤断面圆形不偏心,鸡血藤断面圆形偏心,以此区别二者。

4.48.2.2　宽 3.0cm 以上的片

一般用直径 3.0cm 的标准筛筛选。

4.48.3　规格等级定义(表 4-67)

4.48.3.1　滇鸡血藤选片 3.0

用直径 3.0cm 标准筛筛选,宽 3.0cm 以上的片重量占比不低于 90%,0.5cm 以下碎块及碎末重量占比不超过 3%。(图 0039-1)

4.48.3.2　滇鸡血藤选粒

大小不分,0.5cm 以下碎块及碎末重量占比不超过 5%。(图 0039-2)

4.48.3.3　滇鸡血藤统片

大小不分,宽 3.0cm 以上的片重量占比不低于 60%。(图 0039-3)

表 4-67　中药材商品电子交易规格等级标准——滇鸡血藤

序号	品名	规格名称	流通俗称	宽 3.0cm 以上片重量占比	0.5cm 以下碎块及碎末重量占比	断面圆形是否偏心	片型均匀情况	含硫情况	虫蛀、霉变	干度
1	滇鸡血藤	滇鸡血藤选片 3.0	滇鸡血藤选片	≥90%/≥95%	≤3%/≤1%	不偏心	片型大小不一/片型大小均匀	有硫加工/无硫加工	无	干货
2	滇鸡血藤	滇鸡血藤选粒	滇鸡血藤选粒	——	≤5%/≤3%	——	片型大小不一/片型大小均匀	有硫加工/无硫加工	无	干货
3	滇鸡血藤	滇鸡血藤统片	滇鸡血藤统片	≥60%/≥80%	——	不偏心	片型大小不一/片型大小均匀	有硫加工/无硫加工	无	干货

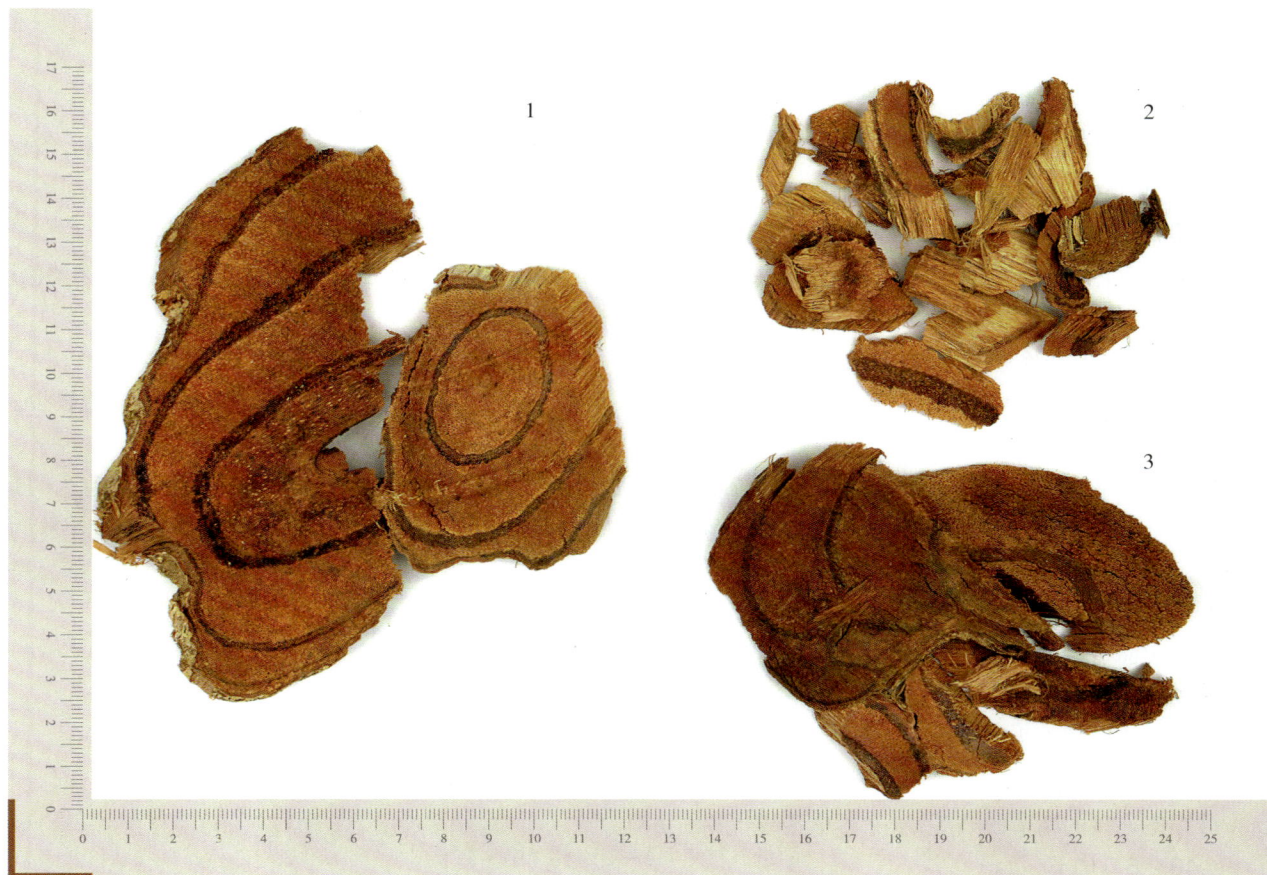

图 0039　滇鸡血藤商品部分规格图示
1.滇鸡血藤选片 3.0;2.滇鸡血藤选粒;3.滇鸡血藤统片

4.49　冬虫夏草

4.49.1　基础数据

4.49.1.1　来源

本品为麦角菌科真菌冬虫夏草菌 *Cordyceps sinensis*(Berk.)Sacc. 寄生在蝙蝠蛾科昆虫幼虫上的子座和幼虫尸体的干燥复合体(《中国药典(2015 年版)》)。野生。夏初子座出土、孢子未发散时挖取,晒至六七成干,除去似纤维状的附着物及杂质,晒干或低温干燥。简称"虫草"。

4.49.1.2　产地

产于西藏、四川、青海等地,主产于西藏那曲、昌都,四川甘孜、阿坝,青海果洛、玉树。西藏虫草平均个大,颜色浅黄色或浅棕黄色比例较大。青海、四川虫草平均个小,颜色呈浅黄色、棕黄色、深黄褐色或灰褐色,其中四川产深黄褐色或灰褐色偏多。

4.49.1.3　冬虫夏草

由虫体与从虫头部长出的真菌子座相连而成。虫体似蚕,长 3.0~5.0cm,直径 0.3~0.8cm;有环纹 20~30 个,近头部的环纹较细;足 8 对,中部 4 对较明显;质脆,易折断,虫体表面浅黄色、浅棕黄色、棕黄色、深黄褐色或灰褐色,有细纵皱纹。子座细长圆柱形,长 1.0~7.0cm,直径约 0.3cm,上部稍膨大,质柔韧。气微腥,味微苦。

4.49.2 规格要素说明及名词解释

4.49.2.1 条数 /kg
经人工挑选出大小和坚实程度不同的级别,用每 kg 的虫草条数表示。这是决定虫草等级的主要因素,条数越少,表明虫体大、饱满、坚实,等级高。

4.49.2.2 虫体颜色
表面浅黄色、浅棕黄色为好,棕黄色、深黄褐色、灰褐色的次之。与产地有关,藏虫草大多浅黄色、浅棕黄色;青海虫草接近藏虫草;川虫草大多呈深黄褐色或灰褐色。

4.49.2.3 子座长 4.0cm 以上的条
从虫头部长出的子座,越短,表明相应的虫体越饱满,一般高规格等级的虫草,子座长 4.0cm 以上的条数较少。

4.49.2.4 形态
虫草子座未长出地面,采挖及时,虫体较充实为饱满。虫体断裂、子座断裂以及子座断离虫体统称为"断节"。虫草因过季采挖,子座生长过长消耗虫体营养,导致虫体体内变空软称为"空心"。虫体尾部皱缩变小称为"化苗"。以虫体饱满为佳,断节、空心、化苗应越少越好。

4.49.2.5 灰末
虫体表面少量的纤维状附着物及泥沙杂质。

4.49.2.6 穿签连接条
用草签或竹签人为将虫草断节连接充当完整虫草,越少越好。

4.49.2.7 带签条
被穿签连接的断节脱开后,未除尽草签或竹签的虫草。

4.49.2.8 肉节
无子座的冬虫夏草虫体,完整的称为"整肉节",不完整的称为"断肉节"。

4.49.2.9 头丁
带子座的虫体断节,虫体长于 1.5cm 的称为"大头丁",小于 1.5cm 的称为"小头丁"。

4.49.3 规格等级定义(表 4-68)

4.49.3.1 藏虫草精选 1800 条
产于西藏,人工挑选最大的虫草达到每千克不超过 1800 条,浅黄色或浅棕黄色,选净断节、空心、化苗,子座长 4.0cm 以上的条数占比不超过 10%,无穿签连接条,无灰末。(图 0040A-1)

4.49.3.2 藏虫草精选 2000 条
产于西藏,人工挑选较大的虫草达到每千克不超过 2000 条,浅黄色或浅棕黄色,选净断节、空心、化苗,子座长 4.0cm 以上的条数占比不超过 10%,无穿签连接条,无灰末。

4.49.3.3 藏虫草精选 2200 条
产于西藏,人工挑选较大的虫草达到每千克不超过 2200 条,浅黄色或浅棕黄色,选净断节、空心、化苗,子座长 4.0cm 以上的条数占比不超过 10%,无穿签连接条,无灰末。(图 0040A-2)

4.49.3.4 藏虫草精选 2400 条
产于西藏,人工挑选较大的虫草达到每千克不超过 2400 条,浅黄色或浅棕黄色,选净断节、空心、化苗,子座长 4.0cm 以上的条数占比不超过 20%,无穿签连接条,无灰末。

4.49.3.5 藏虫草精选 2600 条
产于西藏,人工挑选较大的虫草达到每千克不超过 2600 条,浅黄色或浅棕黄色,选净断节、空心、化苗,子座长 4.0cm 以上的条数占比不超过 20%,无穿签连接条,无灰末。

4.49.3.6 藏虫草精选2800条

产于西藏,人工挑选中等的虫草达到每千克不超过2800条,浅黄色或浅棕黄色,选净断节、空心、化苗,子座长4.0cm以上的条数占比不超过20%,无穿签连接条,无灰末。

4.49.3.7 藏虫草精选3000条

产于西藏,人工挑选中等的虫草达到每千克不超过3000条,浅黄色或浅棕黄色,选净断节、空心、化苗,子座长4.0cm以上的条数占比不超过20%,无穿签连接条,无灰末。

4.49.3.8 藏虫草选3200条

产于西藏,人工挑选中等的虫草达到每千克不超过3200条,浅黄色或浅棕黄色,一般空心、化苗条数正比,不超过5%,子座长4.0cm以上的条数占比不超过50%,穿签连接条占比不超过3%,无灰末。(图0040A-3)

4.49.3.9 藏虫草选3400条

产于西藏,人工挑选中等的虫草达到每千克不超过3400条,浅黄色或浅棕黄色,一般空心、化苗条数正比,不超过5%,子座长4.0cm以上的条数占比不超过50%,穿签连接条占比不超过3%,无灰末。

4.49.3.10 藏虫草选3600条

产于西藏,人工挑选小个的虫草达到每千克不超过3600条,浅黄色或浅棕黄色,一般空心、化苗条数正比,不超过5%,子座长4.0cm以上的条数占比不超过50%,穿签连接条占比不超过3%,无灰末。

4.49.3.11 藏虫草选3800条

产于西藏,人工挑选小个的虫草达到每千克不超过3800条,浅黄色或浅棕黄色,一般空心、化苗条数正比,不超过5%,子座长4.0cm以上的条数占比不超过50%,穿签连接条占比不超过3%,无灰末。

4.49.3.12 藏虫草选4000条

产于西藏,人工挑选小个的虫草达到每千克不超过4000条,浅黄色或浅棕黄色,一般空心、化苗条数正比,不超过5%,子座长4.0cm以上的条数占比不超过50%,穿签连接条占比不超过3%,无灰末。

4.49.3.13 藏虫草选4200条

产于西藏,人工挑选小个的虫草达到每千克不超过4200条,浅黄色或浅棕黄色,一般空心、化苗条数正比,不超过5%,子座长4.0cm以上的条数占比不超过50%,穿签连接条占比不超过3%,无灰末。

4.49.3.14 青海生草相应规格

产于青海,其余数据项相应与4.49.3.1至4.49.3.13一致。

4.49.3.15 川虫草精选2600条

产于四川,人工挑选较大的虫草达到每千克不超过2600条,一般颜色深黄褐色或灰褐色,选净断节,子座长4.0cm以上的条数占比不超过20%,穿签连接条占比不超过1%,无灰末。

4.49.3.16 川虫草精选2800条

产于四川,人工挑选中等的虫草达到每千克不超过2800条,一般颜色深黄褐色或灰褐色,选净断节,子座长4.0cm以上的条数占比不超过20%,穿签连接条占比不超过1%,无灰末。(图0040A-4)

4.49.3.17 川虫草精选3000条

产于四川,人工挑选中等的虫草达到每千克不超过3000条,一般颜色深黄褐色或灰褐色,选净断节,子座长4.0cm以上的条数占比不超过20%,穿签连接条占比不超过1%,无灰末。

4.49.3.18 川虫草精选3200条

产于四川,人工挑选中等的虫草达到每千克不超过3200条,一般颜色深黄褐色或灰褐色,选净断节,子座长4.0cm以上的条数占比不超过20%,穿签连接条占比不超过1%,无灰末。

4.49.3.19 川虫草选3400条

产于四川,人工挑选中等的虫草达到每千克不超过3400条,一般颜色深黄褐色或灰褐色,一般空心、化苗条数正比,不超过5%,子座长4.0cm以上的条数占比不超过50%,穿签连接条占比不超过1%,无灰末。

4.49.3.20　川虫草选 3600 条

产于四川,人工挑选小个的虫草达到每千克不超过 3600 条,一般颜色深黄褐色或灰褐色,一般空心、化苗条数正比,不超过 5%,子座长 4.0cm 以上的条数占比不超过 50%,穿签连接条占比不超过 1%,无灰末。(图 0040A-5)

4.49.3.21　川虫草选 3800 条

产于四川,人工挑选小个的虫草达到每千克不超过 3800 条,一般颜色深黄褐色或灰褐色,一般空心、化苗条数正比,不超过 5%,子座长 4.0cm 以上的条数占比不超过 50%,穿签连接条占比不超过 1%,无灰末。

4.49.3.22　川虫草选 4000 条

产于四川,人工挑选小个的虫草达到每千克不超过 4000 条,一般颜色深黄褐色或灰褐色,一般空心、化苗条数正比,不超过 5%,子座长 4.0cm 以上的条数占比不超过 50%,穿签连接条占比不超过 1%,无灰末。

4.49.3.23　川虫草选 4400 条

产于四川,人工挑选小个的虫草达到每千克不超过 4400 条,一般颜色深黄褐色或灰褐色,一般空心、化苗条数正比,不超过 5%,子座长 4.0cm 以上的条数占比不超过 50%,穿签连接条占比不超过 1%,无灰末。(图 0040A-6)

4.49.3.24　虫草整肉节大条

人工挑选直径 0.35cm 及以上的断子座的完整虫体,浅黄色或浅棕黄色,虫体饱满、无化苗,带签条数占比不超过 2%,无灰末。(图 0040B-1)

4.49.3.25　虫草整肉节小条

人工挑选大条以后剩下的断子座的完整虫体,一般为深黄褐色或灰褐色,但不限于这两种颜色,其虫体饱满个条数正比,不低于 90%,带签条数占比不超过 2%,无灰末。(图 0040B-2)

4.49.3.26　虫草断肉节大条

人工挑选长度 0.5cm 以上,直径 0.35cm 及以上的断子座的虫体断节,浅黄色或浅棕黄色,其虫体饱满个条数正比,不低于 90%,带签条数占比不超过 2%,无灰末。(图 0040B-3)

4.49.3.27　虫草断肉节小条

人工挑选大条以后剩下的断子座的虫体断节,深黄褐色或灰褐色,其虫体饱满个条数正比,不低于 90%,带签条数占比不超过 2%,无灰末。(图 0040B-4)

4.49.3.28　虫草粗大头丁

人工挑选带子座的虫体断节,虫体断节长 1.5cm 以上,直径 0.3cm 及以上,虫体颜色浅黄色或浅棕黄色,无灰末。(图 0040B-5)

4.49.3.29　虫草细大头丁

人工挑选粗大头丁后的带子座的虫体断节,一般虫体断节长 1.5cm 以上条数正比,不低于 80%,虫体颜色深黄褐色或灰褐色,无灰末。(图 0040B-6)

4.49.3.30　虫草粗小头丁

人工挑选带子座的虫体断节,虫体断节长 0.5cm 以上,直径 0.3cm 及以上,虫体颜色浅黄色或浅棕黄色,灰末重量占比不超过 1%。(图 0040B-7)

4.49.3.31　虫草细小头丁

人工挑选粗小头丁后的带子座的虫体断节,一般虫体断节长 0.5cm 以上条数正比,不低于 80%,虫体颜色深黄褐色或灰褐色,灰末重量占比不超过 1%。(图 0040B-8)

4.49.3.32　虫草完整尾巴

虫草断虫体后的完整子座,一般子座完整条不低于 80%,子座长 5.0cm 以上条数正比,不超过 50%,无灰末。(图 0040B-9)

4.49.3.33　虫草半节尾巴

挑选完整子座后剩下的断节子座,子座长度 2.0cm 左右条数正比,不低于 60%,无灰末。(图 0040B-10)

4.49.3.34 虫草断尖

挑选完整子座和长断节子座后的剩下较短的断节子座尖,长度在 1.0cm 左右,无灰末。(图 0040B-11)

表 4-68 中药材商品电子交易规格等级标准——冬虫夏草

序号	品名	规格名称	流通俗称	产地	虫体颜色	形态	条数(/kg)	子座长4cm以上的条数占比	穿签连接条数占比	带签条数占比	灰末	干度
1	冬虫夏草	藏虫草精选1800条	藏草1800(虫草王)	西藏	浅黄色/浅棕黄色	虫体饱满无断节,无空心、化苗	≤1800	≤10%	无	——	无	干酥货/干货(不霉变,达到干酥货水份≤6%)
2	冬虫夏草	藏虫草精选2000条	藏草2000	西藏	浅黄色/浅棕黄色	虫体饱满无断节,无空心、化苗	≤2000	≤10%	无	——	无	干酥货/干货(不霉变,达到干酥货水份≤6%)
3	冬虫夏草	藏虫草精选2200条	藏草2200	西藏	浅黄色/浅棕黄色	虫体饱满无断节,无空心、化苗	≤2200	≤10%	无	——	无	干酥货/干货(不霉变,达到干酥货水份≤6%)
4	冬虫夏草	藏虫草精选2400条	藏草2400	西藏	浅黄色/浅棕黄色	虫体饱满无断节,无空心、化苗	≤2400	≤20%	无	——	无	干酥货/干货(不霉变,达到干酥货水份≤6%)
5	冬虫夏草	藏虫草精选2600条	藏草2600	西藏	浅黄色/浅棕黄色	虫体饱满无断节,无空心、化苗	≤2600	≤20%	无	——	无	干酥货/干货(不霉变,达到干酥货水份≤6%)
6	冬虫夏草	藏虫草精选2800条	藏草2800	西藏	浅黄色/浅棕黄色	虫体饱满无断节,无空心、化苗	≤2800	≤20%	无	——	无	干酥货/干货(不霉变,达到干酥货水份≤6%)
7	冬虫夏草	藏虫草精选3000条	藏草3000	西藏	浅黄色/浅棕黄色	虫体饱满无断节,无空心、化苗	≤3000	≤20%	无	——	无	干酥货/干货(不霉变,达到干酥货水份≤6%)
8	冬虫夏草	藏虫草选3200条	藏草3200	西藏	浅黄色/浅棕黄色	虫体饱满、匀称,空心、化苗条数正比,≤5%	≤3200	≤50%	≤3%	——	无	干酥货/干货(不霉变,达到干酥货水份≤6%)
9	冬虫夏草	藏虫草选3400条	藏草3400	西藏	浅黄色/浅棕黄色	虫体饱满、匀称,空心、化苗条数正比,≤5%	≤3400	≤50%	≤3%	——	无	干酥货/干货(不霉变,达到干酥货水份≤6%)
10	冬虫夏草	藏虫草选3600条	藏草3600	西藏	浅黄色/浅棕黄色	虫体饱满、匀称,空心、化苗条数正比,≤5%	≤3600	≤50%	≤3%	——	无	干酥货/干货(不霉变,达到干酥货水份≤6%)
11	冬虫夏草	藏虫草选3800条	藏草3800	西藏	浅黄色/浅棕黄色	虫体饱满、匀称,空心、化苗条数正比,≤5%	≤3800	≤50%	≤3%	——	无	干酥货/干货(不霉变,达到干酥货水份≤6%)
12	冬虫夏草	藏虫草选4000条	藏草4000	西藏	浅黄色/浅棕黄色	虫体饱满、匀称,空心、化苗条数正比,≤5%	≤4000	≤50%	≤3%	——	无	干酥货/干货(不霉变,达到干酥货水份≤6%)
13	冬虫夏草	藏虫草选4200条	藏草4200	西藏	浅黄色/浅棕黄色	虫体饱满、匀称,空心、化苗≤5%	≤4500	≤50%	≤3%	——	无	干酥货/干货(不霉变,达到干酥货水份≤6%)
14	冬虫夏草	青海虫草精选1800条	青海草1800(虫草王)	青海	浅黄色/棕黄色	虫体饱满无断节,无空心、化苗	≤1800	≤10%	无	——	无	干酥货/干货(不霉变,达到干酥货水份≤6%)

序号	品名	规格名称	流通俗称	产地	虫体颜色	形态	条数(/kg)	子座长4cm以上的条数占比	穿签连接条数占比	带签条数占比	灰末	干度
15	冬虫夏草	青海虫草精选2000条	青海草2000	青海	浅黄色/棕黄色	虫体饱满无断节，无空心、化苗	≤2000	≤10%	无	——	无	干酥货/干货(不霉变,达到干酥货水份≤6%)
16	冬虫夏草	青海虫草精选2200条	青海草2200	青海	浅黄色/棕黄色	虫体饱满无断节，无空心、化苗	≤2200	≤10%	无	——	无	干酥货/干货(不霉变,达到干酥货水份≤6%)
17	冬虫夏草	青海虫草精选2400条	青海草2400	青海	浅黄色/棕黄色	虫体饱满无断节，无空心、化苗	≤2400	≤20%	无	——	无	干酥货/干货(不霉变,达到干酥货水份≤6%)
18	冬虫夏草	青海虫草精选2500条	青海草2500	青海	浅黄色/棕黄色	虫体饱满无断节，无空心、化苗	≤2500	≤20%	无	——	无	干酥货/干货(不霉变,达到干酥货水份≤6%)
19	冬虫夏草	青海虫草精选2800条	青海草2800	青海	浅黄色/棕黄色	虫体饱满无断节，无空心、化苗	≤2800	≤20%	无	——	无	干酥货/干货(不霉变,达到干酥货水份≤6%)
20	冬虫夏草	青海虫草精选3000条	青海草3000	青海	浅黄色/棕黄色	虫体饱满无断节，无空心、化苗	≤3000	≤20%	无	——	无	干酥货/干货(不霉变,达到干酥货水份≤6%)
21	冬虫夏草	青海虫草选3200条	青海草3200	青海	浅黄色/棕黄色	虫体饱满、匀称，空心、化苗条数正比，≤5%	≤3200	≤50%	≤3%	——	无	干酥货/干货(不霉变,达到干酥货水份≤6%)
22	冬虫夏草	青海虫草选3400条	青海草3400	青海	浅黄色/棕黄色	虫体饱满、匀称，空心、化苗条数正比，≤5%	≤3400	≤50%	≤3%	——	无	干酥货/干货(不霉变,达到干酥货水份≤6%)
23	冬虫夏草	青海虫草选3600条	青海草3600	青海	浅黄色/棕黄色	虫体饱满、匀称，空心、化苗条数正比，≤5%	≤3600	≤50%	≤3%	——	无	干酥货/干货(不霉变,达到干酥货水份≤6%)
24	冬虫夏草	青海虫草选3800条	青海草3800	青海	浅黄色/棕黄色	虫体饱满、匀称，空心、化苗条数正比，≤5%	≤3800	≤50%	≤3%	——	无	干酥货/干货(不霉变,达到干酥货水份≤6%)
25	冬虫夏草	青海虫草选4000条	青海货4000	青海	浅黄色/棕黄色	虫体饱满、匀称，空心、化苗条数正比，≤5%	≤4000	≤50%	≤3%	——	无	干酥货/干货(不霉变,达到干酥货水份≤6%)
26	冬虫夏草	青海虫草选4400条	青海货4400	青海	浅黄色/棕黄色	虫体饱满、匀称，空心、化苗条数正比，≤5%	≤4400	≤50%	≤3%	——	无	干酥货/干货(不霉变,达到干酥货水份≤6%)
27	冬虫夏草	川虫草精选2600条	川草2600	四川	深黄褐色/灰褐色	虫体饱满无断节	≤2600	≤20%	≤1%	——	无	干酥货/干货(不霉变,达到干酥货水份≤6%)
28	冬虫夏草	川虫草精选2800条	川草2800	四川	深黄褐色/灰褐色	虫体饱满无断节	≤2800	≤20%	≤1%	——	无	干酥货/干货(不霉变,达到干酥货水份≤6%)
29	冬虫夏草	川虫草精选3000条	川草3000	四川	深黄褐色/灰褐色	虫体饱满无断节	≤3000	≤20%	≤1%	——	无	干酥货/干货(不霉变,达到干酥货水份≤6%)

续表

序号	品名	规格名称	流通俗称	产地	虫体颜色	形态	条数 (/kg)	子座长4cm以上的条数占比	穿签连接条数占比	带签条数占比	灰末	干度
30	冬虫夏草	川虫草精选3200条	川草3200	四川	深黄褐色/灰褐色	虫体饱满无断节	≤3200	≤20%	≤1%	——	无	干酥货/干货(不霉变,达到干酥货水份≤6%)
31	冬虫夏草	川虫草选3400条	川草3400	四川	深黄褐色/灰褐色	虫体饱满、匀称,空心、化苗条数正比,≤5%	≤3400	≤50%	≤1%	——	无	干酥货/干货(不霉变,达到干酥货水份≤6%)
32	冬虫夏草	川虫草选3600条	川草3600	四川	深黄褐色/灰褐色	虫体饱满、匀称,空心、化苗条数正比,≤5%	≤3600	≤50%	≤1%	——	无	干酥货/干货(不霉变,达到干酥货水份≤6%)
33	冬虫夏草	川虫草选3800条	川草3800	四川	深黄褐色/灰褐色	虫体饱满、匀称,空心、化苗条数正比,≤5%	≤3800	≤50%	≤1%	——	无	干酥货/干货(不霉变,达到干酥货水份≤6%)
34	冬虫夏草	川虫草选4000条	川草4000	四川	深黄褐色/灰褐色	虫体饱满、匀称,空心、化苗条数正比,≤5%	≤4000	≤50%	≤1%	——	无	干酥货/干货(不霉变,达到干酥货水份≤6%)
35	冬虫夏草	川虫草选4400条	川草4400	四川	深黄褐色/灰褐色	虫体饱满、匀称,空心、化苗条数正比,≤5%	≤4400	≤50%	≤1%	——	无	干酥货/干货(不霉变,达到干酥货水份≤6%)
36	冬虫夏草	虫草整肉节大条	虫草整肉节大条	西藏/青海/四川	浅黄色/浅棕黄色	虫体饱满、无化苗,完整无子座,直径≥0.35cm	≤3500	——	——	≤2%	无	干酥货/干货(不霉变,达到干酥货水份≤6%)
37	冬虫夏草	虫草整肉节小条	虫草整肉节小条	西藏/青海/四川	深黄褐色/灰褐色	虫体饱满条数比≥90%,完整无子座	>3500	——	——	≤2%	无	干酥货/干货(不霉变,达到干酥货水份≤6%)
38	冬虫夏草	虫草断肉节大条	虫草断肉节大条	西藏/青海/四川	浅黄色/浅棕黄色	虫体饱满条数正比≥90%,完整无子座,长度≥0.5cm,直径≥0.35cm	≤3500	——	——	≤2%	无	干酥货/干货(不霉变,达到干酥货水份≤6%)
39	冬虫夏草	虫草断肉节小条	虫草断肉节小条	西藏/青海/四川	深黄褐色/灰褐色	虫体饱满条数正比≥90%,完整无子座,长度≥0.5cm	>3500	——	——	≤2%	无	干酥货/干货(不霉变,达到干酥货水份≤6%)
40	冬虫夏草	虫草粗大头丁	粗大头丁	西藏/青海/四川	浅黄色/浅棕黄色	虫体长度1.5cm以上的条数正比≥80%,直径≥0.3cm	≤3500	——	——	——	无	干酥货/干货(不霉变,达到干酥货水份≤6%)
41	冬虫夏草	虫草细大头丁	细大头丁	西藏/青海/四川	深黄褐色/灰褐色	虫体长度1.5cm以上的条数正比≥80%	>3500	——	——	——	无	干酥货/干货(不霉变,达到干酥货水份≤6%)
42	冬虫夏草	虫草粗小头丁	粗小头丁	西藏/青海/四川	浅黄色/浅棕黄色	虫体长度0.5cm以上的条数正比≥80%,直径≥0.3cm	≤3500	——	——	≤1%		干酥货/干货(不霉变,达到干酥货水份≤6%)

序号	品名	规格名称	流通俗称	产地	虫体颜色	形态	条数(/kg)	子座长4cm以上的条数占比	穿签连接条数占比	带签条数占比	灰末	干度
43	冬虫夏草	虫草细小头丁	细小头丁	西藏/青海/四川	深黄褐色/灰褐色	虫体长度0.5cm以上条数正比≥80%	>3500	——	——	——	≤1%	干酥货/干货(不霉变,达到干酥货水份≤6%)
44	冬虫夏草	虫草完整尾巴	完整尾巴	西藏/青海/四川	——	子座完整≥80%,子座长5cm以上条数正比≤50%					无	干酥货/干货(不霉变,达到干酥货水份≤6%)
45	冬虫夏草	虫草半节尾巴	半节尾巴	西藏/青海/四川	——	子座长度2.0cm左右条数正比≥60%					无	干酥货/干货(不霉变,达到干酥货水份≤6%)
46	冬虫夏草	虫草断尖	尾尖(茶叶尖)	西藏/青海/四川		子座长度1.0cm以下条数正比≤30%					无	干酥货/干货(不霉变,达到干酥货水份≤6%)

图 0040A　冬虫夏草(完整条)商品部分规格图示

1. 藏虫草精选 1800 条;2. 藏虫草精选 2200 条;3. 藏虫草选 3200 条;4. 川虫草精选 2800 条;5. 川虫草选 3600 条;6. 川虫草选 4400 条

图 0040B　冬虫夏草（不完整条）商品部分规格图示

1. 虫草整肉节大条；2. 虫草整肉节小条；3. 虫草断肉节大条；4. 虫草断肉节小条；5. 虫草粗大头丁；6. 虫草细大头丁；7. 虫草粗小头丁；8. 虫草细小头丁；9. 虫草完整尾巴；10. 虫草半节尾巴；11. 虫草断尖

4.50　独活

4.50.1　基础数据

4.50.1.1　来源

本品为伞形科植物重齿毛当归 *Angelica pubescens* Maxim.f. *biserrata* Shan et Yuan 的干燥根（《中国药典（2015 年版）》）。栽培或野生，栽培为主，栽培 2 年。春初苗刚发芽或秋末茎叶枯萎时采挖，除去须根和泥沙，烘至半干，堆置 2~3 天，发软后再烘至全干。也称"湖北独活"。区别于产于甘肃的"甘肃独活"，为来自其他物种的伪品。

4.50.1.2　产地

产于湖北、四川、陕西等地，主产于湖北，又称"湖北独活"，区别于产于甘肃等地的非正品独活。

4.50.1.3　独活

本品呈圆柱形，下部 2~3 分枝或更多，长 10~30cm。根头部膨大，圆锥状，多横皱纹，直径 1.0~4.0cm。表面灰褐色或棕褐色，具纵皱纹，有横长皮孔样突起及稍突起的细根痕。断面皮部灰白色，有多数散在的棕色油室，木部灰黄色至黄棕色，形成层环棕色。有特异香气。味苦、辛、微麻舌。

4.50.1.4 独活片

将独活洗净,润透,切片,干燥。独活头部横切成类圆形片,直径 0.5~5.0cm,厚 0.2~0.5cm;尾部切成段,直径 0.2~0.5cm,长 1.0~3.0cm。独活纵切薄片,又叫刨片,长 2.0~5.0cm,宽 0.5~3.0cm,厚 0.1~0.2cm。外皮灰褐色、棕褐色,切面黄白色至黄棕色,有棕色油点,形成层环棕色。有特异香气。

4.50.2 规格要素说明及名词解释

4.50.2.1 片形

有横切的圆片,以及纵切的条形片(刨片)两种类型,后者较少。

4.50.2.2 片厚

圆片厚 0.2~0.4cm;不规则圆片厚 0.3~0.5cm;斜片(刨片)厚 0.1~0.2cm。

4.50.2.3 头片

独活头部横切,多呈类圆形,或者纵切时尾部掉落后,保留头部的长条形片部分都称为"头片"。完整个子切制,头片占有一定比例,也有用 1.0cm 标准筛筛选出头片作为一个规格。

4.50.2.4 碎末

独活加工、贮存、运输过程中碎落的少量碎末。一般用孔径 0.2cm 的筛子筛除。

4.50.2.5 含硫情况

无硫加工:独活在药材加工和切片过程中不熏硫,无硫加工的独活片,外皮灰棕色、棕褐色,切面黄棕色。

有硫加工:独活采收后,摊晾,熏硫,晾至七成干,切片,晒干;或未熏的独活药材,润透,熏硫,切片,晒干或烘干。有硫加工的独活片外皮淡棕色,切面黄白色。

4.50.3 规格等级定义(表 4-69)

4.50.3.1 (湖北)独活统货

独活,产于湖北及其他华中、西南地区,大小不分,直径 1.5cm 以上的独活不少于 60%。

4.50.3.2 (湖北)独活头片

产于湖北及其他华中西南地区,将独活横切,为厚 0.3~0.5cm 的类圆形片,筛选出直径 1.0cm 以上的片(头片)重量占比不低于 80%,0.2cm 以下碎末重量占比不超过 1%。(图 0041-1)

4.50.3.3 (湖北)独活统片

产于湖北及其他华中西南地区,将独活横切,为厚 0.3~0.5cm 的类圆形片,直径 1.0cm 以上的片(头片)重量占比不低于 30%,0.2cm 以下碎末重量占比不超过 5%。(图 0041-2)

表 4-69 中药材商品电子交易规格等级标准——独活

序号	品名	规格名称	流通俗称	产地	大个重量占比	片形	片厚/cm	直径1.0cm以上片重量占比	0.2cm以下碎末重量占比	含硫情况	虫蛀、霉变	干度
1	独活	(湖北)独活统货	统个	湖北及其他华中西南地区	直径1.5cm以上个≥60%	——	——	——	——	有硫加工/无硫加工	无	干货
2	独活	(湖北)独活头片	选片	湖北及其他华中西南地区	——	圆片	0.3~0.5	≥80%/≥90%	≤1%	有硫加工/无硫加工	无	干货
3	独活	(湖北)独活统片	统片	湖北及其他华中西南地区	——	圆片	0.3~0.5	≥30%/≥50%	≤5%/≤2%	有硫加工/无硫加工	无	干货

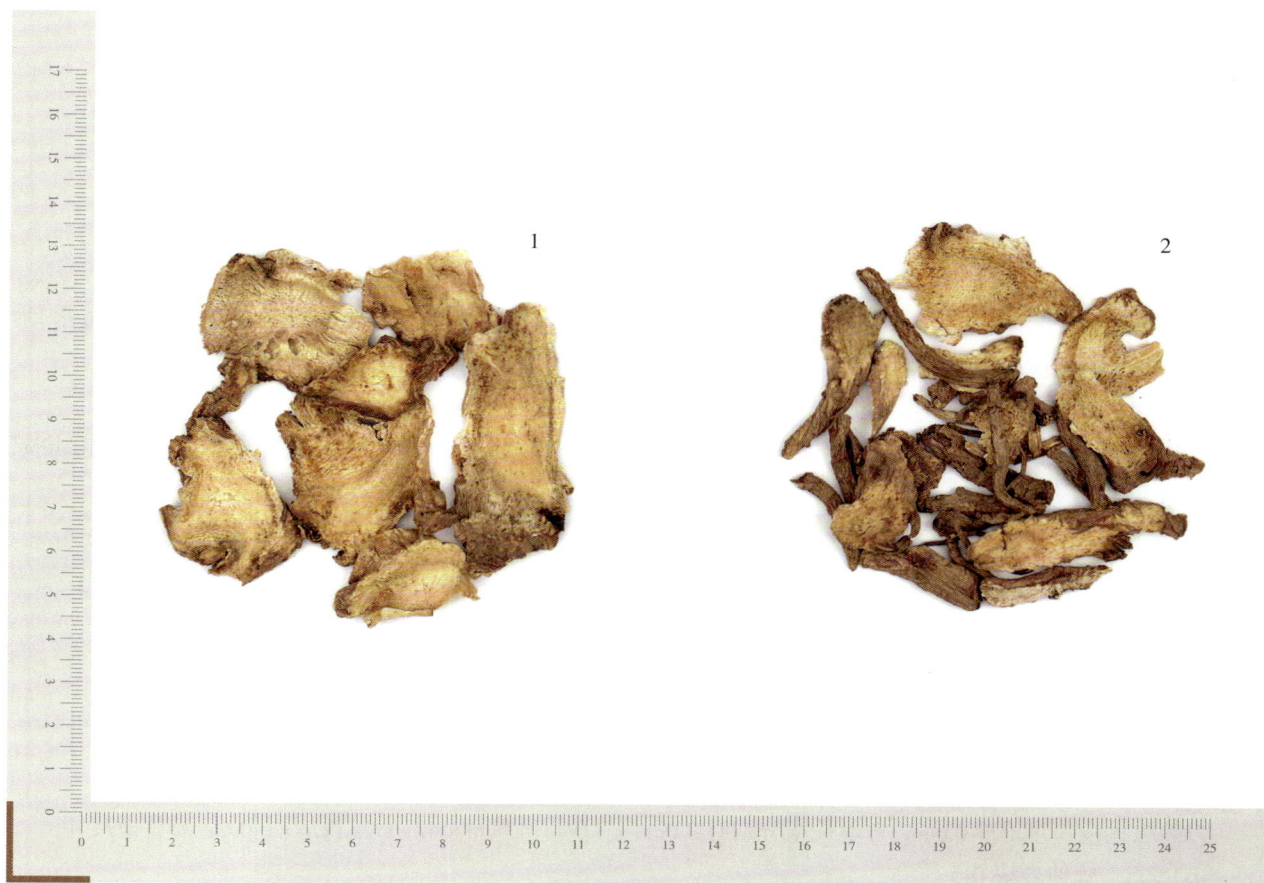

图 0041　独活商品部分规格图示
1.（湖北）独活头片；2.（湖北）独活统片

4.51　杜仲

4.51.1　基础数据

4.51.1.1　来源

本品为杜仲科植物杜仲 *Eucommia ulmoides* Oliv. 的干燥树皮（《中国药典（2015 年版）》）。4~6 月剥取，刮去粗皮或不刮皮，堆置"发汗"至内皮呈紫褐色，晒干。

4.51.1.2　产地

产于陕西、四川、甘肃、贵州、湖南、河南、湖北、云南、安徽、广西、浙江等地，主产于陕西、四川、甘肃、贵州。

4.51.1.3　杜仲方块

将杜仲刮去残留粗皮或不刮皮，切块，干燥。呈小方块状。块边长 3.0~6.0cm，内皮厚 0.1~0.7cm，外表面淡棕色或灰褐色，有明显的皱纹。内表面暗紫色，光滑。断面有细密、银白色、富弹性的胶丝相连。

4.51.1.4　杜仲丝

将杜仲原药刮去残留粗皮或不刮皮，机器铡成连丝片，干燥。为铡丝后尚连接的片状，片宽 10~50cm，丝宽 0.8~1.5cm，内皮厚 0.1~0.5cm。

4.51.2　规格要素说明及名词解释

4.51.2.1　内皮厚度
带白丝的部分为内皮，内皮越厚，等级越高。

4.51.2.2　刮皮与否
杜仲在加工过程中有刮去杜仲树皮的外表粗皮，也有不刮去外皮的。

4.51.2.3　方块长宽
杜仲方块边长分别有 3.0cm×3.0cm、4.0cm×4.0cm、5.0cm×6.0cm、3.0cm×4.0cm 及其他尺寸，方块越小，加工成本越高，价格相应较高。

4.51.2.4　片宽度
指机铡连丝，一般挑选杜仲板片宽 10cm、20cm、30cm、40cm、50cm，再分别机铡成 0.1cm、0.2cm、0.3cm、0.4cm、0.5cm 的连丝。

4.51.2.5　0.5cm 以下灰渣
用孔径 0.5cm 的筛子筛出的杜仲碎末及泥沙。

4.51.3　规格等级定义（表 4-70）

4.51.3.1　杜仲方块 0.7
方块状，内皮厚度 0.6~0.7cm，方块长宽分别有 3.0cm×3.0cm、4.0cm×4.0cm、5.0cm×6.0cm，及其他尺寸。

4.51.3.2　杜仲方块 0.6
方块状，内皮厚度 0.5~0.6cm，方块长宽分别有 3.0cm×3.0cm、4.0cm×4.0cm、5.0cm×6.0cm，及其他尺寸。

4.51.3.3　杜仲方块 0.5
方块状，内皮厚度 0.4~0.5cm，方块长宽分别有 3.0cm×3.0cm、4.0cm×4.0cm、5.0cm×6.0cm，及其他尺寸。

4.51.3.4　杜仲方块 0.4
方块状，内皮厚度 0.3~0.4cm，方块长宽分别有 3.0cm×3.0cm、4.0cm×4.0cm、5.0cm×6.0cm，及其他尺寸。

4.51.3.5　杜仲方块 0.3
方块状，内皮厚度 0.2~0.3cm，方块长宽分别有 3.0cm×3.0cm、4.0cm×4.0cm、5.0cm×6.0cm，及其他尺寸。

4.51.3.6　杜仲方块 0.2
方块状，内皮厚度 0.15~0.2cm，方块长宽分别有 3.0cm×3.0cm、4.0cm×4.0cm、5.0cm×6.0cm，及其他尺寸。

4.51.3.7　杜仲机铡连丝片 0.5
机铡连丝片，内皮厚度 0.4~0.5cm，片宽有 10cm、20cm、30cm、40cm、50cm。

4.51.3.8　杜仲机铡连丝片 0.4
机铡连丝片，内皮厚度 0.3~0.4cm，片宽有 10cm、20cm、30cm、40cm、50cm。

4.51.3.9　杜仲机铡连丝片 0.3
机铡连丝片，内皮厚度 0.2~0.3cm，片宽有 10cm、20cm、30cm、40cm、50cm。

4.51.3.10　杜仲机铡连丝片 0.2
机铡连丝片，内皮厚度 0.15~0.2cm，片宽有 10cm、20cm、30cm、40cm、50cm。

4.51.3.11　杜仲机铡连丝片 0.1
机铡连丝片，内皮厚度 0.1cm 左右，片宽有 10cm、20cm、30cm、40cm、50cm。

4.51.3.12　杜仲选块
用厚薄不分的杜仲皮切块，厚 0.1cm 以下的块重量占比不超过 5%，块长宽 3.0cm×4.0cm，及其他尺寸。

4.51.3.13　杜仲统块
用厚薄不分的杜仲皮切块，厚 0.1cm 以下的块重量占比不超过 30%，块长宽 3.0cm×4.0cm，及其他尺寸。

4.51.3.14 杜仲统丝

用厚薄不分的杜仲皮切丝,厚 0.1cm 以下的丝重量占比不超过 20%,宽 0.8~1.5cm,及其他尺寸。

表 4-70 中药材商品电子交易规格等级标准——杜仲

序号	品名	规格名称	流通俗称	刮皮与否	内皮厚度/cm	方块长、宽/cm	片宽度/cm	0.5cm 以下灰渣重量占比	虫蛀霉变	干度
1	杜仲	杜仲方块0.7	方块0.7	未刮皮/刮皮	0.6~0.7	3×3/4×4/5×6/其他	——	无	无	干货
2	杜仲	杜仲方块0.6	方块0.6	未刮皮/刮皮	0.5~0.6	3×3/4×4/5×6/其他	——	无	无	干货
3	杜仲	杜仲方块0.5	方块0.5	未刮皮/刮皮	0.4~0.5	3×3/4×4/5×6/其他	——	无	无	干货
4	杜仲	杜仲方块0.4	方块0.4	未刮皮/刮皮	0.3~0.4	3×3/4×4/5×6/其他	——	无	无	干货
5	杜仲	杜仲方块0.3	方块0.3	未刮皮/刮皮	0.2~0.3	3×3/4×4/5×6/其他	——	无	无	干货
6	杜仲	杜仲方块0.2	方块0.2	未刮皮/刮皮	0.15~0.2	3×3/4×4/5×6/其他	——	无	无	干货
7	杜仲	杜仲机铡连丝片0.5	机铡连丝片0.5	未刮皮/刮皮	0.4~0.5	——	10/20/30/40/50	无	无	干货
8	杜仲	杜仲机铡连丝片0.4	机铡连丝片0.4	未刮皮/刮皮	0.3~0.4	——	10/20/30/40/50	无	无	干货
9	杜仲	杜仲机铡连丝片0.3	机铡连丝片0.3	未刮皮/刮皮	0.2~0.3	——	10/20/30/40/50	无	无	干货
10	杜仲	杜仲机铡连丝片0.2	机铡连丝片0.2	未刮皮/刮皮	0.15~0.2	——	10/20/30/40/50	无	无	干货
11	杜仲	杜仲机铡连丝片0.1	机铡连丝片0.1	未刮皮/刮皮	0.1 左右	——	10/20/30/40/50	无	无	干货
12	杜仲	杜仲选块	选块	未刮皮/刮皮	厚0.1cm以下块≤5%/厚0.1cm以下块≤2%/无厚0.1cm以下块	3×4/其他	其他	≤1%	无	干货
13	杜仲	杜仲统块	统块	未刮皮/刮皮	厚0.1cm以下块≤30%/厚0.1cm以下块≤20%	3×4/其他	其他	≤1%	无	干货
14	杜仲	杜仲统丝	统丝	未刮皮/刮皮	厚0.1cm以下丝≤20%/厚0.1cm以下丝≤10%/厚0.1cm以下丝≤5%	——	0.8~1.5/其他	≤2%	无	干货

4.52 莪术

4.52.1 基础数据

4.52.1.1 来源

本品为姜科植物蓬莪术 *Curcuma phaeocaulis* Val.、广西莪术 *Curcuma kwangsiensis* S. G. Lee et C. F. Liang 或温郁金 *Curcuma wenyujin* Y. H. Chen et C. Ling 的干燥根茎(《中国药典(2015 年版)》)。栽培 1 年。冬季茎叶枯萎后采挖,洗净,蒸或煮至透心,晒干或低温干燥后除去须根和杂质。

4.52.1.2 产地

产于四川、福建、江西、广东、广西、云南、安徽等地,主产于四川双流、广西贵港。四川产"川莪术"来源于蓬莪术 *Curcuma phaeocaulis*,断面黄绿色;广西产"广西莪术"来源于广西莪术 *Curcuma kwangsiensis*,断面棕褐色。

4.52.1.3 莪术片

将莪术除去杂质,略泡,洗净,蒸软,切片,干燥。呈类圆形或椭圆形的片。直径 1.0~2.5cm,厚 0.2~0.4cm。

4.52.2 规格要素说明及名词解释

4.52.2.1 带须根与否

莪术加工分为去外皮须根和未去外皮须根两种。将前者切片,片边缘无须根;将后者切片,片边缘会带部分须根。

4.52.2.2 0.5cm 以下碎末、灰渣

直径 0.5cm 筛子筛选的莪术碎末、须根及泥土。

4.52.2.3 含硫情况

用硫黄熏蒸后,莪术切片断面颜色变浅。

4.52.3 规格等级定义(表 4-71)

4.52.3.1 莪术大选片 2.0

挑选无须根的莪术大个切片,直径 2.0cm 以上的片不低于 80%,0.5cm 以下碎末、灰渣重量占比不超过 1%。(图 0042-1)

4.52.3.2 莪术大片 2.0

挑选莪术大个切片,直径 2.0cm 以上的片不低于 70%,0.5cm 以下碎末、灰渣重量占比不超过 2%。(图 0042-2)

4.52.3.3 莪术中片

挑选莪术中个切片,直径 2.0cm 以上的片不低于 30%,0.5cm 以下碎末、灰渣重量占比不超过 1%。(图 0042-3)

4.52.3.4 莪术小片

挑剩下的莪术小个切片,0.5cm 以下碎末、灰渣重量占比不超过 3%。(图 0042-4)

表 4-71　中药材商品电子交易规格等级标准——莪术

序号	品名	规格名称	流通俗称	产地	带须根与否	宽2.0cm以上片重量占比	0.5cm以下碎末、灰渣重量占比	含硫情况	虫蛀、霉变	干度
1	莪术	莪术大选片2.0	大选片	四川/广西	无须根	≥80%	≤1%/无	有硫加工/无硫加工	无	干货
2	莪术	莪术大片2.0	大片	四川/广西	带部分须根/无须根	≥70%	≤2%/无	有硫加工/无硫加工	无	干货
3	莪术	莪术中片	中片	四川/广西	带部分须根/无须根	≥30%/≥40%/≥50%	≤2%/无	有硫加工/无硫加工	无	干货
4	莪术	莪术小片	小片	四川/广西	带部分须根/无须根	——	≤3%/无	有硫加工/无硫加工	无	干货

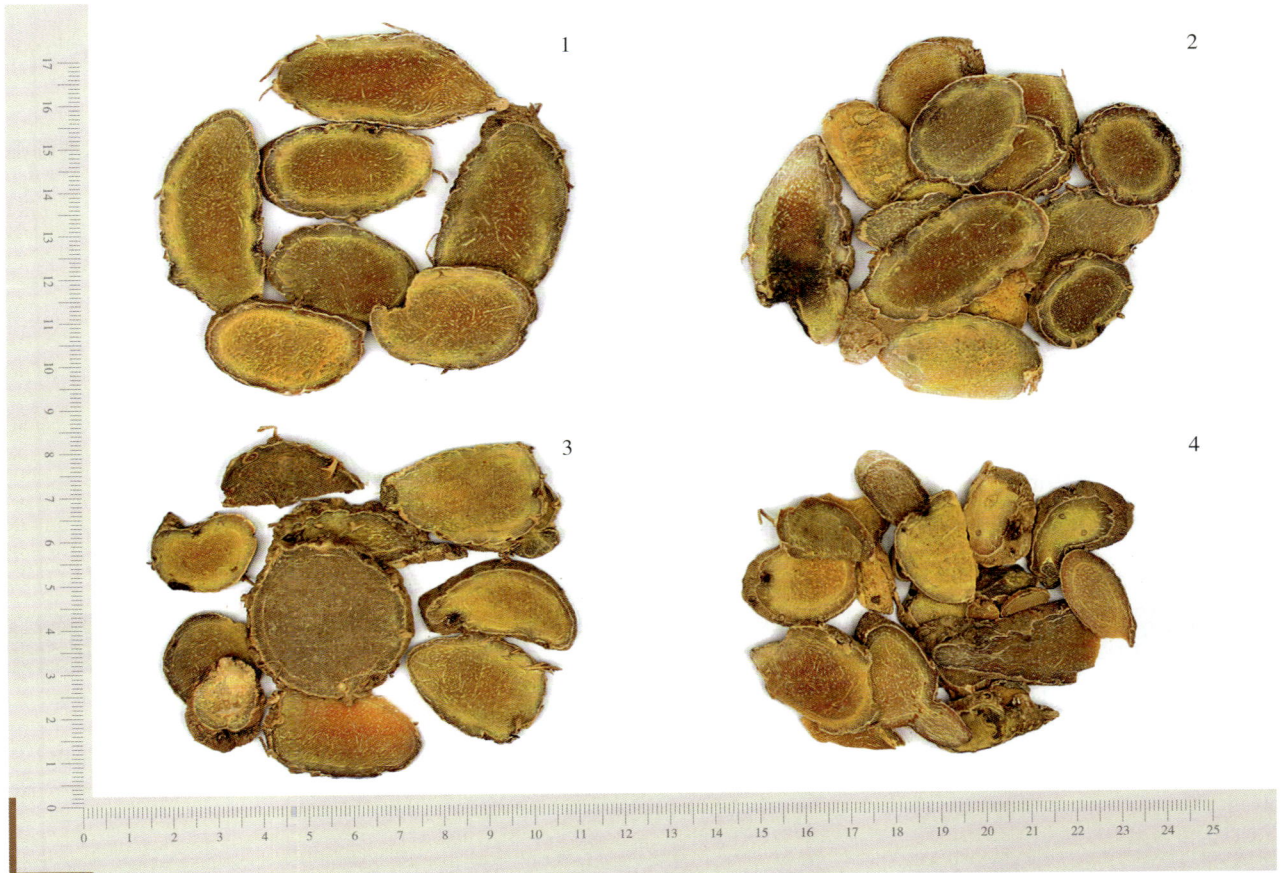

图 0042　莪术商品部分规格图示
1. 莪术大选片 2.0；2. 莪术大片 2.0；3. 莪术中片；4. 莪术小片

4.53 番泻叶

4.53.1 基础数据

4.53.1.1 来源

本品为豆科植物狭叶番泻 *Cassia angustifolia* Vahl 或尖叶番泻 *Cassia acutifolia* Delile 的干燥小叶(《中国药典(2015 年版)》)。野生。采集小叶片,晒干,用机器机压成包。

4.53.1.2 产地

进口,主产于印度。

4.53.1.3 番泻叶

狭叶番泻:呈长卵形或卵状披针形,长 1.5~5.0cm,宽 0.4~2.0cm,叶端急尖,叶基稍不对称,全缘。上表面黄绿色,下表面浅黄绿色,无毛或近无毛,叶脉稍隆起。革质。气微弱而特异,味微苦,稍有黏性。

尖叶番泻:呈披针形或长卵形,略卷曲,叶端短尖或微突,叶基不对称,两面均有细短毛茸。

4.53.2 规格要素说明及名词解释

4.53.2.1 碎叶

在采收、干燥、包装和运输过程中破碎的不完整叶,面积在完整片 1/4 以下者视为碎叶,可用 0.4cm 标准筛筛出。碎叶越少越好。

4.53.2.2 枝杆

枝杆为复叶的叶序轴和总叶柄,采集粗放会夹带一些。

4.53.3 规格等级定义(表 4-72)

4.53.3.1 番泻叶选货

去掉一些碎末、枝杆,碎叶不超过 10%,枝杆不超过 2%。

4.53.3.2 番泻叶统货

未去掉碎末、枝杆,碎叶不超过 30%,枝杆不超过 5%。

表 4-72 中药材商品电子交易规格等级标准——番泻叶

序号	品名	规格名称	流通俗称	碎叶重量占比	枝杆重量占比	虫蛀、霉变	干度
1	番泻叶	番泻叶选货	选货	≤10%/≤5%	≤2%	无	干货
2	番泻叶	番泻叶统货	统货	≤30%/≤20%	≤5%/≤3%	无	干货

4.54 防风

4.54.1 基础数据

4.54.1.1 来源

本品为伞形科植物防风 *Saposhnikovia divaricata* (Turcz.) Schischk. 的干燥根(《中国药典(2015 年版)》)。野

生或栽培,以栽培为主,栽培 1~2 年,春、秋二季采挖未抽花茎植株的根,除去须根和泥沙,晒干。

4.54.1.2　产地

野生防风产于内蒙古、黑龙江、吉林、辽宁、山西等地。主产于内蒙古、东北三省所产防风为主,称为关防风,为传统道地药材。栽培防风产于河北、内蒙古等地。

4.54.1.3　防风

呈长圆锥形或长圆柱形,下部渐细,有的略弯曲,长 15~30cm,直径 0.3~2.0cm。表面灰棕色至黑棕色,粗糙,有纵皱纹、多数横长皮孔样突起及点状的细根痕。根头部有明显密集的环纹,有的环纹上残存棕褐色毛状叶基。体轻,质松,易折断,断面不平坦,皮部浅棕色,有裂隙,木部浅黄色。气特异,味微甘。

4.54.1.4　防风片

将防风除去杂质,洗净,润透,切短段或厚片,干燥。为圆形或椭圆形短段或厚片。直径 0.4~2.0cm,短段长 0.5~1.0cm,片厚 0.2~0.3cm。外表皮灰棕色或黑棕色(野生关防风片),或黄棕色(家种防风片),有纵皱纹,有的可见横长皮孔样突起、密集的环纹。切面皮部浅棕色,有裂隙,木部浅黄色,具放射状纹理。气特异,味微甘。

4.54.2　规格要素说明及名词解释

4.54.2.1　直径

测量防风个芦头下方最粗部位(约 1.0cm 处)的直径。

4.54.2.2　芦头、芦头片

即防风的根头部分,带毛刷状残基,俗称"旗杆顶"。带芦头的片即为芦头片。

4.54.2.3　野生/家种

野生防风资源较少,目前市面流通防风主要为家种防风,分为育苗移栽(俗称"秧播")和种子直播(俗称"籽播")两种栽种方式。种子直播(籽播)防风为春天撒种,秋天采挖根,栽培 1 年。育苗移栽(秧播)防风为籽播防风第 2 年春天采挖后截成小段再移栽,秋天采种后,采挖根。野生防风质量优,但是产量低,价格一般是家种防风的 10 倍左右。

4.54.2.4　泛油(黑皮)片

因存放不当或存放时间过长导致切面发黑,质地柔软。

4.54.2.5　含硫情况

加工:目前防风多为自然晒干或炕干,晒干无硫,炕干时因为使用燃煤热气,带微量硫。

贮存:防风夏季易乍虫,为了便于防虫、保存,存在硫黄熏蒸的情况。有硫加工的防风断(切)面颜色变浅。

4.54.3　规格等级定义(表 4-73,表 4-74)

4.54.3.1　野生关防风选个

野生关防风采挖后,选除细条,断节,剪去芦头,直径 0.8~1.5cm,芦头长度不超过 0.5cm。

4.54.3.2　野生关防风统个

野生关防风采挖后,大小不分,晒干,直径 0.5~1.5cm,芦头长度不超过 2.0cm。

4.54.3.3　秧播防风选个

家种秧播防风采挖后,除净表面附着泥土,选出细条、断节,剪去芦头,晒干,直径 1.0~2.0cm,芦头长度不超过 0.5cm。

4.54.3.4　秧播防风统个

家种秧播防风采挖后,除净表面附着泥土,晒干,直径 0.5~2.0cm,芦头长度不超过 2.0cm。

4.54.3.5　籽播防风选个

家种籽播防风采挖后,除净表面附着泥土,选出细条、断节,剪去芦头,晒干,直径 0.8~1.2cm,芦头长度不超过 0.5cm。

4.54.3.6　籽播防风统个

家种秧播防风采挖后，除净表面附着泥土，晒干，直径 0.3~1.2cm，芦头长度不超过 2.0cm。

4.54.3.7　野生关防风选段

野生关防风切短段，长 0.5~1.0cm 左右，筛去碎节及挑出大部分带芦头片，直径 0.8cm 以上片重量占比不低于 50%，直径 0.6cm 以下片重量占比不超过 6%，芦头片重量占比不超过 3%，无泛油（黑皮）片。（图 0043-1）

4.54.3.8　野生关防风统段

野生关防风切短段，长 0.5~1.0cm 左右，筛去碎节及挑出大部分带芦头片，直径 0.8cm 以上片重量占比不低于 20%，直径 0.6cm 以下片重量占比不超过 10%，芦头片比重不超过 5%，无泛油（黑皮）片。（图 0043-2）

4.54.3.9　秧播防风大选片 1.2

家种秧播防风切厚片，厚 0.2~0.3cm，过孔径 1.2cm 的筛，筛去小片，直径 1.6cm 以上片重量占比不低于 30%，直径 1.2cm 以下片重量占比不超过 25%，芦头片重量占比不超过 5%，无泛油（黑皮）片。（图 0043-3）

4.54.3.10　秧播防风中选片 0.8

家种秧播防风切厚片，厚 0.2~0.3cm，过孔径 0.8cm 的筛，筛去小片，直径 1.2cm 以上片重量占比不低于 30%，直径 0.8cm 以下片重量占比不超过 25%，芦头片重量占比不超过 3%，无泛油（黑皮）片。

4.54.3.11　秧播防风统片

家种秧播防风切厚 0.2~0.3cm，过孔径 0.2cm 的筛，筛去灰末，直径 1.0cm 以上片重量占比不低于 30%，直径 0.4cm 以下片重量占比不超过 10%，芦头片重量占比不超过 5%，无泛油（黑皮）片。（图 0043-4）

4.54.3.12　籽播防风选片 0.6

家种籽播防风切薄片，厚 0.2cm 左右，过孔径 0.4cm 的筛，筛去碎片，直径 0.6cm 以上片重量占比不低于 40%，直径 0.4cm 以下片重量占比不超过 3%，芦头片重量占比不超过 5%，无泛油（黑皮）片。（图 0043-5）

4.54.3.13　籽播防风大选段 0.6~1.0

家种籽播防风切短段，长 0.5~1.0cm，过孔径 0.6cm 的筛，直径 1.0cm 以上段重量占比不超过 20%，直径 0.6cm 以下片重量占比不超过 5%，芦头片重量占比不超过 5%，无泛油（黑皮）片。（图 0043-6）

4.54.3.14　籽播防风中选段 0.4~0.6

家种籽播，短段，长 0.5~1.0cm，过孔径分别为 0.4cm、0.6cm 的双筛，筛去大片及小片，直径 0.6cm 以上片重量占比不超过 20%，直径 0.4cm 以下片重量占比不超过 5%，芦头片重量占比不超过 5%，无泛油（黑皮）片。（图 0043-7）

4.54.3.15　籽播防风小统段

家种籽播防风切短段，长 0.5~1.0cm，用加工籽播 0.6cm 以上的薄片或段剩下的尾段加工而成，直径 0.4cm 以下片重量占比不超过 10%，无泛油（黑皮）片。（图 0043-8）

表 4-73　中药材商品电子交易规格等级标准——防风

序号	品名	规格名称	流通俗称	直径 /cm	芦头长度 /cm	虫蛀、霉变	干度
1	防风	野生关防风选个	野生关防风选	0.8~1.5	≤0.5	无	干货
2	防风	野生关防风统个	野生关防风统	0.5~1.5	≤2	无	干货
3	防风	秧播防风选个	秧播选	1.0~2.0	≤0.5	无	干货
4	防风	秧播防风统个	秧播统	0.5~2.0	≤2	无	干货
5	防风	籽播防风选个	籽播选	0.8~1.2	≤0.5	无	干货
6	防风	籽播防风统个	籽播统	0.3~1.2	≤2	无	干货

表 4-74 中药材商品电子交易规格等级标准——防风(续)

序号	品名	规格名称	流通俗称	大片重量占比	小片重量占比	芦头片重量占比	泛油(黑皮)片重量占比	含硫情况	虫蛀、霉变	干度
7	防风	野生关防风选段	野生关防风选	直径 0.8cm 以上片 ≥50%/ 直径 0.8cm 以上片≥70%	直径 0.6cm 以下片 ≤6%	≤3%/ ≤1%	无	有硫加工 / 无硫加工	无	干货
8	防风	野生关防风统段	野生关防风统	直径 0.8cm 以上片 ≥20%/ 直径 0.8cm 以上片≥30%/ 直径 0.8cm 以上片≥40%	直径 0.6cm 以下片 ≤10%	≤5%/ ≤3%	无	有硫加工 / 无硫加工	无	干货
9	防风	秧播防风大选片 1.2	秧播 1.2 以上	直径 1.6cm 以上片 ≥30%/ 直径 1.6cm 以上片≥40%	直径 1.2cm 以下片 ≤25%/ 直径 1.2cm 以下片 ≤15%	≤5%/ ≤3%	无	有硫加工 / 无硫加工	无	干货
10	防风	秧播防风中选片 0.8	秧播 0.8 以上	直径 1.2cm 以上片 ≥30%/ 直径 1.2cm 以上片≥40%	直径 0.8cm 以下片 ≤25%/ 直径 0.8cm 以下片 ≤15%	≤3%	无	有硫加工 / 无硫加工	无	干货
11	防风	秧播防风统片	秧播统	直径 1.0cm 以上片 ≥30%/ 直径 1.0cm 以上片≥40%	直径 0.4cm 以下片 ≤10%/ 直径 0.4cm 以下片 ≤5%	≤5%/ ≤3%	无	有硫加工 / 无硫加工	无	干货
12	防风	籽播防风选片 0.6	籽播 0.6 以上片	直径 0.6cm 以上片 ≥40%/ 直径 0.6cm 以上片≥60%	直径 0.4cm 以下片 ≤3%/ 直径 0.4cm 以下片 ≤1%	≤5%/ ≤3%	无	有硫加工 / 无硫加工	无	干货
13	防风	籽播防风大选段 0.6~1.0	籽播 0.6~1.0 咀子	直径 1.0cm 以上片 ≤20%/ 直径 1.0cm 以上片 ≤10%	直径 0.6cm 以下片 ≤5%/ 直径 0.6cm 以下片 ≤1%	≤5%/ ≤3%	无	有硫加工 / 无硫加工	无	干货
14	防风	籽播防风中选段 0.4~0.6	籽播 0.4~0.6 咀子	直径 0.6cm 以上片 ≤20%/ 直径 0.6cm 以上片 ≤10%	直径 0.4cm 以下片 ≤5%/ 直径 0.4cm 以下片 ≤1%	≤5%/ ≤3%	无	有硫加工 / 无硫加工	无	干货
15	防风	籽播防风小统段	籽播 0.6 以下 咀子	——	直径 0.4cm 以下片 ≤10%/ 直径 0.4cm 以下片 ≤5%	——	无	有硫加工 / 无硫加工	无	干货

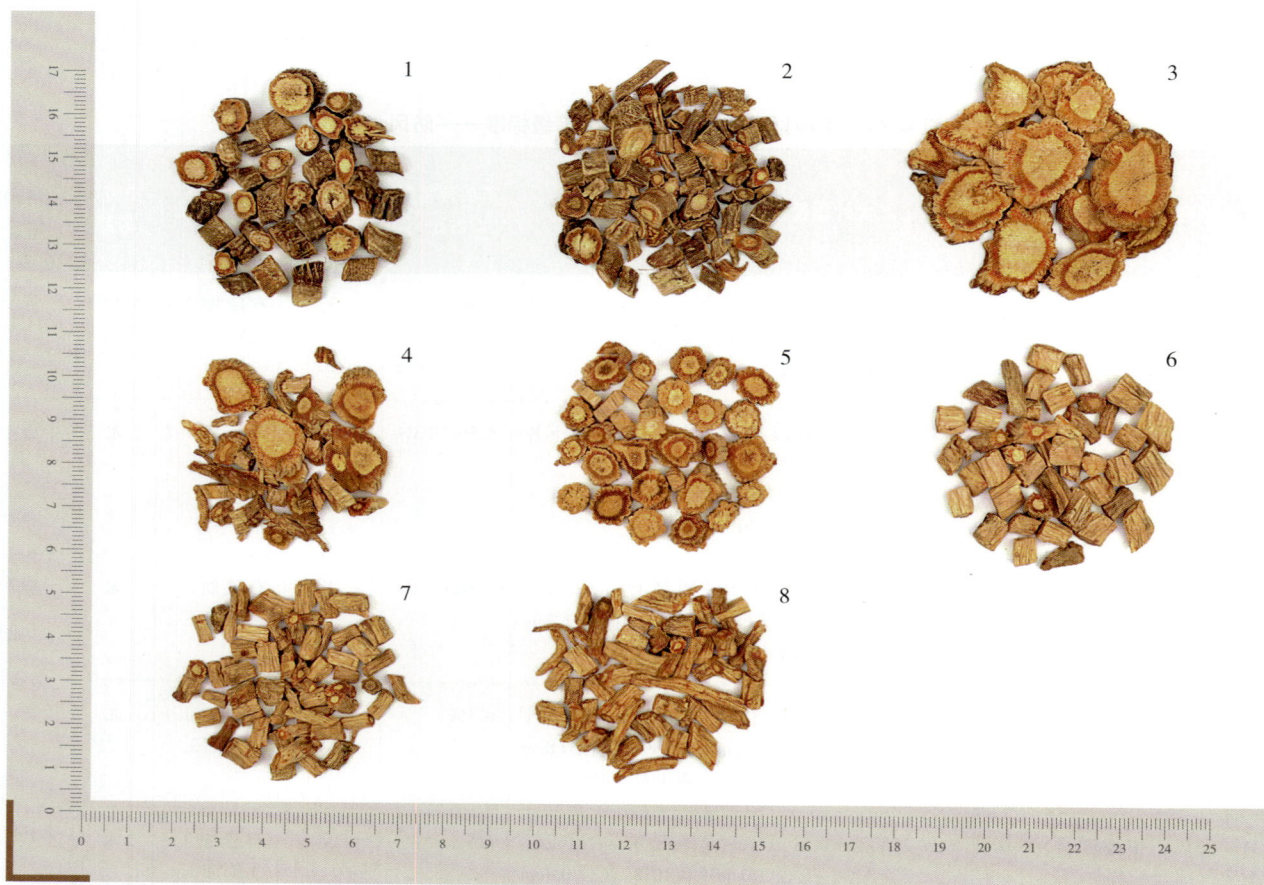

图 0043　防风商品部分规格图示

1. 野生关防风选段；2. 野生关防风统段；3. 秧播防风大选片 1.2；4. 秧播防风统片；5. 籽播防风选片 0.6；6. 籽播防风大选段 0.6~1.0；7. 籽播防风中选段 0.4~0.6；8. 籽播防风小统段

4.55　粉葛

4.55.1　基础数据

4.55.1.1　来源

本品为豆科植物甘葛藤 *Pueraria thomsonii* Benth. 的干燥根（《中国药典（2015 年版）》）。栽培，少量野生。一般栽培 1 年。秋、冬二季采挖，除去外皮，稍干，切成厚片，或用片切成丁，晒干或炕干。

4.55.1.2　产地

产于广西、江西、广东、贵州、云南。主产于广西藤县、江西宁都。

4.55.1.3　粉葛片

呈不规则的厚片，直径 3.0~16cm，厚度 0.8~2.0cm，外表面黄白色或淡棕色。切面白色、浅灰白色或灰白色，横切片的切面有时可见由纤维形成的灰白色同心性环纹，纵切片的切面可见由纤维形成的数条纵纹。体重，质硬，富粉性。气微，味微甜。

4.55.1.4　粉葛丁

呈不规则的立方丁，边长 0.9cm 左右，其余同粉葛片。

4.55.2　规格要素说明及名词解释

4.55.2.1　碎块、边丁

碎块为不规则、不带边皮的小块，由整块破碎形成，以体积小于整块一半为尺度。边丁为带边皮的丁。（图0044-5）

4.55.2.2　边皮片

切片时切出的一面带有外皮的粉葛片。

4.55.2.3　0.5cm以下碎末及灰渣

加工或运输中产生的碎末及灰渣，可用孔径0.5cm标准筛筛除。

4.55.2.4　含硫情况

无硫加工：一般是用柴火炕干或晒干，加工过程不熏硫，纤维性强，切面灰白色。无硫加工的货很少，一般需定制。

有硫加工：采收后，一般用熏硫来加速干燥；在流通中，商家为了防虫，增其粉性和改善颜色，也普遍熏硫。熏硫后切面为白色；熏硫较少的称为低硫，一般切面浅灰白色。

4.55.3　规格等级定义（表4-75）

4.55.3.1　粉葛无硫统片

用粉葛块切成片，无硫加工，切面灰白色，边皮片重量占比不超过20%，0.5cm以下碎末及灰渣重量占比不超过10%。（图0044-1）

4.55.3.2　粉葛无硫统丁

用粉葛块切成丁，无硫加工，切面灰白色的类方形丁块，碎块、边丁重量占比不超过60%，0.5cm以下碎末及灰渣重量占比不超过10%。（图0044-2）

4.55.3.3　粉葛中心片

用去除边皮的粉葛块切成的片，有硫加工，切面白色或浅灰白色，边皮片重量占比不超过5%，0.5cm以下碎末及灰渣重量占比不超过5%。

4.55.3.4　粉葛统片

粉葛切片，有硫加工，切面白色或浅灰白色，边皮片重量占比不超过20%，0.5cm以下碎片及灰沫重量占比不超过10%。

4.55.3.5　粉葛边片

粉葛切丁，有硫加工，带边皮的片，切面白色或浅灰白色，0.5cm以下碎片及灰沫重量占比不超过5%。

4.55.3.6　粉葛中心丁

用去除边皮的粉葛块切成的类方形丁块，有硫加工，切面白色或浅灰白色，碎块、边丁重量占比不超过3%，0.5cm以下碎片及灰沫重量占比不超过3%。（图0044-3）

4.55.3.7　粉葛统丁

用去除边皮的粉葛块切成的类方形丁块，有硫加工，切面白色或浅灰白色，碎块、边丁重量占比不超过60%，0.5cm以下碎片及灰沫重量占比不超过5%。（图0044-4）

表4-75　中药材商品电子交易规格等级标准——粉葛

序号	品名	规格名称	流通俗称	碎块、边丁重量占比	边皮片重量占比	0.5cm以下碎末和灰渣重量占比	含硫情况	虫蛀、霉变	干度
1	粉葛	粉葛无硫统片	无硫统片	——	≤20%/≤10%/≤5%	≤10%/≤5%/≤3%	无硫加工	无	干货
2	粉葛	粉葛无硫统丁	无硫统丁	≤60%/≤40%/≤20%	——	≤10%/≤5%/≤3%	无硫加工	无	干货

序号	品名	规格名称	流通俗称	碎块、边丁重量占比	边皮片重量占比	0.5cm 以下碎末和灰渣重量占比	含硫情况	虫蛀、霉变	干度
3	粉葛	粉葛中心片	有硫中心片	——	≤5/≤3%/≤1%	≤5%/≤3%/≤1%	有硫加工	无	干货
4	粉葛	粉葛统片	有硫统片	——	≤20%/≤10%/≤5%	≤10%/≤5%/≤3%	有硫加工	无	干货
5	粉葛	粉葛边片	有硫边片	——	——	≤5%/≤3%/≤1%	有硫加工	无	干货
6	粉葛	粉葛中心丁	有硫中心丁	≤3%/≤5%	——	≤3%/≤1%	有硫加工	无	干货
7	粉葛	粉葛统丁	有硫统丁	≤60%/≤40%/≤20%	——	≤5%/≤3%/≤1%	有硫加工	无	干货

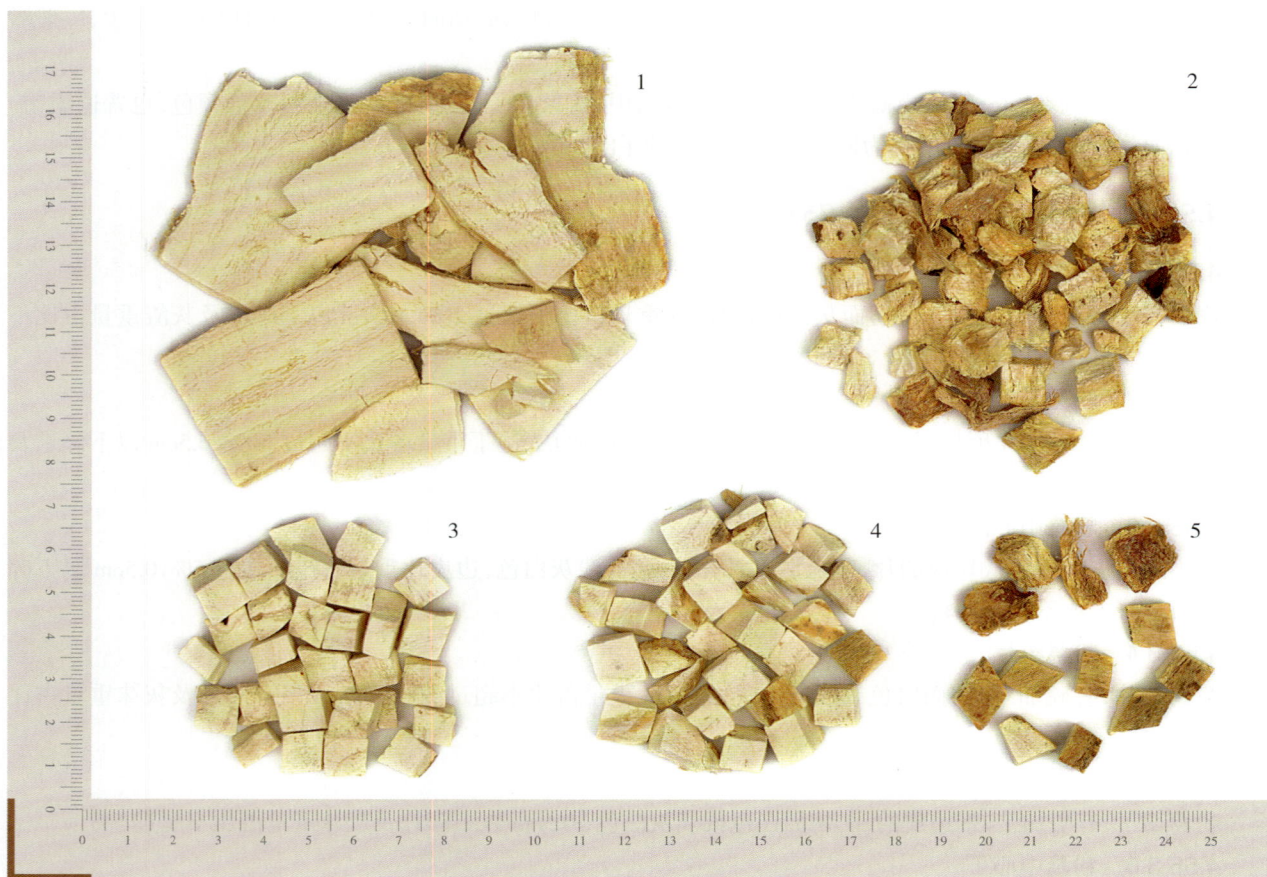

图 0044　粉葛商品部分规格图示
1. 粉葛无硫统片；2. 粉葛无硫统丁；3. 粉葛中心丁；4. 粉葛统丁；5. 粉葛"碎块、边丁"示例

4.56　佛手

4.56.1　基础数据

4.56.1.1　来源

本品为芸香科植物佛手 *Citrus medica* L. var. *sarcodactylis* Swingle 的干燥果实(《中国药典(2015 年版)》)。栽

培或野生,1年采收2次。春末或秋季果实尚未变黄或变黄时采收,纵切成厚片,晒干或低温干燥。

4.56.1.2　产地

产于广西、四川、广东、云南、贵州、浙江、福建等地。主产于广西永福、四川石棉、广东肇庆。

4.56.1.3　佛手片

类椭圆形或卵圆形片,常皱缩或卷曲,长 6.0~10cm,宽 3.0~7.0cm,厚 0.2~0.4cm。顶端稍宽,常有 3~5 个手指状的裂瓣,基部略窄,有的可见果梗痕。外皮青色、黄绿色或橙黄色,有皱纹和油点。切面浅黄白色,散有凹凸不平的线状或点状维管束。质硬而脆,受潮后柔韧。气香,味微甜后苦。

4.56.1.4　佛手丝

呈长条丝状,常皱缩或卷曲,长 6.0~10cm,宽 0.5~1.5cm,厚 0.2~0.4cm。

4.56.2　规格要素说明及名词解释

4.56.2.1　颜色

外皮黄色、切面白色的佛手称为"黄边白口",主要是产于广东、广西,也叫"广佛手"。外皮青色、切面白色的佛手称为"青边白口',主要产于四川、贵州和云南,也叫"川佛手"。

4.56.2.2　边皮

一侧为外皮的片称边皮。边皮越少越好,需切片后人工选出。

4.56.2.3　1.0cm 以下的碎片(丝)

佛手碎片或佛手碎丝,可用孔径 1.0cm 标准筛筛出。

4.56.2.4　黑片(丝)

人工炕干加工过程中炕黑的片(丝),存放过久的陈货也会出现黑片(丝)。黑片(丝)越少越好。

4.56.2.5　含硫情兄

无硫加工:风吹阴干或电热炕干佛手切面呈类白色或黄色。佛手大多为无硫加工。

有硫加工:佛手用燃煤热气炕干的过程中含硫,切面多呈白色。在流通过程中,也有商家为改善佛手颜色而熏硫。

4.56.3　规格等级定义(表 4-76)

4.56.3.1　广佛手选片

黄边白口,佛手片 手选去掉边皮、碎片和黑片。(图 0045-1)

4.56.3.2　广佛手统片

黄边白口或其他颜色,佛手片,1.0cm 以下的碎片重量占比不超过 2%,边皮重量占比不超过 10%,黑片重量占比不超过 2%。(图 0045-2)

4.56.3.3　广佛手花片

黑片比例较高,佛手片,质量较差。1.0cm 以下的碎片重量占比不超过 5%,黑片重量占比不超过 70%。

4.56.3.4　川佛手选片

青边白口,佛手片 手选去掉边皮、碎片和黑片。(图 0045-3)

4.56.3.5　川佛手统片

青边白口或其他颜色,佛手片 ,1.0cm 以下的碎片重量占比不超过 4%,边皮重量占比不超过 10%,黑片重量占比不超过 2%。(图 0045-4)

4.56.3.6　川佛手选丝

青边白口,佛手丝,手选,1.0cm 以下的碎丝重量占比不超过 1%,无黑丝。

4.56.3.7　川佛手统丝

青边白口或其他颜色,佛手丝,1.0cm 以下的碎丝重量占比不超过 5%,黑丝重量占比不超过 2%。

表 4-76　中药材商品电子交易规格等级标准——佛手

序号	品名	规格名称	流通俗称	颜色	1.0cm 以下的碎片（丝）重量占比	边皮重量占比	黑片（丝）重量占比	含硫情况	虫蛀、霉变	干度
1	佛手	广佛手选片	广佛手选片	黄边白口	无	无	无	有硫加工 / 无硫加工	无	干货
2	佛手	广佛手统片	广佛手统片	黄边白口 / 其他颜色	≤2%	≤10%/≤5%	≤2%	有硫加工 / 无硫加工	无	干货
3	佛手	广佛手花片	广佛手花片	黄边白口 / 其他颜色	≤5%	——	≤70%/≤50%	有硫加工 / 无硫加工	无	干货
4	佛手	川佛手选片	川佛手选片	青边白口	无	无	无	有硫加工 / 无硫加工	无	干货
5	佛手	川佛手统片	川佛手统片	青边白口 / 其他颜色	≤4%/≤2%	≤10%/≤5%	≤2%	有硫加工 / 无硫加工	无	干货
6	佛手	川佛手选丝	川佛手选丝	青边白口	≤1%	——	无	有硫加工 / 无硫加工	无	干货
7	佛手	川佛手统丝	川佛手统丝	青边白口 / 其他颜色	≤5%	——	≤2%	有硫加工 / 无硫加工	无	干货

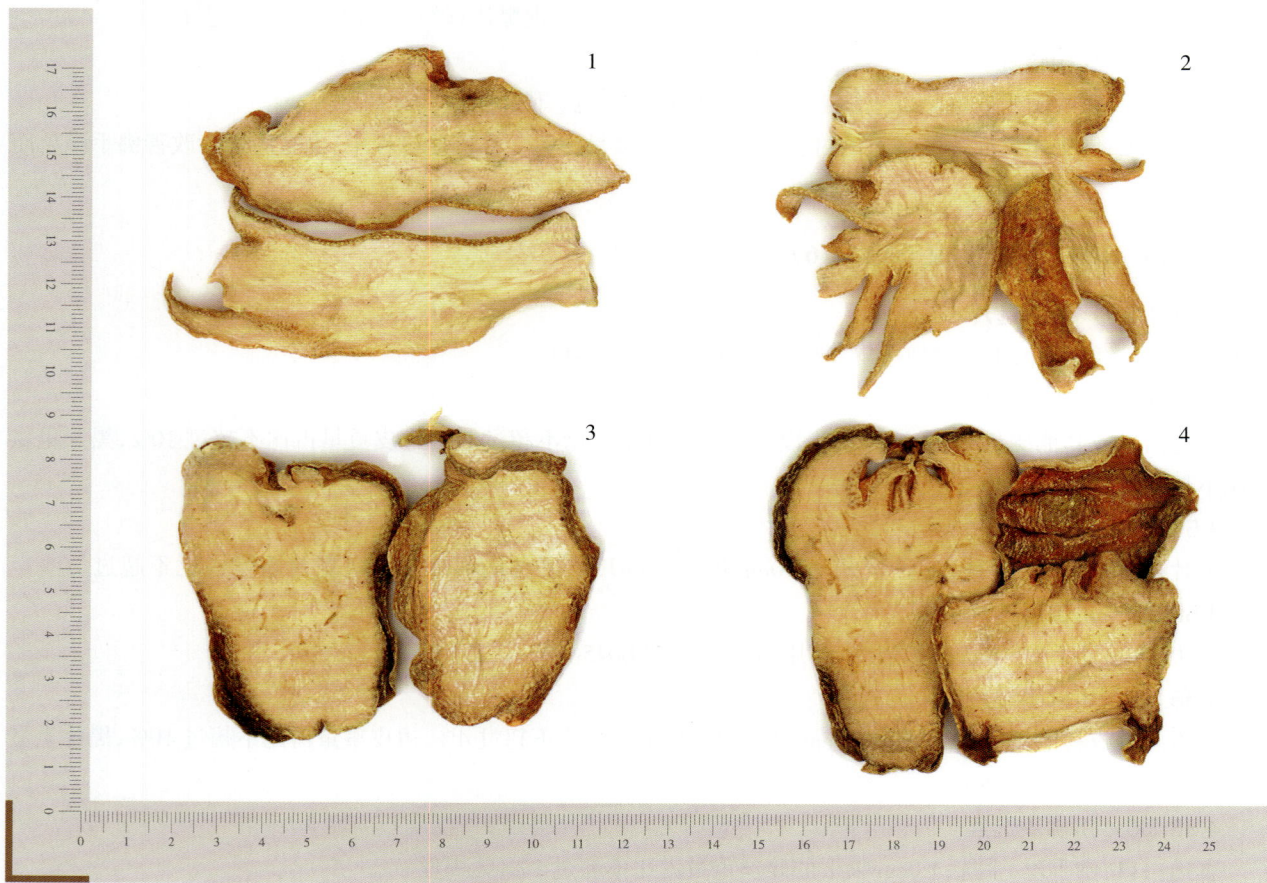

图 0045　佛手商品部分规格图示
1. 广佛手选片；2. 广佛手统片；3. 川佛手选片；4. 川佛手统片

4.57　茯苓

4.57.1　基础数据

4.57.1.1　来源

本品为多孔菌科真菌茯苓 *Poria cocos* (Schw.) Wolf 的干燥菌核(《中国药典(2015 年版)》)。野生或栽培,栽培为主,栽培 1 年,多于 7~9 月采挖。挖出后除去泥沙,将鲜茯苓按不同部位切制,刮去外皮后,常加工成丁、块、片、卷状,阴干,分别称为"茯苓丁""茯苓块""茯苓片"和"茯苓卷"。

4.57.1.2　产地

产于云南、湖北、安徽、湖南、四川、广西等地,主产于云南,湖北、安徽、湖南。不同产地的茯苓品质不同,加工习惯不同。云南为茯苓道地产区,主要包括丽江等地,云南出产的茯苓习称"云苓"。安徽、湖北交界的大别山区是茯苓的主产区,主要包括安徽金寨、岳西和湖北罗田、麻城等地。湖南靖州是茯苓的主要加工地和集散地。

4.57.1.3　茯苓丁

呈立方块状,边长 1.0cm 或 1.2cm,白色或略带棕红色。

4.57.1.4　茯苓块

呈立方块状或方块状厚片,大小不一。

4.57.1.5　茯苓片

刨片,多呈长条形 长 2.0~10cm,厚 0.1cm,少量碎片,不规则。平片呈类圆形,直径 3.0~12cm,厚 0.2~0.3cm。方片呈方形,长约 5.0cm,厚 0.2~0.5cm。

4.57.1.6　茯苓卷

呈卷筒状,长 15~20cm,直径约 2.5cm,厚 0.1cm。

4.57.2　规格要素说明及名词解释

4.57.2.1　加工方式

分为生切加工和蒸煮后熟切加工。生切加工是以鲜茯苓个切制后烘干,称为"生丁(片、块、卷)"。生丁(片、块、卷)质松、易破碎。熟切加工是鲜茯苓个经过蒸或煮后切制烘干,称为"熟丁(片、块、卷)"。熟丁(片、块、卷)质紧实。

4.57.2.2　白丁

茯苓近皮部多为棕红色,内部为白色,白色部分切制的丁切面全为白色,称为"白丁"。白丁比例越高,等级越高。

4.57.2.3　赤丁(块、片、卷)

表面颜色为棕红色的丁(块、片)。

4.57.2.4　边丁(块、片)

从茯苓个近皮的部分切成的丁(块、片),大多形状不规则。

4.57.2.5　碎块(片、卷)

茯苓易碎,在加工、存放、运输的过程中破碎后小于完整丁(块、片、卷)一半的可视为碎块(片、卷)。

4.57.2.6　夹沙丁、夹木屑丁、浸水丁

茯苓个夹杂少量白泥沙,切丁后形成夹沙丁。茯苓个夹杂少量的木屑,在切丁过程中未去除干净,形成夹木屑丁。茯苓个在蒸煮过程中经水浸入形成的,切丁后表面淡黄色,呈胶质,质硬。均为茯苓加工成丁过程中自然形成的,一般不超过 3%,高规格等级商品一般要拣除。

4.57.2.7　碎末

茯苓丁在加工、存放、运输的过程中易碎,产生少量的细颗粒以及碎末,一般用孔径 0.2cm 的筛子筛掉。

4.57.2.8 大小

茯苓丁一般有大小两种,大丁边长1.2cm左右,小丁边长1.0cm左右。

4.57.2.9 含硫情况

鲜茯苓个切制后用燃煤热气烘干,煤中含硫导致茯苓加工品微含硫。鲜茯苓个切制后用电烤干不含硫。含硫与否在茯苓外观上差别不明显。

4.57.3 规格等级定义(表4-77,表4-78,表4-79,表4-80)

4.57.3.1 云南茯苓正心白丁特级98%以上

产于云南,选取去皮较干净的茯苓个切丁,再拣除赤丁、边丁、碎块、夹沙丁、夹木屑丁、浸水丁,正白丁重量占比不低于98%,碎块重量占比不超过1%,无夹沙丁、夹木屑丁、浸水丁,无0.2cm以下碎末。(图0046A-1)

4.57.3.2 云南茯苓正心白丁一级

产于云南,选取去皮较干净的茯苓个切丁,正白丁比例不低于70%,赤丁重量占比不超过5%,边丁重量占比不超过2%,碎块重量占比不超过5%,夹沙丁、夹木屑丁、浸水丁重量占比不超过2%,0.2cm以下碎末重量占比不超过1%。(图0046A-2)

4.57.3.3 云南茯苓统白丁

产于云南,茯苓个切丁,未挑拣,正白丁比例不低于50%,赤丁重量占比不超过10%,边丁重量占比不超过10%,碎块重量占比不超过15%,0.2cm以下碎末重量占比不超过5%。(图0046A-3)

4.57.3.4 云南茯苓统丁

产于云南,茯苓个切丁,正白丁比例不低于30%,赤丁重量占比不超过20%,边丁重量占比不超过10%,碎块重量占比不超过20%,0.2cm以下碎末重量占比不超过5%。(图0046A-4)

4.57.3.5 云南茯苓等外丁

产于云南,主要为赤色、边丁、碎丁的茯苓丁,0.2cm以下碎末重量占比不超过10%。(图0046A-5)

4.57.3.6 茯苓正心丁98%以上

产于安徽、湖北或湖南,其余同4.57.3.1。(图0046A-6)

4.57.3.7 茯苓纯白丁

产于安徽、湖北或湖南,其余同4.57.3.2。(图0046A-7)

4.57.3.8 茯苓中丁

产于安徽、湖北或湖南,其余同4.57.3.3。

4.57.3.9 茯苓统丁

产于安徽、湖北或湖南,其余同4.57.3.4。(图0046A-8)

4.57.3.10 茯苓边丁

茯苓个近外皮的部分切成的丁。

4.57.3.11 茯苓赤丁

切面颜色为棕红色的茯苓丁。(图0046A-9)

4.57.3.12 茯苓纯白块

选取去皮较干净的茯苓个切块,挑选出切面全为白色的茯苓块,无赤块、带边皮块,碎块重量占比不超过5%,0.2cm以下碎末重量占比不超过3%。

4.57.3.13 茯苓统块

茯苓个切块,主要为白色块,赤色块重量占比不超过5%,带边皮块重量占比不低于70%,碎块重量占比不超过5%,0.2cm以下碎末重量占比不超过5%。

4.57.3.14 茯苓刨片选货

茯苓个通过刨切加工而成,厚度在0.1~0.2cm之间较完整的茯苓片,无带边皮片,赤片重量占比不超过1%,

碎片重量占比不超过 5%,0.2cm 以下碎末重量占比不超过 2%。(图 0046B-3)

4.57.3.15　茯苓刨片碎货

茯苓个通过刨切加工而成,厚度在 0.1~0.2cm 之间多破碎的茯苓片,无带边皮片,赤片重量占比不超过 1%,碎片重量占比不超过 5%,0.2cm 以下碎末重量占比不超过 5%。(图 0046B-6)

4.57.3.16　茯苓平片 10.0 以上

茯苓个通过平切而成,呈类圆形,宽在 10cm 以上的的茯苓片,无带边皮片,赤片重量占比不超过 1%,碎片重量占比不超过 5%,0.2cm 以下碎末重量占比不超过 2%。(图 0046B-2)

4.57.3.17　茯苓平片二级 5.0~8.0

直径在 5.0~8.0cm,其余同 4.57.3.16。

4.57.3.18　茯苓平片三级 3.0~5.0

直径在 3.0~5.0cm,其余同 4.57.3.16。(图 0046B-5)

4.57.3.19　茯苓选片

茯苓个切成方形片,赤片重量占比不超过 1%,带边皮片比例不超过 2%,碎片重量占比不超过 2%,0.2cm 以下碎末重量占比不超过 2%。

4.57.3.20　茯苓统片

茯苓个切成方形片,赤片重量占比不超过 1%,带边皮片比例不超过 70%,碎片重量占比不超过 2%,0.2cm 以下碎末重量占比不超过 5%。

4.57.3.21　茯苓卷精选

茯苓个切削成卷,无边皮,赤卷重量占比不超过 1%,碎卷重量占比不超过 2%,0.2cm 以下碎末重量占比不超过 2%。(图 0046B-1)

4.57.3.22　茯苓卷毛选

茯苓个切制成卷,赤卷重量占比不超过 5%,边皮比例不超过 5%,碎卷重量占比不超过 2%,0.2cm 以下碎末重量占比不超过 2%。

4.57.3.23　茯苓卷碎卷

茯苓个切制成卷,赤卷重量占比不超过 5%,边皮比例不超过 5%,碎卷重量占比不超过 90%,0.2cm 以下碎末重量占比不超过 5%。(图 0046B-4)

表 4-77　中药材商品电子交易规格等级标准——茯苓

序号	品名	规格名称	流通俗称	产地	加工方式	大小/cm	正白丁重量占比	赤丁重量占比	边丁重量占比	碎块重量占比	夹沙丁、夹木屑丁、浸水丁重量占比	0.2cm以下碎末重量占比	虫蛀、霉变	干度
1	茯苓	云南茯苓正心白丁特级98%以上	正心白丁特级	云南	生丁/熟丁	1.0×1.0/1.2×1.2	≥98%	无	无	≤1%	无	无	无	干货
2	茯苓	云南茯苓正心白丁一级	正心白丁一级	云南	生丁/熟丁	1.0×1.0/1.2×1.2	≥70%/≥80%/≥90%	≤5%/≤2%	≤2%	≤5%	≤2%	≤1%	无	干货
3	茯苓	云南茯苓统白丁	一刀切统丁	云南	生丁/熟丁	1.0×1.0/1.2×1.2	≥50%/≥60%	≤10%/≤5%	≤10%/≤5%	≤15%/≤10%	——	≤5%/≤2%	无	干货
4	茯苓	云南茯苓统丁	统丁	云南	生丁/熟丁	1.0×1.0/1.2×1.2	≥30%	≤20%	≤10%/≤5%	≤20%/≤10%	——	≤5%/≤2%	无	干货

序号	品名	规格名称	流通俗称	产地	加工方式	大小 /cm	正白丁重量占比	赤丁重量占比	边丁重量占比	碎块重量占比	夹沙丁、夹木屑丁、浸水丁重量占比	0.2cm以下碎末重量占比	虫蛀、霉变	干度
5	茯苓	云南茯苓等外丁	等外	云南	生丁 /熟丁	——	——	——	——	——	——	≤10%/≤5%	无	干货
6	茯苓	茯苓正心丁98%以上	正心丁	安徽、湖北或湖南	生丁 /熟丁	0.8×0.8/1.0×1.0/1.2×1.2	≥98%	无	无	≤1%	无	无	无	干货
7	茯苓	茯苓纯白丁	纯白丁	安徽、湖北或湖南	生丁 /熟丁	0.8×0.8/1.0×1.0/1.2×1.2	≥70%/≥80%/≥90%	≤5%/≤2%	≤2%	≤5%	≤2%	≤1%	无	干货
8	茯苓	茯苓中丁	中丁	安徽、湖北或湖南	生丁 /熟丁	0.8×0.8/1.0×1.0/1.2×1.2	≥50%/≥60%	≤10%/≤5%	≤10%/≤5%	≤15%/≤10%	——	≤5%/≤2%	无	干货
9	茯苓	茯苓统丁	统丁	安徽、湖北或湖南	生丁 /熟丁	0.8×0.8/1.0×1.0/1.2×1.2	≥30%	≤20%	≤10%/≤5%	≤20%/≤10%	——	≤5%/≤2%	无	干货
10	茯苓	茯苓边丁	边丁	安徽、湖北或湖南	生丁 /熟丁	——	——	——	全部	——	——	≤8%/≤5%	无	干货
11	茯苓	茯苓赤丁	赤丁	安徽、湖北或湖南	生丁 /熟丁	——	——	全部	——	——	——	≤8%/≤5%	无	干货

表 4-78 中药材商品电子交易规格等级标准——茯苓（续）

序号	品名	规格名称	流通俗称	产地	加工方式	厚度 /cm	赤块重量占比	带边皮块重量占比	碎块重量占比	0.2cm以下灰末重量占比	虫蛀、霉变	干度
12	茯苓	茯苓纯白块	纯白块	云南、安徽、湖北或湖南	生块 /熟块	1.0~1.2	无	无	≤5%/≤1%	≤3%	无	干货
13	茯苓	茯苓统块	统块	云南、安徽、湖北或湖南	生块 /熟块	1.0~1.2	≤5%	≤70%/≤50%/≤30%	≤5%/≤1%	≤5%	无	干货

表 4-79 中药材商品电子交易规格等级标准——茯苓（续）

序号	品名	规格名称	流通俗称	产地	加工方式	宽 /cm	厚度 /cm	赤片重量占比	带边皮片重量占比	碎片重量占比	0.2cm以下灰末重量占比	虫蛀、霉变	干度
14	茯苓	茯苓刨片选货	刨片	云南或湖南	生片 /熟片	——	0.1	≤1%/无	无	≤5%/≤2%	≤2%	无	干货
15	茯苓	茯苓刨片碎货	刨片碎	云南或湖南	生片 /熟片	——	0.1	≤10%/≤5%	无	≤90%/≤70%	≤5%	无	干货
16	茯苓	茯苓平片10.0以上	平片一级	云南或湖南	生片 /熟片	≥10	0.2~0.3	≤1%/无	无	≤5%/≤2%	≤2%	无	干货
17	茯苓	茯苓平片二级5.0~8.0	平片二级	云南或湖南	生片 /熟片	5.0~8.0	0.2~0.3	≤1%/无	无	≤5%/≤2%	≤2%	无	干货

序号	品名	规格名称	流通俗称	产地	加工方式	宽/cm	厚度/cm	赤片重量占比	带边皮片重量占比	碎片重量占比	0.2cm以下灰末重量占比	虫蛀、霉变	干度
18	茯苓	茯苓平片三级3.0~5.0	平片三级	云南或湖南	生片/熟片	3.0~5.0	0.2~0.3	≤1%/无	无	≤5%	≤2%	无	干货
19	茯苓	茯苓选片	方片选片	云南或湖南	生片/熟片	5.0左右	0.2~0.5	≤1%/无	≤2%/无	≤2%/无	≤2%	无	干货
20	茯苓	茯苓统片	方片统货	云南或湖南	生片/熟片	5.0左右	0.2~0.5	≤1%/无	≤70%/≤50%/≤30%	≤2%/无	≤5%	无	干货

表 4-80　中药材商品电子交易规格等级标准——茯苓（续）

序号	品名	规格名称	流通俗称	产地	赤卷重量占比	边皮重量占比	碎卷重量占比	0.2cm以下灰末重量占比	虫蛀、霉变	干度
21	茯苓	茯苓卷精选	精品卷苓	湖南或云南	≤1%/无	无	≤2%/无	≤2%	无	干货
22	茯苓	茯苓卷毛选	毛卷苓	湖南或云南	≤5%/≤2%	≤5%/≤2%	≤2%/无	≤2%	无	干货
23	茯苓	茯苓卷碎卷	碎卷苓	湖南或云南	≤5%	≤5%	≤90%/≤70%	≤5%	无	干货

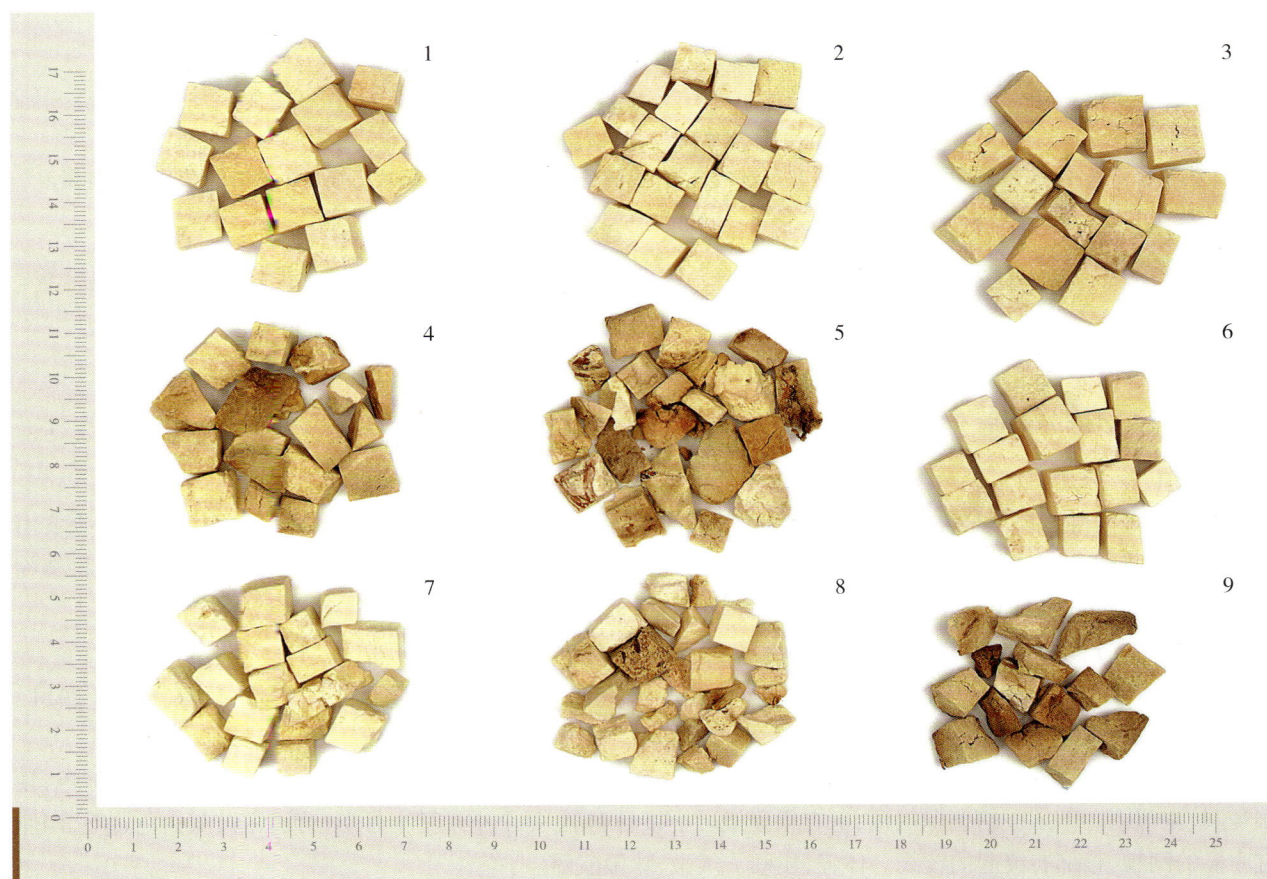

图 0046A　茯苓（丁）商品部分规格图示

1. 云南茯苓正心白丁特级98%以上；2. 云南茯苓正心白丁一级；3. 云南茯苓统白丁；4. 云南茯苓统丁；5. 云南茯苓等外丁；
6. 茯苓正心丁98%以上；7. 茯苓纯白丁；8. 茯苓统丁；9. 茯苓赤丁

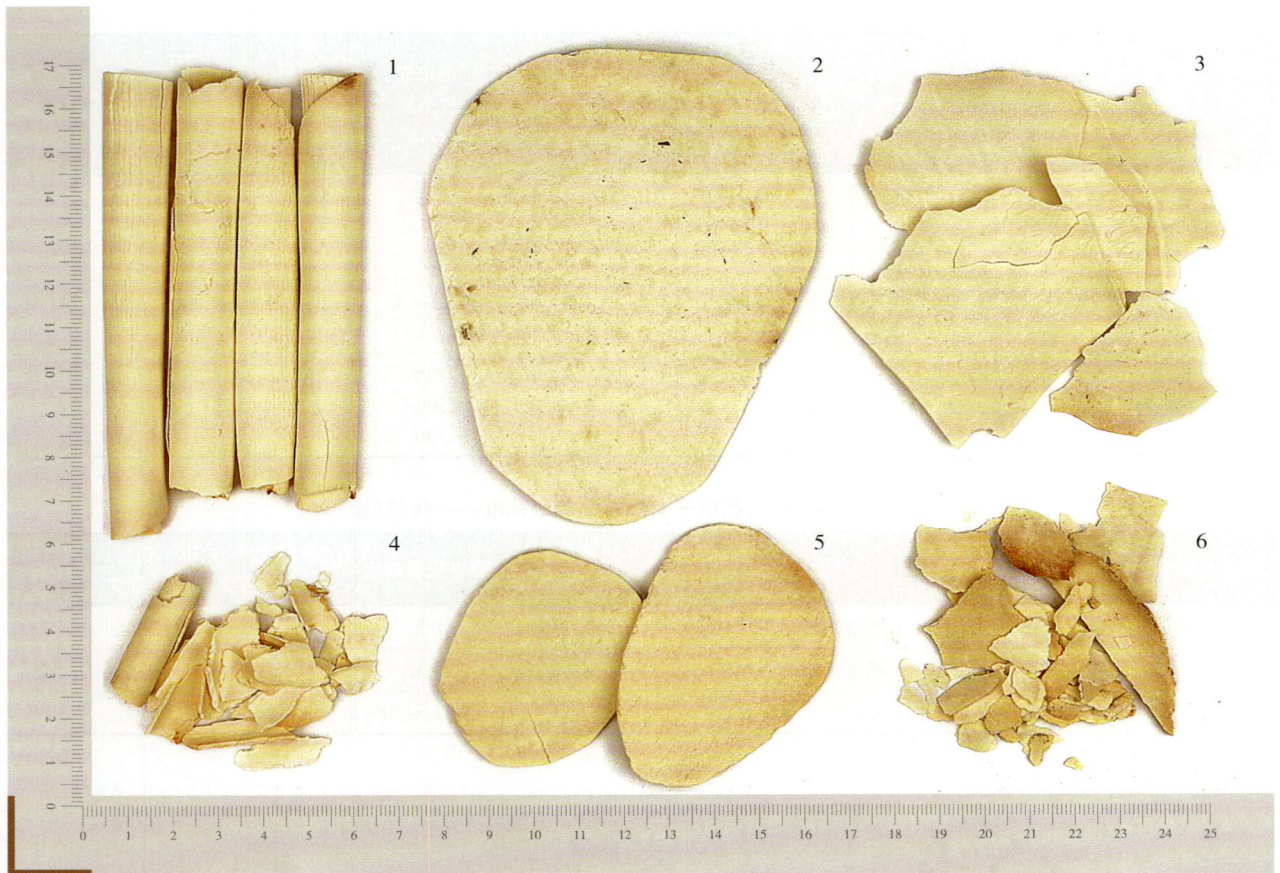

图 0046B　茯苓（卷 / 片）商品部分规格图示

1. 茯苓卷精选；2. 茯苓平片 10.0 以上；3. 茯苓刨片选货；4. 茯苓卷碎卷；5. 茯苓平片三级 3.0~5.0；6. 茯苓刨片碎货

4.58　覆盆子

4.58.1　基础数据

4.58.1.1　来源

本品为蔷薇科植物华东覆盆子 *Rubus chingii* Hu 的干燥果实（《中国药典（2015 年版）》）。野生。夏初果实由绿变绿黄时采收，除去梗、叶，晒干或置沸水中略烫后晒干。山莓覆盆子的商品称"四川覆盆子"，为蔷薇科植物山莓 *Rubus corchorifolius* L. f. 的干燥果实（《湖南省中药材标准（2009 年版）》）。

4.58.1.2　产地

覆盆子产于浙江、江苏、安徽、福建、江西等地，主产于浙江。四川覆盆子产于四川、贵州、湖南，主产于四川。

4.58.1.3　覆盆子

由多数小果形成的浆合果，呈圆锥形或扁圆锥形，高 0.6~1.3cm，直径 0.5~1.2cm。表面黄绿色或淡棕色，顶端钝圆，基部中心凹入。宿萼棕褐色，下有果梗痕。小果易剥落，每个小果呈半月形，背面密被灰白色茸毛，两侧有明显的网纹，腹部有突起的棱线。体轻，质硬。气微，味微酸涩。

4.58.1.4　四川覆盆子

呈长圆锥形或半球形，高 0.5~1.0cm，直径 0.4~0.8cm。表面密被灰白色茸毛。宿萼黄绿色或淡棕色，5 裂，裂片先端反折。基部着生极多棕色花丝。果柄细长或留有残痕。小果易剥落，半月形，长约 0.2cm，宽约 0.1cm。

4.58.2　规格要素说明及名词解释

4.58.2.1　带果柄粒

在采收时易附带长短不一的果柄,干燥后果柄未脱落。(图 0047-6)

4.58.2.2　果柄、碎粒、灰末

干燥后的果柄质脆,在加工、贮存、运输过程易断落。覆盆子在加工、贮存、运输过程掉落的少量小核果,为"碎粒"。晒干的覆盆子在贮存、运输过程掉落的细末为"灰末"。果柄、碎粒、灰末一般用孔径 0.3cm 的筛子筛除,未除尽果柄辅以人工拣除。

4.58.2.3　红色粒

覆盆子应在未成熟时采收,干燥后表面黄绿色或淡棕色。成熟果实干燥后表面多为浅红色,称为"红色粒",越少越好。

4.58.3　规格等级定义(表 4-81)

4.58.3.1　覆盆子精选货 0.8 以上

覆盆子,用孔径 0.8cm 筛子筛选,直径 0.8cm 以上的粒不低于 95%,带果柄粒重量占比不超过 1%,无红色粒,无果柄及 0.3cm 以下碎粒、灰末。(图 0047-1)

4.58.3.2　覆盆子选货

覆盆子,未经筛选,直径 0.8cm 以上的粒不低于 70%,带果柄粒不超过 5%,红色粒不超过 5%,无果柄及 0.3cm 以下碎粒、灰末。(图 0047-2)

4.58.3.3　覆盆子统货

覆盆子,未经筛选,直径 0.8cm 以上的粒不低于 60%,带果柄粒不超过 10%,红色粒不超过 8%,果柄及 0.3cm 以下碎粒、灰末重量占比不超过 3%。(图 0047-3)

4.58.3.4　四川覆盆子选货

四川覆盆子,带果柄粒不超过 5%,果柄及 0.3cm 以下碎粒、灰末重量占比不超过 3%。(图 0047-4)

4.58.3.5　四川覆盆子统货

四川覆盆子,带果柄粒不超过 15%,果柄及 0.3cm 以下碎粒、灰末重量占比不超过 5%。(图 0047-5)

表 4-81　中药材商品电子交易规格等级标准——覆盆子

序号	品名	规格名称	流通俗称	产地	直径 0.8cm 以上粒重量占比	带果柄粒重量占比	红色粒重量占比	果柄及 0.3cm 以下碎粒、灰末重量占比	虫蛀、霉变	干度
1	覆盆子	覆盆子精选货 0.8 以上	精选	浙江及其他华东地区	≥95%	≤1%	无	无	无	干货
2	覆盆子	覆盆子选货	毛选	浙江及其他华东地区	≥70%	≤5%/≤1%	≤5%	无	无	干货
3	覆盆子	覆盆子统货	统货	浙江及其他华东地区	≥60%/≥70%	≤10%/≤5%	≤8%	≤3%/≤1%	无	干货
4	覆盆子	四川覆盆子选货	选货	四川及其他西南华中地区	——	≤5%	——	≤3%/≤1%	无	干货
5	覆盆子	四川覆盆子统货	统货	四川及其他西南华中地区	——	≤15%/≤10%	——	≤5%/≤3%	无	干货

图 0047　覆盆子商品部分规格图示

1. 覆盆子精选货 0.8 以上；2. 覆盆子选货；3. 覆盆子统货；4. 四川覆盆子选货；5. 四川覆盆子统货；6. 覆盆子"带果柄粒"示例

4.59　甘草

4.59.1　基础数据

4.59.1.1　来源

本品为豆科植物甘草 *Glycyrrhiza uralensis* Fisch.、胀果甘草 *Glycyrrhiza inflata* Bat. 或光果甘草 *Glycyrrhiza glabra* L. 的干燥根和根茎（《中国药典（2015 年版）》）。栽培或野生，栽培 2~4 年。春、秋二季采挖，除去须根，晒干。

4.59.1.2　产地

产于内蒙古、甘肃、新疆、宁夏、山西及中亚等地，主产于内蒙古赤峰、甘肃陇西、张掖、新疆南疆，也大量从中亚进口。甘草产地分布较广，其中内蒙古、甘肃多出产甘草，新疆多出产胀果甘草和光果甘草。野生甘草主要分布于内蒙古、新疆和中亚地区。栽培甘草主要分布于甘肃、宁夏和新疆。

4.59.1.3　甘草

根呈圆柱形，长 25~100cm，直径 0.6~3.5cm。外皮松紧不一。表面红棕色、灰棕色或灰褐色，具显著的纵皱纹、沟纹、皮孔及稀疏的细根痕。质坚实，断面黄白色，粉性略显纤维性或纤维性，形成层环明显，射线放射状，有的有裂隙。根茎呈圆柱形，表面有芽痕，断面中部有髓。

4.59.1.4　甘草片

甘草原药除去杂质、洗净、润透、切厚片、干燥。呈类圆形厚片，直径 0.4~2.0cm，厚 0.2~0.3cm。

4.59.2　规格要素说明及名词解释

4.59.2.1　野生/家种

野生甘草生长多在 4 年以上，根条纤维性强，质较松，断面有裂隙。栽培甘草多为 2~3 年生，断面密实。

4.59.2.2　颜色

甘草外皮颜色为红棕色，胀果甘草和光果甘草外皮颜色为灰棕色或灰褐色。另外，生长地盐碱性较重的甘草外皮颜色也绞深。

4.59.2.3　根顶端直径

甘草原药尺寸以顶端直径来衡量。

4.59.2.4　芦头

甘草附带的根结的部位。

4.59.2.5　形态

野生甘草类圆柱形、细长弯曲，分叉较多；栽培甘草为圆柱形，条粗体长，分叉较少。

4.59.2.6　黑芯草

生长于盐碱地受盐碱浸透，或因贮存时干度不够沤黑所致，断面棕褐色。

4.59.2.7　须根

甘草主根或支根上的细根。

4.59.2.8　甘草片直径

在市场流通中一般认为片的直径越大，质量越好。加工时多会选直径较接近的根条切片，然后过筛筛选分级。

4.59.2.9　芦头片、残次片

芦头片为地上茎与地下根的结合部位，指标成分含量较低。残次片为加工过程中，机器切裂或切碎的片，片形多不完整。

4.59.2.10　裂隙片

甘草片木部与皮部脱离形成裂缝的片，一般高等级的甘草片中要求无裂隙片。

4.59.2.11　含硫情况

甘草切片后多会用煤炕干，含微量硫；晒干者则无硫。

4.59.3　规格等级定义（表 4-82，表 4-83）

4.59.3.1　野生甘草一等

野生甘草，顶端直径不低于 1.5cm，芦头长 20cm 以上的甘草重量占比不超过 5%，无分叉，无须根，无 0.2cm 以下碎末。

4.59.3.2　野生甘草二等

野生甘草，顶端直径不低于 1.0cm，芦头长 20cm 以上的甘草重量占比不超过 10%，无分叉，无须根，无 0.2cm 以下碎末。

4.59.3.3　野生甘草三等

野生甘草，顶端直径不低于 0.5cm，有分叉，须根重量占比不超过 5%，无 0.2cm 以下碎末。

4.59.3.4　野生甘草毛草

野生甘草，顶端直径不低于 0.5cm，形状不限，0.2cm 以下碎末重量占比不超过 1%。

4.59.3.5　家种甘草一等

家种甘草，顶端直径不低于 2.5cm，黑芯草重量占比不超过 5%，无须根，无 0.2cm 以下碎末。

4.59.3.6　家种甘草二等

家种甘草,顶端直径不低于 1.5cm,黑芯草重量占比不超过 10%,无须根,无 0.2cm 以下碎末。

4.59.3.7　家种甘草三等

家种甘草,顶端直径不低于 1.0cm,黑芯草重量占比不超过 10%,无须根。

4.59.3.8　家种甘草四等

家种甘草,顶端直径不低于 0.7cm,须根重量占比不超过 10%,无 0.2cm 以下碎末。

4.59.3.9　家种甘草毛草

家种甘草,顶端直径不低于 0.5cm,形状不限,0.2cm 以下碎末重量占比不超过 1%。

4.59.3.10　甘草精选片 1.0~1.4

选根条均匀的红皮甘草除去芦头后切片,过孔径 1.4cm 和 1.0cm 的筛,筛去大片和小片,手工选去裂隙片。外皮红棕色,1.6cm 以上片重量占比不超过 5%,1.2cm 以下片重量占比不超过 5%,芦头、残次片重量占比不超过 4%,裂隙片重量占比不超过 5%。(图 0048-1)

4.59.3.11　甘草大选片 1.8 以上

选大条甘草除去部分芦头后切片,过孔径 1.8cm 的筛,1.8cm 以上片重量占比不低于 90%,1.6cm 以下片重量占比不超过 3%,芦头、残次片重量占比不超过 15%。(图 0048-2)

4.59.3.12　甘草中选片 1.2~1.8

选根条较均匀的甘草除去部分芦头后切片,过孔径 1.2cm 和 1.8cm 的筛,筛去大片和小片。1.6cm 以上片重量占比不低于 40%,1.2cm 以下片重量占比不超过 5%,芦头、残次片重量占比不超过 18%。(图 0048-3)

4.59.3.13　甘草小选片 0.6~1.2

选根条较均匀的甘草小条,除去部分芦头后切片,过孔径 0.6~0.8cm 的筛和孔径为 1.2cm 的筛,筛去大片和小片。1.0cm 以上片重量占比不低于 20%,0.6cm 以下片重量占比不超过 10%,芦头、残次片重量占比不超过 10%。(图 0048-4)

4.59.3.14　甘草统片

甘草统条切片,1.0cm 以上片重量占比不低于 10%,0.6cm 以下片重量占比不超过 30%。(图 0048-5)

4.59.3.15　甘草小统片 0.6 以下

甘草小条切片,过孔径 0.2cm 的筛,筛去灰沫,0.3cm 以下片不超过 20%。(图 0048-6)

表 4-82　中药材商品电子交易规格等级标准——甘草

序号	品名	规格名称	流通俗称	产地	野生/家种	外皮颜色	形态	根顶端直径/cm	芦头20cm以上的甘草重量占比	黑芯草重量占比	有无须根	0.2cm以下碎末重量占比	含硫情况	虫蛀、霉变	干度
1	甘草	野生甘草一等	野生甘草甲级	内蒙古/甘肃/新疆/其他	野生	红棕色/灰棕色/灰褐色	类圆柱形,无分叉	≥1.5	≤5%/≤3%/≤1%	——	无	无	有硫加工/无硫加工	无	干货
2	甘草	野生甘草二等	野生甘草乙级	内蒙古/甘肃/新疆/其他	野生	红棕色/灰棕色/灰褐色	类圆柱形,无分叉	≥1.0	≤10%/≤5%	——	无	无	有硫加工/无硫加工	无	干货
3	甘草	野生甘草三等	野生甘草丙级	内蒙古/甘肃/新疆/其他	野生	红棕色/灰棕色/灰褐色	类圆柱形,有分叉	≥0.5	——	——	≤5%/≤3%	无	有硫加工/无硫加工	无	干货

续表

序号	品名	规格名称	流通俗称	产地	野生/家种	外皮颜色	形态	根顶端直径/cm	芦头20cm以上的甘草重量占比	黑芯草重量占比	有无须根	0.2cm以下碎末重量占比	含硫情况	虫蛀、霉变	干度
4	甘草	野生甘草毛草	野生甘草毛草	内蒙古/甘肃/新疆/其他	野生	红棕色/灰棕色/灰褐色	类圆柱形,弯曲	≥0.5	无	——	——	≤1%	有硫加工/无硫加工	无	干货
5	甘草	甘草一等	甘草甲级	内蒙古/甘肃/新疆/其他	家种	红棕色/灰棕色/灰褐色	圆柱形,条直	≥2.5	——	≤5%/≤3%	无	无	有硫加工/无硫加工	无	干货
6	甘草	甘草二等	甘草乙级	内蒙古/甘肃/新疆/其他	家种	红棕色/灰棕色/灰褐色	圆柱形,条直	≥1.5	——	≤10%	无	无	有硫加工/无硫加工	无	干货
7	甘草	甘草三等	甘草丙级	内蒙古/甘肃/新疆/其他	家种	红棕色/灰棕色/灰褐色	圆柱形,条直	≥1.0	——	≤10%	无	无	有硫加工/无硫加工	无	干货
8	甘草	甘草四等	甘草丁级	内蒙古/甘肃/新疆/其他	家种	红棕色/灰棕色/灰褐色	圆柱形,条直	≥0.7	——	≤10%/≤5%	无	无	有硫加工/无硫加工	无	干货
9	甘草	甘草毛草	甘草毛草	内蒙古/甘肃/新疆/其他	家种	红棕色/灰棕色/灰褐色	圆柱形,弯曲	≥0.5	——	——	无	≤1%	有硫加工/无硫加工	无	干货

表 4-83　中药材商品电子交易规格等级标准——甘草(续)

序号	品名	规格名称	流通俗称	产地	野生/家种	颜色	大片重量占比	小片重量占比	芦头、残次片重量占比	裂隙片重量占比	含硫情况	虫蛀、霉变	干度
10	甘草	甘草精选片1.0~1.4	1.0~1.4手选圆片	内蒙古、甘肃、新疆及其他地区	家种/野生	红棕色	1.6cm 以上片≤5%	1.2cm 以下片≤5%	≤4%/≤2%	≤5%	有硫加工/无硫加工	无	干货
11	甘草	甘草大选片1.8以上	1.8 以上大圆片	内蒙古、甘肃、新疆及其他地区	家种/野生	红棕色/灰棕色/灰褐色	1.8cm 以上片≥90%/≥95%	1.6cm 以下片≤3%	≤15%/10%	——	有硫加工/无硫加工	无	干货
12	甘草	甘草中选片1.2~1.8	1.2~1.8圆片	内蒙古、甘肃、新疆及其他地区	家种/野生	红棕色/灰棕色/灰褐色	1.6cm 以上片≥40%/1.6cm 以上片≥60%/1.6cm 以上片≥80%	1.2cm 以下片≤5%	≤18%/≤10%	——	有硫加工/无硫加工	无	干货

续表

序号	品名	规格名称	流通俗称	产地	野生/家种	颜色	大片重量占比	小片重量占比	芦头、残次片重量占比	裂隙片重量占比	含硫情况	虫蛀、霉变	干度
13	甘草	甘草小选片0.6~1.2	0.6~1.2圆片	内蒙古、甘肃、新疆及其他地区	家种/野生	红棕色/灰棕色/灰褐色	1.0cm以上片≥20%/1.0cm以上片≥40%/1.0cm以上片≥60%/1.0cm以上片≥80%	0.6cm以下片≤10%/0.6cm以下片≤5%	10%/≤5%	—	有硫加工/无硫加工	无	干货
14	甘草	甘草统片	统货	内蒙古、甘肃、新疆及其他地区	家种/野生	红棕色/灰棕色/灰褐色	1.0cm以上片≥10%	0.6cm以下片≤30%/0.6cm以下片≤50%	—	—	有硫加工/无硫加工	无	干货
15	甘草	甘草小统片0.6以下	0.6以下圆片	内蒙古、甘肃、新疆及其他地区	家种/野生	红棕色/灰棕色/灰褐色	—	0.3cm以下片≤20%/0.3cm以下片≤10%	—	—	有硫加工/无硫加工	无	干货

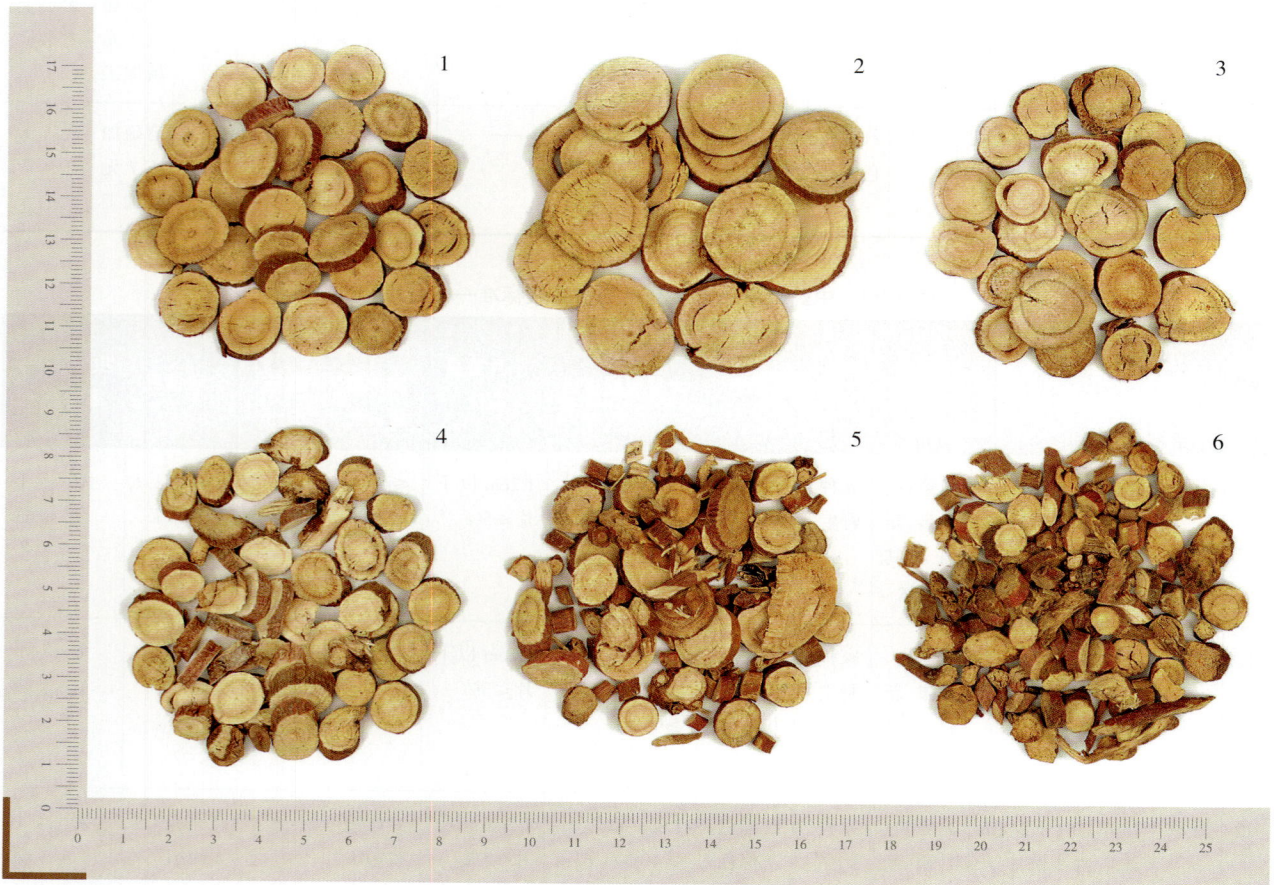

图 0048　甘草商品部分规格图示

1. 甘草精选片 1.0~1.4;2. 甘草大选片 1.8 以上;3. 甘草中选片 1.2~1.8;4. 甘草小选片 0.6~1.2;5. 甘草统片;6. 甘草小统片 0.6 以下

4.60　干姜

4.60.1　基础数据

4.60.1.1　来源

本品为姜科植物姜 *Zingiber offcinale* Rosc. 的干燥根茎(《中国药典(2015 年版)》)。栽培 1 年。冬季采挖,除去须根和泥沙,晒干或低温干燥。或者趁鲜切片晒干或低温干燥。产于四川乐山的称为"筠姜",产于云南和贵州的称为"粉姜"。

4.60.1.2　产地

全国均产,主产于四川乐山、云南、贵州。

4.60.1.3　筠姜

四川传统老产区用当地特有老灶炕循环炕干的无硫干姜,一般八斤鲜姜炕一斤干姜。呈扁平块状,具指状分枝,长 3~7cm,厚 1~2cm。表面灰黄色或浅灰棕色,粗糙,具纵皱纹和明显的环节。分枝处常有鳞叶残存,分枝顶端有茎痕或芽。质坚实,断面黄褐色,角质样,不具纤维性,内皮层环纹不明显。气香、特异,味辛辣。

4.60.1.4　粉姜

将干姜用煤直接炕干,或切片炕干,六到七斤鲜姜炕出一斤干姜。外皮淡黄白色。断面黄白色或灰白色,粉性或颗粒性,可见纤维性,其余同筠姜。

4.60.1.5　粉姜片

呈不规则纵切片或斜切片,具指状分枝,长 1.0~6.0cm,宽 1.0~2.0cm,厚 0.2~0.4cm。外皮灰黄色或浅黄棕色,粗糙,具纵皱纹及明显的环节。切面灰黄色或灰白色,略显粉性,可见较多的纵向纤维,有的呈毛状。质坚实,断面纤维性。气香、特异,味辛辣。

4.60.2　规格要素说明及名词解释

4.60.2.1　形态

完整的姜形为一个主根加多个支根,支根也称"芽头",一般四到五个。姜形越完整等级越高。

4.60.2.2　断面特征

筠姜断面角质,不具纤维性;粉姜断面粉性,可见纤维性。

4.60.2.3　外皮颜色

筠姜个外皮呈灰黄色;粉姜个外皮淡黄白色;粉姜片表面淡黄白色,切面灰白色。

4.60.2.4　含硫情况

筠姜作为干姜道地药材,是干姜出口的主要品种,不含硫。粉姜一般用燃煤热气炕干,自然含硫,但含量较小。

4.60.3　规格等级定义(表 4-84)

4.60.3.1　筠姜一级个

选出形体完整,无小芽掉落的干姜,外皮灰黄色,无 0.5cm 以下碎末及杂质。(图 0049-1)

4.60.3.2　筠姜二级个

选出形体较完整,小芽掉落不超过 2 个的干姜,外皮灰黄色,无 0.5cm 以下碎末及杂质。(图 0049-2)

4.60.3.3　筠姜三级个

选出完整的小块,一般具有 2~3 个小芽的干姜,外皮灰黄色,无 0.5cm 以下碎末及杂质。

4.60.3.4　筊姜四级个

选剩下来的小芽子,过 1.0cm 的标准筛选出的芽子,外皮灰黄色,无 0.5cm 以下碎末及杂质。

4.60.3.5　筊姜小个

过 1.0cm 的标准筛筛下的小芽子,外皮灰黄色,无 0.5cm 以下碎末及杂质。

4.60.3.6　粉姜一级个

选出形体完整,无小芽掉落的干姜,外皮黄白色,无 0.5cm 以下碎末及杂质。(图 0049-3)

4.60.3.7　粉姜二级个

姜形较完整,小芽掉落不超过 2 个的干姜,外皮黄白色,无 0.5cm 以下碎末及杂质。

4.60.3.8　粉姜三级个

一般具有 2~3 个小芽的干姜,外皮黄白色,0.5cm 以下碎末及杂质重量占比不超过 0.5%。

4.60.3.9　粉姜四级个

过 1.0cm 的标准筛筛下的小芽子,外皮黄白色,0.5cm 以下碎末及杂质重量占比不超过 0.5%。

4.60.3.10　粉姜一级片

选片形完整,无小芽掉落的片,外皮黄白色,切面灰白色,无 0.5cm 以下碎末及杂质。(图 0049-4)

4.60.3.11　粉姜二级片

选片形较完整,小芽掉落 1 或 2 个的片,外皮黄白色,切面灰白色,无 0.5cm 以下碎末及杂质。(图 0049-5)

4.60.3.12　粉姜三级片

选完整的小片,小芽 2~3 个的片,外皮黄白色,切面灰白色,0.5cm 以下碎末及杂质重量占比不超过 0.5%。(图 0049-6)

4.60.3.13　粉姜四级片

选后剩下的边皮,外皮黄白色,切面灰白色,0.5cm 以下碎末及杂质重量占比不超过 0.5%。

表 4-84　中药材商品电子交易规格等级标准——干姜

序号	品名	规格名称	流通俗称	形态	断面特征	颜色	0.5cm 以下碎末及杂质重量占比	产地	含硫情况	虫蛀、霉变	干度
1	干姜	筊姜一级个	1 号筊姜	姜形完整,无小芽断落	角质,不具纤维性	外皮灰黄色	无	四川乐山	无硫加工	无	干货
2	干姜	筊姜二级个	一二级	姜形较完整,小芽最多掉落 1~2 个	角质,不具纤维性	外皮灰黄色	无	四川乐山	无硫加工	无	干货
3	干姜	筊姜三级个	三级	完整的小块,具有 2~3 个分芽	角质,不具纤维性	外皮灰黄色	无	四川乐山	无硫加工	无	干货
4	干姜	筊姜四级个	等外	掉落下来的芽子,直径 1.0cm 左右	角质,不具纤维性	外皮灰黄色	无	四川乐山	无硫加工	无	干货
5	干姜	筊姜小个	下脚料	直径 1.0cm 以下的小芽	角质,不具纤维性	外皮灰黄色	无	四川乐山	无硫加工	无	干货
6	干姜	粉姜一级个	1 号粉姜	姜形完整,无小芽断落	粉性,可见纤维	外皮淡黄白色	无	贵州、云南及其他地区	有硫加工/无硫加工	无	干货
7	干姜	粉姜二级个	一二级	姜形较完整,小芽最多掉落 1~2 个	粉性,可见纤维	外皮淡黄白色	无	贵州、云南及其他地区	有硫加工/无硫加工	无	干货
8	干姜	粉姜三级个	三级	完整的小块,具有 2~3 个分芽	粉性,可见纤维	外皮淡黄白色	≤0.5%/无	贵州、云南及其他地区	有硫加工/无硫加工	无	干货

续表

序号	品名	规格名称	流通俗称	形态	断面特征	颜色	0.5cm 以下碎末及杂质重量占比	产地	含硫情况	虫蛀、霉变	干度
9	干姜	粉姜四级个	四级	掉落下来的芽子,直径1.0cm左右	粉性,可见纤维	外皮淡黄白色	≤0.5%/无	贵州、云南及其他地区	有硫加工/无硫加工	无	干货
10	干姜	粉姜一级片	特级	片形完整,无小芽断落	粉性,可见纤维	外皮淡黄白色切面灰白色	无	贵州、云南及其他地区	有硫加工/无硫加工	无	干货
11	干姜	粉姜二级片	一二级	片形较完整,小芽最多掉落1~2个	粉性,可见纤维	外皮淡黄白色切面灰白色	无	贵州、云南及其他地区	有硫加工/无硫加工	无	干货
12	干姜	粉姜三级片	三级	完整的小片,具有2~3个分芽	粉性,可见纤维	外皮淡黄白色切面灰白色	≤0.5%/无	贵州、云南及其他地区	有硫加工/无硫加工	无	干货
13	干姜	粉姜四级片	四级	切片剩下的边皮	粉性,可见纤维	外皮淡黄白色切面灰白色	≤0.5%/无	贵州、云南及其他地区	有硫加工/无硫加工	无	干货

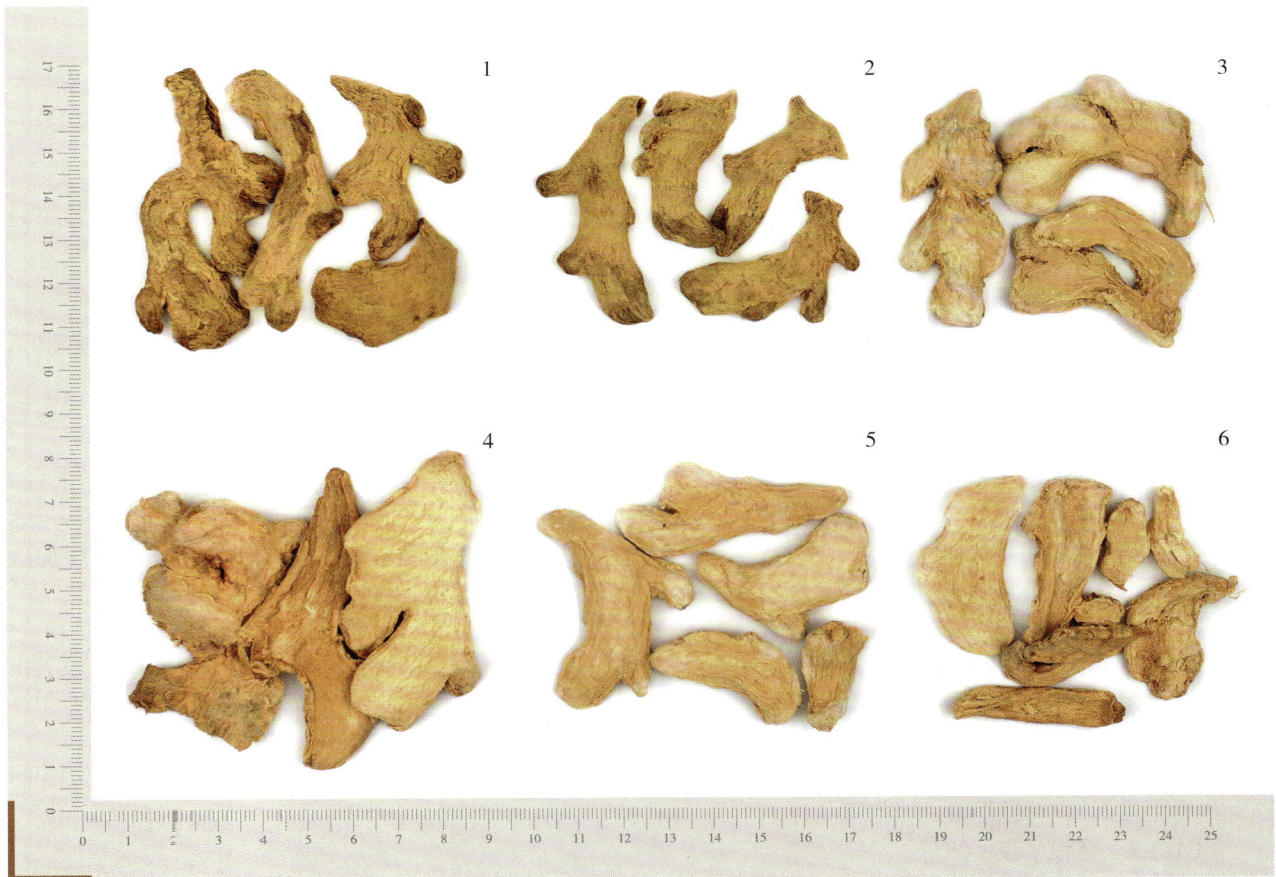

图0049 干姜商品部分规格图示
1.筠姜一级个;2.筠姜二级个;3.粉姜一级个;4.粉姜一级片;5.粉姜二级片;6.粉姜三级片

4.61 葛根

4.61.1 基础数据

4.61.1.1 来源

本品为豆科植物野葛 *Pueraria lobata* (Willd.) Ohwi 的干燥根(《中国药典(2015 年版)》)。野生。秋、冬二季采挖,趁鲜切成厚片或方丁,干燥。又称"柴葛根"或"柴葛"。

4.61.1.2 产地

产于四川、重庆、湖北、湖南、贵州、云南、陕西、甘肃等地,主产于四川、重庆、湖北。

4.61.1.3 葛根片

呈不规则的厚片,长 5.0~15cm,宽 3.0~8.0cm,厚 0.5~1.5cm。切面浅黄棕色至棕黄色。质韧,纤维性强。气微,味微甜。

4.61.1.4 葛根丁

呈立方丁状,边长范围 0.6~2.0cm,一般为 0.6cm、0.8cm、1.0cm、1.2cm、1.5cm、2.0cm 见方。

4.61.2 规格要素说明及名词解释

4.61.2.1 形态

有不规则片和较规则的方丁两种。

4.61.2.2 长宽

葛根丁边长分别有 0.6cm、0.8cm、1.0cm、1.2cm、1.5cm、2.0cm,边长越小,加工成本高,价格相应较高。片一般为乱砍片,片形不规则,价格较低。

4.61.2.3 带毛须丁

葛根纤维性强,切制的葛根丁一般外表不光洁、边角不齐,其中带纤维毛茬的丁为带毛须丁,影响葛根丁价格。

4.61.2.4 0.2cm 以下灰渣

葛根在加工、运输过程中掉落的碎渣。

4.61.2.5 含硫情况

葛根在传统加工中习惯性依照粉葛进行,认为色白粉性为好,因此将鲜葛根切丁或片后,在炕干过程中加硫黄熏蒸,使颜色变白。不过近年随着认识加深,认为葛根药用价值较粉葛高,熏硫的情况也大幅度减少。

4.61.3 规格等级定义(表 4-85)

4.61.3.1 葛根小丁

葛根切成边长 0.6cm×0.6cm、0.8cm×0.8cm 或其他小尺寸的方丁,带有毛须丁重量占比不超过 20%,0.2cm 以下灰渣重量占比不超过 2%。(图 0050-1)

4.61.3.2 葛根中丁

葛根切成边长 1.0cm×1.0cm、1.2cm×1.2cm、1.5cm×1.5cm 或其他中等尺寸的方丁,带有毛须丁重量占比不超过 20%,0.2cm 以下灰渣重量占比不超过 2%。(图 0050-2)

4.61.3.3 葛根大丁

葛根切成边长 2.0cm×2.0cm 或其他小尺寸的方丁,0.2cm 以下灰渣重量占比不超过 2%。(图 0050-3)

4.61.3.4 葛根砍片

葛根切成不规则厚片,长 5.0~15cm,宽 3.0~8.0cm,厚 0.5~1.5cm,0.2cm 以下灰渣重量占比不超过 2%。(图 0050-4)

表 4-85 葛根

序号	品名	规格名称	流通俗称	形态	长宽 /cm	带毛须丁颗粒重量占比	0.2cm 以下灰渣重量占比	含硫情况	虫蛀、霉变	干度
1	葛根	葛根小丁	葛根丁	方丁	0.6×0.6/0.8×0.8/其他	≤20%/≤10%	≤2%	有硫加工 / 无硫加工	无	干货
2	葛根	葛根中丁	葛根丁	方丁	1.0×1.0/1.2×1.2/1.5×1.5/ 其他	≤20%/≤10%	≤2%	有硫加工 / 无硫加工	无	干货
3	葛根	葛根大丁	葛根丁	方丁	2.0×2.0/ 其他	——	≤2%	有硫加工 / 无硫加工	无	干货
4	葛根	葛根砍片	葛根砍片	砍片	——	——	≤2%	有硫加工 / 无硫加工	无	干货

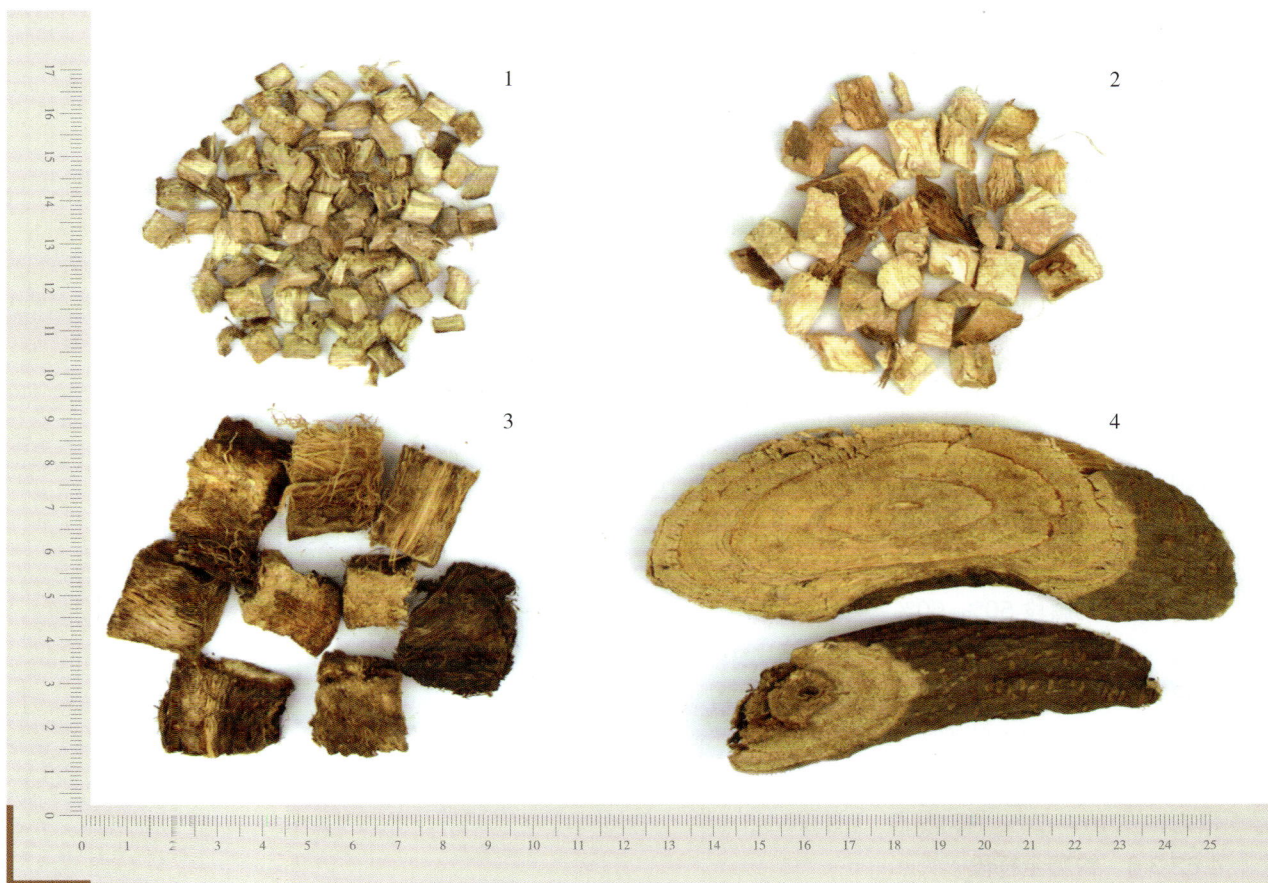

图 0050 葛根商品部分规格图示
1.葛根小丁;2.葛根中丁;3.葛根大丁;4.葛根砍片

4.62 钩藤

4.62.1 基础数据

4.62.1.1 来源

本品为茜草科植物钩藤 *Uncaria rhynchophylla*（Miq.）Miq. ex Havil.、大叶钩藤 *Uncaria. macrophylla* Wall.、毛钩藤 *Uncaria hirsuta* Havil.、华钩藤 *Uncaria sinensis*（Oliv）Havil. 或无柄果钩藤 *Uncaria sessilifructus* Roxb. 的干燥带钩茎枝（《中国药典（2015 年版）》）。野生或栽培，当秋季或冬季嫩枝长老时，剪下带钩茎枝，去叶切成 3cm 长的带钩小段，晒干，或蒸后晒干。

4.62.1.2 产地

产于湖南、贵州、广西、广东、云南、江西、四川、陕西、安徽、浙江、湖北等地。主产于湖南、贵州。

4.62.1.3 钩藤段

茎枝呈圆柱形或类方柱形，长 2.0~3.0cm，直径 0.2~0.5cm。表面红棕色至紫红色者具细纵纹，多数枝节上对生两个向下弯曲的钩，或仅一侧有钩，另一侧为突起的疤痕，钩略扁或稍圆，先端细尖，基部较阔，质坚韧，断面黄棕色，皮部纤维性，髓部黄白色或中空。气微，味淡。

4.62.1.4 钩藤全杆段

呈圆柱形或类方柱形，长 2.0~3.0cm，直径 0.2~0.5cm。无带钩片段。

4.62.2 规格要素说明及名词解释

4.62.2.1 带钩率

钩藤节上生有向下弯曲的双钩或单钩，带钩段所占的比例称为带钩率。

4.62.2.2 加工方式

用剪刀手工剪出来的钩藤段整齐度高，价格较高；用铡刀铡出来的一般不整齐，价格稍低。

4.62.3 规格等级定义（表 4-86）

4.62.3.1 钩藤精选段 90%

带钩率在 90% 以上的钩藤段。（图 0051-1）

4.62.3.2 钩藤段 70%~80%

带钩率在 70%~80% 的钩藤段。（图 0051-2）

4.62.3.3 钩藤段 50%~60%

带钩率在 50%~60% 的钩藤段。（图 0051-3）

4.62.3.4 钩藤段 30%~40%

带钩率在 30%~40% 的钩藤段。（图 0051-4）

4.62.3.5 钩藤段 10%~20%

带钩率在 10%~20% 的钩藤段。（图 0051-5）

4.62.3.6 钩藤全杆段

不带钩的钩藤茎秆段。（图 0051-6）

表 4-86　中药材商品电子交易规格等级标准——钩藤

序号	品名	规格名称	流通俗称	加工方式	带钩率	虫蛀、霉变	干度
1	钩藤	钩藤精选段 90%	精选	手剪 / 其他	≥90%/≥95%/100%	无	干货
2	钩藤	钩藤段 70%~80%	70%~80% 钩	手剪 / 其他	≥70%/≥80%	无	干货
3	钩藤	钩藤段 50%~60%	50%~60% 钩	手剪 / 其他	≥50%/≥60%	无	干货
4	钩藤	钩藤段 30%~40%	30%~40% 钩	手剪 / 其他	≥30%/≥40%	无	干货
5	钩藤	钩藤段 10%~20%	10%~20% 钩	手剪 / 其他	≥10%/≥20%	无	干货
6	钩藤	钩藤全杆段	全杆	手剪 / 其他	均不带钩 /<10%	无	干货

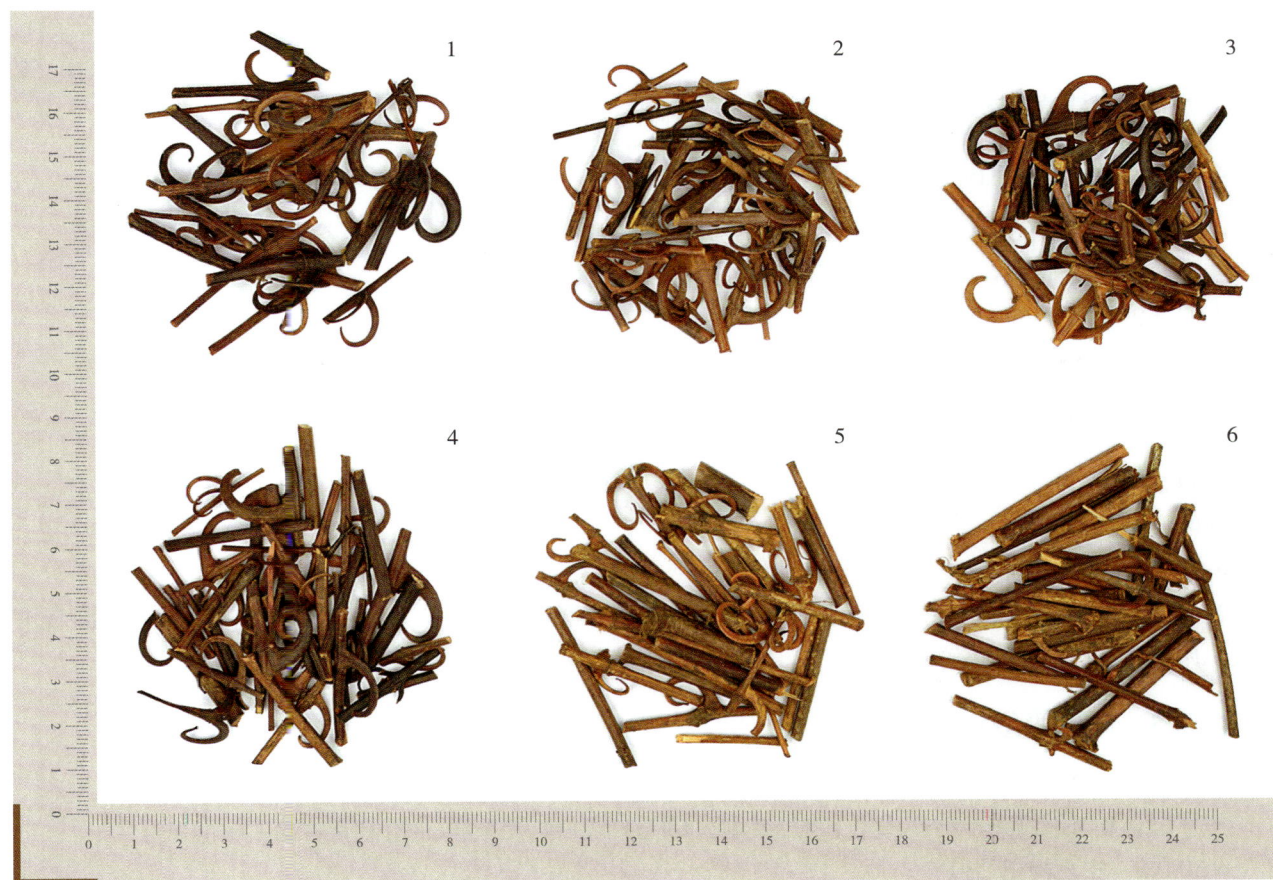

图 0051　钩藤商品部分规格图示

1. 钩藤精选段 90%；2. 钩藤段 70%~80%；3. 钩藤段 50%~60%；4. 钩藤段 30%~40%；5. 钩藤段 10%~20%；6. 钩藤全杆段

4.63 枸杞子

4.63.1 基础数据

4.63.1.1 来源

本品为茄科植物宁夏枸杞 *Lycium barbarum* L. 的干燥成熟果实(《中国药典(2015 年版)》)。栽培。夏、秋二季果实呈红色时采收,晾至皮皱后,除去果梗,再热风烘干。

4.63.1.2 产地

产于宁夏、内蒙、青海、新疆、甘肃、河北等地,主产于宁夏中宁,内蒙,青海海西州、柴达木,新疆精河,甘肃玉门、靖远,河北巨鹿。产于宁夏是指宁夏以及除新疆、青海、甘肃玉门、河北以外的靠近宁夏的区域,所产枸杞品个头小,质量好。青海指青海海西州及柴达木,所产枸杞个头大。

4.63.1.3 枸杞子

呈类椭圆形或类长椭圆形,长 0.6~2.0cm,直径 0.3~1.0cm。表面红色或暗红色,顶端有小突起状的花柱痕,基部有白色的果梗痕。果皮柔韧,皱缩,果肉肉质,柔润。种子 20~50 粒,类肾形,扁而翘,长 0.15~0.19cm,宽 0.1~0.17cm,表面浅黄色或棕黄色。气微,味甜。

4.63.2 规格要素说明及名词解释

4.63.2.1 粒数 /50g

每 50g 的粒数,用机器筛选分级。同产地枸杞,粒数越小,个头越大,等级越高。

4.63.2.2 果形

长条形果为立秋前采摘的一、二、三茬的前期货,一般 7 天为一茬;长椭圆形果为立秋后采摘的后期货。

4.63.2.3 油籽

即鲜枸杞采摘时受损,干燥后表面呈油润状,颜色变深呈暗红色。

4.63.2.4 杂质

树叶、果柄等杂质。

4.63.2.5 含硫情况

为了使枸杞子颜色鲜艳,快速干燥,用亚硫酸钠或焦亚硫酸钠喷洒鲜果,或用硫黄熏蒸,能防止干燥过程中变质。用硫加工的枸杞颜色鲜红。

4.63.3 规格等级定义(表 4-87)

4.63.3.1 宁夏枸杞 250

产于宁夏及周边,筛选大个的枸杞颗粒,每 50g 不超过 250 粒,无杂质,油籽重量占比不超过 2%。

4.63.3.2 宁夏枸杞 280

产于宁夏及周边,筛选较大个的枸杞颗粒,每 50g 不超过 300 粒,无杂质,油籽重量占比不超过 2%。

4.63.3.3 宁夏枸杞 320

产于宁夏及周边,筛选中个的枸杞颗粒,每 50g 不超过 360 粒,无杂质,油籽重量占比不超过 2%。

4.63.3.4 宁夏枸杞 380

产于宁夏及周边,筛选中个的枸杞颗粒,每 50g 不超过 420 粒,无杂质,油籽重量占比不超过 2%。

4.63.3.5 宁夏枸杞 440

产于宁夏及周边,筛选中小个的枸杞颗粒,每 50g 不超过 520 粒,无杂质,油籽重量占比不超过 2%。

4.63.3.6 宁夏枸杞 560

产于宁夏及周边,筛选中小个的枸杞颗粒,每 50g 不超过 620 粒,无杂质,油籽重量占比不超过 2%。

4.63.3.7 宁夏枸杞小粒

产于宁夏及周边,筛选中个和大个后剩下的枸杞小颗粒,每 50g 超过 620 粒。

4.63.3.8 青海枸杞 180

产于青海,筛选大个的枸杞颗粒,每 50g 不超过 190 粒,无杂质,油籽重量占比不超过 2%。

4.63.3.9 青海枸杞 220

产于青海,筛选较大个的枸杞颗粒,每 50g 不超过 230 粒,无杂质,油籽重量占比不超过 2%。

4.63.3.10 青海枸杞 280

产于青海,筛选中个的枸杞颗粒,每 50g 不超过 310 粒,无杂质,油籽重量占比不超过 2%。

4.63.3.11 青海枸杞 380

产于青海,筛选中个和大个剩下的枸杞小颗粒,每 50g 不超过 390 粒,无杂质,油籽重量占比不超过 2%。

表 4-87 中药材商品电子交易规格等级标准——枸杞子

序号	品名	规格名称	流通俗称	采收期	粒数 /50g	油籽重量占比	杂质	含硫情况	虫蛀、霉变	干度
1	枸杞子	宁夏枸杞 250	宁夏贡果	前期 / 中后期	≤250	≤2%/ 无	无	有硫加工 / 无硫加工	无	干货
2	枸杞子	宁夏枸杞 28C	宁夏王级	前期 / 中后期	≤300/≤290/≤280	≤2%/ 无	无	有硫加工 / 无硫加工	无	干货
3	枸杞子	宁夏枸杞 32C	宁夏王级	前期 / 中后期	≤360/≤340/≤320	≤2%/ 无	无	有硫加工 / 无硫加工	无	干货
4	枸杞子	宁夏枸杞 380	宁夏特级	前期 / 中后期	≤420/≤400/≤380	≤2%/ 无	无	有硫加工 / 无硫加工	无	干货
5	枸杞子	宁夏枸杞 440	宁夏特级	前期 / 中后期	≤520/≤480/≤440	≤2%/ 无	无	有硫加工 / 无硫加工	无	干货
6	枸杞子	宁夏枸杞 560	宁夏甲级	前期 / 中后期	≤620/≤600/≤580/≤560	≤2%/ 无	无	有硫加工 / 无硫加工	无	干货
7	枸杞子	宁夏枸杞小粒	宁夏小红货	前期 / 中后期	>620	——	无	有硫加工 / 无硫加工	无	干货
8	枸杞子	青海枸杞 18C	青海 180	前期 / 中后期	≤190/≤180/≤170	≤2%/ 无	无	有硫加工 / 无硫加工	无	干货
9	枸杞子	青海枸杞 22C	青海 220	前期 / 中后期	≤230/≤220/≤210	≤2%/ 无	无	有硫加工 / 无硫加工	无	干货
10	枸杞子	青海枸杞 28C	青海 280	前期 / 中后期	≤310/≤300/≤290/≤280	≤2%/ 无	无	有硫加工 / 无硫加工	无	干货
11	枸杞子	青海枸杞 380	青海 380	前期 / 中后期	≤390/≤380/≤370	≤2%/ 无	无	有硫加工 / 无硫加工	无	干货

4.64　骨碎补

4.64.1　基础数据

4.64.1.1　来源

本品为水龙骨科植物槲蕨 *Drynaria fortunei*（Kunze）J. Sm. 的干燥根茎（《中国药典（2015 年版）》）。野生。全年均可采挖，除去泥沙，干燥，或再燎去鳞片。市场流通的另有两种商品，习称"硬骨碎补"，棕色硬骨碎补来源于水龙骨科植物大叶骨碎补 *Davallia formosana* Hayata（《广西省中药材标准（1990 年版）》），褐色硬骨碎补来源于水龙骨科植物中华槲蕨 *Drynaria baronii*（Christ.）Diels（《藏药标准（1979 年版）》）。

4.64.1.2　产地

产于四川、云南、湖北、湖南、重庆、贵州、广东、广西等省。骨碎补主产于四川、云南、湖北。褐色硬骨碎补主产于湖北、重庆。棕色硬骨碎补主产于广西、云南。

4.64.1.3　骨碎补

骨碎补药材手撕为条状。或为完整个子。呈扁平长条状，多弯曲，长 5.0~15cm，宽 1.0~1.5cm，厚 0.2~0.5cm。表面密被深棕色至暗棕色的小鳞片，或因加工去掉少许鳞片。体轻柔软，质脆，易折断，断面红棕色，气微，味淡、微涩。

4.64.1.4　褐色硬骨碎补片

褐色骨碎补药材切片。呈短条状，长 1.0~4.0cm，宽 0.2~1.4cm，厚 0.1~0.3cm。表面附小鳞片，易脱落，脱落后呈棕褐色，质较硬。

4.64.1.5　棕色硬骨碎补片

棕色硬骨碎补切片，呈不规格短条形片，长 1.0~3.0cm，宽 0.4~0.8cm，厚 0.3cm 左右。略扁，表面红棕色，有皱纹和突起的圆形叶痕及少量黄棕色鳞片，气微弱，味微涩。

4.64.2　规格要素说明及名词解释

4.64.2.1　质地

正品骨碎补质软、体轻。流通的商品硬骨碎补多质硬、体重。

4.64.2.2　形态

骨碎补为长扁条状，体表多鳞毛。骨碎补片为不规则斜片，体表无鳞毛。

4.64.2.3　外皮颜色

正品颜色多为深棕色，流通的商品硬骨碎补为褐色或红棕色。

4.64.2.4　0.2cm 以下碎末、鳞毛和泥沙

用直径 0.2cm 标准筛可筛除掉落的碎末、鳞毛和残留的泥沙。

4.64.3　规格等级定义（表 4-88）

4.64.3.1　骨碎补统个

骨碎补，长扁条状或撕条状，大小不分，深棕色，体表多鳞毛，质软、体轻，0.2cm 以下碎末、鳞毛和泥沙不超过 10%。（图 0052-1）

4.64.3.2　褐色硬骨碎补统片

硬骨碎补切成不规则斜片，大小不分，褐色，体表无鳞毛，质硬、体重。0.2cm 以下碎末、鳞毛和泥沙不超过 3%。（图 0052-2）

4.64.3.3　棕色硬骨碎补统片

硬骨碎补切成不规则斜片,大小不分,红棕色,体表无鳞毛,质硬、体重。0.2cm 以下碎末、鳞毛和泥沙不超过 3%。(图 0052-3)

表 4-88　中药材商品电子交易规格等级标准——骨碎补

序号	品名	规格名称	流通俗称	外皮颜色	质地	形态	0.2cm 以下碎末、鳞毛和泥沙重量占比	虫蛀、霉变	干度
1	骨碎补	骨碎补统个	骨碎补	深棕色	质软、体轻	长扁条状,体表多鳞毛	≤10%/≤5%	无	干货
2	骨碎补	褐色硬骨碎补统片	骨碎补	褐色	质硬、体重	不规则斜片,体表无鳞毛	≤3%	无	干货
3	骨碎补	棕色硬骨碎补统片	骨碎补	红棕色	质硬、体重	不规则斜片,体表无鳞毛	≤3%	无	干货

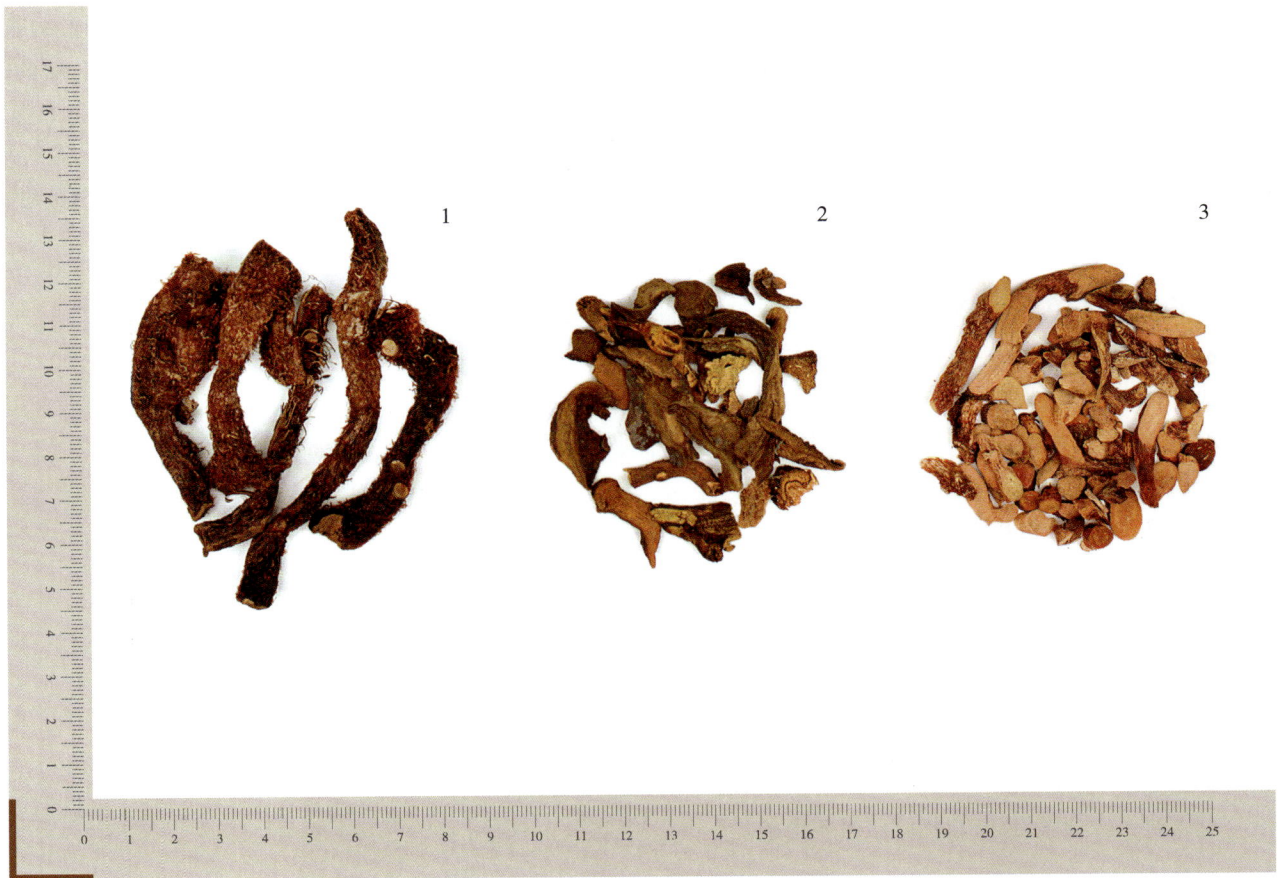

图 0052　骨碎补商品部分规格图示
1. 骨碎补统个;2. 褐色硬骨碎补统片;3. 棕色硬骨碎补统片

4.65 瓜蒌

4.65.1 基础数据

4.65.1.1 来源

本品为葫芦科植物栝楼 *Trichosanthes kirilowii* Maxim. 或双边栝楼 *Trichosanthes rosthornii* Harms 的干燥成熟果实（《中国药典(2015 年版)》）。栽培 1 年。秋季果实成熟时，连果梗剪下，置通风处阴干。瓜蒌又称为"全瓜蒌"。四川和河北地区出产的是双边栝楼，安徽出产的是栝楼。

4.65.1.2 产地

产于河北、山西、山东、安徽、江苏、河南、四川和湖北等地，主产于河北安国、四川简阳、安徽亳州。

4.65.1.3 瓜蒌

呈类球形或宽椭圆形，长 7.0~15cm，直径 6.0~10cm。表面橙红色或橙黄色，皱缩或较光滑，顶端有圆形的花柱残基，基部略尖，具残存的果梗。轻重不一。质脆，易破开，内表面黄白色，有红黄色丝络，果瓤橙黄色，黏稠，与多数种子黏结成团。具焦糖气，味微酸、甜。

4.65.1.4 瓜蒌丝

将鲜瓜蒌晒至或炕至半干，压扁切丝。呈不规则的丝，宽 1.0cm 左右，长 5.0~10cm。外表面橙红色或橙黄色，皱缩或较光滑，内表面黄白色，有红黄色丝络，果瓤橙黄色，与多数种子黏结成团。具焦糖气，味微酸、甜。

4.65.2 规格要素说明及名词解释

4.65.2.1 外皮颜色

成熟瓜蒌外皮呈橙红色或橙黄色，未成熟瓜蒌外皮呈绿色至黄绿色不等。

4.65.2.2 破皮

干燥过程中处置不当使得外皮破裂。

4.65.2.3 黄褐色及浅黄色丝

黄褐色丝为炕干过程中火候过大，稍微焦糊个切的丝；浅黄色丝为未完全成熟的瓜蒌个切丝。

4.65.2.4 边皮丝

瓜蒌个压扁切丝，最外侧的两片，丝较短，一侧呈弧形。

4.65.2.5 断节

瓜蒌在切丝过程中切断的丝，称为断节。

4.65.2.6 含硫情况

燃煤炕干者含微量硫，自然晒干者不含硫。

4.65.3 规格等级定义（表 4-89，表 4-90）

4.65.3.1 瓜蒌选个

瓜蒌干燥后挑除青色和青黄色的未成熟果、破果、霉变果，选后均为橙红色至橙黄色，破个重量占比不超过1%，无虫蛀、霉变。

4.65.3.2 瓜蒌统个

瓜蒌干燥后不做挑选，颜色青黄不一，破个重量占比不超过 10%，虫蛀、霉变个重量占比不超过 3%。

4.65.3.3 全瓜蒌选丝

全瓜蒌切丝，选去断节和烤焦黄的丝。黄褐色及浅黄色丝重量占比不超过 5%，边皮丝重量占比不超过 3%，

断节重量占比不超过1%。(图0053-1)

4.65.3.4　全瓜蒌统丝

全瓜蒌切丝,黄褐色及浅黄色丝重量占比不超过20%,边皮丝重量占比不超过10%,断节重量占比不超过5%。(图0053-2)

表4-89　中药材商品电子交易规格等级标准——瓜蒌

序号	品名	规格名称	流通俗称	外皮颜色	破皮个重量占比	虫蛀、霉变	干度
1	瓜蒌	全瓜蒌选个	选	橙红色或橙黄色	≤1%	无	无
2	瓜蒌	全瓜蒌统个	统	青黄不一	≤10%/≤5%	≤3%/无	无

表4-90　中药材商品电子交易规格等级标准——瓜蒌(续)

序号	品名	规格名称	流通俗称	黄褐色及浅黄色丝重量占比	边皮丝重量占比	断节重量占比	含硫情况	虫蛀、霉变	干度
3	瓜蒌	全瓜蒌选丝	选	≤5%/≤3%	≤3%	≤1%	有硫加工/无硫加工	无	干货
4	瓜蒌	全瓜蒌统丝	统	≤20%/≤10%/≤5%	≤10%/≤5%	≤5%	有硫加工/无硫加工	无	干货

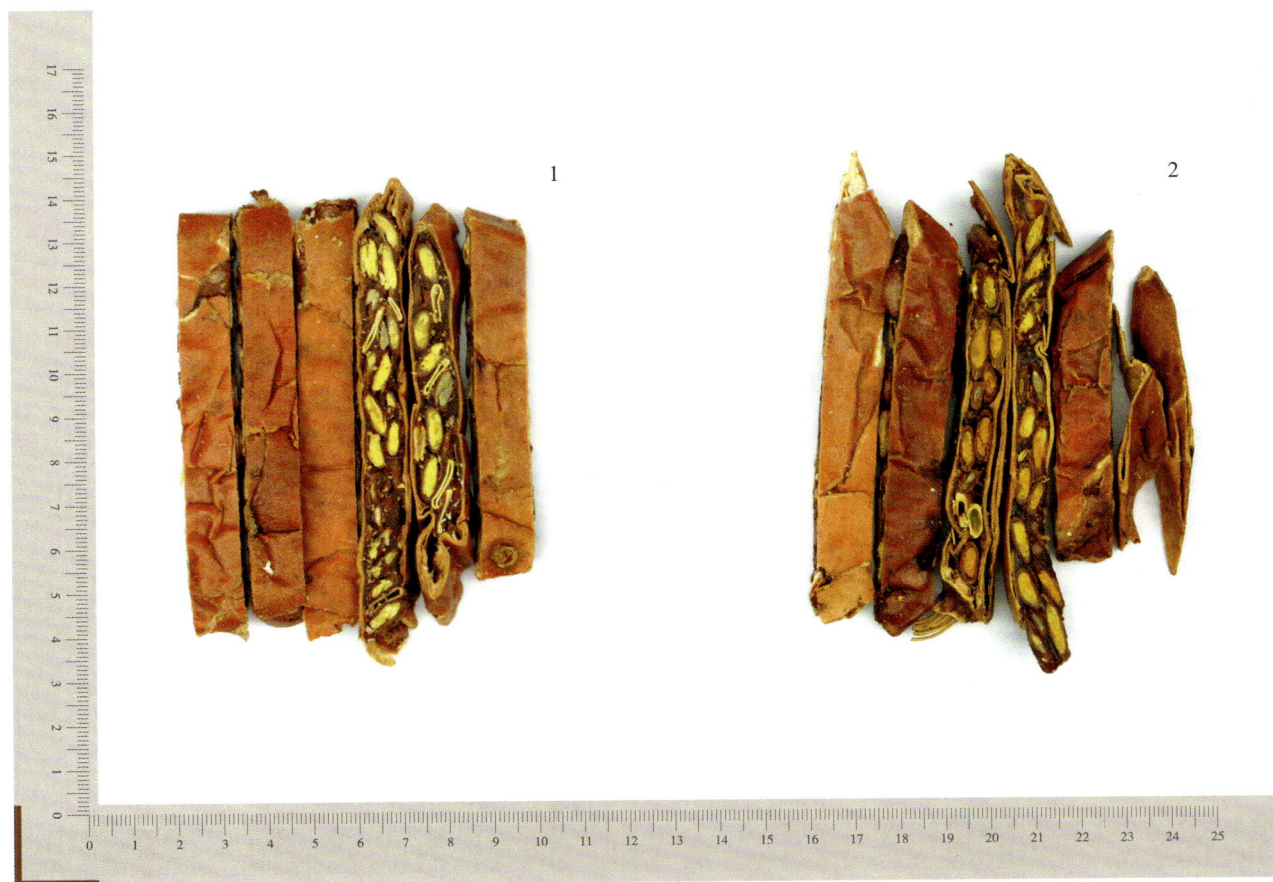

图0053　瓜蒌商品部分规格图示
1. 全瓜蒌选丝;2. 全瓜蒌统丝

4.66 瓜蒌子

4.66.1 基础数据

4.66.1.1 来源

本品为葫芦科植物栝楼 *Trichosanthes kirilowii* Maxim. 或双边栝楼 *Trichosanthes rosthornii* Harms 的干燥成熟种子(《中国药典(2015 年版)》)。栽培 1 年。秋季采摘成熟果实,剖开,取出种子,洗净,晒干。四川和河北地区出产的是双边栝楼,安徽出产的是栝楼。

4.66.1.2 产地

产于河北、四川、安徽、山西、山东、江苏、河南和湖北等地,主产于河北安国、四川简阳、安徽亳州。

4.66.1.3 单边瓜蒌子(栝楼)

呈扁平椭圆形,长 1.2~1.5cm,宽 0.6~1.0cm,厚约 0.4cm。表面浅棕色至棕褐包,平滑,沿边缘有 1 圈沟纹。顶端较尖,有种脐,基部钝圆或较狭。种皮坚硬,内种皮膜质,灰绿色,子叶 2 枚,黄白色,富油性。气微,味淡。

4.66.1.4 双边瓜蒌子(双边栝楼)

较大而扁,长 1.5~1.9cm,宽 0.8~1.0cm,厚约 0.3mm。表面棕褐色,沟纹明显而环边较宽。顶端平截。

4.66.2 规格要素说明及名词解释

4.66.2.1 形态

双边瓜蒌子较大而扁,边缘有较明显沟纹;单边瓜蒌子呈扁平椭圆形,边缘无明显沟纹。

4.66.2.2 白子

未成熟种子,表皮灰白色,质轻。

4.66.2.3 异形子

变异种子,扁平,类长条形、方形。

4.66.3 规格等级定义(表 4-91)

4.66.3.1 双边瓜蒌子选货

双边瓜蒌子,手工选出白子和异形子,白子重量占比不超过 2%,异形子重量占比不超过 1%。(图 0054-1)

4.66.3.2 双边瓜蒌子统货

双边瓜蒌子,白子重量占比不超过 8%,异形子重量占比不超过 10%。(图 0054-2)

4.66.3.3 单边瓜蒌子选货

单边瓜蒌子,手工选出白子和异形子,白子重量占比不超过 2%。(图 0054-3)

4.66.3.4 单边瓜蒌子统货

单边瓜蒌子,白子重量占比不超过 8%。(图 0054-4)

表 4-91 中药材商品电子交易规格等级标准——瓜蒌子

序号	品名	规格名称	流通俗称	白子重量占比	异形子重量占比	虫蛀、霉变	干度
1	瓜蒌子	双边瓜蒌子选货	双边选	≤2%	≤1%	无	干货
2	瓜蒌子	双边瓜蒌子统货	双边统	≤8%/≤5%/≤3%	≤10%/≤5%	无	干货
3	瓜蒌子	单边瓜蒌子选货	单边选	≤2%	——	无	干货
4	瓜蒌子	单边瓜蒌子统货	单边统	≤8%/≤5%/≤3%	——	无	干货

图 0054　瓜蒌子商品部分规格图示
1. 双边瓜蒌子选货；2. 双边瓜蒌子统货；3. 单边瓜蒌子选货；4. 单边瓜蒌子统货

4.67　广藿香

4.67.1　基础数据

4.67.1.1　来源

本品为唇形科植物广藿香 *Pogostemon cablin* (Blanco) Benth. 的干燥地上部分（《中国药典（2015 年版）》）。栽培。1 年采收 2 次，前期采收枝叶茂盛的侧枝及地上落叶，切段晾晒，为前期货；生长结束后齐地面采收，切段晾晒，为后期货。

4.67.1.2　产地

产于广东、广西、海南、福建等地，主产于广东阳春、湛江。广东阳春产广藿香颜色较淡，多为灰绿色或黄绿色；湛江产广藿香颜色较深，为黄色或黄褐色。一般认为阳春广藿香品质优。

4.67.1.3　广藿香

茎略呈方柱形，多分枝，枝条稍曲折，长 30~60cm，直径 0.2~0.7cm。表面被柔毛，质脆，易折断，断面中部有髓。老茎类圆柱形，直径 1.0~2.0cm，被灰褐色栓皮。叶对生，皱缩成团，展平后叶片呈卵形或椭圆形，长 4.0~9.0cm，宽 3.0~7.0cm，两面均被灰白色绒毛，先端短尖或钝圆，基部楔形或钝圆，边缘具大小不规则的钝齿，叶柄细，长 2.0~5.0cm，被柔毛。气香特异，味微苦。

4.67.1.4 广藿香段

将广藿香除去残根和杂质,切段。呈不规则的段,段长 1.5~3.0cm。茎略呈方柱形,表面灰绿色至黄褐色,被柔毛。切面有白色髓。叶破碎或皱缩成团。

4.67.2 规格要素说明及名词解释

4.67.2.1 叶片

叶片比例越高质量越好,前期货优于后期货。

4.67.2.2 颜色

前期货多为灰绿色或黄绿色,后期货灰绿色至棕色。

4.67.2.3 根

根为非药用部位,同时易附带泥土,影响药材质量。

4.67.2.4 杂质及 0.2cm 以下灰渣

杂质为杂草、泥土,灰渣为叶片在加工、运输过程中易碎而产生。用 0.2cm 的标准筛辅以手选去除。

4.67.3 规格等级定义(表 4-92)

4.67.3.1 广藿香前期统货

广藿香,前期采收枝叶茂盛的侧枝及地上落叶,叶片重量占比不低于 45%,根重量占比不超过 3%,杂质及 0.2cm 以下灰渣重量占比不超过 3%。

4.67.3.2 广藿香后期统货

广藿香,后期齐地面采收,叶片重量占比不低于 5%,根重量占比不超过 7%,杂质及 0.2cm 以下灰渣重量占比不超过 20%。

4.67.3.3 广藿香前期统段

广藿香段,前期采收,叶片重量占比不低于 40%,根重量占比不超过 1%,杂质及 0.2cm 以下灰渣重量占比不超过 3%。(图 0055-1)

4.67.3.4 广藿香后期统段

广藿香段,后期采收,叶片重量占比在 5% 左右,根重量占比不超过 3%,杂质及 0.2cm 以下灰渣重量占比不超过 15%。(图 0055-2)

表 4-92 中药材商品电子交易规格等级标准——广藿香

序号	品名	规格名称	流通俗称	颜色	叶片重量占比	根重量占比	杂质及 0.2cm 以下灰渣重量占比	虫蛀、霉变	干度
1	广藿香	广藿香前期统货	前期货	灰绿色或黄绿色	≥45%/≥55%/≥60%	≤3%	≤3%/≤2%/≤1%	无	干货
2	广藿香	广藿香后期统货	后期货	灰绿色至棕色	≥5%/≥10%	≤7%/≤5%	≤20%/≤15%	无	干货
3	广藿香	广藿香前期统段	前期货	灰绿色或黄绿色	≥40%/≥50%/≥60%	≤1%	≤3%/≤2%/≤1%	无	干货
4	广藿香	广藿香后期统段	后期货	灰绿色至棕色	<5%/≥5%/≥10%	≤3%/≤1%	≤15%/≤10%/≤5%	无	干货

注:《中国药典(2015 年版)》规定,广藿香药材中叶不少于 20%。

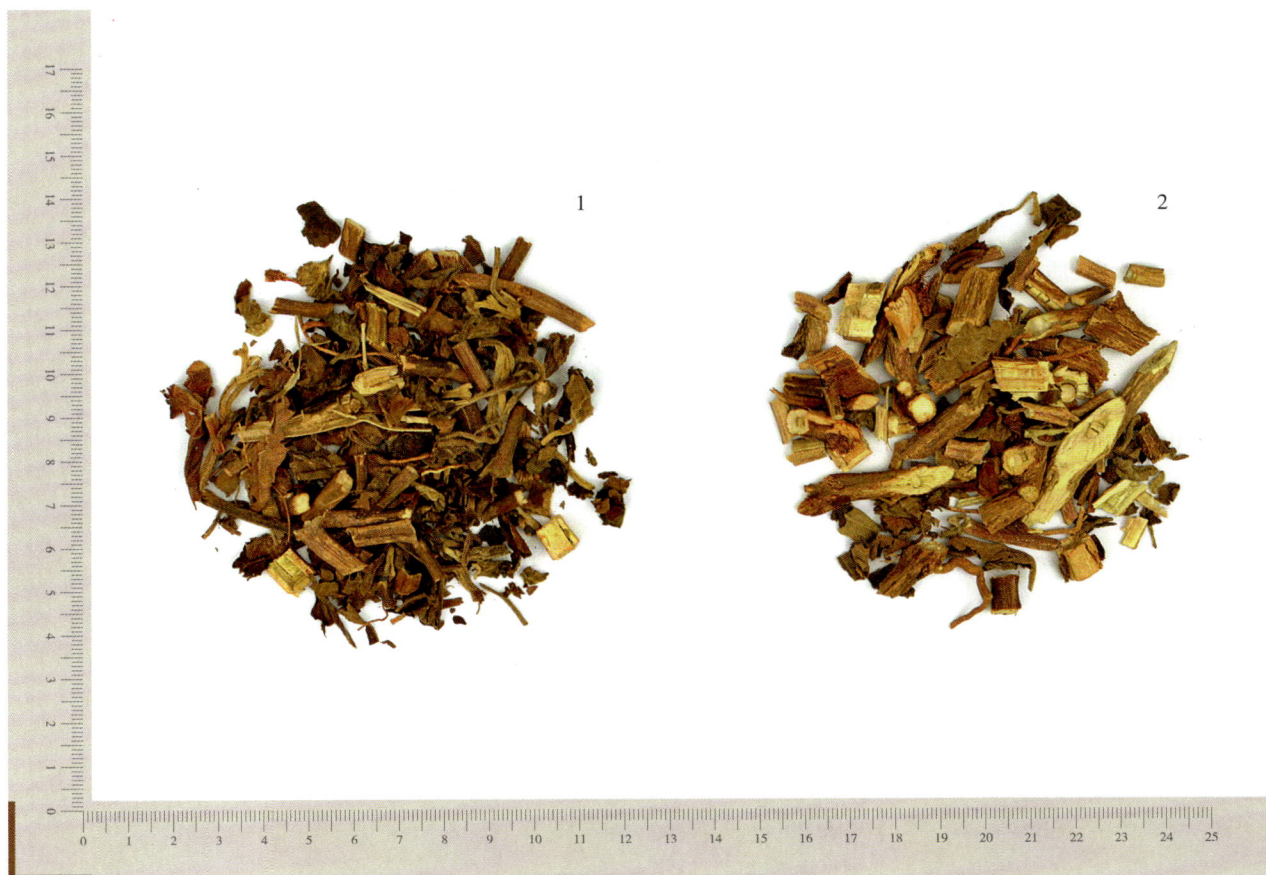

图 0055 广藿香商品部分规格图示
1. 广藿香前期统段；2. 广藿香后期统段

4.68 广金钱草

4.68.1 基础数据

4.68.1.1 来源

本品为豆科植物广金钱草 *Desmodium styracifolium* (Osb.) Merr. 的干燥地上部分（《中国药典（2015 年版）》）。栽培或野生，栽培为主。夏、秋二季采割，除去杂质，晒干。

4.68.1.2 产地

产于广东、广西、湖南、福建等地，主产于广东、广西。

4.68.1.3 广金钱草

茎呈圆柱形，长可达 1.0m，密被黄色伸展的短柔毛，质稍脆，断面中部有髓。叶互生，小叶 1 或 3 枚，圆形或矩圆形，直径 2.0~4.0cm，先端微凹，基部心形或钝圆，全缘，上表面黄绿色或灰绿色，无毛，下表面具灰白色紧贴的绒毛，侧脉羽状，叶柄长 1.0~2.0cm，托叶 1 对，披针形，长约 0.8cm。气微香，味微甘。

4.68.1.4　广金钱草段

将广金钱草除去杂质，切段。呈不规则的段，段长 2.0~5.0cm。

4.68.2　规格要素说明及名词解释

4.68.2.1　叶片颜色（新货／陈货）

广金钱草新货多为绿色或灰绿色；采收时间较晚、暴晒或存储时间过长颜色均会变为黄绿色。

4.68.2.2　杂质及 0.2cm 以下灰渣

杂质为杂草、泥土；灰渣为叶片在加工、运输过程中易碎而产生。用 0.2cm 的标准筛辅以手选去除。

4.68.3　规格等级定义（表 4-93）

4.68.3.1　广金钱草灰绿色统货

广金钱草，绿色或灰绿色，杂质及 0.2cm 以下灰渣不超过 18%。

4.68.3.2　广金钱草黄绿色统货

广金钱草，黄绿色为主，杂质及 0.2cm 以下灰渣不超过 18%。

4.68.3.3　广金钱草选段

广金钱草段，绿色或灰绿色，杂质及 0.2cm 以下灰渣不超过 7%。（图 0056-1）

4.68.3.4　广金钱草灰绿色统段

广金钱草段，绿色或灰绿色，杂质及 0.2cm 以下灰渣不超过 18%。（图 0056-2）

4.68.3.5　广金钱草黄绿色统段

广金钱草段，黄绿色为主，杂质及 0.2cm 以下灰渣不超过 18%。

表 4-93　中药材商品电子交易规格等级标准——广金钱草

序号	品名	规格名称	流通俗称	叶片颜色（新货／陈货）	杂质及 0.2cm 以下灰渣重量占比	虫蛀、霉变	干度
1	广金钱草	广金钱草灰绿色统货	统货	绿色或灰绿色（新货）	≤18%/≤9%	无	干货
2	广金钱草	广金钱草黄绿色统货	统货	黄绿色为主（陈货）	≤18%/≤9%	无	干货
3	广金钱草	广金钱草选段	选货	绿色或灰绿色（新货）	≤7%/≤5%	无	干货
4	广金钱草	广金钱草灰绿色统段	统货	绿色或灰绿色（新货）	≤18%/≤9%	无	干货
5	广金钱草	广金钱草黄绿色统段	统货	黄绿色为主（陈货）	≤18%/≤9%	无	干货

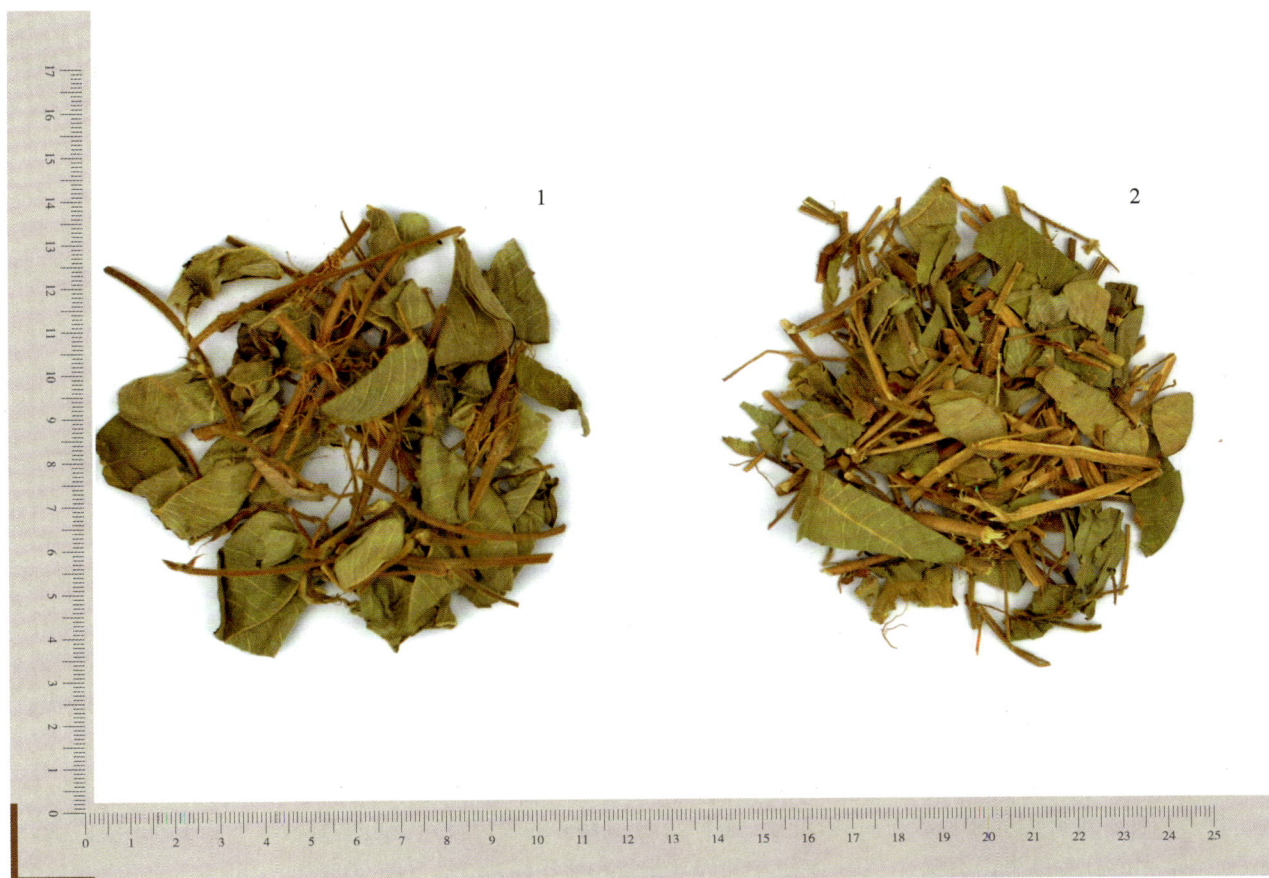

图 0056　广金钱草商品部分规格图示
1. 广金钱草选段；2. 广金钱草灰绿色统段

4.69　桂枝

4.69.1　基础数据

4.69.1.1　来源

本品为樟科植物肉桂 *Cinnamomum cassia* Presl 的干燥嫩枝(《中国药典(2015年版)》)。栽培。春、夏二季采收,除去叶,晒干,或鲜枝,除去叶,切片,晒干。

4.69.1.2　产地

产于广西、广东、云南。主产于广西、广东。

4.69.1.3　桂枝片

干燥嫩枝,切片。或鲜嫩枝,除去叶,切片,晒干。呈类圆形或椭圆形的片。直径 0.3~1.5cm,厚 0.1~0.2cm,表面红棕色至棕色,有时可见点状皮孔或纵棱线。切面皮部红棕色,木部黄白色至浅黄棕色,髓部略呈方形。有特异香气,味甜、微辛。

4.69.1.4　桂枝粒

干燥嫩枝,切粒。或鲜嫩枝,除去叶,切粒,晒干。呈类圆形颗粒,直径 0.2~1.5cm,厚约 0.5cm。

4.69.2 规格要素说明及名词解释

4.69.2.1 切制

干切为桂枝晒干后切制。生切为桂枝鲜嫩时切制,再晒干。

4.69.2.2 小片(粒)

桂枝以初生嫩枝质优,小片(粒)比例越大,质量越好。

4.69.2.3 细短枝和碎叶

过细的桂枝不易切片,散在片(粒)中,为细短枝;碎叶为未去净的叶。

4.69.2.4 皮、无皮片(粒)、碎片(粒)

即掉落的皮、掉了皮的片(粒)、碎掉的片(粒)。(图 0057-6)

4.69.3 规格等级定义(表 4-94)

4.69.3.1 桂枝生切 0.4

过 0.4cm 标准筛的桂枝片或粒,一般直径(宽度)小于 0.4cm 的较完整片(粒)重量占比不低于 60%,皮、无皮片(粒)、碎片(粒)重量占比不超过 3%,细短枝和碎叶重量占比不超过 2%。

4.69.3.2 桂枝生切 0.6

过 0.6cm 标准筛的桂枝片或粒,一般直径(宽度)小于 0.6cm 的较完整片(粒)重量占比不低于 60%,皮、无皮片(粒)、碎片(粒)重量占比不超过 8%,细短枝和碎叶重量占比不超过 5%。(图 0057-1)

4.69.3.3 桂枝生切 0.8

过 0.8cm 标准筛的桂枝片或粒,一般直径(宽度)小于 0.8cm 的较完整片(粒)重量占比不低于 60%,皮、无皮片(粒)、碎片(粒)重量占比不超过 12%,细短枝和碎叶重量占比不超过 5%。(图 0057-2)

4.69.3.4 桂枝生切 1.2

过 1.2cm 标准筛的桂枝片或粒,一般直径(宽度)小于 1.2cm 的较完整片(粒)重量占比不低于 50%,皮、无皮片(粒)、碎片(粒)重量占比不超过 30%,细短枝和碎叶重量占比不超过 5%。

4.69.3.5 桂枝生切 1.5

过 1.5cm 标准筛的桂枝片或粒,一般直径(宽度)小于 1.5cm 的较完整片(粒)重量占比不低于 50%,皮、无皮片(粒)、碎片(粒)重量占比不超过 30%,细短枝和碎叶重量占比不超过 5%。(图 0057-3)

4.69.3.6 桂枝干切 0.6

过 0.6cm 标准筛的桂枝粒,一般直径小于 0.6cm 的粒重量占比不低于 35%,皮、无皮片(粒)、碎片(粒)重量占比不超过 60%,细短枝和碎叶重量占比不超过 5%。(图 0057-4)

4.69.3.7 桂枝干切 0.8

过 0.8cm 标准筛的桂枝粒,一般直径小于 0.8cm 的粒重量占比不低于 35%,皮、无皮片(粒)、碎片(粒)重量占比不超过 60%,细短枝和碎叶重量占比不超过 5%。(图 0057-5)

4.69.3.8 桂枝干切 1.2

过 1.2cm 标准筛的桂枝粒,一般直径(宽度)小于 1.2cm 的粒重量占比不低于 35%,皮、无皮片(粒)、碎片(粒)重量占比不超过 60%,细短枝和碎叶重量占比不超过 5%。

4.69.3.9 桂枝干切 1.5

过 1.5cm 标准筛的桂枝粒,一般直径(宽度)小于 1.5cm 的粒重量占比不低于 35%,皮、无皮片(粒)、碎片(粒)重量占比不超过 60%,细短枝和碎叶重量占比不超过 5%。

表 4-94　中药材商品电子交易规格等级标准——桂枝

序号	品名	规格名称	流通俗称	片型	小片(粒)重量占比	皮、无皮片(粒)、碎片(粒)重量占比	细短枝和碎叶重量占比	虫蛀、霉变	干度
1	桂枝	桂枝生切 0.4	生切4厘	瓜子片(厚 0.1~0.2cm)/粒(厚 0.5cm 左右)	宽度小于 0.4cm 的较完整片(粒)≥60%/ 宽度小于 0.4cm 的较完整片(粒)≥70%	≤3%/≤1%	≤2%/≤1%	无	干货
2	桂枝	桂枝生切 0.6	生切6厘	斜片(厚 0.1~0.2cm)/瓜子片(厚 0.1~0.2cm)/圆片(厚 0.1~0.2cm)/粒(厚 0.5cm 左右)	直径(宽度)小于 0.6cm 的较完整片(粒)≥60%/≥直径(宽度)小于 0.6cm 的较完整片(粒)≥70%	≤8%/≤5%	≤5%/≤3%	无	干货
3	桂枝	桂枝生切 0.8	生切8厘	斜片(厚 0.1~0.2cm)/瓜子片(厚 0.1~0.2cm)/圆片(厚 0.1~0.2cm)/粒(厚 0.5cm 左右)	直径(宽度)小于 0.8cm 的较完整片(粒)≥60%/ 直径(宽度)小于 0.8cm 的较完整片(粒)≥70%	≤12%/≤5%	≤5%/≤3%	无	干货
4	桂枝	桂枝生切 1.2	生切12厘	斜片(厚 0.1~0.2cm)/瓜子片(厚 0.1~0.2cm)/圆片(厚 0.1~0.2cm)/粒(厚 0.5cm 左右)	直径(宽度)小于 1.2cm 的较完整片(粒)≥50% 直径(宽度)小于 1.2cm 的较完整片(粒)≥70%	≤30%/≤20%/≤10%	≤5%/≤3%	无	干货
5	桂枝	桂枝生切 1.5	生切15厘	斜片(厚 0.1~0.2cm)/瓜子片(厚 0.1~0.2cm)/圆片(厚 0.1~0.2cm)/粒(厚 0.5cm 左右)	直径(宽度)小于 1.5cm 的较完整片(粒)≥50% 直径(宽度)小于 1.5cm 的较完整片(粒)≥70%	≤30%/≤20%/≤10%	≤5%/≤3%	无	干货
6	桂枝	桂枝干切 0.6	干切6厘	粒(厚 0.5cm 左右)	直径小于 0.6cm 的粒≥35%/直径小于 0.6cm 的粒≥50%	≤60%/≤30%	≤5%/≤3%	无	干货
7	桂枝	桂枝干切 0.8	干切8厘	粒(厚 0.5cm 左右)	直径小于 0.8cm 的粒≥35%/直径小于 0.8cm 的粒≥50%	≤60%/≤30%	≤5%/≤3%	无	干货
8	桂枝	桂枝干切 1.2	干切12厘	粒(厚 0.5cm 左右)	直径小于 1.2cm 的粒≥35%/直径小于 1.2cm 的粒≥50%	≤60%/≤30%	≤5%/≤3%	无	干货
9	桂枝	桂枝干切 1.5	干切15厘	粒(厚 0.5cm 左右)	直径小于 1.5cm 的粒≥35%/直径小于 1.5cm 的粒≥50%	≤60%/≤30%	≤5%/≤3%	无	干货

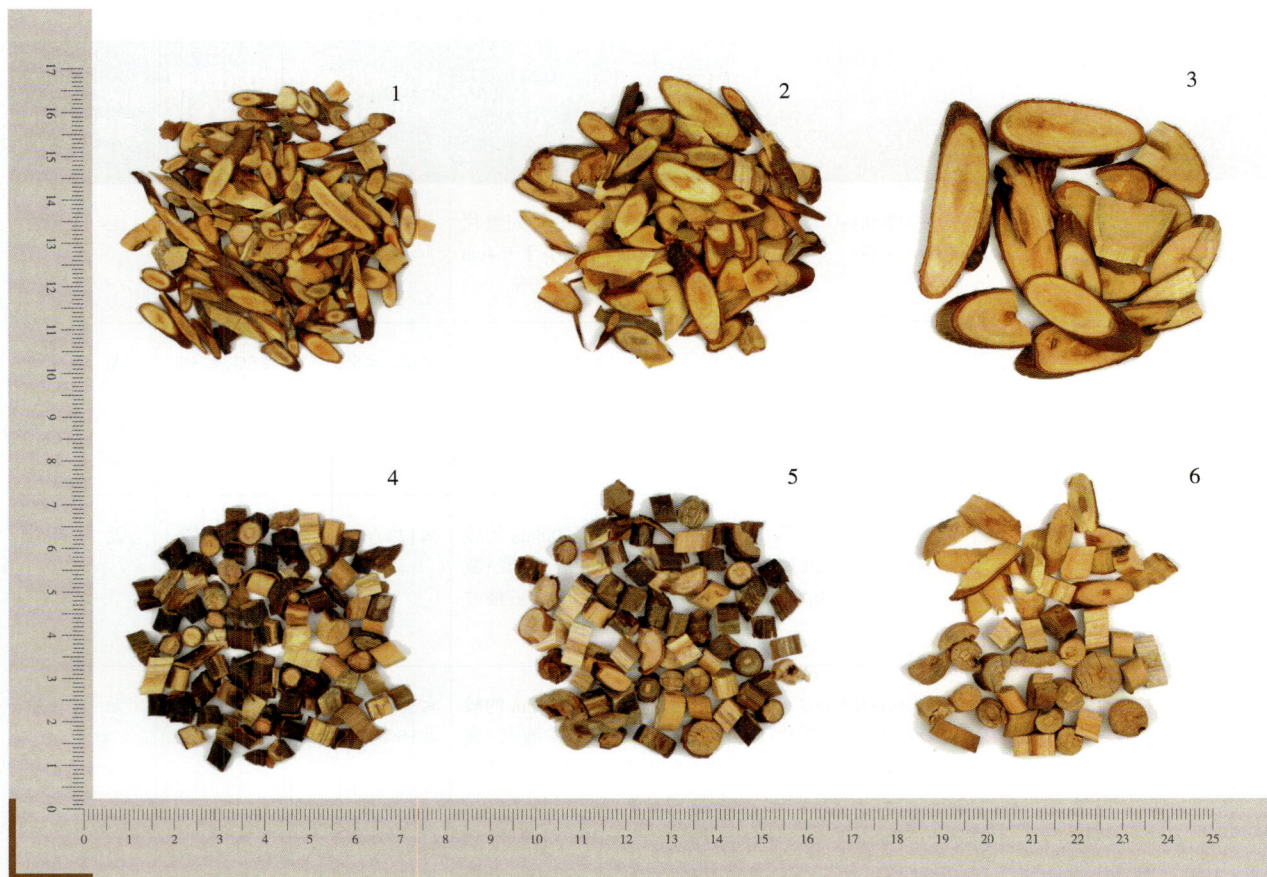

图 0057　桂枝商品部分规格图示

1. 桂枝生切 0.6；2. 桂枝生切 0.8；3. 桂枝生切 1.5；4. 桂枝干切 0.6；5. 桂枝干切 0.8；6. 桂枝"皮、无皮片（粒）、碎片（粒）"示例

4.70　海金沙

4.70.1　基础数据

4.70.1.1　来源

本品为海金沙科植物海金沙 *Lygodium japonicum* (Thunb.) Sw. 的干燥成熟孢子（《中国药典（2015 年版）》）。野生。秋季孢子未脱落时采割藤叶，晒干，搓揉或打下孢子，除去藤叶。

4.70.1.2　产地

产于四川、江西、云南、广西。主产于四川、江西。

4.70.1.3　海金沙

呈粉末状，棕黄色或浅棕黄色。体轻，手捻有光滑感，置于手中易由指缝滑落。气微，味淡。

4.70.2　规格要素说明及名词解释

4.70.2.1　过 180 目筛杂质

海金沙孢子都能通过孔径 180 目标准筛，杂质一般为碎叶末，一般不能通过。

4.70.2.2　过 120 目筛杂质

统货一般都能通过直径 120 目标准筛,无 120 目以上杂质。

4.70.3　规格等级定义(表 4-95)

4.70.3.1　海金沙选货 180 目

全过 180 目筛,无杂质。

4.70.3.2　海金沙统货 120 目

全过 120 目筛,过 180 目筛杂质不超过 15%。

表 4-95　中药材商品电子交易规格等级标准——海金沙

序号	品名	规格名称	流通俗称	过 180 目筛杂质	过 120 目筛杂质	干度
1	海金沙	海金沙选货 180 目	海金沙选货	无	——	干货
2	海金沙	海金沙统货 120 目	海金沙统货	≤15%/≤10%/≤5%	无	干货

4.71　合欢皮

4.71.1　基础数据

4.71.1.1　来源

本品为豆科植物合欢 *Albizia julibrissin* Durazz. 的干燥树皮(《中国药典(2015 年版)》)。野生。夏、秋二季剥取,晒干。

4.71.1.2　产地

主产于四川、湖北等地。

4.71.1.3　合欢皮

呈筒状。长 25~40cm,厚 0.1~0.6cm。外表面灰棕色至灰褐色,稍有纵皱纹,密生明显的椭圆形横向皮孔,棕色或棕红色。内表面淡黄棕色或黄白色,平滑,具细密纵纹。切面呈纤维性片状,淡黄棕色或黄白色。气微香,味淡、微涩、稍刺舌,而后喉头有不适感。

4.71.1.4　合欢皮片

将合欢皮除去杂质,润透,切段,干燥。本品呈筒状或槽状的段。长 1.0~2.0cm。

4.71.2　规格要素说明及名词解释

0.5cm 以下碎末和灰渣

合欢皮碎末及泥沙可用孔径 0.5cm 的筛子筛除。

4.71.3　规格等级定义(表 4-96)

4.71.3.1　合欢皮选货

合欢皮,挑选,使厚度 0.4cm 以上的主杆皮不低于 85%,0.5cm 以下碎末和灰渣重量占比不超过 2%。

4.71.3.2 合欢皮统货

合欢皮,大小不分,厚度 0.4cm 以上的主杆皮不低于 60%,0.5cm 以下碎末和灰渣重量占比不超过 3%。

4.71.3.3 合欢皮统片

用大小不分的合欢皮统货的片,0.5cm 以下碎末和灰渣重量占比不超过 3%。

表 4-96 中药材商品电子交易规格等级标准——合欢皮

序号	品名	规格名称	流通俗称	厚 0.4cm 以上的主干皮重量占比	0.5cm 以下碎末和灰渣重量占比	虫蛀、霉变	干度
1	合欢皮	合欢皮选货	选货	≥85%/≥90%/≥95%	≤2%	无	干货
2	合欢皮	合欢皮统货	统货	≥60%/≥70%/≥80%	≤3%	无	干货
3	合欢皮	合欢皮统片	统片	——	≤3%	无	干货

4.72 何首乌

4.72.1 基础数据

4.72.1.1 来源

本品为蓼科植物何首乌 *Polygonum multiflorum* Thunb. 的干燥块根(《中国药典(2015 年版)》)。野生或栽培,栽培 3 年。秋、冬二季叶枯萎时采挖,洗净,个大的切成块,干燥。

4.72.1.2 产地

产于四川、贵州、重庆、广西、陕西、甘肃、云南等地。野生主产四川西昌、贵州、重庆,栽培主产于广东高要、湛江。四川产何首乌有云锦花纹,断面浅黄棕色或浅红棕色,贵州、广东产何首乌无云锦花纹,断面粉色。

4.72.1.3 何首乌片(块)

将何首乌除去杂质,洗净,稍浸,润透,切片或块,干燥。呈不规则的片或块,片直径 1.0~5.0cm,厚片厚 0.6~2.0cm,薄片厚 0.5cm 左右;块边长 2.0~3.0cm。外皮棕褐色或红褐色,皱缩不平,有浅沟,并有横长皮孔样突起及细根痕。野生品切面浅黄棕色或浅红棕色,显粉性,皮部可见云锦状花纹,栽培品切面粉色,云锦花纹不甚明显,中央木部较大,有的呈木芯。气微,味微苦而甘涩。

4.72.2 规格要素说明及名词解释

4.72.2.1 大小

指何首乌片的厚度或何首乌块的边长。一般为 2.0~3.0cm,薄片厚度 0.5cm 左右,厚片厚度 0.6~2.0cm。

4.72.2.2 带锥根的边片

何首乌药材两端切出带根尖的片(块),所占比例越高,等级越低。

4.72.3 规格等级定义(表4-97)

4.72.3.1 何首乌精选片 2.5~4.0

挑选大个何首乌,切成厚0.5cm左右的薄片,直径在2.5~4.0cm的片不低于70%,带锥根的边片重量占比不超过2%,0.3cm以下的灰渣重量占比不超过1%。(图0058-1)

4.72.3.2 何首乌选片 2.5

挑选大个何首乌,切成厚0.6~2.0cm的片,直径在2.5cm以上的片不低于80%,带锥根的边片重量占比不超过2%,0.3cm以下的灰渣重量占比不超过1%。(图0058-2)

4.72.3.3 何首乌小选片

大小不分的何首乌切片,厚0.6~2.0cm,直径1.0~3.0cm以上的片不低于80%,带锥根的边片重量占比不超过2%,0.3cm以下的灰渣重量占比不超过1%。(图0058-3)

4.72.3.4 何首乌统片

大小不分的何首乌切片,切片厚0.6~2.0cm,直径2.5cm以上的片不低于50%,带锥根的边片重量占比不超过10%,0.3cm以下的灰渣重量占比不超过1%。(图0058-4)

4.72.3.5 何首乌统块

大小不分的何首乌,切成边长2.0~3.0cm的块,带锥根的边块不超过20%,0.3cm以下的灰渣重量占比不超过1%。

表4-97 中药材商品电子交易规格等级标准——何首乌

序号	品名	规格名称	流通俗称	大小	大片重量占比	带锥根的边片重量占比	0.3cm以下的灰渣重量占比	虫蛀、霉变	干度
1	何首乌	何首乌精选片2.5~4.0	何首乌精选片	片厚0.5cm左右	直径2.5~4.0cm的片≥70%	≤2%	≤1%	无	干货
2	何首乌	何首乌选片2.5	何首乌选片	片厚0.6~2.0cm	直径2.5cm以上≥片80%	≤2%	≤1%	无	干货
3	何首乌	何首乌小选片	何首乌小片	片厚0.5~0.6cm	直径1.0~3.0cm≥80%	≤2%	≤1%	无	干货
4	何首乌	何首乌统片	何首乌统片	——	直径2.5cm以上片≥50%	≤10%	≤1%	无	干货
5	何首乌	何首乌统块	何首乌统块	——		≤20%/≤10%	≤1%	无	干货

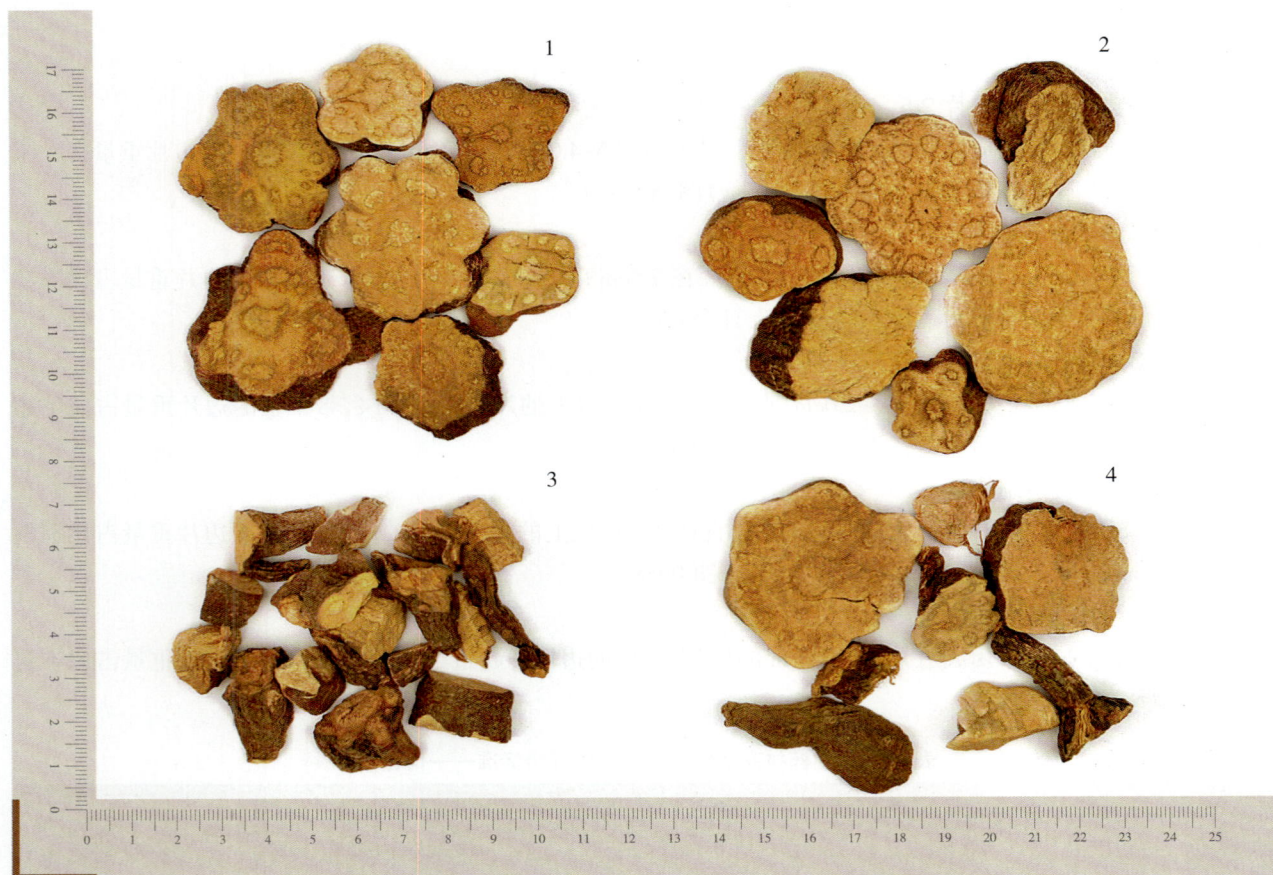

图 0058　何首乌商品部分规格图示
1. 何首乌精选片 2.5~4.0；2. 何首乌选片 2.5；3. 何首乌小选片；4. 何首乌统片

4.73　荷叶

4.73.1　基础数据

4.73.1.1　来源

本品为睡莲科植物莲 *Nelumbo nucifera* Gaertn. 的干燥叶(《中国药典(2015 年版)》)。栽培 1 年。夏、秋二季采收，晒至七八成干时，除去叶柄，干燥。

4.73.1.2　产地

产于湖南、江西、山东、湖北、浙江等地，主产于湖南、江西、山东。

4.73.1.3　荷叶

呈折扇形或半圆形，展开后呈类圆形，全缘或稍呈波状，直径 20~50cm。上表面深绿色或黄绿色，较粗糙；下表面淡灰棕色，较光滑，有粗脉 21~22 条，自中心向四周射出，中心有突起的叶柄残基。质脆，易破碎。稍有清香气，味微苦。

4.73.1.4　荷叶方片(丝)

荷叶喷水，稍润，切丝或方片，干燥。呈长条形丝或方片。丝长 5.0~20cm 不等，宽 1.0~1.5cm；方片长

1.5~4.0cm,宽1.0~3.0cm。

4.73.2 规格要素说明及名词解释

4.73.2.1 形态

选货荷叶多孔成把,叶片舒展,完整;统货荷叶多装为机压包,破碎较多。

4.73.2.2 黄叶

采摘时已干枯叶,颜色黄褐色。

4.73.2.3 碎片(丝)

干燥的荷叶贡脆,在加工、贮存、运输过程中易碎裂形成碎片(丝)。

4.73.2.4 灰末

干燥的荷叶贡脆,在加工、贮存、运输过程易碎落细末。一般用孔径0.2cm的筛子筛除。

4.73.3 规格等级定义(表4-98,表4-99)

荷叶药食同源,荷叶统货和荷叶丝为药用规格,其余为食用规格。

4.73.3.1 荷叶选个

荷叶,采摘后选清秀良好,叶片完整个,干燥后对折呈扇形,多个扎为一把,运输中尽量保持叶片不被压坏、变形,黄叶重量占比不超过1%。

4.73.3.2 荷叶统个

荷叶,采摘干燥后对折呈扇形,多个垒在一起打包,运输中多有破碎变形,黄叶重量占比不超过5%。

4.73.3.3 荷叶丝

荷叶切为长3.0~20cm不等,宽1.0~2.0cm的长丝,碎丝不超过5%,0.2cm以下灰末重量占比不超过2%,带荷蒂的丝重量占比不超过7%。(图0059-1)

4.73.3.4 荷叶大方片4×3

荷叶切为长4.0cm,宽3.0cm的方片,碎片不超过10%,0.2cm以下灰末重量占比不超过2%,带荷蒂的片重量占比不超过3%。(图0059-2)

4.73.3.5 荷叶中方片2.5×2

荷叶切为长2.5cm,宽2.0cm的方片,碎片不超过5%,0.2cm以下灰末重量占比不超过2%,带荷蒂的片重量占比不超过3%。(图0059-3)

4.73.3.6 荷叶小方片1.5×1

荷叶切为长1.5cm,宽1.0cm的方片,碎片不超过5%,0.2cm以下灰末重量占比不超过2%,带荷蒂的片重量占比不超过3%。(图0059-4)

表 4-98 中药材商品电子交易规格等级标准——荷叶

序号	品名	规格名称	流通俗称	形态	黄叶重量占比	虫蛀、霉变	干度
1	荷叶	荷叶选个	荷叶选个	扇形,叶片舒展,边缘完整	≤1%/无	无	干货
2	荷叶	荷叶统个	荷叶统个	类扇形,叶片较皱缩,边缘破碎	≤5%/≤3%	无	干货

表 4-99　中药材商品电子交易规格等级标准——荷叶（续）

序号	品名	规格名称	流通俗称	大小/cm	碎片(丝)重量占比	0.2cm 以下灰末重量占比	带荷蒂的片(丝)重量占比	虫蛀、霉变	干度
3	荷叶	荷叶丝	荷叶丝	宽 1.0~2.0	≤5%/≤2%	≤2%	≤7%/≤3%/无	无	干货
4	荷叶	荷叶大方片 4×3	方片	长宽 4.0×3.0	≤10%/≤5%/≤2%	≤2%	≤3%/无	无	干货
5	荷叶	荷叶中方片 2.5×2	方片	长宽 2.5×2.0	≤5%/≤2%	≤2%	≤3%/无	无	干货
6	荷叶	荷叶小方片 1.5×1	方片	长宽 1.5×1.0	≤5%/≤2%	≤2%	≤3%/无	无	干货

图 0059　荷叶商品部分规格图示
1. 荷叶丝 ; 2. 荷叶大方片 4×3 ; 3. 荷叶中方片 2.5×2 ; 4. 荷叶小方片 1.5×1

4.74　红参

4.74.1　基础数据

4.74.1.1　来源

本品为五加科植物人参 *Panax ginseng* C. A. Mey. 的栽培品经蒸制后的干燥根和根茎（《中国药典（2015 年

版)》)。加工过程不加糖,但当前市场上分为无糖、低糖、重糖三种。

4.74.1.2　产地

产于吉林、辽宁和黑龙江,主产于吉林抚松。

4.74.1.3　纯无糖红参

主根呈纺锤形、圆柱形或扁方柱形,长 3.0~10cm,直径 1.0~2.0cm。表面半透明,红棕色,肩部以上表皮多呈金黄色(俗称"黄马褂"),偶有不透明的暗黄褐色斑块,具纵沟、皱纹及细根痕,上部有时具断续的不明显环纹,下部有 2~3 条扭曲交叉的支根。根茎(芦头)长 1.0~2.0cm,上有数个凹窝状茎痕(芦碗)。质硬而脆,断面平坦,角质样。气微香而特异,味甘、微苦。

4.74.1.4　低糖红参

红棕色或黄棕色,半透明。质较硬而柔韧,不易折断,气微香而特异,味甘、味苦。

4.74.1.5　有糖红参

表面棕红色,常有黄白色糖粉残留。质软而柔韧,不易折断,气微香而特异,味甜。

4.74.1.6　红参片

红参原药主蒸汽蒸软,机器切片。为圆形或椭圆形薄片,直径 0.5~3.0cm,厚 0.2cm 左右,表面红棕色或黄棕色或有黄白色糖衣,切面平坦,半透明。无糖片质硬而脆;低糖片质较硬,但不易折断;重糖片质软而韧。

4.74.2　规格要素说明及名词解释

4.74.2.1　含糖量

4.74.2.1.1　无糖

加工过程中,经过冲洗、分拣、高温蒸制、截须、烘干或晒干,无糖红参体干、质脆,上半身部分多呈金黄色外皮(俗称"黄马褂"),下半身呈棕红色,半透明。

4.74.2.1.2　低糖

加工过程中,经过冲洗、分拣、参体上撒上一层蔗糖,高温蒸制,截须,烘干或晒干,低糖红参体较柔软,体表棕红色,糖含量一般不超过 30%,表面无糖析出。

4.74.2.1.3　有糖

加工过程中,经过冲洗、分拣,体表裹上一层蔗糖,蒸制或直接将鲜参放在糖水中小火慢煮,截须,烘干或晒干,重糖红参体柔软,参体红棕色,糖含量一般在 45%~55%,最多不超过 60%,部分表面有黄白色糖粉析出,形成糖衣。

4.74.2.2　支数 /500g

每 500g 红参的支数,支数越少,单支越重,等级越高。

4.74.2.3　主根长

主根为人参根的主体,芦头以下支根以上的部分。一般生长年限越久主根越长。

4.74.2.4　破损个、疤痕个

采收、加工不当使人参表面出现破损或留下疤痕。

4.74.2.5　直径范围

红参一般选体短粗壮个切片,直径在 2.0cm 以上大个多切为斜片,直径在 2.0cm 以内中小个多切为圆片。

4.74.2.6　质地

无糖红参片质地坚硬,有糖红参片质地柔软。

4.74.2.7　空心个

蒸煮、烘烤过程中温度过高,表面不光泽,颜色发污,甚至变黑,参体内部空心。

4.74.3　规格等级定义（表 4-100，表 4-101）

4.74.3.1　红参 15 支
选单支重不低于 33.3g 的红参，每 500g 在 15 支以内，空心个重量占比不超过 15%，破损个、疤痕个重量占比不超过 15%。（图 0060A-1）

4.74.3.2　红参 20 支
选单支重不低于 25g 的红参，每 500g 在 15~20 支之间，空心个重量占比不超过 15%，破损个、疤痕个重量占比不超过 15%。（图 0060A-2）

4.74.3.3　红参 30 支
选单支重不低于 18.4g 的红参，每 500g 在 20~32 支之间，空心个重量占比不超过 15%，破损个、疤痕个重量占比不超过 15%。（图 0060A-3）

4.74.3.4　红参 45 支
选单支重不低于 15.6g 的红参，每 500 克在 32~48 支以内，空心个重量占比不超过 15%，破损个、疤痕个重量占比不超过 15%。（图 0060A-4）

4.74.3.5　红参 60 支
选单支重不低于 7.8g 的红参，每 500 克 48~64 支以内，空心个重量占比不超过 15%，破损个、疤痕个重量占比不超过 15%。（图 0060A-5）

4.74.3.6　红参 80 支
选单支重不低于 6.2g 的红参，每 500 克 64~80 支以内，空心个重量占比不超过 15%，破损个、疤痕个重量占比不超过 15%。

4.74.3.7　红参 80 支以上
选单支重不超过 6.2g 的红参，每 500 克不少于 80 支，空心个重量占比不超过 15%，破损个、疤痕个重量占比不超过 15%。

4.74.3.8　红参片 3.0
斜切或横切为斜片，片厚 0.2cm 左右，直径 3.0cm 以上片不低于 50%。

4.74.3.9　红参片 2.5~3.0
斜切或横切为斜片，片厚 0.2cm 左右，直径 2.5~3.0cm 片不低于 50%。

4.74.3.10　红参片 2.0~2.5
斜切或横切为斜片或圆片，片厚 0.2cm 左右，直径 2.0~2.5cm 片不低于 50%。（图 0060B-1，图 0060B-4）

4.74.3.11　红参片 1.5~2.0
斜切或横切为斜片或圆片，片厚 0.2cm 左右，直径 1.5~2.0cm 片不低于 50%。（图 0060B-2，图 0060B-5）

4.74.3.12　红参片 1.0~1.5
斜切或横切为斜片或圆片，片厚 0.2cm 左右，直径 1.0~1.5cm 片不低于 50%。（图 0060B-3，图 0060B-6）

4.74.3.13　红参片 0.8~1.0
斜切或横切为斜片或圆片，片厚 0.2cm 左右，直径 0.8~1.0cm 片不低于 50%。

4.74.3.14　红参片 0.8 以下
斜切或横切为斜片或圆片，片厚 0.2cm 左右，为直径 0.8cm 以下片。

以上每个规格的红参个子和红参片都细分为纯无糖、低糖和有糖 3 种。

表 4-100　中药材商品电子交易规格等级标准——红参

序号	品名	规格名称	流通俗称	含糖量	支数 / 500g	主根长 / cm	空心个重量占比	破损个、疤痕个重量占比	干度
1	红参	红参纯无糖 15 支	无糖 15 支	无糖	≤15	≥7.0	≤15%/≤10%/≤5%	≤15%/≤10%/≤5%	干货
2	红参	红参低糖 15 支	低糖 15 支	低糖	≤15	≥7.0	≤15%/≤10%/≤5%	≤15%/≤10%/≤5%	干货
3	红参	红参有糖 15 支	重糖 15 支	重糖	≤15	≥7.0	≤15%/≤10%/≤5%	≤15%/≤10%/≤5%	干货
4	红参	红参纯无糖 20 支	无糖 20 支	无糖	15~20	≥7.0	≤15%/≤10%/≤5%	≤15%/≤10%/≤5%	干货
5	红参	红参低糖 20 支	低糖 20 支	低糖	15~20	≥7.0	≤15%/≤10%/≤5%	≤15%/≤10%/≤5%	干货
6	红参	红参有糖 20 支	重糖 20 支	重糖	15~20	≥7.0	≤15%/≤10%/≤5%	≤15%/≤10%/≤5%	干货
7	红参	红参纯无糖 30 支	无糖 30 支	无糖	20~32	≥7.0	≤15%/≤10%/≤5%	≤15%/≤10%/≤5%	干货
8	红参	红参低糖 30 支	低糖 30 支	低糖	20~32	≥7.0	≤15%/≤10%/≤5%	≤15%/≤10%/≤5%	干货
9	红参	红参有糖 30 支	重糖 30 支	重糖	20~32	≥7.0	≤15%/≤10%/≤5%	≤15%/≤10%/≤5%	干货
10	红参	红参纯无糖 45 支	无糖 45 支	无糖	32~48	≥7.0	≤15%/≤10%/≤5%	≤15%/≤10%/≤5%	干货
11	红参	红参低糖 45 支	低糖 45 支	低糖	32~48	≥7.0	≤15%/≤10%/≤5%	≤15%/≤10%/≤5%	干货
12	红参	红参有糖 45 支	重糖 45 支	重糖	32~48	≥7.0	≤15%/≤10%/≤5%	≤15%/≤10%/≤5%	干货
13	红参	红参纯无糖 60 支	无糖 60 支	无糖	48~64	≥7.0	≤15%/≤10%/≤5%	≤15%/≤10%/≤5%	干货
14	红参	红参低糖 60 支	低糖 60 支	低糖	48~64	≥7.0	≤15%/≤10%/≤5%	≤15%/≤10%/≤5%	干货
15	红参	红参有糖 60 支	重糖 60 支	重糖	48~64	≥7.0	≤15%/≤10%/≤5%	≤15%/≤10%/≤5%	干货
16	红参	红参纯无糖 80 支	无糖 80 支	无糖	64~80	≥7.0	≤15%/≤10%/≤5%	≤15%/≤10%/≤5%	干货
17	红参	红参低糖 80 支	低糖 80 支	低糖	64~80	≥7.0	≤15%/≤10%/≤5%	≤15%/≤10%/≤5%	干货
18	红参	红参有糖 80 支	重糖 80 支	重糖	64~80	≥7.0	≤15%/≤10%/≤5%	≤15%/≤10%/≤5%	干货
19	红参	红参纯无糖 80 支以上	无糖小抄货	无糖	≥80	——	≤15%/≤10%/≤5%	≤15%/≤10%/≤5%	干货
20	红参	红参低糖 80 支以上	无糖小抄货	低糖	≥80	——	≤15%/≤10%/≤5%	≤15%/≤10%/≤5%	干货
21	红参	红参有糖 80 支以上	无糖小抄货	重糖	≥80	——	≤15%/≤10%/≤5%	≤15%/≤10%/≤5%	干货

表 4-101　中药材商品电子交易规格等级标准——红参（续）

序号	品名	规格名称	流通俗称	含糖量	大片重量占比	质地	干度
22	红参	红参纯无糖片 3.0	特大片	无糖	直径 3.0cm 大片 ≥50%/ 直径 3.0cm 大片 ≥70%	坚硬 / 柔软	干货
23	红参	红参低糖片 3.0	特大片	低糖	直径 3.0cm 大片 ≥50%/ 直径 3.0cm 大片 ≥70%	坚硬 / 柔软	干货
24	红参	红参有糖片 3.0	特大片	重糖	直径 3.0cm 大片 ≥50%/ 直径 3.0cm 大片 ≥70%	坚硬 / 柔软	干货
25	红参	红参纯无糖片 2.5~3.0	大片	无糖	直径 2.5~3.0cm 大片 ≥50%/ 直径 2.5~3.0cm 大片 ≥70%	坚硬 / 柔软	干货
26	红参	红参低糖片 2.5~3.0	大片	低糖	直径 2.5~3.0cm 大片 ≥50%/ 直径 2.5~3.0cm 大片 ≥70%	坚硬 / 柔软	干货
27	红参	红参有糖片 2.5~3.0	大片	重糖	直径 2.5~3.0cm 大片 ≥50%/ 直径 2.5~3.0cm 大片 ≥70%	坚硬 / 柔软	干货
28	红参	红参纯无糖片 2.0~2.5	中片	无糖	直径 2.0~2.5cm 片 ≥50%/ 直径 2.0~2.5cm 片 ≥70%	坚硬 / 柔软	干货
29	红参	红参低糖片 2.0~2.5	中片	低糖	直径 2.0~2.5cm 片 ≥50%/ 直径 2.0~2.5cm 片 ≥70%	坚硬 / 柔软	干货
30	红参	红参有糖片 2.0~2.5	中片	重糖	直径 2.0~2.5cm 片 ≥50%/ 直径 2.0~2.5cm 片 ≥70%	坚硬 / 柔软	干货
31	红参	红参纯无糖片 1.5~2.0	中片	无糖	直径 1.5~2.0cm 片 ≥50%/ 直径 1.5~2.0cm 片 ≥70%	坚硬 / 柔软	干货
32	红参	红参低糖片 1.5~2.0	中片	低糖	直径 1.5~2.0cm 片 ≥50%/ 直径 1.5~2.0cm 片 ≥70%	坚硬 / 柔软	干货
33	红参	红参有糖片 1.5~2.0	中片	重糖	直径 1.5~2.0cm 片 ≥50%/ 直径 1.5~2.0cm 片 ≥70%	坚硬 / 柔软	干货
34	红参	红参纯无糖片 1.0~1.5	小片	无糖	直径 1.0~1.5cm 片 ≥50%/ 直径 1.0~1.5cm 片 ≥70%	坚硬 / 柔软	干货
35	红参	红参低糖片 1.0~1.5	小片	低糖	直径 1.0~1.5cm 片 ≥50%/ 直径 1.0~1.5cm 片 ≥70%	坚硬 / 柔软	干货
36	红参	红参有糖片 1.0~1.5	小片	重糖	直径 1.0~1.5cm 片 ≥50%/ 直径 1.0~1.5cm 片 ≥70%	坚硬 / 柔软	干货
37	红参	红参纯无糖片 0.8~1.0	小片	无糖	直径 0.8~1.0cm 片 ≥50%/ 直径 0.8~1.0cm 片 ≥70%	坚硬 / 柔软	干货
38	红参	红参低糖片 0.8~1.0	小片	低糖	直径 0.8~1.0cm 片 ≥50%/ 直径 0.8~1.0cm 片 ≥70%	坚硬 / 柔软	干货
39	红参	红参有糖片 0.8~1.0	小片	重糖	直径 0.8~1.0cm 片 ≥50%/ 直径 0.8~1.0cm 片 ≥70%	坚硬 / 柔软	干货
40	红参	红参纯无糖片 0.8 以下	小片	无糖	直径 ≤0.8cm	坚硬 / 柔软	干货
41	红参	红参低糖片 0.8 以下	小片	低糖	直径 ≤0.8cm	坚硬 / 柔软	干货
42	红参	红参有糖片 0.8 以下	小片	重糖	直径 ≤0.8cm	坚硬 / 柔软	干货

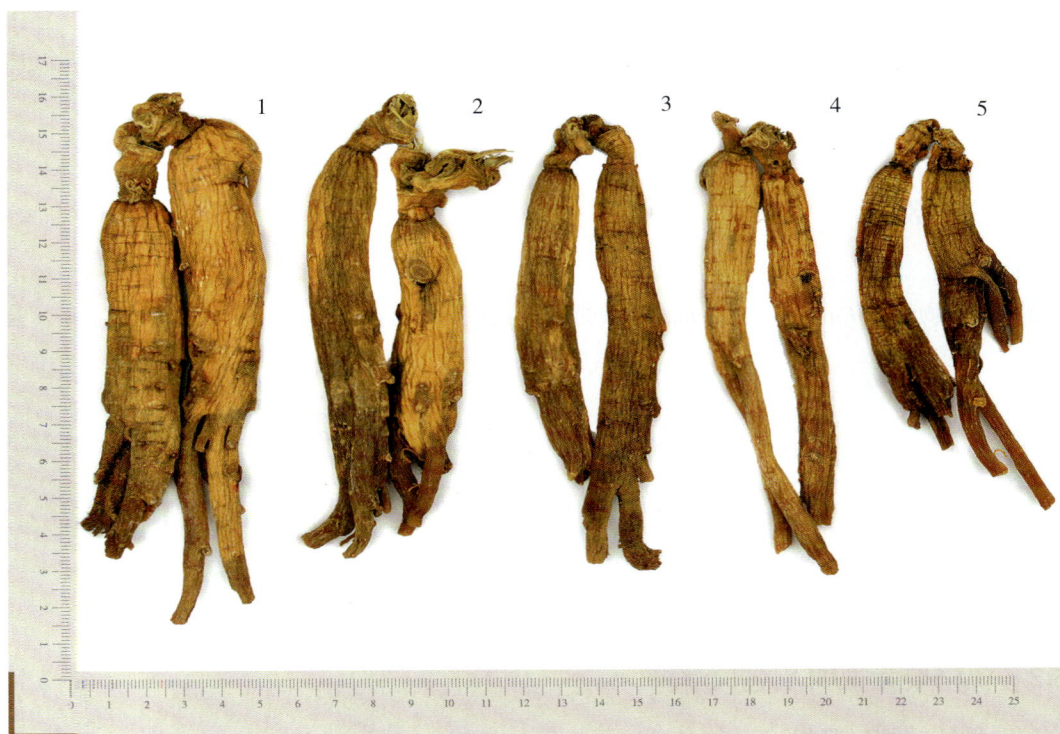

图 0060A 红参（个子）商品部分规格图示

1. 红参纯无糖 15 支；2. 红参纯无糖 20 支；3. 红参纯无糖 30 支；4. 红参纯无糖 45 支；5. 红参纯无糖 60 支

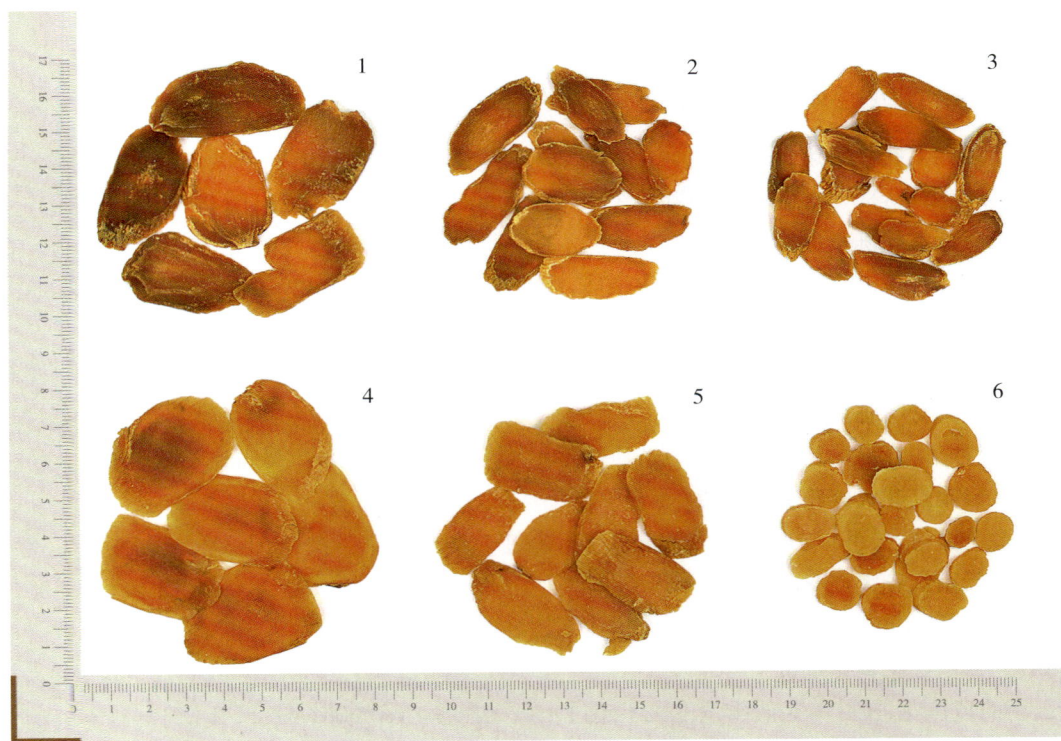

图 0060B 红参（片）商品部分规格图示

1. 红参纯无糖片 2.0~2.5；2. 红参纯无糖片 1.5~2.0；3. 红参纯无糖片 1.0~1.5；4. 红参低糖片 2.0~2.5；
5. 红参低糖片 1.5~2.0；6. 红参有糖片 1.0~1.5

4.75　红花

4.75.1　基础数据

4.75.1.1　来源

本品为菊科植物红花 *Carthamus tinctorius* L. 的干燥花(《中国药典(2015 年版)》)。栽培 1 年。夏季花由黄变红时采摘,阴干或晒干。

4.75.1.2　产地

产于新疆、甘肃、云南等地,主产于新疆塔城,甘肃玉门,云南宾川、巍山、弥渡、保山。新疆、甘肃产红花为鲜红色,带有自然风沙;云南产红花有两个品种,鲜红色花和红黄色花,不带自然风沙。

4.75.1.3　红花

为不带子房的管状花,长 1.0~2.0cm。红黄色或红色。花冠筒细长,先端 5 裂,裂片呈狭条形,长 5.0~8.0cm;雄蕊 5 枚,花药聚合成筒状,黄白色,柱头长圆柱形,顶端微分叉。质柔软。气微香,味微苦。

4.75.2　规格要素说明及名词解释

4.75.2.1　颜色(新货/陈货)

新货颜色呈鲜红色,陈货颜色呈暗红色。

4.75.2.2　泥沙

新疆红花自然带的风沙,云南红花不带风沙。

4.75.2.3　枝叶等杂质

红花杂质一般有花萼、花托、枝杆。

4.75.3　规格等级定义(表 4-102)

4.75.3.1　新疆红花新货选货

产于新疆或甘肃,新货(鲜红色),无枝叶等杂质,泥沙重量占比不超过 2%。(图 0061-1)

4.75.3.2　新疆红花陈货选货

产于新疆或甘肃,陈货(暗红色),无枝叶等杂质,泥沙重量占比不超过 2%。

4.75.3.3　新疆红花新货统货

产于新疆或甘肃,新货(鲜红色),枝叶等杂质重量占比不超过 1%,泥沙重量占比不超过 5%。(图 0061-2)

4.75.3.4　新疆红花陈货统货

产于新疆或甘肃,陈货(暗红色),枝叶等杂质重量占比不超过 1%,泥沙重量占比不超过 5%。

4.75.3.5　云南红花大红花新货统货

产于云南,新货(鲜红色),枝叶等杂质重量占比不超过 1%,无泥沙。(图 0061-3)

4.75.3.6　云南红花大红花陈货统货

产于云南,陈货(暗红色),枝叶等杂质重量占比不超过 1%,无泥沙。

4.75.3.7　云南红花黄花统货

产于云南的黄色花,枝叶等杂质重量占比不超过 1%,无泥沙。(图 0061-4)

4.75.3.8　云南红花籽籽花统货

产于云南的带幼籽的花,枝叶等杂质重量占比不超过 1%,无泥沙。(图 0061-5)

表 4-102　中药材商品电子交易规格等级标准——红花

序号	品名	规格名称	流通俗称	产地	颜色（新货/陈货）	枝叶等杂质重量占比	泥沙重量占比	虫蛀、霉变	干度
1	红花	新疆红花新货选货	新疆红花	新疆、甘肃	鲜红色（新货）	无	≤2%/≤1%	无	干货
2	红花	新疆红花陈货选货	新疆红花	新疆、甘肃	暗红色（陈货）	无	≤2%/≤1%	无	干货
3	红花	新疆红花新货统货	新疆红花	新疆、甘肃	鲜红色（新货）	≤1%	≤5%/≤3%	无	干货
4	红花	新疆红花陈货统货	新疆红花	新疆、甘肃	暗红色（陈货）	≤1%/无	≤5%/≤3%/≤1%	无	干货
5	红花	云南红花大红花新货统货	云南大红花	云南	鲜红色（新货）	≤1%/无	无	无	干货
6	红花	云南红花大红花陈货统货	云南大红花	云南	暗红色（陈货）	≤1%/无	无	无	干货
7	红花	云南红花黄花统货	云南黄花	云南	——	≤1%/无	无	无	干货
8	红花	云南红花籽籽花统货	云南籽籽花	云南	——	≤1%	无	无	干货

图 0061　红花商品部分规格图示

1. 新疆红花新货选货；2. 新疆红花新货统货；3. 云南红花大红花新货统货；4. 云南红花黄花统货；5. 云南红花籽籽花统货

4.76 厚朴

4.76.1 基础数据

4.76.1.1 来源

本品为木兰科植物厚朴 *Magnolia officinalis* Rehd. et Wils. 或凹叶厚朴 *Magnolia officinalis* Rehd. et Wils. var. *biloba* Rehd. et Wils. 的干燥干皮、根皮及枝皮(《中国药典(2015 年版)》)。栽培,4~6 月剥取,根皮和枝皮直接阴干;将五成干左右的干皮进行暴晒,趁热堆置覆盖,"发汗"至内表面变紫褐色或棕褐色时,自然卷成单筒或双筒状,晒干。

4.76.1.2 产地

产于四川、云南、陕西、甘肃、河南、湖北、湖南、贵州等地,主产于四川、云南。

4.76.1.3 厚朴丝(方丁)

将厚朴刮去粗皮,润透,切丝或方丁,干燥。呈弯曲的丝条状或规则的方丁。厚度 0.15cm 以上,外表面灰褐色,有时可见椭圆形皮孔或纵皱纹。内表面紫棕色或深紫褐色,较平滑,具细密纵纹,划之显油痕。切面颗粒性,有油性。气香,味辛辣、微苦。

4.76.2 规格要素说明及名词解释

4.76.2.1 厚度

厚朴生长年限越久,皮越厚,质量越好。一般厚度在 0.15~0.2cm,0.2cm 以上为厚皮,0.15cm 以下为薄皮。

4.76.2.2 去皮/未去皮

厚朴皮在加工过程中分刮去外表粗皮或不刮去外皮两种情况。

4.76.2.3 厚度 0.12cm 以下皮(枝皮)

厚朴枝杆剥皮称为枝皮,枝皮较薄,一般厚度在 0.12cm 以下。

4.76.2.4 方块长宽

厚朴方块一般长宽分别有 1.0cm×1.0cm、1.2cm×1.2cm、1.5cm×1.5cm,方块越小,加工成本就越高,价格相应较高。

4.76.2.5 丝宽

厚朴丝分为宽丝、窄丝,分别宽 0.4cm 左右、0.8cm 左右。

4.76.2.6 厚度 0.12cm 以下黄尖皮丝

厚朴小枝的外皮,颜色发黄,称为"黄尖皮丝",也属于枝皮,厚度 0.12cm 以下。

4.76.2.7 0.5cm 以下碎末、灰渣

用 0.5cm 标准筛筛下的刀口碎末及外皮碎末。

4.76.3 规格等级定义(表 4-103)

4.76.3.1 厚朴去皮特级小方块

挑选较厚的厚朴,刮皮后厚度在 0.2cm 以上,切成方块,边长分别有 1.0cm×1.0cm、1.2cm×1.2cm、1.5cm×1.5cm,无厚 0.12cm 以下枝皮、无 0.5cm 以下碎末、灰渣。

4.76.3.2 厚朴特级小方块

挑选较厚的厚朴,不带粗皮部分厚度在 0.2cm 以上,切成方块,边长分别有 1.0cm×1.0cm、1.2cm×1.2cm、1.5cm×1.5cm,无厚 0.12cm 以下枝皮,无 0.5cm 以下碎末、灰渣。

4.76.3.3　厚朴去皮窄丝 0.4

挑选较厚的厚朴，刮支后厚度在 0.2cm 以上，切成宽约 0.4cm 的丝，无厚 0.12cm 以下枝皮，无 0.5cm 以下碎末、灰渣。

4.76.3.4　厚朴窄丝 0.4

挑选较厚的厚朴，不带粗皮部分厚度在 0.2cm 以上，切成宽约 0.4cm 的丝，无厚 0.12cm 以下枝皮，无 0.5cm 以下碎末、灰渣。

4.76.3.5　厚朴去皮宽丝 0.8

挑选较厚的厚朴，刮皮后厚度在 0.2cm 以上，切成宽约 0.8cm 的丝，无厚 0.12cm 以下枝皮，无 0.5cm 以下碎末、灰渣。

4.76.3.6　厚朴宽丝 0.8

挑选较厚的厚朴，厚度在 0.2cm 以上，切成宽约 0.8cm 的丝，无厚 0.12cm 以下枝皮，无 0.5cm 以下碎末、灰渣。

4.76.3.7　厚朴薄皮窄丝 0.4

挑选厚度在 0.15cm 以上的厚朴，切成宽约 0.4cm 的丝，带 0.12cm 以下的枝皮丝不超过 10%，无黄尖皮丝，无 0.5cm 以下碎末、灰渣。

4.76.3.8　厚朴薄皮宽丝 0.8

挑选厚度在 0.15cm 以上的厚朴，切成宽约 0.8cm 的丝，带 0.12cm 以下的枝皮丝不超过 10%，无黄尖皮丝，无 0.5cm 以下碎末、灰渣。

4.76.3.9　厚朴统丝 0.5

用厚薄不分的厚朴，切成宽约 0.5cm 的丝，但厚 0.12cm 以下的枝皮丝不超过 40%，黄尖皮丝不超过 10%，0.5cm 以下碎末、灰渣不超过 3%。（图 0062-1）

4.76.3.10　厚朴统丝 0.8~1.0

用厚薄不分的厚朴，切成宽约 0.8~1.0cm 的丝，但厚 0.12cm 以下枝皮丝不超过 40%，厚 0.12cm 以下黄尖皮丝不超过 10%，0.5cm 以下碎末、灰渣不超过 3%。（图 0062-2）

4.76.3.11　厚朴统丝 1.0~1.2

用厚薄不分的厚朴，切成宽约 1.0~1.2cm 的丝，但厚 0.12cm 以下枝皮丝不超过 40%，厚 0.12cm 以下黄尖皮丝不超过 10%，0.5cm 以下碎末、灰渣不超过 3%。

4.76.3.12　厚朴枝支丝

厚朴薄枝皮切的丝，0.5cm 以下碎末、灰渣不超过 5%。

表 4-103　中药材商品电子交易规格等级标准——厚朴

序号	品名	规格名称	流通俗称	去皮/未去皮	厚度/cm	方片长宽/cm	丝宽/cm	厚度 0.12cm 以下枝皮重量占比	厚度 0.12cm 以下黄尖皮丝重量占比	0.5cm 以下碎末、灰渣重量占比	霉变	干度
1	厚朴	厚朴云皮特级小方块	去皮特级方丁	去皮	0.2 以上	1.0×1.0/ 1.2×1.2/ 1.5×1.5	——	无	无	无	无	干货
2	厚朴	厚朴特级小方块	特级方丁	未去皮	0.2 以上	1.0×1.0/ 1.2×1.2/ 1.5×1.5	——	无	无	无	无	干货
3	厚朴	厚朴去皮窄丝 0.4	厚朴去皮窄丝	去皮	0.2 以上	——	约 0.4	无	无	无	无	干货

序号	品名	规格名称	流通俗称	去皮/未去皮	厚度/cm	方片长宽/cm	丝宽/cm	厚度0.12cm以下枝皮丝重量占比	厚度0.12cm以下黄尖皮丝重量占比	0.5cm以下碎末、灰渣重量占比	霉变	干度
4	厚朴	厚朴窄丝0.4	厚朴窄丝	未去皮	0.2以上	——	约0.4	无	无	无	无	干货
5	厚朴	厚朴去皮宽丝0.8	厚朴去皮宽丝	去皮	0.2以上	——	约0.8	无	无	无	无	干货
6	厚朴	厚朴宽丝0.8	厚朴宽丝	未去皮	0.2以上	——	约0.8	无	无	无	无	干货
7	厚朴	厚朴薄皮窄丝0.4	厚朴薄皮窄丝	未去皮	0.15以上	——	约0.4	≤10%	无	无	无	干货
8	厚朴	厚朴薄皮宽丝0.8	厚朴薄皮宽丝	未去皮	0.15以上	——	约0.8	≤10%	无	无	无	干货
9	厚朴	厚朴统丝0.5	统丝	未去皮	0.15以上	——	0.5左右	≤40%/≤30%	≤10%	≤3%/≤1%	无	干货
10	厚朴	厚朴统丝0.8~1.0	统丝	未去皮	0.15以上	——	0.8~1.0	≤40%/≤30%	≤10%	≤3%/≤1%	无	干货
11	厚朴	厚朴统丝1.2~1.8	统丝	未去皮	0.15以上	——	1.2~1.8	≤40%/≤30%	≤10%	≤3%/≤1%	无	干货
12	厚朴	厚朴枝皮丝	枝皮	未去皮	——	——	——	——	——	≤5%/≤2%	无	干货

图 0062　厚朴商品部分规格图示
1. 厚朴统丝 0.5；2. 厚朴统丝 0.8~1.0

4.77 胡芦巴

4.77.1 基础数据

4.77.1.1 来源

本品为豆科植物胡芦巴 *Trigonella foenum-graecum* L. 的干燥成熟种子(《中国药典(2015 年版)》)。栽培 1 年。夏季果实成熟时采割植株,晒干,打下种子,除去杂质。

4.77.1.2 产地

产于河南、安徽、山西、四川、甘肃等地,以及东南亚国家。主产于河南,以及东南亚进口。

4.77.1.3 胡芦巴

略呈斜方形或矩形,长 0.3~0.4cm,宽 0.2~0.3cm,厚约 0.2cm。表面淡黄色或深黄色,平滑,两侧各具一深斜沟,相交处有点状种脐。质坚硬,不易破碎。种皮薄,胚乳呈半透明状,具黏性;子叶 2 枚,淡黄色,胚根弯曲,肥大而长。气香,味微苦。

4.77.2 规格要素说明及名词解释

4.77.2.1 颜色

进口胡芦巴颜色多为淡黄色,国产胡芦巴颜色多为深黄色。

4.77.3 规格等级定义(表 4-104)

4.77.3.1 进口胡芦巴统货

进口胡芦巴,大小不分,淡黄色。

4.77.3.2 国产胡芦巴统货

国产胡芦巴,大小不分,深黄色。

表 4-104 中药材商品电子交易规格等级标准——胡芦巴

序号	品名	规格名称	流通俗称	颜色	虫蛀、霉变	干度
1	胡芦巴	进口胡芦巴统货	进口货	淡黄色	无	干货
2	胡芦巴	国产胡芦巴统货	国产货	深黄色	无	干货

4.78 虎杖

4.78.1 基础数据

4.78.1.1 来源

本品为蓼科植物虎杖 *Polygonum cuspidatum* Sieb. et Zucc. 的干燥根茎和根(《中国药典(2015 年版)》)。野生。春、秋二季采挖,除去须根,洗净,趁鲜切片,晒干。

4.78.1.2 产地

产于湖北、江西、河南、陕西、湖南、福建、云南、四川、贵州、安徽等地,主产于湖北、江西。

4.78.1.3 虎杖片

呈类圆形或不规则形片,长2.0~10cm,宽(直径)0.5~5.0cm,厚0.1~0.5cm。外皮棕褐色,有纵皱纹和须根痕,切面亮黄色、棕黄色或灰黄色。

4.78.2 规格要素说明及名词解释

4.78.2.1 片形

横切片,呈类圆形;斜切片或纵切片,形状不规则。

4.78.2.2 切面颜色

虎杖切面颜色有亮黄色、棕黄色、灰黄色。不同产地的虎杖切面颜色略有不同,湖北、江西产的虎杖切面颜色多为亮黄色,其他产地所产多为棕黄色或灰黄色。一般认为切面亮黄色的虎杖质量较好,但熏硫后的虎杖切面颜色也呈亮黄色,易混淆。

4.78.2.3 0.4cm以下碎片、须根、灰渣

切片过程会产生少量碎片。采挖、加工时,须根未去除或有残留,晒干易掉落。在加工、贮存、运输过程中,碎落的虎杖外皮为灰渣。碎片、须根、灰渣可用孔径0.4cm筛子筛除。

4.78.2.4 含硫情况

无硫加工:虎杖在药材加工和切片过程中不熏硫。无硫加工的虎杖片外皮棕褐色,切面亮黄色、棕黄色、灰黄色。

有硫加工:为方便干燥,虎杖药材熏硫后切片,或切片后熏硫,晒干。有硫加工的外皮棕褐色,切面亮黄色。

4.78.3 规格等级定义(表4-105)

4.78.3.1 虎杖圆片统片

以断面亮黄色,大小不分的虎杖药材切制,直径2.0cm以上的片重量占比不低于30%,0.4cm以下碎片、须根、灰渣重量占比不超过5%。(图0063-1)

4.78.3.2 虎杖斜片选片2.0

以断面亮黄色,直径多2.0cm以上虎杖药材切制,宽2.0cm以上的片重量占比不低于60%,0.4cm以下碎片、须根、灰渣重量占比不超过1%。(图0063-2)

4.78.3.3 虎杖斜片统片

以断面颜色不分,大小不分的虎杖药材切制,宽2.0cm以上的片重量占比不低于30%,0.4cm以下碎片、须根、灰渣重量占比不超过5%。(图0063-3)

表4-105 中药材商品电子交易规格等级标准——虎杖

序号	品名	规格名称	流通俗称	切面颜色	宽(直径)2.0cm以上片重量占比	0.4cm以下碎片、须根、灰渣重量占比	含硫情况	虫蛀、霉变	干度
1	虎杖	虎杖圆片统片	统片	亮黄色	≥30%/≥50%	≤5%/≤2%	有硫加工/无硫加工	无	干货
2	虎杖	虎杖斜片选片2.0	选片	亮黄色	≥60%/≥80%	≤1%	有硫加工/无硫加工	无	干货
3	虎杖	虎杖斜片统片	统片	亮黄色或灰黄色	≥30%/≥50%	≤5%/≤2%	有硫加工/无硫加工	无	干货

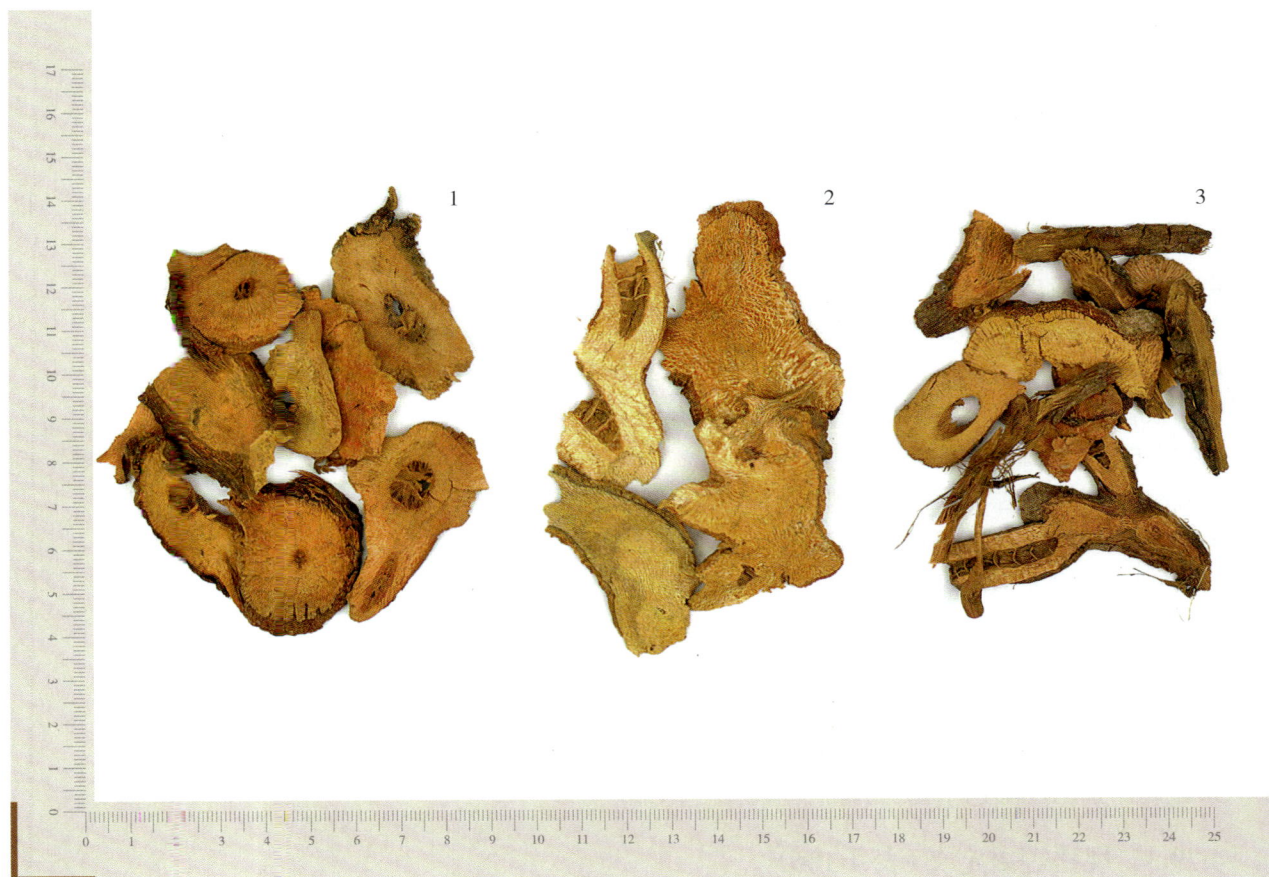

图 0063　虎杖商品部分规格图示
1. 虎杖圆片统片；2. 虎杖斜片选片 2.0；3. 虎杖斜片统片

4.79　黄柏

4.79.1　基础数据

4.79.1.1　来源

本品为芸香科植物黄皮树 *Phellodendron chinense* Schneid. 的干燥树皮(《中国药典(2015 年版)》)。栽培。习称"川黄柏"。剥取树皮后，除去粗皮，晒干。

4.79.1.2　产地

产于四川、云南、贵州、湖北、湖南、陕西、甘肃等地，主产于四川、云南、贵州、湖北。

4.79.1.3　黄柏片

将黄柏清水浸泡，润透，切丝或丁，干燥。本品呈丝条状、方块状。丝条长 5.0~10cm，宽 0.4~1.0cm，厚 0.1~0.3cm；小方块长宽 0.8~1.2cm，厚度 0.2cm 以上。去粗皮后双面金黄色。切面纤维性，呈裂片状分层。味极苦。

4.79.2　规格要素说明及名词解释

4.79.2.1　刮皮与否

鲜黄柏应刮去外粗皮、青皮,刮皮者双面呈金黄色,质量好,也有不刮皮的情况。

4.79.2.2　厚度

黄柏生长年限越久,皮越厚;同一棵树主干皮较厚,枝皮较薄。一般厚度在 0.15~0.3cm,皮厚者质量好。以厚 0.2cm 以上为厚皮,厚 0.15cm 以下为薄皮,多为枝皮。

4.79.2.3　带青皮

黄柏去皮程度不高,皮的颜色呈青色。

4.79.2.4　根皮

地下根剥皮为根皮,不应药用,但有掺用现象。

4.79.2.5　颜色(新货/陈货)

贮存时间越长,颜色渐变暗淡,黄柏新货颜色呈金黄色,陈货颜色较暗,呈暗黄色。

4.79.2.6　0.5cm 以下的碎片及灰渣

直径 0.5cm 以下的黄柏碎末、加工的刀口粉末及脱落的外皮。

4.79.2.7　大小(长 × 宽)

黄柏丝的宽度,以及方块的长宽,丝、方块尺寸越小,加工成本较高,价格较高。

4.79.2.8　含硫情况

有硫加工:为使黄柏颜色鲜亮、美观,在切制干燥过程中熏硫,有硫加工的黄柏颜色黄亮。

无硫加工:加工过程不熏硫。无硫加工黄柏颜色较暗。

4.79.3　规格等级定义(表 4-106)

4.79.3.1　黄柏刮皮方块

挑选厚度在 0.2cm 以上的刮皮黄柏,双面金黄色的个子切方块,边长分别是 0.8cm × 0.8cm、1.0cm × 1.0cm 和 1.2cm × 1.2cm,厚 0.2cm 以上片重量占比不低于 98%,无青皮,根皮重量占比不超过 10%,无 0.5cm 以下的碎片及灰渣。

4.79.3.2　黄柏刮皮丝

挑选厚度多在 0.15cm 以上的刮皮黄柏,单面颜色为金黄色或暗黄色的个子切丝,丝条长 5.0~10cm,宽分别是 0.4~0.6cm、0.6~0.8cm 或其他宽度,厚 0.15cm 以下片(枝皮)重量占比不超过 10%,带青皮重量占比不超过 20%,根皮重量占比不超过 10%,0.5cm 以下的碎片及灰渣重量占比不超过 1%。(图 0064-1)

4.79.3.3　黄柏统丝

用厚度多在 0.15cm 以上未刮皮的黄柏,单面颜色为金黄色或暗黄色的个子切丝,丝条长 5~10cm,宽 0.8~1.0cm、0.6~0.8cm 和其他宽度,根皮重量占比不超过 20%,厚 0.15cm 以下片(枝皮)重量占比不超过 20%,根皮重量占比不超过 20%,0.5cm 以下的碎片及灰渣重量占比不超过 5%。(图 0064-2)

4.79.3.4　黄柏统块

选用厚度在 0.15cm 左右未刮皮的黄柏,单面颜色为金黄色或暗黄色的个子切块,长宽不等,根皮重量占比不超过 30%,厚 0.15cm 以下片(枝皮)重量占比不超过 50%,根皮重量占比不超过 30%,0.5cm 以下的碎片及灰渣重量占比不超过 8%。(图 0064-3)

表 4-106　中药材商品电子交易规格等级标准——黄柏

序号	品名	规格名称	流通俗称	刮皮与否	颜色(新货/陈货)	大小(长×宽)/cm	厚0.2cm以上片重量占比	厚0.15cm以下片(枝皮)重量占比	带青皮重量占比	根皮重量占比	0.5cm以下碎片及灰渣重量占比	含硫情况	霉变	干度
1	黄柏	黄柏刮皮方块	刮皮方丁	刮皮	金黄色	0.8×0.8/1.0×1.0/1.2×1.2	≥98%	——	无	≤10%/≤5%	无	有硫加工/无硫加工	无	干货
2	黄柏	黄柏刮皮丝	刮皮丝	刮皮	金黄色(新货)/暗黄色(陈货)	0.6~0.8/0.4~0.6/其他	——	≤10%	≤20%	≤10%/≤5%	≤1%	有硫加工/无硫加工	无	干货
3	黄柏	黄柏统丝	不刮皮统丝	未刮皮	金黄色(新货)/暗黄色(陈货)	0.8~1.0/0.6~0.8/其他	——	≤20%	——	≤20%	≤5%/≤1%	有硫加工/无硫加工	无	干货
4	黄柏	黄柏统块	下脚料	未刮皮	金黄色(新货)/暗黄色(陈货)	——	≤50%/≤40%	——	≤30%	≤8%/≤4%/≤1%	有硫加工/无硫加工	无	干货

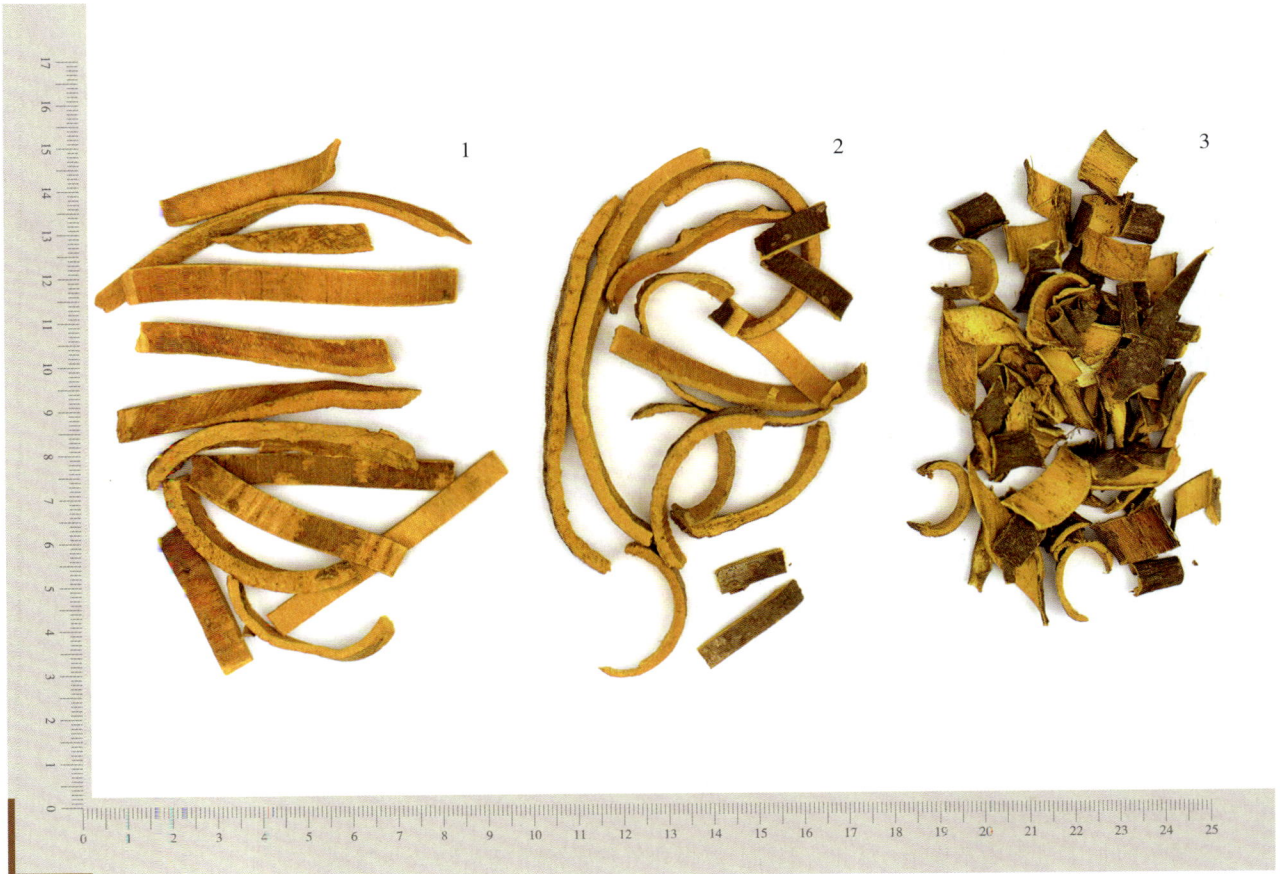

图 0064　黄柏商品部分规格图示
1. 黄柏刮皮丝；2. 黄柏统丝；3. 黄柏统块

4.80 黄精

4.80.1 基础数据

4.80.1.1 来源

本品为百合科植物滇黄精 *Polygonatum kingianum* Coll. et Hemsl.、黄精 *Polygonatum sibiricum* Red. 或多花黄精 *Polygonatum cyrtonema* Hua 的干燥根茎(《中国药典(2015 年版)》)。按形状不同,习称"大黄精""鸡头黄精""姜形黄精"。野生或栽培,野生为主。春、秋二季采挖,除去须根,洗净,置沸水中略烫或蒸至透心,干燥。大黄精有时直接切片。

4.80.1.2 产地

产于云南、贵州、四川、湖南、河南、湖北、安徽、甘肃、浙江、江苏等地,主产于云南、贵州、四川、湖南。

4.80.1.3 大黄精

呈肥厚肉质的结节块状,结节长可达 10cm 以上,宽 3.0~6.0cm,厚 1.5~4.0cm。表面淡黄色至黄棕色,具环节,有皱纹及须根痕,结节上侧茎痕呈圆盘状,圆周凹入,中部突出。质硬而韧,不易折断,断面角质,淡黄色至黄棕色。味甜,嚼之有黏性。

4.80.1.4 鸡头黄精

呈结节状弯柱形,长 3.0~13cm,直径 0.5~2.0cm。结节长 2.0~4.0cm,略呈圆锥形,常有分枝。表面黄白色或灰黄色,半透明,有纵皱纹,茎痕圆形,直径 5.0~8.0mm。

4.80.1.5 姜形黄精

呈长条结节块状,长 5.0~13cm,常数个块状结节相连。表面灰黄色或黄褐色,粗糙,结节上侧有突出的圆盘状茎痕,直径 0.8~1.5cm。

4.80.1.6 黄精片

将黄精除去杂质,洗净,略润,切厚片,干燥。本品呈不规则的厚片,长 0.5~10cm,宽 0.5~6.0cm,厚约 0.25cm。外皮淡黄色至黄棕色,切面略呈角质样,淡黄色至黄棕色,可见多数淡黄色筋脉小点。质稍硬而韧。气微,味甜,嚼之有黏性。

4.80.2 规格要素说明及名词解释

4.80.2.1 切片加工

黄精一般蒸或煮透后切片,晒干或炕干,称为"熟切"。采挖后除去须根,洗净,切片,晒干或炕干,称为"生切"。

4.80.2.2 大(小)个、大(小)片

长 8.0cm 以上的鸡头黄精、长 10cm 以上的姜形黄精为大个;长 4.0cm 以下的鸡头黄精、长 6.0cm 以下的姜形黄精为小个;大黄精以厚 3.0cm、2.0cm、1.5cm 以上,分别为大、中、小个。同品种个大者佳。鸡头黄精和姜形黄精以宽 1.5cm 以上片为大片;大黄精以宽 2.0cm 以上片为大片;以宽 1.0cm 以下的黄精片为小片。同品种片大者佳。大个、大片均为加工过程中挑选而得;小个、小片均为加工过程中挑选大片(个)后所剩。

4.80.2.3 含硫情况

黄精(片)加工过程中不熏硫,为市场主流。燃煤热气炕干的黄精(片)含少量硫。

4.80.3 规格等级定义（表 4-107，表 4-108）

4.80.3.1 鸡头黄精统货
鸡头黄精，大小不分，长 8.0cm 以上个重量占比不低于 60%，4.0cm 以下个重量占比不超过 20%。

4.80.3.2 姜形黄精统货
姜形黄精，大小不分，长 10cm 以上个重量占比不低于 60%，6.0cm 以下个重量占比不超过 20%。

4.80.3.3 大黄精大选货
大黄精，挑选大个，厚 3.0cm 以上个重量占比不低于 60%，厚 2.0cm 以下个重量占比不超过 20%。

4.80.3.4 大黄精中选货
大黄精，挑选大个后再选中个，厚 2.0cm 以上个重量占比不低于 60%，厚 1.5cm 以下个重量占比不超过 20%。

4.80.3.5 大黄精统货
大黄精，挑选大个后剩余，厚 1.5cm 以上个重量占比不低于 80%，厚 1.0cm 以下个不超过 5%。

4.80.3.6 大黄精小统货
大黄精，挑选中、大个后剩余，厚 1.5cm 以上个重量占比不低于 60%，厚 1.0cm 以下个重量占比不超过 5%。

4.80.3.7 鸡头黄精熟选片 1.5
鸡头黄精片，挑选大片，宽 1.5cm 以上片重量占比不低于 90%，宽 1.0cm 以下片重量占比不超过 3% 的熟切片。

4.80.3.8 鸡头黄精熟统片
鸡头黄精片，未经挑选，大小不分，宽 1.0cm 以下片重量占比不超过 20% 的熟切片。

4.80.3.9 姜形黄精熟选片 1.5
鸡头黄精片，挑选大片，宽 1.5cm 以上片重量占比不低于 90%，宽 1.0cm 以下片重量占比不超过 3% 的熟切片。

4.80.3.10 姜形黄精熟统片
鸡头黄精片，未经挑选，大小不分，宽 1.0cm 以下片重量占比不超过 20% 的熟切片。

4.80.3.11 大黄精生选片 2.0
大黄精生切片，挑选大片，宽 2.0cm 以上片重量占比不低于 90%，宽 1.0cm 以下片重量占比不超过 3% 的生切片。

4.80.3.12 大黄精生统片
大黄精生切片，未经挑选，大小不分，宽 1.0cm 以下片重量占比不超过 20% 的生切片。

4.80.3.13 大黄精熟选片 2.0
大黄精熟切片，挑选大片，宽 2.0cm 以上片重量占比不低于 90%，宽 1.0cm 以下片重量占比不超过 3% 的熟切片。

4.80.3.14 大黄精熟统片
大黄精熟切片，未经挑选，大小不分，宽 1.0cm 以下片重量占比不超过 20% 的熟切片。

4.80.3.15 大黄精厚选片 2.0
大黄精熟切片，挑选大片，宽 2.0cm 以上片重量占比不低于 90%，宽 1.0cm 以下片重量占比不超过 3%。

4.80.3.16 大黄精厚统片
大黄精熟切片，未经挑选，大小不分，宽 1.0cm 以下片重量占比不超过 40%。

表 4-107　中药材商品电子交易规格等级标准——黄精

序号	品名	规格名称	流通俗称	加工方式	大个（片）重量占比	小个（片）和碎末重量占比	含硫情况	虫蛀、霉变	干度
1	黄精	鸡头黄精统货	鸡头黄精统货	——	长 8.0cm 以上个≤60%/长 8.0cm 以上个≤70%	长 4.0cm 以下个≤20%/长 4.0cm 以下个≤15%	有硫加工 / 无硫加工	无	干货
2	黄精	姜形黄精统货	姜形黄精统货	——	长 10cm 以上个≤60%/长 10cm 以上个≤70%	长 6.0cm 以下个≤20%/长 6.0cm 以下个≤15%	有硫加工 / 无硫加工	无	干货
3	黄精	大黄精大选货	大黄精大选货	——	厚 3.0cm 以上个≤60%/厚 3.0cm 以上个≤65%	厚 2.0cm 以下个≤20%/厚 2.0cm 以下个≤15%	有硫加工 / 无硫加工	无	干货
4	黄精	大黄精中选货	大黄精中选货	——	厚 2.0cm 以上个≤60%/厚 2.0cm 以上个≤65%	厚 1.5cm 以下个≤20%/厚 1.5cm 以下个≤15%	有硫加工 / 无硫加工	无	干货
5	黄精	大黄精统货	大黄精统货	——	厚 1.5cm 以上个≤80%/厚 1.5cm 以上个≤90%	厚 1.0cm 以下个≤5%/厚 1.0cm 以下个≤3%	有硫加工 / 无硫加工	无	干货
6	黄精	大黄精小统货	大黄精小选货	——	厚 1.5cm 以上个≤60%/厚 1.5cm 以上个≤65%	厚 1.0cm 以下个≤5%/厚 1.0cm 以下个≤3%	有硫加工 / 无硫加工	无	干货

表 4-108　中药材商品电子交易规格等级标准——黄精（续）

序号	品名	规格名称	流通俗称	加工方式	大个（片）重量占比	小个（片）和碎末重量占比	含硫情况	虫蛀、霉变	干度
7	黄精	鸡头黄精熟选片 1.5	鸡头熟黄精选片	熟切	宽 1.5cm 以上片≥90%/宽 1.5cm 以上片≥95%	宽 1.0cm 以下片≤3%/宽 1.0cm 以下片≤1%	有硫加工 / 无硫加工	无	干货
8	黄精	鸡头黄精熟统片	鸡头熟黄精统片	熟切	——	宽 1.0cm 以下片≤20%/宽 1.0cm 以下片≤10%	有硫加工 / 无硫加工	无	干货
9	黄精	姜形黄精熟选片 1.5	姜形黄精熟选片	熟切	宽 1.5cm 以上片≥90%/宽 1.5cm 以上片≥95%	宽 1.0cm 以下片≤3%/宽 1.0cm 以下片≤1%	有硫加工 / 无硫加工	无	干货
10	黄精	姜形黄精熟统片	姜形黄精熟统片	熟切		宽 1.0cm 以下片≤20%/宽 1.0cm 以下片≤10%	有硫加工 / 无硫加工	无	干货
11	黄精	大黄精生选片 2.0	大黄精生选片	生切	宽 2.0cm 以上片≥90%/宽 2.0cm 以上片≥95%	宽 1.0cm 以下片≤3%/宽 1.0cm 以下片≤1%	有硫加工 / 无硫加工	无	干货
12	黄精	大黄精生统片	大黄精生统片	生切	——	宽 1.0cm 以下片≤20%/宽 1.0cm 以下片≤10%	有硫加工 / 无硫加工	无	干货
13	黄精	大黄精熟选片 2.0	大黄精熟选片	熟切	宽 2.0cm 以上片≥90%/宽 2.0cm 以上片≥95%	宽 1.0cm 以下片≤3%/宽 1.0cm 以下片≤1%	有硫加工 / 无硫加工	无	干货
14	黄精	大黄精熟统片	大黄精熟统片	熟切	——	宽 1.0cm 以下片≤20%/宽 1.0cm 以下片≤10%	有硫加工 / 无硫加工	无	干货
15	黄精	大黄精厚选片 2.0	大黄精厚大片	生切 / 熟切	宽 2.0cm 以上片≥90%/宽 2.0cm 以上片≥95%	宽 1.0cm 以下片≤3%/宽 1.0cm 以下片≤1%	有硫加工 / 无硫加工	无	干货
16	黄精	大黄精厚统片	大黄精厚统片	生切 / 熟切	——	宽 1.0cm 以下片≤40%/宽 1.0cm 以下片≤20%	有硫加工 / 无硫加工	无	干货

4.81　黄连

4.81.1　基础数据

4.81.1.1　来源

本品为毛茛科植物黄连 *Coptis chinensis* Franch.、三角叶黄连 *Coptis deltoidea* C. Y. Cheng et Hsiao 或云连 *Coptis teeta* Wall 的干燥根茎(《中国药典(2015 年版)》)。栽培,极少野生,栽培 4~7 年。以上三种分别习称"味连""雅连"和"云连"。秋季采挖,除去须根和泥沙,干燥,撞去残留须根。

4.81.1.2　产地

产于重庆、湖北、四川、云南等地,市场以味连为主,也称黄连,"雅连""云连"极少。主产于重庆石柱,湖北利川,四川峨眉、彭州、北川、洪雅等地。重庆石柱(包括湖北利川)产黄连心子黄色,个头小。四川产黄连产心子淡黄色、个子稍大。

4.81.1.3　黄连

4.81.1.3.1　鸡爪黄连

多个单支集聚成簇,常弯曲,形如鸡爪,相邻单支缝隙间常夹有泥沙,单枝长 3.0~6.0cm,直径 0.3~0.8cm。表面灰黄色或黄褐色,粗糙,有不规则结节状隆起、须根残基,或带部分须根,有的节间表面平滑如茎秆,习称"过桥"。上部多残留褐色鳞叶,顶端常留有残余的茎或叶柄。质硬,断面不整齐,皮部橙红色或暗棕色,木部鲜黄色或橙黄色,呈放射状排列,髓部有的中空。气微,味极苦。

4.81.1.3.2　黄连单枝

多为单枝,略呈圆柱形,微弯曲,长 4.0~8.0cm,直径 0.4~0.8cm。"过桥"较长。顶端有少许残茎。

4.81.1.3.3　黄连散枝

一至多个单枝黄连一端连接,另端较开散的簇,常由 1~4 枝构成,每个单枝长 4.0~10cm,直径 0.3~0.8cm。多枝缝隙间不夹泥沙。

4.81.1.4　黄连片

黄连原药拣去杂质,润透后切片,晾干或炕干。本品呈不规则的纵切片。宽 0.3~0.6cm,厚 0.1~0.15cm。切面金黄色。

4.81.2　规格要素说明及名词解释

4.81.2.1　大个(片)

黄连生长年限越长,个头越大,等级越高。

4.81.2.2　去外皮个

黄连外表粗皮及毛须,采取机械方式用竹笼摇撞或滚筒撞去,常不易去净。

4.81.2.3　毛坨坨连

多枝鸡爪黄连簇拥一起形成团状,外有毛须,内夹泥沙。(图 0065-1)

4.81.2.4　散枝

1~4 个单枝组成的散枝。

4.81.2.5　米连

在加工中折裂成的小于 1.0cm 的小断节,习称"米连"。

4.81.2.6　过桥连

节间表面平滑如茎秆的黄连枝。(图 0065-2)

4.81.2.7　茎杆（签子）

黄连根茎上残留的地上茎杆。

4.81.2.8　焦糊连

黄连在加工烘炕时，因烘烤不当导致焦糊，颜色发黑。

4.81.2.9　0.3cm 以下灰渣

黄连碎末、黄连外皮及泥沙，用 0.3cm 标准筛筛除。

4.81.2.10　含硫情况

黄连加工片为增亮颜色，加工炕干过程中熏硫，熏蒸后的黄连片颜色鲜艳，呈亮黄色；无硫加工者颜色较暗，橙黄色至黄色。

4.81.3　规格等级定义（表 4-109，表 4-110）

4.81.3.1　石柱黄连单枝精选一级 0.7

产于重庆石柱、湖北利川，挑选长 2.5cm 以上，直径 0.7cm 以上单枝黄连，去外皮个重量占比不低于 85%，无米连、过桥连、茎杆、焦糊连。（图 0065-3）

4.81.3.2　石柱黄连单枝精选二级 0.4~0.6

产于重庆石柱、湖北利川，挑选长 1.5cm 以上，直径 0.4~0.6cm 的单枝黄连，去外皮个重量占比不低于 85%，无米连、过桥连、茎杆、焦糊连。（图 0065-4）

4.81.3.3　石柱黄连单枝精选三级

产于重庆石柱、湖北利川，挑选大个后剩下的单枝黄连，去外皮个重量占比不低于 75%，无米连、茎杆、焦糊连。（图 0065-5）

4.81.3.4　黄连单枝统货

产于重庆、湖北、四川，挑选使去毛须个重量占比不低于 90%、直径 0.6cm 以上个重量占比不低于 30% 的单枝黄连，过桥连重量占比不超过 10%，焦糊连重量占比不超过 3%，无毛坨坨连、米连、茎杆，0.3cm 以下灰渣重量占比不超过 0.5%。（图 0065-6）

4.81.3.5　鸡爪黄连上等统货

产于重庆、湖北、四川，黄连挑选使 1~4 枝的散枝黄连重量占比不低于 30%，毛坨坨连重量占比不超过 10%，米连重量占比不超过 8%，过桥连重量占比不超过 5%，茎杆重量占比不超过 3%，焦糊连重量占比不超过 5%，0.3cm 以下灰渣重量占比不超过 1%。（图 0065-7）

4.81.3.6　鸡爪黄连中等统货

产于重庆、湖北、四川，黄连挑选使 1~4 枝的散枝黄连重量占比不低于 20%，毛坨坨连重量占比不超过 20%，米连重量占比不超过 8%，过桥连重量占比不超过 5%，茎杆重量占比不超过 3%，焦糊连重量占比不超过 5%，0.3cm 以下灰渣重量占比不超过 1%。（图 0065-8）

4.81.3.7　鸡爪黄连下等统货

产于重庆、湖北、四川，选剩下的黄连，毛坨坨连重量占比不超过 30%，米连重量占比不超过 2%，过桥连重量占比不超过 10%，茎杆重量占比不超过 2%，焦糊连重量占比不超过 5%，0.3cm 以下灰渣重量占比不超过 3%。（图 0065-9）

4.81.3.8　黄连散枝统货

产于重庆、湖北、四川，挑选使 1~4 枝散枝连重量占比不低于 95%，去毛须个重量占比不低于 90%，无毛坨坨连，米连重量占比不超过 5%，过桥连重量占比不超过 5%，茎杆重量占比不超过 2%，焦糊连重量占比不超过 5%，0.3cm 以下灰渣重量占比不超过 1%。（图 0065-10）

4.81.3.9　黄连散枝选片

产于重庆、湖北、四川，挑选 1~4 枝散枝黄连切片，用孔径 0.5cm 筛子筛选，宽 0.5cm 以下片重量占比不超过

2%,焦糊连重量占比不超过5%,0.3cm以下灰渣重量占比不超过1%。(图0065-11)

4.81.3.10 黄连散枝统片

产于重庆、湖北、四川,用多为1~4枝散枝黄连切片,用孔径0.3cm筛子筛选,宽0.5cm以下片重量占比不超过20%,焦糊连重量占比不超过5%,0.3cm以下灰渣重量占比不超过10%。(图0065-12)

表4-109 中药材商品电子交易规格等级标准——黄连

序号	品名	规格名称	流通俗称	产地	大个(重量占比)	去外皮个重量占比	1~4枝散枝重量占比	毛坨坨连重量占比	米连重量占比	过桥连重量占比	茎杆(签子)数量占比	焦糊连重量占比	0.3cm以下灰渣重量占比	含硫情况	霉变	干度
1	黄连	石柱黄连单枝精选一级0.7	青品单枝一级(出口)	重庆石柱、湖北利川	长2.5cm以上,直径0.7cm以上	≥85%/≥95%	——	——	无	无	无	无	——	有硫加工/无硫加工	无	干货
2	黄连	石柱黄连单枝精选二级0.4~0.6	青品单枝二级(出口)	重庆石柱、湖北利川	长1.5cm以上,直径0.4~0.6cm	≥85%/≥95%	——	——	无	无	无	无	——	有硫加工/无硫加工	无	干货
3	黄连	石柱黄连单枝精选三级	精品单枝三级(出口)	重庆石柱、湖北利川	——	≥75%/≥85%	——	——	无	——	无	无	——	有硫加工/无硫加工	无	干货
4	黄连	黄连单枝统货	统单枝	重庆、湖北、四川	直径0.6cm以上个≥30%/直径0.6cm以上个≥50%/直径0.6cm以上≥70%	——	——	无	无	≤10%	无	≤3%/≤2%/≤1%	≤0.5%	有硫加工/无硫加工	无	干货
5	黄连	鸡爪黄连上等统货	鸡爪统连上等	重庆、湖北、四川	——	——	≥30%/≥40%/≥50%	≤10%	≤8%	≤5%	≤3%	≤5%/≤3%	≤1%	有硫加工/无硫加工	无	干货
6	黄连	鸡爪黄连中等统货	鸡爪统连中等	重庆、湖北、四川	——	——	≥20%/≥30%	≤20%/≤15%	≤5%	≤10%	≤3%	≤5%/≤3%	≤2%	有硫加工/无硫加工	无	干货
7	黄连	鸡爪黄连下等统货	鸡爪统连下等	重庆、湖北、四川	——	——	——	≤30%/≤20%	≤2%	≤10%	≤2%	≤5%/≤3%	≤3%	有硫加工/无硫加工	无	干货
8	黄连	黄连散枝统货	散枝连(假单枝)	重庆、湖北、四川	——	——	≥95%	无	≤5%	≤5%	≤2%	≤5%/≤3%	≤1%	有硫加工/无硫加工	无	干货

表 4-110　中药材商品电子交易规格等级标准——黄连（续）

序号	品名	规格名称	流通俗称	产地	焦糊连重量占比	小片重量占比	0.3cm 以下灰渣重量占比	含硫情况	霉变	干度
9	黄连	黄连散枝选片	选片	重庆、湖北、四川	≤5%/≤3%/≤1%	宽 0.5cm 以下片≤2%	≤1%	有硫加工/无硫加工	无	干货
10	黄连	黄连散枝统片	统片	重庆、湖北、四川	≤5%/≤3%/≤1%	宽 0.5cm 以下片≤20%/宽 0.5cm 以下片≤10%	≤10%/≤5%/≤2%	有硫加工/无硫加工	无	干货

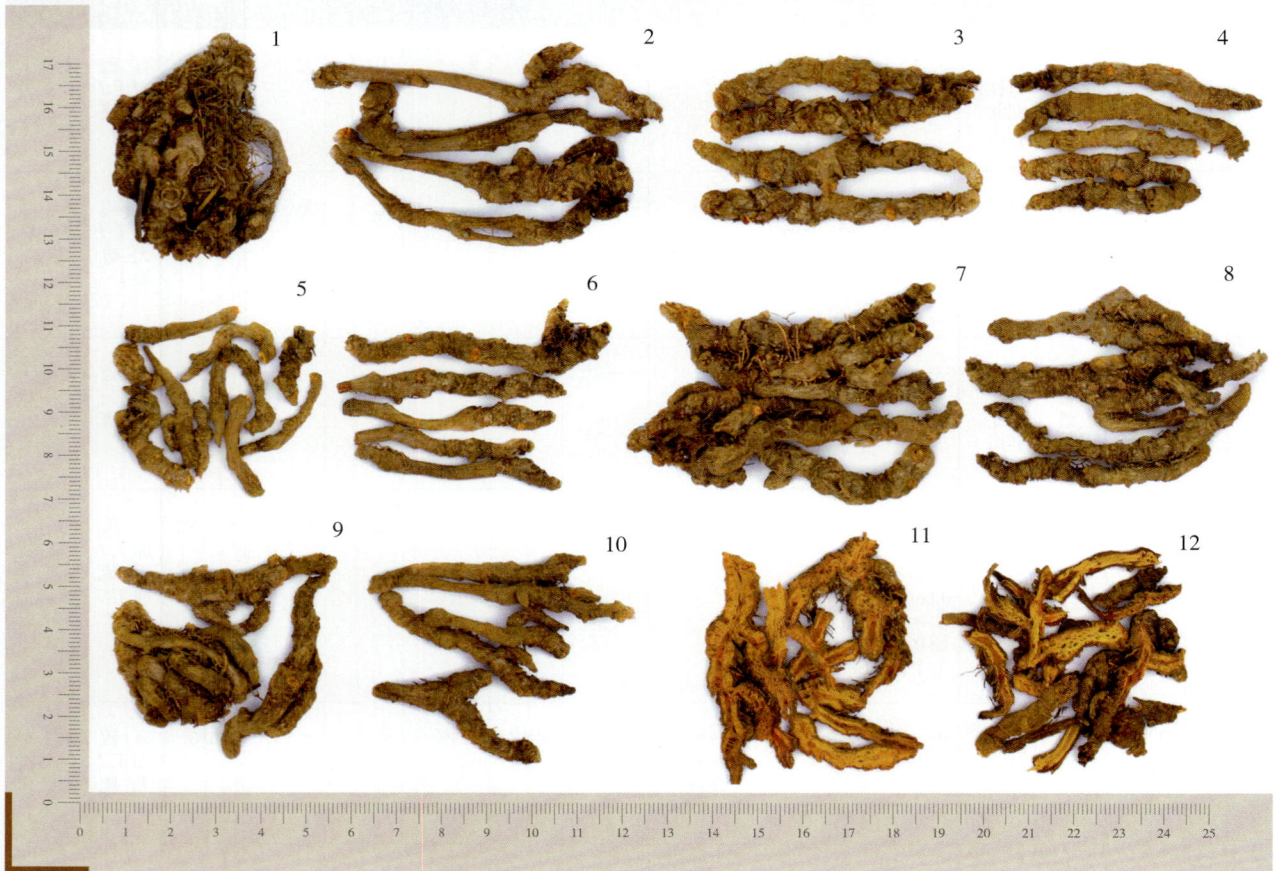

图 0065　黄连商品部分规格图示

1. 黄连"毛坨坨连"示例；2. 黄连"过桥连"示例；3. 石柱黄连单枝精选一级 0.7；4. 石柱黄连单枝精选二级 0.4~0.6；5. 石柱黄连单枝精选三级；6. 黄连单枝统货；7. 鸡爪黄连上等统货；8. 鸡爪黄连中等统货；9. 鸡爪黄连下等统货；10. 黄连散枝统货；11. 黄连散枝选片；12. 黄连散枝统片

4.82　黄芪

4.82.1　基础数据

4.82.1.1　来源

本品为豆科植物蒙古黄芪 *Astragalus membranaceus*（Fisch.）Bge. var. *mongholicus*（Bge.）Hsiao 或膜荚黄芪

Astragalus membranaceus(Fisch.)Bge. 的干燥根(《中国药典(2015 年版)》)。栽培为主,有少量半野生栽培,栽培 2 年,半野生栽培 8~10 年。春、秋二季采挖,除去须根和根头,晒干。产于四川甘孜的一种商品"川黄芪",来自于梭果黄芪 *Astragalus ernestii* Comb(《四川省中药材标准(2010 年版)》)。

4.82.1.2　产地

黄芪产于甘肃、内蒙、山西、辽宁等地,主产于甘肃定西、陇南,内蒙赤峰,山西浑源。甘肃是黄芪的最大产区,物种来源于蒙古黄芪,栽培,生长年限短(一般 2 年采收),味较甜,豆腥味浓。山西浑源产黄芪来源于蒙古黄芪,半野生栽培,传统道地药材,也称为"正北芪",生长年限一般 8 年以上,甜味较淡,豆腥味弱。川黄芪主产于四川甘孜,野生,甜味微弱,豆腥味弱。

4.82.1.3　黄芪片

甘肃黄芪,分开大小,除去须根和头尾,切片,干燥。本品一般为随切制工艺不同分为圆片、斜片、压片,斜片又细分为指甲片、瓜子片、柳叶片、长柳叶片。压片又细分为压片和腰带片。圆片直径 0.5~3.0cm,厚度 0.3cm 左右;斜片长 1.0~12cm,宽 0.5~2.0cm,厚 0.2cm 左右,压片长 4.0~25cm,宽 1.0~7.0cm,厚 0.1~0.15cm。表面淡棕色,断面黄白色,纤维性强,并呈粉性,切面平整,味甜,嚼之有豆腥味。

4.82.1.4　川黄芪

呈均匀圆柱形,长 25~70cm,直径 1.0~2.5cm。表面暗褐色。质硬而韧,不易折断,断面纤维性强,并显粉性,皮部黄白色,木部淡黄色,有放射状纹理和裂隙,老根中心偶呈枯朽状,黑褐色或呈空洞。气微,味甜,嚼之微有豆腥味。

4.82.1.5　川黄芪片

川黄芪除去杂质,洗净,润透,切厚片,干燥。斜片或圆片,斜片长 3.0~16cm,宽 0.5~3.0cm,厚 0.2~0.4cm;圆片直径 0.5~2.0cm,厚度 0.3cm 左右。

4.82.2　规格要素说明及名词解释

4.82.2.1　片形

圆片:黄芪原药横切,圆形片,直径 1.0~2.0cm,长 1.5~3.0cm,厚度 0.3cm 左右。

瓜子片:黄芪原药斜切,短而薄的片,长 1.0~2.5cm,宽 0.5~2.0cm,厚度 0.1~0.2cm,习称"瓜子片"。

指甲片:黄芪原药斜切,短而厚的片,长 1.5~3.0cm,宽 1.0~2.0cm,厚度 0.3cm 左右,习称"指甲片"。

柳叶片:黄芪原药斜切,较长而薄的片,片中间宽,两端渐尖,形如柳叶,长 4.0~12cm,宽 0.5~1.2cm,厚度 0.2cm 左右,习称"柳叶片"。

长柳叶片:黄芪原药斜切,长片,两端渐尖,长 10~12cm,宽 0.5~1.2cm,厚度 0.2cm 左右。

压片:黄芪原药用双滚筒机器挤压制成扁形长片,再用刀手工或机器切成 3.0~5.0cm 左右的段,长 4.0~6.0cm,宽 1.0~2.5cm,厚度 0.1cm 左右。

腰带片:较大的压片,形如腰带,长 15~25cm,宽 4.0~7.0cm,厚度 0.15cm 左右,习称"腰带片"。

斜片:川黄芪斜切成长片,长 3.0~16cm,宽 0.5~3.0cm,厚 0.2~0.4cm。

4.82.2.2　大(小)片

选择大小相近的黄芪加工成各种片形。生长年限长的黄芪直径大,片形越大,片尺寸越均匀,等级越高。

4.82.2.3　长度

腰带片、柳叶片、斜片、压片片型较长,而瓜子片、指甲片长度较短。

4.82.2.4　残次片

包括黑芯、黑边及切碎的片。黑芯、黑边为生长过程中病变及贮存加工不当导致,中心部变黑或皮部变黑。

4.82.2.5　0.2cm 以下碎末

直径在 0.2cm 以下的黄芪碎末。

4.82.2.6　含硫情况

甘肃产黄芪:为了使黄芪颜色美观和易于贮存,在切片炕干中熏硫,有硫加工黄芪切片颜色淡黄白色。

川黄芪、山西正北芪:出口居多,一般不熏硫,切面黄白色。

4.82.3　规格等级定义(表 4-111)

4.82.3.1　甘肃黄芪瓜子片大统片

产于甘肃,用大小不分且偏大个的黄芪个斜切薄片,宽 0.8cm 以上片重量占比不低于 60%,宽 0.4cm 以下片重量占比不超过 10%,0.2cm 以下碎末重量占比不超过 1%。(图 0066A-10)

4.82.3.2　甘肃黄芪瓜子片中统片

产于甘肃,用大小不分的中等的黄芪个斜切薄片,宽 0.8cm 以上片重量占比不低于 40%,宽 0.4cm 以下片重量占比不超过 10%,0.2cm 以下碎末重量占比不超过 1%。(图 0066A-11)

4.82.3.3　甘肃黄芪瓜子片小统片

产于甘肃,挑选黄芪小个斜切薄片,宽 0.8cm 以上以上片重量占比不低于 20%,宽 0.3cm 以下片重量占比不超过 10%,0.2cm 以下碎末重量占比不超过 1%。(图 0066A-12)

4.82.3.4　甘肃黄芪指甲片特大选片 1.2 及以上

产于甘肃,挑选较大的黄芪个斜切短厚片,长度 2.0~3.0cm,筛选使宽 1.2cm 以上片重量占比不低于 80%,无残次片,无 0.2cm 以下碎末。(图 0066A-5)

4.82.3.5　甘肃黄芪指甲片大选片 1.0~1.2

产于甘肃,挑选较大的黄芪个斜切短厚片,长度 2.0~3.0cm,筛选使宽 1.0~1.2cm 的片重量占比不低于 80%,无残次片,无 0.2cm 以下碎末。

4.82.3.6　甘肃黄芪指甲片中选片 0.8~1.0

产于甘肃,挑选中等的黄芪个斜切短厚片,长度 2.0~3.0cm,筛选使宽 0.8~1.0cm 的片重量占比不低于 80%,无残次片重量占比不超过 2%,无 0.2cm 以下碎末。(图 0066A-6)

4.82.3.7　甘肃黄芪指甲片小选片 0.6~0.8

产于甘肃,挑选中等的黄芪个斜切短厚片,长度 2.0~3.0cm,筛选使宽 0.6~0.8cm 的片重量占比不低于 80%,残次片重量占比不超过 3%,无 0.2cm 以下碎末。

4.82.3.8　甘肃黄芪柳叶片大片 1.0~1.2

产于甘肃,挑选较大的黄芪个斜切柳叶片,长度 4~7cm,挑选使宽 1.0~1.2cm 的片重量占比不低于 80%,残次片重量占比不超过 5%,无 0.2cm 以下碎末。(图 0066A-1)

4.82.3.9　甘肃黄芪柳叶片中片 0.6~1.0

产于甘肃,挑选中等的黄芪个斜切柳叶片,长度 4.0~7.0cm,挑选使宽 0.6~1.0cm 的片重量占比不低于 80%,残次片重量占比不超过 5%,无 0.2cm 以下碎末。(图 0066A-2)

4.82.3.10　甘肃黄芪柳叶片小片 0.6 以下

产于甘肃,挑选小个的黄芪个斜切柳叶片,长度 4.0~7.0cm,宽 0.6cm 以下,残次片重量占比不超过 5%,无 0.2cm 以下碎末。

4.82.3.11　甘肃黄芪长柳叶片大片 1.0~1.2

产于甘肃,挑选中大个的黄芪个斜切成长柳叶片,长度 10~12cm,挑选使宽 1.0~1.2cm 的片重量占比不低于 80%,残次片重量占比不超过 5%,无 0.2cm 以下碎末。

4.82.3.12　甘肃黄芪长柳叶片中片 0.6~1.0

产于甘肃,挑选中大个的黄芪个斜切成长柳叶片,长度 10~12cm,挑选使宽 0.6~1.0cm 的片重量占比不低于 80%,残次片重量占比不超过 5%,无 0.2cm 以下碎末。

4.82.3.13　甘肃黄芪圆片特大选片 1.2 以上

产于甘肃，挑选较大的黄芪个横切成圆片，筛选使直径 1.2cm 以上的片重量占比不低于 80%，无残次片，无 0.2cm 以下碎末。（图 0066A-7）

4.82.3.14　甘肃黄芪圆片大选片 1.0~1.2

产于甘肃，挑选较大的黄芪个横切成圆片，筛选使直径 1.0~1.2cm 的片重量占比不低于 80%，无残次片，无 0.2cm 以下碎末。（图 0066A-8）

4.82.3.15　甘肃黄芪圆片中选片 0.8~1.0

产于甘肃，挑选中等的黄芪个横切成圆片，筛选使直径 0.8~1.0cm 的片重量占比不低于 80%，残次片重量占比不超过 2%，无 0.2cm 以下碎末。

4.82.3.16　甘肃黄芪圆片中选片 0.6~0.8

产于甘肃，挑选中等的黄芪个横切成圆片，筛选使直径 0.6~0.8cm 的片重量占比不低于 80%，残次片重量占比不超过 2%，无 0.2cm 以下碎末。

4.82.3.17　甘肃黄芪圆片小选片

产于甘肃，挑选小个的黄芪个横切成圆片或筛选大片后剩下的小片，筛选使直径 0.3~0.5cm 的片重量占比不低于 80%，残次片重量占比不超过 3%，0.2cm 以下碎末重量占比不超过 1%。（图 0066A-9）

4.82.3.18　甘肃黄芪圆片大统片

产于甘肃，月大小不分且偏大的黄芪个横切成圆片，直径 0.8cm 以上片重量占比不低于 40%，直径 0.4cm 以下片不超过 10%，0.2cm 以下碎末重量占比不超过 1%。

4.82.3.19　甘肃黄芪圆片小统片

产于甘肃，挑选黄芪小个横切成圆片，直径 0.8cm 以上片重量占比不低于 20%，直径 0.3cm 以下片不超过 10%，0.2cm 以下碎末重量占比不超过 1%。

4.82.3.20　甘肃黄芪腰带片 8~10

产于甘肃，挑选大个且两端大小匀称的黄芪个机压成薄片，片长 15~25cm，宽 8.0~10cm。

4.82.3.21　甘肃黄芪腰带片 6~8

产于甘肃，挑选大个且两端大小匀称的黄芪个机压成薄片，片宽 6.0~8.0cm，长 15~25cm。

4.82.3.22　甘肃黄芪腰带片 4~6

产于甘肃，挑选大个且两端大小匀称的黄芪个机压成薄片，片宽 4.0~6.0cm，长 15~25cm。

4.82.3.23　甘肃黄芪特大压片 2.2~5.0

产于甘肃，挑选中等个的黄芪个机压成 2.2~5.0cm 的薄片，切成 4.0~6.0cm 的段，无 0.2cm 以下碎末。

4.82.3.24　甘肃黄芪大压片 1.8~2.2

产于甘肃，挑选中等个的黄芪个机压成 1.8~2.2cm 的薄片，切成 4.0~6.0cm 的段，无 0.2cm 以下碎末。

4.82.3.25　甘肃黄芪中压片 1.5~1.8

产于甘肃，挑选中等个的黄芪个机压成 1.5~1.8cm 的薄片，切成 4.0~6.0cm 的段，无 0.2cm 以下碎末。

4.82.3.26　甘肃黄芪中压片 1.3~1.5

产于甘肃，挑选中等个的黄芪个机压成 1.3~1.5cm 的薄片，切成 4.0~6.0cm 的段，无 0.2cm 以下碎末。（图 0066A-3）

4.82.3.27　甘肃黄芪小压片 1.0~1.3

产于甘肃，挑选小个的黄芪个机压成 1.0~1.3cm 的薄片，切成 4.0~6.0cm 的段。（图 0066A-4）

4.82.3.28　川黄芪大选条 2.0~2.5

产于四川，挑选使大头直径 2.0~2.5cm 的条重量占比不低于 90%，长度 40~60cm 或 30~50cm。

4.82.3.29　川黄芪中选条 1.5~2.0

产于四川，挑选使大头直径 1.5~2.0cm 的条重量占比不低于 90%，长度 40~60cm 或 30~50cm。

4.82.3.30 川黄芪小选条 1~1.5

产于四川,挑选大头直径 1.0~1.5cm,长 25~45cm 的川黄芪条。

4.82.3.31 川黄芪斜片特大选片 2.0~2.8

产于四川,挑选较大的川黄芪条斜切片,厚 0.2~0.4cm 或 0.2~0.8cm,长 7.0~11cm 或 12~16cm,挑选使宽 2.0~2.8cm 的片重量占比不低于 80%,无残次片、0.2cm 以下碎末。

4.82.3.32 川黄芪斜片大选片 1.5~2.0

产于四川,挑选较大的川黄芪条斜切片,厚 0.2~0.4cm 或 0.2~0.8cm,长 7.0~11cm 或 12~16cm,挑选使宽 1.5~2.0cm 的片重量占比不低于 80%,无残次片、0.2cm 以下碎末。(图 0066B-1)

4.82.3.33 川黄芪斜片中选片 0.8~1.5

产于四川,挑选中等的川黄芪条斜切片,厚 0.2~0.4cm 或 0.2~0.8cm,长 7.0~11cm 或 12~16cm,挑选使宽 0.8~1.5cm 的片重量占比不低于 80%,无残次片、0.2cm 以下碎末。(图 0066B-2)

4.82.3.34 川黄芪斜片小选片 0.5~1.0

产于四川,挑选小个的川黄芪条斜切片,厚 0.2~0.4cm,长 3~9cm,挑选使宽 0.5~1.0cm 的片重量占比不低于 80%,残次片重量占比不超过 2%,0.2cm 以下碎末重量占比不超过 3%。(图 0066B-3)

4.82.3.35 川黄芪斜片统片

产于四川,挑选小个的川黄芪条斜切片,厚 0.2~0.4cm,长 7~10cm,挑选使宽 1.0~2.0cm 的片重量占比不低于 60%,残次片重量占比不超过 5%,无 0.2cm 以下碎末。

4.82.3.36 川黄芪圆片大统片

产于四川,用川黄芪统条横切圆片,除去碎末,直径 0.5~2.0cm,厚 0.2~0.5cm 的片,无 0.2cm 以下碎末。(图 0066B-4)

4.82.3.37 川黄芪圆片小统片

产于四川,用川黄芪统条横切圆片,除去碎末,直径 0.5~1.5cm,厚 0.2~0.5cm 的片,无 0.2cm 以下碎末。

4.82.3.38 正北芪柳叶片 1.5~1.7

产于山西,挑选较大的正北芪条斜切柳叶片,长 12cm 左右,挑选使宽 1.5~1.7cm 的片重量占比不低于 80%,无残次片、无 0.2cm 以下碎末。

4.82.3.39 正北芪圆片 1.0~1.5

产于山西,挑选中等的正北芪条横切圆片,筛选使直径 1.0~1.5cm 的片重量占比不低于 80%,残次片重量占比不超过 5%,无 0.2cm 以下碎末。

4.82.3.40 正北芪瓜子片 0.8~1.0

产于山西,挑选较大的正北芪条斜切薄片,长 3cm 左右,挑选使宽 0.8~1.0cm 的片重量占比不低于 80%,残次片重量占比不超过 2%,无 0.2cm 以下碎末。

表 4-111 中药材商品电子交易规格等级标准——黄芪

序号	品名	规格名称	流通俗称	产地	长度/cm	大片(条)重量占比	小片重量占比	残次片重量占比	0.2cm以下碎末重量占比	含硫情况	虫蛀、霉变	干度
1	黄芪	甘肃黄芪瓜子片大统片	瓜子大统片	甘肃	——	宽 0.8cm 以上片≥60%/≥70%	宽 0.4cm 以下片≤10%	——	≤1%/无	有硫加工/无硫加工	无	干货
2	黄芪	甘肃黄芪瓜子片中统片	瓜子中统片	甘肃	——	宽 0.8cm 以上片≥40%/≥50%	宽 0.4cm 以下片≤10%	——	≤1%/无	有硫加工/无硫加工	无	干货

续表

序号	品名	规格名称	流通俗称	产地	长度/cm	大片（条）重量占比	小片重量占比	残次片重量占比	0.2cm以下碎末重量占比	含硫情况	虫蛀、霉变	干度
3	黄芪	甘肃黄芪瓜子小片	瓜子小统片	甘肃	——	宽0.8cm以上片≥20%	宽0.3cm以下片≤10%/宽0.3cm以下片≤5%/宽0.3cm以下片≤2%	——	≤1%/无	有硫加工/无硫加工	无	干货
4	黄芪	甘肃黄芪指甲片特大选片1.2以上	指甲大选片	甘肃	2.0~3.0	宽1.2cm以上片≥80%/宽1.2cm以上片≥90%	——	无	无	有硫加工/无硫加工	无	干货
5	黄芪	甘肃黄芪指甲片大选片1.0~1.2	指甲大选片	甘肃	2.0~3.0	宽1.0~1.2cm片≥80%/宽1.0~1.2cm片≥90%	——	无	无	有硫加工/无硫加工	无	干货
6	黄芪	甘肃黄芪指甲片中选片0.8~1.0	指甲中小选片	甘肃	2.0~3.0 1.5~2.5	宽0.8~1.0cm片≥80%/宽0.8~1.0cm片≥90%	——	≤2%/≤1%	无	有硫加工/无硫加工	无	干货
7	黄芪	甘肃黄芪指甲片小选片0.6~0.8	指甲中小选片	甘肃	2.0~3.0 1.5~2.5	宽0.6~0.8cm片≥80%/宽0.6~0.8cm片≥90%	——	≤3%	无	有硫加工/无硫加工	无	干货
8	黄芪	甘肃黄芪柳叶片大片1.0~1.2	柳叶大片1.2	甘肃	4.0~7.0	宽1.0~1.2cm片≥80%/宽1.0~1.2cm片≥90%	——	≤5%	无	有硫加工/无硫加工	无	干货
9	黄芪	甘肃黄芪柳叶片中片0.6~1.0	柳叶中片1.0	甘肃	4.0~7.0	宽0.6~1.0cm片≥80%/宽0.6~1.0cm片≥90%	——	≤5%	无	有硫加工/无硫加工	无	干货
10	黄芪	甘肃黄芪柳叶片小片0.6以下	柳叶小片0.6	甘肃	4.0~7.0	宽0.6cm以下的片	——	≤5%	无	有硫加工/无硫加工	无	干货
11	黄芪	甘肃黄芪长柳叶片大片1.0~1.2	长柳叶片	甘肃	10~12	宽1.0~1.2cm片≥80%/宽1.0~1.2cm片≥90%	——	≤5%	无	有硫加工/无硫加工	无	干货
12	黄芪	甘肃黄芪长柳叶片中片0.6~1.0	长柳叶片	甘肃	10~12	宽0.6~1.0cm片≥80%/宽0.6~1.0cm片≥90%	——	无	无	有硫加工/无硫加工	无	干货

序号	品名	规格名称	流通俗称	产地	长度/cm	大片（条）重量占比	小片重量占比	残次片重量占比	0.2cm以下碎末重量占比	含硫情况	虫蛀、霉变	干度
13	黄芪	甘肃黄芪圆片特大选片1.2以上	圆大选片	甘肃	——	直径1.2cm以上片≥80%/直径1.2cm以上片≥90%	——	无	无	有硫加工/无硫加工	无	干货
14	黄芪	甘肃黄芪圆片大选片1.0~1.2	圆大选片	甘肃	——	直径1.0~1.2cm片≥80%/直径1.0~1.2cm片≥90%	——	无	无	有硫加工/无硫加工	无	干货
15	黄芪	甘肃黄芪圆片中选片0.8~1.0	圆中选片	甘肃	——	直径0.8~1.0cm片≥80%/直径0.8~1.0cm片≥90%	—	≤2%/≤1%	无	有硫加工/无硫加工	无	干货
16	黄芪	甘肃黄芪圆片小选片0.6~0.8	圆中选片	甘肃	——	直径0.6~0.8cm片≥80%/直径0.6~0.8cm片≥90%	——	≤2%/≤1%	无	有硫加工/无硫加工	无	干货
17	黄芪	甘肃黄芪圆片小选片0.5	圆小选片	甘肃	——	直径0.3~0.5cm片≥80%/直径0.3~0.5cm片≥90%	——	≤3%	≤1%	有硫加工/无硫加工	无	干货
18	黄芪	甘肃黄芪圆片大统片	圆大中统片	甘肃	——	直径0.8cm以上片≥40%/直径0.8cm以上片≥50%	直径0.4cm以下片≤10%	——	≤1%	有硫加工/无硫加工	无	干货
19	黄芪	甘肃黄芪圆片小片	圆小统片	甘肃	——	直径0.8cm以上片≥20%	直径0.3cm以下片≤10%	——	≤1%	有硫加工/无硫加工	无	干货
20	黄芪	甘肃黄芪腰带片大片8~10	腰带片	甘肃	15~25	宽8.0~10cm的片	——	——	——	有硫加工/无硫加工	无	干货
21	黄芪	甘肃黄芪腰带片中片6~8	腰带片	甘肃	15~25	宽6.0~8.0cm的片	——	——	——	有硫加工/无硫加工	无	干货
22	黄芪	甘肃黄芪腰带片小片4~6	腰带片	甘肃	15~25	宽4.0~6.0cm的片	——	——	——	有硫加工/无硫加工	无	干货
23	黄芪	甘肃黄芪特大压片2.2~5.0	特大压片	甘肃	——	宽2.2~5.0cm的片	——	——	无	有硫加工/无硫加工	无	干货

续表

序号	品名	规格名称	流通俗称	产地	长度/cm	大片（条）重量占比	小片重量占比	残次片重量占比	0.2cm以下碎末重量占比	含硫情况	虫蛀、霉变	干度
24	黄芪	甘肃黄芪大玉片1.8~2.2	大玉片	甘肃	——	宽1.8~2.2cm的片	——	——	无	有硫加工/无硫加工	无	干货
25	黄芪	甘肃黄芪中玉片1.5~1.8	中玉片	甘肃	——	宽1.5~1.8cm的片	——	——	无	有硫加工/无硫加工	无	干货
26	黄芪	甘肃黄芪小玉片1.3~1.5	小玉片	甘肃	——	宽1.3~1.5cm的片	——	——	无	有硫加工/无硫加工	无	干货
27	黄芪	甘肃黄芪小玉片1.0~1.3	小玉片	甘肃	——	宽1.0~1.3cm的片	——	——	无	有硫加工/无硫加工	无	干货
28	黄芪	川黄芪大选条2.0~2.5	川黄芪大选条	四川	40~60/30~50	直径2.0~2.5cm的条≥90%	——	——	——	有硫加工/无硫加工	无	干货
29	黄芪	川黄芪中选条1.5~2.0	川黄芪中选条	四川	40~60/30~50	直径1.5~2.0cm的条≥90%	——	——	——	有硫加工/无硫加工	无	干货
30	黄芪	川黄芪小选条1.0~1.5	川黄芪小选条	四川	25~45	直径1.0~1.5cm的条	——	——	——	有硫加工/无硫加工	无	干货
31	黄芪	川黄芪斜片特大选片2.0~2.8	川黄芪特大选片	四川	12~16/7~11	宽2.0~2.8cm片≥80%/宽2.0~2.8cm片≥90%	——	无	无	有硫加工/无硫加工	无	干货
32	黄芪	川黄芪斜片大选片1.5~2.0	川黄芪大选片	四川	12~16/7~11	宽1.5~2.0cm片≥80%/宽1.5~2.0cm片≥90%	——	无	无	有硫加工/无硫加工	无	干货
33	黄芪	川黄芪斜片中选片0.8~1.5	川黄芪中选片	四川	12~16/7~11	宽0.8~1.5cm片≥80%/宽0.8~1.5cm片≥90%	——	无	无	有硫加工/无硫加工	无	干货
34	黄芪	川黄芪斜片小选片0.5~1.0	川黄芪小选片	四川	3.0~9.0	宽0.5~1.0cm片≥80%/宽0.5~1.0cm片≥90%	——	≤2%	≤3%	有硫加工/无硫加工	无	干货
35	黄芪	川黄芪斜片统片	川黄芪统片	四川	7.0~10	宽1.0~2.0cm片≥60%/宽1.0~2.0cm片≥70%	——	≤5%	无	有硫加工/无硫加工	无	干货
36	黄芪	川黄芪圆片大统片	川黄芪圆统片	四川	——	直径0.5~2.0cm的片	——	——	无	有硫加工/无硫加工	无	干货

续表

序号	品名	规格名称	流通俗称	产地	长度/cm	大片(条)重量占比	小片重量占比	残次片重量占比	0.2cm以下碎末重量占比	含硫情况	虫蛀、霉变	干度
37	黄芪	川黄芪圆片小统片	川黄芪圆统片	四川	——	直径0.5~1.5cm的片	——	——	无	有硫加工/无硫加工	无	干货
38	黄芪	正北芪柳叶片1.5~1.7	正北芪柳叶片	山西	12左右	宽1.5~1.7cm≥80%	——	无	无	有硫加工/无硫加工	无	干货
39	黄芪	正北芪圆片1.0~1.5	正北芪圆片	山西	——	直径1.0~1.5cm≥80%	——	≤5%/≤2%	无	有硫加工/无硫加工	无	干货
40	黄芪	正北芪瓜子片0.8~1.0	正北芪瓜子片	山西	3.0左右	宽0.8~1.0cm≥80%	——	≤2%	无	有硫加工/无硫加工	无	干货

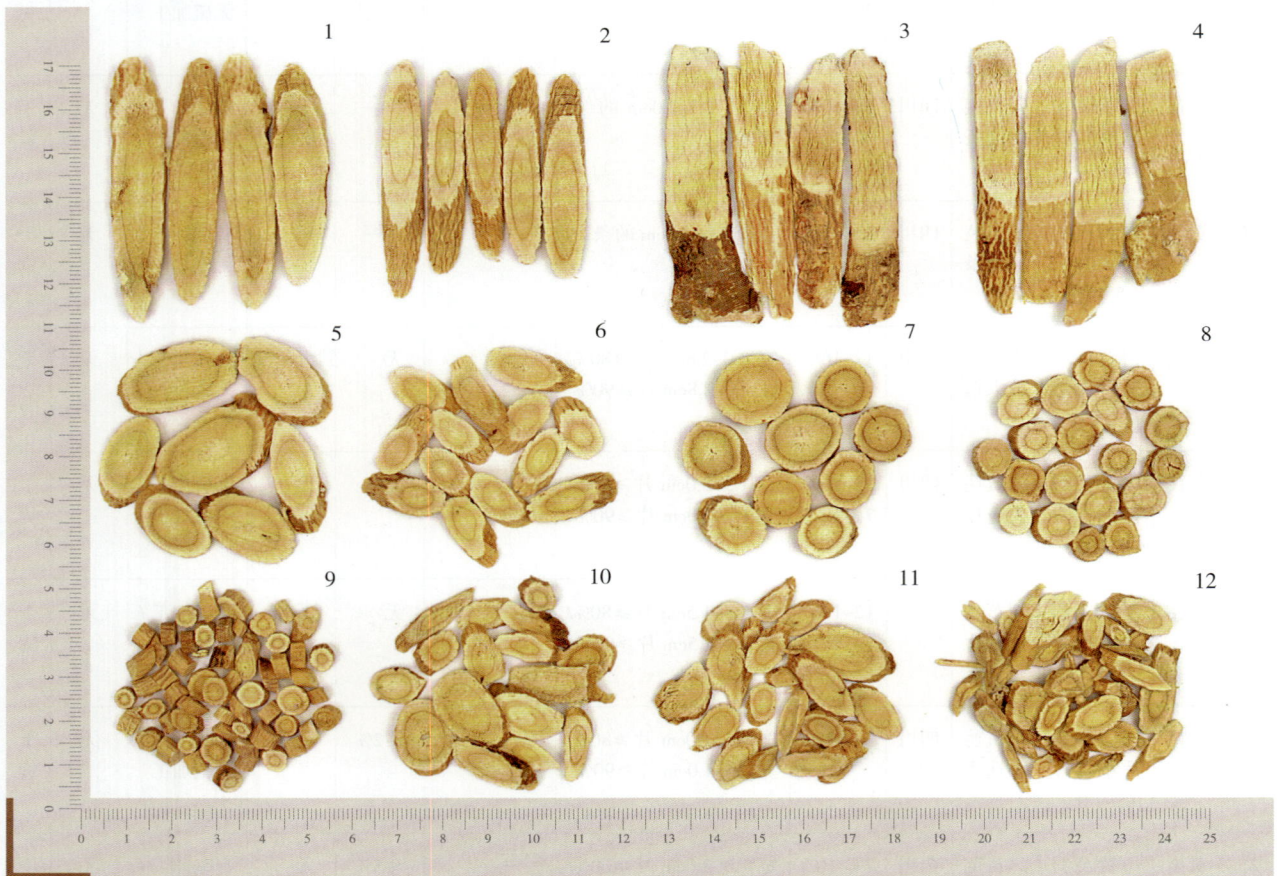

图 0066A 黄芪(甘肃黄芪片)商品部分规格图示

1. 甘肃黄芪柳叶片大片1.0~1.2;2. 甘肃黄芪柳叶片中片0.6~1.0;3. 甘肃黄芪中压片1.3~1.5;4. 甘肃黄芪小压片1.0~1.3;5. 甘肃黄芪指甲片特大选片1.2以上;6. 甘肃黄芪指甲片中选片0.8~1.0;7. 甘肃黄芪圆片特大选片1.2以上;8. 甘肃黄芪圆片大选片1.0~1.2;9. 甘肃黄芪圆片中选片0.8~1.0;10. 甘肃黄芪瓜子片大统片;11. 甘肃黄芪瓜子片中统片;12. 甘肃黄芪瓜子片小统片

图 0066B　黄芪(川黄芪片)商品部分规格图示

1. 川黄芪斜片大选片 1.5~2.0;2. 川黄芪斜片中选片 0.8~1.5;3. 川黄芪斜片小选片 0.5~1.0;4. 川黄芪圆片大统片

4.83　黄芩

4.83.1　基础数据

4.83.1.1　来源

本品为唇形科植物黄芩 *Scutellaria baicalensis* Georgi 的干燥根(《中国药典(2015 年版)》)。野生或栽培。栽培 1~3 年。春、秋二季采挖,除去须根和泥沙,晒干或炕干,或鲜切片后干燥。生长年限较长,木部部分枯朽或完全枯朽的黄芩,叫"枯芩"。

4.83.1.2　产地

野生黄芩分布于黄河以北,家种黄芩主产于陕西、山西、甘肃和山东,野生主产于河北承德、内蒙古赤峰。陕西、山东和山西为家种 2~3 年生黄芩产区;甘肃黄芩一般种植 1 年,质量较差。

4.83.1.3　黄芩

呈圆锥形,扭曲,长 8.0~25cm,直径 1.0~3.0cm。表面黄棕色或棕褐色,有稀疏的疣状细根痕,上部较粗糙,有扭曲的纵皱纹或不规则的网纹,下部有顺纹和细皱纹。质硬而脆,易折断,断面黄棕色或黄绿色,具放射状纹理;老根中心呈枯朽状或中空,暗棕色或棕黑色。气微,味苦。

4.83.1.4 黄芩片

鲜货切片或干货蒸半个小时后切片,晒干或炕干。类圆形或不规则形厚片。片直径0.4~3.0cm,厚0.2~0.4cm。有的木部部分枯朽。野生枯芩外表皮多脱落,呈黄棕色。切面木部枯朽严重。

4.83.2 规格要素说明及名词解释

4.83.2.1 表皮特征

黄芩生长年限越久,表面粗皮越容易脱落,野生者几乎全部脱落。

4.83.2.2 直径

测量上部直径,一般生长越久,黄芩越粗。但是野生枯芩一般对直径不要求。

4.83.2.3 芦头、芦头片

黄芩芦头指地下根与地上茎结合部位,下部膨大,上部多于地面茎结合;芦头片指带芦头部分的切片,呈不规则形。

4.83.2.4 生长年限

生长年限长,枯芯率高;家种黄芩有2年或3年,3年生者黄芩苷含量更高一些。

4.83.2.5 枯心片重量占比

生长年限长的黄芩根的木部会产生枯朽,传统认为枯芩药效好。但是指标成分黄芩苷含量则是枯芩较低。

4.83.2.6 0.6cm以下片及碎末

用孔径0.6cm的筛,筛出小于0.6cm的碎末和小片,适用于家种黄芩规格。

4.83.2.7 0.4cm以下片及碎末

过孔径为0.4cm的筛,筛出直径小于0.4cm的碎片和碎末,适用于碎块较多的野生枯芩规格。

4.83.2.8 含硫情况

黄芩加工过程中多为切片后燃煤热气炕干,含微量硫;自然晒干者则无硫。

4.83.3 规格等级定义(表4-112,表4-113)

4.83.3.1 野生枯芩选个

野生枯芩,撞尽表面粗皮,剪去芦头,直径不分。

4.83.3.2 野生枯芩统个

野生枯芩,撞去绝大部分表面粗皮,芦头保留5.0cm以内,直径不分。

4.83.3.3 家种枯芩选个

家种枯芩,撞去部分表面粗皮,剪去芦头,选直径1.0cm以上条。

4.83.3.4 家种枯芩统个

家种枯芩,撞去部分表面粗皮,芦头保留5.0cm以内,直径不分。

4.83.3.5 家种黄芩选个

家种黄芩,不去皮,剪去芦头,选直径0.8cm以上条。

4.83.3.6 家种黄芩统个

家种黄芩,不去皮,芦头保留5.0cm以内,直径不分。

4.83.3.7 野生枯芩选片

野生枯芩切片,过孔径0.4cm的筛,枯芯片重量占比不低于70%,芦头片重量占比不超过5%,0.4cm以下片及碎末重量占比不超过15%。(图0067-1)

4.83.3.8 野生枯芩统片

野生枯芩切片,过孔径为 0.2cm 的筛,枯芯片重量占比不低于 60%,芦头片重量占比不超过 10%,0.4cm 以下片及碎末重量占比不超过 35%。(图 0067-2)

4.83.3.9 家种枯芩大选片 0.6 以上

3 年生家种黄芩选大条切片,过孔径为 0.6cm 的筛,筛出小片,枯芯片重量占比不低于 45%,芦头片重量占比不超过 5%,0.6cm 以下片及碎末重量占比不超过 10%。(图 0067-3)

4.83.3.10 家种枯芩家种小选片

3 年生家种黄芩小条切片,过孔径为 0.2cm 的筛,枯芯片重量占比不低于 30%,芦头片重量占比不超过 5%,0.6cm 以下片及碎末重量占比不超过 40%。(图 0067-4)

4.83.3.11 家种黄芩大统片

2~3 年生黄芩,以 2 年为主切片,枯芯片重量占比不低于 15%,芦头片重量占比不超过 10%,0.6cm 以下片及碎末重量占比不超过 15%。(图 0067-5)

4.83.3.12 家种黄芩统片

2 年生黄芩小统条切片,枯芯片重量占比不低于 10%,芦头片重量占比不超过 15%,0.6cm 以下片及碎末重量占比不超过 40%。(图 0067-6)

表 4-112 中药材商品电子交易规格等级标准——黄芩

序号	品名	规格名称	流通俗称	表皮特征	芦头长度 /cm	直径 /cm	虫蛀、霉变	干度
1	黄芩	野生枯芩选个	野生枯芩选	表皮全脱落	无	——	无	干货
2	黄芩	野生枯芩统个	野生枯芩统	表皮脱落 90% 以上	≤5.0	——	无	干货
3	黄芩	家种枯芩选个	家种枯芩选	表皮部分脱落	无	≥1.0	无	干货
4	黄芩	家种枯芩统个	家种枯芩统	表皮部分脱落	≤5.0	——	无	干货
5	黄芩	家种黄芩选个	家种条芩选	表皮不脱落	无	≥0.8	无	干货
6	黄芩	家种黄芩统个	家种条芩统	表皮不脱落	≤5.0	——	无	干货

表 4-113 中药材商品电子交易规格等级标准——黄芩(续)

序号	品名	规格名称	流通俗称	产地	枯芯片重量占比	芦头片重量占比	0.6cm 以下片及碎末重量占比	0.4cm 以下片及碎末重量占比	含硫情况	虫蛀、霉变	干度
1	黄芩	野生枯芩选片	野生选(0.4筛以上)	河北、内蒙古、山西、山东、陕西及其他地区	≥70%/≥90%	≤5%	——	≤15%/≤10%/≤5%	有硫加工 /无硫加工	无	干货
2	黄芩	野生枯芩统片	野生统	河北、内蒙古、山西、山东、陕西及其他地区	≥60%	≤10%/≤5%	——	≤35%/≤25%/≤15%	有硫加工 /无硫加工	无	干货
3	黄芩	家种枯芩大选片 0.6 以上	三年生大选	河北、内蒙古、山西、山东、陕西及其他地区	≥45%/≥60%	≤5%	≤10%/≤5%		有硫加工 /无硫加工	无	干货

序号	品名	规格名称	流通俗称	产地	枯芯片重量占比	芦头片重量占比	0.6cm 以下片及碎末重量占比	0.4cm 以下片及碎末重量占比	含硫情况	虫蛀、霉变	干度
4	黄芩	家种枯芩小选片	三年生小选	河北、内蒙古、山西、山东、陕西及其他地区	≥30%/≥40%	≤5%	≤40%/≤30%/≤20%	——	有硫加工/无硫加工	无	干货
5	黄芩	家种黄芩大统片	三年生统	河北、内蒙古、山西、山东、陕西及其他地区	≥15%/≥25%	≤10%/≤5%	≤15%/≤10%	——	有硫加工/无硫加工	无	干货
6	黄芩	家种黄芩统片	两年生小统	河北、内蒙古、山西、山东、陕西及其他地区	≥10%	≤15%/≤10%	≤40%/≤20%	——	有硫加工/无硫加工	无	干货

图 0067　黄芩商品部分规格图示

1.野生枯芩选片;2.野生枯芩统片;3.家种枯芩大选片 0.6 以上;4.家种枯芩小选片;5.家种黄芩大统片;6.家种黄芩统片

4.84　火麻仁

4.84.1　基础数据

4.84.1.1　来源

本品为桑科植物大麻 Cannabis sativa L. 的干燥成熟果实(《中国药典(2015 年版)》)。栽培。秋季果实成熟时采收,除去杂质,晒干。

4.84.1.2　产地

产于甘肃、山西、陕西、内蒙古、辽宁等地,主产于甘肃、山西。

4.84.1.3　火麻仁

呈卵圆形,长 0.4~0.5cm,直径 0.25~0.4cm。表面灰绿色或灰黄色,有微细的白色或棕色网纹,两边有棱,顶端略尖。果皮薄而脆,易破碎。种皮绿色,子叶乳白色,富油性。

4.84.1.4　火麻仁米

火麻仁去壳(果皮),只留种仁。呈卵圆形纵剖瓣,长 0.2~0.4cm,直径 0.1~0.3cm。表面乳白色,顶端略尖。

4.84.1.5　火麻仁碎壳米

火麻仁打碎,果皮与种仁混在一起。本品呈不规则碎粒或碎瓣。大小厚薄不一,部分只是种仁,为乳白色;部分种仁与壳粘在一起,带壳面灰绿色或灰黄色,其余面为乳白色;部分只是壳(果皮),为灰绿色或灰黄色。

4.84.2　规格要素说明及名词解释

4.84.2.1　破壳 / 未破壳

"破壳"即打碎火麻仁果皮。破壳后去除火麻仁果皮者,为火麻仁米;未去除壳者为火麻仁碎壳米。未破壳即为火麻仁。

4.84.2.2　含壳

少量未完全破壳的火麻仁米。

4.84.2.3　杂质

主要为草杆。

4.84.3　规格等级定义(表 4-114)

4.84.3.1　火麻仁大粒

直径 0.2~0.4cm,多在 0.3cm 以上的火麻仁,直径 0.2cm 以上粒重量占比不低于 95%,杂质重量占比不超过 2%。

4.84.3.2　火麻仁 99 米

去壳的火麻仁米,直径 0.2cm 以上仁重量占比不低于 80%,含壳的火麻仁米重量占比不超过 1%。

4.84.3.3　火麻仁 95 米

去壳的火麻仁米,直径 0.2cm 以上仁重量占比不低于 80%,含壳的火麻仁米重量占比不超过 5%。

4.84.3.4　火麻仁碎壳米

将火麻仁打碎,破开的壳和火麻仁米混在一起。

表 4-114　中药材商品电子交易规格等级标准——火麻仁

序号	品名	规格名称	流通俗称	破壳/去壳	0.2cm 以上粒（仁）重量占比	含壳重量占比	杂质重量占比	虫蛀、霉变	干度
1	火麻仁	火麻仁大粒	大粒货	未破壳	≥95%	——	≤2%	无	干货
2	火麻仁	火麻仁 99 米	去壳火麻仁 99 米	破壳	≥90%/≥80%	≤1%	——	无	干货
3	火麻仁	火麻仁 95 米	去壳火麻仁 95 米	破壳	≥90%/≥80%	≤5%	——	无	干货
4	火麻仁	火麻仁碎壳米	碎壳米	破壳	——		——	无	干货

4.85　鸡内金

4.85.1　基础数据

4.85.1.1　来源

本品为雉科动物家鸡 *Gallus gallus domesticus* Brisson 的干燥沙囊内壁（《中国药典（2015 年版）》）。杀鸡后，取出鸡肫，立即剥下内壁，洗净，干燥。

4.85.1.2　产地

全国各地均产。

4.85.1.3　鸡内金

本品为不规则卷片，厚约 0.2cm，大小不均。表面黄色、黄绿色或黄褐色，薄而半透明，具明显的条状皱纹。质脆，易碎，断面角质样，有光泽。气微腥，味微苦。

4.85.2　规格要素说明及名词解释

4.85.2.1　颜色

笼养鸡的鸡内金颜色金黄或淡黄绿色，放养鸡的内金颜色较深，多为绿色或褐绿色。

4.85.2.2　杂质

多为未洗净的食物残渣。

4.85.3　规格等级定义（表 4-115）

4.85.3.1　鸡内金绿色统货

颜色黄绿或褐绿色，杂质重量占比不超过 1%。（图 0068-1）

4.85.3.2　鸡内金黄色统货

颜色淡黄绿或金黄色，杂质重量占比不超过 1%。（图 0068-2）

表 4-115　中药材商品电子交易规格等级标准——鸡内金

序号	品名	规格名称	流通俗称	颜色	杂质重量占比	含硫情况	干度
1	鸡内金	鸡内金绿色统货	放养统	黄绿褐绿色	≤1%	有硫加工/无硫加工	干货
2	鸡内金	鸡内金黄色统货	饲养统	淡黄绿色/金黄色	≤1%	有硫加工/无硫加工	干货

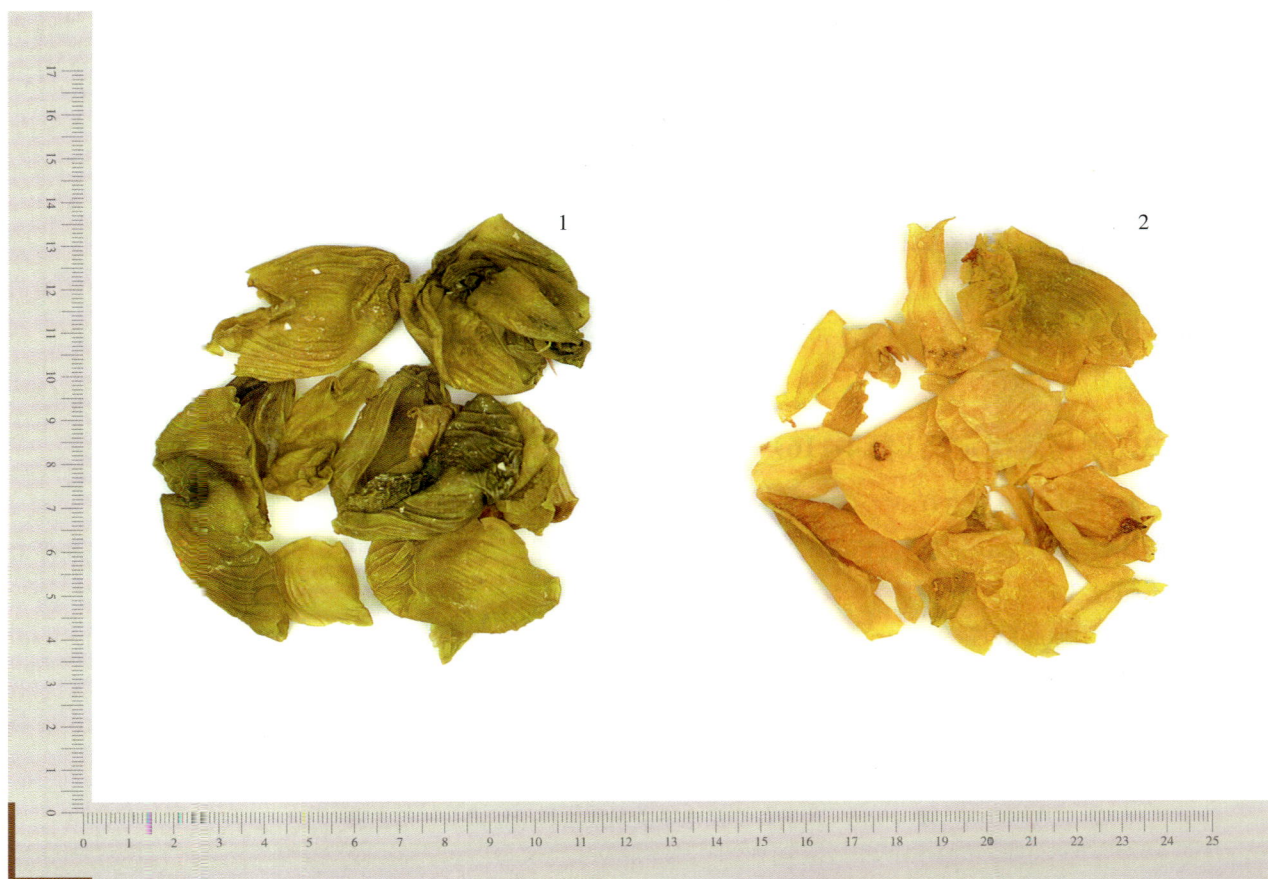

图 0068　鸡内金商品部分规格图示
1. 鸡内金绿色统货；2. 鸡内金黄色统货

4.86　鸡血藤

4.86.1　基础数据

4.86.1.1　来源

本品为豆科植物密花豆 *Spatholobus suberectus* Dunn 的干燥藤茎（《中国药典（2015 年版）》）。野生。秋、冬二季采收，除去枝叶，切片或切粒，晒干。

4.86.1.2　产地

产于贵州、云南、湖北、广西、江西等地，主产于贵州、云南。

4.86.1.3　鸡血藤片

本品为椭圆形、长矩圆或不规则形的斜切片，长 1.5~12cm，宽 2.0~10cm，厚 0.3~1.2cm。栓皮灰棕色，有的可见灰白色斑，栓皮脱落处显红棕色。切面木部红棕色或棕色，韧皮部有树脂状分泌物呈红棕色至黑棕色，与木部相间排列呈数个偏心性半圆形环，髓部偏向一侧。质坚硬。气微，味涩。

4.86.1.4　鸡血藤粒

将鸡血藤片用机器切成不规则粒,晒干。本品为不规则的颗粒,长 1.0~3.0cm,宽 0.5~2.0cm,厚 0.3~1.2cm。

4.86.2　规格要素说明及名词解释

4.86.2.1　断面圆形是否偏心

鸡血藤断面圆形偏心,滇鸡血藤断面圆形不偏心,以此区别。

4.86.2.2　宽 3.0cm 以上片

一般用直径 3.0cm 的标准筛筛选,选货一般不低于 90%,统货一般不低于 60%。

4.86.2.3　片型均匀度

片型均匀者等级较高。

4.86.3　规格等级定义(表 4-116)

4.86.3.1　鸡血藤选片 3.0

鸡血藤片,用直径 3.0cm 的标准筛筛选,宽 3.0cm 以上片重量占比不低于 90%,0.5cm 以下碎片(块)及碎末重量占比不超过 3%。(图 0069-1)

4.86.3.2　鸡血藤统片

鸡血藤片,大小不分,宽 3.0cm 以上片重量占比不低于 60%。(图 0069-2)

4.86.3.3　鸡血藤选粒

鸡血藤粒,大小不分,0.5cm 以下碎块及碎末重量占比不超过 10%。(图 0069-3)

表 4-116　中药材商品电子交易规格等级标准——鸡血藤

序号	品名	规格名称	流通俗称	宽3.0cm以上片重量占比	0.5cm 以下碎片(块)及碎末重量占比	断面圆形是否偏心	片型均匀情况	含硫情况	虫蛀、霉变	干度
1	鸡血藤	鸡血藤选片3.0	鸡血藤选片	≥90%/≥95%	≤3%/≤1%	偏心	片型大小不一/片型大小均匀	有硫加工/无硫加工	无	干货
2	鸡血藤	鸡血藤统片	鸡血藤统片	≥60%/≥80%	——	偏心	片型大小不一/片型大小均匀	有硫加工/无硫加工	无	干货
3	鸡血藤	鸡血藤选粒	鸡血藤选粒	——	≤10%/≤3%	偏心	片型大小不一/片型大小均匀	有硫加工/无硫加工	无	干货

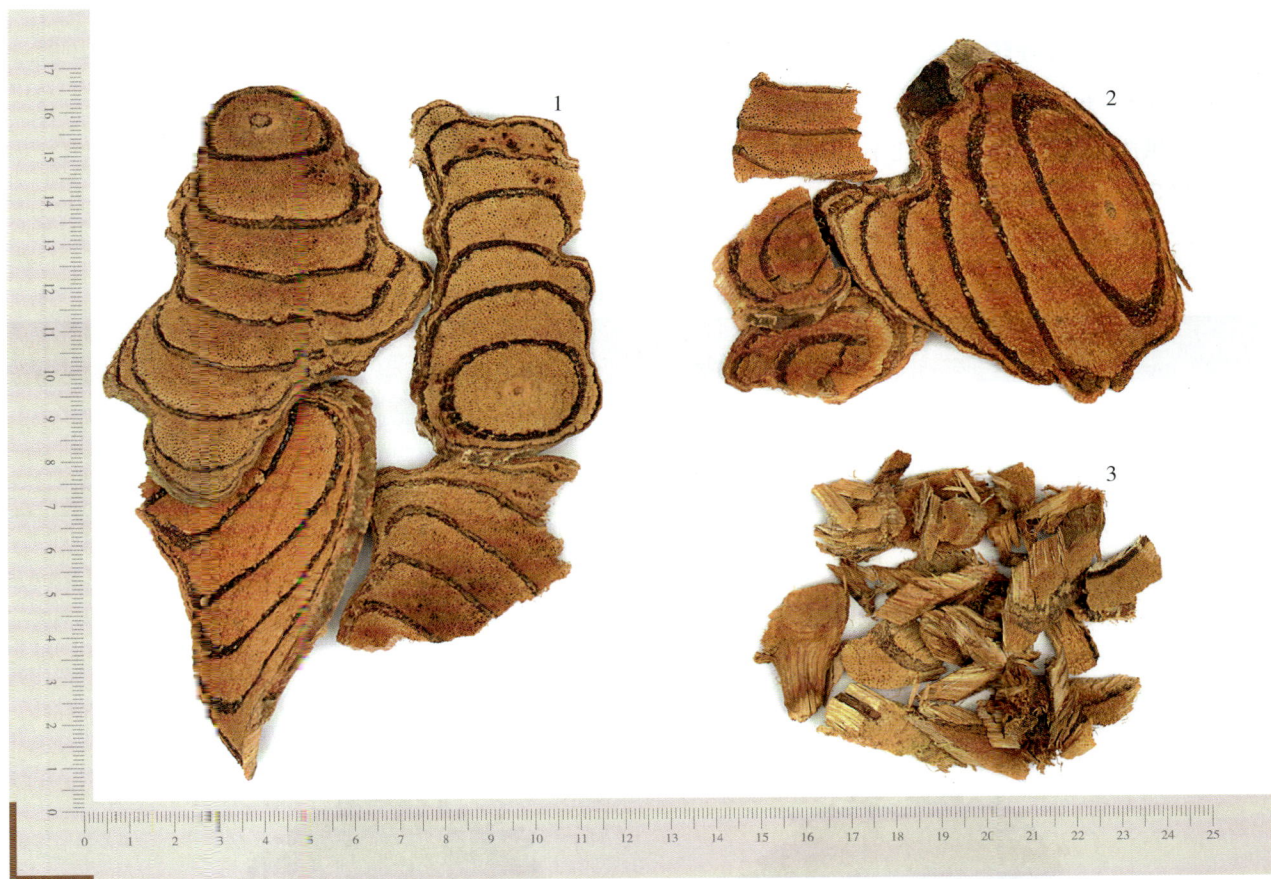

图 0069　鸡血藤商品部分规格图示
1. 鸡血藤选片 3.0；2. 鸡血藤统片；3. 鸡血藤选粒

4.87　急性子

4.87.1　基础数据

4.87.1.1　来源

本品为凤仙花科植物凤仙花 *Impatiens balsamina* L. 的干燥成熟种子（《中国药典（2015 年版）》）。栽培。夏、秋季果实即将成熟时采收，晒干，除去果皮和杂质。

4.87.1.2　产地

产于全国多数地区，主产于江苏、浙江、河北、安徽。

4.87.1.3　急性子

呈椭圆形、扁圆形或卵圆形，长 0.2~0.3cm，宽 0.15~0.25cm。外皮棕褐色或灰褐色，粗糙，有稀疏的白色或浅黄棕色小点，质坚实，种皮薄，子叶灰白色，半透明，油质。

4.87.2　规格要素说明及名词解释

4.87.2.1　风选杂质

杂质主要为空杆、灰末，一般通过风选去除。

4.87.3 规格等级定义（表 4-117）

4.87.3.1 急性子净货

经过风选，风选杂质重量占比不超过 1%。（图 0070-1）

4.87.3.2 急性子统货

未经风选，风选杂质重量占比不超过 5%。（图 0070-2）

表 4-117 中药材商品电子交易规格等级标准——急性子

序号	品名	规格名称	流通俗称	风选杂质重量占比	虫蛀、霉变	干度
1	急性子	急性子净货	选货	≤1%	无	干货
2	急性子	急性子统货	统货	≤5%	无	干货

图 0070 急性子商品部分规格图示
1. 急性子净货；2. 急性子统货

4.88　姜黄

4.88.1　基础数据

4.88.1.1　来源

本品为姜科植物姜黄 *Curcuma longa* L. 的干燥根茎(《中国药典(2015 年版)》)。栽培 1 年。冬季茎叶枯萎时采挖,洗净,煮或蒸至透心,晒干,除去须根。姜黄母根叫"母黄",子根叫"子黄",子黄较好。

4.88.1.2　产地

产于四川、云南等地,主产于四川双流、乐山。四川产姜黄去外皮,断面金黄色;云南产姜黄未去外皮,断面棕黄色。

4.88.1.3　姜黄

呈不规则卵圆形、圆柱形或纺锤形,常弯曲,有的具短叉状分枝,长 2.0~5.0cm,直径 1.0~3.0cm。表面黄褐色,粗糙,有皱缩纹理和明显环节,并有圆形分枝痕及须根痕。质坚实,不易折断,有蜡样光泽,内皮层环纹明显,维管束呈点状散在。气香特异,味苦、辛。

4.88.1.4　姜黄母黄片

姜黄母根除去杂质,略泡,洗净,润透,切片,干燥。本品呈不规则卵圆形片,长 2.0~4.0cm,宽 1.5cm 左右,厚 0.3cm 左右。切面棕黄色至金黄色。

4.88.1.5　姜黄子黄片

姜黄子根除去杂质,略泡,洗净,润透,切片,干燥。本品呈不规则长条形片。长 2.0~5.0cm,宽 0.5~1.0cm,厚 0.3cm 左右。切面棕黄色至金黄色,角质样,内皮层环纹明显,维管束呈点状散在。气香特异,味苦、辛。

4.88.2　规格要素说明及名词解释

4.88.2.1　是否去粗皮

加工过程中滚筒撞去外表粗皮,或未去粗皮。

4.88.2.2　母根个(片)

姜黄母根个子或切片,质量较子根个(片)差。

4.88.2.3　0.3cm 以下碎末、灰渣

直径 0.3cm 以下的刀口碎末、外皮碎末、须根及泥沙。

4.88.2.4　含硫情况

为了使姜黄颜色更加鲜亮,用硫黄熏蒸,熏后颜色变浅呈黄色或金黄色;无硫加工者颜色较深,相对较暗。

4.88.3　规格等级定义(表 4-118)

4.88.3.1　姜黄去皮选个

产于四川,去粗皮的姜黄子根个,母根个重量占比不超过 5%,无 0.3cm 以下碎末,灰渣重量占比不超过 0.5%。(图 0071-1)

4.88.3.2　姜黄统个

产于四川、云南或其他产地的姜黄,母根子根不分,母根个重量占比不超过 25%,0.3cm 以下碎末、灰渣重量占比不超过 1%。(图 0071-2)

4.88.3.3　姜黄母根个

产于四川、云南或其他产地的姜黄母根个,0.3cm 以下碎末、灰渣重量占比不超过 1%。

4.88.3.4　姜黄去皮选片

产于四川,去粗皮的姜黄子根切片,片形大小不等,母根片重量占比不超过 8%,无 0.3cm 以下碎末、灰渣。(图 0071-3)

4.88.3.5　姜黄统片

产于四川、云南或其他产地姜黄,母根子根不分切片,片形大小不等,母根片重量占比不超过 25%,0.3cm 以下碎末、灰渣重量占比不超过 3%。(图 0071-4)

4.88.3.6　姜黄母根片

产于四川、云南或其他产地的姜黄母根个切的片,0.3cm 以下碎末、灰渣重量占比不超过 3%。

表 4-118　中药材商品电子交易规格等级标准——姜黄

序号	品名	规格名称	流通俗称	产地	是否去粗皮	母根个(片)重量占比	0.3cm 以下碎末、灰渣重量占比	含硫情况	虫蛀、霉变	干度
1	姜黄	姜黄去皮选个	选个	四川	去粗皮	≤5%	无	有硫加工 / 无硫加工	无	干货
2	姜黄	姜黄统个	统个	四川、云南及其他地区	未去粗皮 / 去粗皮	≤25%/ ≤5%	≤1%	有硫加工 / 无硫加工	无	干货
3	姜黄	姜黄母根个	母子个	四川、云南及其他地区	未去粗皮 / 去粗皮	——	≤1%	有硫加工 / 无硫加工	无	干货
4	姜黄	姜黄去皮选片	选片	四川	去粗皮	≤8%	无	有硫加工 / 无硫加工	无	干货
5	姜黄	姜黄统片	统片	四川、云南及其他地区	未去粗皮 / 去粗皮	≤25%/ ≤5%	≤3%/≤1%	有硫加工 / 无硫加工	无	干货
6	姜黄	姜黄母根片	母子片	四川、云南及其他地区	未去粗皮 / 去粗皮	——	≤3%/≤1%	有硫加工 / 无硫加工	无	干货

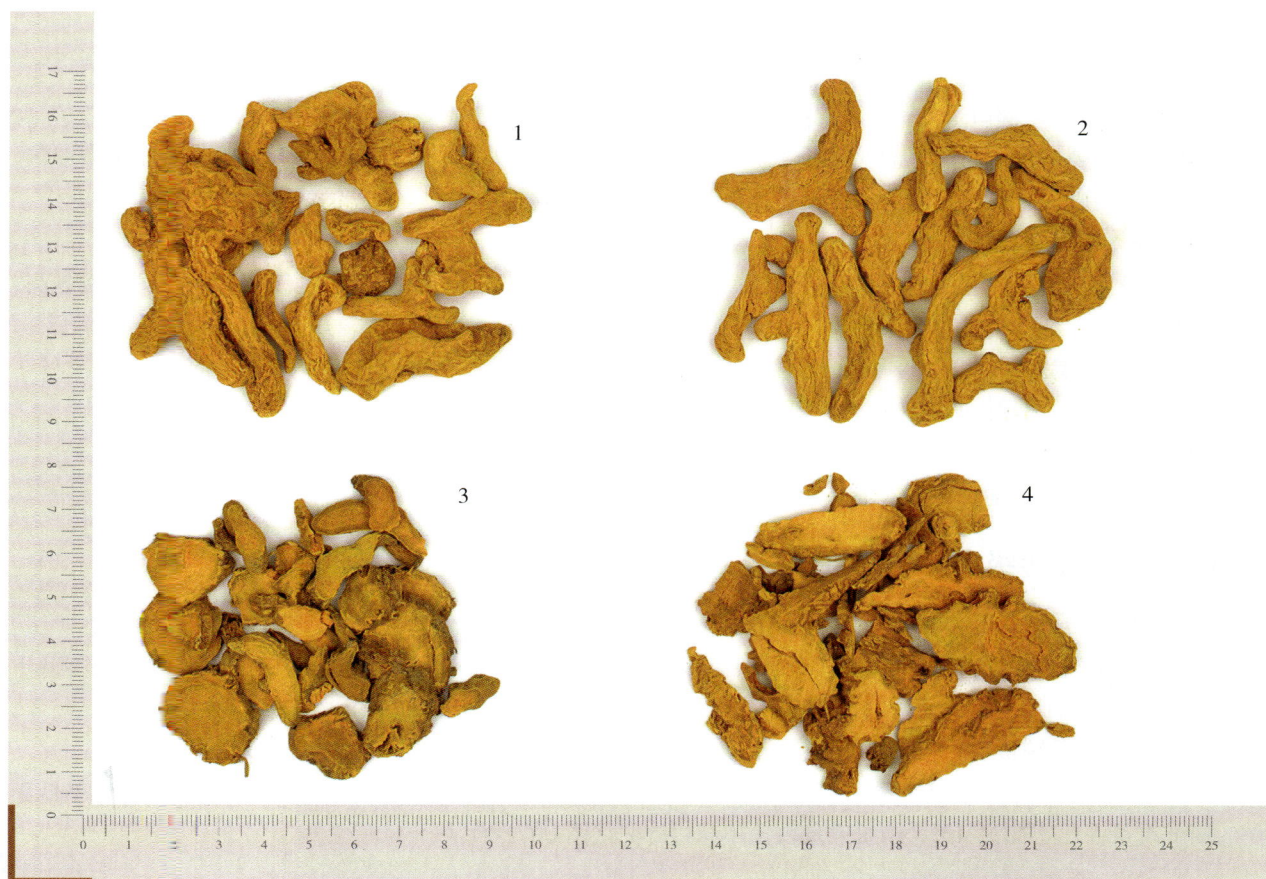

图 0071　姜黄商品部分规格图示
1. 姜黄去皮选个；2. 姜黄统个；3. 姜黄去皮选片；4. 姜黄统片

4.89　僵蚕

4.89.1　基础数据

4.89.1.1　来源

本品为蚕蛾科昆虫家蚕 *Bombyx mori* Linnaeus 4~5 龄的幼虫感染白僵菌 *Beauveria bassiana*（Bals.）Vuillant 而致死的干燥体（《中国药典（2015 年版）》）。多于春、秋季生产，将感染白僵菌病死的蚕干燥。

4.89.1.2　产地

产于四川、云南、广西、北朝鲜等地，主产于四川西昌、绵阳、宜宾，云南，广西柳州、南宁。四川产僵蚕个大，广西或其他地方产僵蚕个偏小。

4.89.1.3　僵蚕

略呈圆柱形，多弯曲皱缩。长 2.0~5.0cm，直径 0.5~0.7cm。表面灰白色，被有白色粉霜状的气生菌丝和分生孢子。头部较圆，足 8 对，体节明显，尾部略呈二分歧状。质硬而脆，易折断，断面平坦，外层白色，中间有亮棕色或亮黑色的丝腺环 4 个。气微腥，味微咸。

4.89.2 规格要素说明及名词解释

4.89.2.1 断面玻璃口条

僵蚕断面有亮棕色或亮黑色的丝腺环 4 个或以上，类茶色玻璃的断面，称为"玻璃口"。如果未感染白僵菌，断面为黑褐色内脏或者黄白色蚕丝。玻璃口比例越高，等级越高。

4.89.2.2 表面灰白色条

僵蚕外表为一层灰白色的皮或膜。灰白色膜掉落或者存放时间长会导致颜色变深。灰白色条所占比例越高，等级越高。

4.89.2.3 饱满条

虫体个大充实的僵蚕，所占比例越高，等级越高。

4.89.2.4 杂质

僵蚕杂质一般有废蚕丝、蚕沙、桑叶残渣等。

4.89.3 规格等级定义（表 4-119）

4.89.3.1 僵蚕选货

挑选使表面黄白色条、完整饱满条、断面玻璃口条重量占比均不低于 90%，表面灰白色条重量占比不低于 90%，饱满条重量占比不低于 90%，无断节，杂质重量占比不超过 3%。（图 0072-1）

4.89.3.2 僵蚕统货

大小不分，断面玻璃口条重量占比不低于 50%，表面灰白色条重量占比不低于 50%，饱满条重量占比不低于 30%，断节重量占比不超过 40%，杂质重量占比不超过 5%。（图 0072-2）

表 4-119　中药材商品电子交易规格等级标准——僵蚕

序号	品名	规格名称	流通俗称	断面玻璃口条重量占比	表面灰黄白色条重量占比	饱满条重量占比	断节重量占比	杂质重量占比	虫蛀、霉变	干度
1	僵蚕	僵蚕选货	选货	≥90%/≥95%	≥90%/≥95%	≥90%	无	≤3%	无	干货
2	僵蚕	僵蚕统货	统货	≥50%/≥60%/≥70%/≥80%	≥50%/≥60%/≥70%	≥30%/≥50%/≥70%	≤40%/≤20%/≤10%	≤5%	无	干货

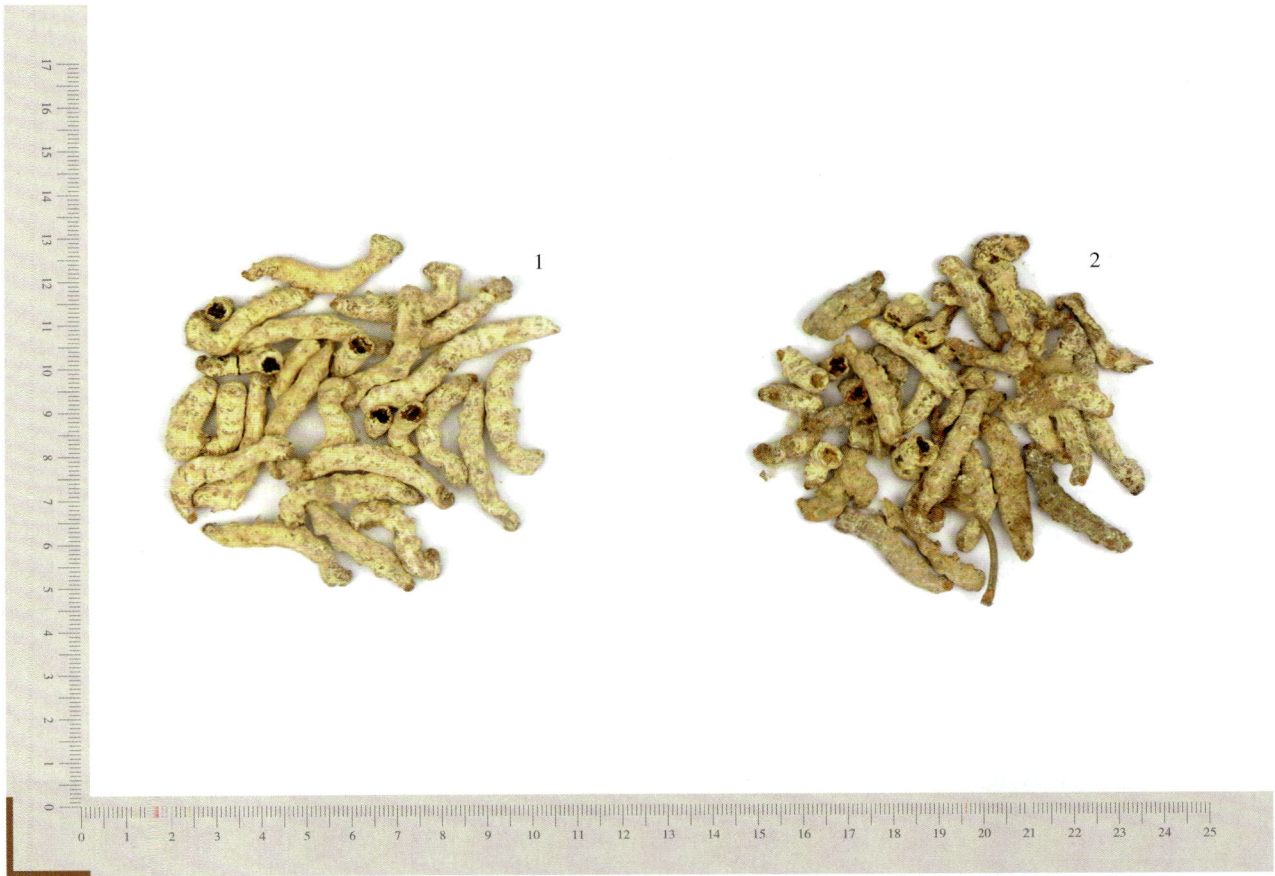

图 0072　僵蚕商品部分规格图示
1. 僵蚕选货；2. 僵蚕统货

4.90　芥子

4.90.1　基础数据

4.90.1.1　来源

本品为一字花科植物白芥 *Sinapis alba* L. 或芥 *Brassica juncea*（L.）Czern. et Coss. 的干燥成熟种子（《中国药典(2015 年版)》）。栽培 2 年。前者习称为"白芥子"，后者习称为"黄芥子"。夏末秋初果实成熟时采割植株，晒干，打下种子，除去杂质。

4.90.1.2　产地

产于四川、内蒙、黑龙江、河北及华北其他地区，白芥子主产于四川；黄芥子各地有栽培，主产于河北。四川产白芥子个小形状卵圆形，又称"八卦形"；其他产地个头偏大，形状扁球形。

4.90.1.3　白芥子

卵圆形　直径 1.5~2.5mm。表面灰白色至淡黄色，具细微的网纹，有明显的点状种脐。种皮薄而脆，破开后内有白色折叠的子叶，有油性。气微，味辛辣。

4.90.1.4　黄芥子

较白芥子略小，直径 1.0~2.0mm。表面黄色至棕黄色，少数呈暗红棕色。研碎后加水浸湿，则产生辛烈的特异臭气。

4.90.2 规格要素说明及名词解释

4.90.2.1 颜色（新货/陈货）

白芥子新货表面颜色淡黄色；存放 1 年以上，颜色就会变灰暗，其辣味也略有变淡。

4.90.2.2 杂质

芥子杂质一般有杂草种籽、芥子荚壳、泥土。

4.90.3 规格等级定义（表 4-120）

4.90.3.1 白芥子净货

白芥子，新货（淡黄色），杂质重量占比不超过 0.5%。

4.90.3.2 白芥子统货

白芥子，新货（淡黄色）或陈货（灰黄色），杂质重量占比不超过 3%。

4.90.3.3 黄芥子净货

黄芥子，黄色至棕黄色，杂质重量占比不超过 0.5%。

4.90.3.4 黄芥子统货

黄芥子，黄色至棕黄色，杂质重量占比不超过 3%。

表 4-120　中药材商品电子交易规格等级标准——芥子

序号	品名	规格名称	流通俗称	产地	颜色（新货/陈货）	杂质重量占比	虫蛀、霉变	干度
1	芥子	白芥子净货	白芥子选货	四川	淡黄色（新货）	≤0.5%	无	干货
2	芥子	白芥子统货	白芥子统货	四川及西南华中其他地区	淡黄色（新货）/灰黄色（陈货）	≤3%	无	干货
3	芥子	黄芥子净货	黄芥子选货	河北及华北其他地区	黄色至棕黄色	≤0.5%	无	干货
4	芥子	黄芥子统货	黄芥子统货	河北及华北其他地区	黄色至棕黄色	≤3%	无	干货

4.91　金钱草

4.91.1　基础数据

4.91.1.1　来源

为报春花科植物过路黄 *Lysimachia christinae* Hance 的全草（《中国药典（2015 年版）》）。多为野生。夏、秋二季采收，除去杂质，晒干。市场流通的另有一种商品"小金钱草"，为地方习用品，来源于旋花科马蹄金属植物马蹄金 *Dichondra repens* Forst. 的全草（《四川中药志》）。

4.91.1.2　产地

产于四川、江苏、浙江、湖南等地，主产于四川。

4.91.1.3　金钱草段

金钱草原药除去杂质，切段。本品为不规则的段，段长 2.0~4.0cm。茎棕色或暗棕红色，有纵纹，实心。叶对生,展平后呈宽卵形或心形,长 2.0~6.0cm,宽 1.0~4.0cm,上表面灰绿色或棕褐色,下表面色较浅,主脉明显突出,用水浸后,对光透视可见黑色或褐色的条纹。偶见黄色花,单生叶腋。气微,味淡。

4.91.1.4 小金钱草段

小金钱草除去杂质,切段。本品为不规则的段。单叶互生,圆形至肾形,直径 0.6~1.0cm,很少达到 2.5cm,先端圆形,有时微凹,全缘,基部深心形,上面绿色,光滑,下面浅绿色,秃净或有疏柔毛。

4.91.2 规格要素说明及名词解释

4.91.2.1 叶片颜色(新货/陈货)

金钱草新货多为灰绿色;采收时间较晚、暴晒或存储时间超过 3 个月颜色会变为棕褐色。

4.91.2.2 杂质及 0.2cm 以下灰渣

金钱草杂质为杂草、灰渣及泥土,可用 0.2cm 标准筛筛出。

4.91.3 规格等级定义(表 4-121)

4.91.3.1 金钱草选段

金钱草切段,灰绿色,杂质及 0.1cm 以下灰渣重量占比不超过 3%。

4.91.3.2 金钱草灰绿色统段

金钱草切段,灰绿色,杂质及 0.1cm 以下灰渣重量占比不超过 10%。(图 0073-1)

4.91.3.3 金钱草棕褐色统段

金钱草切段,棕褐色为主,杂质及 0.1cm 以下灰渣重量占比不超过 10%。(图 0073-2)

4.91.3.4 小叶金钱草灰绿色统段

小叶金钱草切段,灰绿色,杂质及 0.1cm 以下灰渣重量占比不超过 10%。

4.91.3.5 小叶金钱草棕褐色统段

小叶金钱草切段,棕褐色为主,杂质及 0.1cm 以下灰渣重量占比不超过 10%。

表 4-121 中药材商品电子交易规格等级标准——金钱草

序号	品名	规格名称	流通俗称	叶片颜色(新货/陈货)	杂质及 0.1cm 以下灰渣重量占比	虫蛀、霉变	干度
1	金钱草	金钱草选段	选段	灰绿色(新货)	≤3%/≤1%	无	干货
2	金钱草	金钱草灰绿色统段	统段	灰绿色(新货)	≤10%/≤5%	无	干货
3	金钱草	金钱草棕褐色统段	统段	棕褐色为主(陈货)	≤10%/≤5%	无	干货
4	金钱草	小叶金钱草灰绿色统段	小叶金钱草	灰绿色(新货)	≤10%/≤5%	无	干货
5	金钱草	小叶金钱草棕褐色统段	小叶金钱草	棕褐色为主(陈货)	≤10%/≤5%	无	干货

图 0073　金钱草商品部分规格图示
1. 金钱草灰绿色统段;2. 金钱草棕褐色统段

4.92　金荞麦

4.92.1　基础数据

4.92.1.1　来源

本品为蓼科植物金荞麦 *Fagopyrum dibotrys*（D. Don）Hara 的干燥根茎（《中国药典(2015 年版)》）。野生或栽培，野生为主。冬季采挖，除丢茎和须根，洗净，晒干。

4.92.1.2　产地

分布于江苏、浙江、四川等地。主产江苏、四川。

4.92.1.3　金荞麦

呈不规则团块或圆柱状，常有瘤状分枝，顶端有的有茎残基，长 3.0~15cm，直径 1.0~4.0cm。表面棕褐色，有横向环节和纵皱纹，密布点状皮孔，并有凹陷的圆形根痕和残存须根。质坚硬，不易折断。气微，味微涩。

4.92.1.4　金荞麦片

除去杂质，洗净，润透，切厚片，干燥。呈不规则的厚片。长 2.0~5.0cm，宽 1.5~3.0cm，厚 0.2~0.3cm。外皮棕褐色，或有时脱落。切面淡黄色或淡棕红色，有放射状纹理，有的可见髓部，颜色较深。

4.92.2 规格要素说明及名词解释

4.92.2.1 切面颜色
金荞麦切面颜色为淡红棕色或淡黄色,存储时间过长颜色变为暗红棕色。

4.92.2.2 边片
一面全为外皮的片为"边片"。

4.92.2.3 大小均匀
片型大小基本一致,外形美观。

4.92.2.4 杂质及0.5cm以下灰渣
杂质为须根,一般手选;灰渣及泥土,可用0.5cm标准筛筛出。

4.92.3 规格等级定义(表4-122)

4.92.3.1 金荞麦统货
金荞麦,杂质及0.5cm以下灰渣重量占比不超过5%。

4.92.3.2 金荞麦选片
金荞麦片,切面淡黄色或淡红棕色,筛去小片及边片,片型均匀,边片重量占比不超过1%,杂质及0.5cm以下灰渣重量占比不超过3%。(图0074-1)

4.92.3.3 金荞麦统片
金荞麦片,淡黄色至暗红棕色,边片重量占比不超过10%,杂质及0.5cm以下灰渣重量占比不超过5%。(图0074-2)

表4-122 中药材商品电子交易规格等级标准——金荞麦

序号	品名	规格名称	流通俗称	切面颜色	边片重量占比	杂质及0.5cm以下灰渣重量占比	片型大小	虫蛀、霉变	干度
1	金荞麦	金荞麦统货	苦荞头	——	——	≤5%/≤3%	——	无	干货
2	金荞麦	金荞麦选片	苦荞头	淡黄色或淡红棕色	≤1%	≤3%/≤1%	均匀	无	干货
3	金荞麦	金荞麦统片	苦荞头	淡黄色至暗红棕色	≤10%/≤5%	≤5%	不均匀	无	干货

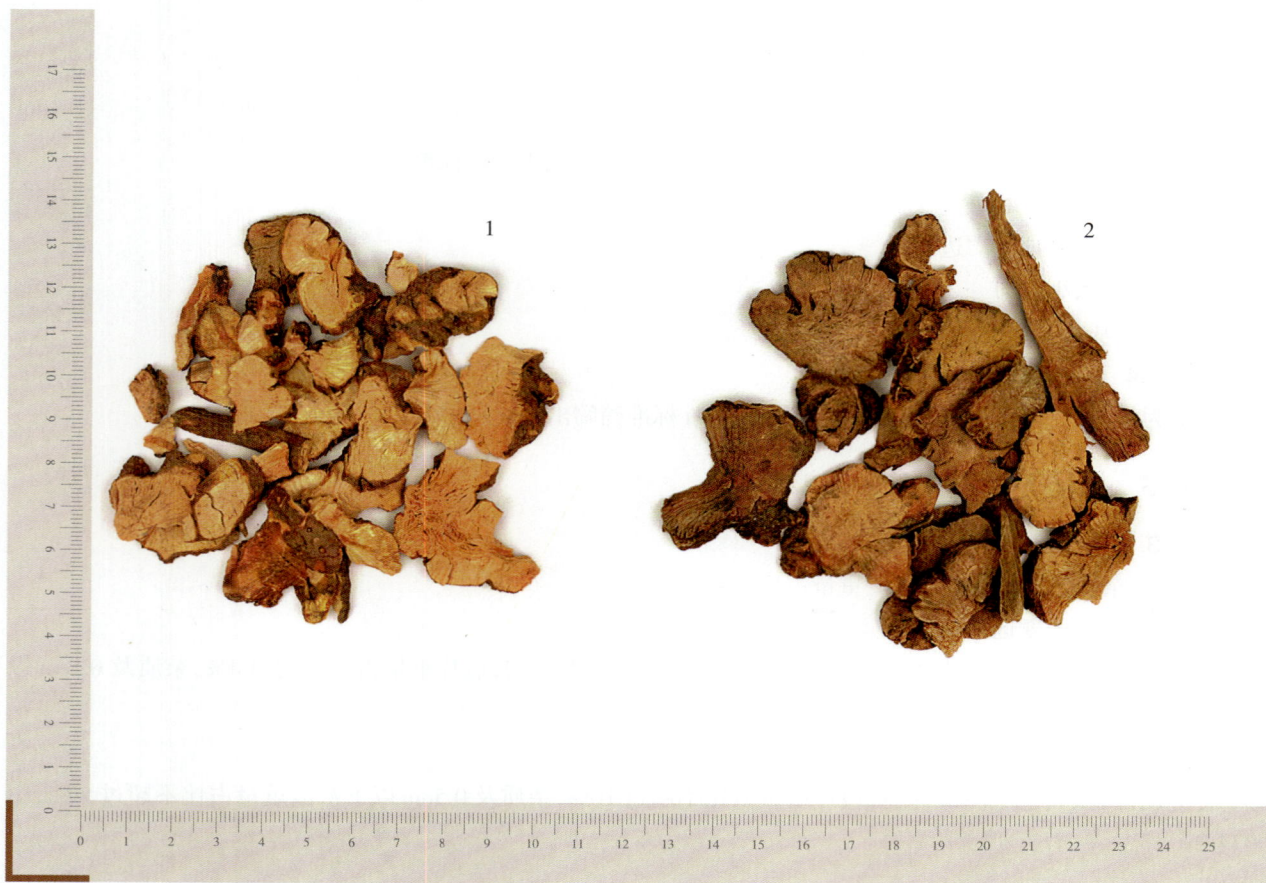

图 0074　金荞麦商品部分规格图示
1. 金荞麦选片；2. 金荞麦统片

4.93　金银花

4.93.1　基础数据

4.93.1.1　来源

本品为忍冬科植物忍冬 *Lonicera japonica* Thunb. 的干燥花蕾或带初开的花（《中国药典（2015 年版）》）。栽培为主。每年夏初花开放前采收，烘干或晒干。

4.93.1.2　产地

产于山东、河南、河北等地，主产于山东平邑、河南封丘、河北巨鹿。

4.93.1.3　金银花

本品呈棒状，上粗下细，略弯曲。长 2.0~3.0cm，上部直径约 0.3cm，下部直径约 0.15cm。表面青绿色至浅黄色，密被短柔毛。开放者花冠筒状，金黄色、黄红色或棕黑色。气清香，味淡、微苦。

4.93.2　规格要素说明及名词解释

4.93.2.1　形态

生长环境较好的金银花一般体长并且饱满，生长环境较差的金银花则相对瘦小。

4.93.2.2　颜色

金银花在未开放时采收，烘干花以青绿色、绿白色为主，习称"青花"。晒干花多为黄白色或浅黄色，习称"白花"。开放之后采摘晒干之后多为金黄色、黄红色或棕黑色。

4.93.2.3　黄条

金银花在花蕾近开放呈白色时采摘，烘干之后呈黄色，俗称"黄条"。

4.93.2.4　黑条

金银花在烘干过程中温度过高，或晒干过程中翻动，导致花蕾颜色变黑，俗称"黑条"。

4.93.2.5　开放花

花蕾开放之后采摘的金银花。

4.93.2.6　梗叶

金银花在采摘过程中不慎摘掉的枝和叶，为非药用部分，主要是叶。

4.93.2.7　0.2cm 以下灰渣

金银花在干燥、存储、运输过程中顶端易破裂，产生少量灰渣，可用 0.2cm 标准筛筛出。

4.93.3　规格等级定义（表 4-123）

4.93.3.1　金银花青花精选货

花蕾青绿色时采摘，烘干，饱满，大小均匀，青绿色至绿色，无黄条、黑条、开放花和梗叶，0.2cm 以下灰渣重量占比不超过 1%。（图 0075-1）

4.93.3.2　金银花青花选货

花蕾青绿色时采摘，烘干，饱满，大小较均匀，青绿色至绿色，黄条重量占比不超过 5%，黑条重量占比不超过 1%，开放花重量占比不超过 3%，梗叶重量占比不超过 2%，0.2cm 以下灰渣重量占比不超过 1%。（图 0075-2）

4.93.3.3　金银花白花选货

花蕾未开放时采摘，晒干，饱满，大小较均匀，黄白色或绿白色。黑条重量占比不超过 1%，开放花重量占比不超过 3%，梗叶重量占比不超过 2%，0.2cm 以下灰渣重量占比不超过 1%。（图 0075-3）

4.93.3.4　金银花青花统货

花蕾未开放时采摘，烘干，花蕾饱满，大小较均匀，青绿色为主，黄条重量占比不超过 30%，黑条重量占比不超过 10%，开放花重量占比不超过 10%，梗叶重量占比不超过 5%，0.2cm 以下灰渣重量占比不超过 2%。（图 0075-4）

4.93.3.5　金银花白花统货

花蕾未开放时采摘，晒干，有部分开放的花。黑条重量占比不超过 5%，开放花重量占比不超过 50%，梗叶重量占比不超过 10%，0.2cm 以下灰渣重量占比不超过 5%。（图 0075-5）

4.93.3.6　金银花开花统货

多为已开放的花。梗叶重量占比不超过 20%，0.2cm 以下灰渣重量占比不超过 5%。（图 0075-6）

表 4-123   中药材商品电子交易规格等级标准——金银花

序号	品名	规格名称	流通俗称	形态	黄条重量占比	黑条重量占比	开放花重量占比	梗叶重量占比	0.2cm 以下灰渣重量占比	虫蛀、霉变	干度
1	金银花	金银花青花精选货	青花	花蕾饱满,大小均匀,青绿色至绿白色,色泽一致	无	无	无	无	≤1%/≤0.5%	无	干货
2	金银花	金银花青花选货	青花	花蕾饱满、大小较均匀,青绿色至绿白色,色泽较一致	≤5%/≤2%	≤1%	≤3%/≤1%	≤2%/≤1%	≤1%/≤0.5%	无	干货
3	金银花	金银花白花选货	白花	花蕾饱满,大小较均匀,黄色	——	≤1%	≤3%/≤1%	≤2%/≤1%	≤1%/≤0.5%	无	干货
4	金银花	金银花青花统货	青花	花蕾饱满,大小较均匀,青绿色或黄色	≤30%/≤20%/≤10%	≤10%/≤5%	≤10%/≤5%	≤5%/≤3%	≤2%/≤1%	无	干货
5	金银花	金银花白花统货	白花	花蕾饱满,大小较均匀,黄白色或浅黄色	——	≤5%/≤1%	≤50%/≤30%/≤10%/≤5%	≤10%/≤5%	≤5%/≤2%	无	干货
6	金银花	金银花开花统货	开花货	大小均有,多为开放的花,金黄色、黄红色或棕黑色	——		≤90%/≤60%/≤30%	≤20%/≤10%	≤5%	无	干货

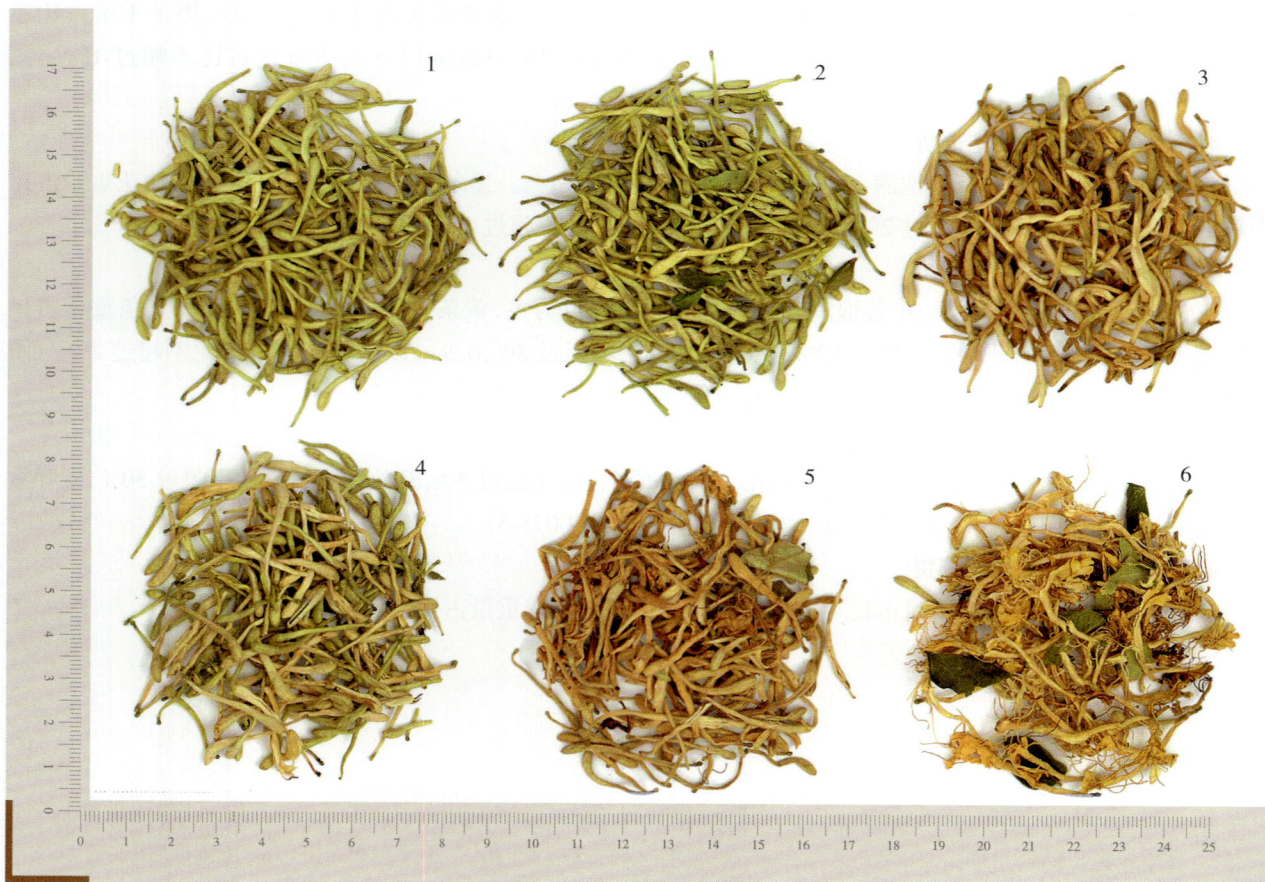

图 0075   金银花商品部分规格图示

1. 金银花青花精选货;2. 金银花青花选货;3. 金银花白花选货;4. 金银花青花统货;5. 金银花白花统货;6. 金银花开花统货

4.94　金樱子

4.94.1　基础数据

4.94.1.1　来源

本品为蔷薇科植物金樱子 *Rosa laevigata* Michx. 的干燥成熟果实(《中国药典(2015 年版)》)。野生。8~12月采收,干燥,除去毛刺。

4.94.1.2　产地

产于江西、湖南、安徽、江苏、浙江、湖北、福建、四川、云南、贵州等地,主产于江西、湖南。

4.94.1.3　金樱子

呈倒卵形,长 2.0~3.5cm,直径 1.0~2.0cm。外皮红黄色、红棕色或红褐色,有突起的棕色小点,系毛刺脱落后的残基。顶端有盘状花萼残基,中央有黄色柱基,下部渐尖。质硬。切开后,花托壁厚 0.1~0.2cm,内有多数坚硬的小瘦果,内壁及瘦果均有淡黄色绒毛。气微,味甘、微涩。

4.94.1.4　金樱子肉

将金樱子略浸,润透,纵切两瓣,除去毛、核,干燥。呈倒卵形纵剖瓣。长 2.0~3.5cm,宽 1.0~2.0cm,厚 0.5~1.0cm。

4.94.2　规格要素说明及名词解释

4.94.2.1　后期货 / 前期货

后期采收货外皮红棕色至红褐色,前期采收的货外皮红黄色至红棕色。

4.94.2.2　去核率

金樱子剖开后果核去除的干净程度,去核率越高,等级越高。

4.94.2.3　果柄

采收时有少量果柄,多在晾晒翻动过程断落。常用风选去除。

4.94.2.4　0.4cm 以下的种子及灰渣

金樱子少量毛刺和果核未去净,加工、贮存、运输掉落。一般用孔径 0.4cm 的筛子筛出。

4.94.3　规格等级定义(表 4-124)

4.94.3.1　金樱子后期统货

金樱子后期货,外皮红棕色至红褐色,无果柄重量占比不超过 0.5%,无 0.4cm 以下的种子及灰渣。(图0076-1)

4.94.3.2　金樱子前期统货

金樱子前期货,外皮红黄色至红棕色,果柄重量占比不超过 1%,无 0.4cm 以下的种子及灰渣。(图 0076-2)

4.94.3.3　金樱子肉后期选货去核率 98% 以上

金樱子后期货切制,外皮红棕色至红褐色,去核率不低于 98%,无果柄,无 0.4cm 以下的种子及灰渣。(图0076-3)

4.94.3.4　金樱子肉后期统货

金樱子后期货切制,外皮红棕色至红褐色,去核率不低于 70%,无果柄,0.4cm 以下的种子及灰渣重量占比不超过 4%。(图 0076-4)

4.94.3.5　金樱子肉前期统货

金樱子前期货切制,外皮红黄色至红棕色,去核率不低于 70%,果柄重量占比不超过 1%,0.4cm 以下的种子

及灰渣重量占比不超过 4%。(图 0076-5)

4.94.3.6 金樱子肉统货

前后期货不分的金樱子切制,有的去核,有的未去核,果柄不超过 2%,0.4cm 以下的种子及灰渣重量占比不超过 4%。(图 0076-6)

表 4-124　中药材商品电子交易规格等级标准——金樱子

序号	品名	规格名称	流通俗称	颜色(后期货/前期货)	去核率	果柄重量占比	0.4cm 以下种子和灰渣重量占比	虫蛀、霉变	干度
1	金樱子	金樱子后期统货	后期货	外皮红棕色至红褐色(后期货)	——	无	无	无	干货
2	金樱子	金樱子前期统货	前期货	外皮红黄色至红棕色(前期货)	——	≤1%	无	无	干货
3	金樱子	金樱子肉后期选货去核率98%以上	金樱子肉后期选货	外皮红棕色至红褐色(后期货)	≥98%/ 全去核	无	无	无	干货
4	金樱子	金樱子肉后期统货	金樱子肉后期统货	外皮红棕色至红褐色(后期货)	≥70%/≥50%	无	≤4%/≤2%/≤1%	无	干货
5	金樱子	金樱子肉前期统货	金樱子肉前期统货	外皮红黄色至红棕色(前期货)	≥70%/≥50%	≤1%	≤4%/≤2%/≤1%	无	干货
6	金樱子	金樱子肉统货	金樱子肉统货	——	无去核 /≥10%/≥30%/≥50%	≤2%	≤4%/≤2%/≤1%	无	干货

图 0076　金樱子商品部分规格图示

1. 金樱子后期统货;2. 金樱子前期统货;3. 金樱子肉后期选货去核率 98% 以上;4. 金樱子肉后期统货;
5. 金樱子肉前期统货;6. 金樱子肉统货

4.95　荆芥

4.95.1　基础数据

4.95.1.1　来源

本品为唇形科植物荆芥 *Schizonepeta tenuifolia* Briq. 的干燥地上部分(《中国药典(2015 年版)》)。栽培。夏、秋二季花开到顶、穗绿时采割,除去杂质,晒干。

4.95.1.2　产地

全国大部分地区出产,主产于江苏、江西、湖北、河北等地。

4.95.1.3　荆芥

茎呈方柱形,上部有分枝,长 50~80cm,直径 0.2~0.4cm,表面淡黄绿色或淡紫红色,被短柔毛,体轻,质脆,断面类白色。叶对生,多已脱落,叶片 3~5 羽状分裂,裂片细长。穗状轮伞花序顶生,长 2.0~9.0cm,直径约 0.7cm。花冠多脱落,宿萼钟状,先端 5 齿裂,淡棕色或黄绿色,被短柔毛,小坚果棕黑色。气芳香,味微涩而辛凉。

4.95.1.4　荆芥段

将荆芥除去杂质,切段。呈不规则的段,段长 1.0~1.5cm。切面类白色,叶多已脱落。

4.95.2　规格要素说明及名词解释

4.95.2.1　颜色(新货 / 陈货)

荆芥新货颜色较淡,茎秆淡黄绿色或淡紫红色,存储时间过长或因暴晒而颜色变为墨绿色、黄绿色或黄色。

4.95.2.2　花穗

未去掉穗的全荆芥,花穗重量占比在 15% 左右,但是流通中有的情况是将荆芥穗单独采收后余下的荆芥枝杆做全荆芥销售。

4.95.2.3　根重量占比

加工中未去尽的根,影响药材质量。

4.95.2.4　杂质及 0.2cm 以下灰渣

荆芥杂质为泥土碎末,可用 0.2cm 标准筛出。

4.95.3　规格等级定义(表 4-125)

4.95.3.1　荆芥带穗选个

荆芥割取地上部分,带穗晒干。花穗重量占比不低于 10%,杂质及 0.2cm 以下的灰渣重量占比不超过 2%。

4.95.3.2　荆芥去根统个

荆芥采割时,去掉绝大部分根,割去大部分穗,晒干。根重量占比不超过 3%,杂质及 0.2cm 以下的灰渣重量占比不超过 5%。

4.95.3.3　荆芥带根统个

荆芥采收时直接拔出根茎,抖去根上土渣,割去花穗,晒干。根重量占比不超过 10%,杂质及 0.2cm 以下的灰渣重量占比不超过 10%。

4.95.3.4　荆芥选段

茎秆颜色淡黄绿色或淡紫红色,荆芥穗重量占比不低于 10%,无根,杂质及 0.2cm 以下灰渣重量占比不超过 3%。

4.95.3.5 荆芥统段

茎秆颜色不分,根重量占比不超过 10%,杂质及 0.2cm 以下灰渣重量占比不超过 7%。

表 4-125 中药材商品电子交易规格等级标准——荆芥

序号	品名	规格名称	流通俗称	颜色(新货/陈货)	花穗重量占比	根重量占比	杂质及 0.2cm 以下灰渣重量占比	虫蛀、霉变	干度
1	荆芥	荆芥带穗选个	全荆芥	淡黄绿色或淡紫红色(新货)	≥10%/≥15%/≥20%	无	≤2%/≤1%	无	干货
2	荆芥	荆芥去根统个	去根荆芥	淡黄绿色或淡紫红色(新货)/黄绿色、黄色及墨绿色(陈货)	无/≥5%	≤3%/无	≤5%/≤3%	无	干货
3	荆芥	荆芥带根统个	带根荆芥	淡黄绿色或淡紫红色(新货)/黄绿色、黄色及墨绿色(陈货)	无/≥5%	≤10%/≤5%	≤10%/≤5%	无	干货
4	荆芥	荆芥选段	荆芥	淡黄绿色或淡紫红色(新货)	≥10%/≥15%/≥20%	无	≤3%/≤2%/≤1%	无	干货
5	荆芥	荆芥统段	荆芥	淡黄绿色或淡紫红色(新货)/黄绿色、黄色及墨绿色(陈货)	无/≥%5/无	≤10%/≤5%/无	≤7%/≤5%/≤3%	无	干货

4.96 荆芥穗

4.96.1 基础数据

4.96.1.1 来源

本品为唇形科植物荆芥 *Schizonepeta tenuifolia* Briq. 的干燥花穗(《中国药典(2015 年版)》)。栽培 1 年。夏、秋二季花开到顶、穗绿时采摘,除去杂质,晒干。

4.96.1.2 产地

产于河北、河南、安徽等地,主产于河北安国。

4.96.1.3 荆芥穗

穗状轮伞花序呈圆柱形,长 3.0~15cm,直径约 7.0mm。花冠多脱落,宿萼黄绿色,钟形,质脆易碎,内有棕黑色小坚果。气芳香,味微涩而辛凉。

4.96.2 规格要素说明及名词解释

4.96.2.1 绿色穗

新货颜色为青绿色,陈货或长时间太阳暴晒颜色为黄褐色。

4.96.2.2 柄长 2.0cm 以上穗

荆芥穗花序下的花梗,一般选货要求在 2.0cm 以内。

4.96.2.3 0.2cm 以下散粒

多为掉落的花序和种子。

4.96.2.4 紧密穗

荆芥穗两种形态,一种穗较长,花序较松散;另一种穗较短,花序较紧密。一般紧密穗越多,挥发油含量越高,质量好。

4.96.3 规格等级定义（表 4-126）

4.96.3.1 荆芥穗绿色短柄选货

经手工择选，绿色穗重量占比不低于 90%，紧密穗重量占比不低于 20%，柄长 2.0cm 以上穗重量占比不超过 10%，0.2cm 以下散粒重量占比不超过 5%。（图 0077-1）

4.96.3.2 荆芥穗统货

绿色穗重量占比不低于 60%，紧密穗重量占比不低于 20%，柄长 2.0cm 以上穗重量占比不超过 30%，0.2cm 以下散粒重量占比不超过 15%。（图 0077-2）

4.96.3.3 荆芥穗次统货

绿色穗重量占比不低于 30%，紧密穗重量占比不低于 20%，柄长 2.0cm 以上穗重量占比不超过 70%，0.2cm 以下散粒重量占比不超过 30%。（图 0077-3）

表 4-126 中药材商品电子交易规格等级标准——荆芥穗

序号	品名	规格名称	流通俗称	绿色穗重量占比	紧密穗重量占比	柄长 2.0cm 以上穗重量占比	0.2cm 以下散粒重量占比	虫蛀、霉变	干度
1	荆芥穗	荆芥穗绿色短柄选货	选	≥90%	≥20%/≥50%/≥80%/≥98%	≤10%	≤5%/≤3%	无	干货
2	荆芥穗	荆芥穗统货	统	≥60%/≥80%	≥20%/≥30%	≤30%/≤20%	≤15%/≤10	无	干货
3	荆芥穗	荆芥穗次统货	次统	≥30%/≥50%	≥20%/≥30%	≤70%/≤50%	≤30%/≤20%	无	干货

图 0077 荆芥穗商品部分规格图示
1. 荆芥穗绿色短柄选货；2. 荆芥穗统货；3. 荆芥穗次统货

4.97 九香虫

4.97.1 基础数据

4.97.1.1 来源

本品为蝽科昆虫九香虫 *Aspongopus chinensis* Dallas 的干燥体(《中国药典(2015 年版)》)。野生。11 月至次年 3 月前捕捉,置于适宜容器内,用酒少许将其闷死,取出阴干;或置沸水中烫死,取出,晒干、炕干或锅内炒干。

4.97.1.2 产地

产于四川、贵州、云南、湖南、湖北等地,主产于四川。

4.97.1.3 九香虫

略呈六角状扁椭圆形,长 1.6~2.0cm,宽约 1.0cm 左右。表面乌黑色或黑色,略有光泽。头部小,与胸部略呈三角形,复眼突出,卵圆状,单眼 1 对,触角 1 对各 5 节,多已脱落。背部有翅 2 对,外面的 1 对基部较硬,内部 1 对为膜质,透明。胸部有足 3 对,多已脱落。腹部棕红色至棕黑色,每节近边缘处有突起的小点。质脆,折断后腹内有浅棕色的内含物。气特异,味微咸。

4.97.2 规格要素说明及名词解释

4.97.2.1 加工方式

将九香虫活虫闷死后可分为晒干、炕干和炒干三种干燥方式。晒干为直接晒干,炕干为用热气炕干,炒干为置于热锅中翻炒至干。

4.97.2.2 外表色泽

九香虫因加工方式不同,外表色泽不同。晒干货表面乌黑发亮,炕干货表面乌黑油亮,炒干货表面黑色带油污。

4.97.3 规格等级定义(表 4-127)

4.97.3.1 九香虫清水晒干货

九香虫,直接晒干,颜色乌黑色,表面干净。(图 0078-1)

4.97.3.2 九香虫炕干货

九香虫,炕干,虫体渗油,颜色乌黑,表面油亮。(图 0078-2)

4.97.3.3 九香虫炒干货

九香虫,炒干,虫体渗油较多,颜色黑色,表面油污感。(图 0078-3)

表 4-127　中药材商品电子交易规格等级标准——九香虫

序号	品名	规格名称	流通俗称	外表色泽	虫蛀、霉变	干度
1	九香虫	九香虫清水晒干货	晒货	乌黑	无	干货
2	九香虫	九香虫炕干货	炕货	乌黑、油亮	无	干货
3	九香虫	九香虫炒干货	炒货	黑色、油污感	无	干货

图 0078　九香虫商品部分规格图示
1. 九香虫清水晒干货;2. 九香虫炕干货;3. 九香虫炒干货

4.98　桔梗

4.98.1　基础数据

4.98.1.1　来源

本品为桔梗科植物桔梗 *Platycodon grandiflorum*（Jacq.）A.DC. 的干燥根（《中国药典（2015 年版）》）。栽培,极少野生,栽培 3 年。春、秋二季采挖,洗净,除去须根,趁鲜刮去外皮,干燥;或不去外皮,干燥。

4.98.1.2　产地

安徽、内蒙古、河北、河南、浙江、四川等地均产,主产于安徽亳州、内蒙古赤峰。

4.98.1.3　桔梗

呈圆柱形或略呈纺锤形,下部渐细,有的有分枝,略扭曲,长 7.0~20cm,直径 0.3~2.0cm。表面白色至淡黄色,不去外皮者表面黄棕色至灰棕色,具纵扭皱沟,并有横长的皮孔样斑痕及支根痕,上部有横纹。断面不平坦,形成层环棕色,皮淡黄色至棕色。

4.98.1.4　桔梗片

除去杂质,洗净,润透,切薄片,干燥。呈类圆形或长条形片,类圆形片直径 0.4~1.5cm,长条形片长 2.0~5.0cm,厚 0.1~0.2cm。外皮白色或淡黄色,切面形成层环纹明显,淡黄色至棕色。

4.98.2 规格要素说明及名词解释

4.98.2.1 直径
根近顶部直径。

4.98.2.2 是否去皮
桔梗加工时多刮去粗皮,也有去粗皮不干净和不刮皮的情况。

4.98.2.3 片形
有圆片和斜片两种,横切片类圆形,斜切片长条状。

4.98.2.4 走油个(片)
桔梗个(片)贮存不当或贮存时间较久的情况下,部分个(片)颜色变深呈红棕色,深棕色或棕黑色,质地变软。(图 0098-6)

4.98.2.5 带芦头片
芦头指桔梗根条上带的少量根头,在原药加工的过程有少量残留,切片之后未去除或未去净,称为"带芦头片"。(图 0079-6)

4.98.2.6 0.2cm 以下灰末
桔梗质脆,在加工、贮存和运输过程碎落的灰末,可用 0.2cm 标准筛筛除。

4.98.2.7 含硫情况
无硫加工:在整个加工过程中都不熏硫。晒干后表皮白色或淡黄色,切面黄色,有明显的棕色环纹。

有硫加工:为使外观美观,桔梗刮皮后熏硫,晒干;切片时润透后再熏硫,切片。晒干后表皮白色,切面类白色或淡黄色,半透明,环纹淡棕色,不明显。

4.98.3 规格等级定义(表 4-128,表 4-129)

4.98.3.1 桔梗无硫选货 0.6
桔梗,无硫加工,挑选大小,使直径 0.6cm 以上的个重量占比不低于 90%,走油个重量占比不超过 1%。

4.98.3.2 桔梗无硫统货
桔梗,无硫加工,不挑选,直径 0.6cm 以上的个重量占比不少于 50%,走油个重量占比不超过 2%。

4.98.3.3 桔梗无硫小统货
桔梗,无硫加工,挑选较小,直径 0.4cm 以上的个重量占比不低于 90%,走油个重量占比不超过 2%。

4.98.3.4 桔梗无硫投料货
桔梗,无硫加工,挑选后剩余下,直径多在 0.4cm 以下的桔梗个,走油个重量占比不超过 2%。

4.98.3.5 桔梗选货 0.6
桔梗,挑选大个,使直径 0.6cm 以上的个重量占比不低于 90%,走油个重量占比不超过 1%。

4.98.3.6 桔梗统货
桔梗,不挑选,直径 0.6cm 以上的个重量占比不少于 50%,走油个重量占比不超过 2%。

4.98.3.7 桔梗小统货
桔梗,挑选较小个,使直径 0.4cm 以上的个重量占比不低于 90%,走油个重量占比不超过 2%。

4.98.3.8 桔梗投料货
挑选后剩余,直径多在 0.4cm 以下的桔梗个,走油个重量占比不超过 2%。

4.98.3.9 桔梗无硫选片 0.8
选取较粗(直径多在 0.6cm 以上)的无硫加工的桔梗切圆片,再用孔径 0.6cm 的筛子筛选。直径 0.8cm 以上的片重量占比不低于 80%,带芦头片、走油片重量占比不超过 2%,无 0.2cm 以下灰末。(图

0079-1)

4.98.3.10　桔梗无硫大统片 0.6

选取较粗(直径多在 0.6cm 以上)的无硫加工的桔梗切圆片。直径 0.6cm 以上的片重量占比不低于 70%,带芦头片、走油片重量占比不超过 2%,无 0.2cm 以下灰末。(图 0079-2)

4.98.3.11　桔梗无硫统片

以大小不分的无硫加工的桔梗切圆片。直径 0.6cm 以上的片重量占比不低于 50%,带芦头片、走油片重量占比不超过 5%,0.2cm 以下灰末重量占比不超过 1%。(图 0079-3)

4.98.3.12　桔梗选片 0.8

选取较粗(直径多在 0.6cm 以上)的桔梗切圆片,再用孔径 0.6cm 的筛子筛选。直径 0.8cm 以上的片重量占比不低于 80%,带芦头片、走油片重量占比不超过 2%,无 0.2cm 以下灰末。(图 0079-4)

4.98.3.13　桔梗大统片 0.6

选取较粗(直径多在 0.6cm 以上)的桔梗切圆片。直径 0.6cm 以上的片重量占比不低于 70%,带芦头片、走油片重量占比不超过 2%,无 0.2cm 以下灰末。(图 0079-5)

4.98.3.14　桔梗统片

以大小不分的桔梗切圆片。直径 0.6cm 以上的片重量占比不低于 50%,带芦头片、走油片重量占比不超过 5%,0.2cm 以下灰末重量占比不超过 1%。

4.98.3.15　桔梗斜片统片

选取较粗(直径多在 0.6cm 以上)的桔梗斜切片。长 3.0~8.0cm,宽 0.2~1.2cm,带芦头片、走油片重量占比不超过 2%,0.2cm 以下灰末重量占比不超过 1%。

表 4-128　中药材商品电子交易规格等级标准——桔梗

序号	品名	规格名称	流通俗称	是否去皮	大个重量占比	走油个重量占比	含硫情况	虫蛀、霉变	干度
1	桔梗	桔梗无硫选货 0.6	无硫选货	是	直径 0.6cm 以上的个≥90%	≤1%	无硫加工	无	干货
2	桔梗	桔梗无硫统货	无硫统货	是	直径 0.6cm 以上的个≥50%	≤2%	无硫加工	无	干货
3	桔梗	桔梗无硫小统货	无硫小统货	否	直径 0.4cm 以上的个≥90%	≤2%	无硫加工	无	干货
4	桔梗	桔梗无硫投料货	无硫投料货	否	直径 0.4cm 以下	≤2%	无硫加工	无	干货
5	桔梗	桔梗选货 0.6	有硫选货	是	直径 0.6cm 以上的个≥90%	≤1%	有硫加工	无	干货
6	桔梗	桔梗统货	有硫统货	是	直径 0.6cm 以上的个≥50%	≤2%	有硫加工	无	干货
7	桔梗	桔梗小统货	有硫小统货	否	直径 0.4cm 以上的个≥90%	≤2%	有硫加工	无	干货
8	桔梗	桔梗投料货	有硫投料货	否	直径 0.4cm 以下	≤2%	有硫加工	无	干货

表 4-129　中药材商品电子交易规格等级标准——桔梗（续）

序号	品名	规格名称	流通俗称	片形	0.8cm 以上片重量占比	0.6cm 以上片重量占比	带芦头片、走油片重量占比	0.2cm 以下灰末重量占比	含硫情况	虫蛀、霉变	干度
1	桔梗	桔梗无硫选片 0.8	圆片	圆片	≥80%/≥90%	——	≤2%/无	无	无硫加工	无	干货
2	桔梗	桔梗无硫大统片 0.6	圆片	圆片	——	≥70%/≥80%	≤2%/无	无	无硫加工	无	干货
3	桔梗	桔梗无硫统片	圆片	圆片	——	≥50%	≤5%/≤2%	≤1%	无硫加工	无	干货
4	桔梗	桔梗选片 0.8	圆片	圆片	≥80%/≥90%	——	≤2%/无	无	有硫加工	无	干货
5	桔梗	桔梗大统片 0.6	圆片	圆片	——	≥70%/≥80%	≤2%/无	无	有硫加工	无	干货
6	桔梗	桔梗统片	圆片	圆片	——	≥50%	≤5%/≤2%	≤1%	有硫加工	无	干货
7	桔梗	桔梗斜片统片	斜片	斜片（长 3~8cm，宽 0.2~1.2cm）	——	——	≤2%	≤1%	有硫加工	无	干货

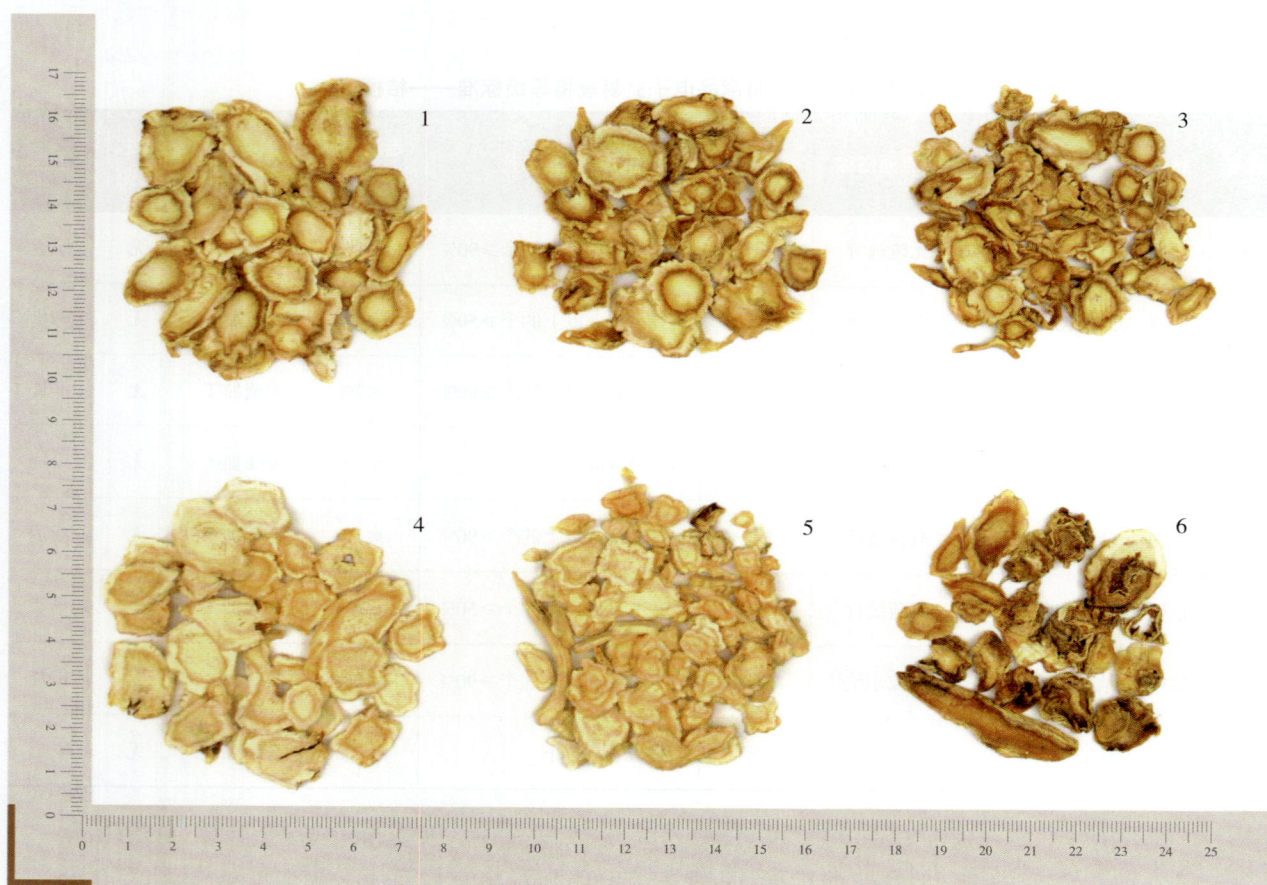

图 0079　桔梗商品部分规格图示

1. 桔梗无硫选片 0.8；2. 桔梗无硫大统片 0.6；3. 桔梗无硫统片；4. 桔梗选片 0.8；5. 桔梗大统片 0.6；6. 桔梗走油片、带芦头片示例

4.99　决明子

4.99.1　基础数据

4.99.1.1　来源

本品为豆科植物决明 *Cassia obtusifolia* L. 或小决明 *Cassia tora* L. 的干燥成熟种子(《中国药典(2015 年版)》)。野生或栽培,栽培为主,栽培 1 年。秋季采收成熟果实,晒干,打下种子,除去杂质。

4.99.1.2　产地

产于河南、四川、安徽、广西、浙江、广东、河北、湖北等地,以及越南进口,主产于河南、四川,以及越南进口。河南、四川等地产决明子习称为"国产货",越南等地产小决明子习称为"进口货"。

4.99.1.3　决明子

略呈菱形或短圆柱形,两端平行倾斜,长 0.3~0.7cm,宽 0.2~0.4cm。表面绿棕色或暗棕色,平滑有光泽。一端较平坦,呈端斜尖,腹面各有 1 条突起的棱线,棱线两侧各有 1 条斜向对称而色较浅的线形凹纹。质坚硬,不易破碎。

4.99.1.4　小决明子

呈短圆柱形,一端略尖,较小,长 0.3~0.5cm,宽 0.2~0.3cm。表面棱线两侧各有 1 片宽广的浅黄棕色带。

4.99.2　规格要素说明及名词解释

4.99.2.1　特征

国产货(决明子)呈菱形或短圆柱形,两端斜向平行;进口货(小决明子)多呈短圆柱形,一段略尖,较小。

4.99.2.2　颜色

决明子表面呈绿棕色或暗棕色,一般认为绿棕色、有光泽、颜色一致的质量好。

4.99.2.3　黑子、瘪子

黑子为采收过晚或存放时间过久,表面呈黑色的决明子;瘪子为尚未完全成熟,形体较瘦小、干瘪的决明子。

4.99.2.4　杂质、0.1cm 以下灰渣

杂质主要为细小的草秆,一般用风选去除;灰渣为决明子采收、加工过程中捎带的少量泥土;一般用 0.1cm 标准筛筛除。

4.99.3　规格等级定义(表 4-130)

4.99.3.1　国产决明子选货

产于河南、四川等地的决明子,表面绿棕色,有光泽,颜色一致,黑子、瘪子重量占比不超过 4%,无杂质、0.1cm 以下灰渣。(图 0080-1)

4.99.3.2　国产决明子统货

产于河南、四川等地的决明子,表面绿棕色至暗棕色,颜色不一,黑子、瘪子重量占比不超过 10%,杂质、0.1cm 以下灰渣重量占比不超过 2%。(图 0080-2)

4.99.3.3　进口决明子选货

产于越南等地的决明子,表面绿棕色,有光泽,颜色一致,黑子、瘪子重量占比不超过 4%,无杂质、0.1cm 以下灰渣(图 0080-3)

4.99.3.4 进口决明子统货

产于越南等地的决明子,表面绿棕色至暗棕色,颜色不一,黑子、瘪子重量占比不超过 10%,杂质、0.1cm 以下灰渣重量占比不超过 2%。(图 0080-4)

表 4-130 中药材商品电子交易规格等级标准——决明子

序号	品名	规格名称	流通俗称	产地	形状	颜色	黑子、瘪子重量占比	杂质、0.1cm 以下灰渣重量占比	虫蛀、霉变	干度
1	决明子	国产决明子选货	选货	河南、四川及国内其他地区	菱形或短圆柱形,两端斜向平行	绿棕色,有光泽,颜色一致	≤4%	无	无	干货
2	决明子	国产决明子统货	统货	河南、四川及国内其他地区	菱形或短圆柱形,两端斜向平行	绿棕色至暗棕色,颜色不一	≤10%	2%	无	干货
3	决明子	进口决明子选货	选货	进口	短圆柱形,一段略尖	绿棕色,有光泽,颜色一致	≤4%	无	无	干货
4	决明子	进口决明子统货	统货	进口	短圆柱形,一段略尖	绿棕色至暗棕色,颜色不一	≤10%	2%	无	干货

图 0080 决明子商品部分规格图示
1. 国产决明子选货;2. 国产决明子统货;3. 进口决明子选货;4. 进口决明子统货

4.100 苦杏仁

4.100.1 基础数据

4.100.1.1 来源

本品为蔷薇科植物山杏 *Prunus armeniaca* L. var. *ansu* Maxim.、西伯利亚杏 *Prunus sibirica* L.、东北杏 *Prunus mandshurica*（Maxim.）Koenne 或杏 *Prunus armeniaca* L. 的干燥成熟种子（《中国药典（2015 年版）》）。野生。夏季采收成熟果实,除去果肉和核壳,取出种子,晒干。

4.100.1.2 产地

产于山西、河北、甘肃、陕西、内蒙古等地,主产于山西运城、河北承德、甘肃庆阳。

4.100.1.3 带皮苦杏仁

杏核用机器破壳,筛出破碎种壳。呈扁心形,长 1.0~2.0cm,宽 0.8~1.5cm,厚 0.5~0.8cm。表面黄棕色至深棕色,一端尖,另端钝圆,肥厚,左右不对称,尖端一侧有短线形种脐,圆端合点处向上具多数深棕色的脉纹。乳白色,富油性。气微,味苦。

4.100.1.4 去皮苦杏仁

将苦杏仁用开水焯后,除去种皮。呈扁心形。表面乳白色或黄白色,一端尖,另端钝圆,肥厚,左右不对称,富油性。有特异的香气,味苦。

4.100.2 规格要素说明及名词解释

4.100.2.1 碎瓣

苦杏仁在破壳过程中导致种仁破碎,称为碎瓣。

4.100.2.2 0.2cm 以下碎末

苦杏仁在去皮过程中导致种仁破碎产生的碎末。

4.100.2.3 油粒

苦杏仁存在时间过长会产生走油的现象。苦杏仁油粒颜色,呈黄褐色,种仁变软;去皮苦杏仁油粒表面略黄,质软。

4.100.2.4 种壳

破壳过程后未去净的碎壳。

4.100.3 规格等级定义（表 4-131）

4.100.3.1 苦杏仁选货

苦杏仁,经手工挑选破碎种壳及碎瓣,碎瓣重量占比不超过 0.5%,油粒重量占比不超过 1%,种壳重量占比不超过 0.5%。（图 0081-1）

4.100.3.2 苦杏仁统货

苦杏仁,碎瓣重量占比不超过 5%,油粒重量占比不超过 2%,种壳重量占比不超过 1%。（图 0081-2）

4.100.3.3 去皮苦杏仁选货

去皮苦杏仁,经色选机筛选,油粒重量占比不超过 0.5%,种壳重量占比不超过 0.5%,0.2cm 以下碎末重量占比不超过 0.5%。（图 0081-3）

4.100.3.4 去皮苦杏仁统货

去皮苦杏仁,油粒重量占比不超过2%,种壳重量占比不超过1%,0.2cm以下碎末重量占比不超过3%。(图0081-4)

表 4-131　中药材商品电子交易规格等级标准——苦杏仁

序号	品名	规格名称	流通俗称	碎瓣重量占比	油粒重量占比	种壳重量占比	0.2cm以下碎末重量占比	含硫情况	虫蛀、霉变	干度
1	苦杏仁	苦杏仁选货	带皮苦杏仁选	≤0.5%	≤1%	≤0.5%	——	有硫加工/无硫加工	无	干货
2	苦杏仁	苦杏仁统货	带皮苦杏仁统	≤5%	≤2%	≤1%	——	有硫加工/无硫加工	无	干货
3	苦杏仁	去皮苦杏仁选货	去皮苦杏仁选	——	≤0.5%	≤0.5%	≤0.5%	有硫加工/无硫加工	无	干货
4	苦杏仁	去皮苦杏仁统货	去皮苦杏仁统	——	≤2%	≤1%	≤3%	有硫加工/无硫加工	无	干货

图 0081　苦杏仁商品部分规格图示
1.苦杏仁选货;2.苦杏仁统货;3.去皮苦杏仁选货;4.去皮苦杏仁统货

4.101　款冬花

4.101.1　基础数据

4.101.1.1　来源

本品为菊科植物款冬 *Tussilago farfara* L. 的干燥花蕾(《中国药典(2015 年版)》)。野生或栽培,栽培为主。12 月或地冻前当花尚未出土时采挖,除去花梗和泥沙,阴干。

4.101.1.2　产地

产于甘肃、河北、内蒙等地,主产于甘肃天水。甘肃产款冬花茎杆短,河北和内蒙古产款冬花茎杆偏长。

4.101.1.3　款冬花

本品呈长圆棒状。单生或 2~3 个基部连生,长 1.0~4.0cm,直径 0.5~0.8cm。上端较粗,下端渐细或带有短梗,外面被有多数鱼鳞状苞片。苞片外表面鲜紫红色或暗紫色,内表面密被白色絮状茸毛。体轻,撕开后可见白色茸毛。气香,味微苦而辛。

4.101.2　规格要素说明及名词解释

4.101.2.1　加工方式

款冬花一般有晒干或炕干两种方式。晒货一般颜色较差,呈淡紫红色,炕货颜色呈鲜紫红色。

4.101.2.2　颜色

款冬花新货颜色呈鲜紫红色,存放过久呈暗紫色。

4.101.2.3　带长 1.0cm 以内花杆的净花蕾

款冬花基部的花杆为非药用部位,一般长 3.0cm 左右。加工中需剪短至 1.0cm 以内,称为"净花蕾"。

4.101.2.4　泥沙和碎瓣

款冬花中带的泥沙和脱落的花瓣。

4.101.2.5　花杆

未带花蕾的花杆。

4.101.2.6　含硫情况

用煤炭火加热炕干的款冬花,会含微量硫。晒干的款冬花不含硫。

4.101.3　规格等级定义(表 4-132)

4.101.3.1　款冬花净货

产于甘肃、河北或内蒙古,挑选使花杆长 1.0cm 以内的净花蕾不低于 70%,花杆重量占比不超过 10%,泥沙、碎瓣重量占比不超过 3%。(图 0082-1)

4.101.3.2　款冬花统货

产于甘肃、河北或内蒙古,花杆长 1.0cm 以内净花蕾不低于 30%,花杆重量占比不超过 20%,泥沙、碎瓣重量占比不超过 5%。(图 0082-2)

表 4-132　中药材商品电子交易规格等级标准——款冬花

序号	品名	规格名称	流通俗称	颜色	带长 1.0cm 以内花杆的净花蕾重量占比	花杆重量占比	泥沙、碎瓣重量占比	含硫情况	虫蛀、霉变	干度
1	款冬花	款冬花净货	选货	鲜紫红色 / 暗紫色	≥70%/≥80%	≤10%/≤6%	≤3%	有硫加工 / 无硫加工	无	干货
2	款冬花	款冬花统货	统货	鲜紫红色 / 暗紫色	≥30%/≥40%/ ≥50%	≤20%/≤15%	≤5%	有硫加工 / 无硫加工	无	干货

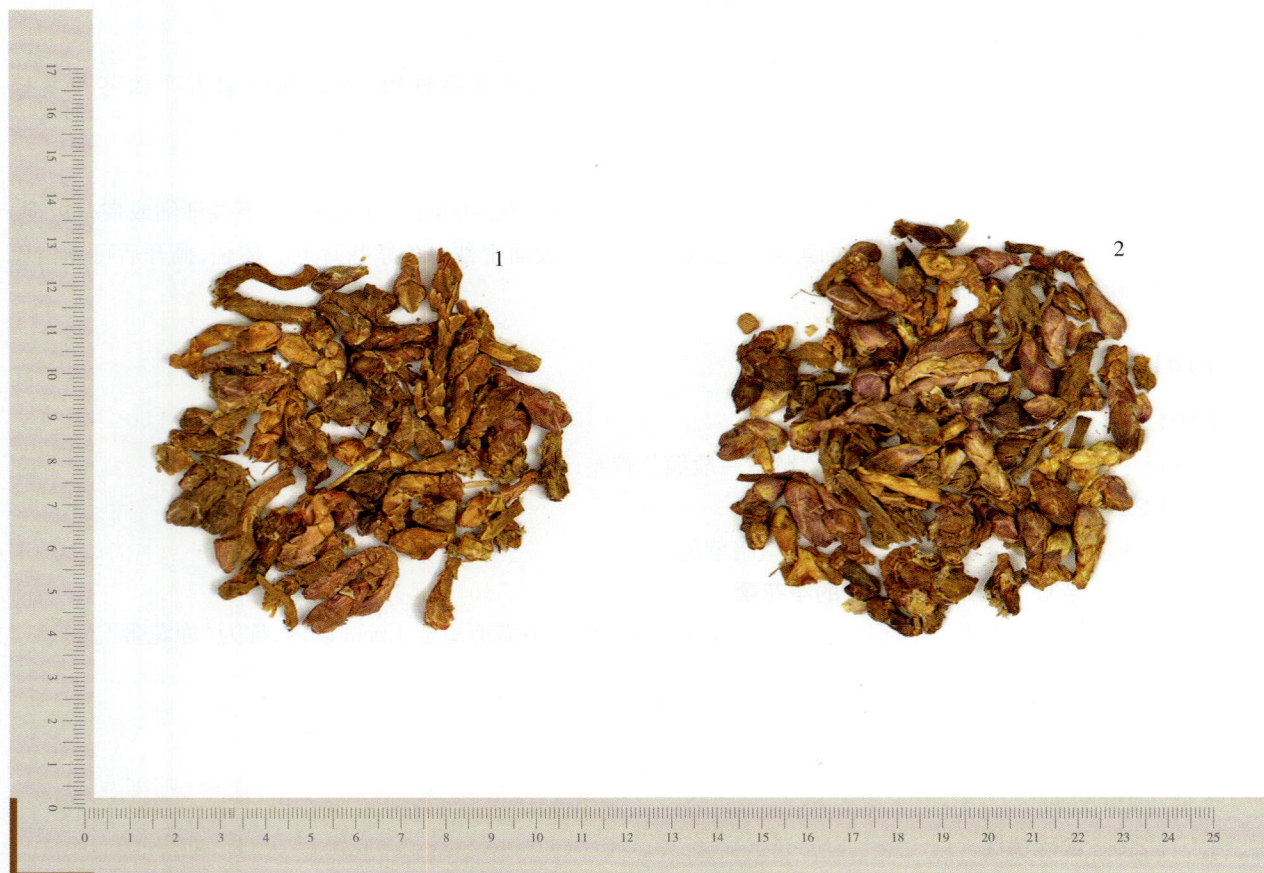

图 0082　款冬花商品部分规格图示
1. 款冬花净货;2. 款冬花统货

4.102　莱菔子

4.102.1　基础数据

4.102.1.1　来源

本品为十字花科植物萝卜 *Raphanus sativus* L. 的干燥成熟种子(《中国药典(2015 年版)》)。栽培 1 年。夏季果实成熟时采割植株,晒干,搓出种子,除去杂质,再晒干。市场上流通的另一种莱菔子商品"云南莱菔子"来源于十字花科其他植物。

4.102.1.2 产地

莱菔子全国各地均产,四川简阳地区较集中;云南莱菔子主产于云南。

4.102.1.3 莱菔子

呈类卵圆形或椭圆形,稍扁,直径 0.2~0.3cm。表面红棕色、浅黄色或灰棕色。一端有深棕色圆形种脐,一侧有数条纵沟。种皮薄而脆,黄白色,有油性。气微,味淡、微苦辛。

4.102.1.4 云南莱菔子

呈类卵圆形或椭圆形,直径 0.3~0.4cm,表面颜色深红棕色。

4.102.2 规格要素说明及名词解释

4.102.2.1 颜色

莱菔子:白皮萝卜的籽为红棕色;红皮萝卜的籽为浅黄色,存放时间过长为深棕红色。

云南莱菔子:深棕红色。

4.102.2.2 直径

莱菔子直径较小,0.2~0.3cm;云南莱菔子直径较大,0.3~0.4cm。

4.102.2.3 风选及 0.2cm 以下杂质

采收过程中未除净的枝干、碎叶、细砂等。

4.102.3 规格等级定义(表 4-133)

4.102.3.1 莱菔子统货

产自四川的莱菔子,外皮红棕色或浅黄色,直径在 0.2~0.3cm 左右,风选及 0.2cm 以下杂质重量占比不超过 2%。

4.102.3.2 云南莱菔子统货

产自云南的莱菔子,外皮深棕红色,直径在 0.3~0.4cm 左右,风选及 0.2cm 以下杂质重量占比不超过 2%。

表 4-133 中药材商品电子交易规格等级标准——莱菔子

序号	品名	规格名称	流通俗称	产地	颜色	风选及 0.2cm 以下杂质重量占比	虫蛀、霉变	干度
1	莱菔子	莱菔子统货	川货	四川	棕红色或浅黄色	≤2%/≤1%	无	干货
2	莱菔子	云南莱菔子统货	云南货	云南	深棕红色	≤2%/≤1%	无	干货

4.103 连翘

4.103.1 基础数据

4.103.1.1 来源

本品为木犀科植物连翘 *Forsythia suspensa* (Thunb.) Vahl 的干燥果实(《中国药典(2015 年版)》)。7 月至 9 月,果实初熟尚带绿色时采收,除去杂质,蒸透,晒干或烘干,习称"青翘";11 月至次年 1 月,果实熟透时采收,晒干,除去杂质,习称"老翘(黄翘)"。

4.103.1.2 产地

产于山西、陕西、河南、河北等地,主产于山西、陕西、河南。

4.103.1.3 青翘

呈长卵形至卵形,长 1.0~2.5cm,直径 0.5~1.3cm。多不开裂。表面黄绿色、黄棕色或黄褐色。有不规则的纵皱纹和多数突起的小斑点。质硬,种子多数,黄绿色,多聚成团。

4.103.1.4 老翘(黄翘)

多开裂成两瓣,长 1.5~2.5cm,宽 1.0~1.3cm。表面黄棕色或红棕色,内表面多为浅黄棕色,平滑,具一纵隔;质脆;种子棕色,多已脱落。

4.103.2 规格要素说明及名词解释

4.103.2.1 加工方式

4.103.2.1.1 青翘

水煮之后晒干的俗称"水煮货",直接晒干俗称"生晒货"。目前产地加工主要有三种方式(一是蒸汽或水煮后,用净化热风直接烘干或烘至半干后晒干;二是直接燃煤热风烘干;三是直接晒干)。前两种干燥方法的青翘表面多绿褐色,外观与水煮之后晒干的相近,因此仍称为"水煮货";直接晒干的青翘表面多黄棕色或黄褐色。

4.103.2.1.2 老翘(黄翘)

一般采收之后直接晒干或烘干。

4.103.2.2 开口个

青翘在加工、贮存和运输过程中,出现裂口或完全开裂的情况。

4.103.2.3 枝、梗、叶

连翘在采摘过程,捎带少量的枝、梗、叶,一般风选去除。

4.103.2.4 碎瓣

部分青翘在加工、贮存和运输过程中碎裂成两瓣。

4.103.2.5 籽

部分青翘碎瓣,内部种子脱落,一般风选去除。

4.103.3 规格等级定义(表 4-134)

4.103.3.1 青翘水煮(汽蒸)选货

鲜青翘经水煮或蒸汽蒸后,用净化热风直接烘干或烘至半干后晒干,去除部分的枝、梗、叶和碎瓣之后的青翘。开口个重量占比不超过 5%,碎瓣重量占比不超过 1%,籽重量占比不超过 5%,枝、梗、叶重量占比不超过 3%,0.2cm 以下灰渣重量占比不超过 4%。(图 0083-1)

4.103.3.2 青翘水煮(汽蒸)统货

鲜青翘经水煮或蒸汽蒸后,用净化热风直接烘干或烘至半干后晒干。开口个重量占比不超过 5%,碎瓣重量占比不超过 3%,籽重量占比不超过 5%,枝、梗、叶重量占比不超过 5%,0.2cm 以下灰渣重量占比不超过 4%。(图 0083-2)

4.103.3.3 青翘生烘统货

采收之后直接烘干的青翘。开口个重量占比不超过 15%,碎瓣重量占比不超过 5%,籽重量占比不超过 10%,枝、梗、叶重量占比不超过 5%,0.2cm 以下灰渣重量占比不超过 4%。

4.103.3.4 青翘生晒统货

采收之后直接晒干的青翘。开口个重量占比不超过 30%,碎瓣重量占比不超过 8%,籽重量占比不超过 10%,枝、梗、叶重量占比不超过 5%,0.2cm 以下灰渣重量占比不超过 4%。

4.103.3.5 老翘(黄翘)选货

采收之后晒干的老翘(黄翘)。再去除少量的枝、梗、叶和碎瓣之后的老翘(黄翘)。全开口,无枝、梗、叶,碎

瓣重量占比不超过 1%，籽重量占比不超过 8%，0.2cm 以下灰渣重量占比不超过 4%。（图 0083-3）

4.103.3.6 老翘（黄翘）统货

采收之后晒干的老翘（黄翘）。开口个重量占比不超过 70%，碎瓣重量占比不超过 5%，籽重量占比不超过 8%，枝、梗、叶重量占比不超过 10%，0.2cm 以下灰渣重量占比不超过 4%。（图 0083-4）

表 4-134　中药材商品电子交易规格等级标准——连翘

序号	品名	规格名称	流通俗称	颜色、质地	开口个重量占比	碎瓣重量占比	籽重量占比	枝、梗、叶重量占比	0.2cm 以下灰渣重量占比	虫蛀、霉变	干度
1	连翘	青翘水煮（汽蒸）选货	水煮	表面绿褐色，质硬	≤5%	≤1%	≤5%/≤3%	≤3%	≤4%	无	干货
2	连翘	青翘水煮（汽蒸）统货	水煮	表面绿褐色，质硬	≤5%	≤3%	≤5%/≤3%	≤5%	≤4%	无	干货
3	连翘	青翘生烘统货	水煮	表面绿褐色，质硬	≤15%/≤10%	≤5%	10%/≤5%/≤3%	≤5%	≤4%	无	干货
4	连翘	青翘生晒统货	生晒	表面黄棕色或黄褐色，质硬	≤30%/≤20%	≤8%	10%/≤5%/≤3%	≤5%	≤4%	无	干货
5	连翘	老翘（黄翘）选货	黄翘	表面黄棕色或红棕色，质脆	全开	≤1%	≤8%/≤5%	无	≤4%	无	干货
6	连翘	老翘（黄翘）统货	黄翘	表面黄棕色或红棕色、色较暗淡，质脆	≥70%/≥90%	≤5%	≤8%/≤5%	≤10%	≤4%	无	干货

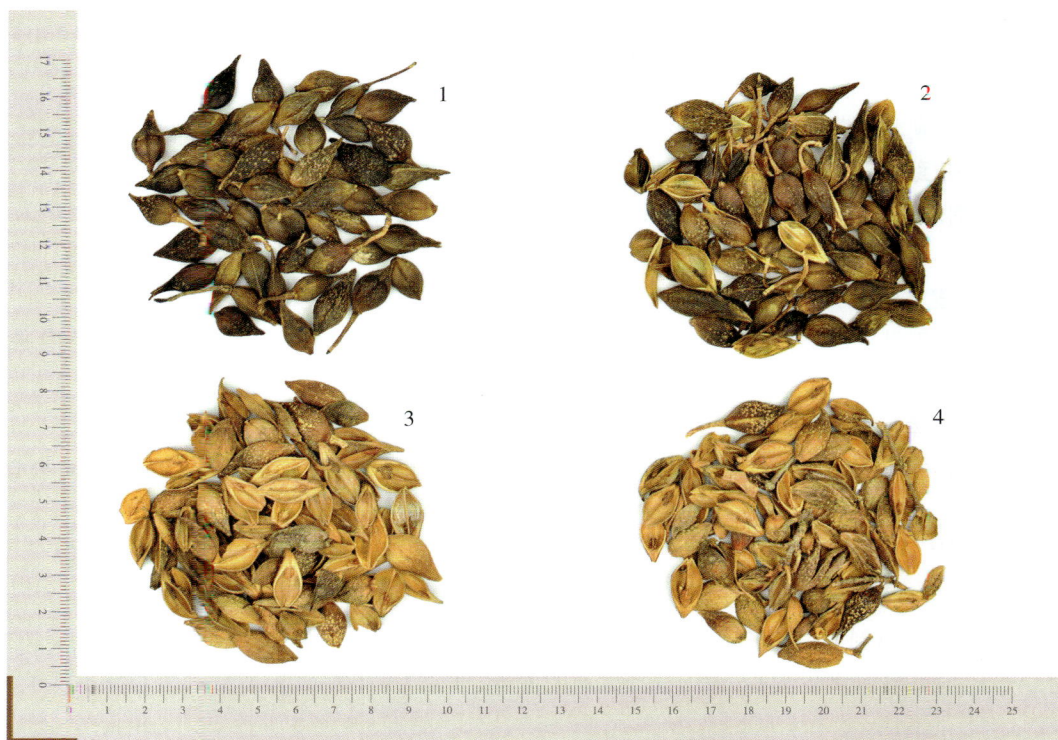

图 0083　连翘商品部分规格图示
1. 青翘水煮（汽蒸）选货；2. 青翘水煮（汽蒸）统货；3. 老翘（黄翘）选货；4. 老翘（黄翘）统货

4.104 莲子

4.104.1 基础数据

4.104.1.1 来源

本品为睡莲科植物莲 *Nelumbo nucifera* Gaertn. 的干燥成熟种子（《中国药典（2015 年版）》）。栽培。秋季果实成熟时采割莲房,取出果实,除去果皮,干燥。

4.104.1.2 产地

全国各地均产,主产于湖南湘潭、江西广昌、山东微山、福建建宁、湖北等地。

4.104.1.3 莲子

本品略呈椭球形或类球形,长 1.2~1.8cm,直径 0.8~1.4cm。表面浅黄棕色至红棕色,有细纵纹和较宽的脉纹（又叫红莲子）,或者去掉红棕色种皮为白色（白莲子）,或两端有红棕色残皮（白色磨莲子）,一端中心呈乳头状突起,多有裂口,其周边略下陷。质硬。子叶 2 枚,黄白色,肥厚,中有空隙,具绿色莲子心,或莲子心去掉。气微,味甘、微涩;莲子心味苦。

4.104.1.4 对半开红莲子

为红莲子被剖开两瓣,半椭球形或半球形,其余同莲子。

4.104.1.5 红莲子碎片

破碎的红莲子块,形状各种,其余同莲子。

4.104.2 规格要素说明及名词解释

4.104.2.1 大小

产于江西、湖南、湖北的莲子略大,产于山东的莲子略小。

4.104.2.2 形态

产于江西、湖南、湖北的莲子多为类球形,产于山东多为椭球形。

4.104.2.3 外皮颜色

产于江西、湖南的莲子习惯被去除外种皮,多为类白色;产于山东、湖北的莲子则保留外种皮,多为红棕色或黄棕色。

4.104.2.4 去皮方法

莲子在新鲜时人工剥去莲子外皮,再干燥,表面不光滑,为"鲜剥皮"。将莲子干燥后投入机器内通过摩擦碰撞的方法除去外皮,表面光滑,常在莲子两端残留红棕色外皮,为"干磨皮"。

4.104.2.5 去心率

莲子去除莲子心的比例。新鲜带皮或去皮莲子用机器捅掉莲子心,或者手工将莲子剖开两瓣,去心。

4.104.3 规格等级定义（表 4-135）

莲子药食同源,带皮红莲子规格为药用规格,食用规格均去皮白莲子。

4.104.3.1 江西空心剥皮白莲子选货

白莲子,产于江西,新鲜剥皮去心,手工选择大粒的莲子,直径 1.1~1.2cm,长 1.2cm,去心率不低于 80%。（图 0084-1）

4.104.3.2 江西空心剥皮白莲子统货

白莲子,产于江西,新鲜剥皮去心,大小不挑选,直径 0.8~1.2cm,长 1.0~1.2cm,去心率不低于 60%。

4.104.3.3　湖南湖北空心磨皮白莲子 98 货

白莲子，产于湖南、湖北，机器磨皮，直径 0.8~1.2cm，长 1.4cm，去心率不低于 80%。（图 0084-2）

4.104.3.4　湖南湖北实心磨皮白莲子

白莲子，产于湖南、湖北，机器磨皮，直径 0.8~1.2cm，长 1.4cm，未去心。（图 0084-3）

4.104.3.5　山东空心磨皮白莲子

白莲子，产于山东，机器磨皮，直径 0.8~1.0cm，长 1.5cm，去心率不低于 80%。（图 0084-4）

4.104.3.6　山东实心磨皮白莲子

白莲子，产于山东，机器磨皮，直径 0.8~1.2cm，长 1.5cm，未去心。（图 0084-5）

4.104.3.7　湖南湖北空心红莲子

红莲子，产于湖南、湖北，未去皮，直径 0.8~1.2cm，长 1.4cm，去心率不低于 80%。

4.104.3.8　湖南湖北实心红莲子

红莲子，产于湖南、湖北，未去皮，直径 0.8~1.2cm，长 1.4cm，未去心。（图 0084-6）

4.104.3.9　山东空心红莲子

红莲子，产于山东，未去皮，直径 0.8~1.0cm，长 1.5cm，去心率不低于 85%。（图 0084-7）

4.104.3.10　山东实心红莲子

红莲子，产于山东，未去皮，直径 0.8~1.0cm，长 1.5cm，未去心。（图 0084-8）

4.104.3.11　对半开红莲子选片

红莲子，人工挑选体形大莲子瓣，未去皮，宽 1.2cm，长 1.4cm，无碎瓣。（图 0084-9）

4.104.3.12　对半开红莲子统片

红莲子，大小不挑选莲子瓣，未去皮，宽 1.0~1.2cm，长 1.2~1.4cm，无碎瓣。（图 0084-10）

4.104.3.13　红莲子大片

红莲子，未去皮，较大的莲子碎瓣，宽 1.0~1.2cm，长 1.0~1.2cm。（图 0084-11）

4.104.3.14　红莲子碎片

红莲子，未去皮，较小的莲子碎瓣，长与宽 0.6~1.2cm。（图 0084-12）

表 4-135　中药材商品电子交易规格等级标准——莲子

序号	品名	规格名称	流通俗称	产地	形态	外皮颜色	去皮方法	大小 /cm	去心率	含硫情况	虫蛀、霉变	干度
1	莲子	江西空心剥皮白莲子选货	鲜剥皮一级选	江西	类圆形	类白色	鲜剥皮	直径 1.1~1.2，长 1.2	≥80% ≥90%	有硫加工 / 无硫加工	无	干货
2	莲子	江西空心剥皮白莲子统货	鲜剥皮二级统	江西	类圆形	类白色	鲜剥皮	直径 0.8~1.2，长 1.0~1.2	≥60% ≥70%	有硫加工 / 无硫加工	无	干货
3	莲子	湖南湖北空心磨皮白莲子	空心磨莲 98 货	湖南、湖北、其他地区	类圆形	类白色，两端有棕红色残皮	干磨皮	直径 0.8~1.2，长 1.4	≥80% ≥90%	有硫加工 / 无硫加工	无	干货
4	莲子	湖南湖北实心磨皮白莲子	实心磨莲	湖南、湖北及其他地区	类圆形	类白色，两端有棕红色残皮	干磨皮	直径 0.8~1.2，长 1.4	——	有硫加工 / 无硫加工	无	干货
5	莲子	山东空心磨皮白莲子	空心磨莲 98 货	山东	长椭圆形	类白色，两端有棕红色残皮	干磨皮	直径 0.8~1.0，长 1.5	≥80% ≥90%	有硫加工 / 无硫加工	无	干货

序号	品名	规格名称	流通俗称	产地	形态	外皮颜色	去皮方法	大小/cm	去心率	含硫情况	虫蛀、霉变	干度
6	莲子	山东实心磨皮白莲子	实心磨莲	山东	长椭圆形	类白色，两端有棕红色残皮	干磨皮	直径0.8~1.0，长1.5	——	有硫加工/无硫加工	无	干货
7	莲子	湖南湖北空心红莲子	空心湘红莲	湖南、湖北	类圆形	棕红色	——	直径0.8~1.2，长1.4	≥80%≥90%	有硫加工/无硫加工	无	干货
8	莲子	湖南湖北实心红莲子	实心湘红莲	湖南、湖北	类圆形	棕红色	——	直径0.8~1.2，长1.4		有硫加工/无硫加工	无	干货
9	莲子	山东空心红莲子	空心红莲	山东	长椭圆形	棕红色	——	直径0.8~1.0，长1.5	≥85%	有硫加工/无硫加工	无	干货
10	莲子	山东实心红莲子	实心红莲	山东	长椭圆形	棕红色	——	直径0.8~1.0，长1.5		有硫加工/无硫加工	无	干货
11	莲子	对半开红莲子选片	选装对半开红莲	湖南、湖北、山东及其他地区	半圆球形	棕红色	——	宽1.2，长1.4		有硫加工/无硫加工	无	干货
12	莲子	对半开红莲子统片	统装对半开红莲	湖南、湖北、山东及其他地区	半圆球形	棕红色	——	宽1.0~1.2，长1.2~1.4		有硫加工/无硫加工	无	干货
13	莲子	红莲子大片	大片开红莲	湖南、湖北、山东及其他地区	半圆球形	棕红色	——	宽1.0~1.2，长1.0~1.2		有硫加工/无硫加工	无	干货
14	莲子	红莲子碎片	碎莲	湖南、湖北、山东及其他地区	不规则片	棕红色	——	长与宽0.6~1.2		有硫加工/无硫加工	无	干货

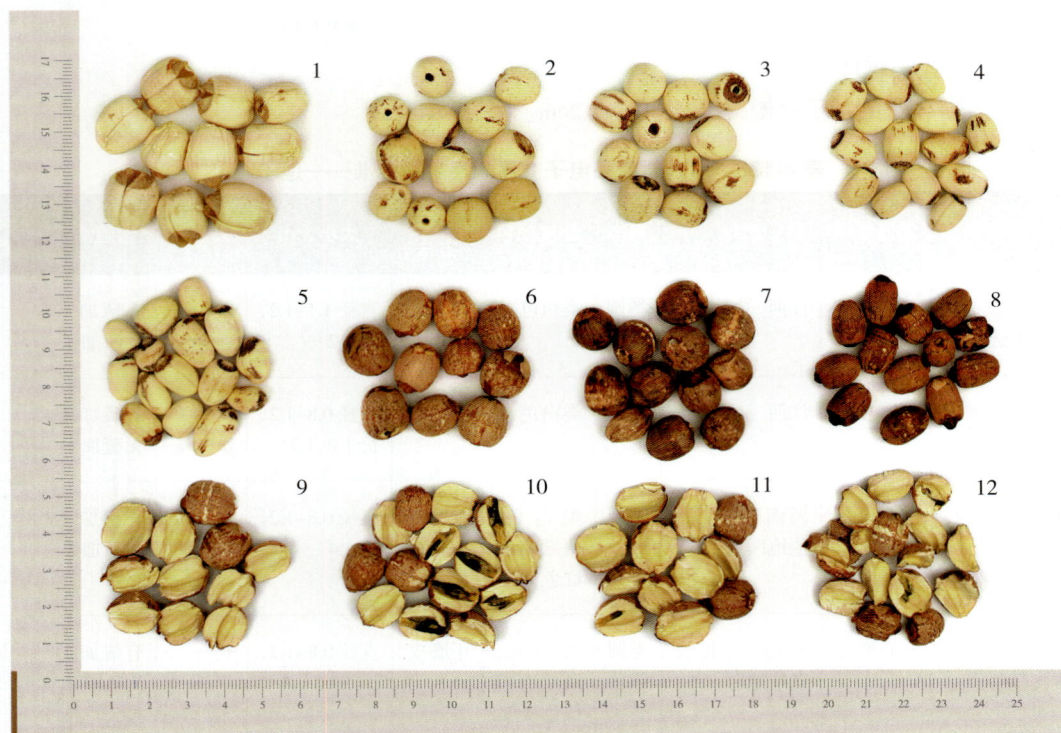

图0084 莲子商品部分规格图示

1. 江西空心剥皮白莲子选货；2. 湖南湖北空心磨皮白莲子98货；3. 湖南湖北实心磨皮白莲子；4. 山东空心磨皮白莲子；5. 山东实心磨皮白莲子；6. 湖南湖北实心红莲子；7. 山东空心红莲子；8. 山东实心红莲子；9. 对半开红莲子选片；10. 对半开红莲子统片；11. 红莲子大片；12. 红莲子碎片

4.105　莲子心

4.105.1　基础数据

4.105.1.1　来源

本品为睡莲科植物莲 *Nelumbo nucifera* Gaertn. 的成熟种子中的干燥幼叶及胚根(《中国药典(2015年版)》)。栽培1年。取出,晒干。

4.105.1.2　产地

产于湖南、江西、山东、江苏、安徽、湖北、浙江、福建等地,主产于湖南湘潭、江西广昌、山东微山湖地区。

4.105.1.3　莲子心

鲜莲子手工或者机器捅出莲子心,分拣归级后晒干或炕干。呈细圆柱形,长0.6~1.5cm,直径约0.2cm。幼叶绿色,一长一短,卷成箭形,先端向下反折,两幼叶间可见细小胚芽。胚根圆柱形,长约0.3cm,黄白色。质脆,易折断,断面有数个小孔。气微,味苦。

4.105.2　规格要素说明及名词解释

4.105.2.1　黑心

莲子心加工过程中晾晒不及时造成腐坏变黑(图0085-6)。

4.105.2.2　长心

形态完整或较完整,长度较长的莲子心。

4.105.2.3　0.2cm以下碎渣

去心晾晒过程中折断成的小节。

4.105.3　规格等级定义(表4-136)

4.105.3.1　莲子心特选货1.2~1.6

选条长,无断节,色绿,无黑心的鲜莲子心干燥加工。长1.2~1.6cm心重量占比不低于90%,黑心重量占比不超过2%,长0.2cm以下碎节重量占比不超过2%。(图0085-1)

4.105.3.2　莲子心精选货1.0~1.4

选条长,断节较少,色绿,无黑心的鲜莲子心干燥加工,长1.0~1.4cm心重量占比不低于80%,黑心重量占比不超过2%,长0.2cm以下碎节重量占比不超过5%。(图0085-2)

4.105.3.3　莲子心净选货

选条较长,黑心少的鲜莲子心干燥加工,长1.0~1.4cm心重量占比不低于50%,黑心重量占比不超过5%,长0.2cm以下碎节重量占比不超过20%。(图0085-3)

4.105.3.4　莲子心统货

将条较短,有部分断节和黑心的鲜莲子心干燥加工,长0.6~1.4cm心重量占比不低于30%,黑心重量占比不超过10%,长0.2cm以下碎节重量占比不超过50%。(图0085-4)

4.105.3.5　莲子心碎节

将断节严重的鲜莲子心干燥加工,黑心重量占比不超过10%。(图0085-5)

表 4-136　中药材商品电子交易规格等级标准——莲子心

序号	品名	规格名称	流通俗称	长心重量占比	黑心重量占比	长 0.2cm 以下碎节重量占比	虫蛀、霉变	干度
1	莲子心	莲子心特选货 1.2~1.6	特选	长 1.2~1.6cm 心≥90%	≤2%/ 无	≤2%/ 无	无	干货
2	莲子心	莲子心精选货 1.0~1.4	优选	长 1.0~1.4cm 心≥80%	≤2%/ 无	≤5%/≤3%	无	干货
3	莲子心	莲子心净选货	选	长 1.0~1.4cm 心≥50%/ 长 1.0~1.4cm 心≥60%	≤5%	≤20%/≤10%	无	干货
4	莲子心	莲子心统货	统	长 0.6~1.4cm 心≥30%/ 长 0.6~1.4cm 心≥40%	≤10%/≤5%	≤50%/≤40%/≤30%	无	干货
5	莲子心	莲子心碎节	碎节	——	≤10%/≤5%	——	无	干货

图 0085　莲子心商品部分规格图示

1. 莲子心特选货 1.2~1.6；2. 莲子心精选货 1.0~1.4；3. 莲子心净选货；4. 莲子心统货；5. 莲子心碎节；6. 黑心莲子心

4.106　路路通

4.106.1　基础数据

4.106.1.1　来源

本品为金缕梅科植物枫香树 *Liquidambar formosana* Hance 的干燥成熟果序(《中国药典(2015 年版)》)。野生。冬季果实成熟后采收,除去杂质,干燥。

4.106.1.2　产地

产于贵州、江西、湖南、山东。主产于贵州。

4.106.1.3　路路通

为聚花果,由多数小蒴果集合而成,呈球形,直径 2.0~3.0cm。基部有总果梗。表面灰棕色或棕褐色,有多数尖刺及喙状小钝刺,长 0.5~1.0mm,常折断,小蒴果顶部开裂,呈蜂窝状小孔。体轻,质硬,不易破开。气微,味淡。

4.106.2　规格要素说明及名词解释

4.106.2.1　颜色

有黄棕色和灰棕褐色两种颜色。路路通晒干过程泛出树脂,干燥后颜色变为灰棕褐色;个大成熟的路路通树脂泛出少,颜色多为黄棕色。黄棕色者价格高。

4.106.2.2　直径

路路通的直径范围在 2.0~3.0cm,直径 3.0cm 左右的为大个。

4.106.2.3　果柄长度小于 0.5cm 个

路路通果一般带果柄,采摘精细的果柄短,一般不超过 0.5cm。

4.106.3　规格等级定义(表 4-137)

4.106.3.1　路路通选货 3.0

经手工挑选,外表黄棕色,直径约 2.5cm 个重量占比不低于 90%,果柄长度小于 0.5cm 个不低于 90%。

4.106.3.2　路路通统货

大小、颜色不分,直径约 2.5cm 个重量占比不低于 30%,果柄长度小于 0.5cm 个不低于 10%。

表 4-137　中药材商品电子交易规格等级标准——路路通

序号	品名	规格名称	流通俗称	颜色	直径大于 2.5cm 个重量占比	果柄长度小于 0.5cm 个重量占比	虫蛀、霉变	干度
1	路路通	路路通选货 3.0	选货	黄棕色	≥70%/≥90%	≥90%	无	干货
2	路路通	路路通统货	统货	黄棕色至浅褐色	≥30%/≥50%	≥10%/≥15%	无	干货

4.107 罗布麻叶

4.107.1 基础数据

4.107.1.1 来源

本品为夹竹桃科植物罗布麻 *Apocynum venetum* L. 的干燥叶(《中国药典(2015 年版)》)。野生或栽培,野生为主。夏季采收,除去杂质,干燥。市场流通的商品"小罗布麻叶"来源于夹竹桃科植物大叶白麻 *Poacynum hendersonii*(Hook. f.)Woods. 的干燥叶(《新疆维吾尔自治药品标准(1987 年版)》)。罗布麻叶和大叶白麻叶均作罗布麻叶流通,其中罗布麻叶多做茶用,大叶白麻叶多做药用。

4.107.1.2 产地

产于新疆、青海、山东、甘肃、陕西、山西、河南、河北、江苏、辽宁及内蒙古等省区,主产于新疆、青海、山东等地。

4.107.1.3 罗布麻叶(大罗布麻叶)

本品多皱缩卷曲,有的破碎,完整叶片展平后呈椭圆状披针形或卵圆状披针形,长 1.0~5.0cm,宽 0.5~1.5cm(最大的达 8.0cm×2.2cm)。灰绿色至黄绿色,先端钝,有小芒尖,基部钝圆或楔形,边缘具细齿,常反卷,两面无毛,叶脉于下表面突起,叶柄长约 0.4cm。质脆。气微,味淡。

4.107.1.4 大叶白麻叶(小罗布麻叶)

本品叶坚纸质,平展,叶片椭圆形至卵状椭圆形,长 3.0~4.0cm,宽 1.0~1.5cm(最小的 1.5cm×0.4cm,最大的 4.3cm×2.3cm)淡绿色至绿色;先端急尖或钝,具短尖头,基部楔形或浑圆,边缘具细齿,无毛,叶脉在下表面凸起,叶柄长 0.3~0.5mm。质脆。气微,味淡。

4.107.2 规格要素说明及名词解释

4.107.2.1 颜色

罗布麻叶颜色多为淡绿色或黄绿色,大叶白麻叶颜色多为淡绿色或绿色。

4.107.2.2 花朵及枝杆

罗布麻叶含枝杆及花朵较大叶白麻叶少。

4.107.3 规格等级定义(表 4-138)

4.107.3.1 大罗布麻叶统货

罗布麻叶,淡绿色或黄绿色,花朵及枝杆重量占比不超过 5%,0.1cm 以下灰末重量占比不超过 5%。(图 0086-1)

4.107.3.2 小罗布麻叶选货

大叶白麻叶,淡绿色或绿色,花朵及枝杆重量占比不超过 5%,0.1cm 以下灰末重量占比不超过 3%。(图 0086-2)

4.107.3.3 小罗布麻叶统货

大叶白麻叶,淡绿色或黄绿色,花朵及枝杆重量占比不超过 10%,0.1cm 以下灰末重量占比不超过 6%。(图 0086-3)

表 4-138 中药材商品电子交易规格等级标准——罗布麻叶

序号	品名	规格名称	流通俗称	颜色	花朵及枝杆重量占比	0.1cm 以下灰末重量占比	虫蛀、霉变	干度
1	罗布麻叶	大罗布麻叶统货	大罗布麻叶	淡绿色或黄绿色	≤5%/≤3%	≤5%/≤3%	无	干货
2	罗布麻叶	小罗布麻叶选货	小罗布麻叶选货	淡绿色或绿色	≤5%/≤3%	≤3%/≤1%	无	干货
3	罗布麻叶	小罗布麻叶统货	小罗布麻叶统货	淡绿色或黄绿色	≤10%/≤7%	≤6%/≤4%	无	干货

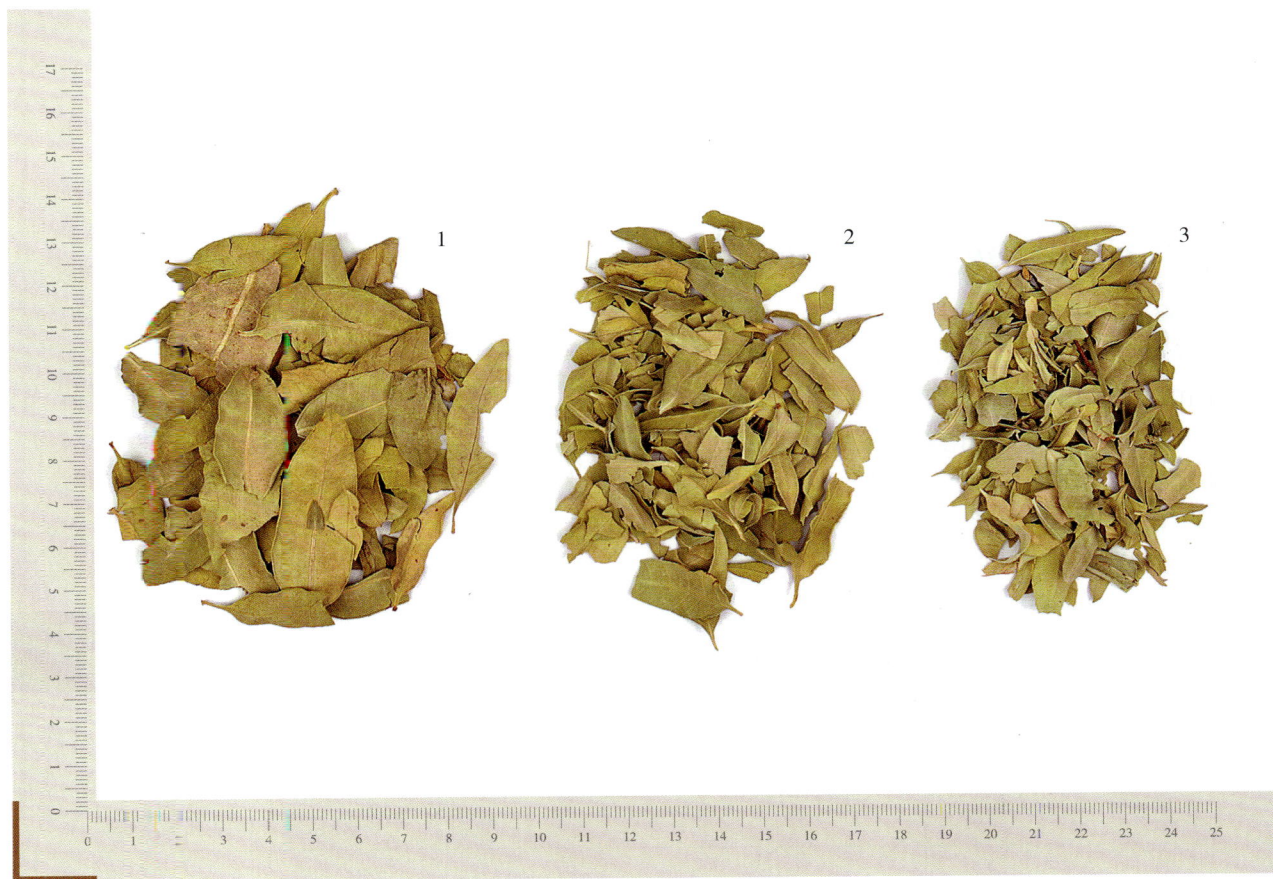

图 0086 罗布麻叶商品部分规格图示
1.大罗布麻叶统货;2.小罗布麻叶选货;3.小罗布麻叶统货

4.108 麻黄根

4.108.1 基础数据

4.108.1.1 来源

本品为麻黄科植物草麻黄 *Ephedra sinica* Stapf 或中麻黄 *Ephedra intermedia* Schrenk ex Mey. 的干燥根和根茎(《中国药典(2015 年版)》)。野生或栽培,野生为主。秋末采挖,洗掉泥土,除去残茎、须根,晒干。

4.108.1.2　产地

产于内蒙古、辽宁、河北、山西、新疆、甘肃、青海,主产于内蒙古。

4.108.1.3　麻黄根

呈圆柱形,略弯曲,长 8.0~25cm,直径 0.5~1.5cm。表面红棕色或灰棕色,有纵皱纹和支根痕。外皮粗糙,易成片状剥落。根茎具节,节间长 0.7~2.0cm,表面有横长突起的皮孔。体轻,质硬而脆,断面皮部黄白色,木部淡黄色或黄色,射线放射状,中心有髓。气微,味微苦。

4.108.1.4　麻黄根段

将麻黄根除去杂质,切段。呈不规则的段,段长 0.5~1.5cm。

4.108.2　规格要素说明及名词解释

4.108.2.1　茎杆段

麻黄根和茎杆入药功效不同,所以麻黄根中应无茎杆。

4.108.2.2　0.2cm 以下灰渣

麻黄根中的灰渣及泥土,可用 0.2cm 标准筛筛出。

4.108.3　规格等级定义(表 4-139)

4.108.3.1　麻黄根统货

麻黄根,茎杆重量占比不超过 10%,0.2cm 以下灰渣重量占比不超过 7%。

4.108.3.2　麻黄根选段

麻黄根段,茎杆重量占比不超过 3%,0.2cm 以下灰渣重量占比不超过 3%。(图 0087-1)

4.108.3.3　麻黄根统段

麻黄根段,茎杆重量占比不超过 7%,0.2cm 以下灰渣重量占比不超过 7%。(图 0087-2)

表 4-139　中药材商品电子交易规格等级标准——麻黄根

序号	品名	规格名称	流通俗称	茎杆重量占比	0.2cm 以下灰渣重量占比	虫蛀、霉变	干度
1	麻黄根	麻黄根统货	麻黄根	≤10%/≤5%	≤7%/≤5%	无	干货
2	麻黄根	麻黄根选段	麻黄根	≤3%/ 无	≤3%/≤1%	无	干货
3	麻黄根	麻黄根统段	麻黄根	≤7%/≤3%	≤7%/≤5%	无	干货

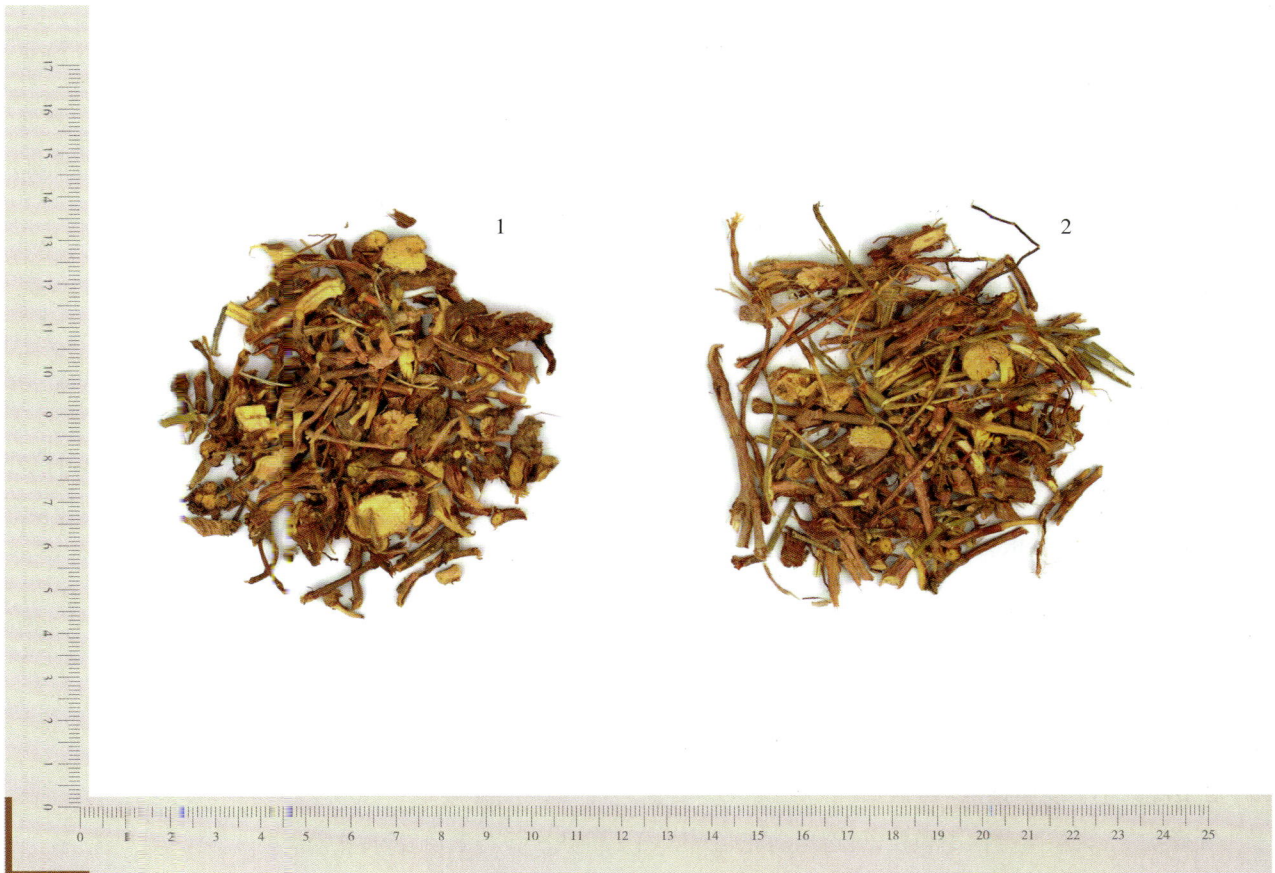

图 0087　麻黄根商品部分规格图示
1. 麻黄根选段；2. 麻黄根统段

4.109　麦冬

4.109.1　基础数据

4.109.1.1　来源

本品为百合科植物麦冬 *Ophiopogon japonicus*（L. f.）Ker-Gawl. 的干燥块根（《中国药典（2015 年版）》）。栽培，苗栽 1 年。春夏采挖，洗净，反复暴晒，用机器揉搓，再进行暴晒，达到九成干后，用机器打掉须根，筛去须根后，晒干或炕干。

4.109.1.2　产地

产于四川、浙江等地，主产于四川三台。

4.109.1.3　麦冬

本品呈纺锤形，两端略尖，长 1.0~3.0cm，直径 0.3~0.6cm。表面黄白色或淡黄色，有细纵纹。质柔韧，断面黄白色，半透明，口柱细小。气微香，味甘、微苦。

4.109.2　规格要素说明及名词解释

4.109.2.1　粒 /50g

每 50g 麦冬的粒数，流通中有 90 粒、110 粒、160/180 粒、260/280 粒、360/400 粒、平阳（大于 400 粒 / 50g）六

个等级,分别用不同孔径的筛子筛选。麦冬颗粒越大或大粒比例越高,等级越高。

4.109.2.2 乌花

麦冬种植过程中产生病变或采挖使其局部破损变黑的颗粒。(图 0088-6)

4.109.2.3 红锈

麦冬种植过程中感染病菌,导致干燥后表皮有红锈色斑块。(图 0088-6)

4.109.2.4 油粒

麦冬加工不当,干度不够进行储存导致糖分外泛,表面油渍感,颜色偏深。(图 0088-6)

4.109.2.5 根须

未去净的须根。

4.109.2.6 饱满度

麦冬因土壤、气候、种植条件不同或采收时节的不当而长不充分,干燥后外皮皱缩,与生长充分的饱满粒外皮为细皱纹不同。

4.109.2.7 带锥根粒

两端带有须根的麦冬粒。(图 0088-6)

4.109.2.8 残次粒

不完整的碎粒。

4.109.2.9 采收年份

麦冬当年采收新货断面颜色淡黄白色,随着存储时间的加长,内部颜色逐渐加深变黄。

4.109.2.10 含硫情况

无硫加工:直接筛分大小颗粒,挑选出乌花、红锈、石子等残次粒与杂质,冷库贮存。

有硫加工:为使麦冬外表美观而熏硫,又分为鲜货熏硫和干货熏硫。鲜货用清水清洗后,用硫黄熏 24 小时后晒干或炕干,炕干为燃煤热气、电烘干或者蒸汽热烘(炕)干,熏硫后的麦冬颜色变为类白色;干货贮存时,用硫黄熏蒸后密封,现在此法已少用。

4.109.3 规格等级定义(表 4-140)

4.109.3.1 川麦冬精选超特级 90

选饱满、大粒的统货,经孔径 0.8cm、0.9cm、1.0cm 三层筛子筛选,以孔径 1.0cm 以上的粒为主,每 50g 不超过 90 粒的麦冬为止,再经手工挑选,无带锥根粒、残次粒和须根,乌花、红锈、油粒总重量占比不超过 3%。

4.109.3.2 川麦冬超特级 90

选饱满、大粒的统货,经孔径 0.8cm、0.9cm、1.0cm 三层筛子筛选,以孔径 1.0cm 以上的粒数为主,每 50g 不超过 90 粒的麦冬为止,无须根,乌花粒重量占比不超过 3%、红锈粒重量占比不超过 7%、油粒重量占比不超过 1%,带锥根粒重量占比不超过 1%,残次粒重量占比不超过 1%。(图 0088-1)

4.109.3.3 川麦冬精选特级 110

选饱满、较大粒的统货,经孔径 0.8cm、0.9cm、1.0cm 三层筛子筛选,经孔径 0.8cm、0.9cm、1.0cm 三层筛子筛选,以孔径 0.9cm 以上的粒为主,每 50g 不超过 110 粒的麦冬为止,无带锥根粒、残次粒和须根,乌花、红锈、油粒总重量占比不超过 3%。

4.109.3.4 川麦冬特级 110

选饱满、较大粒的统货,经孔径 0.8cm、0.9cm、1.0cm 三层筛子筛选,经孔径 0.8cm、0.9cm、1.0cm 三层筛子筛选,以孔径 0.9cm 以上的粒为主,每 50g 不超过 110 粒的麦冬为止,无须根,乌花粒重量占比不超过 3%、红锈粒重量占比不超过 10%、油粒重量占比不超过 1%,带锥根粒重量占比不超过 1%,残次粒重量占比不超过 1%。(图 0088-2)

4.109.3.5 川麦冬精选一级 160

选饱满、中等大小粒的统货，经孔径 0.6cm、0.8cm、0.9cm 三层筛子筛选，以孔径 0.8cm 以上的粒为主，每 50g 不超过 160 粒的麦冬，无带锥根粒和须根，乌花、红锈、油粒总重量占比不超过 3%，残次粒重量占比不超过 0.5%。

4.109.3.6 川麦冬一级 180

选饱满、中等大小粒的统货，经孔径 0.6cm、0.8cm、0.9cm 三层筛子筛选，以孔径 0.8cm 以上的粒为主，每 50g 不超过 180 粒的麦冬，无须根，乌花粒重量占比不超过 3%、红锈粒重量占比不超过 10%、油粒重量占比不超过 1%、带锥根粒重量占比不超过 1%，残次粒重量占比不超过 2%。(图 0088-3)

4.109.3.7 川麦冬精选二级 260

选中等大小粒的统货，经孔径 0.6cm、0.8cm、0.9cm 三层筛子筛去特级、一级及小粒，选出以孔径 0.6cm 以上的粒为主，每 50g 不超过 260 粒的麦冬，无带锥根粒和须根，乌花、红锈、油粒总重量占比不超过 3%，残次粒重量占比不超过 0.5%。

4.109.3.8 川麦冬二级 280

选中等大小粒的统货，选中等大小粒的统货，经孔径 0.6cm、0.8cm、0.9cm 三层筛子筛去特级、一级及小粒，选出以孔径 0.6cm 以上的粒为主，每 50g 不超过 280 粒的麦冬，无须根，乌花粒重量占比不超过 5%、红锈粒重量占比不超过 10%、油粒重量占比不超过 3%，带锥根粒重量占比不超过 2%，残次粒重量占比不超过 2%。

4.109.3.9 川麦冬精选三级 360

用一般统货，经孔径 0.4cm、0.6cm、0.8cm 三层筛子筛去特级、一级及小粒，选出以孔径 0.4cm 以上的粒为主，每 50g 不超过 360 粒的麦冬，乌花粒重量占比不超过 5%、红锈粒重量占比不超过 10%、油粒重量占比不超过 3%，带锥根粒重量占比不超过 3%，残次粒重量占比不超过 2%，根须重量占比不超过 3%。

4.109.3.10 川麦冬三级 400

用一般统货，经孔径 0.4cm、0.6cm、0.8cm 三层筛子筛去特级、一级及小粒，选出以孔径 0.4cm 以上的粒为主，每 50g 不超过 400 粒的麦冬，乌花粒重量占比不超过 5%、红锈粒重量占比不超过 10%、油粒重量占比不超过 8%，带锥根粒重量占比不超过 3%，根须重量占比不超过 3%。

4.109.3.11 川麦冬四级(平阳)

用 0.4cm 筛选的小粒或筛选高规格等级后剩下的小粒，风去须根，未去净的根须重量占比不超过 13%。(图 0038-4)

4.109.3.12 川麦冬大统货

大小混合且大粒偏多的统货，其中大粒(110 粒 /50g)不低于 30%，小颗粒(400 粒 /50g)不超过 10%，未去净的根须重量占比不超过 3%。

4.109.3.13 川麦冬中统货

大小混合的统货，其中大颗粒(110 粒 /50g)不低于 15%，小颗粒(400 粒 /50g)不超过 15%，未去净的根须重量占比不超过 5%。(图 0088-5)

4.109.3.14 川麦冬小统货

大小混合的小粒偏多的统货，其中中等粒(280 粒 /50g)不低于 40%，未去净的根须重量占比不超过 8%。

表 4-140　中药材商品电子交易规格等级标准——麦冬

序号	品名	规格名称	流通俗称	粒数(/50g)	大粒重量占比	小粒重量占比	乌花粒重量占比	红锈粒重量占比	油粒重量占比	乌花粒、红锈粒及油粒重量占比	带锥根粒重量占比	残次粒重量占比	根须重量占比	饱满度	含硫情况	虫蛀、霉变	干度
1	麦冬	川麦冬精选超特级90	寸冬/超特	≤90	——	——	——	——	——	≤3%	无	无	无	饱满	有硫加工/无硫加工	无	干货
2	麦冬	川麦冬超特级90	寸冬/超特	≤90	——	——	≤3%	≤7%≤5%/≤3%	≤1%	——	≤1%	≤1%	无	饱满	有硫加工/无硫加工	无	干货
3	麦冬	川麦冬精选特级110	特级(外销)	≤110	——	——	——	——	——	≤3%	无	无	无	饱满	有硫加工/无硫加工	无	干货
4	麦冬	川麦冬特级110	特级(内销)	≤110	——	——	≤3%	≤10%≤5%/≤3%	≤1%	——	≤1%	≤1%	无	饱满	有硫加工/无硫加工	无	干货
5	麦冬	川麦冬精选一级160	一级(外销)	≤160	——	——	——	——	——	≤3%	无	≤0.5%	无	饱满	有硫加工/无硫加工	无	干货
6	麦冬	川麦冬一级180	一级(内销)	≤180	——	——	≤3%	≤10%≤5%/≤3%	≤1%	——	≤1%	≤2%	无	饱满	有硫加工/无硫加工	无	干货
7	麦冬	川麦冬精选二级260	二级(外销)	≤260	——	——	——	——	——	≤3%	无	≤1%	无	饱满	有硫加工/无硫加工	无	干货
8	麦冬	川麦冬二级280	二级(内销)	≤280	——	——	≤5%	≤10%	≤3%	——	≤2%	≤2%	无	饱满	有硫加工/无硫加工	无	干货
9	麦冬	川麦冬精选三级360	三级(外销)	≤360	——	——	≤5%/≤3%	≤10%	≤3%	——	≤3%	≤2%	≤3%	——	有硫加工/无硫加工	无/其它	干货
10	麦冬	川麦冬三级400	三级(内销)	≤400	——	——	≤5%	≤10%	≤8%	——	≤3%	——	≤3%	——	有硫加工/无硫加工	无	干货
11	麦冬	川麦冬四级(平阳)	四级(平阳)	——	——	——	——	——	——	——	——	——	≤13%	——	有硫加工/无硫加工	无	干货
12	麦冬	川麦冬大统货	大统	——	110粒/50g以上的粒≥30%	400粒/50g以下的粒≤10%	——	——	——	——	——	——	≤3%	——	有硫加工/无硫加工	无	干货
13	麦冬	川麦冬中统货	中统	——	110粒/50g以上的粒≥15%	400粒/50g以下的粒≤15%	——	——	——	——	——	——	≤5%	——	有硫加工/无硫加工	无	干货
14	麦冬	川麦冬小统货	小统	——	280粒/50g以上的粒≥40%	——	——	——	——	——	——	——	≤8%	——	有硫加工/无硫加工	无	干货

图 0088　麦冬商品部分规格图示

1. 川麦冬超特级 90；2. 川麦冬特级 110；3. 川麦冬一级 180；4. 川麦冬四级(平阳)；5. 川麦冬中统货，6. 川麦冬乌花粒、红锈粒、油粒、带锥根粒示例

4.110　蔓荆子

4.110.1　基础数据

4.110.1.1　来源

本品为马鞭草科植物单叶蔓荆 *Vitex trifolia* L.var. *simplicifolia* Cham. 或蔓荆 *Vitex trifolia* L. 的干燥成熟果实(《中国药典(2015 年版)》)。野生或栽培。秋季果实成熟时采收，除去杂质，晒干。

4.110.1.2　产地

产于江西、云南、山东、安徽，以及越南进口，主产于江西、云南。江西所产蔓荆子主要来源于单叶蔓荆，直径 0.3~0.6cm，体稍长；云南所产蔓荆子主要来源于蔓荆，直径 0.3~0.5cm，体圆。

4.110.1.3　蔓荆子

呈球形或长椭球形，直径 0.3~0.6cm。表面灰黑色或黑褐色，被灰白色粉霜状茸毛，顶端微凹，基部有灰白色宿萼及短具梗。体轻。

4.110.2　规格要素说明及名词解释

4.110.2.1　风选及 0.2cm 以下杂质

主要为采收、贮存、运输过程中表面掉落果梗和灰渣，一般过 0.2cm 标准筛后风选除去。

4.110.3　规格等级定义（表 4-141）

4.110.3.1　江西蔓荆子大粒统货

产于江西，多来源于单叶蔓荆，直径 0.3~0.6cm，体稍长，风选及 0.2cm 以下杂质重量占比不超过 8%。

4.110.3.2　云南蔓荆子小粒统货

产于云南，多来源于蔓荆，直径 0.3~0.5cm，体圆，风选及 0.2cm 以下杂质重量占比不超过 8%。

表 4-141　中药材商品电子交易规格等级标准——蔓荆子

序号	品名	规格名称	流通俗称	特征	风选及 0.2cm 以下杂质重量占比	虫蛀、霉变	干度
1	蔓荆子	江西蔓荆子大粒统货	大粒	直径 0.3~0.6cm，体稍长	≤8%/≤5%	无	干货
2	蔓荆子	云南蔓荆子小粒统货	小粒	直径 0.3~0.5cm，体圆	≤8%/≤5%	无	干货

4.111　猫爪草

4.111.1　基础数据

4.111.1.1　来源

本品为毛茛科植物小毛茛 *Ranunculus ternatus* Thunb. 的干燥块根（《中国药典（2015 年版）》）。野生或栽培，栽培为主，栽培 1 年。4~6 月采挖，除去须根和泥沙，晒干。

4.111.1.2　产地

产于河南、安徽、湖北等地，主产于河南。

4.111.1.3　猫爪草

由数个至数十个纺锤形的块根簇生，形似猫爪，长 0.3~1.5cm，直径 0.3~2.0cm，顶端有黄褐色残茎或茎痕。表面黄褐色或灰黄色，有点状须根痕和残留须根。

4.111.2　规格要素说明及名词解释

4.111.2.1　野生 / 家种

野生猫爪草个头较小（直径多 1.0cm 以下），质坚实，握之刺手。家种猫爪草个头较大（直径多 1.0cm 以上），质稍软。一般认为野生质量为好。因野生的个头小，家种也以直径较小者价格高。

4.111.2.2　水洗

猫爪草采挖后多经水洗后晒干，或不经水洗直接晒干。

4.111.2.3　毛须

猫爪草采收时未去净的须根，干燥后断落。

4.111.3　规格等级定义（表 4-142）

4.111.3.1　野生猫爪草统货

野生，直径 1.0cm 以下个重量占比不低于 85%，毛须重量占比不超过 2%。（图 0089-1）

4.111.3.2　家种猫爪草小选货 1.0 以下

家种，直径 1.0cm 以下个重量占比不低于 85%，无毛须。（图 0089-2）

4.111.3.3　家种猫爪草中选货 1.0~1.4

家种,筛选使直径多在 1.0~1.4cm,其中直径 1.4cm 以下个重量占比不低于 80%,无毛须。(图 0089-3)

4.111.3.4　家种猫爪草中选货 1.0~1.6

家种,筛选使直径多在 1.0~1.6cm,直径 1.6cm 以下个重量占比不低于 80%,无毛须。

4.111.3.5　家种猫爪草大选货 1.4 以上

家种,直径均在 1.4cm 以上,无毛须。(图 0089-4)

表 4-142　中药材商品电子交易规格等级标准——猫爪草

序号	品名	规格名称	流通俗称	是否水洗	小个重量占比	毛须重量占比	虫蛀、霉变	干度
1	猫爪草	野生猫爪草统货	统	未水洗 / 水洗	1.0cm 以下个 ≥85%/1.0cm 以下个 ≥90%	≤2%	无	干货
2	猫爪草	家种猫爪草小选货 1.0 以下	小	未水洗 / 水洗	1.0cm 以下个 ≥85%/1.0cm 以下个 ≥90%	无	无	干货
3	猫爪草	家种猫爪草中选货 1.0~1.4	中	未水洗 / 水洗	1.4cm 以下个 ≥80%/1.4cm 以下个 ≥90%	无	无	干货
4	猫爪草	家种猫爪草中选货 1.0~1.6	中	未水洗 / 水洗	1.6cm 以下个 ≥80%/1.6cm 以下个 ≥90%	无	无	干货
5	猫爪草	家种猫爪草大选货 1.4 以上	大	未水洗 / 水洗	≥1.4cm/≥1.6cm	无	无	干货

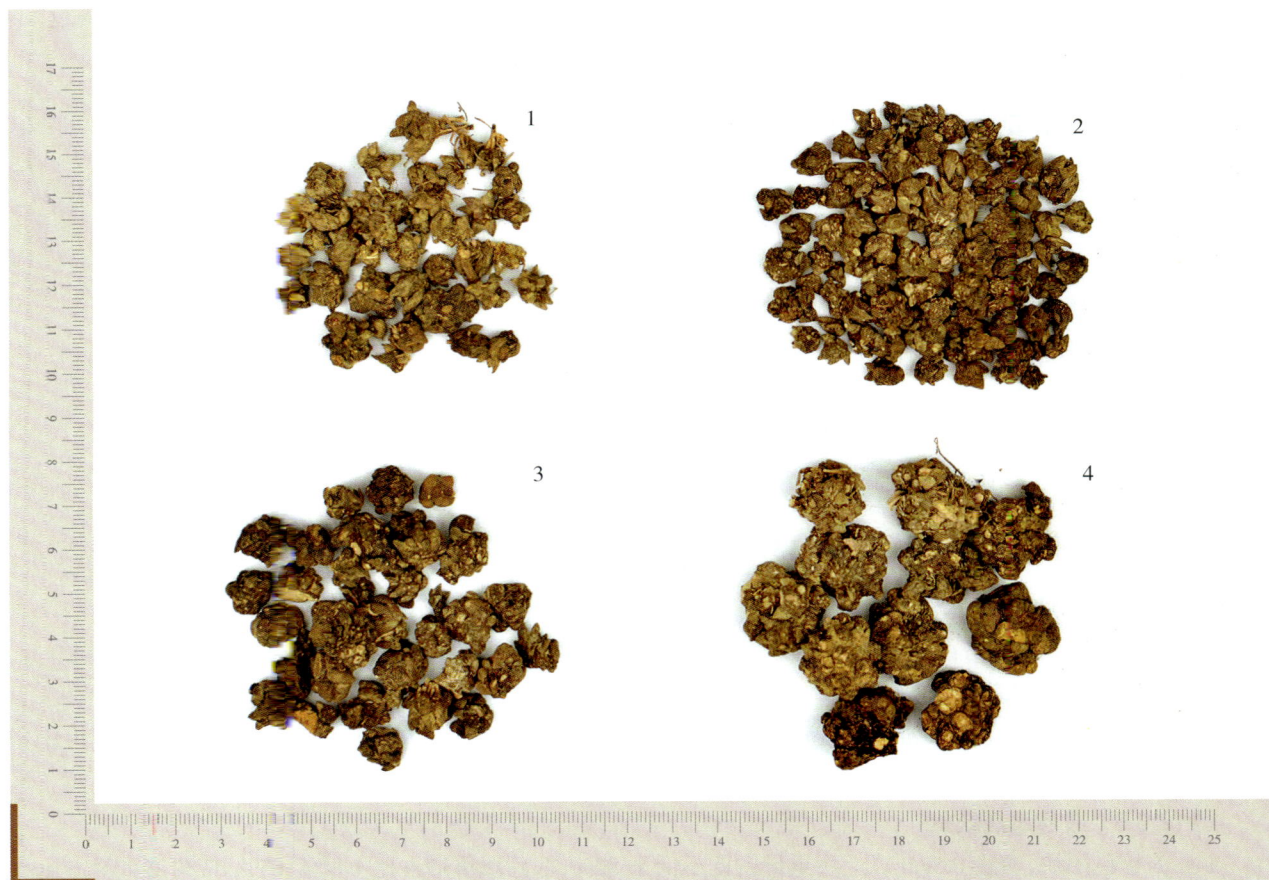

图 0089　猫爪草商品部分规格图示

1. 野生猫爪草统货;2. 家种猫爪草小选货 1.0 以下;3. 家种猫爪草中选货 1.0~1.4;4. 家种猫爪草大选货 1.4 以上

4.112　没药

4.112.1　基础数据

4.112.1.1　来源

本品为橄榄科植物地丁树 *Commiphora myrrha* Engl. 或哈地丁树 *Commiphora molmol* Engl. 的干燥树脂(《中国药典(2015 年版)》)。分为天然没药和胶质没药。

4.112.1.2　产地

产于东非,主产于埃塞俄比亚、索马里、肯尼亚等地。

4.112.1.3　没药

4.112.1.3.1　明没药

本品呈不规则团块,从天然没药中选出来,半透明块,表面棕黄色,质坚脆,破碎面不整齐,无光泽,有特异香气,味苦而微辛。

4.112.1.3.2　天然没药

本品呈不规则颗粒性团块,大小不等。大者直径长达 6.0cm 以上。表面棕黄色或棕红色,近半透明部分呈棕黑色,被有黄色粉尘。其他同明没药。

4.112.1.3.3　胶质没药

本品呈不规则块状和颗粒,多黏结成大小不等的团块,大者直径长达 6.0cm 以上,表面棕黄色至棕褐色,不透明,质坚实或疏松,有特异香气,味苦而有黏性。

4.112.2　规格要素说明及名词解释

4.112.2.1　带树皮块

接取树脂时,贴近树皮部分的树脂会带树皮。

4.112.2.2　棕色块

呈棕色的团块,树皮等杂质少,纯净度好。

4.112.2.3　半透明块

为半透明状的没药块,含杂质少,纯净度好。

4.112.2.4　0.3cm 以下碎屑

多为没药碎渣、树皮碎屑等。

4.112.3　规格等级定义(表 4-143)

4.112.3.1　明没药

直径 0.5cm 以上块重量占比不低于 95%,半透明状团块重量占比不低于 40%,无带树皮块。(图 0090-1)

4.112.3.2　胶质没药选货

主要为棕色团块,直径 0.5cm 以上块重量占比不低于 80%,棕色块重量占比不低于 90%,带树皮重量占比不超过 15%。(图 0090-2)

4.112.3.3　胶质没药统货

主要为棕色团块,直径 0.5cm 以上块重量占比不低于 80%,棕色块重量占比不低于 65%,带树皮重量占比不超过 15%。(图 0090-3)

4.112.3.4　天然没药选货

直径 0.5cm 以上块重量占比不低于 80%，棕色块重量占比不低于 5%，带树皮重量占比不超过 10%。（图 0090-4）

4.112.3.5　天然没药统货

主要为棕色碎块，直径 0.5cm 以上块重量占比不低于 60%，棕色块重量占比不低于 5%，0.3cm 以下碎屑重量占比不超过 35%。（图 0090-5）

表 4-143　中药材商品电子交易规格等级标准——没药

序号	品名	规格名称	流通俗称	直径 0.5cm 以上个重量占比	半透明块重量占比	棕色块重量占比	带树皮块重量占比	0.3cm 以下碎屑重量占比
1	没药	明没药	明没药	≥95%/≥98%	≥40%/≥45%/≥50%/≥55%/≥60%	——	——	——
2	没药	胶质没药选货	胶质没药选货	≥80%/≥85%/≥90%	——	≥90%/≥95%	≤15%/≤10%/≤5%	——
3	没药	胶质没药统货	胶质没药（统）	≥80%/≥85%/≥90%	——	≥65%/≥70%/≥75%/≥80%	≤15%/≤10%/≤5%	——
4	没药	天然没药选货	天然没药（选）	≥80%/≥85%/≥90%	——	≥5%/≥10%/≥15%	≤10%/≤5%	——
5	没药	天然没药统货	天然没药（统）	≥60%/≥65%/≥70%/≥75%	——	≥5%/≥10%	——	≤35%/≤30%/≤25%/≤20%

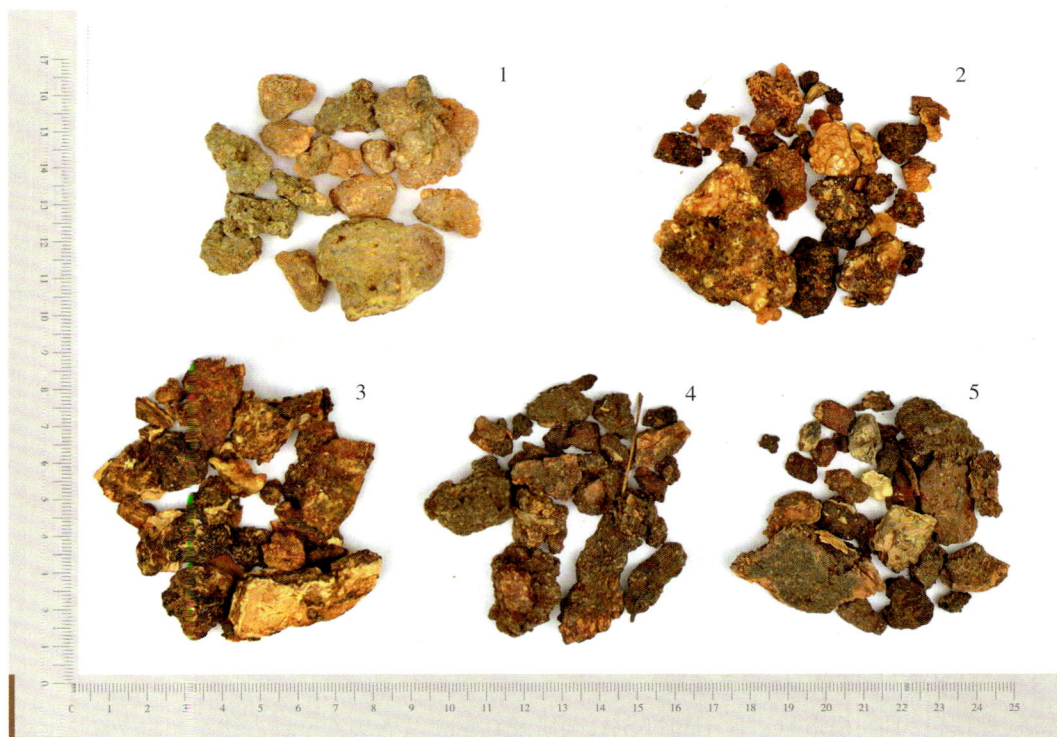

图 0090　没药商品部分规格图示

1.明没药；2.胶质没药选货；3.胶质没药统货；4.天然没药选货；5.天然没药统货

4.113 墨旱莲（旱莲草）

4.113.1 基础数据

4.113.1.1 来源

本品为菊科植物鳢肠 *Eclipta prostrate* L. 的干燥地上部分（《中国药典（2015 年版）》）。野生。夏、秋两季枝叶茂盛、花开时采割，晒干，又称"旱莲草"。

4.113.1.2 产地

产于全国各地。主产于江苏、浙江、湖北、广东等地。

4.113.1.3 墨旱莲

全体被白色茸毛。茎呈圆柱形，有纵棱，直径 2.0~5.0mm，表面灰绿色或墨绿色。叶对生，近无柄，叶片皱缩卷曲或破碎，完整者展平后呈长披针形，全缘或具浅齿，墨绿色。头状花序直径 2.0~6.0mm。瘦果椭圆形而扁，长 2.0~3.0mm，棕色或浅褐色。气微，味微咸。

4.113.1.4 墨旱莲段

将墨旱莲除去杂质，切段。呈不规则的段，段长 2.0~4.0cm。

4.113.2 规格要素说明及名词解释

4.113.2.1 颜色（新货 / 陈货）

墨旱莲新货多为灰绿色或墨绿色，暴晒或存储时间过长颜色变为棕褐色为主。

4.113.2.2 杂质及 0.1cm 以下灰渣

墨旱莲杂质为杂草、灰渣及泥土，挑选及用 0.1cm 标准筛筛除。

4.113.2.3 根

加工过程中未去尽的根。

4.113.3 规格等级定义（表 4-144）

4.113.3.1 墨旱莲（旱莲草）选货

墨旱莲，灰绿色或墨绿色，根重量占比不超过 1%，杂质及 0.1cm 以下灰渣重量占比不超过 5%。

4.113.3.2 墨旱莲（旱莲草）灰绿色统货

墨旱莲，灰绿色或墨绿色，根重量占比不超过 5%，杂质及 0.1cm 以下灰渣重量占比不超过 7%。

4.113.3.3 墨旱莲（旱莲草）棕褐色统货

墨旱莲，棕褐色为主，根重量占比不超过 5%，杂质及 0.1cm 以下灰渣重量占比不超过 7%。

4.113.3.4 墨旱莲（旱莲草）选段

墨旱莲段，灰绿色或墨绿色，根重量占比不超过 1%，杂质及 0.1cm 以下灰渣重量占比不超过 5%。

4.113.3.5 墨旱莲（旱莲草）灰绿色统段

墨旱莲段，灰绿色或墨绿色，根重量占比不超过 5%，杂质及 0.1cm 以下灰渣重量占比不超过 7%。

4.113.3.6 墨旱莲（旱莲草）棕褐色统段

墨旱莲段，棕褐色为主，根重量占比不超过 5%，杂质及 0.1cm 以下灰渣重量占比不超过 7%。

表 4-144　中药材商品电子交易规格等级标准——墨旱莲(旱莲草)

序号	品名	规格名称	流通俗称	颜色(新货/陈货)	根重量占比	杂质及 0.1cm 以下灰渣重量占比	虫蛀、霉变	干度
1	墨旱莲(旱莲草)	墨旱莲(旱莲草)选货	选货	灰绿色或墨绿色(新货)	≤1%/ 无	≤5%/≤3%/≤1%	无	干货
2	墨旱莲(旱莲草)	墨旱莲(旱莲草)灰绿色统货	统货	灰绿色或墨绿色(新货)	≤5%/≤4%	≤7%/≤5%	无	干货
3	墨旱莲(旱莲草)	墨旱莲(旱莲草)棕褐色统货	统货	棕褐色为主(陈货)	≤5%/≤4%	≤7%/≤5%	无	干货
4	墨旱莲(旱莲草)	墨旱莲(旱莲草)选段	选段	灰绿色或墨绿色(新货)	≤1%/ 无	≤5%/≤3%/≤1%	无	干货
5	墨旱莲(旱莲草)	墨旱莲(旱莲草)灰绿色统段	统段	灰绿色或墨绿色(新货)	≤5%/≤3%	≤7%/≤5%	无	干货
6	墨旱莲(旱莲草)	墨旱莲(旱莲草)棕褐色统段	统货	棕褐色为主(陈货)	≤5%/≤4%	≤7%/≤5%	无	干货

4.114　牡丹皮

4.114.1　基础数据

4.114.1.1　来源

本品为毛茛科植物牡丹 *Paeonia suffruticosa* Andr. 的干燥根皮(《中国药典(2015 年版)》)。栽培 4~5 年。秋季采挖根部,除去细根和泥沙,刮去表面粗皮或不刮,除去木芯,晒干或炕干。

4.114.1.2　产地

产于安徽、四川、重庆、山西、甘肃、陕西、湖北、湖南、山东等地,主产于安徽。

4.114.1.3　牡丹皮

呈筒状或半筒状,长 3.0~20cm,直径 0.2~1.5cm。未刮粗皮者外皮黑色;刮去粗皮者外皮红棕色、黄棕色或白色。切面白色、黄白色或略带棕红色。外皮黑色者称为"黑丹"、外皮棕红色者称为"红丹",外皮白色者称为"白丹"。牡丹皮须为圆柱形段,长 2.0~15cm,直径 0.2~0.5cm。外皮白色,切面白色,多未抽去木质芯。

4.114.1.4　牡丹皮片

将牡丹皮润透,切片,晒干或炕干。呈圆形或卷曲形的片,直径 0.3~1.5cm,厚 0.2~0.5cm。未刮粗皮者外皮黑色;刮去粗皮者外皮红棕色、黄棕色或白色。切面白色、黄白色或略带棕红色。牡丹皮须片为牡丹皮须切片,直径 0.2~0.5cm,厚 0.2~0.5cm。

4.114.2　规格要素说明及名词解释

4.114.2.1　是否刮皮

牡丹皮在采收之后一般会刮去表面粗皮。也有未刮粗皮者,称为"黑丹"。

4.114.2.2　抽芯率

牡丹皮采收后去除木芯的比例。

4.114.2.3　直径

牡丹皮上部直径大小。

4.114.2.4　0.2cm 以下灰渣

牡丹皮在加工、贮存、运输过程中碎落的少量外皮末,一般用 0.2cm 标准筛筛除。

4.114.2.5   含硫情况

无硫加工：牡丹皮在原药和切片过程都不熏硫。未刮粗皮者外皮黑色,刮去粗皮者外皮黄棕色。切面黄白色或略带棕红色。

有硫加工：为方便干燥,牡丹皮采挖后熏硫,除去木芯,干燥;或为外表美观,熏过硫的牡丹皮原药润透,切片或熏硫后切片,外皮白色或红棕色,切面白色。

4.114.3   规格等级定义（表 4-145,表 4-146）

4.114.3.1   牡丹皮红丹选货 0.8

牡丹皮,有硫加工（刮去粗皮）,表面红棕色或黄棕色,挑选,直径 0.8cm 以上的个重量占比不低于 90%,抽芯率不低于 95%。

4.114.3.2   牡丹皮红丹统货

牡丹皮,有硫加工（刮去粗皮）,表面红棕色,不挑选,直径 0.8cm 以上的个重量占比不低于 50%,直径 0.4cm 以下的个重量占比不超过 2%,抽芯率不低于 60%。

4.114.3.3   牡丹皮白丹选货 0.8

牡丹皮,有硫加工（刮去粗皮）,表面白色,挑选,直径 0.8cm 以上的个重量占比不低于 90%,抽芯率不低于 95%。

4.114.3.4   牡丹皮白丹统货

牡丹皮,有硫加工（刮去粗皮）,表面白色,不挑选,直径 0.8cm 以上的个重量占比不低于 50%,直径 0.4cm 以下的个重量占比不超过 2%,抽芯率不低于 60%。

4.114.3.5   牡丹皮黑丹选货 1.0

牡丹皮,无硫加工（未刮去粗皮）,表面黑色,挑选,直径 1.0cm 以上的个重量占比不低于 90%,抽芯率不低于 95%。

4.114.3.6   牡丹皮黑丹大统货

牡丹皮,无硫加工（未刮去粗皮）,表面黑色,挑选,直径 0.6cm 以上的个重量占比不低于 90%,抽芯率不低于 90%。

4.114.3.7   牡丹皮黑丹统货

牡丹皮,无硫加工（未刮去粗皮）,表面黑色,不挑选,直径 0.6cm 以上的个重量占比不低于 50%,直径 0.4cm 以下的个重量占比不超过 2%,抽芯率不低于 60%。

4.114.3.8   牡丹皮须大条

牡丹皮须,挑选使直径 0.4cm 以上的个重量占比不低于 90%。

4.114.3.9   牡丹皮须小条

牡丹皮须,挑选后剩余直径多在 0.4cm 以下的牡丹皮须。

4.114.3.10   牡丹皮精选片抽芯率 98% 以上

选取抽芯率 98% 以上的牡丹皮白丹选货 0.8 或者牡丹皮红丹选货 0.8 切片,再用孔径 0.6cm 筛子筛选,直径 0.8cm 以上片重量占比不低于 80%,直径 0.6cm 以下片重量占比不超过 5%,无 0.2cm 以下灰渣。（图 0091-1）

4.114.3.11   牡丹皮选片抽芯率 85% 以上

选取抽芯率 85% 以上的牡丹皮白丹选货 0.8 或者牡丹皮红丹选货 0.8 切片,不筛选,直径 0.8cm 以上片重量占比不低于 70%,直径 0.6cm 以下片重量占比不超过 10%,无 0.2cm 以下灰渣。（图 0091-2）

4.114.3.12   牡丹皮统片

以抽芯率不分的牡丹皮白丹统货或者牡丹皮白丹统货切片,不筛选,抽芯率不低于 70%,直径 0.8cm 以上片重量占比不低于 30%,直径 0.6cm 以下片重量占比不超过 20%,0.2cm 以下灰渣重量占比不超过 2%。（图

0091-3）

4.114.3.13　牡丹皮须片

以不抽芯的牡丹皮须切片，直径0.6cm以上片重量占比不低于40%，0.2cm以下灰渣重量占比不超过2%。（图0091-4）

表4-145　中药材商品电子交易规格等级标准——牡丹皮

序号	品名	规格名称	流通俗称	抽芯率	大条重量占比	是否刮皮	含硫情况	霉变	干度
1	牡丹皮	牡丹皮红丹选货0.8	红丹选货	≥95%/≥98%	直径0.8cm以上个≥90%	是	有硫加工	无	干货
2	牡丹皮	牡丹皮红丹统货	红丹统货	≥60%/≥70%/≥80%	直径0.8cm以上个≥50%，直径0.4cm以下个≤2%	是	有硫加工	无	干货
3	牡丹皮	牡丹皮白丹选货0.8	白丹选货	≥95%/≥98%	0.8cm以上≥90%	是	有硫加工	无	干货
4	牡丹皮	牡丹皮白丹统货	白丹统货	≥60%/≥70%/≥80%	0.8cm以上≥50%，0.4cm以下≤2%	是	有硫加工	无	干货
5	牡丹皮	牡丹皮黑丹选货1.0	黑丹选货	≥95%/≥98%	1.0cm以上≥90%	否	无硫加工	无	干货
6	牡丹皮	牡丹皮黑丹大统货	黑丹大统货	≥90%	0.6cm以上≥90%	否	无硫加工	无	干货
7	牡丹皮	牡丹皮黑丹统货	黑丹统货	≥60%/≥70%/≥80%	0.6cm以上≥50%，0.4cm以下≤2%	否	无硫加工	无	干货
8	牡丹皮	牡丹皮须大条	皮须大条	——	0.4cm以上的≥90%	否	无硫加工	无	干货
9	牡丹皮	牡丹皮须小条	皮须小条	——	0.4cm以下	否	无硫加工	无	干货

表4-146　中药材商品电子交易规格等级标准——牡丹皮（续）

序号	品名	规格名称	流通俗称	抽芯率	大片重量占比	小片重量占比	0.2cm以下灰渣重量占比	含硫情况	霉变	干度
10	牡丹皮	牡丹皮精选片抽芯率98%以上	精选片	≥98%	直径0.8cm以上的片≥80%/直径0.8cm以上的片≥90%	直径0.6cm以下的片≤5%/直径0.6cm以下的片≤2%	无	有硫加工/无硫加工	无	干货
11	牡丹皮	牡丹皮选片抽芯率85%以上	大选片	≥85%/≥90%	直径0.8cm以上的片≥70%	直径0.6cm以下的片≤10%/直径0.6cm以下的片≤5%	无	有硫加工/无硫加工	无	干货
12	牡丹皮	牡丹皮统片	统片	≥70%/≥80%	直径0.8cm以上的片≥30%/直径0.8cm以上的片≥40%	直径0.6cm以下的片≤20%/直径0.6cm以下的片≤10%	≤2%/无	有硫加工/无硫加工	无	干货
13	牡丹皮	牡丹皮须片	牡丹皮须片	——	直径0.6cm以上的片≥40%	——	≤2%/无	有硫加工/无硫加工	无	干货

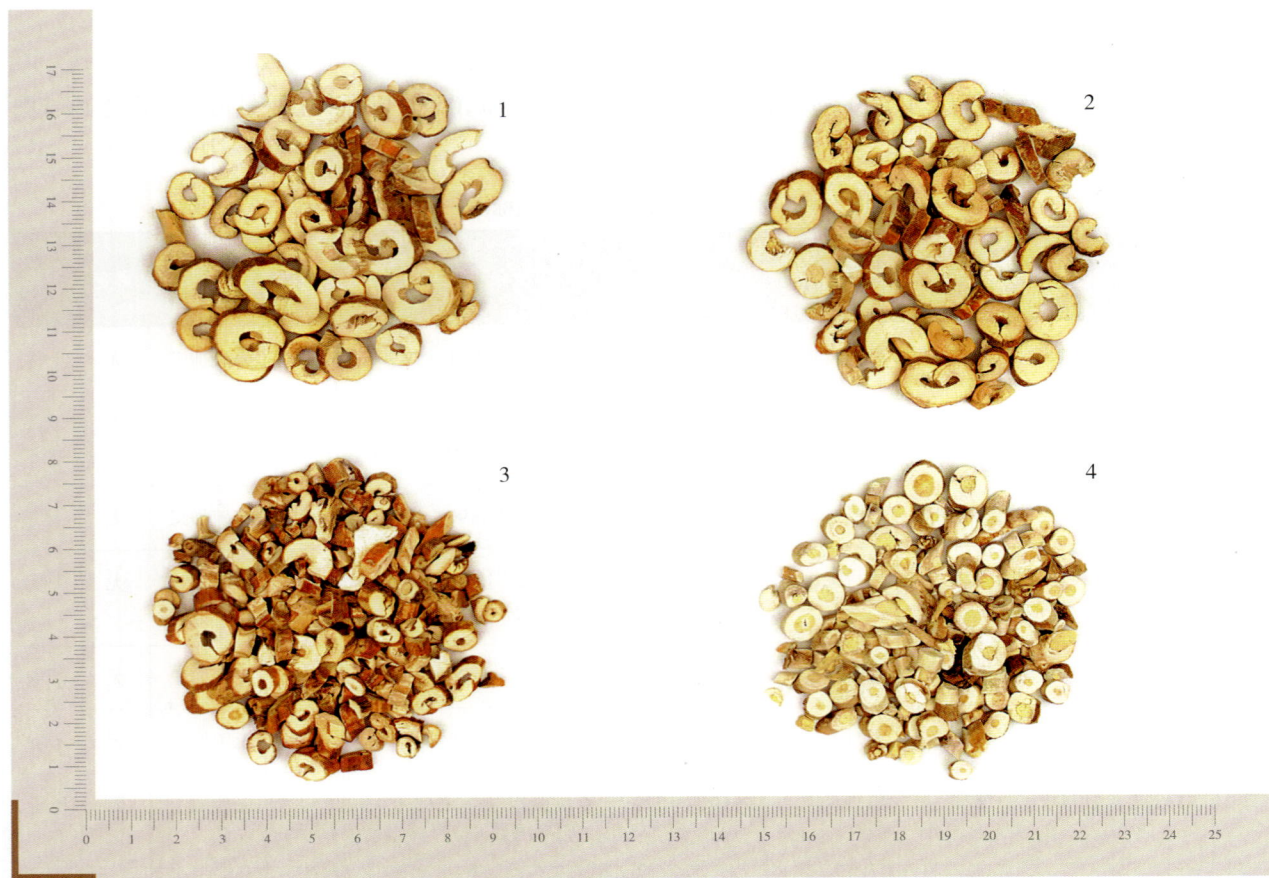

图 0091　牡丹皮商品部分规格图示

1. 牡丹皮精选片抽芯率 98% 以上；2. 牡丹皮选片抽芯率 85% 以上；3. 牡丹皮统片；4. 牡丹皮须片

4.115　木瓜

4.115.1　基础数据

4.115.1.1　来源

本品为蔷薇科植物贴梗海棠 *Chaenomeles speciosa* (Sweet)Nakai 的干燥近成熟果实(《中国药典(2015年版)》)。野生或栽培，夏、秋二季果实绿黄时采收，切成两瓣，晒干；或置沸水中烫至外皮灰白色，纵剖两瓣或四瓣，晒干。习称"皱木瓜"。市场上另有商品"光木瓜"，为蔷薇科植物木瓜 *Chaenomeles sinensis* (Thouin) Koehne 的干燥近成熟果实(《湖南省中药材标准(2009年版)》)。栽培。"云南木瓜"为毛叶木瓜 *Chaenomeles cathayensis* Schneid. 的干燥未成熟果实(《贵州省中药材、民族药材标准(2003年版)》)，又叫"毛叶木瓜"。

4.115.1.2　产地

皱木瓜产于四川、湖北、云南、贵州、安徽、河南、山东、江苏等地，主产于四川、湖北。光木瓜产于河南、四川、湖北等地，主产于河南。云南木瓜主产于云南。

4.115.1.3　木瓜(皱木瓜)

长圆形，多纵剖成 2 瓣或 4 瓣，长 4.0~9.0cm，宽 2.0~5.0cm，厚 0.5~2.5cm。外表面紫红色、红棕色或红褐色，有不规则的深皱纹;剖面边缘向内卷曲,果肉红棕色。

4.115.1.4　皱木瓜片

将皱木瓜润透,切片,再干。呈类月牙形片,长 1.0~5.0cm,宽 0.5~2.0cm,厚 0.2~0.5cm。外皮紫红色或棕红色,有不规则的深皱纹,切面棕红色。气微清香,味酸。

4.115.1.5　光木瓜片

将光木瓜洗净,润透后切片,晒干。表皮紫红色至红褐色,光滑。切面棕红色。其余同皱木瓜。

4.115.1.6　云南木瓜干

呈类月牙形片,长 1.0~3.0cm,宽 0.5~1.5cm,厚 0.2~0.5cm。外皮紫红色或棕红色,有不规则的皱纹。切面棕红色。

4.115.2　规格要素说明及名词解释

4.115.2.1　外观形态

光木瓜和皱木瓜在外观形态上差别明显。皱木瓜外皮有深皱纹,光木瓜外皮光滑。

4.115.2.2　外皮颜色

皱木瓜应于果实近成熟时采收,晒干后外表面多为紫红色或棕红色,但采收成熟的皱木瓜晒干后表面多为红褐色。

4.115.2.3　1.0cm 以下碎末

在切片过程中易产生的碎末,可用 1.0cm 标准筛筛出。

4.115.2.4　霉片

木瓜药材未及时干燥或干度不够,易发霉,切得的片称"霉片"。(图 0092-6)

4.115.2.5　黑片

木瓜采收过晚,或晒干期间遇阴雨天气,或贮存时间较久,均会出现部分木瓜片颜色加深,呈红褐色,称为"黑片"。(图 0092-6)

4.115.2.6　含硫情况

在加工过程中不熏硫,晒干之后外皮紫红色至棕红色,为无硫加工。皱木瓜原药润透后熏硫切片,晒干之后外皮多呈紫红色,为有硫加工。有硫或无硫加工的皱木瓜外皮颜色上差别不明显。

4.115.3　规格等级定义(表 4-147,表 4-148)

4.115.3.1　皱木瓜两开选货

皱木瓜,纵剖为两瓣后晒干,外表面为紫红色或红棕色。

4.115.3.2　皱木瓜两开统货

皱木瓜,纵剖为两瓣后晒干,外表面为紫红色、红棕色或红褐色。

4.115.3.3　皱木瓜两开后期统货

皱木瓜采收较晚,纵剖为两瓣后晒干,外表面为多红褐色。

4.115.3.4　皱木瓜匹开选货

皱木瓜,纵剖为四瓣后晒干,外表面为紫红色或红棕色。

4.115.3.5　皱木瓜匹开统货

皱木瓜,纵剖为四瓣后晒干,外表面为紫红色、红棕色或红褐色。

4.115.3.6　皱木瓜匹开后期统货

皱木瓜,采收较晚纵剖为四瓣后晒干,外表面为多红褐色。

4.115.3.7　皱木瓜精选片

皱木瓜切片后筛选出宽多在 0.8cm 以上的片，1.0cm 以下的碎末重量占比不超过 5%，无霉片、黑片。（图 0092-1）

4.115.3.8　皱木瓜选片

皱木瓜切片后筛选出宽多在 0.8cm 以上的片，1.0cm 以下的碎末重量占比不超过 10%，霉片重量占比不超过 2%，黑片重量占比不超过 5%。（图 0092-2）

4.115.3.9　皱木瓜统片

皱木瓜切片后，不筛选，1.0cm 以下的碎末重量占比不超过 50%，霉片不超过 2%，黑片不超过 30%。（图 0092-3）

4.115.3.10　毛叶木瓜（云南小木瓜）统片

云南木瓜切片，大小不分，1.0cm 以下的片不超过 50%，霉片不超过 2%，黑片不超过 2%，籽仁不超过 2%。（图 0092-4）

4.115.3.11　光木瓜统片

光木瓜切片，不筛选，1.0cm 以下的片不超过 5%，无霉片、黑片。（图 0092-5）

表 4-147　中药材商品电子交易规格等级标准——木瓜

序号	品名	规格名称	流通俗称	加工方式	外皮颜色	虫蛀、霉变	干度
1	木瓜	皱木瓜两开选货	两开选货	剖两瓣	紫红色、红棕色	无	干货
2	木瓜	皱木瓜两开统货	两开统货	剖两瓣	紫红色、红棕色至红褐色	无	干货
3	木瓜	皱木瓜两开后期统货	后期统货	剖两瓣	红褐色	无	干货
4	木瓜	皱木瓜四开选货	四开选货	剖四瓣	紫红色、红棕色	无	干货
5	木瓜	皱木瓜四开统货	四开统货	剖四瓣	紫红色、红棕色至红褐色	无	干货
6	木瓜	皱木瓜四开后期统货	后期统货	剖四瓣	红褐色	无	干货

表 4-148　中药材商品电子交易规格等级标准——木瓜（续）

序号	品名	规格名称	流通俗称	外观形态	1.0cm 以下碎末重量占比	霉片重量占比	黑片重量占比	含硫情况	虫蛀	干度
7	木瓜	皱木瓜精选片	精选片	月牙形，外皮紫红色至棕红色，有深皱纹	≤5%	无	无	有硫加工 / 无硫加工	无	干货
8	木瓜	皱木瓜选片	选片	月牙形，外皮紫红色至棕红色，有深皱纹	≤10%	≤2%/ 无	≤5%	有硫加工 / 无硫加工	无	干货
9	木瓜	皱木瓜统片	统片	月牙形或类圆形圈状，外皮紫红色至棕红色，有深皱纹	≤50%/≤40%/≤30%	≤2%/ 无	≤30%/≤10%	有硫加工 / 无硫加工	无	干货
10	木瓜	毛叶木瓜（云南小木瓜）统片	云南货	外皮紫红色至棕红色，有深皱纹	≤50%/≤40%	≤2%	≤2%	有硫加工 / 无硫加工	无	干货
11	木瓜	光木瓜统片	光木瓜统货	外皮紫红色至红褐色，光滑	≤5%/≤2%	无	无	有硫加工 / 无硫加工	无	干货

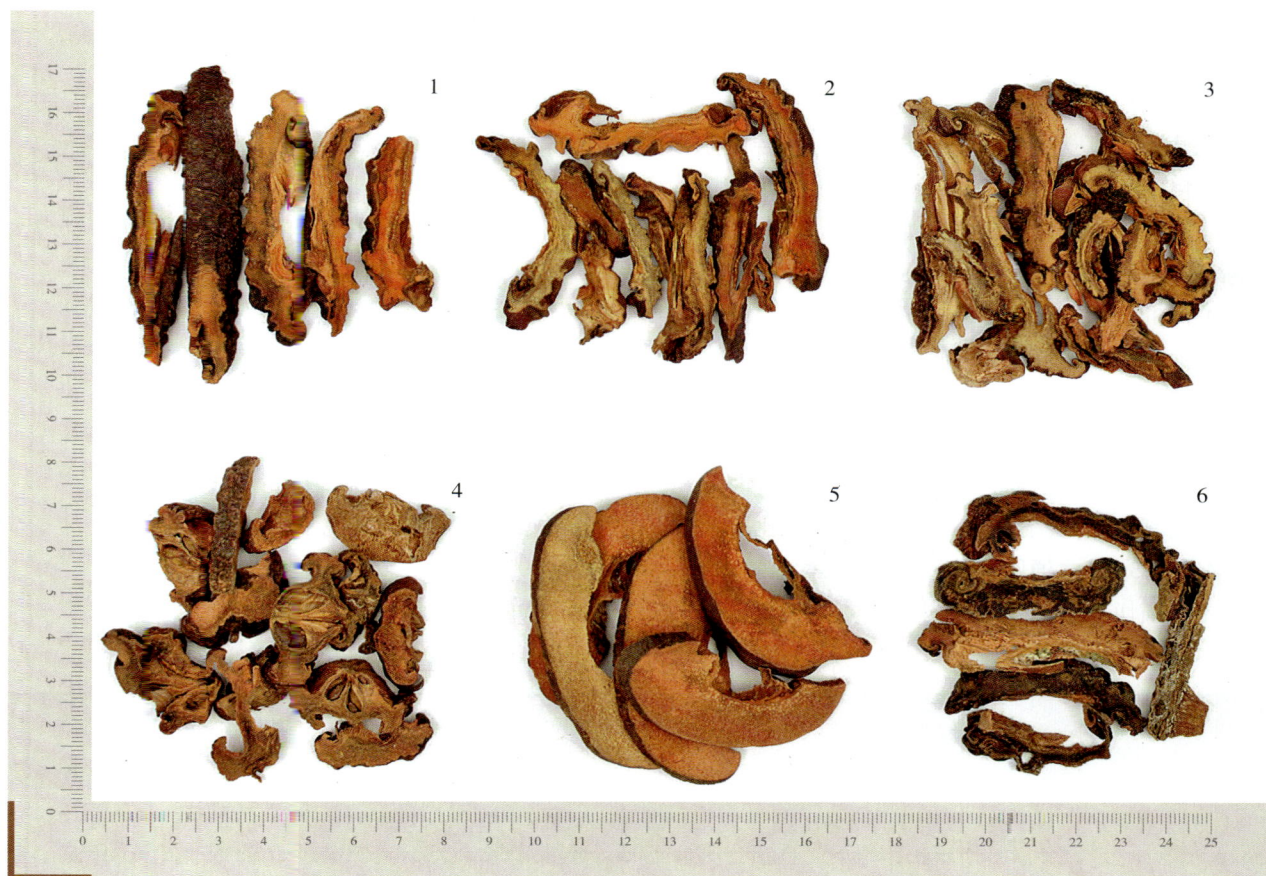

图 0092　木瓜商品部分规格图示

1.皱木瓜精选片;2.皱木瓜选片;3.皱木瓜统片;4.毛叶木瓜(云南小木瓜)统片;5.光木瓜统片;6.皱木瓜霉片、黑片示例

4.116　木通

4.116.1　基础数据

4.116.1.1　来源

本品为木通科植物木通 *Akebia quinata* (Thunb.) Decne. 三叶木通 *Akebia trifoliate* (Thunb.) Koidz 或白木通 *Akebia trifoliate* (Thunb.) Koidz. var. *australis* (Diels) Rehd. 的干燥藤茎(《中国药典(2015 年版)》)。野生。秋季采收,截取茎部,除去细枝,阴干。或趁鲜切片,干燥。

4.116.1.2　产地

产于长江流域各省区,主产于湖北。

4.116.1.3　木通片

木通药材采收后,趁鲜切片,晒干;或药材阴干后,用水泡透,切片,干燥。本品呈圆形、椭圆形或不规则形片,直径(宽)1.0~3.0cm,厚 0.2~0.4cm。外皮灰棕色或灰褐色,切面射线呈放射状排列,髓小或有时中空。气微,味微苦而涩。

4.116.2 规格要素说明及名词解释

4.116.2.1 片形

圆片为木通原药横切片,呈圆形;斜片为斜切片,多呈椭圆形。

4.116.2.2 规则片

木通圆片以圆形片为规则片,碎片、长椭圆形片、条状片为不规则片;木通斜片中椭圆形片为规则片,碎片、折断片为不规则片。

4.116.2.3 灰渣

木通在切片时表皮和切面易掉落碎渣,一般用 0.2cm 标准筛筛除。

4.116.3 规格等级定义(表 4-149)

4.116.3.1 木通斜片统片

木通斜切片,大小不分。规则片重量占比不低于 50%,0.2cm 以下灰渣重量占比不超过 2%。

4.116.3.2 木通圆片统片

木通横切片,大小不分。规则片重量占比不低于 30%,0.2cm 以下灰渣重量占比不超过 5%。

表 4-149　中药材商品电子交易规格等级标准——木通

序号	品名	规格名称	流通俗称	规则片重量占比	0.2cm 以下灰渣重量占比	虫蛀、霉变	干度
1	木通	木通斜片统片	斜片	≥50%/≥70%/≥90%	≤2%/≤1%	无	干货
2	木通	木通圆片统片	圆片	≥30%	≤5%/≤2%	无	干货

4.117　木香

4.117.1 基础数据

4.117.1.1 来源

本品为菊科植物木香 *Aucklandia lappa* Decne. 的干燥根(《中国药典(2015 年版)》)。栽培 2~5 年。秋、冬二季采挖,除去泥沙和须根,切段,大的再纵剖成瓣,干燥后撞去粗皮。

4.117.1.2 产地

产于云南、四川、重庆等地,主产于云南、四川。云南产木香个头小,四川产木香个头大。

4.117.1.3 木香片

将木香除去杂质,润透,切厚片,干燥。本品呈类圆形片或不规则斜片。圆片直径 0.5~5.0cm,厚 0.3~0.5cm;斜片长 3.0~10cm,宽 1.0~5.0cm,厚 0.3~0.5cm。外皮黄棕色至灰褐色,切面棕黄色至棕褐色,中部有明显菊花心状的放射纹理,形成层环棕色,褐色油点(油室)散在。气香特异,味微苦。

4.117.2 规格要素说明及名词解释

4.117.2.1 片形大小

木香分别有横切成的圆片和斜切成的斜片两种片形。

4.117.2.2　芦头

木香的根头称为"芦头"。

4.117.2.3　油片

未一次性炕干或受潮,均会造成木香个子泛油,泛油个子切片后质地较软,有油性,称为油片。

4.117.2.4　1.0/0.5cm 以下碎块、灰渣

木香的碎末、外皮碎末及泥沙,用 1.0/0.5cm 标准筛筛除。

4.117.2.5　含硫情况

为了使木香片颜色变浅,用硫黄熏蒸后炕干,熏后呈棕黄色。

4.117.3　规格等级定义(表 4-150)

4.117.3.1　木香斜片选片 1.5~2.5

挑选去芦头的木香大个斜切片,筛选直径在 1.5~2.5cm 的片。无芦头片,油片重量占比不超过 2%,1.0cm 以下碎块、灰渣重量占比不超过 1%。(图 0093-1)

4.117.3.2　木香斜片统片

大小不分的木香斜切片,芦头片重量占比不超过 3%,油片重量占比不超过 5%,0.5cm 以下碎块、灰渣重量占比不超过 2%。

4.117.3.3　木香圆片选片 1.0~2.0

挑选去芦头的木香大个横切圆片,筛选直径在 1.0~2.0cm 的片。无芦头片,油片重量占比不超过 2%,1.0cm 以下碎块、灰渣重量占比不超过 1%。(图 0093-2)

4.117.3.4　木香圆片统片

大小不分的木香横切圆片,芦头片重量占比不超过 3%,油片重量占比不超过 5%,0.5cm 以下碎块、灰渣重量占比不超过 2%。

表 4-150　中药材商品电子交易规格等级标准——木香

序号	品名	规格名称	流通俗称	片形大小	芦头片重量占比	油片重量占比	1.0cm 以下碎块、灰渣重量占比	0.5cm 以下碎块、灰渣重量占比	含硫情况	虫蛀、霉变	干度
1	木香	木香斜片选片 1.5~2.5	选片	宽 1.5~2.5cm,长 5~10cm	无	≤2%	≤1%	——	有硫加工 / 无硫加工	无	干货
2	木香	木香斜片统片	统片	——	≤3%	≤5%		≤2%	有硫加工 / 无硫加工	无	干货
3	木香	木香圆片选片 1.0~2.0	选片	直径 1.0~2.0cm	无	≤2%	≤1%	——	有硫加工 / 无硫加工	无	干货
4	木香	木香圆片统片	统片	——	≤3%	≤5%	——	≤2%	有硫加工 / 无硫加工	无	干货

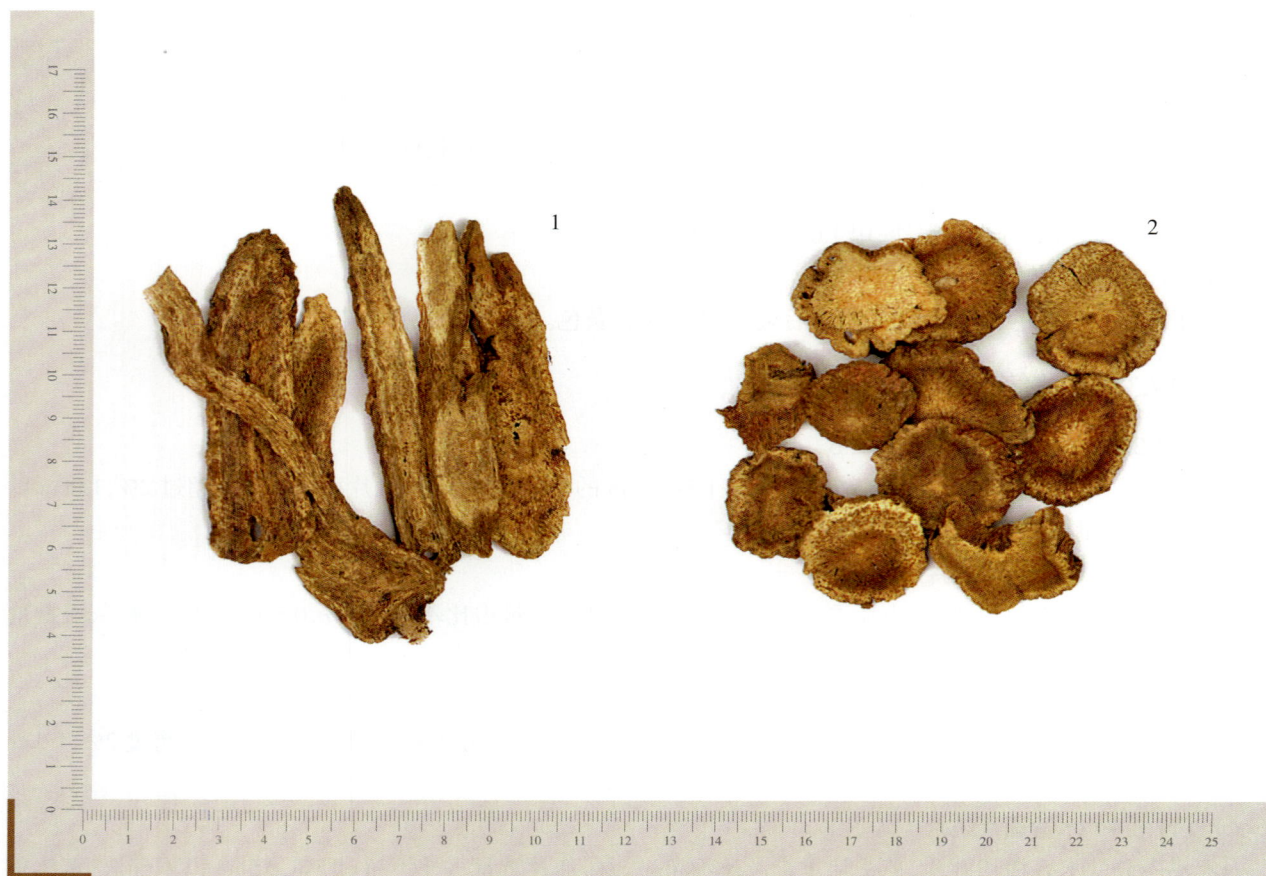

图 0093 木香商品部分规格图示
1. 木香斜片选片 1.5~2.5；2. 木香圆片选片 1.0~2.0

4.118 南沙参

4.118.1 基础数据

4.118.1.1 来源

本品为桔梗科植物轮叶沙参 *Adenophora tetraphylla*（Thunb.）Fisch. 或沙参 *Adenophora stricta* Miq. 的干燥根（《中国药典（2015 年版）》）。野生为主。春、秋二季采挖，除去须根，洗后趁鲜刮去粗皮或不刮皮，洗净，干燥。

4.118.1.2 产地

产于贵州、甘肃、吉林、内蒙、辽宁等地，主产于贵州、甘肃、吉林。贵州产南沙参有刮皮和未刮皮，芦头少；甘肃产南沙参未刮皮，芦头少；东北产南沙参未刮皮，芦头多。

4.118.1.3 南沙参

呈圆锥形或圆柱形，略弯曲，长 7.0~27cm，直径 0.8~3.0cm。刮皮者表面黄白色或淡棕黄色，凹陷处常有残留粗皮，未刮皮者表面黄褐色或灰褐色，上部多有深陷横纹，呈断续的环状，下部有纵纹和纵沟。顶端具 1 或 2 个根茎。体轻，质松泡，易折断，断面不平坦，黄白色，多裂隙。气微，味微甘。

4.118.1.4　南沙参段

除去根茎,洗净,润透,切段,干燥。呈圆柱形段,长 1.0~2.0cm,直径 1.0~2.0cm。

4.118.2　规格要素说明及名词解释

4.118.2.1　刮皮与否

南沙参在加工中刮去外表粗皮,或不刮。

4.118.2.2　带芦头片

南沙参根头部位称为"芦头"。由带芦头个子切片时产生。

4.118.2.3　0.3cm 以下碎末、灰渣

刀口碎末、外皮碎末及泥沙,可用 0.3cm 标准筛筛除。

4.118.2.4　含硫情况

为了使南沙参偏颜色变白而用硫黄熏蒸,熏后颜色淡黄白色。

4.118.3　规格等级定义（表 4-151,表 4-152）

4.118.3.1　南沙参刮皮选个

南沙参,趁鲜刮去表面粗皮,芦头长度不超过 1cm,0.3cm 以下碎末、灰渣重量占比不超过 1%。

4.118.3.2　南沙参带皮统个

南沙参,未刮皮,芦头长度不超过 3cm,0.3cm 以下碎末、灰渣重量占比不超过 5%。

4.118.3.3　贵州南沙参刮皮统片

产于贵州,刮皮的南沙参切片,带芦头片重量占比不超过 5%,0.3cm 以下碎末、灰渣重量占比不超过 1%。

4.118.3.4　贵州南沙参统片

产于贵州及其他西南、华中地区,大小不分且未刮皮的南沙参切片,带芦头片重量占比不超过 5%,0.3cm 以下碎末、灰渣重量占比不超过 1%。

4.118.3.5　甘肃南沙参统片

产于甘肃,大小不分且未刮皮的南沙参切片,带芦头片重量占比不超过 5%,0.3cm 以下碎末、灰渣重量占比不超过 1%。

4.118.3.6　东北南沙参统片

产于东北、华北地区,或进口,大小不分且未刮皮的南沙参切片,带芦头片重量占比不超过 5%,0.3cm 以下碎末、灰渣重量占比不超过 1%。

表 4-151　中药材商品电子交易规格等级标准——南沙参

序号	品名	规格名称	流通俗称	产地	刮皮与否	芦头长度 /cm	0.3cm 以下碎末、灰渣重量占比	虫蛀、霉变	干度
1	南沙参	南沙参刮皮选个	南沙参刮皮选	贵州	刮皮	≤1.0	≤1%	无	干货
2	南沙参	南沙参带皮统个	南沙参带皮统	——	未刮皮	≤3.0	≤5%/≤3%	无	干货

表 4-152　中药材商品电子交易规格等级标准——南沙参(续)

序号	品名	规格名称	流通俗称	产地	刮皮与否	带芦头片的重量占比	0.3cm 以下碎末、灰渣重量占比	含量情况	虫蛀、霉变	干度
3	南沙参	贵州南沙参刮皮统片	贵州刮皮泡参统片	贵州	刮皮	≤5%	≤1%	有硫加工/无硫加工	无	干货
4	南沙参	贵州南沙参统片	贵州泡参统片	贵州及其他西南、华中地区	未刮皮	≤5%	≤1%	有硫加工/无硫加工	无	干货
5	南沙参	甘肃南沙参统片	甘肃泡参统片	甘肃	未刮皮	≤5%	≤1%	有硫加工/无硫加工	无	干货
6	南沙参	东北南沙参统片	东北泡参片	东北华北地区及进口	未刮皮	≤5%	≤1%	有硫加工/无硫加工	无	干货

4.119　南五味子

4.119.1　基础数据

4.119.1.1　来源

本品为木兰科植物华中五味子 *Schisandra sphenanthera* Rehd.et Wils. 的干燥成熟果实(《中国药典(2015 年版)》)。野生或栽培,野生为主。秋季果实成熟时采摘,晒干,除去果梗和杂质。

4.119.1.2　产地

产于陕西、四川、山西、河南等地,主产于陕西。

4.119.1.3　南五味子

本品呈球形或扁球形,直径 4.0~6.0mm。表面棕红色至暗棕色,干瘪,皱缩,果肉常紧贴于种子上。

4.119.2　规格要素说明及名词解释

4.119.2.1　颜色

当年采收的新货多为棕红色,随着存放时间延长,颜色逐渐加深,常温下储存 1 年以上者,颜色多变为暗棕色。

4.119.2.2　果柄

在采摘时捎带的果柄,在存放过程中脱落。

4.119.2.3　0.2cm 以下碎粒、灰末

南五味子果皮破裂,种子脱落,为碎粒。另外,在晾晒、贮存过程中,易掉落灰末。碎粒、灰末用 0.2cm 标准筛筛除。

4.119.3　规格等级定义(表 4-153)

4.119.3.1　南五味子净货

多为新货,表面棕红色,筛除少量果柄、碎粒、灰末。果柄重量占比不超过 2%,0.2cm 以下碎粒、灰末不超过 1%。(图 0094-1)

4.119.3.2　南五味子统货

颜色不分，棕红色至暗棕色，未筛除果柄、碎粒、灰末。果柄重量占比不超过 5%，0.2cm 以下碎粒、灰末不超过 3%。（图 0094-2）

表 4-153　中药材商品电子交易规格等级标准——南五味子

序号	品名	规格名称	流通俗称	颜色	果柄重量占比	0.2cm 以下碎粒、灰末重量占比	虫蛀、霉变	干度
1	南五味子	南五味子净货	选货	棕红色	≤2%/≤0.5%	≤1%	无	干货
2	南五味子	南五味子统货	统货	棕红色至暗棕色	≤5%/≤2%	≤3%	无	干货

图 0094　南五味子商品部分规格图示
1. 南五味子净货；2. 南五味子统货

4.120　牛蒡子

4.120.1　基础数据

4.120.1.1　来源

本品为菊科植物牛蒡 *Arctium lappa* L. 的干燥成熟果实（《中国药典（2015 年版）》）。栽培 2 年。秋季果实成熟时采收果序，晒干，打下果实，除去杂质，再晒干。

4.120.1.2 产地

产于四川、甘肃、新疆等地,主产于四川简阳。四川产牛蒡子饱满、个大、体圆,甘肃产牛蒡子体型干瘦、个小、体扁。

4.120.1.3 牛蒡子

类葵花籽形,略扁,微弯曲,长 0.5~0.7cm,宽 0.2~0.3cm。表面灰褐色,带紫黑色斑点,有数条纵棱,通常中间 1~2 条较明显。顶端钝圆,稍宽,顶面有圆环,中间具点状花柱残迹;基部略窄,着生面色较淡。果皮较硬,子叶 2 枚,淡黄白色,富油性。气微,味苦后微辛而稍麻舌。

4.120.2 规格要素说明及名词解释

4.120.2.1 0.2cm 以下小籽及灰渣

小籽、泥沙及外壳碎末,用 0.2cm 标准筛筛除。

4.120.2.2 芯子颜色

种仁(芯子)颜色呈淡黄白色。如贮存时干度不够,芯子的颜色会变深呈黄棕色或黄褐色。

4.120.3 规格等级定义(表 4-154)

4.120.3.1 川牛蒡子选货

产于四川,风选,芯子淡黄白色,0.2cm 以下小籽及灰渣重量占比不超过 0.5%。

4.120.3.2 川牛蒡子统货

产于四川,芯子淡黄白色或黄棕色,0.2cm 以下小籽及灰渣重量占比不超过 2%。

4.120.3.3 牛蒡子选货

产于甘肃及西北华北地区,芯子淡黄白色,0.2cm 以下小籽及灰渣重量占比不超过 0.5%。

4.120.3.4 牛蒡子统货

产于甘肃及西北华北地区,芯子淡黄白色或黄棕色,0.2cm 以下小籽及灰渣重量占比不超过 2%。

表 4-154 中药材商品电子交易规格等级标准——牛蒡子

序号	品名	规格名称	流通俗称	产地	芯子颜色	0.2cm 以下小籽及灰渣重量占比	虫蛀、霉变	干度
1	牛蒡子	川牛蒡子净货	选货	四川	淡黄白色	≤0.5%	无	干货
2	牛蒡子	川牛蒡子统货	统货	四川	淡黄白色/黄棕色	≤2%	无	干货
3	牛蒡子	牛蒡子净货	选货	甘肃及西北华北地区	淡黄白色	≤0.5%	无	干货
4	牛蒡子	牛蒡子统货	统货	甘肃及西北华北地区	淡黄白色/黄棕色	≤2%	无	干货

4.121 牛膝

4.121.1 基础数据

4.121.1.1 来源

本品为苋科植物牛膝 *Achyranthes bidentata* Bl. 的干燥根(《中国药典(2015 年版)》)。栽培 1 年。冬季茎叶枯萎时采挖,除去须根和泥沙,捆成小把,晒至干皱后,将顶端切齐,晒干。

4.121.1.2　产地

产于河南、河北、内蒙古等地,主产于河南武陟、河北安国。

4.121.1.3　牛膝

呈圆柱形,挺直或稍弯曲,长 15~70cm,直径 0.2~1.2cm。表面黄白色至灰棕色。质硬脆,易折断,受潮后变软,断面平坦,黄白色或淡棕色,略呈角质样。

4.121.1.4　牛膝段(粒)

将牛膝除去杂质,洗净,润透,除去残留芦头,切段,干燥。呈圆柱形的段。长 5.0~10cm 者称为段,长 0.5~1.0cm 者称为粒,直径 0.2~1.2cm。外皮黄白色至淡棕色,切面黄白色或淡棕色,略呈角质样而油润。质硬脆。

4.121.2　规格要素说明及名词解释

4.121.2.1　直径

牛膝条中部直径大小。

4.121.2.2　芦头粒和带芦头粒

牛膝采挖之后,芦头未去尽,切制之后会产生少量芦头粒和带芦头粒。

4.121.2.3　长度

根据加工方式和使用习惯不同,怀牛膝有段和粒两种。怀牛膝段一般长 5.0cm、7.0cm 或 10.0cm;怀牛膝粒一般长 0.5~1.0cm。

4.121.2.4　0.2cm 以下灰渣

牛膝质脆,在切片、贮存和运输过程中碎落的细末,一般用 0.2cm 标准筛筛除。

4.121.2.5　油粒

干度不够或贮存不当导致颜色变深,质地变软的牛膝粒称为油粒。

4.121.2.6　含硫情况

有硫加工:将牛膝水润,熏硫,润透后切片,含硫加工的牛膝粒表皮黄白色或棕黄色,切面黄白色。

无硫加工:牛膝在切片加工过程中不熏硫,无硫加工的牛膝粒表皮灰棕色,切面淡棕色。

4.121.3　规格等级定义(表 4-155,表 4-156)

4.121.3.1　怀牛膝特选货 0.8

怀牛膝,挑选,直径 0.8cm 以上条重量占比不低于 80%。

4.121.3.2　怀牛膝大选货 0.6

怀牛膝,挑选,直径 0.6cm 以上条重量占比不低于 80%。

4.121.3.3　怀牛膝中选货 0.4~0.6

怀牛膝,挑选,直径 0.4~0.6cm 条重量占比不低于 80%。

4.121.3.4　怀牛膝小条 0.4 以下

挑选后剩余的,直径多在 0.4cm 以下的怀牛膝。

4.121.3.5　怀牛膝特肥段 0.8

用怀牛膝特选货 0.8 切制成的长 5.0~10cm 的段。孔径 0.8cm 的筛子拣选,直径 0.8cm 以上段重量占比不低于 95%,无芦头粒和带芦头粒,油粒重量占比不超过 3%,无 0.2cm 以下灰渣。(图 0095-1)

4.121.3.6　怀牛膝头肥段 0.6

用怀牛膝大选货 0.6 切制成的长 5.0~10cm 的段。孔径 0.6cm 的筛子拣选,直径 0.6cm 以上段重量占比不低于 95%,芦头粒和带芦头粒重量占比不超过 3%,油粒重量占比不超过 3%,无 0.2cm 以下灰渣。(图 0095-2)

4.121.3.7　怀牛膝特肥粒 0.8

用怀牛膝特选货 0.8 切制成的长 0.5~1.0cm 的粒,孔径 0.8cm 的筛子筛选,直径 0.8cm 以上粒重量占比例不低于 95%,芦头粒和带芦头粒重量占比不超过 3%,油粒重量占比不超过 3%,无 0.2cm 以下灰渣。(图 0095-3)

4.121.3.8　怀牛膝头肥粒 0.6

用怀牛膝大选货 0.6 切制成的长 0.5~1.0cm 的粒,孔径 0.6cm 的筛子筛选。直径 0.6cm 以上粒重量占比不低于 90%,芦头粒和带芦头粒重量占比不超过 3%,油粒重量占比不超过 3%,无 0.2cm 以下灰渣。(图 0095-4)

4.121.3.9　怀牛膝二肥粒 0.4

用怀牛膝中选货 0.4~0.6 切制成的长 0.5~1.0cm 的粒,孔径 0.4cm 的筛子筛选。直径 0.4cm 以上粒重量占比不低于 90%,芦头粒和带芦头粒重量占比不超过 3%,油粒重量占比不超过 3%,无 0.2cm 以下灰渣。(图 0095-5)

4.121.3.10　怀牛膝三号粒 0.5 以下

怀牛膝切粒之后筛选剩余的直径 0.4cm 以下的长 0.5~1.0cm 的粒,或者用怀牛膝小条 0.4 以下切制的粒,芦头粒和带芦头粒重量占比不超过 3%,油粒重量占比不超过 3%,无 0.2cm 以下灰渣。(图 0095-6)

表 4-155　中药材商品电子交易规格等级标准——牛膝

序号	品名	规格名称	流通俗称	大条重量占比	含硫情况	虫蛀、霉变	干度
1	牛膝	怀牛膝特选货 0.8	特选	直径 0.8cm 以上条≥80%	有硫加工 / 无硫加工	无	干货
2	牛膝	怀牛膝大选货 0.6	大选	直径 0.6cm 以上条≥80%	有硫加工 / 无硫加工	无	干货
3	牛膝	怀牛膝中选货 0.4~0.6	中选	直径 0.4~0.6cm 条≥80%	有硫加工 / 无硫加工	无	干货
4	牛膝	怀牛膝小条 0.4 以下	小条	直径 0.4cm 以下条	有硫加工 / 无硫加工	无	干货

表 4-156　中药材商品电子交易规格等级标准——牛膝(续)

序号	品名	规格名称	流通俗称	长度 /cm	大粒(段)重量占比	芦头粒和带芦头粒重量占比	油粒重量占比	0.2cm 以下灰渣重量占比	含硫情况	虫蛀、霉变	干度
5	牛膝	怀牛膝特肥段 0.8	特肥段	5.0/7.0/10.0	直径 0.8cm 以上段≥95%	无	≤3%/≤1%	无	有硫加工 / 无硫加工	无	干货
6	牛膝	怀牛膝头肥段 0.6	头肥段	5.0/7.0/10.0	直径 0.6cm 以上段≥95%	≤3%	≤3%/≤1%	无	有硫加工 / 无硫加工	无	干货
7	牛膝	怀牛膝特肥粒 0.8	特肥粒	0.5~1.0	直径 0.8cm 以上粒≥95%	≤3%	≤3%/≤1%	无	有硫加工 / 无硫加工	无	干货
8	牛膝	怀牛膝头肥粒 0.6	头肥粒	0.5~1.0	直径 0.6cm 以上粒≥90%	≤3%	≤3%/≤1%	无	有硫加工 / 无硫加工	无	干货
9	牛膝	怀牛膝二肥粒 0.4	二肥粒	0.5~1.0	直径 0.4cm 以上粒≥90%	≤3%	≤3%/≤1%	无	有硫加工 / 无硫加工	无	干货
10	牛膝	怀牛膝三号粒 0.5 以下	三号粒	0.5~1.0	均为直径 0.5cm 以下粒	≤3%	≤3%/≤1%	无	有硫加工 / 无硫加工	无	干货

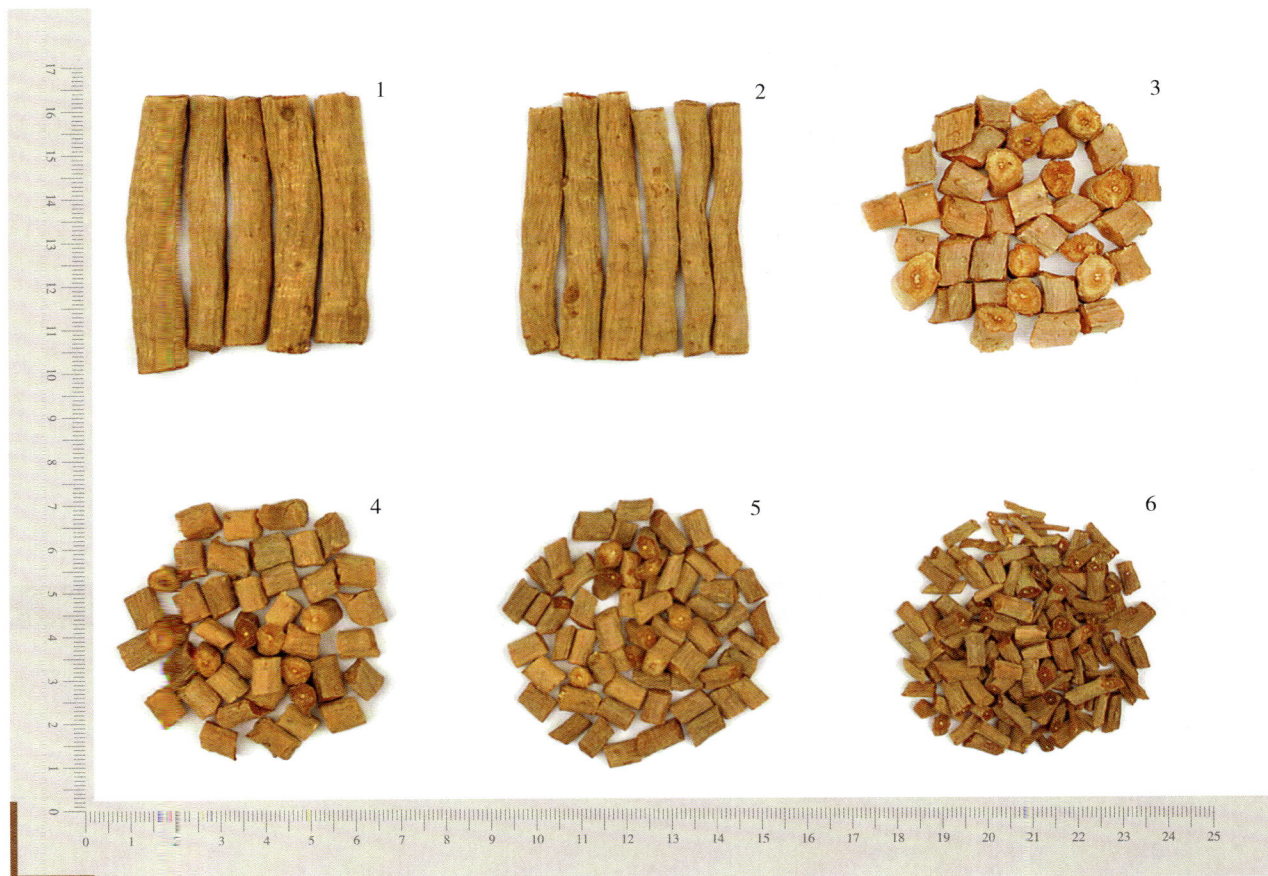

图 0095　牛膝商品部分规格图示

1. 怀牛膝特肥段 0.8;2. 怀牛膝头肥段 0.6;3. 怀牛膝特肥粒 0.8;4. 怀牛膝头肥粒 0.6;5. 怀牛膝二肥粒 0.4;6. 怀牛膝三号粒 0.5 以下

4.122　女贞子

4.122.1　基础数据

4.122.1.1　来源

本品为木犀科植物女贞 *Ligustrum lucidum* Ait. 的干燥成熟果实(《中国药典(2015 年版)》)。栽培。冬季果实成熟时采收,除去枝叶,稍蒸或置沸水中略烫后干燥,或直接干燥。

4.122.1.2　产地

全国除新疆、青海、西藏外,其他地区均产,主产于河南、湖南、安徽等地。

4.122.1.3　女贞子

呈卵形、椭圆形或肾形,长 0.6~0.85cm,直径 0.35~0.55mm。表面棕紫色或黑色,皱缩不平,基部有果梗痕或具宿萼及短梗。体轻。外果皮薄,中果皮较松软,易剥离,内果皮木质,黄棕色,具纵棱,破开后种子通常为 1 粒,肾形,紫黑色,油性。气微,味甘、微苦涩。

4.122.2　规格要素说明及名词解释

4.122.2.1　形状

女贞子有肾形和圆形两种果形。

4.122.2.2　果柄、杂质

加工晾晒过程中未除净的碎叶和掉落的果柄。

4.122.3　规格等级定义（表 4-157）

4.122.3.1　女贞子腰果净货

肾形,棕紫色,手工或机器震动筛选出果柄,果柄、杂质重量占比不超过 1%。（图 0096-1）

4.122.3.2　女贞子腰果统货

肾形,棕紫色,果柄、杂质重量占比不超过 5%。（图 0096-2）

4.122.3.3　女贞子圆果净货

圆球形,黑色,手工或机器震动筛选出果柄,果柄、杂质重量占比不超过 1%。（图 0096-3）

4.122.3.4　女贞子圆果统货

圆球形,黑色,果柄、杂质重量占比不超过 5%。（图 0096-4）

表 4-157　中药材商品电子交易规格等级标准——女贞子

序号	品名	规格名称	流通俗称	性状	果柄、杂质重量占比	虫蛀、霉变	干度
1	女贞子	女贞子腰果净货	腰果选	肾形,紫棕色	≤1%/ 无	无	干货
2	女贞子	女贞子腰果统货	腰果统	肾形,紫棕色	≤5%/3%	无	干货
3	女贞子	女贞子圆果净货	圆果选	圆球形,黑色	≤1%/ 无	无	干货
4	女贞子	女贞子圆果统货	圆果统	圆球形,黑色	≤5%/≤3%	无	干货

图 0096　女贞子商品部分规格图示
1. 女贞子腰果净货;2. 女贞子腰果统货;3. 女贞子圆果净货;4. 女贞子圆果统货

4.123 枇杷叶

4.123.1 基础数据

4.123.1.1 来源

本品为蔷薇科植物枇杷 *Eriobotrya japonica* (Thunb.) Lindl. 的干燥叶(《中国药典(2015年版)》)。栽培。全年均可采收,树上摘的叶,叫摘叶,地上捡的落叶,叫落叶,采集后晒干。

4.123.1.2 产地

分布于四川、云南、贵州、湖南、湖北、陕西、甘肃、江苏、安徽、浙江、江西、福建、台湾等地。主产于四川、云南。

4.123.1.3 枇杷叶

呈长圆形或倒卵形,长12~30cm,宽4.0~9.0cm,先端尖,基部楔形,边缘有锯齿,近基部全缘。上表面灰绿色、褐绿色、黄棕色或红棕色,较光滑。下表面可见绒毛,主脉突出。革质而脆。气微,味微苦。

4.123.1.4 枇杷叶段

枇杷叶去绒毛,用水喷润,切丝,干燥。呈丝条状,长5.0~10cm,宽0.5~1.5cm。

4.123.2 规格要素说明及名词解释

4.123.2.1 颜色(新货/陈货)

摘叶新货多为黄绿色或灰绿色,落叶或摘叶暴晒或存储时间过长颜色变为黄棕色至棕色。

4.123.2.2 叶背刷绒毛

枇杷叶段商品中去绒毛者极少。

4.123.2.3 杂质及0.2cm以下灰渣

枇杷叶中的泥沙及碎末。

4.123.3 规格等级定义(表4-158)

4.123.3.1 枇杷叶精选货

枇杷叶,黄绿色或灰绿色,刷去叶背绒毛,杂质及0.2cm以下灰渣重量占比不超过1%。

4.123.3.2 枇杷叶选段

枇杷叶切段,黄绿色或灰绿色,不刷叶背绒毛,杂质及0.2cm以下灰渣重量占比不超过3%。

4.123.3.3 枇杷叶绿色统段

枇杷叶切段,黄绿色或灰绿色,不刷叶背绒毛,杂质及0.2cm以下灰渣重量占比不超过7%。

4.123.3.4 枇杷叶黄色统段

枇杷叶切段,黄棕色至棕色为主,不刷叶背绒毛,杂质及0.2cm以下灰渣重量占比不超过7%。

表4-158 中药材商品电子交易规格等级标准——枇杷叶

序号	品名	规格名称	流通俗称	颜色(新货/陈货)	叶背绒毛	杂质及0.2cm以下灰渣重量占比	虫蛀、霉变	干度
1	枇杷叶	枇杷叶精选货	枇杷叶	黄绿色或灰绿色(新货)	无	≤1%/无	无	干货
2	枇杷叶	枇杷叶选段	枇杷叶	黄绿色或灰绿色(新货)	有	≤3%/≤1%	无	干货
3	枇杷叶	枇杷叶绿色统段	枇杷叶	黄绿色或灰绿色(新货)	有	≤7%/≤5%	无	干货
4	枇杷叶	枇杷叶黄色统段	枇杷叶	黄棕色至棕色为主(陈货)	有	≤7%/≤5%	无	干货

4.124 蒲公英

4.124.1 基础数据

4.124.1.1 来源

本品为菊科植物蒲公英 *Taraxacum mongolicum* Hand. -Mazz.、碱地蒲公英 *Taraxacum borealisinense* Kitam. 或同属数种植物的干燥全草(《中国药典(2015 年版)》)。野生或栽培。栽培 1 年采收多次;野生春至秋季花初开时采挖,除去杂质,洗净,晒干。

4.124.1.2 产地

各地均产,主产于甘肃、河北、四川等地。

4.124.1.3 蒲公英

本品呈皱缩卷曲的团块。根呈圆锥状,多弯曲,长 3.0~7.0cm,表面棕褐色,抽皱,根头部有棕揭色或黄白色的茸毛,有的已脱落。叶基生,多皱缩破碎,完整叶片呈倒披针形,绿褐色或暗灰绿色,先端尖或钝,边缘浅裂或羽状分裂,基部渐狭,下延呈柄状,下表面主脉明显。花茎一至数条,每条顶生头状花序,总苞片多层,内面一层较长,花冠黄褐色或淡黄白色。有的可见多数具白色冠毛的长椭圆形瘦果。气微,味微苦。

4.124.1.4 蒲公英段

蒲公英除去杂质,洗净,切段,干燥。为不规则的段,长 2.0~7.0cm。

4.124.2 规格要素说明及名词解释

4.124.2.1 颜色(新货/陈货)

蒲公英新货多为绿色或灰绿色。暴晒或存储时间过长颜色变为灰绿色至灰色。

4.124.2.2 家种/野生

野生蒲公英全株采收,植株矮小,一般认为质量好;家种蒲公英仅采收地上部分,一年可采收多次。

4.124.2.3 杂质及 0.2cm 以下灰渣

蒲公英杂质为杂草、灰渣及泥土,挑选及用 0.2cm 标准筛筛除。

4.124.3 规格等级定义(表 4-159)

4.124.3.1 野生蒲公英选货

蒲公英,野生,绿色或灰绿色,杂质及 0.2cm 以下灰渣重量占比不超过 5%。

4.124.3.2 野生蒲公英绿色统货

蒲公英,野生,绿色或灰绿色,杂质及 0.2cm 以下灰渣重量占比不超过 10%。

4.124.3.3 野生蒲公英灰绿色统货

蒲公英,野生,灰绿色至灰色,杂质及 0.2cm 以下灰渣重量占比不超过 10%。

4.124.3.4 家种蒲公英选货

蒲公英,家种,绿色或灰绿色,杂质及 0.2cm 以下灰渣重量占比不超过 3%。

4.124.3.5 家种蒲公英绿色统货

蒲公英,家种,绿色或灰绿色,杂质及 0.2cm 以下灰渣重量占比不超过 7%。

4.124.3.6 家种蒲公英灰绿色统货

蒲公英,家种,灰绿色至灰色,杂质及 0.2cm 以下灰渣重量占比不超过 7%。

4.124.3.7　野生蒲公英选段

蒲公英段,野生,切段,绿色或灰绿色,杂质及 0.2cm 以下灰渣重量占比不超过 5%。

4.124.3.8　野生蒲公英绿色统段

蒲公英段,野生,绿色或灰绿色,杂质及 0.2cm 以下灰渣重量占比不超过 10%。

4.124.3.9　野生蒲公英灰绿色统段

蒲公英段,野生,绿色或灰绿色,灰绿色至灰色,杂质及 0.2cm 以下灰渣重量占比不超过 10%。

4.124.3.10　家种蒲公英选段

蒲公英段,家种,绿色或灰绿色,杂质及 0.2cm 以下灰渣重量占比不超过 5%。

4.124.3.11　家种蒲公英绿色统段

蒲公英段,家种,绿色或灰绿色,杂质及 0.2cm 以下灰渣重量占比不超过 7%。

4.124.3.12　家种蒲公英灰绿色统段

蒲公英段,家种,灰绿色至灰色,杂质及 0.2cm 以下灰渣重量占比不超过 7%。

表 4-159　中药材商品电子交易规格等级标准——蒲公英

序号	品名	规格名称	流通俗称	颜色(新货/陈货)	产地	杂质及 0.1cm 以下灰渣重量占比	虫蛀、霉变	干度
1	蒲公英	野生蒲公英选货	全草选货	绿色或灰绿色(新货)	甘肃、四川及其他地区	≤5%/≤3%	无	干货
2	蒲公英	野生蒲公英绿色统货	全草统货	绿色或灰绿色(新货)	甘肃、四川及其他地区	≤10%/≤7%	无	干货
3	蒲公英	野生蒲公英灰绿色统货	全草统货	灰绿色至灰色(陈货)	甘肃、四川及其他地区	≤10%/≤7%	无	干货
4	蒲公英	家种蒲公英选货	全草选货	绿色或灰绿色(新货)	河北及周边地区	≤3%/≤1%	无	干货
5	蒲公英	家种蒲公英绿色统货	全草统货	绿色或灰绿色(新货)	河北及周边地区	≤7%/≤5%	无	干货
6	蒲公英	家种蒲公英灰绿色统货	全草统货	灰绿色至灰色(陈货)	河北及周边地区	≤7%/≤5%	无	干货
7	蒲公英	野生蒲公英选段	全草选段	绿色或灰绿色(新货)	甘肃、四川及其他地区	≤5%/≤3%	无	干货
8	蒲公英	野生蒲公英绿色统段	全草统段	绿色或灰绿色(新货)	甘肃、四川及其他地区	≤10%!/≤7%	无	干货
9	蒲公英	野生蒲公英灰绿色统段	全草统段	灰绿色至灰色(陈货)	甘肃、四川及其他地区	≤10%!/≤7%	无	干货
10	蒲公英	家种蒲公英选段	全草选段	绿色或灰绿色(新货)	河北及周边地区	≤5%/≤3%	无	干货
11	蒲公英	家种蒲公英绿色统段	全草统段	绿色或灰绿色(新货)	河北及周边地区	≤7%/≤5%	无	干货
12	蒲公英	家种蒲公英灰绿色统段	全草统段	灰绿色至灰色(陈货)	河北及周边地区	≤7%/≤5%	无	干货

4.125　蒲黄

4.125.1　基础数据

4.125.1.1　来源

本品为香蒲科植物水烛香蒲 *Typha angustifolia* L.、东方香蒲 *Typha orientalis* Presl 或同属植物的干燥花粉(《中国药典(2015 年版)》)。夏季采收蒲棒上部的黄色雄花序,晒干后碾轧,筛取花粉。

4.125.1.2　产地

产于内蒙古、宁夏、山东、湖北、四川、安徽、江苏,主产于黄河河套地区,主要集中在内蒙巴尔卓彦市临河区,质量也最好。

4.125.1.3　蒲黄

为黄色粉末。体轻,放水中则飘浮水面。手捻有滑腻感,易附着手指上。气微,味淡。其中天然精粉为金黄色粉末,细粉为深黄色粉末,粗粉为灰黄色粉末。

4.125.2 规格要素说明及名词解释

4.125.2.1 颜色
蒲黄花粉净度高者为金黄色,夹有研碎的花序细末的颜色为深黄至灰黄,颜色变暗,花粉纯度降低。

4.125.2.2 180 目、120 目、100 目
不同规格的筛目尺寸,用于衡量蒲黄花粉净度。蒲黄能通过的筛目越细,花粉纯度越高。

4.125.3 规格等级定义(表 4-160)

4.125.3.1 蒲黄精粉 180 目
颜色金黄,过 180 目筛,不过 180 目筛杂质不超过 1%。

4.125.3.2 蒲黄细粉 120 目
颜色深黄,过 120 目筛,不过 120 目筛杂质不超过 10%。

4.125.3.3 蒲黄粗粉
颜色灰黄,过 120 目筛,不过 120 目筛杂质不超过 50%。

表 4-160　中药材商品电子交易规格等级标准——蒲黄

序号	品名	规格名称	流通俗称	颜色	过筛杂质重量占比	虫蛀、霉变	干度
1	蒲黄	蒲黄精粉 180 目	天然精粉	金黄	不过 180 目杂质≤1%/ 全过 180 目,无杂质	无	干货
2	蒲黄	蒲黄细粉 120 目	细粉	深黄	不过 120 目筛杂质≤10%/ 全过 120 目	无	干货
3	蒲黄	蒲黄粗粉	粗粉	灰黄	不过 120 目筛杂质≤50%/ 不过 120 目筛杂质≤30%	无	干货

4.126　前胡

4.126.1　基础数据

4.126.1.1　来源
本品为伞形科植物白花前胡 *Peucedanum praeruptorum* Dunn 的干燥根(《中国药典(2015 年版)》)。栽培或野生,栽培为主。栽培 1 年。冬季至次春茎叶枯萎或未抽花茎时采挖,晒干。

4.126.1.2　产地
产于安徽、浙江、湖北、江西等地,主产于安徽宣城和浙江淳安。

4.126.1.3　前胡
呈不规则的圆柱形、圆锥形或纺锤形,稍扭曲,下部常有分枝,长 3.0~15cm,直径 1.0~2.0cm。表面灰黄色,根头部多有茎痕及纤维状叶鞘残基,上端有密集的细环纹,下部有纵沟、纵皱纹及横向皮孔。质较柔软,干者质硬,可折断,断面不整齐,淡黄白色,皮部散有多数棕黄色油点,形成层环纹棕色,射线放射状。气芳香,味微苦、辛。

4.126.1.4　前胡片
将前胡洗净,润透,切片,晒干。呈类圆形片或圆柱形段,头部切后多为类圆形片,直径 0.4~1.2cm,厚 0.2~0.4cm,尾部切后多为段,直径多在 0.4cm 以下,长 0.5~2.0cm 不等。外表皮黑褐色或灰黄色,切面黄白色至棕黑色,皮部散有多数棕黄色油点,可见一棕色环及放射状纹理。气芳香。

4.126.2　规格要素说明及名词解释

4.126.2.1　直径
测量中上部根的直径。

4.126.2.2　0.2cm 以下的灰末
前胡具粉性,在切片、贮存和运输过程中易掉落灰末,一般用 0.2cm 标准筛筛除。

4.126.2.3　含硫情况
加工过程中不熏硫,无硫加工的前胡片切面多呈棕黑色;在前胡润透过程中熏硫,前胡片切面多呈黄白色。前胡片多为有硫加工。

4.126.3　规格等级定义(表 4-161,表 4-162)

4.126.3.1　前胡选货
前胡,挑选大个,直径 1.0cm 以上的前胡不少于 80%。

4.126.3.2　前胡统货
前胡,大小不分,直径 1.0cm 以上的前胡不少于 20%。

4.126.3.3　前胡选片 0.6
前胡切片后用 0.6cm 的筛子筛选,直径 0.6cm 以上的片重量占比不低于 80%,0.2cm 以下的灰末重量占比不超过 1%。(图 0097-1)

4.126.3.4　前胡统片
前胡切片之后不筛选,圆片和细段均有,直径 0.6cm 以上的片重量占比不低于 30%,0.2cm 以下的灰末重量占比不超过 3%。(图 0097-2)

表 4-161　中药材商品电子交易规格等级标准——前胡

序号	品名	规格名称	流通俗称	大个重量占比	虫蛀、霉变	干度
1	前胡	前胡选货	选个	直径 1.0cm 以上个≥80%	无	干货
2	前胡	前胡统货	统个	直径 1.0cm 以上个≥20%	无	干货

表 4-162　中药材商品电子交易规格等级标准——前胡(续)

序号	品名	规格名称	流通俗称	直径 0.6cm 以上片重量占比	0.2cm 以下灰末重量占比	含硫情况	虫蛀、霉变	干度
3	前胡	前胡选片 0.6	选片	≥80%/≥90%	≤1%	有硫加工/无硫加工	无	干货
4	前胡	前胡统片	统片	≥30%/≥50%	≤3%	有硫加工/无硫加工	无	干货

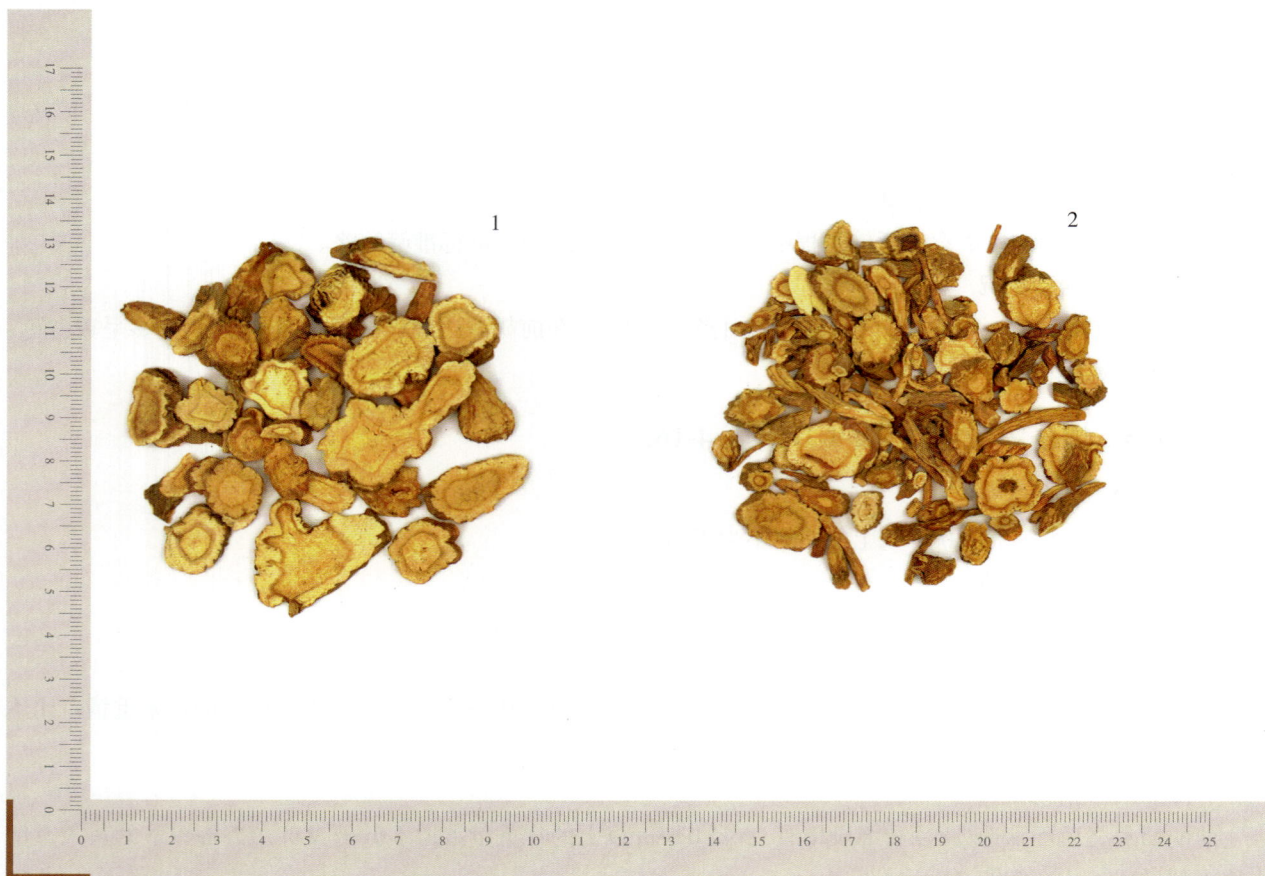

图 0097　前胡商品部分规格图示
1. 前胡选片 0.6；2. 前胡统片

4.127　芡实

4.127.1　基础数据

4.127.1.1　来源

本品为睡莲科植物芡实 *Euryale ferox* Salisb. 的干燥成熟种仁（《中国药典（2015 年版）》）。栽培 1 年，秋末冬初采收成熟果实，除去果皮，取出种子，洗净，再除去硬壳（外种皮），晒干。

4.127.1.2　产地

产于广东、广西、山东、江苏、湖南、湖北、安徽等地，主产于广东肇庆、广西、山东微山。广东、广西为道地产区，所产芡实外皮棕红色，粉性足，颗粒大，一般认为其质量优于山东等地所产芡实。

4.127.1.3　芡实

呈类球形，直径 0.5~1.0cm，表面有棕红色内种皮，一端黄白色，约占全体 1/3，有凹点状的种脐痕，除去内种皮显白色。质较硬，断面白色，粉性。气微，味淡。

4.127.1.4　芡实瓣

多为芡实去壳加工中产生的对瓣，表面棕红色，质较硬，断面白色，粉性，气微，味淡。

4.127.1.5　碎米

芡实去壳加工中产生的破碎粒,表面棕红色,质较硬,断面白色,粉性,气微,味淡。

4.127.2　规格要素说明及名词解释

4.127.2.1　大粒(瓣)

芡实粒或芡实瓣的规格主要是用筛选时过筛的孔径进行分级,粒大者为佳。

4.127.2.2　黑粒(瓣)、种壳和杂质

没有及时干燥而沤烂变黑的芡实为黑粒(瓣),另外还有未去尽的种壳和其他杂质。

4.127.2.3　含硫情况

有硫加工:芡实在储存、销售过程中为了防虫蛀或使外表美观而熏硫。

无硫加工:在储存、销售过程中未熏硫。

4.127.3　规格等级定义(表 4-163)

4.127.3.1　芡实 1.0

用孔径 1.0cm 的筛,筛选使直径 1.0cm 以上的芡实颗粒重量占比不低于 30%,黑粒(瓣)、种壳和杂质重量占比不超过 1%。流通领域常称 12 厘。

4.127.3.2　芡实 0.9

用孔径 0.9cm 的筛,筛选使直径 0.9cm 以上的芡实颗粒重量占比不低于 30%,黑粒(瓣)、种壳和杂质重量占比不超过 1%。流通领域常称 11 厘。(图 0098-1)

4.127.3.3　芡实 0.8

用孔径 0.8cm 的筛,筛选使直径 0.8cm 以上的芡实颗粒重量占比不低于 30%,黑粒(瓣)、种壳和杂质重量占比不超过 1%。流通领域常称 10 厘。(图 0098-2)

4.127.3.4　芡实 0.7

用孔径 0.7cm 的筛,筛选使直径 0.7cm 以上的芡实颗粒重量占比不低于 30%,黑粒(瓣)、种壳和杂质重量占比不超过 1%。流通领域常称 9 厘。(图 0098-3)

4.127.3.5　芡实 0.6

用孔径 0.6cm 的筛,筛选使直径 0.6cm 以上的芡实颗粒重量占比不低于 30%,黑粒(瓣)、种壳和杂质重量占比不超过 1%。流通领域常称 8 厘。(图 0098-4)

4.127.3.6　芡实 0.5

用孔径 0.5cm 的筛,筛选使直径 0.5cm 以上的芡实颗粒重量占比不低于 30%,黑粒(瓣)、种壳和杂质重量占比不超过 5%。流通领域常称 7 厘。

4.127.3.7　芡实对瓣 1.0

加工过程中打碎的芡实半颗粒,用孔径 1.0cm 的筛,筛选使直径 1.0cm 以上的颗粒重量占比不低于 30%,黑粒(瓣)、种壳和杂质重量占比不超过 1%。流通领域常称对瓣 12 厘。

4.127.3.8　芡实对瓣 0.9

用孔径 0.9cm 的筛,筛选使直径 0.9cm 以上的对瓣颗粒重量占比不低于 30%,黑粒(瓣)、种壳和杂质重量占比不超过 1%。流通领域常称对瓣 11 厘。(图 0098-5)

4.127.3.9　芡实对瓣 0.8

用孔径 0.8cm 的筛,筛选使直径 0.8cm 以上的对瓣颗粒重量占比不低于 30%,黑粒(瓣)、种壳和杂质重量占比不超过 1%。流通领域常称对瓣 10 厘。(图 0098-6)

4.127.3.10　芡实对瓣 0.7

用孔径 0.7cm 的筛,筛选使直径 0.7cm 以上的对瓣颗粒重量占比不低于 30%,黑粒(瓣)、种壳和杂质重量占

比不超过 1%。流通领域常称对瓣 9 厘。(图 0098-7)

4.127.3.11　芡实对瓣 0.6

用孔径 0.6cm 的筛,筛选使直径 0.6cm 以上的对瓣颗粒重量占比不低于 30%,黑粒(瓣)、种壳和杂质重量占比不超过 1%。流通领域常称对瓣 8 厘。(图 0098-8)

4.127.3.12　芡实对瓣 0.5

用孔径 0.5cm 的筛,筛选使直径 0.5cm 以上的对瓣颗粒重量占比不低于 30%,黑粒(瓣)、种壳和杂质重量占比不超过 5%。流通领域常称对瓣 7 厘。

4.127.3.13　芡实碎米

芡实在去壳加工过程中,被打碎成小于 1/2 对瓣的碎瓣,黑粒(瓣)、种壳和杂质重量占比不超过 5%。(图 0098-9)

表 4-163　中药材商品电子交易规格等级标准——芡实

序号	品名	规格名称	流通俗称	大粒(瓣)重量占比	黑粒(瓣)、种壳和杂质重量占比	含硫情况	虫蛀、霉变	干度
1	芡实	芡实 1.0	芡实 12 厘及以上	直径 1.0cm 及以上粒≥30%/ 直径 1.0cm 及以上粒≥40%/ 直径 1.0cm 及以上粒≥50%/1.0cm 及以上直径 1.0cm 及以上粒≥60%	≤1%	有硫加工 / 无硫加工	无	干货
2	芡实	芡实 0.9	芡实 11 厘	直径 0.9cm 及以上粒≥30%/ 直径 0.9cm 及以上粒≥40%/ 直径 0.9cm 及以上粒≥50%/ 直径 0.9cm 及以上粒≥50%	≤1%	有硫加工 / 无硫加工	无	干货
3	芡实	芡实 0.8	芡实 10 厘	直径 0.8cm 及以上粒≥30%/ 直径 0.8cm 及以上粒≥40%/ 直径 0.8cm 及以上粒≥50%/ 直径 0.8cm 及以上粒≥60%	≤1%	有硫加工 / 无硫加工	无	干货
4	芡实	芡实 0.7	芡实 9 厘	直径 0.7cm 及以上粒≥30%/ 直径 0.7cm 及以上粒≥40%/ 直径 0.7cm 及以上粒≥50%/ 直径 0.7cm 及以上粒≥60%	≤1%	有硫加工 / 无硫加工	无	干货
5	芡实	芡实 0.6	芡实 8 厘	直径 0.6cm 及以上粒≥30%/ 直径 0.6cm 及以上粒≥40%/ 直径 0.6cm 及以上粒≥50%/ 直径 0.6cm 及以上粒≥60%	≤1%	有硫加工 / 无硫加工	无	干货
6	芡实	芡实 0.5	芡实 7 厘	直径 0.5cm 及以上粒≥30%/ 直径 0.5cm 及以上粒≥40%/ 直径 0.5cm 及以上粒≥50%/ 直径 0.5cm 及以上粒≥60%	≤5%	有硫加工 / 无硫加工	无	干货
7	芡实	芡实对瓣 1.0	芡实 12 厘及以上对瓣	宽 1.0cm 及以上瓣≥30%/ 宽 1.0cm 及以上瓣≥40%/ 宽 1.0cm 及以上瓣≥50%/ 宽 1.0cm 及以上瓣≥60%	≤1%	有硫加工 / 无硫加工	无	干货
8	芡实	芡实对瓣 0.9	芡实 11 厘对瓣	宽 0.9cm 及以上瓣≥30%/ 宽 0.9cm 及以上瓣≥40%/ 宽 0.9cm 及以上瓣≥50%/ 宽 0.9cm 及以上瓣≥60%	≤1%	有硫加工 / 无硫加工	无	干货
9	芡实	芡实对瓣 0.8	芡实 10 厘对瓣	宽 0.8cm 及以上瓣≥30%/ 宽 0.8cm 及以上瓣≥40%/ 宽 0.8cm 及以上瓣≥50%/ 宽 0.8cm 及以上瓣≥60%	≤1%	有硫加工 / 无硫加工	无	干货

序号	品名	规格名称	流通俗称	大粒(瓣)重量占比	黑粒(瓣)、种壳和杂质重量占比	含硫情况	虫蛀、霉变	干度
10	芡实	芡实对瓣0.7	芡实9厘对瓣	宽0.7cm及以上瓣≥30%/宽0.7cm及以上瓣≥40%/宽0.7cm及以上瓣≥50%/宽0.7cm及以上瓣≥60%	≤1%	有硫加工/无硫加工	无	干货
11	芡实	芡实对瓣0.6	芡实8厘对瓣	宽0.6cm及以上瓣≥30%/宽0.6cm及以上瓣≥40%/宽0.6cm及以上瓣≥50%/宽0.6cm及以上瓣≥60%	≤1%	有硫加工/无硫加工	无	干货
12	芡实	芡实对瓣0.5	芡实7厘对瓣	宽0.5cm及以上瓣≥30%/宽0.5cm及以上瓣≥40%/宽0.5cm及以上瓣≥50%/宽0.5cm及以上瓣≥60%	≤5%/≤3%	有硫加工/无硫加工	无	干货
13	芡实	芡实碎米	芡实碎米	——	≤5%/≤3%	有硫加工/无硫加工	无	干货

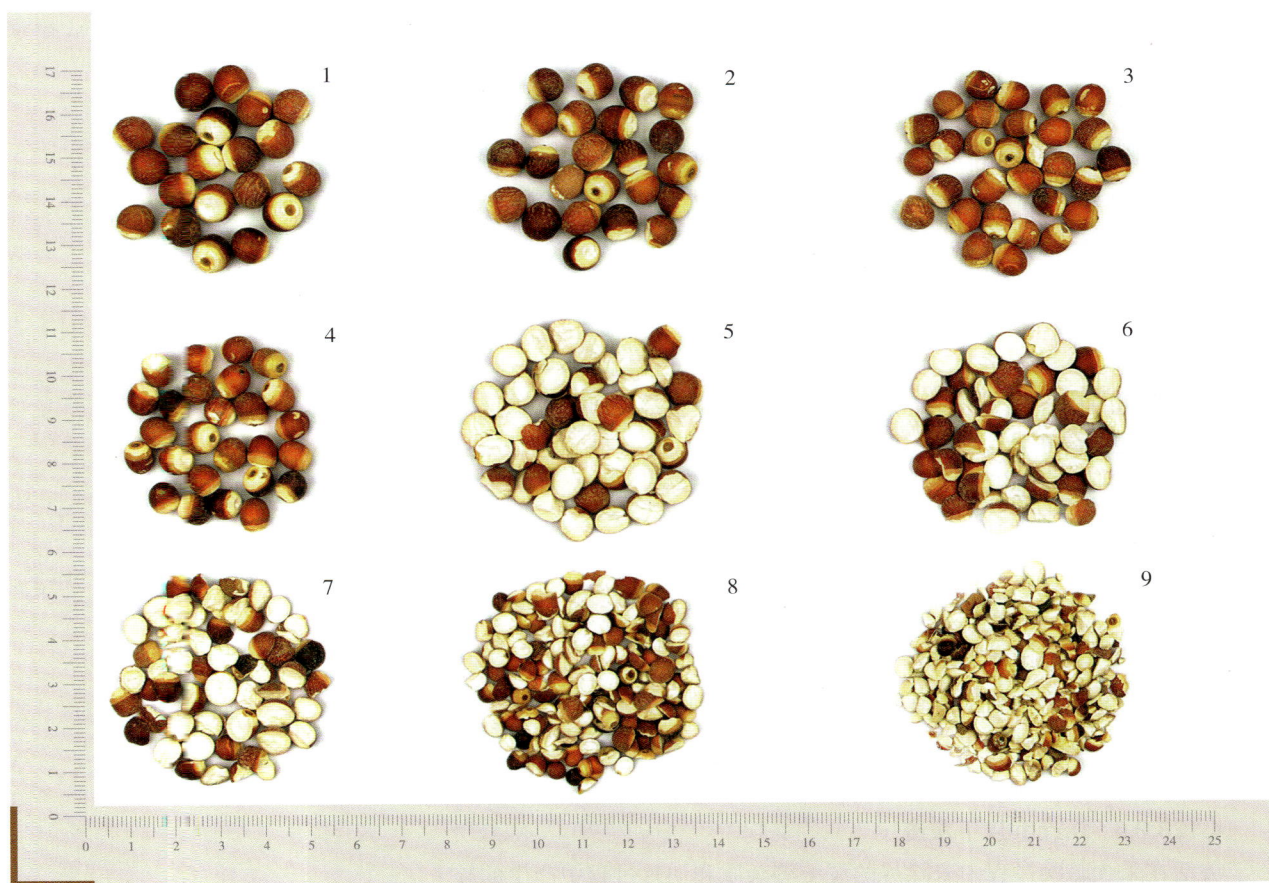

图0098　芡实商品部分规格图示

1.芡实0.9；2.芡实0.8；3.芡实0.7；4.芡实0.6；5.芡实对瓣0.9；6.芡实对瓣0.8；7.芡实对瓣0.7；8.芡实对瓣0.6；9.芡实碎米

4.128　羌活

4.128.1　基础数据

4.128.1.1　来源

本品为伞形科植物羌活 *Notopterygium incisum* Ting ex H. T. Chang 或宽叶羌活 *Notopterygium franchetii* H. de Boiss. 的干燥根茎和根(《中国药典(2015 年版)》)。野生或栽培,野生为主,栽培 2~3 年。春、秋二季采挖,除去须根及泥沙,晒干。羌活主产于四川,野生,习称"四川羌活"。羌活的根茎部位,体形略弯曲,长 4~13cm,节间缩短,呈紧密隆起的环状,形似蚕,习称"蚕羌";羌活的地下根与地面茎的结合部位,呈团块状,较粗大,习称"羌活头";羌活根的细小分支,呈结节状,较细长,习称"羌活尾"或"尾羌"。

4.128.1.2　产地

野生主产于四川甘孜阿坝及青海,栽培产于甘肃陇西。

4.128.1.3　四川羌活片

羌活除去杂质,洗净,润透,切厚片或短段,晒干。呈类圆形厚片、长条形片或短段,圆片直径 1.0~2.0cm,厚 0.5~1.0cm,长条片长 4.0~8.0cm,宽 1.0~2.0cm,厚 0.5~1.0cm,短段长 1.0~2.0cm,直径 0.5~1.0cm。表皮棕褐色至黑褐色,切面外侧棕褐色,木部黄白色,有的可见放射状纹理。体轻,质脆。气香,味微苦而辛。

4.128.1.4　四川羌活头片

不规则圆形厚片,直径 2.0~4.0cm,厚 0.5~1.0cm,部分带杆状残基。

4.128.1.5　四川羌活尾片

呈不规则短段,长 1.0~2.0cm,直径 0.2~0.5cm。

4.128.2　规格要素说明及名词解释

4.128.2.1　头片

羌活头切的片。

4.128.2.2　杆子片

羌活带地上茎的根茎部位切的片(图 0099-6)。

4.128.2.3　直径 1.0cm 以上片

羌活主根切的片直径较大,一般在 1.0cm 以上;支根(羌活尾)直径较小,一般在 1.0cm 以下。主根切的片越多,质量越好。

4.128.2.4　1.0cm 以下碎片

蚕羌纵切及羌活头切片过程中易碎,碎片多在 1.0cm 以下。

4.128.2.5　0.5cm 以下碎片

蚕羌在切片过程中易碎,横切片圆片时碎片多在 0.5cm 以下。

4.128.2.6　0.2cm 以下灰渣

羌活在采收晾晒过程中未除尽的泥土等杂质和切片过程中产生的碎末。

4.128.2.7　野生／家种

野生羌活:主要分布于四川、青海、云南等地,挥发油含量较高。

家种羌活:主要在甘肃陇西地区,因生长年限短,含量较低。

4.128.3 规格等级定义（表4-164）

4.128.3.1 四川野生蚕羌长片

产于四川，野生，蚕羌切长片，1.0cm以下碎片重量占比不超过3%，头片和杆子片重量占比不超过5%，0.2cm以下灰渣重量占比不超过_%。（图0099-1）

4.128.3.2 四川野生蚕羌圆片

产于四川，野生，蚕羌切圆片，0.5cm以下碎片重量占比不超过15%，头片和杆子片重量占比不超过5%。

4.128.3.3 四川野生羌活好统片

产于四川，野生，羌活统个切短段后过孔径为0.2cm的筛，筛掉碎末，杆子片重量占比不超过30%，0.2cm以下灰渣重量占比不超过1%。（图0099-2）

4.128.3.4 四川野生羌活头统片

产于四川，野生，羌活头切片，1.0cm以下碎片重量占比不超过40%，0.2cm以下灰渣重量占比不超过10%。（图0099-3）

4.128.3.5 四川野生羌活统片

产于四川，野生，羌活统个切段，宽1.0cm以上片重量占比不低于30%，0.2cm以下灰渣重量占比不超过10%。（图0099-4）

4.128.3.6 四川野生羌活尾节片

产于四川，野生，羌活尾节切片，宽1.0cm以上片重量占比不低于10%，0.2cm以下灰渣重量占比不超过10%。（图0099-5）

表4-164 中药材商品电子交易规格等级标准——羌活

序号	品名	规格名称	流遁俗称	直径1.0cm以上片重量占比	1.0cm以下碎片重量占比	0.5cm以下碎片重量占比	头片和杆子片重量占比	杆子片重量占比	0.2cm以下灰渣重量占比	虫蛀霉变	干度
1	羌活	四川野生蚕羌长片	蚕羌纵切片	——	≤3%≤1%	——	≤5%/≤3%	——	≤1%	无	干货
2	羌活	四川野生蚕羌圆片	蚕羌圆片	——	——	≤15%/≤10%/≤5%/≤2%	≤5%/≤3%	——	——	无	干货
3	羌活	四川野生羌活好统片	羌活选片	——	——	——	——	≤30%/≤20%/≤10%	≤1%	无	干货
4	羌活	四川野生羌活头统片	羌头片	≤40%/≤30%/≤20%	——	——	——	——	≤10%/≤5%/≤2%	无	干货
5	羌活	四川野生羌活统片	统羌节	≥30%/≥40%/≥50%	——	——	——	——	≤10%/≤5%/≤2%	无	干货
6	羌活	四川野生羌活尾节片	尾羌节	≥10%/≥20%	——	——	——	——	≤10%/≤5%/≤2%	无	干货

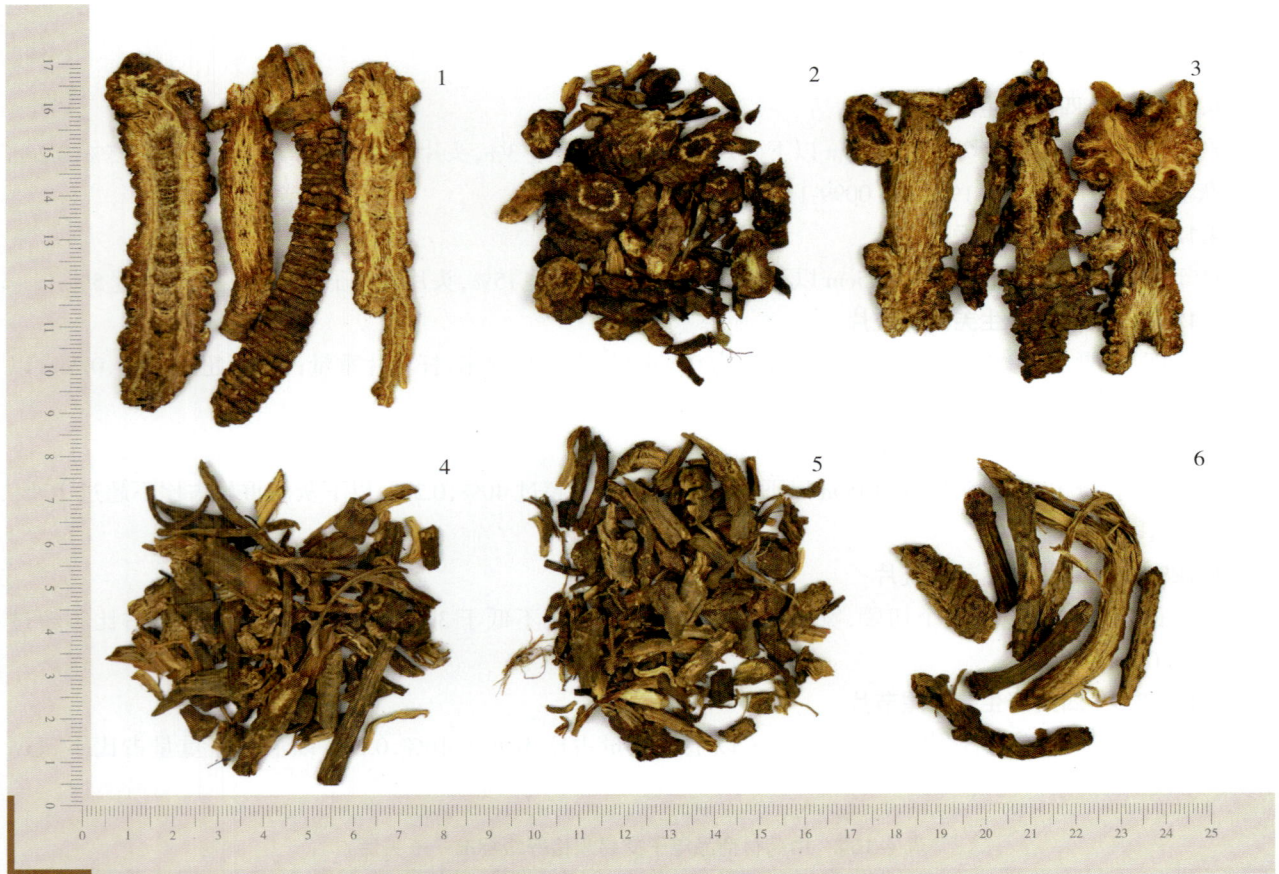

图 0099　羌活商品部分规格图示

1. 四川野生蚕羌长片;2. 四川野生羌活好统片;3. 四川野生羌活头统片;4. 四川野生羌活统片;5. 四川野生羌活尾节片;6. 四川羌活尾节片

4.129　秦艽

4.129.1　基础数据

4.129.1.1　来源

本品为龙胆科植物秦艽 *Gentiana macrophylla* Pall.、麻花秦艽 *Gentiana straminea* Maxim.、粗茎秦艽 *Gentiana crassicaulis* Duthie ex Burk. 或小秦艽 *Gentiana dahurica* Fisch. 的干燥根(《中国药典(2015 年版)》)。野生或栽培,栽培 2 年。春、秋二季采挖,除去泥沙;秦艽和麻花艽晒软,堆置"发汗"至表面呈红黄色或灰黄色时,摊开晒干,或不经"发汗"直接晒干。小秦艽趁鲜时搓去黑皮,晒干。家种秦艽主要为秦艽、麻花秦艽和粗茎秦艽,根条较野生秦艽粗,表皮颜色较浅。

4.129.1.2　产地

产于云南、甘肃、四川、西藏、青海、陕西等地,主产于云南丽江,甘肃庆阳、定西。栽培主要集中在云南丽江和甘肃定西、庆阳,一般认为云南产秦艽质量稍好。

4.129.1.3　麻花秦艽

呈类圆锥形,多由数个小根纠聚而膨大,直径可达 7.0cm。表面棕褐色,粗糙,有裂隙呈网状孔纹。质松脆,易折断,断面多呈枯朽状。

4.129.1.4 秦艽片

秦艽蒸汽润透后切片,干燥。呈类圆形的厚片,直径 0.6~2.5cm,厚 0.2~0.4cm,外表皮黄棕色、灰黄色或棕褐色,粗糙,有扭曲纵纹或网状孔纹。切面皮部黄色或棕黄色,木部黄色,有的中心呈枯朽状。气特异,味苦、微涩。

4.129.2 规格要素说明及名词解释

4.129.2.1 是否水洗

秦艽采挖后水洗以去除泥沙,也有的未水洗。

4.129.2.2 芦头与芦头片

秦艽地上茎与地下根的结合部位称为芦头,带芦头原药的片会产生少量芦头片。

4.129.2.3 毛须

麻花艽上未缠绕在一起,零散的小细根。

4.129.2.4 萝卜艽

麻花艽野生采集的具有圆锥形根的品种。

4.129.3 规格等级定义(表 4-165,表 4-166)

4.129.3.1 野生麻花秦艽水洗选货

野生麻花艽,产于四川,水洗,去芦头及毛须个重量占比不低于 98%,萝卜艽重量占比不超过 5%,皮、0.3cm 以下须根及灰渣重量占比不超过 1%。

4.129.3.2 野生麻花秦艽水洗统货

野生麻花艽,产于四川,水洗,去芦头及毛须个重量占比不低于 95%,萝卜艽重量占比不超过 30%,皮、0.3cm 以下须根及灰渣重量占比不超过 2%。

4.129.3.3 野生麻花秦艽统货

野生麻花艽,产于四川,未水洗,去芦头及毛须个重量占比不低于 70%,萝卜艽重量占比不超过 30%,皮、0.3cm 以下须根及灰渣重量占比不超过 10%。

4.129.3.4 家种秦艽选片

家种秦艽片,直径 2.0cm 以上片重量占比不低于 60%,芦头片重量占比不超过 5%,0.2cm 以下碎末重量占比不超过 2%。

4.129.3.5 家种秦艽统片

家种秦艽片,直径 2.0cm 以上片重量占比不低于 30%,芦头片重量占比不超过 15%,0.2cm 以下碎末重量占比不超过 5%。

表 4-165 中药材商品电子交易规格等级标准——秦艽

序号	品名	规格名称	流通俗称	产地	是否水洗	去芦头及毛须个重量占比	萝卜艽重量占比	皮、0.3cm 以下须根及灰渣重量占比	虫蛀、霉变	干度
1	秦艽	野生麻花秦艽水洗选货	野生麻花秦艽水洗货	四川	水洗	98%	≤5%	≤1%/无	无	干货
2	秦艽	野生麻花秦艽水洗统货	野生麻花秦艽水洗货	四川	水洗	95%	≤30%/≤20%/≤10%	≤2%/≤1%	无	干货
3	秦艽	野生麻花秦艽统货	野生麻花秦艽未水洗统货	四川	未水洗	≥70%/≥80%/≥90%	≤30%/≤20%/≤10%	≤10%/≤5%/≤2%	无	干货

表 4-166 中药材商品电子交易规格等级标准——秦艽（续）

序号	品名	规格名称	流通俗称	直径 2.0cm 以上片重量占比	芦头片重量占比	0.2cm 以下碎末重量占比	含硫情况	虫蛀、霉变	干度
4	秦艽	家种秦艽选片	家种秦艽选片	≥60%/≥70%/≥80%	≤5%/≤3%	≤2%	有硫加工 / 无硫加工	无	干货
5	秦艽	家种秦艽统片	家种秦艽统片	≥30%/≥40%	≤15%/≤10%	≤5%/≤3%	有硫加工 / 无硫加工	无	干货

4.130 青皮

4.130.1 基础数据

4.130.1.1 来源

本品为芸香科植物橘 *Citrus reticulata* Blanco 及其栽培变种的干燥幼果或未成熟果实的果皮（《中国药典(2015年版)》）。栽培。5~6 月收集自落的幼果，晒干，称"个青皮"。7~8 月采收未成熟的果实，在果皮上纵剖成四瓣至基部，除尽瓤瓣，晒干，习称"四花青皮"。市场上主要是后者。

4.130.1.2 产地

产于四川、福建、浙江、广东、广西、江西、湖南、贵州、云南等地，主产于四川。

4.130.1.3 四花青皮

果皮剖成 4 裂片，裂片长椭圆形，长 4.0~6.0cm，厚 0.1~0.2cm。外表面灰绿色、墨绿色、黄绿色、黄棕色和黄褐色，密生多数油室；内表面类白色或黄白色，粗糙，附黄白色或黄棕色小筋络。质稍硬，易折断，断面外缘有油室 1~2 列。气香，味苦、辛。

4.130.1.4 青皮丝

青皮除去杂质，闷润，切丝，晒干。呈不规则丝状。丝宽 0.2~0.5cm。切面黄白色。

4.130.2 规格要素说明及名词解释

4.130.2.1 灰绿色或墨绿色个（丝）

采收较早的未成熟果实外皮呈灰绿色或墨绿色；采收较晚，或者采收后未及时加工，外皮颜色发黄，呈现黄绿色、黄棕色至黄褐色。灰绿色或墨绿色个（丝）比例越高，等级越高。

4.130.2.2 0.3cm 以下碎末

用 0.3cm 标准筛筛出的刀口碎末。

4.130.3 规格等级定义（表 4-167）

4.130.3.1 四花青皮选个

四花青皮，挑选灰绿色或墨绿色个重量占比不低于 70%，无 0.3cm 以下碎末。（图 0100-1）

4.130.3.2 四花青皮统个

四花青皮，不分颜色，灰绿色或墨绿色个重量占比不低于 20%，无 0.3cm 以下碎末。（图 0100-2）

4.130.3.3 青皮绿色选丝

用四花青皮选个切丝，灰绿色或墨绿色个重量占比不低于 70%，0.3cm 以下的碎末重量占比不超过 1%。（图 0100-3）

4.130.3.4　青皮统丝

不分颜色的青皮个切丝,灰绿色或墨绿色的丝重量占比不低于20%,0.3cm以下的碎末重量占比不超过3%。（图0100-4）

表 4-167　中药材商品电子交易规格等级标准——青皮

序号	品名	规格名称	流通俗称	灰绿色或墨绿色个(丝)重量占比	0.3cm以下碎末重量占比	虫蛀、霉变	干度
1	青皮	四花青皮绿色选个	青皮选个	≥70%/≥80%	无	无	干货
2	青皮	四花青皮统个	青皮统个	≥20%/≥30%/≥40%	无	无	干货
3	青皮	青皮绿色选丝	选丝	≥70%/≥80%	≤1%	无	干货
4	青皮	青皮统丝	统丝	≥20%/≥30%/≥40%	≤3%	无	干货

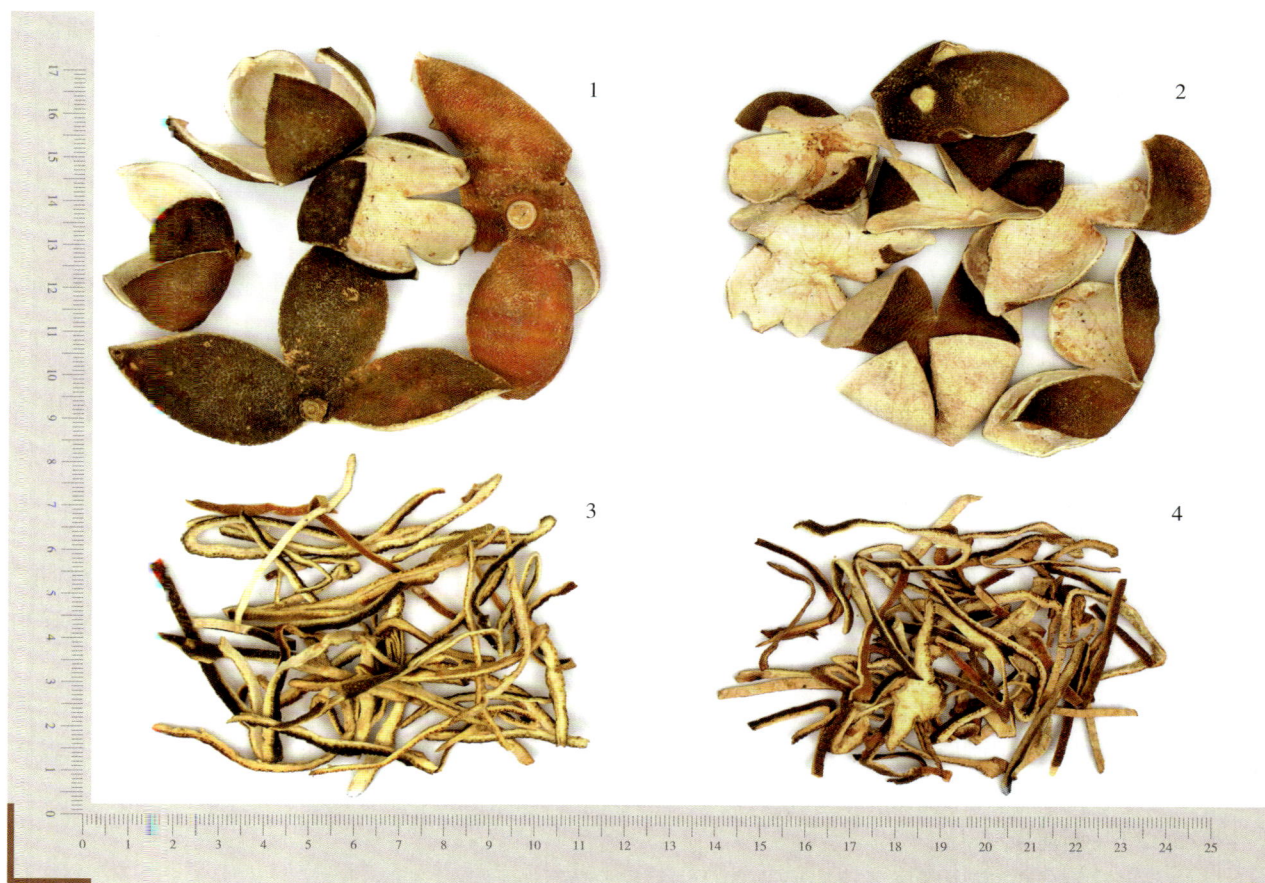

图 0100　青皮商品部分规格图示
1.四花青皮绿色选个;2.四花青皮统个;3.青皮绿色选丝;4.青皮统丝

4.131　全蝎

4.131.1　基础数据

4.131.1.1　来源

本品为钳蝎科动物东亚钳蝎 *Buthus martensii* Karsch 的干燥体(《中国药典(2015 年版)》)。夏初至秋初捕捉,除去泥沙,置于沸水或沸盐水中,煮至其全身僵硬,捞出,置通风处,阴干。或其他加盐加工方法。

4.131.1.2　产地

全国大部分地区均有产,主产于山东、河北、河南、山西、陕西、宁夏、甘肃、新疆等地。蝎体按山东、河南、河北、山西、陕西、宁夏、甘肃、新疆的产地排序依次变小,一般认为质量也依次变差。

4.131.1.3　全蝎

头胸部与前腹部呈扁平长椭圆形,后腹部呈尾状,皱缩弯曲,完整者体长 2.5~7.0cm。头胸部呈绿褐色,前面有 1 对短小的螯肢和 1 对较长大的钳状脚须,形似蟹螯,背面覆有梯形背甲,腹面有足 4 对,均为 7 节,末端各具 2 爪钩,前腹部由 7 节组成,第 7 节色深,背甲上有 5 条隆脊线。背面绿褐色,后腹部棕黄色我。6 节,节上均有纵沟,末节有锐钩状毒刺,毒刺下方无距。气微腥,味咸或微咸。

4.131.2　规格要素说明及名词解释

4.131.2.1　体长

体长是区别产地的主要特征。山东全蝎 5.0~7.0cm,河北 / 河南全蝎 4.0~5.5cm,山西 / 陕西全蝎 4.0~5.0cm,宁夏 / 甘肃全蝎 2.5~5.0cm,新疆全蝎 2.5~4.0cm。

4.131.2.2　条数 /100g

在同产地及形体尺寸相近的情况下,每 100g 的条数,随腹腔饱满程度和含盐量而变化。如果在确定腹腔内容物(伏货或秋货)的情况下,每 100g 的条数越多,代表含盐量越少(或者为清水加工而无盐),质量越好。

4.131.2.3　伏货 / 秋货

根据腹中空和腹饱满两种形态特征,将全蝎分为伏货和秋货。伏天捕捉的产子后的全蝎腹中空,色泽纯正,为"伏货"。秋初或夏季产子前捕捉的全蝎;或者捕捉后人工喂食增重后烫死的全蝎。腹中内容物较多,色泽和质量较差,为"秋货"。

4.131.2.4　清水 / 淡盐 / 盐水

清水全蝎为在清水中加工处理的全蝎。淡盐全蝎为在低浓度盐水中加工处理的全蝎。盐水全蝎为在较高浓度盐水中加工处理,或者其他盐加工处理的全蝎。

4.131.2.5　断尾条

肢体不完整的全蝎(其中断尾者较多)。一般认为完整全蝎为好。

4.131.3　规格等级定义(表 4-168)

4.131.3.1　山东清水全蝎伏货

山东产,伏天产子后捕捉,在清水中加工处理的全蝎。每 100g 不少于 240 条,断尾条重量占比不超过 10%。

4.131.3.2　山东淡盐全蝎伏货

山东产,伏天产子后捕捉,在低浓度盐水中加工处理。每 100g 不少于 200 条,断尾条重量占比不超过

15%。

4.131.3.3　山东盐水全蝎伏货

山东产，伏天产子后捕捉，在较高浓度盐水中加工处理，或其他加盐加工处理。每100g不少于140条，断尾条重量占比不超过50%。

4.131.3.4　山东清水全蝎秋货

山东产，秋初或者夏季产子前捕捉，或者捕捉后人工喂食增重后的全蝎，在清水中加工处理。每100g不少于190条，断尾条重量占比不超过20%。

4.131.3.5　山东淡盐全蝎秋货

山东产，秋初或者夏季产子前捕捉，或者捕捉后人工喂食增重后的全蝎，在低浓度盐水中加工处理。每100g不少于150条，断尾条重量占比不超过20%。

4.131.3.6　山东盐水全蝎秋货

山东产，秋初或者夏季产子前捕捉，或者捕捉后人工喂食增重后的全蝎，在较高浓度盐水中加工处理，或其他加盐加工处理。每100g不少于110条，断尾条重量占比不超过50%。

4.131.3.7　河北河南清水全蝎伏货

河北、河南产，伏天产子后捕捉，在清水中加工处理的全蝎。每100g不少于410条，断尾条重量占比不超过20%。

4.131.3.8　河北河南淡盐全蝎伏货

河北、河南产，伏天产子后捕捉，在低浓度盐水中加工处理。每100g不少于320条，断尾条重量占比不超过20%。

4.131.3.9　河北河南盐水全蝎伏货

河北河南产，伏天产子后捕捉，在较高浓度盐水中加工处理，或其他加盐加工处理。每100g不少于160条，断尾条重量占比不超过50%。

4.131.3.10　河北河南清水全蝎秋货

河北、河南产，秋初或者夏季产子前捕捉，或者捕捉后人工喂食增重后的全蝎，在清水中加工处理。每100g不少于330条，断尾条重量占比不超过20%。

4.131.3.11　河北河南淡盐全蝎秋货

河北、河南产，秋初或者夏季产子前捕捉，或者捕捉后人工喂食增重后的全蝎，在低浓度盐水中加工处理。每100g不少于260条，断尾条重量占比不超过20%。

4.131.3.12　河北河南盐水全蝎秋货

河北、河南产，秋初或者夏季产子前捕捉，或者捕捉后人工喂食增重后的全蝎，在较高浓度盐水中加工处理，或其他加盐加工处理。每100g不少于130条，断尾条重量占比不超过50%。

4.131.3.13　山西、陕西全蝎相应规格

为山西、陕西产，规格等级类同4.131.3.7至4.131.3.12，因体长较河北、河南产的全蝎小，相应的每100g的条数依次为不少于430、340、175、340、270、140，断尾条重量占比与4.131.3.7至4.131.3.12相应规格要求相同。

4.131.3.14　宁夏、甘肃全蝎相应规格

为宁夏、甘肃产，规格等级类同4.131.3.7至4.131.3.12，因体长较山西、陕西产的全蝎小，相应的每100g的条数依次为不少于470、380、190、380、310、160。断尾条重量占比与4.131.3.7至4.131.3.12相应规格要求相同。

4.131.3.15　新疆全蝎相应规格

为新疆所产，规格等级类同4.131.3.7至4.131.3.12，因体长较宁夏、甘肃产的全蝎小，相应的每100g的条数依次为不少于860、680、280、640、510、250。断尾条重量占比与4.131.3.7至4.131.3.12相应规格要求相同。

表 4-168　中药材商品电子交易规格等级标准——全蝎

序号	品名	规格名称	流通俗称	产地	体长 / cm	腹空与否,含盐与否	条数 / 100g	断尾条重量占比	虫蛀、霉变	干度
1	全蝎	山东清水全蝎伏货	山东清水全蝎伏货	山东	5.0~7.0	腹空,无盐味	≥240	≤10%/≤5%	无	干货
2	全蝎	山东淡盐全蝎伏货	山东淡盐全蝎伏货	山东	5.0~7.0	腹空,淡盐味	≥200	≤15%/≤10%	无	干货
3	全蝎	山东盐水全蝎伏货	山东盐水全蝎伏货	山东	5.0~7.0	腹空,味咸	≥140	≤50%/≤30%	无	干货
4	全蝎	山东清水全蝎秋货	山东清水全蝎秋货	山东	5.0~7.0	腹饱满,无盐味	≥190	≤20%/≤10%	无	干货
5	全蝎	山东淡盐全蝎秋货	山东淡盐全蝎秋货	山东	5.0~7.0	腹饱满,淡盐味	≥150	≤20%/≤15%/≤10%	无	干货
6	全蝎	山东盐水全蝎秋货	山东盐水全蝎秋货	山东	5.0~7.0	腹饱满,味咸	≥110	≤50%/≤30%	无	干货
7	全蝎	河北河南清水全蝎伏货	河北清水全蝎伏货	河北 / 河南	4.0~5.5	腹空,无盐味	≥410	≤20%/≤10%/≤5%	无	干货
8	全蝎	河北河南淡盐全蝎伏货	河北淡盐全蝎伏货	河北 / 河南	4.0~5.5	腹空,淡盐味	≥320	≤20%/≤15%/≤10%	无	干货
9	全蝎	河北河南盐水全蝎伏货	河北盐水全蝎伏货	河北 / 河南	4.0~5.5	腹空,味咸	≥160	≤50%/≤30%	无	干货
10	全蝎	河北河南清水全蝎秋货	河北清水全蝎秋货	河北 / 河南	4.0~5.5	腹饱满,无盐味	≥330	≤20%/≤10%/≤5%	无	干货
11	全蝎	河北河南淡盐全蝎秋货	河北淡盐全蝎秋货	河北 / 河南	4.0~5.5	腹饱满,淡盐味	≥260	≤20%/≤15%/≤10%	无	干货
12	全蝎	河北河南盐水全蝎秋货	河北盐水全蝎秋货	河北 / 河南	4.0~5.5	腹饱满,味咸	≥130	≤50%/≤30%	无	干货
13	全蝎	山西陕西清水全蝎伏货	山西陕西清水全蝎伏货	山西 / 陕西	4.0~5.0	腹空,无盐味	≥430	≤20%/≤10%/≤5%	无	干货
14	全蝎	山西陕西淡盐全蝎伏货	山西陕西淡盐全蝎伏货	山西 / 陕西	4.0~5.0	腹空,淡盐味	≥340	≤20%/≤15%/≤10%	无	干货
15	全蝎	山西陕西盐水全蝎伏货	山西陕西盐水全蝎伏货	山西 / 陕西	4.0~5.0	腹空,味咸	≥175	≤50%/≤30%	无	干货
16	全蝎	山西陕西清水全蝎秋货	山西陕西清水全蝎秋货	山西 / 陕西	4.0~5.0	腹饱满,无盐味	≥340	≤20%/≤10%/≤5%	无	干货
17	全蝎	山西陕西淡盐全蝎秋货	山西陕西淡盐全蝎秋货	山西 / 陕西	4.0~5.0	腹饱满,淡盐味	≥270	≤20%/≤15%/≤10%	无	干货
18	全蝎	山西陕西盐水全蝎秋货	山西陕西盐水全蝎秋货	山西 / 陕西	4.0~5.0	腹饱满,味咸	≥140	≤50%/≤30%	无	干货
19	全蝎	宁夏甘肃清水全蝎伏货	宁夏甘肃清水全蝎伏货	宁夏 / 甘肃	2.5~5.0	腹空,无盐味	≥470	≤20%/≤10%/≤5%	无	干货

序号	品名	规格名称	流通俗称	产地	体长/cm	腹空与否,含盐与否	条数/100g	断尾条重量占比	虫蛀、霉变	干度
20	全蝎	宁夏甘肃淡盐全蝎伏货	宁夏甘肃淡盐全蝎伏货	宁夏/甘肃	2.5~5.0	腹空,淡盐味	≥380	≤20%/≤15%/≤10%	无	干货
21	全蝎	宁夏甘肃盐水全蝎伏货	宁夏甘肃盐水全蝎伏货	宁夏/甘肃	2.5~5.0	腹空,味咸	≥190	≤50%/≤30%	无	干货
22	全蝎	宁夏甘肃清水全蝎秋货	宁夏甘肃清水全蝎秋货	宁夏/甘肃	2.5~5.0	腹饱满,无盐味	≥380	≤20%/≤15%/≤10%	无	干货
23	全蝎	宁夏甘肃淡盐全蝎秋货	宁夏甘肃淡盐全蝎秋货	宁夏/甘肃	2.5~5.0	腹饱满,淡盐味	≥310	≤20%/≤15%/≤10%	无	干货
24	全蝎	宁夏甘肃盐水全蝎秋货	宁夏甘肃盐水全蝎秋货	宁夏/甘肃	2.5~5.0	腹饱满,味咸	≥160	≤50%/≤30%	无	干货
25	全蝎	新疆清水全蝎伏货	新疆清水全蝎伏货	新疆	2.5~4.0	腹空,无盐味	≥860	≤20%/≤15%/≤10%	无	干货
26	全蝎	新疆淡盐全蝎伏货	新疆淡盐全蝎伏货	新疆	2.5~4.0	腹空,淡盐味	≥680	≤20%/≤15%/≤10%	无	干货
27	全蝎	新疆盐水全蝎伏货	新疆盐水全蝎伏货	新疆	2.5~4.0	腹空,味咸	≥280	≤50%/≤30%	无	干货
28	全蝎	新疆清水全蝎秋货	新疆清水全蝎秋货	新疆	2.5~4.0	腹饱满,无盐味	≥640	≤20%/≤15%/≤10%	无	干货
29	全蝎	新疆淡盐全蝎秋货	新疆淡盐全蝎秋货	新疆	2.5~4.0	腹饱满,淡盐味	≥510	≤20%/≤15%/≤10%	无	干货
30	全蝎	新疆盐水全蝎秋货	新疆盐水全蝎秋货	新疆	2.5~5.0	腹饱满,味咸	≥250	≤50%/≤30%	无	干货

4.132　人参

4.132.1　基础数据

4.132.1.1　来源

本品为五加科植物人参 *Panax ginseng* C. A. Mey. 的干燥根和根茎(《中国药典(2015年版)》)。多于秋季采挖,洗净经晒干或烘干。栽培4~7年,俗称"园参"。

4.132.1.2　产地

产于吉林、辽宁和黑龙江,主产于吉林抚松县。

4.132.1.3　人参

主根呈纺锤形或圆柱形,长3.0~15cm,直径1.0~2.0cm。表面灰黄色,上部或全体有疏浅断续的粗横纹及明显的纵皱,下部有支根2~3条,并着生多数细长的须根,须根上常有不明显的细小疣状突出。根茎(芦头)长1.0~4.0cm,直径0.3~1.5cm,多拘挛而弯曲,具不定根(艼)和稀疏的凹窝状茎痕(芦碗)。

4.132.1.4　人参片

将人参润透,机器切薄片。圆形或类圆形薄片,直径 0.4~2.0cm,厚 0.1cm 左右。质脆,切面淡黄白色,形成层明显,呈棕黄色。香气特异,味微苦、甘。

4.132.2　规格要素说明及名词解释

4.132.2.1　支数 /500g

每 500g 人参的条数。条数越少,个头越大,等级越高。

4.132.2.2　芦头、根须齐整程度

芦头上的芦碗越多,生长年限越长;根须为主根下并着生多数细长的须根。一般芦头和须根越齐全越好。

4.132.2.3　体表水锈

人参生长过程中染上红锈病,表皮呈铁锈颜色,也称"红皮"。

4.132.2.4　碎片

人参在切片过程中产生的小碎片。

4.132.2.5　黑片

人参存放不当或受潮霉变,以致发黑变质,一般应予以拣除。

4.132.2.6　破损个、疤痕个

生长、采收加工过程中在表面形成破损或疤痕的人参。

4.132.2.7　含硫情况

目前为电炕干或晒干,一般不含硫。但也有因存放时间过长或水锈过重而使用硫黄熏蒸,改善表面颜色,便于保存。

4.132.3　规格等级定义(表 4-169,表 4-170)

4.132.3.1　生晒参 25 支

选大条鲜参晒干,称重,选条,每 500g 不超过 25 支,芦头根须残缺率不超过 60%,破损和疤痕个重量占比不超过 15%。(图 0101A-1)

4.132.3.2　生晒参 35 支

选大小均匀鲜参晒干,称重,选条,每 500g 在 26~35 支之间,芦头根须残缺率不超过 60%,破损和疤痕个重量占比不超过 15%。

4.132.3.3　生晒参 45 支

选大小均匀鲜参晒干,称重,选条,每 500g 在 36~45 支之间,芦头根须残缺率不超过 60%,破损和疤痕个重量占比不超过 15%。(图 0101A-2)

4.132.3.4　生晒参 60 支

选大小均匀鲜参晒干,称重,选条,每 500g 在 46~60 支之间,芦头根须残缺率不超过 60%,破损和疤痕个重量占比不超过 15%。(图 0101A-3)

4.132.3.5　生晒参 60 支以上

选剩下的小鲜参晒干,每 500g 大于 60 支,破损和疤痕个重量占比不超过 15%。

4.132.3.6　人参特大片 2.0

大条干参切薄圆片,片厚 0.1cm 左右,直径 2.0cm 以上片重量占比不低于 70%,直径 1.8cm 以下片重量占比不超过 10% 的参片,无碎片、黑片。

4.132.3.7　人参大片 1.8~2.0

大条干参切薄圆片,片厚 0.1cm 左右,直径 1.8cm 以上片重量占比不低于 70%,直径 1.5cm 以下片重量占比

不超过 10% 的参片,碎片、黑片重量占比不超过 1%。(图 0101B-1)

4.132.3.8 人参中片 1.4~1.8

中条干参切薄圆片,片厚 0.1cm 左右,直径 1.6cm 以上片重量占比不低于 70%,直径 1.2cm 以下片不超过 10% 的参片,碎片、黑片重量占比不超过 1%。(图 0101B-2)

4.132.3.9 人参中片 1.2~1.6

中小条干参切薄圆片,片厚 0.1cm 左右,直径 1.4cm 以上片重量占比不低于 70%,直径 1.0cm 以下片不超过 10% 的参片,碎片、黑片重量占比不超过 2%。(图 0101B-3)

4.132.3.10 人参小片 1.2 以下

小条干参切薄圆片,片厚 0.1cm 左右,直径 1.0cm 以上片重量占比不低于 50% 的参片,碎片、黑片重量占比不超过 2%。(图 0101B-4)

表 4-169 中药材商品电子交易规格等级标准——人参

序号	品名	规格名称	流通俗称	支数(/500g)	芦头根须残缺率	破损和疤痕个重量占比	体表水锈	含硫情况	虫蛀、霉变	干度
1	人参	生晒参 25 支	25 支	≤25/≤20/≤15	≤60%/≤40%/≤20%	≤15%/≤10%/≤5%	无/轻度水锈/明显水锈	有硫加工/无硫加工	无	干货
2	人参	生晒参 35 支	35 支	25~35	≤60%/≤40%/≤20%	≤15%/≤10%/≤6%	无/轻度水锈/明显水锈	有硫加工/无硫加工	无	干货
3	人参	生晒参 45 支	45 支	35~45	≤60%/≤40%/≤20%	≤15%/≤10%/≤7%	无/轻度水锈/明显水锈	有硫加工/无硫加工	无	干货
4	人参	生晒参 60 支	60 支	45~60	≤60%/≤40%/≤20%	≤15%/≤10%/≤8%	无/轻度水锈/明显水锈	有硫加工/无硫加工	无	干货
5	人参	生晒参 60 支以上	小抄货(小圆皮)	≥60/≥80/≥100	——	≤15%/≤10%/≤9%	无/轻度水锈/明显水锈	有硫加工/无硫加工	无	干货

表 4-170 中药材商品电子交易规格等级标准——人参(续)

序号	品名	规格名称	流通俗称	大片重量占比	小片重量占比	碎片、黑片重量占比	含硫情况	虫蛀、霉变	干度
6	人参	人参特大片 2.0	特大片	直径 2.0cm 以上片≥70%/ 直径 2.0cm 以上片≥80%/ 直径 2.0cm 以上片≥90%	直径 1.8cm 以下片≤10%/ 直径 1.8cm 以下片≤5%	无	有硫加工/无硫加工	无	干货
7	人参	人参大片 1.8~2.0	大片	直径 1.8cm 以上片≥70%/ 直径 1.8cm 以上片≥80%/ 直径 1.8cm 以上片≥90%	直径 1.5cm 以下片≤10%/ 直径 1.5cm 以下片≤5%	≤1%	有硫加工/无硫加工	无	干货
8	人参	人参中片 1.4~1.8	中片	直径 1.6cm 以上片≥70%/ 直径 1.6cm 以上片≥80%/ 直径 1.6cm 以上片≥90%	直径 1.2cm 以下片≤10%/ 直径 1.2cm 以下片≤5%	≤1%	有硫加工/无硫加工	无	干货
9	人参	人参中片 1.2~1.6	小片	直径 1.4cm 以上片≥70%/ 直径 1.4cm 以上片≥80%/ 直径 1.4cm 以上片≥90%	直径 1.0cm 以下片≤10%/ 直径 1.0cm 以下片≤5%	≤2%	有硫加工/无硫加工	无	干货
10	人参	人参小片 1.2 以下	尾片	直径 1.0cm 以上片≥50%/ 直径 1.0cm 以上片≥60%/ 直径 1.0cm 以上片≥70%	——	≤2%	有硫加工/无硫加工	无	干货

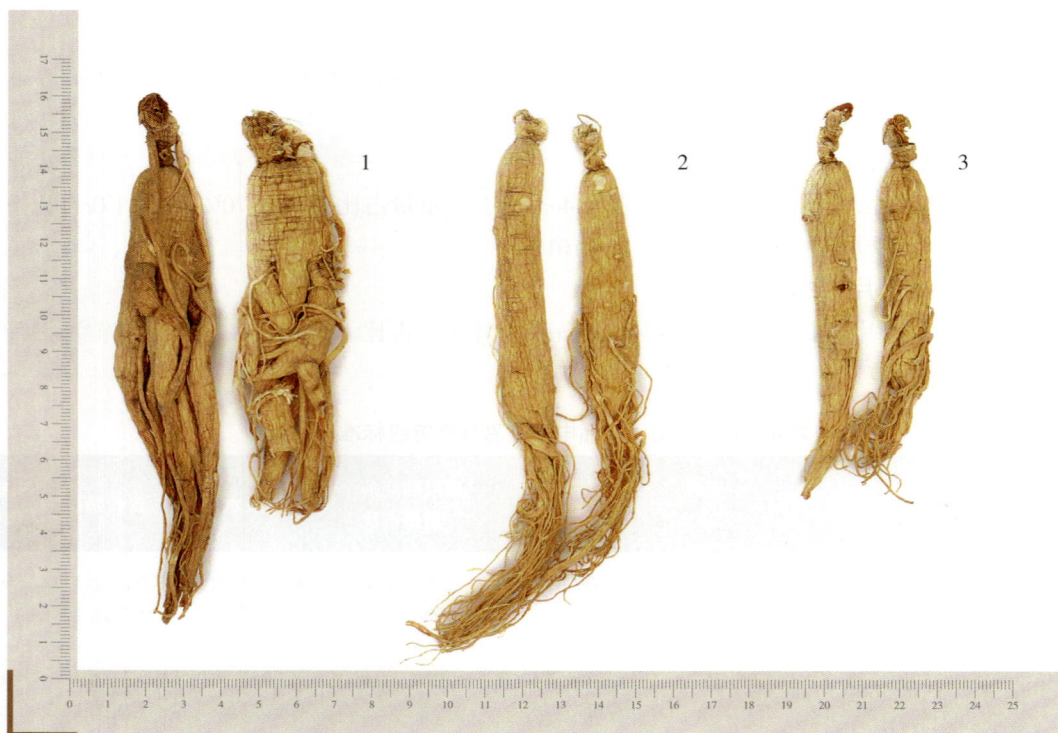

图 0101A　人参(个子)商品部分规格图示
1. 生晒参 25 支;2. 生晒参 45 支;3. 生晒参 60 支

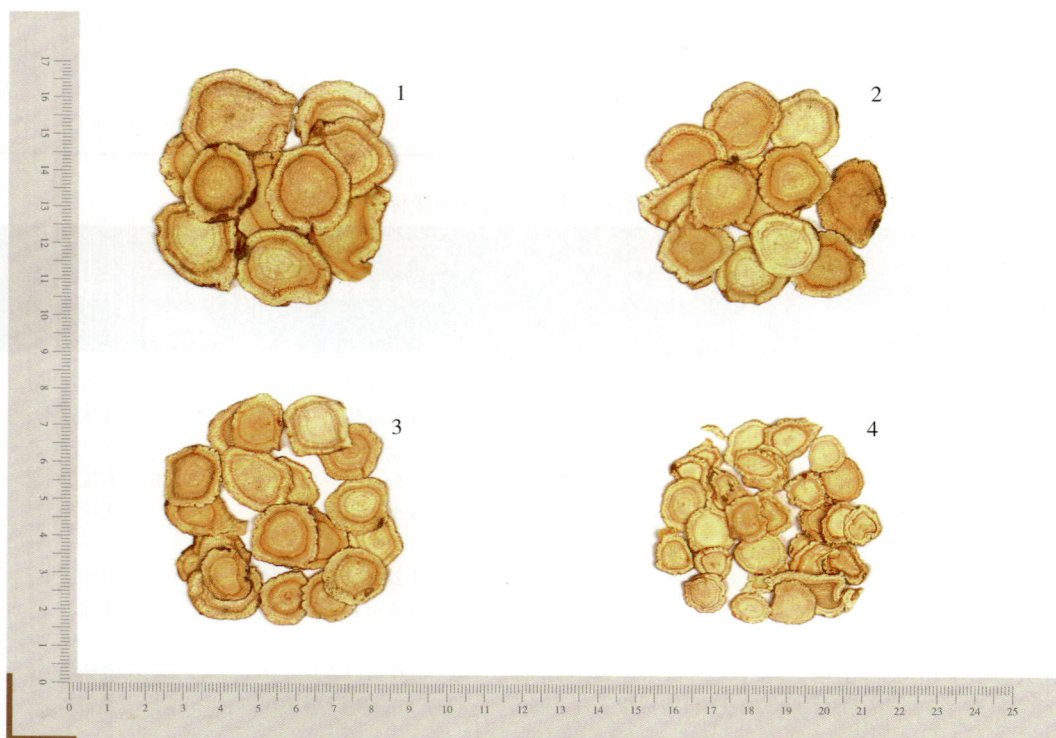

图 0101B　人参(片)商品部分规格图示
1. 人参大片 1.8~2.0;2. 人参中片 1.4~1.8;3. 人参中片 1.2~1.6;4. 人参小片 1.2 以下

4.133 肉苁蓉

4.133.1 基础数据

4.133.1.1 来源

本品为列当科植物肉苁蓉 *Cistanche deserticola* Y. C. Ma 或管花肉苁蓉 *Cistanche tubulosa*（Schenk）Wight 的干燥带鳞叶的肉质茎（《中国药典（2015 年版）》）。野生或栽培。肉苁蓉又称为"软大芸"，以野生为主；管花肉苁蓉又称为"硬大芸"，以栽培为主。春季苗刚出土时或秋季冻土之前采挖，硬大芸直接晒干，软大芸晒干或盐腌制后晒干。

4.133.1.2 产地

产于新疆、内蒙等地，主产于新疆。

4.133.1.3 肉苁蓉片（软大芸片）

将肉苁蓉除去杂质，润透，切片，干燥。呈不规则的斜切片。长 2.0~6.0cm，宽 1.0~4.0cm，厚 0.3cm 左右；表面棕褐色或灰棕色，密被覆瓦状排列的肉质鳞叶，通常鳞叶先端已断。体重，质硬，微有柔性，不易折断，切面有黄棕色或棕褐色点状维管束，排列成波状环纹。气微，味甜、微苦。

4.133.1.4 管花肉苁蓉片（硬大芸片）

管花肉苁蓉原药除去杂质，润透，切片，干燥。本品呈不规则斜切片。长 3.0~7.0cm，宽 1.5~6.0cm，厚 0.3~0.6cm，表面棕褐色至黑褐色，切面散生点状维管束。气微，味甜、微苦。

4.133.2 规格要素说明及名词解释

4.133.2.1 杆子片

肉苁蓉原药的茎尖部位称为"杆子"，由带杆子药材切片而产生。

4.133.2.2 返碱白片

因干度不够或受潮，会导致肉苁蓉片表面泛白，称为"返碱"。

4.133.2.3 盐味

鲜肉苁蓉直接晒干味淡，通过盐腌制后晒干，味道较咸。

4.133.3 规格等级定义（表 4-171）

4.133.3.1 软大芸头片 2.5

挑选较大的软大芸，斜切片，选片宽 2.5cm 以上的片重量占比不低于 80%，杆子片重量占比不超过 5%，返碱白片重量占比不超 1%，焦糊片重量占比不超 1%，无 0.5cm 以下碎块。

4.133.3.2 软大芸大选片 2.0

挑选较大的软大芸，斜切片，片宽 2.0cm 以上的片重量占比不低于 60%，杆子片重量占比不超过 20%，返碱白片重量占比不超 5%，焦糊片重量占比不超 2%，无 0.5cm 以下碎块。

4.133.3.3 软大芸中选片 1.5

挑选中个的软大芸，斜切片，片宽 1.5cm 以上的片重量占比不低于 60%，杆子片重量占比不超过 40%，返碱白片重量占比不超 5%，焦糊片重量占比不超 2%，0.5cm 以下碎块重量占比不超 2%。

4.133.3.4 软大芸统片

大小不分的软大芸，斜切片，片宽 1.0cm 以上的片重量占比不低于 50%，杆子片重量占比不超过 50%，返碱白片重量占比不超 10%，焦糊片重量占比不超 8%，0.5cm 以下碎块重量占比不超 2%。

4.133.3.5 软大芸小片

中大个切片后挑选大片剩下的小片或用小个斜切的片,片宽 0.8cm 以下的片重量占比不超过 40%,杆子片重量占比不超过 50%,返碱白片重量占比不超 10%,焦糊片重量占比不超 8%,0.5cm 以下碎块重量占比不超 5%。

4.133.3.6 硬大芸选片

挑选较大的硬大芸,斜切片,片宽 3.0cm 以上的片重量占比不低于 95%,无 0.5cm 以下碎块。

4.133.3.7 硬大芸统片

大小不分的硬大芸,斜切片,片宽 1.5cm 以下的片重量占比不超过 15%,0.5cm 以下碎块重量占比不超 2%。

表 4-171 中药材商品电子交易规格等级标准——肉苁蓉

序号	品名	规格名称	流通俗称	大片重量占比	小片重量占比	杆子片重量占比	返碱白片重量占比	焦糊片重量占比	0.5cm 以下碎块重量占比	盐味	虫蛀、霉变	干度
1	肉苁蓉	软大芸头片 2.5	软大芸选头片	2.5cm 以上的片≥80%	——	≤5%	≤1%	≤1%	无	味咸/味淡	无	干货
2	肉苁蓉	软大芸大选片 2.0	软大芸大选片	2.0cm 以上的片≥60%	——	≤20%/≤10%	≤5%/≤1%	≤2%	无	味咸/味淡	无	干货
3	肉苁蓉	软大芸中选片 1.5	软大芸中选片	1.5cm 以上的片≥60%	——	≤40%/≤20%/≤10%	≤5%/≤1%	≤2%	≤2%	味咸/味淡	无	干货
4	肉苁蓉	软大芸统片 1.0	软大芸统片	1.0cm 以上的片≥50%	——	≤50%/≤40%/≤30%	≤10%/≤5%/≤1%	≤8%/≤5%	≤2%	味咸/味淡	无	干货
5	肉苁蓉	软大芸小统片	软大芸小片	——	0.8cm 以下的片≤40%	≤50%/≤40%	≤10%/≤5%/≤1%	≤8%/≤5%	≤5%	味咸/味淡	无	干货
6	肉苁蓉	硬大芸选片 3.0	硬大芸选片	3.0cm 以上的片≥95%	——	——	——	——	无	味咸/味淡	无	干货
7	肉苁蓉	硬大芸统片	硬大芸统片	——	1.5cm 以下的片≤15%/1.5cm 以下的片≤8%	——	——	——	≤2%	味咸/味淡	无	干货

4.134 乳香

4.134.1 基础数据

4.134.1.1 来源

本品为橄榄科植物乳香树 *Boswellia carterii* Birdw. 及同属植物 *Boswellia bhaw-dajiana* Birdw. 树皮渗出的树脂(《中国药典(2015 年版)》)。

4.134.1.2 产地

产于东非地区,主产于埃塞俄比亚、索马里、肯尼亚等地。索马里及肯尼亚乳香质量较好,埃塞俄比亚乳香质量较差。

4.134.1.3　乳香

呈长卵形滴乳状、类圆形颗粒或粘合成大小不等的不规则块状物。大者长达 2.0cm（乳香珠）或 5.0cm（原乳香）。表面黄白色，半透明，被有黄白色粉末，久存则颜色加深。质脆，遇热软化。破碎面有玻璃样或蜡样光泽。具特异香气，味微苦。

4.134.2　规格要素说明及名词解释

4.134.2.1　乳珠

乳香凝结在树上最表面的一层，形如水滴状，直径在 2.0cm 以内，杂质最少。

4.134.2.2　淡黄色块

乳香凝结在树上的中间层，外观呈不规则的团块，颗粒或碎块状，表面淡黄色。

4.134.2.3　带树皮乳香

乳香靠近树支的一层，为最早形成的一部分，有较高的挥发油含量，但常因带树皮等杂质影响质量。

4.134.2.4　树皮

收割过程中混入的乳香树粗皮。

4.134.3　规格等级定义（表 4-172）

4.134.3.1　乳珠

乳珠重量占比不低于40%，淡黄色块重量占比不低于80%，带树皮乳香重量占比不超过10%，无树皮。（图0102-1）

4.134.3.2　乳香一级

乳珠重量占比不低于30%，淡黄色块重量占比不低于65%，带树皮乳香重量占比不超过30%，无树皮。（图0102-2）

4.134.3.3　乳香二级

乳珠重量占比不低于5%，淡黄色块重量占比不低于15%，带树皮乳香重量占比不超过40%，树皮重量占比不超过10%。

4.134.3.4　原乳香

淡黄色块重量占比不低于1%，带树皮乳香重量占比不超过70%，树皮重量占比不超过20%。（图0102-3）

表 4-172　中药材商品电子交易规格等级标准——乳香

序号	品名	规格名称	流通俗称	乳珠重量占比	淡黄色块重量占比	带树皮乳香重量占比	树皮重量占比
1	乳香	乳珠	乳珠	≥40%/≥45%/≥50%/≥55%/≥60%	≥80%/≥85%/≥90%/≥95%	≤10%/≤5%/≤2%	无
2	乳香	乳香一级	一级乳香	≥30%/≥35%	≥65%/≥70%/≥75%	≤30%/≤20%/≤15%	无
3	乳香	乳香二级	二级乳香	≥5%/≥10%/≥15%/≥20%	≥15%/≥20%/≥25%/≥30%	≤40%/≤35%	≤10%/≤5%/≤1%
4	乳香	原乳香	原乳香	——	≥1%/≥3%/≥5%	≤70%/≤50%/≤30%/≤10%	≤20%/≤10%/≤5%

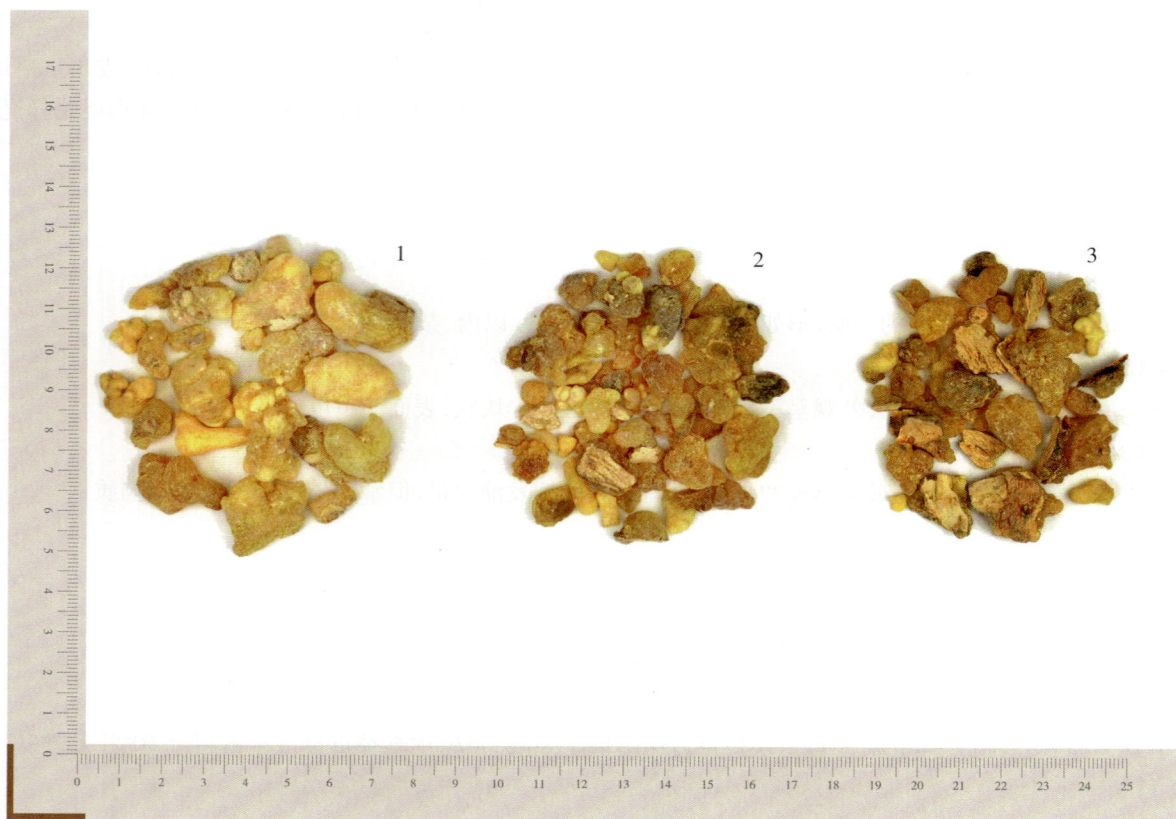

图 0102　乳香商品部分规格图示
1. 乳珠；2. 乳香一级；3. 原乳香

4.135　三棱（荆三棱）

4.135.1　基础数据

4.135.1.1　来源

本品为莎草科植物荆三棱 *Scirpus fluviatilis* (Torr.)A.Gray. 的干燥块茎（《山东省中药材标准(2002 年版)》）。栽培 1 年。冬季至次年春季采挖,除去残茎,削去或燎掉须根,晒干。

4.135.1.2　产地

产于安徽、浙江,主产于浙江。

4.135.1.3　三棱（荆三棱）

呈不规则倒圆锥形或近圆形,直径 2.0~5.0cm,表面有须根残留,呈灰棕色或带黑色火烤痕迹,断面深灰色、灰白色或黄白色,有多数明显的细筋脉点。

4.135.1.4　三棱（荆三棱）片

将三棱（荆三棱）浸软,切片,干燥。呈类圆形的片,直径 1.5~3.5cm,厚 0.2~0.5cm。外皮有少量须根残留,呈灰棕色或带黑色火烤痕迹,切面深灰色、灰白色或黄白色,有多数明显的细筋脉点。

4.135.2　规格要素说明及名词解释

4.135.2.1　0.4cm 以下碎片、灰末

荆三棱片干脆,在加工、贮存、运输过程中易碎裂和掉落少量的灰末。碎片、灰末可用0.4cm的筛子筛出。

4.135.2.2　去毛方式

去除须根,有火燎和刀削两种方式。火燎为采挖后晾至半干,用喷火枪燎去须根;刀削为采挖后趁鲜用刀削去须根。

4.135.2.3　片厚

一般为0.2~0.5cm。

4.135.2.4　含硫情况

无硫加工:荆三棱加工过程中不熏硫。晒干后切面多呈深灰色。

有硫加工:为方便干燥,荆三棱采挖后先熏硫再干燥;为方便切片,荆三棱药材先浸润后熏硫,再切片。晒干后切面灰白色或黄白色。

4.135.3　规格等级定义(表 4-173)

4.135.3.1　荆三棱统个

不挑选,大小均有。

4.135.3.2　荆三棱选片 2.0 以上

荆三棱切片,用孔径2.0cm的筛子筛选,直径2.0cm以上的片重量占比不低于95%,无0.4cm以下碎片、灰末。(图 0103-1)

4.135.3.3　荆三棱统片

荆三棱切片后不筛选,直径 2.0cm 以上的片重量占比不低于 70%,无 0.4cm 以下碎片、灰末。(图 0103-2)

表 4-173　中药材商品电子交易规格等级标准——三棱(荆三棱)

序号	品名	规格名称	流通俗称	直径 2.0cm 以上的片重量占比	0.4cm 以下碎片、灰末占比	去毛方式	含硫情况	虫蛀、霉变	干度
1	三棱(荆三棱)	荆三棱统个	统货	——	——	火燎 / 刀削	有硫加工 / 无硫加工	无	干货
2	三棱(荆三棱)	荆三棱片 2.0 以上	选片	≥95%	无	火燎 / 刀削	有硫加工 / 无硫加工	无	干货
3	三棱(荆三棱)	荆三棱统片	统片	≥70%	无	火燎 / 刀削	有硫加工 / 无硫加工	无	干货

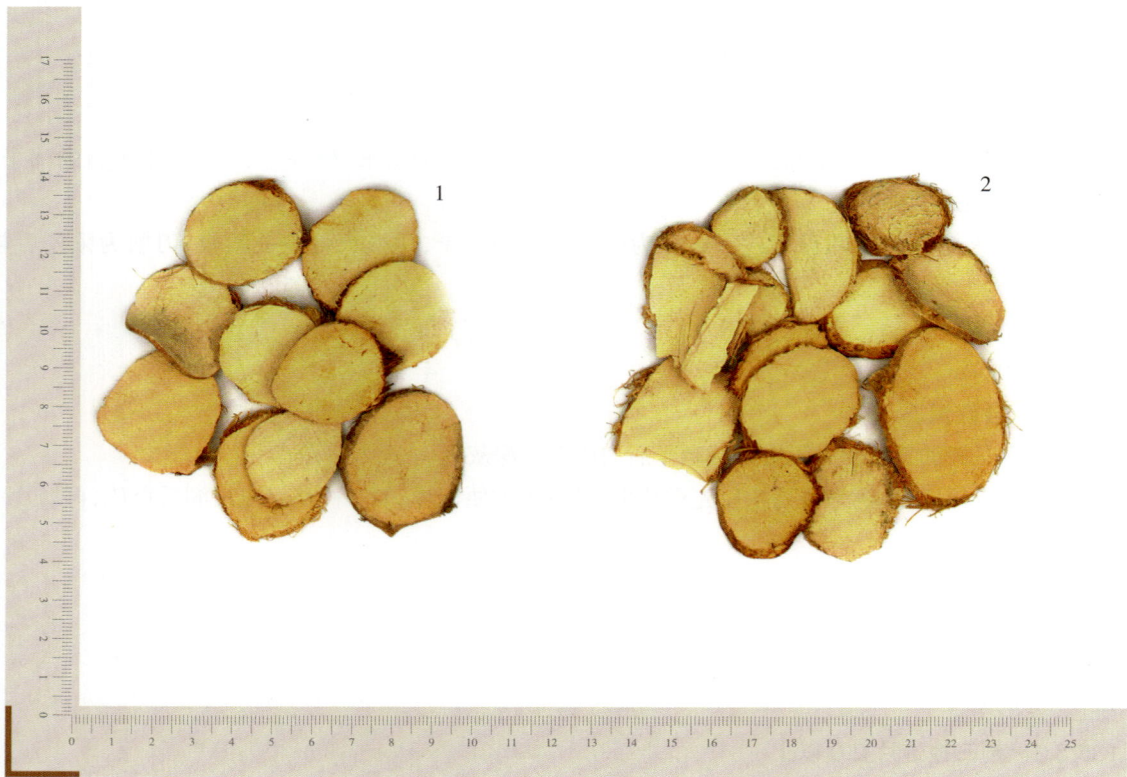

图 0103　三棱(荆三棱)商品部分规格图示
1. 荆三棱片 2.0 以上;2. 荆三棱统片

4.136　三七

4.136.1　基础数据

4.136.1.1　来源

本品为五加科植物三七 *Panax notoginseng* (Burk.) F. H. Chen 的干燥根和根茎(《中国药典(2015 年版)》)。栽培 3 年以上,采掉三七花,不结籽的三七剪去支根、干燥,称"春三七"。冬三七体型饱满,菊花心明显,无空心,质量较好。栽培 3 年以上,在开花结籽,采收种子后采挖,剪去根茎、干燥,称"冬三七",其个体较干瘪,木部菊花心不明显,有空心,质量较差。支根习称"筋条",根茎习称"剪口"。

4.136.1.2　产地

产于云南、广西,主产于云南文山。

4.136.1.3　三七

主根,呈类圆锥形或圆柱形,长 1.0~6.0cm,直径 1.0~4.0cm。表面灰褐色或灰黄色,有断续的纵皱纹和支根痕。顶端有茎痕,周围有瘤状突起。体重,质坚实,断面灰绿色、黄绿色或灰白色。气微,味苦回甜。

4.136.1.4　筋条

三七较粗的支根,呈圆柱形或圆锥形,长 2.0~6.0cm,上端直径约 0.8cm,下端直径约 0.3cm。

4.136.1.5　剪口

三七的根状茎,呈不规则的皱缩块状或条状,长 1.0~7.0cm 左右。表面有数个明显的茎痕及环纹,断面中心灰绿色或白色,边缘深绿色或灰色。

4.136.1.6　秧子七

种植1年左右,病死苗或间出的小苗,加工干燥。其个头小,长2.0~8.0cm左右。

4.136.2　规格要素说明及名词解释

4.136.2.1　头数/500g

每500g三七的个数,个数越少,等级越高。

4.136.2.2　干枯个

结籽后采挖的春三七和因病干瘪的三七,均呈干瘪状。

4.136.2.3　打蜡抛光

三七为便于储存,防虫,防潮,遮掩缺陷,增重,外表美观,防止表面泥灰脱落,常人为用蜡进行抛光。

4.136.3　规格等级定义(表4-174)

4.136.3.1　三七20头

春三七,每500g三七个数不超过20个,无干枯个,无0.2cm以下灰渣。(图0104A-1)

4.136.3.2　三七30头

春三七,每500g三七个数在21~30个,无干枯个,无0.2cm以下灰渣。(图0104A-2)

4.136.3.3　三七40头

春三七,每500g三七个数在31~40个,无干枯个,无0.2cm以下灰渣。(图0104A-3)

4.136.3.4　三七60头

春三七,每500g三七个数在41~60,干枯个重量占比不超过5%,无0.2cm以下灰渣。(图0104A-4)

4.136.3.5　三七80头

春三七,每500g三七个数在61~80,干枯个重量占比不超过5%,无0.2cm以下灰渣。(图0104A-5)

4.136.3.6　三七120头

春三七,每500g三七个数在81~120个,干枯个重量占比不超过5%,无0.2cm以下灰渣。(图0104A-6)

4.136.3.7　三七无数头

春三七,每500g三七个数超过120个,干枯个重量占比不超过5%,无0.2cm以下灰渣。(图0104A-7)

4.136.3.8　三七剪口

位于三七主根和地上茎之间的根茎,0.2cm以下灰渣重量占比不超过1%。(图0104B-1)

4.136.3.9　三七筋条

即侧根,粗根,0.2cm以下灰渣重量占比不超过3%。(图0104B-2)

4.136.3.10　三七毛根

三七细支根,0.2cm以下灰渣重量占比不超过3%。(图0104B-3)

4.136.3.11　冬七60头

冬三七,每500g冬七的个数在41~60个,0.2cm以下灰渣重量占比不超过1%。(图0104B-4)

4.136.3.12　冬七80头

冬三七,每500g冬七的个数在61~80个,0.2cm以下灰渣重量占比不超过1%。

4.136.3.13　冬七120头

冬三七,每500g冬七的个数在81~120个,0.2cm以下灰渣重量占比不超过1%。

4.136.3.14　秧子七

体较干瘪,含量很低,打粉用,0.2cm以下灰渣重量占比不超过1%。(图0104B-5)

表 4-174 中药材商品电子交易规格等级标准——三七

序号	品名	规格名称	流通俗称	个数 / 500g	干枯个重量占比	0.2cm 以下灰渣重量占比	是否打蜡抛光	虫蛀、霉变	干度
1	三七	三七 20 头	20 头	≤20	无	无	打蜡抛光 / 未打蜡抛光	无	干货
2	三七	三七 30 头	30 头	21~30	无	无	打蜡抛光 / 未打蜡抛光	无	干货
3	三七	三七 40 头	40 头	31~40	无	无	打蜡抛光 / 未打蜡抛光	无	干货
4	三七	三七 60 头	60 头	41~60	≤5%/≤3%	无	打蜡抛光 / 未打蜡抛光	无	干货
5	三七	三七 80 头	80 头	61~80	≤5%/≤3%	无	打蜡抛光 / 未打蜡抛光	无	干货
6	三七	三七 120 头	120 头	81~120	≤5%/≤3%	无	打蜡抛光 / 未打蜡抛光	无	干货
7	三七	三七无数头	无数头	≥121	≤5%/≤3%	无	打蜡抛光 / 未打蜡抛光	无	干货
8	三七	三七剪口	剪口	——	——	≤1%	——	无	干货
9	三七	三七筋条	筋条	——	——	≤3%/≤1%	——	无	干货
10	三七	三七毛根	毛根	——	——	≤3%/≤1%	——	无	干货
11	三七	冬七 60 头	冬七 60 头	41~60	——	≤1%	打蜡抛光 / 未打蜡抛光	无	干货
12	三七	冬七 80 头	冬七 80 头	61~80	——	≤1%	打蜡抛光 / 未打蜡抛光	无	干货
13	三七	冬七 120 头	冬七 120 头	81~120	——	≤1%	打蜡抛光 / 未打蜡抛光	无	干货
14	三七	秧子七	秧子七	——	——	≤1%	——	无	干货

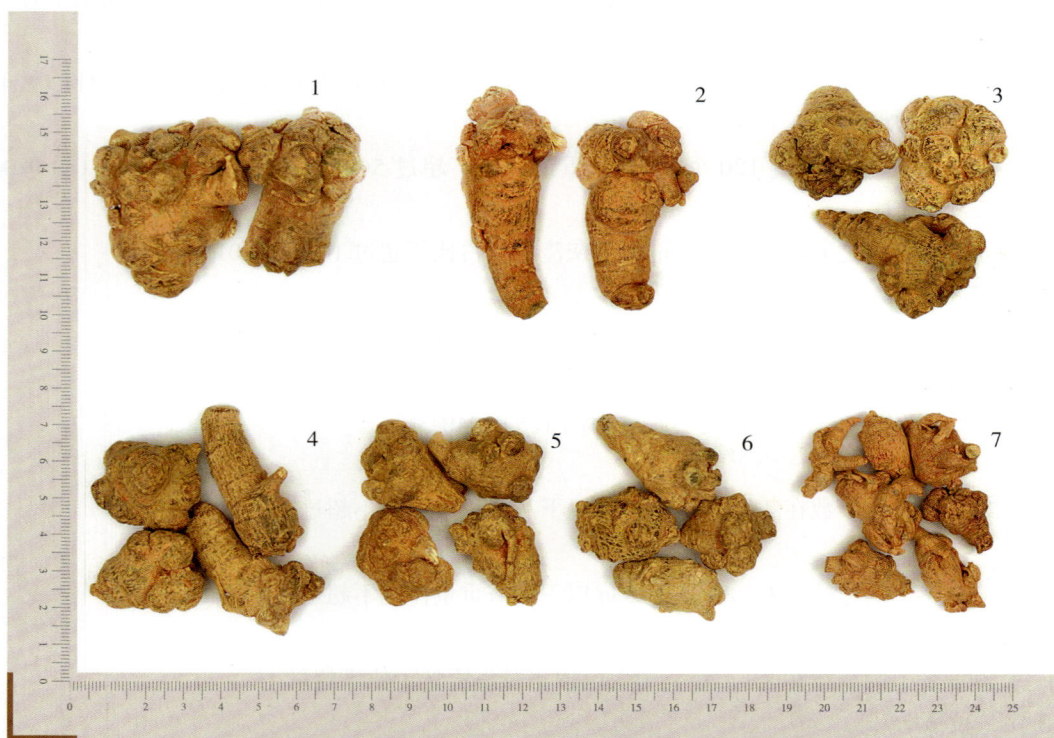

图 0104A 三七商品部分规格图示（一）

1. 三七 20 头；2. 三七 30 头；3. 三七 40 头；4. 三七 60 头；5. 三七 80 头；6. 三七 120 头；7. 三七无数头

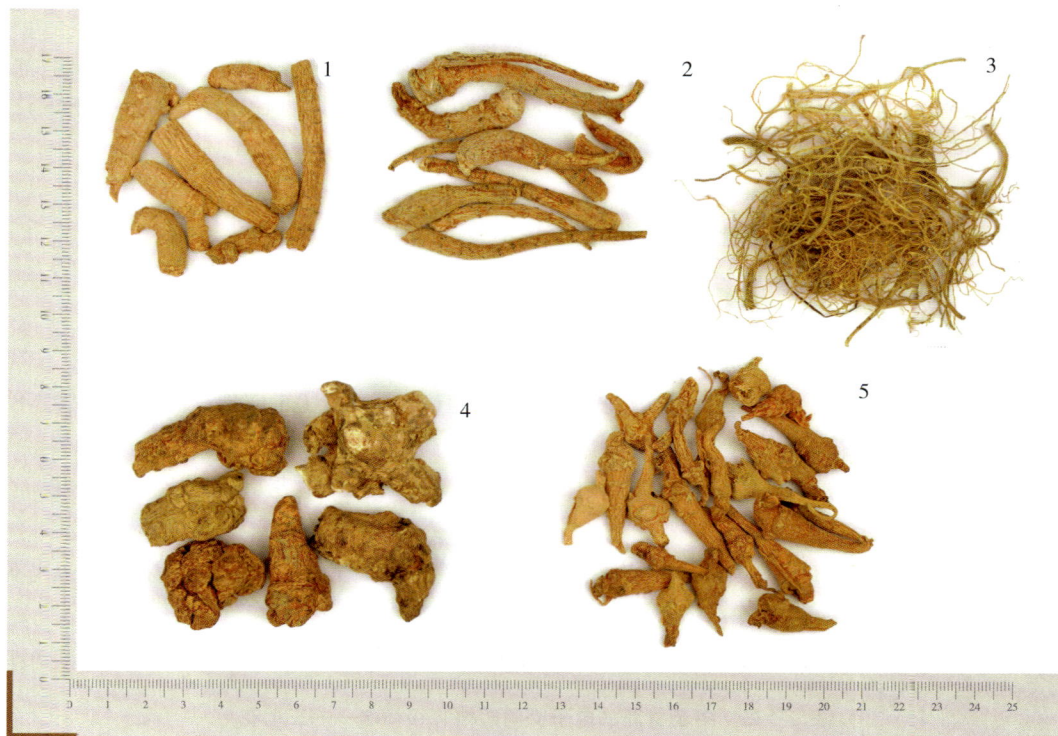

图 0104B　三七商品部分规格图示（二）
1. 三七剪口；2. 三七筋条；3. 三七毛根；4. 冬七 60 头；5. 秧子七

4.137　三七花

4.137.1　基础数据

4.137.1.1　来源

本品为五加科植物三七 *Panax notoginseng*（Burk.）F. H. Chen ex C. H. Chow 的干燥花序（《贵州中药材和民族药材标准（2003 年版）》）。栽培 2~3 年。6~8 月份采摘。

4.137.1.2　产地

产于云南和广西，主产于云南文山。

4.137.1.3　三七花

伞形花序呈半球形、球形或伞形，绿色或深绿色，直径 0.5~2.5cm，部分带总花序柄，总花序柄长 0.5~3.0cm。

4.137.2　规格要素说明及名词解释

4.137.2.1　2 年生 /3 年生

三七一般栽培 2 年就会开花，但是一般认为 3 年生三七花质量较好。

4.137.2.2　颜色

2 年生三七花呈深绿色，3 年生三七花呈绿色。

4.137.2.3　紧凑花直径

2 年生三七花直径较小，一般在 0.5~1.0cm；3 年生三七花花直径较大，一般在 0.6~1.2cm。

4.137.2.4 松散花

松散花为三七花后期采收的花蕾,花形松散,以伞形花序中间部位变松散为度。由于三七花的开放程度是从紧凑到松散的连续过程,2 年生花以直径大于 1.0cm 为松散花,3 年生花以直径大于 1.2cm 为松散花。松散花越少,等级越高。

4.137.2.5 花柄长度

花柄指三七花的总花序柄。一般选货剪去花柄,统货不剪。

4.137.3 规格等级定义(表 4-175)

4.137.3.1 3 年生三七花无柄大选货

手工剪去花柄,色绿,花直径 0.6~1.2cm,松散花重量占比不超过 5%,大于 0.5cm 长花柄花重量占比不超过 2%。

4.137.3.2 3 年生三七花大统货

色绿,花直径 0.6~1.2cm,松散花重量占比不超过 15%,大于 1.0cm 长花柄花重量占比不超过 70%。

4.137.3.3 2 年生三七花无柄小选货

手工剪去花柄,深绿色,花直径 0.5~1.0cm,松散花重量占比不超过 20%,大于 0.5cm 长花柄花重量占比不超过 2%。

4.137.3.4 2 年生三七花小统货

深绿色,花直径 0.5~1.0cm,松散花重量占比不超过 40%,大于 1.0cm 长花柄花重量占比不超过 70%。

表 4-175　中药材商品电子交易规格等级标准——三七花

序号	品名	规格名称	流通俗称	颜色	紧凑花直径 /cm	带花柄花重量占比	松散花重量占比	虫蛀、霉变	干度
1	三七花	3 年生三七花无柄大选货	三七花	绿色	0.6~1.2	大于 0.5cm 长花柄花≤2%/ 无	≤5%	无	干货
2	三七花	3 年生三七花大统货	三七花	绿色	0.6~1.2	大于 1.0cm 的长花柄花≤70%/大于 1.0cm 的长花柄花≤50%	≤15%/≤10%	无	干货
3	三七花	2 年生三七花无柄小选货	三七花	深绿色	0.5~1.0	大于 0.5cm 长花柄花≤2%/ 无	≤20%/≤15%	无	干货
4	三七花	2 年生三七花小统货	三七花	深绿色	0.5~1.0	大于 1.0cm 的长花柄花≤70%/大于 1.0cm 的长花柄花≤50%	≤40%/≤30%	无	干货

4.138　桑白皮

4.138.1　基础数据

4.138.1.1 来源

本品为桑科植物桑 *Morus alba* L. 的干燥根皮(《中国药典(2015 年版)》)。栽培。秋末叶落时至次春发芽前采挖根部,刮去黄棕色粗皮或未刮去,纵向剖开,剥取根皮,晒干。

4.138.1.2 产地

产于四川、贵州、安徽、河南、浙江、江苏、湖南、湖北等地,主产于四川、湖北。

4.138.1.3 桑白皮段

将桑白皮稍润,切段,干燥。呈扭曲的卷筒状、槽状的段。长短宽窄不一,厚 0.1~0.4cm。刮去外皮的外表面白色或淡黄白色,较平坦,有的残留橙黄色或棕黄色鳞片状粗皮,内表面黄白色或灰黄色,有细纵纹。体轻,质韧,纤维性强,难折断。气微,味微甘。

4.138.2　规格要素说明及名词解释

4.138.2.1　刮皮与否

桑白皮刮云外表粗皮或不刮。刮皮者价高。

4.138.2.2　长杆、毛须

桑白皮未切断的细长根皮称为"长杆"；切制过程中掉落的木纤维丝称为"毛须"。

4.138.3　规格等级定义（表 4-176）

4.138.3.1　桑白皮刮皮选段

刮去外皮的桑白皮切段，刮皮段重量占比不低于80%，长杆、毛须和0.5cm以下碎末灰渣重量占比不超过5%。

4.138.3.2　桑白皮刮皮统段

刮去外皮的桑白皮切段，刮皮段重量占比不低于30%，长杆、毛须和0.5cm以下碎末灰渣不超过10%。（图0105-1）

4.138.3.3　桑白皮统段

未刮去外皮的桑白皮切段，长杆、毛须和0.5cm以下碎沫灰渣不超过15%。（图0105-2）

表 4-176　中药材商品电子交易规格等级标准——桑白皮

序号	品名	规格名称	流通俗称	刮皮段重量占比	长杆、毛须和0.5cm以下碎末灰渣重量占比	虫蛀、霉变	干度
1	桑白皮	桑白皮刮皮选段	桑白皮刮皮选货	≥80%	≤5%/≤2%	无	干货
2	桑白皮	桑白皮刮皮统段	桑白皮刮皮统货	≥30%/≥40%/≥50%	≤10%/≤5%	无	干货
3	桑白皮	桑白皮统段	桑白皮统货	带粗皮	≤15%/≤10%	无	干货

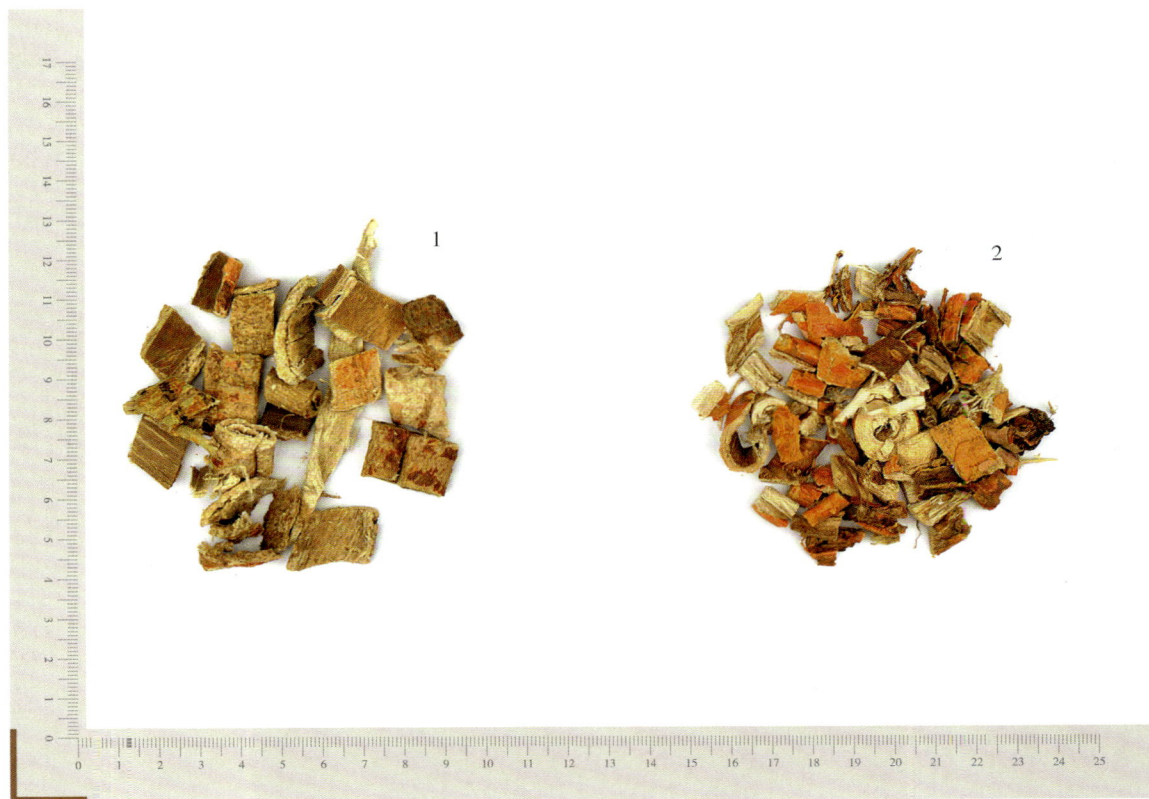

图 0105　桑白皮商品部分规格图示
1. 桑白皮刮皮统段；2. 桑白皮统段

4.139 桑叶

4.139.1 基础数据

4.139.1.1 来源

本品为桑科植物桑 *Morus alba* L. 的干燥叶(《中国药典(2015 年版)》)。栽培。初霜后采收,除去杂质,晒干,为冬桑叶,或称"霜桑叶";其他季节采收为"青桑叶"。

4.139.1.2 产地

产于全国大部分地区,主产于四川、广西。四川产的桑叶指标成分含量不高;广西桑叶产量少,但指标成分含量高。

4.139.1.3 桑叶段

水洗,切段,晒干。多皱缩、破碎。叶片展平后呈卵形或宽卵形,长 8.0~15cm,宽 7.0~13cm。先端渐尖,基部截形、圆形或心形,边缘有锯齿或钝锯齿,有的不规则分裂。上表面黄绿色或黄色,有的有小疣状突起;下表面颜色稍浅,叶脉突出,小脉网状,脉上被疏毛,脉基具簇毛。质脆。气微,味淡、微苦涩。

4.139.2 规格要素说明及名词解释

4.139.2.1 颜色

根据采收时间不同,桑叶分为青桑叶和冬桑叶。青桑叶颜色为青绿色或灰绿色,冬桑叶颜色为黄绿色至黄色。

4.139.2.2 新货 / 陈货

青桑叶新货多为青绿色或灰绿色,暴晒或存储时间过长颜色会变为黄绿色至灰色,陈货碎末较多;冬桑叶新货多为黄绿色至黄色,陈货颜色改变不大,但碎末较多。

4.139.2.3 灰叶和枯叶

打包装袋存放时未完全干燥,造成叶片呈灰褐色,为灰叶;掉落的地上的枯叶,颜色枯黄。

4.139.2.4 杂质及 0.2cm 以下灰渣

桑叶杂质为碎末及灰渣,用 0.2cm 标准筛筛出。

4.139.3 规格等级定义(表 4-177)

4.139.3.1 冬桑叶选货

黄绿色至黄色,灰叶和枯叶重量占比不超过 5%,杂质及 0.2cm 以下灰渣重量占比不超过 5%。

4.139.3.2 冬桑叶统货

黄绿色至黄色,灰叶和枯叶重量占比不超过 10%,杂质及 0.2cm 以下灰渣重量占比不超过 12%。

4.139.3.3 青桑叶选货

青绿色或灰绿色,无灰叶和枯叶,杂质及 0.2cm 以下灰渣重量占比不超过 3%。

4.139.3.4 青桑叶统货

青绿色或灰绿,灰叶和枯叶重量占比不超过 5%,杂质及 0.2cm 以下灰渣重量占比不超过 12%。

表 4-177　中药材商品电子交易规格等级标准——桑叶

序号	品名	规格名称	流通俗称	颜色（新货／陈货）	灰叶和枯叶重量占比	杂质及 0.2cm 以下灰渣重量占比	虫蛀、霉变	干度
1	桑叶	冬桑叶选货	冬桑叶	黄绿色至黄色	≤5%	≤5%	无	干货
2	桑叶	冬桑叶统货	冬桑叶	黄绿色至黄色	≤10%	≤12%/≤7%	无	干货
3	桑叶	青桑叶选货	青桑叶	青绿色或灰绿色（新货）	无	≤3%	无	干货
4	桑叶	青桑叶统货	青桑叶	青绿色或灰绿色（新货）黄绿色或灰色（陈货）	≤5%	≤12%/≤7%	无	干货

4.140　桑枝

4.140.1　基础数据

4.140.1.1　来源

本品为桑科植物桑 *Morus alba* L. 的干燥嫩（《中国药典（2015 年版）》）。栽培。春末夏初采收，去叶，晒干；或趁鲜切片，晒干。

4.140.1.2　产地

产于云南、广东、四川、湖北、安徽、江苏、浙江、广西等地，主产于云南、广东、四川。

4.140.1.3　桑枝片

桑枝趁鲜切片，晒干。本品呈类圆形或椭圆形的厚片，直径 0.4~2.5cm，厚 0.2~0.4cm。外皮灰黄色或黄褐色，有点状皮孔。切面皮部较薄，木部黄白色，射线放射状，髓部白色或黄白色。

4.140.2　规格要素说明及名词解释

4.140.2.1　灰末

桑枝质脆，在切片、晾晒过程中易掉落少量灰末，可用 0.2cm 标准筛筛除。

4.140.3　规格等级定义（表 4-178）

4.140.3.1　桑枝选片 0.8

选取较粗的桑枝，切片后干燥，筛选，直径 0.8cm 以上的片重量占比不低于 80%，0.2cm 以下灰末重量占比不超过 2%。（图 0106-1）

4.140.3.2　桑枝统片

桑枝大小不分，切片后干燥。直径 0.8cm 以上的片重量占比不低于 50%，0.2cm 以下灰末重量占比不超过 2%。（图 0106-2）

表 4-178　中药材商品电子交易规格等级标准——桑枝

序号	品名	规格名称	流通俗称	直径 0.8cm 以上片重量占比	0.2cm 以下灰末重量占比	虫蛀、霉变	干度
1	桑枝	桑枝选片 0.8	选片	≥80%/≥90%	≤2%	无	干货
2	桑枝	桑枝统片	统片	≥50%/≥70%	≤2%	无	干货

图 0106　桑枝商品部分规格图示
1. 桑枝选片 0.8;2. 桑枝统片

4.141　沙苑子

4.141.1　基础数据

4.141.1.1　来源

本品为豆科植物扁茎黄芪 *Astragalus complanatus* R. Br. 的干燥成熟种子(《中国药典(2015年版)》)。栽培 1 年。秋末冬初果实成熟尚未开裂时采割植株,晒干,打下种子,除去杂质,晒干。

4.141.1.2　产地

产于陕西,主产于陕西渭南。

4.141.1.3　沙苑子

略呈肾形而稍扁,长 0.2~0.25cm,宽 0.15~0.2cm,厚约 0.1cm。表面光滑,褐绿色或灰褐色,边缘一侧微凹处具圆形种脐。质坚硬,不易破碎。子叶 2 枚,淡黄色,胚根弯曲,长约 0.1cm。气微,味淡,嚼之有豆腥味。

4.141.2　规格要素说明及名词解释

4.141.2.1　颜色(新货 / 陈货)

新货颜色呈褐绿色、表面光洁;陈货颜色呈褐色或黄黑色,表面不光洁。

4.141.2.2　0.1cm 以下灰末和风选杂质重量占比

沙苑子中含有豆荚的碎末、泥土等,可过 0.1cm 标准筛和风选除去。

4.141.3　规格等级定义(表 4-179)

4.141.3.1　沙苑子新货净货

沙苑子新货,呈褐绿色、表面光洁,筛选 0.1cm 以下灰末和风选杂质重量占比不超过 2%。

4.141.3.2　沙苑子陈货净货

沙苑子存放时间过长,呈褐色或黄黑色、表面不光洁,0.1cm 以下灰末和风选杂质重量占比不超过 2%。

4.141.3.3　沙苑子新货统货

沙苑子新货呈褐绿色、表面光洁,0.1cm 以下灰末和风选杂质重量占比不超过 5%。

4.141.3.4　沙苑子陈货统货

沙苑子存放时间过长,呈褐色或黄黑色、表面不光洁,0.1cm 以下灰末和风选杂质重量占比不超过 5%。

表 4-179　中药材商品电子交易规格等级标准——沙苑子

序号	品名	规格名称	流通俗称	颜色	0.1cm 以下灰末和风选杂质重量占比	虫蛀、霉变	干度
1	沙苑子	沙苑子新货净货	好统货	褐绿色、表面光洁	≤2%/≤1%	无	干货
2	沙苑子	沙苑子陈货净货	好统货	褐色或黄黑色、表面不光洁	≤2%/≤1%	无	干货
3	沙苑子	沙苑子新货统货	统货	褐绿色、表面光洁	≤5%/≤3%	无	干货
4	沙苑子	沙苑子陈货统货	统货	褐色或黄黑色、表面不光洁	≤5%/≤3%	无	干货

4.142　砂仁

4.142.1　基础数据

4.142.1.1　来源

本品为姜科植物阳春砂 *Amomum villosum* Lour.、绿壳砂 *Amomum villosum* Lour. var. *xanthioides* T. L. Wu et Senjen 或海南砂 *Amomum longiligulare* T. L. Wu 的干燥成熟果实(《中国药典(2015 年版)》)。夏、秋二季果实成熟时采收,晒干或炕干。

4.142.1.2　产地

阳春砂道地产区为广东省阳春市,但产量极低,现阳春砂主产于云南西双版纳、文山,质量较好。通过云南进口的、产自缅甸、越南的砂仁,又称为"缩砂",来源于砂仁属其他物种,质量较次。

4.142.1.3　阳春砂、绿壳砂(国产砂仁)

呈类球形或短椭圆形,有较明显的三棱,直径 1.0~2.0cm。表面棕褐色或灰褐色,略带紫红色,密生刺状突起,顶端有花被残基,基部常有果梗。果皮薄而软。气芳香而浓烈,味辛凉、微苦。

4.142.1.4　进口砂仁

呈类橄榄形,三棱不明显,长 2.0~2.5cm,直径 1.0~2.5cm。表面灰棕色,被刺状突起不明显。顶端有花被残基,基部常有果梗。果皮薄而软。

4.142.1.5　砂仁米

种子集结成团,具三钝棱,中有白色隔膜,将种子团分成 3 瓣。气芳香而浓烈,味辛凉、微苦。

4.142.2　规格要素说明及名词解释

4.142.2.1　形态

国产砂仁为类球形,表面棕褐色或灰褐色,略带紫红色;进口砂仁为类橄榄形,表面灰棕色。

4.142.2.2　大小

国产砂仁较进口砂仁个体略小。国产砂仁直径在 1.0~2.0cm;进口砂仁直径在 1.0~2.5cm,长 1.5~2.5cm。

4.142.2.3　干瘪个和破壳个

砂仁采收未成熟果实,干燥后形态干瘪不饱满,体积小。砂仁在运输和存放过程中因外力导致外壳破裂,种仁外露或脱落称为破壳个。

4.142.2.4　果柄

砂仁基部未除净的果柄,选货一般会剪尽或剪至 0.5cm 以内。统货一般未除去,长 1.0~3.0cm。

4.142.2.5　油子

砂仁米因存放不当或时间过长,导致表面泛油,粘连成团。

4.142.2.6　散粒

砂仁米散落出的种子粒。小于完整个一半的果仁认定为碎仁。

4.142.3　规格等级定义(表 4-180)

4.142.3.1　阳春砂仁炕干选货

类球形,表面棕褐色,带紫红色,直径在 1.5~2.0cm 之间,干瘪个和破壳重量占比不超过 1%,果柄重量占比不超过 1%。(图 0107-1)

4.142.3.2　阳春砂仁炕干统货

类球形,表面棕褐色,略带紫红色,直径在 1.0~2.0cm,干瘪个和破壳重量占比不超过 10%,果柄重量占比不超过 2%。

4.142.3.3　阳春砂仁晒干统货

类球形,表面略带灰棕色或灰褐色,直径在 1.0~2.0cm,干瘪个和破壳重量占比不超过 10%,果柄重量占比不超过 2%。

4.142.3.4　进口砂仁选货

类橄榄形,表面灰棕色,长 2.0~2.5cm,直径 1.5cm 左右,干瘪个和破壳重量占比不超过 1%,果柄重量占比不超过 1%。(图 0107-2)

4.142.3.5　进口砂仁统货

类橄榄形,表面灰棕色,长 1.5~2.5cm,直径 1.0~2.5cm,,干瘪个和破壳重量占比不超过 20%,果柄重量占比不超过 3%。

4.142.3.6　进口砂仁米统货

类三棱状球形,为种子聚合,油子重量占比不超过 15%,散粒重量占比不超过 30%。(图 0107-3)

4.142.3.7　绿壳砂仁选货

类橄榄形,长 2.0~2.5cm,直径 1.0~2.0cm,干瘪个和破壳重量占比不超过 10%,果柄重量占比不超过 1%。(图 0107-4)

4.142.3.8　绿壳砂仁统货

类橄榄形,长 1.5~2.5cm,直径 1.5cm 左右,干瘪个和破壳重量占比不超过 20%,果柄重量占比不超过 3%。

表 4-180 中药材商品电子交易规格等级标准——砂仁

序号	品名	规格名称	流通俗称	产地	颜色	大小 /cm	干瘪个和破壳个重量占比	果柄重量占比	油子重量占比	散粒重量占比	含硫情况	虫蛀、霉变	干度
1	砂仁	阳春砂仁炕干选货	云南引种春砂电炕手选	云南、广东	棕褐色，带紫红色	直径 1.5~2.0	≤1%	≤1%/无	——	——	有硫加工 / 无硫加工	无	干货
2	砂仁	阳春砂仁炕干统货	云南引种春砂电炕统	云南、广东	棕褐色，略带紫红色	直径 1.0~2.0	≤10%/≤5%/≤2%	≤2%/≤1%	——	——	有硫加工 / 无硫加工	无	干货
3	砂仁	阳春砂仁晒干统货	云南引种春砂晒统	云南、广东	略带灰棕色或灰褐色	直径 1.0~2.0	≤10%/≤5%/≤2%	≤2%/≤1%	——	——	有硫加工 / 无硫加工	无	干货
4	砂仁	进口砂仁选货	进口选	缅甸、越南	灰棕色	长 2.0~2.5，直径 1.5 左右	≤1%	≤1%/无	——	——	有硫加工 / 无硫加工	无	干货
5	砂仁	进口砂仁统货	进口统	缅甸、越南	灰棕色	长 1.5~2.5，直径 1.0~2.5	≤20%/≤10%/≤5%/≤2%	≤3%/≤1%	——	——	有硫加工 / 无硫加工	无	干货
6	砂仁	进口砂仁米统货	缅甸砂仁米	缅甸、越南	——	——	——	——	≤15%/≤10%	≤30%/≤20%/≤10%	有硫加工 / 无硫加工	无	干货
7	砂仁	绿壳砂仁选货	绿壳砂仁选货	云南	——	长 2.0~2.5，直径 1.0~2.0	≤10%/≤5%/≤2%	≤1%/无	——	——	有硫加工 / 无硫加工	无	干货
8	砂仁	绿壳砂仁统货	绿壳砂仁统货	云南	——	长 1.5~2.5，直径 1.5 左右	≤20%/≤10%	≤3%/≤1%	——	——	有硫加工 / 无硫加工	无	干货

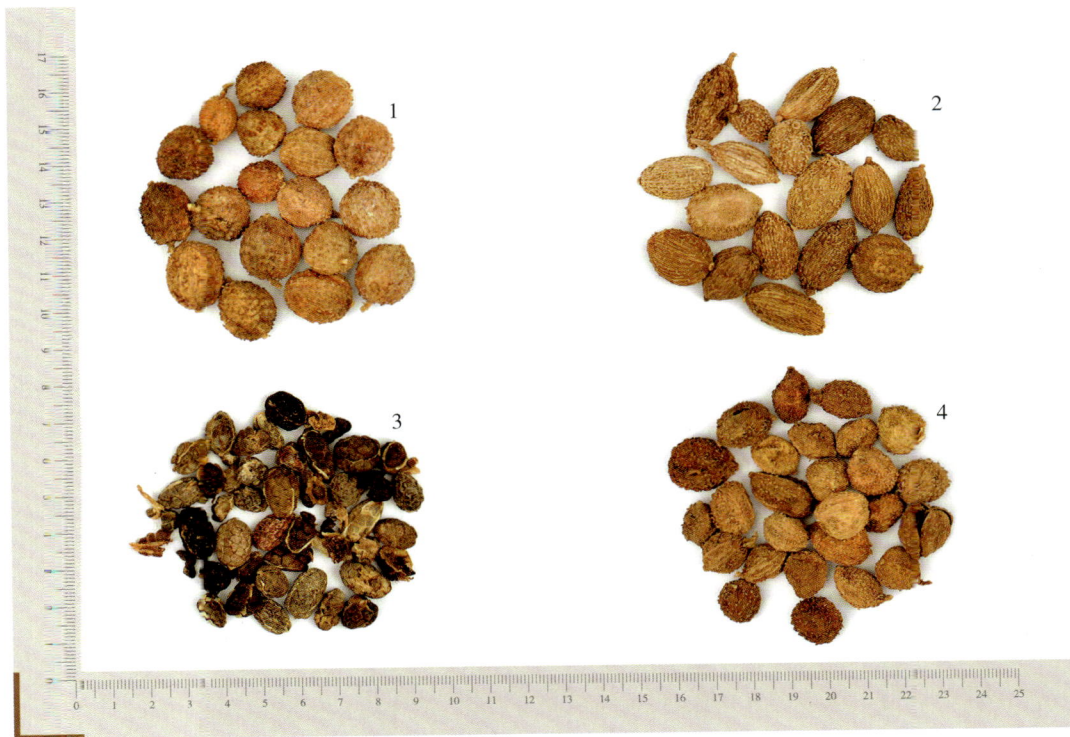

图 0107 砂仁商品部分规格图示

1. 阳春砂仁炕干选货；2. 进口砂仁选货；3. 进口砂仁米统货；4. 绿壳砂仁选货

4.143　山麦冬（湖北麦冬）

4.143.1　基础数据

4.143.1.1　来源

本品为百合科植物湖北麦冬 *Liriope spicata*（Thunb.）Lour. var. *prolifera* Y. T. Ma 或短葶山麦冬 *Liriope muscari*（Decne.）Baily 的干燥块根（《中国药典（2015 年版）》）。栽培或野生，栽培为主，主要是湖北麦冬，栽培 1 年。夏初采挖，洗净，除去须根，晒干或烘干。也称为"湖北麦冬"。

4.143.1 2　产地

湖北麦冬，产于湖北、山东，主产于湖北襄阳。

4.143.1 3　山麦冬（湖北麦冬）

呈纺锤形，两端略尖，长 1.0~5.0cm，直径 0.4~0.7cm。表面黄白色或淡黄色，具不规则纵皱纹。质柔韧，干后质硬脆，易折断，断面淡黄色至棕黄色，角质样，中柱细小。气微，味甜，嚼之发黏。

4.143.2　规格要素说明及名词解释

4.143.2.1　直径 0.4cm 以上粒

山麦冬远货一般用孔径 0.4cm 的筛子筛选出直径 0.4cm 以上的粒。

4.143.2.2　根须、杂质和 0.2cm 以下灰渣

根须：山麦冬采挖后，部分须根未完全去除（图 0108-4）。麦冬在加工、贮存和运输过程易掉落少量灰渣。

4.143.2.3　含硫情况

无硫加工：山麦冬采挖之后不熏硫，晒干或烘干，表面多淡黄色。

有硫加工：山麦冬采挖之后熏硫，再烘干或晒干；或山麦冬采挖之后不熏硫，用燃煤热气烘干时微含硫。有硫加工的山麦冬表面多黄白色。

4.143.3　规格等级定义（表 4-181）

4.143.3.1　湖北麦冬精选 0.4 以上

用孔径 0 4cm 的筛子筛选，再去除根须、灰渣的山麦冬。直径 0.5cm 以上粒的重量占比不低于 95%，无根须、杂质和 0.2cm 以下灰渣。（图 0108-1）

4.143.3.2　湖北麦冬选货 0.4

用孔径 0 4cm 的筛子筛选。直径 0.5cm 以上粒的重量占比不低于 80%，无根须、杂质和 0.2cm 以下灰渣。（图 0108-2）

4.143.3.3　湖北麦冬统货

大小不分。直径 0.5cm 以上粒的重量占比不低于 60%，根须、杂质和 0.2cm 以下灰渣重量占比不超过 2%。（图 0108-3）

表 4-181 中药材商品电子交易规格等级标准——山麦冬

序号	品名	规格名称	流通俗称	直径 0.5cm 以上粒重量占比	根须、杂质和 0.2cm 以下灰渣重量占比	含硫情况	虫蛀、霉变	干度
1	山麦冬(湖北麦冬)	湖北麦冬精选 0.4 以上	精选	≥95%	无	有硫加工/无硫加工	无	干货
2	山麦冬(湖北麦冬)	湖北麦冬选货 0.4	选	≥80%	无	有硫加工/无硫加工	无	干货
3	山麦冬(湖北麦冬)	湖北麦冬统货	统	≥60%	≤2%	有硫加工/无硫加工	无	干货

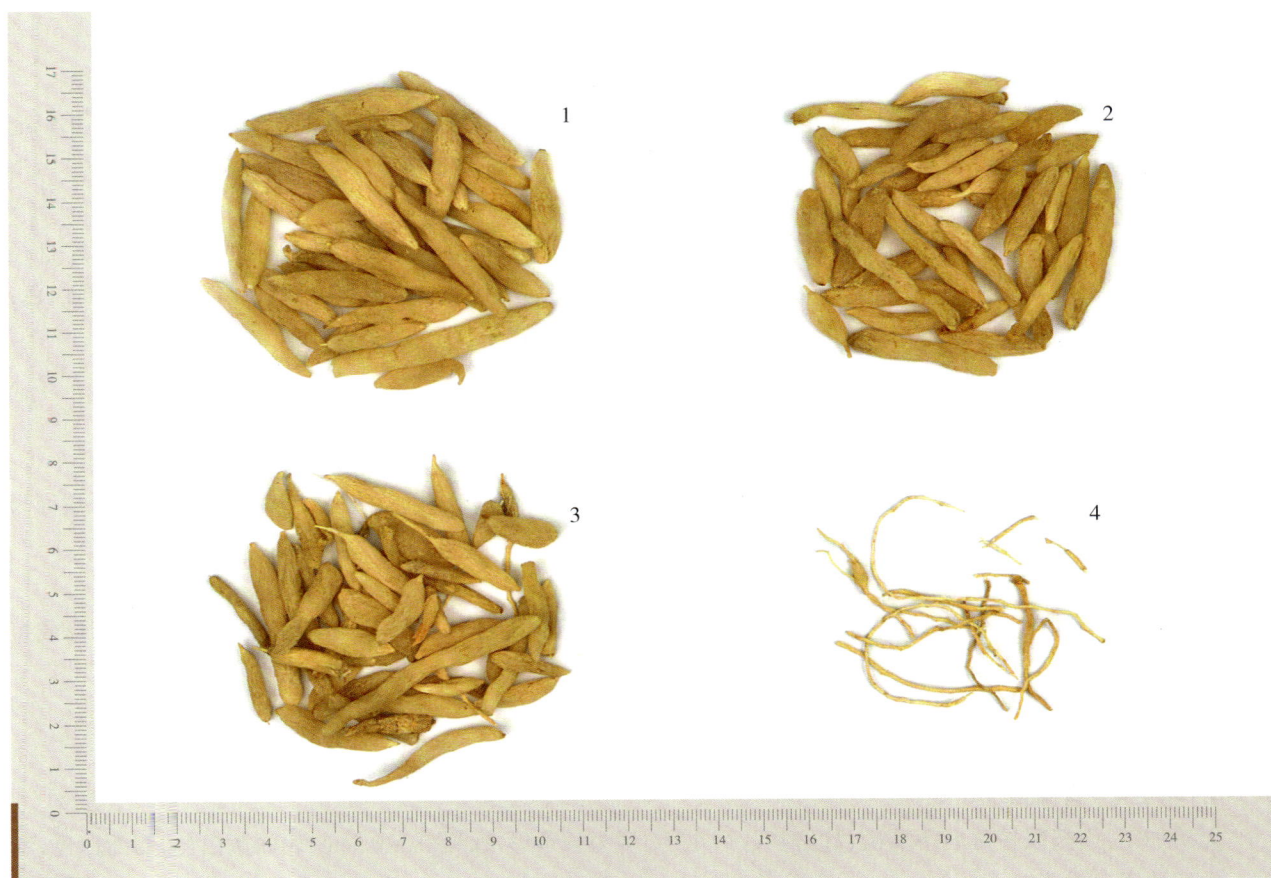

图 0108 山麦冬商品部分规格图示
1. 湖北麦冬精选 0.4 以上;2. 湖北麦冬选货 0.4;3. 湖北麦冬统货;4. 根须示例

4.144 山药

4.144.1 基础数据

4.144.1.1 来源

本品为薯蓣科植物薯蓣 *Dioscorea opposita* Thunb. 的干燥根茎(《中国药典(2015 年版)》)。栽培,栽培 1 年。

冬季茎叶枯萎后采挖,切去根头,除去外皮,干燥,习称"毛山药";或在晒至八成干时,搓圆,再干燥,习称"光山药";或采挖之后去皮,趁鲜切片,烘干,习称"生切片"。

4.144.1.2 产地

产于河南、河北、山西、内蒙古等地,主产于河南、河北。河南为山药道地产区,习称"怀山药",河北产量也很大。

4.144.1.3 山药(光山药)

呈圆柱形,长 5.0~18cm,直径 0.8~3.0cm。表面黄白色。断面白色,粉性。气微,味淡、微酸,嚼之发黏。

4.144.1.4 毛山药(山药毛条)

呈扁圆柱形,略弯曲,直径(或宽)0.5~2.0cm。表面黄白色或淡黄色,断面白色,光滑,具粉性。

4.144.1.5 山药生切片

本品呈长条形,长 3.0~8.0cm,宽 0.5~2.5cm,厚 0.3~0.5cm。表面黄白色,切面白色,皱缩。

4.144.1.6 山药圆片

光山药晒至八成干,切片,晒干;或光山药润透,切片,晒干。本品呈圆形片,直径 0.5~2.5cm,厚 0.2~0.4cm。表面黄白色,切面白色,光滑,具粉性。

4.144.1.7 毛山药片

毛山药晒至八成干,切片,晒干;或毛山药润透,切片,晒干。本品呈类圆形或短条形片,类圆形片直径 0.5~2.0cm,厚 0.2~0.4cm;短条形片长 1.0~2.5cm,宽 0.5~1.5cm,厚 0.2~0.4cm。表面黄白色或淡黄色,切面白色,光滑,具粉性。

4.144.2 规格要素说明及名词解释

4.144.2.1 直径

山药(光山药)经揉搓后为圆柱形,直径为中部测量或端部测量。传统以总直径 15cm 包含的山药个数称为"支数",有 6 支、7 支、8 支、12 支、14 支的规格。

4.144.2.2 片形

山药趁鲜斜切片,呈长条形,习称"斜片";光山药切片,呈圆形,习称"圆片";毛山药切片,多为类圆形或短条形片。

4.144.2.3 0.4cm 以下碎片、灰末

山药质脆,具粉性,在切片、贮存和运输过程会产生少量碎片和灰末,一般用 0.4cm 标准筛筛除。

4.144.2.4 含硫情况

无硫加工:山药采挖之后不熏硫,趁鲜切片后烘干,多为长条形片,厚 0.3~0.5cm,表面黄白色,切面白色,皱缩。生切片多为无硫加工。

有硫加工:为方便加工和外观美观,山药采挖、除去外皮后熏硫,晒至八成干,切片后熏硫,晒干;或山药润透过程中熏硫,切片,晒干。毛山药片和山药圆片为有硫加工。

4.144.3 规格等级定义(表 4-182)

4.144.3.1 山药 6 支

挑选的直径在 2.3cm 以上的光山药。

4.144.3.2 山药 7 支

挑选的直径在 2.0~2.3cm 的光山药。

4.144.3.3 山药 8 支

挑选的直径在 1.5~2.0cm 的光山药。

4.144.3.4 山药 12 支

挑选的直径在 1.2~1.5cm 的光山药。

4.144.3.5 山药 14 支

挑选的直径在 0.8~1.2cm 的光山药。

4.144.3.6 山药毛条

不挑选，大小均有的毛山药。

4.144.3.7 山药生切斜片统片

山药趁鲜切片，大小不分。宽 1.0~2.5cm 的片重量占比不低于 90%，0.4cm 以下碎片、灰末重量占比不超过 5%。（图 0109-1）

4.144.3.8 山药圆片选片 1.5

选取直径多在 1.5cm 以上的光山药切圆片。直径 1.5cm 以上的片重量占比不低于 90%，0.4cm 以下碎片、灰末重量占比不超过 2%。（图 0109-2）

4.144.3.9 山药圆片选片 1.0

选取直径多在 1.0cm 以上的光山药切圆片。直径 1.0cm 以上的片重量占比不低于 90%，0.4cm 以下碎片、灰末重量占比不超过 2%。（图 0109-3）

4.144.3.10 毛山药统片

毛山药大小不分，切片。直径（宽）1.0cm 以上的片重量占比不低于 60%，0.4cm 以下碎片、灰末重量占比不超过 4%。（图 0109-4）

表 4-182 中药材商品电子交易规格等级标准——山药

序号	品名	规格名称	流通俗称	直径 /cm	大片重量占比	0.4cm 以下碎片、灰末重量占比	含硫情况	虫蛀、霉变	干度
1	山药	山药 6 支		≥2.3	——	——	有硫加工 / 无硫加工	无	干货
2	山药	山药 7 支		2~2.3	——	——	有硫加工 / 无硫加工	无	干货
3	山药	山药 8 支		1.5~2	——	——	有硫加工 / 无硫加工	无	干货
4	山药	山药 12 支		1.2~1.5	——	——	有硫加工 / 无硫加工	无	干货
5	山药	山药 14 支		0.8~1.2	——	——	有硫加工 / 无硫加工	无	干货
6	山药	山药毛条		——	——	——	有硫加工 / 无硫加工	无	干货
7	山药	山药生切斜片统片	无硫片	——	宽1.0~2.5cm的片≥90%/宽1.0~2.5cm 的片≥95%	≤5%/ ≤2%/ 无	有硫加二 / 无硫加工	无	干货
8	山药	山药圆片选片 1.5	圆片	——	直径 1.5cm 以上的片≥90%	≤2%/ 无	有硫加工 / 无硫加工	无	干货
9	山药	山药圆片选片 1.0	圆片	——	直径 1.0cm 以上的片≥90%	≤2%/ 无	有硫加工 / 无硫加工	无	干货
10	山药	毛山药统片	毛山药片	——	直径（宽）1.0cm 以上的片≥60%/ 直径（宽）1.0cm 以上的片≥70%	≤4%/ ≤2%/ 无	有硫加工 / 无硫加工	无	干货

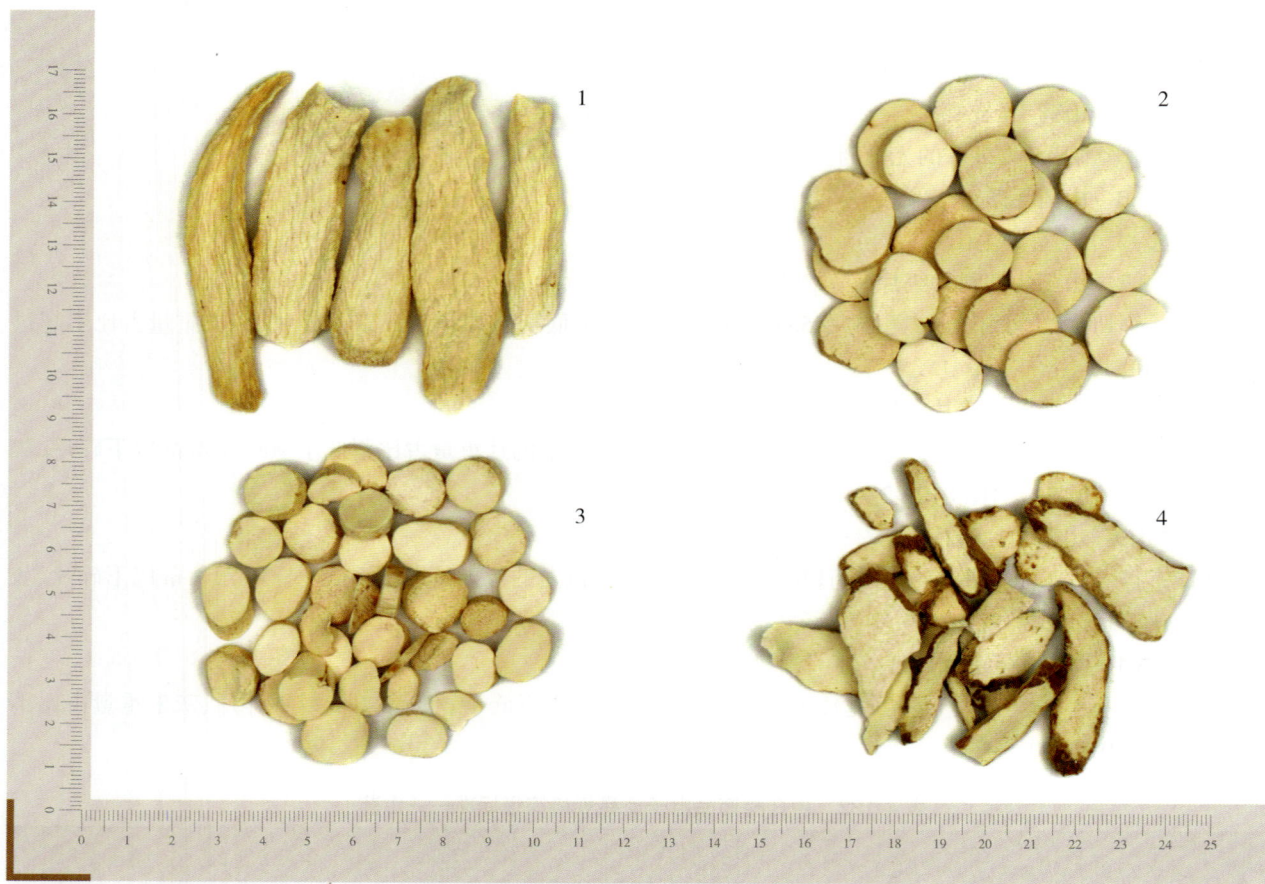

图 0109　山药商品部分规格图示
1. 山药生切斜片统片；2. 山药圆片选片 1.5；3. 山药圆片选片 1.0；4. 毛山药统片

4.145　山楂

4.145.1　基础数据

4.145.1.1　来源

本品为蔷薇科植物山里红 *Crataegus pinnatifida* Bge. var. *major* N. E. Br. 或山楂 *Crataegus pinnatifida* Bge. 的干燥成熟果实（《中国药典（2015 年版）》）。栽培山里红为主。秋季果实成熟时采收，切片，干燥。

4.145.1.2　产地

产于黄河以北地区，主产于河北承德、辽宁朝阳、山东沂蒙山区、河南林州、山西南部。

4.145.1.3　山楂片

本品为类圆形片（带籽片）或类圆形圈（去籽片），皱缩不平，直径 1.0~2.5cm，厚 0.2~0.4cm。外皮红色，具皱纹，有灰白色小斑点。果肉深黄色至浅棕色。中部横切片具 5 粒浅黄色果核，但核常脱落（有籽片），或者中部空心（无籽片）。有的片上可见短而细的果梗或花萼残迹。气微清香，味酸、微甜。

4.145.2　规格要素说明及名词解释

4.145.2.1　刀片加工

手工切片:手工切片是用剪刀剪成片,多为三刀四片。最外层的片为边片,中间的两片为中心片,中心片用剪刀捅去籽为中心圈。手工带籽中心片或边片,以及机切片多药用。

机切片:机切山楂片形多不规则,大部分为两刀三片或对半开,晒干或炕干。

冻干片:冻干片为鲜果急冻(-18℃),使果肉疏松,取出后切片,选中心片去籽,然后再冻干。

4.145.2.2　去籽/带籽

山楂手工切片后,捅出中间的籽为"去籽",多作食用。切片后不去籽为"带籽",手工带籽中心片或边片,以及机切片多作药用。

4.145.2.3　中心片(圈)

山楂果实中部最大直径处切的片(圈)。

4.145.2.4　边片

带山楂外皮的切片,多带有果梗及花萼残基。

4.145.2.5　外皮颜色

常规加工的山楂外皮鲜红或深红色(熟透果实深红色者);冻干加工的山楂外皮紫红色,加工贮存不当颜色会变为暗红。

4.145.2.6　残次片

晾晒不及时或变质引起的颜色变成黑红色的片。

4.145.2.7　果柄、0.2cm 以下灰渣

掉落的果柄,以及掉落的碎屑,可过 0.2cm 标准筛辅以手选去除。

4.145.2.8　自然虫口和霉变

自然虫口产山楂在鲜果的时候内部生虫,虫由内向外钻,在切片时可见黑色的缺口。贮存不当的时候会发生霉变。

4.145.3　规格等级定义(表 4-183)

山楂药食同源,带籽规格为药用规格,去籽规格为食用规格。

4.145.3.1　山楂冻干中心圈

去籽、冻干加工,中心圈重量占比不低于90%,无边片,带籽片重量占比不超过1%,无果柄及灰渣,无残次片,无自然虫口和霉变。

4.145.3.2　山楂去籽中心选圈

去籽干燥,边片重量占比不超过10%,带籽片重量占比不超过20%,残次片重量占比不超过10%,无果柄、0.2cm 以下灰渣,自然虫口和霉变重量占比不超过3%。(图 0110-1)

4.145.3.3　山楂去籽中心统片

去籽干燥,边片重量占比不超过40%,带籽片重量占比不超过10%,残次片重量占比不超过10%,无果柄、0.2cm 以下灰渣,自然虫口和霉变重量占比不超过1%。(图 0110-2)

4.145.3.4　山楂去籽统片

去籽干燥,中心片重量占比不低于10%,带籽片重量占比不超过30%,残次片重量占比不超过8%,果柄、0.2cm 以下灰渣重量占比不超过1%,自然虫口和霉变重量占比不超过3%。(图 0110-3)

4.145.3.5　山楂带籽中心选片

带籽干燥,中心片不低于重量占比75%,无果柄、0.2cm 以下灰渣,自然虫口和霉变重量占比不超过1%。(图 0110-4)

4.145.3.6 山楂带籽统片

带籽干燥，中心片重量占比不低于 40%，果柄、0.2cm 以下灰渣重量占比不超过 5%，自然虫口和霉变重量占比不超过 3%。（图 0110-5）

4.145.3.7 山楂带籽次统片

带籽干燥，中心片重量占比不低于 40%，果柄、0.2cm 以下灰渣重量占比不超过 10%，自然虫口和霉变重量占比不超过 10%。（图 0110-6）

表 4-183　中药材商品电子交易规格等级标准——山楂

序号	品名	规格名称	流通俗称	产地	去籽/带籽	加工方式	外皮颜色	中心片(圈)重量占比	边片重量占比	带籽片重量占比	残次片重量占比	果柄、0.2cm以下灰渣重量占比	自然虫口和霉变重量占比	干度
1	山楂	山楂冻干中心圈	冻干中心圈	河北	去籽	冻干	紫红	≥90%/≥95%	无	≤1%	无	无	≤0.5%/无	干货
2	山楂	山楂去籽中心选圈	去籽中心选圈	山东、河北、山西及其他华北东北地区	去籽	炕干/晒干	深红/鲜红	——	≤10%/≤5%	≤20%/≤15%	≤10%/≤5%	无	≤3%/≤1%/无	干货
3	山楂	山楂去籽中心统片	去籽中心统圈	山东、河北、山西及其他华北东北地区	去籽	炕干/晒干	深红/鲜红	——	≤40%/≤30%	≤10%/≤5%	≤10%/≤5%	无	≤1%/无	干货
4	山楂	山楂去籽统片	去籽统圈	山东、河北、山西及其他华北东北地区	去籽	炕干/晒干	深红/鲜红	≥10%/≥20%	——	≤30%/≤25%/≤20%	≤8%/≤5%	≤1%	≤3%/≤1%/无	干货
5	山楂	山楂带籽中心选片	带籽中心选片	山东、河北、山西及其他华北东北地区	带籽	炕干/晒干	深红/鲜红	≥75%/≥80%/≥85%/≥90%	——	——	——	无	≤1%/无	干货
6	山楂	山楂带籽统片	带籽统片	山东、河北、山西及其他华北东北地区	带籽	炕干/晒干	深红/鲜红	≥40%/≥50%	——	——	——	≤5%/≤2%	≤3%/≤1%/无	干货
7	山楂	山楂带籽次统片	带籽次统	山东、河北、山西及其他华北东北地区	带籽	炕干/晒干	暗红	≥40%/≥50%	——	——	——	≤10%/≤5%	≤10%/≤5%/≤3%/1%/无	干货

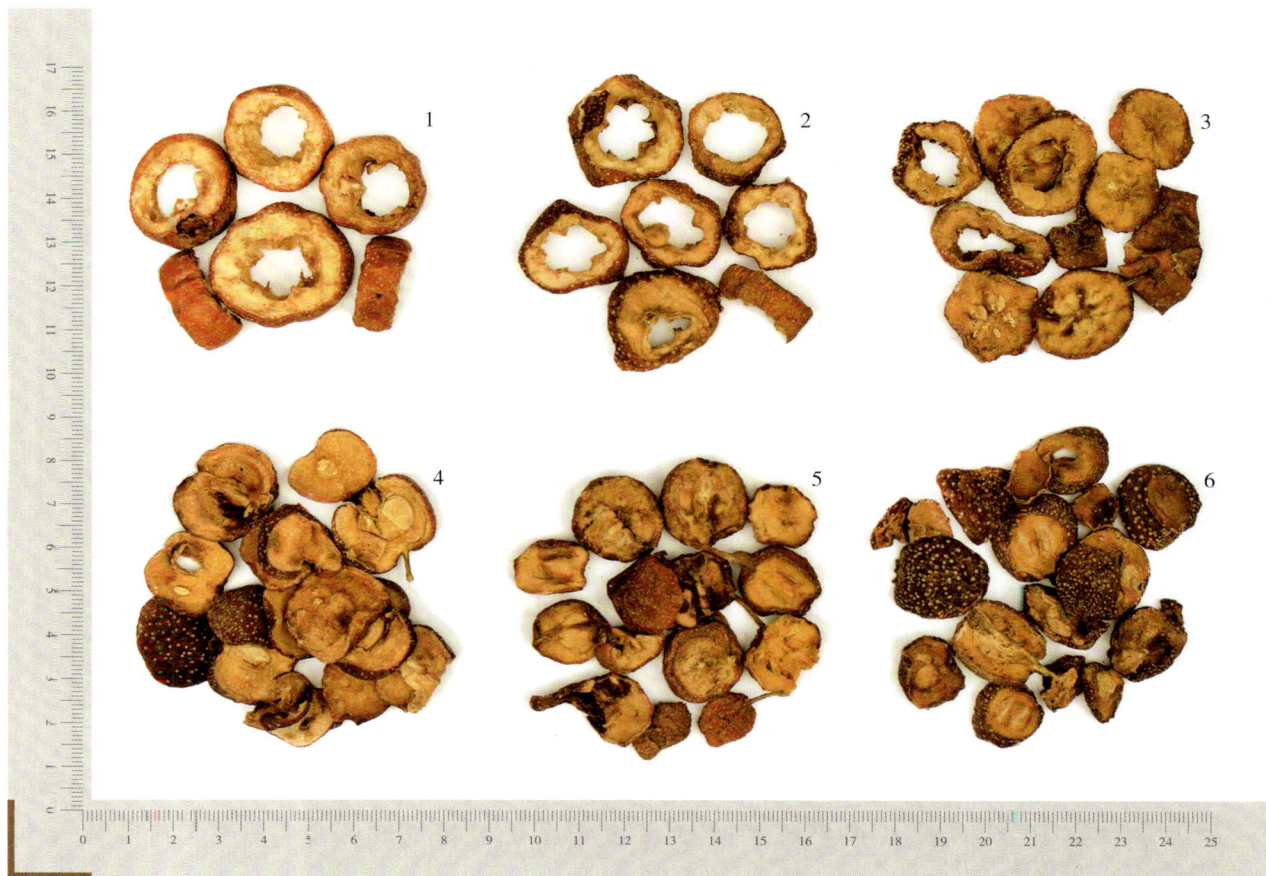

图 0110 山楂商品部分规格图示

1.山楂去籽中心选圈;2.山楂去籽中心统片;3.山楂去籽统片;4.山楂带籽中心选片;5.山楂带籽统片;6.山楂带籽次统片

4.146 山茱萸

4.146.1 基础数据

4.146.1.1 来源

本品为山茱萸科植物山茱萸 *Cornus officinalis* Sieb. et Zucc. 的干燥成熟果肉(《中国药典(2015 年版)》)。野生或栽培,栽培为主。秋末冬初果皮变红时采收果实,用文火烘或置沸水中略烫后,及时除去果核,干燥。又称"山萸肉"。

4.146.1.2 产地

产于安徽、浙江、河南、山西、山西等地,主产于河南、陕西、浙江。

4.146.1.3 山茱萸

本品呈不规则的片状或囊状,长 1.0~1.5cm,宽 0.5~1.0cm。表面紫红色至紫黑色,皱缩,有光泽。顶端有的有圆形宿萼痕,基部有果梗痕。质柔软。气微,味酸、涩、微苦。

4.146.2 规格要素说明及名词解释

4.146.2.1 果核及带果核个

在加工过程中产生的果核和少量果核未去尽的山茱萸。

4.146.2.2 表面颜色

山茱萸以表面紫红色为佳,但在贮存过程中颜色逐渐变深至紫黑色。常温下贮存时间超过 1 年,表面多变为紫黑色。冷库中贮存,颜色加深较慢,可延长贮存时间。

4.146.2.3 紫黑色个

贮存时间较久,颜色加深至紫黑色的山茱萸,质量较差。

4.146.2.4 果柄、碎皮

山茱萸在采摘时夹带果柄,加工(去核)过程中产生的少量碎皮。可通过风选筛除。

4.146.2.5 白霜个

因贮存时间较久而表皮带少量白色粉末状物质的山茱萸。

4.146.3 规格等级定义(表 4-184)

4.146.3.1 山茱萸精选级

表面紫红色,紫黑色个重量占比不超过 5%,无果核和带果核个,无脱落的果柄、碎皮,无白霜个。(图 0111-1)

4.146.3.2 山茱萸一级

表面紫红色至紫黑色,紫黑色个重量占比不超过 30% 的山茱萸,果核和带果核个重量占比不超过 2%,脱落的果柄、碎皮重量占比不超过 3%,无白霜个。(图 0111-2)

4.146.3.3 山茱萸二级

表面紫红色至紫黑色的山茱萸,果核和带果核个重量占比不超过 5%。脱落的果柄、碎皮重量占比不超过 3%,无白霜个。(图 0111-3)

4.146.3.4 山茱萸黑统货

表面多紫黑色,或带白霜的山茱萸,果核和带果核个重量占比不超过 10%,脱落的果柄、碎皮重量占比不超过 8%,白霜个重量占比不超过 70%。(图 0111-4)

表 4-184 中药材商品电子交易规格等级标准——山茱萸

序号	品名	规格名称	流通俗称	表面颜色	紫黑色个重量占比	白霜个重量占比	果核及带果核个重量占比	果柄、碎皮重量占比	虫蛀、霉变	干度
1	山茱萸	山茱萸精选级	精选特级	紫红色	≤5%	无	无	无	无	干货
2	山茱萸	山茱萸一级	一级	紫红色至紫黑色	≤30%/≤20%/≤10%	无	≤2%	≤3%/≤1%	无	干货
3	山茱萸	山茱萸二级	二级	紫红色至紫黑色	——	无	≤5%	≤3%/≤1%	无	干货
4	山茱萸	山茱萸黑统货	黑统	多紫黑色,或带白霜	——	≤70%/≤50%/≤30%	≤10%	≤8%/≤5%	无	干货

图 0111　山茱萸商品部分规格图示
1. 山茱萸精选级；2. 山茱萸一级；3. 山茱萸二级；4. 山茱萸黑统货

4.147　射干

4.147.1　基础数据

4.147.1.1　来源

本品为鸢尾科植物射干 *Belamcanda chinensis*（L.）DC. 的干燥根茎（《中国药典（2015 年版）》）。栽培 2~3 年。全年均可采挖，除去须根及泥沙，干燥，或切片干燥。

4.147.1.2　产地

产于河北、湖南、安徽、山西和湖北等地，主产于河北安国、湖南廉桥，河北产的射干习称为"祁射干"。

4.147.1.3　射干

呈不规则结节状，长 3.0~10cm，直径 1.0~2.0cm。表面黄褐色、棕褐色或黑褐色，皱缩，有较密的环纹。上面有数个圆盘状凹陷的茎痕，偶有茎基残存；下面有残留细根及根痕。质硬，断面黄色，颗粒性。气微，味苦、微辛。

4.147.1.4　射干片

鲜射干晒至半干，撞去须根，横切或斜切成薄片，晒干或炕干。呈不规则薄片，最长径 2.0~3.0cm，厚 0.1~0.2cm。外皮灰黄褐色或棕色，可见残留的须根和须根痕，切面淡黄色或鲜黄色，具有散在筋脉小点或筋脉纹。

4.147.2 规格要素说明及名词解释

4.147.2.1 加工方法

鲜射干晒干或晒至半干时放入滚筒中撞去须根,光射干需撞尽为止,毛射干只撞去大部分须根。

4.147.2.2 须根、杂质

撞掉的须根未筛净或未撞尽的须根在晒干后自然掉落,杂质多为泥土、细砂。

4.147.2.3 切面颜色

新货祁射干切面呈金黄色,陈货或晾晒不及时的射干切面呈棕黄色。

4.147.2.4 1.6cm 以上片

射干为楔切片,片形完整的片宽多在 1.6cm 以上。

4.147.2.5 0.4cm 以下片

多为加工切片过程中切碎的片。

4.147.2.6 须根、0.2cm 以下碎末

加工前撞须不干净,切片中掉落的须根和产生的碎末。

4.147.2.7 含硫情况

自然晒干的射干,不含硫;燃煤炕干的射干含微量硫。

4.147.3 规格等级定义(表 4-185,表 4-186)

4.147.3.1 祁射干光统个

产自河北,射干表面无须根或有极少量须根,掉落的须根及杂质重量占比不超过 3%。

4.147.3.2 祁射干毛统个

产自河北,射干表面有部分须根,掉落的须根及杂质重量占比不超过 10%。

4.147.3.3 祁射干选片 1.6

产自河北,射干片,切面金黄色,过孔径为 0.2cm 的筛,筛去须根及碎末,直径 1.6cm 以上片重量占比不低于 60%,直径 0.4cm 以下片重量占比不超过 5%,无须根、0.2cm 以下碎末。(图 0112-1)

4.147.3.4 祁射干统片

产自河北,射干片,切面金黄或棕黄色,直径 1.6cm 以上片重量占比不低 40%,0.4cm 以下片重量占比不超过 10%,须根、0.2em 以下碎末不超过 3%。(图 0112-2)

表 4-185　中药材商品电子交易规格等级标准——射干

序号	品名	规格名称	流通俗称	加工方法	须根、杂质重量占比	含硫情况	虫蛀、霉变	干度
1	射干	祁射干光统个	光统	滚筒撞尽须根	≤3%/1%	有硫加工 / 无硫加工	无	干货
2	射干	祁射干毛统个	毛统	滚筒撞去部分须根	≤10%/≤5%	有硫加工 / 无硫加工	无	干货

表 4-186　中药材商品电子交易规格等级标准——射干(续)

序号	品名	规格名称	流通俗称	切面颜色	1.6cm 以上片重量占比	0.4cm 以下片重量占比	须根、0.2cm 以下碎末重量占比	含硫情况	虫蛀、霉变	干度
3	射干	祁射干选片 1.6	选片	金黄色	≥60%/≥80%	≤5%/≤1%	无	有硫加工 / 无硫加工	无	干货
4	射干	祁射干统片	统片	金黄色 / 棕黄色	≥40%	≤10%	≤3%/≤1%	有硫加工 / 无硫加工	无	干货

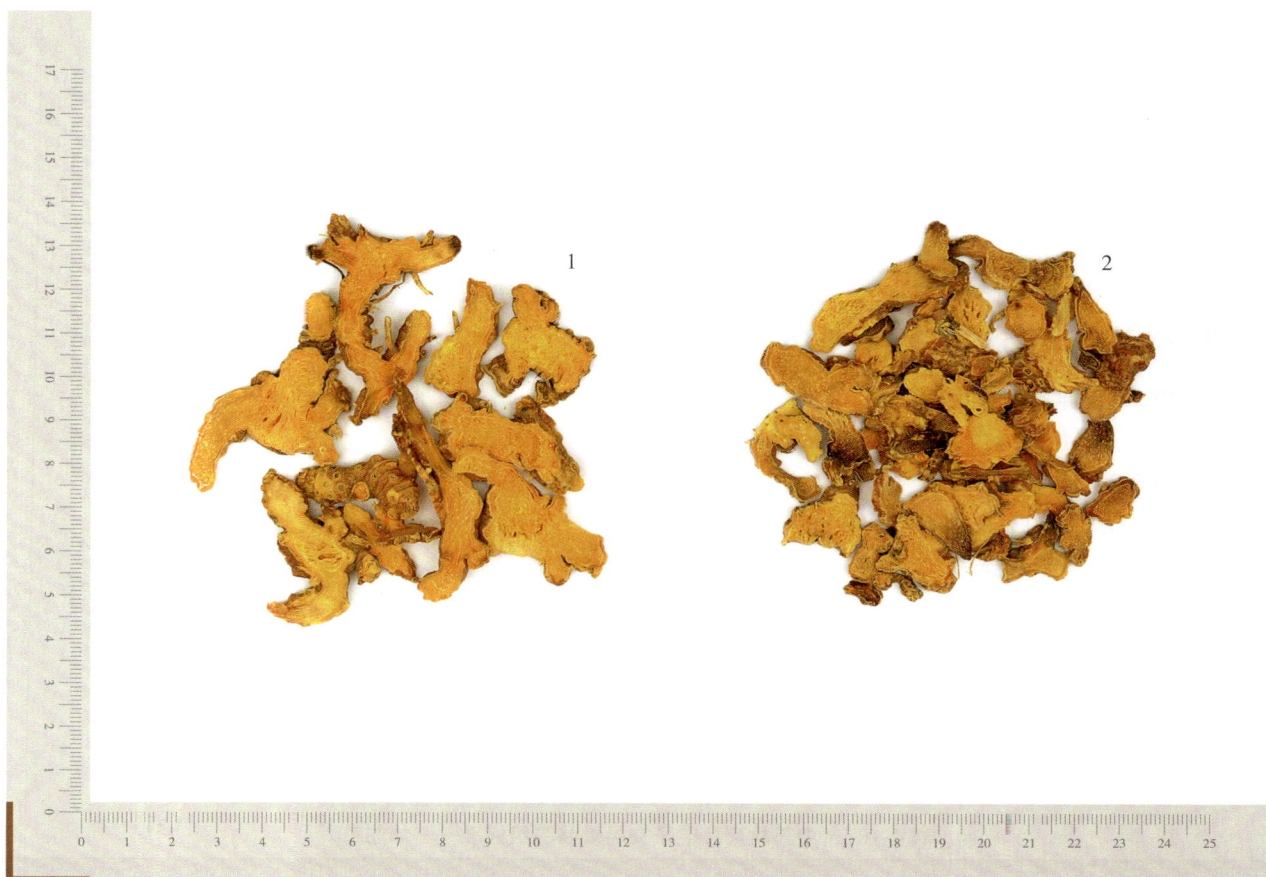

图 0112　射干商品部分规格图示
1. 祁射干选片 1.6;2. 祁射干统片

4.148　伸筋草

4.148.1　基础数据

4.148.1.1　来源

本品为石松科植物石松 *Lycopodium japonicum* Thunb. 的干燥全草(《中国药典(2015 年版)》)。野生。冬末春初时采收,除去杂质,晒干。

4.148.1.2　产地

产于除东北和华北之外的各地。主产浙江、湖北、江苏、云南等地。

4.148.1.3　伸筋草

匍匐茎呈细圆柱形,略弯曲,长可达 2.0m,直径 1.0~3.0mm,其下有黄白色细根,直立茎作二叉状分枝。叶密生茎上,螺旋状排列,皱缩弯曲,线形或针形,长 3.0~5.0mm,青绿色、绿色、黄绿色或黄色,无毛,先端芒状,全缘,易碎断。质柔软,断面皮部浅黄色,木部类白色。气微,味淡。

4.148.1.4　伸筋草段

将伸筋草除去杂质，洗净，切段，干燥。本品呈不规则的段，段长 1.5~4.0cm。

4.148.2　规格要素说明及名词解释

4.148.2.1　颜色（新货/陈货）

伸筋草新货多为青绿色或绿色，暴晒或存储时间过长颜色变为黄绿色至黄色。

4.148.2.2　杂质及 0.1cm 以下灰渣

伸筋草杂质为杂草、灰渣及泥土，挑选及用 0.1cm 标准筛筛除。

4.148.3　规格等级定义（表 4-187）

4.148.3.1　伸筋草选货

伸筋草，青绿色或绿色，杂草及 0.1cm 以下灰渣重量占比不超过 3%。

4.148.3.2　伸筋草统货

伸筋草，杂草及 0.1cm 以下灰渣重量占比不超过 7%。

4.148.3.3　伸筋草选段

伸筋草段，青绿色或绿色，杂草及 0.1cm 以下灰渣重量占比不超过 3%。

4.148.3.4　伸筋草绿色统段

伸筋草段，青绿色或绿色，杂草及 0.1cm 以下灰渣重量占比不超过 10%。（图 0113-1）

4.148.3.5　伸筋草黄绿色统段

伸筋草段，黄绿色至黄色为主，杂草及 0.1cm 以下灰渣重量占比不超过 10%。（图 0113-2）

表 4-187　中药材商品电子交易规格等级标准——伸筋草

序号	品名	规格名称	流通俗称	颜色（新货/陈货）	杂草及 0.1cm 以下灰渣重量占比	虫蛀、霉变	干度
1	伸筋草	伸筋草选货	伸筋草	青绿色或绿色（新货）	≤3%/≤1%	无	干货
2	伸筋草	伸筋草统货	伸筋草	——	≤7%/≤5%	无	干货
3	伸筋草	伸筋草选段	伸筋草	青绿色或绿色（新货）	≤3%/≤1%	无	干货
4	伸筋草	伸筋草绿色统段	伸筋草	青绿色或绿色（新货）	≤10%/≤5%	无	干货
5	伸筋草	伸筋草黄绿色统段	伸筋草	黄绿色至黄色为主（陈货）	≤10%/≤5%	无	干货

图 0113　伸筋草商品部分规格图示
1.伸筋草绿色统段；2.伸筋草黄绿色统段

4.149　石菖蒲

4.149.1　基础数据

4.149.1.1　来源

本品为天南星科植物石菖蒲 *Acorus tatarinowii* Schott 的干燥根茎(《中国药典(2015 年版)》)。野生。秋、冬二季采挖,除去须根和泥沙,晒干。

4.149.1.2　产地

产于江西、湖北、云南、贵州、四川、重庆、浙江、安徽、陕西、福建等地,主产于江西、湖北。

4.149.1.3　石菖蒲

呈扁圆柱形,多弯曲,常有分枝,长 3.0~20cm,直径 0.3~1.0cm。表面棕褐色或灰棕色,粗糙,有疏密不匀的环节,节间长 0.2~0.8cm,具细纵纹,一面残留须根或圆点状根痕。质硬,断面纤维性,类白色或微红色,内皮层环明显,可见多数维管束小点及棕色油细胞。气芳香,味苦、微辛。

4.149.1 4　石菖蒲片

将石菖蒲除去杂质,洗净,润透,切片,干燥。呈扁圆形或长条形的片,长 1.0~2.5cm,宽 0.4~1.0cm,厚约

0.2cm。外皮棕褐色或灰棕色,有的可见环节、根痕,或带须根。切面纤维性,类白色或微红色。

4.149.2　规格要素说明及名词解释

4.149.2.1　无毛须片

表面毛须较小的石菖蒲切片后,外皮无毛须,称为"无毛须片"。不同产地石菖蒲表面毛须残留程度不同,部分产区,如江西、福建,所产石菖蒲表面毛须较少。

4.149.2.2　0.2cm 以下碎末

石菖蒲切片过程中碎落少量毛须、碎末,可用 0.2cm 标准筛筛除。

4.149.3　规格等级定义（表 4-188,表 4-189）

4.149.3.1　石菖蒲选货

石菖蒲,挑选大个,直径 0.8cm 以上的不少于 70%。

4.149.3.2　石菖蒲统货

石菖蒲,大小不分,直径 0.8cm 以上的不少于 30%。

4.149.3.3　石菖蒲选片

选取表面毛须较少的石菖蒲切片。无毛须片重量占比不低于 70%,0.2cm 以下碎末重量占比不超过 2%。(图 0114-1)

4.149.3.4　石菖蒲统片

多带毛须的石菖蒲切片。无毛须片重量占比不低于 10%,0.2cm 以下碎末重量占比不超过 10%。(图 0114-2)

表 4-188　中药材商品电子交易规格等级标准——石菖蒲

序号	品名	规格名称	流通俗称	大个重量占比	虫蛀、霉变	干度
1	石菖蒲	石菖蒲选货	选货	直径 0.8cm 以个 ≥70%	无	干货
2	石菖蒲	石菖蒲统货	统货	直径 0.8cm 以个 ≥30%	无	干货

表 4-189　中药材商品电子交易规格等级标准——石菖蒲（续）

序号	品名	规格名称	流通俗称	无毛须片重量占比	0.2cm 以下碎末重量占比	虫蛀、霉变	干度
3	石菖蒲	石菖蒲选片	选片	≥70%/≥90%	≤2%	无	干货
4	石菖蒲	石菖蒲统片	统片	≥10%/≥30%/≥50%	≤10%/≤5%	无	干货

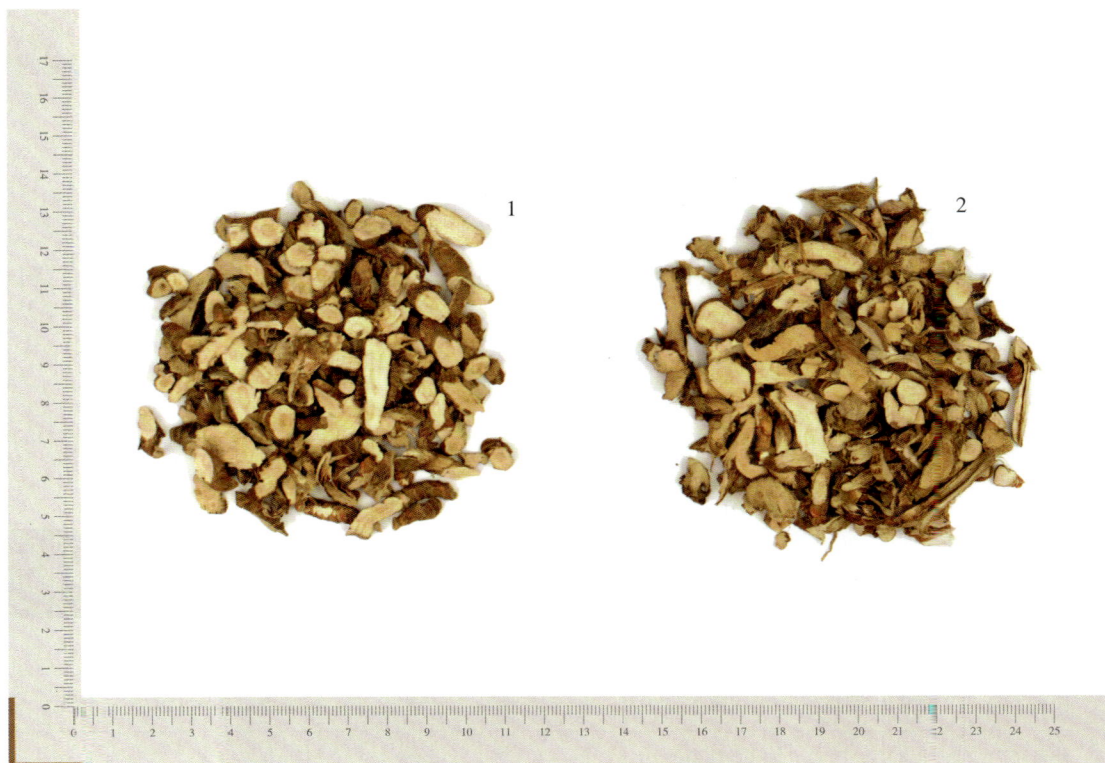

图 0114　石菖蒲商品部分规格图示
1. 石菖蒲选片；2. 石菖蒲统片

4.150　使君子

4.150.1　基础数据

4.150.1.1　来源

本品为使君子科植物使君子 *Quisqualis indica* L. 的干燥成熟果实（《中国药典（2015 年版）》）。栽培。秋季果皮变紫黑色时采收，除去杂质，干燥。

4.150.1.2　产地

产于重庆，主产于重庆铜梁。

4.150.1.3　使君子

呈椭圆形，具 5 条纵棱，偶有 4~9 棱，长 2.5~4.0cm，直径约 2.0cm。表面棕褐色至紫黑色，平滑，微具光泽。顶端狭尖，基部钝圆，有明显圆形的果梗痕。质坚硬，气微香，味微甜。

4.150.1.4　使君子仁

使君子除去外壳。呈长椭圆形或纺锤形，长约 2.0cm，直径约 1.0cm。种皮棕褐色或黑褐色，有多数纵皱纹。种皮易剥离，子叶 2 枚，黄白色，有油性，断面有裂隙。

4.150.2　规格要素说明及名词解释

4.150.2.1　破碎粒

在采摘和加工中外壳碎裂的使君子。

4.150.2.2 霉变果仁

未充分干燥而导致果仁霉烂的使君子,外观无法辨识,只能敲碎察看;或者使君子仁商品中霉变的果仁,应拣除。(图 0115-4)

4.150.3 规格等级定义(表 4-190)

4.150.3.1 使君子选货

使君子,风选饱满粒,拣除破碎、霉变,破碎粒重量占比不超过 3%,霉变果仁重量占比不超过 8%。(图 0115-1)

4.150.3.2 使君子统货

使君子,不筛选,破碎粒、霉变果仁总重量占比不超过 20%。(图 0115-2)

4.150.3.3 使君子仁

风选出饱满的使君子粒,去外壳,霉变果仁重量占比不超过 4%。(图 0115-3)

表 4-190 中药材商品电子交易规格等级标准——使君子

序号	品名	规格名称	流通俗称	破碎粒重量占比	霉变果仁重量占比	破碎粒和霉变果仁重量占比	虫蛀	干度
1	使君子	使君子选货	选货	≤3%	≤8%/≤5%	——	无	干货
2	使君子	使君子统货	统货	——	——	≤20%/≤15%	无	干货
3	使君子	使君子仁	使君子仁	——	≤4%	——	无	干货

图 0115 使君子商品部分规格图示
1. 使君子选货;2. 使君子统货;3. 使君子仁;4. 使君子霉变果仁示例

4.151　首乌藤

4.151.1　基础数据

4.151.1.1　来源

本品为蓼科植物何首乌 *Polygonum multiflorum* Thunb. 的干燥藤茎(《中国药典(2015 年版)》)。野生或栽培。秋、冬二季采割,除去残叶,捆成把趁鲜切段,干燥。

4.151.1.2　产地

产于云南、贵州、四川等地,主产于云南丽江、贵州毕节、四川西昌。

4.151.1.3　首乌藤片(段)

将首乌藤除去杂质,润透,切片或段,干燥。呈柳叶形片或圆柱形段。片长 2.0~5.0cm,宽 0.5~1.0cm,厚 0.2cm 左右,段长 0.8~2.0cm,直径 0.5~1.0cm。外皮紫红色或紫褐色,切面皮部紫红色,木部黄白色或淡棕色,导管孔明显,髓部疏松,类白色。气微,味微苦涩。

4.151.2　规格要素说明及名词解释

4.151.2.1　片形

横切成段或斜切成长片。

4.151.2.2　大小均匀与否

首乌藤片大小越均匀,等级越高。

4.151.2.3　长杆、毛须、带毛须段(片)、0.3cm 以下碎末灰渣

首乌藤未切断细枝称为"长杆";切制时未切断的韧皮纤维丝称为"毛须"(图 0116-4)。0.3cm 标准筛筛出的刀口碎末。(图 0116-4)

4.151.2.4　长度

首乌藤斜片一般长 2.5~5.0cm,首乌藤段一般长 0.8~2.0cm。

4.151.3　规格等级定义(表 4-191)

4.151.3.1　首乌藤斜片选货

挑粗细绞均匀的首乌藤手工斜切成长 2.5~5.0cm 的片,长杆、毛须、带毛须段(片)、0.3cm 以下碎沫灰渣重量占比不超过 3%。(图 0116-1)

4.151.3.2　首乌藤选段

挑粗细绞均匀的首乌藤切成长 0.8~2.0cm 的段,长杆、毛须、带毛须段(片)、0.3cm 以下碎沫灰渣重量占比不超过 3%。(图 0116-2)

4.151.3.3　首乌藤统段

不分粗细的首乌藤切成长 0.8~2.0cm 的段,长杆、毛须、带毛须段(片)、0.3cm 以下碎沫灰渣重量占比不超过 20%。(图 0116-3)

表 4-191 中药材商品电子交易规格等级标准——首乌藤

序号	品名	规格名称	流通俗称	长度 /cm	长杆、毛须、带毛须段（片）、0.3cm 以下碎末灰渣重量占比	虫蛀、霉变	干度
1	首乌藤	首乌藤斜片选片	首乌藤选斜片	2.5~5.0	≤3%	无	干货
2	首乌藤	首乌藤选段	首乌藤选段	0.8~2.0	≤3%	无	干货
3	首乌藤	首乌藤统段	首乌藤统段	0.8~2.0	≤20%/≤10%/≤5%	无	干货

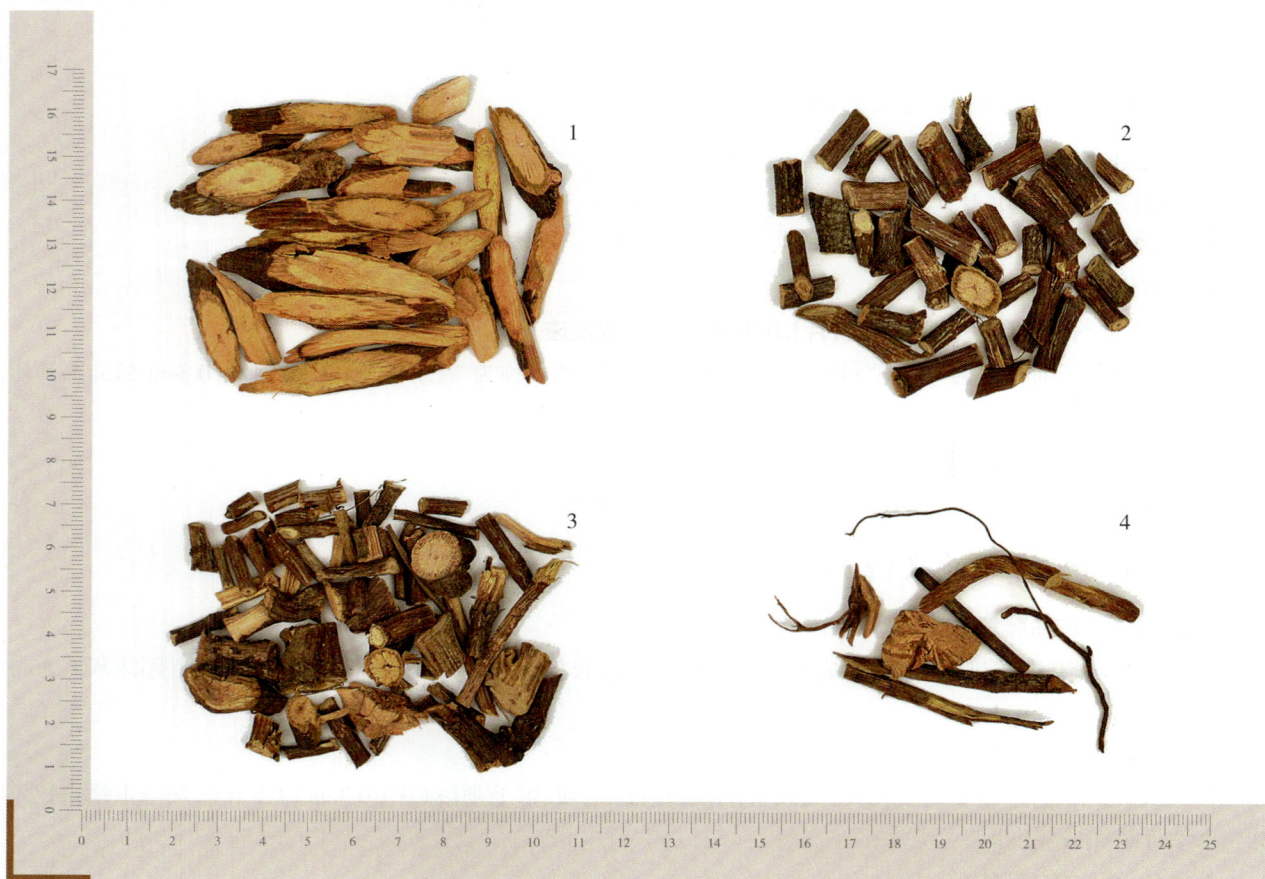

图 0116 首乌藤商品部分规格图示
1. 首乌藤斜片选片；2. 首乌藤选段；3. 首乌藤统段；4. 长杆、毛须示例

4.152　水蛭

4.152.1　基础数据

4.152.1.1　来源

本品为水蛭科动物蚂蟥 *Whitmania Pigra* Whitman、水蛭 *Hirudo nipponica* Whitman 或柳叶蚂蟥 *Whitmania acranulata* Whitman 的干燥全体（《中国药典（2015 年版）》）。野生或养殖，以野生为主。夏、秋二季捕捉，干燥。根据大小，三个种的药材分别称为"大水蛭""小水蛭"和"中水蛭"。

4.152.1.2　产地

产于江苏、山东、黑龙江等地，主产于江苏。江苏主要产大水蛭（宽水蛭），也产中水蛭（长条水蛭）；黑龙江、山东等地为小产区，主要产小水蛭。

4.152.1.3　水蛭

蚂蟥：扁平纺锤形，长 2.5~10cm，宽 0.5~2.0cm，背部黑褐色或黑棕色，腹部棕黄色。市场流通中称"大水蛭"或"宽水蛭"。

柳叶蚂蟥：狭长而扁，长 5.0~12cm，宽 0.3cm 左右，表面黑色。市场流通中称"中水蛭"或"长条水蛭"。

水蛭：扁长圆柱形，长 2.0~5.0cm，宽 0.2~0.6cm，体多扭转，表面黑色。市场流通中称"小水蛭"。

4.152.2　规格要素说明及名词解释

4.152.2.1　大小

大水蛭（宽水蛭）长 2.5~10cm，宽 0.5~2.0cm；中水蛭（长条水蛭）长 5.0~12cm，宽 0.3cm 左右；小水蛭长 2.0~5.0cm，宽 0.2~0.6cm。

4.152.2.2　形态

大水蛭呈扁平纺锤形，背部黑褐色或黑棕色，腹部棕黄色，大水蛭矾水货体表常见白色粉末。中水蛭狭长而扁，表面黑色。小水蛭扁长圆柱形，体多扭转，表面黑色。

4.152.2.3　加工方式

水蛭在捕捉之后以线（或铁丝）穿连之后吊起晒干，称为"吊干"；烫死（或用明矾腌渍）之后摊在地面上晒干，为一般晒干。

4.152.2.4　清水 / 矾水

水蛭在捕捉之后，用清水洗净，晒干，称为"清水货"；水蛭在捕捉之后以明矾腌渍或置于明矾水中浸泡之后晒干，称为"矾水货"。矾水货体表常见白色粉末，体重质脆，易折断。

4.152.3　规格等级定义（表 4-192）

4.152.3.1　大水蛭清水统货

清水加工的大水蛭（宽水蛭）。扁平纺锤形，背部黑褐色或黑棕色，腹部棕黄色，长 2.5~10cm，宽 0.5~2.0cm。（图 0117-1）

4.152.3.2　柳叶水蛭清水统货

清水加工的长水蛭（长条水蛭）。狭长而扁，表面黑色，长 5.0~12cm，宽 0.3cm 左右。（图 0117-2）

4.152.3.3　小水蛭清水统货

清水加工的小水蛭。扁长圆柱形，体多扭转，表面黑色，长 2.0~5.0cm，宽 0.2~0.6cm。（图 0117-3）

4.152.3.4 大水蛭矾水统货

使用明矾加工的大水蛭（宽水蛭）。扁平纺锤形,背部黑褐色或黑棕色,常见白色粉末,腹部棕黄色,长2.5~10cm,宽0.5~2.0cm,常见白色粉末。(图0117-4)

表 4-192　中药材商品电子交易规格等级标准——水蛭

序号	品名	规格名称	流通俗称	产地	加工方式	大小	形态	虫蛀、霉变	干度
1	水蛭	大水蛭清水统货	清水吊干	江苏及周边地区	吊干/晒干	长 2.5~10cm,宽 0.5~2.0cm	扁平纺锤形,背部黑褐色或黑棕色,腹部棕黄色	无	干货
2	水蛭	柳叶水蛭清水统货	长水蛭	江苏及周边地区	晒干	长 5.0~12cm,宽 0.3cm 左右	狭长而扁,表面黑色	无	干货
3	水蛭	小水蛭清水统货	小水蛭	黑龙江及周边地区	晒干	长 2.0~5.0cm,宽 0.2~0.6cm	扁长圆柱形,体多扭转,表面黑色	无	干货
4	水蛭	大水蛭矾水统货	矾水吊干	江苏及周边地区	吊干/晒干	长 2.5~10cm,宽 0.5~2.0cm	扁平纺锤形,背部黑褐色或黑棕色,常见白色粉末,腹部棕黄色	无	干货

图 0117　水蛭商品部分规格图示
1. 大水蛭清水统货;2. 柳叶水蛭清水统货;3. 小水蛭清水统货;4. 大水蛭矾水统货

4.153　酸枣仁

4.153.1　基础数据

4.153.1.1　来源

本品为鼠李科植物酸枣 *Ziziphus jujuba* Mill. var. *spinosa*（Bunge）Hu ex H. F. Chou 的干燥成熟种子（《中国药典（2015 年版）》）。野生，极少栽培。秋末冬初采收成熟果实，除去果肉和核壳，收集种子，晒干。

4.153.1.2　产地

主产于山东、河北、山西、辽宁等地，加工地集中于河北赞皇县和山东汶上县。

4.153.1.3　酸枣仁

呈扁圆形或扁椭圆形，长 5.0~9.0mm，宽 5.0~7.0mm，厚约 3.0mm。表面紫红色或紫褐色，平滑有光泽，有的有裂纹。有的两面均呈圆隆状突起，有的一面较平坦，中间有 1 条隆起的纵线纹，另一面稍突起。一端凹陷，可见线形种脐，另端有细小突起的合点。富油性，气微，味淡。

4.153.2　规格要素说明及名词解释

4.153.2.1　碎壳

酸枣破壳取仁后残留的核壳。

4.153.2.2　碎瓣

机器破壳过程中产生的破碎果仁。

4.153.2.3　饱满度

双面都鼓的酸枣仁饱满，质量较好；单面鼓则相对较差。

4.153.2.4　空瘪子

不成熟的瘪仁，内仁脱落后仅剩的种皮。

4.153.2.5　黑籽

加工中晾晒不及时或采收过程中处于阴坡的酸枣仁果仁、种皮多为黑色或黑褐色，称为黑籽。

4.153.3　规格等级定义（表 4-193）

4.153.3.1　酸枣仁特选货

色选机多次选择和加手工挑选，无碎瓣、空瘪子、黑子、碎壳。

4.153.3.2　酸枣仁饱满精选货

色选机多次选择，碎瓣重量占比不超过 3%，无黑子，碎壳重量占比不超过 0.5%，无空瘪子，饱满度较好。

4.153.3.3　酸枣仁 98 货

色选机选择，碎瓣重量占比不超过 5%，无空瘪子，黑子重量占比不超过 1%，碎壳重量占比不超过 1%。

4.153.3.4　酸枣仁 95 货

色选机筛选，碎瓣重量占比不超过 5%，空瘪子重量占比不超过 5%，黑子重量占比不超过 5%，碎壳重量占比不超过 1%。

4.153.3.5　酸枣仁黑统货

筛选后的黑子或沤水严重的酸枣加工，碎瓣重量占比不超过 2%，空瘪子重量占比不超过 20%，碎壳重量占比不超过 3%，基本全为黑子。

表 4-193　中药材商品电子交易规格等级标准——酸枣仁

序号	品名	规格名称	流通俗称	碎瓣重量占比	空瘪子重量占比	黑籽重量占比	碎壳重量占比	虫蛀、霉变	干度
1	酸枣仁	酸枣仁特选货	精选（出口级）	无	无	无	无	无	干货
2	酸枣仁	酸枣仁饱满精选货	手选	≤3%/≤1%	无	——	≤0.5%	无	干货
3	酸枣仁	酸枣仁98货	98货	≤5%/≤3%	≤5%/≤3%	≤1%	≤1%	无	干货
4	酸枣仁	酸枣仁95货	95货	≤5%/≤3%	≤5%/≤3%	≤5%	≤1%	无	干货
5	酸枣仁	酸枣仁黑统货	黑统货	≤2%/≤10%	≤20%/≤10%	——	≤3%	无	干货

4.154　锁阳

4.154.1　基础数据

4.154.1.1　来源

本品为锁阳科植物锁阳 *Cynomorium songaricum* Rupr. 的干燥肉质茎（《中国药典（2015 年版）》）。野生。春季采挖，除去花序，切段，晒干。

4.154.1.2　产地

产于新疆、甘肃、青海、内蒙古等地，主产于新疆、甘肃。

4.154.1.3　锁阳

呈扁圆柱形，微弯曲，长 5.0~30cm，直径 1.5~4.0cm。表面棕色或棕褐色，粗糙，具明显纵沟和不规则凹陷，有的残存三角形的黑棕色鳞片。体重，质硬，难折断，有黄色三角状维管束。气微，味甘而涩。

4.154.1.4　锁阳片

将锁阳洗净，润透，切片，干燥。呈不规则片，长 2.0~6.0cm，宽 1.0~3.0cm，厚 0.4~0.8cm。断面呈浅棕色或棕褐色。

4.154.2　规格要素说明及名词解释

4.154.2.1　带头与否

锁阳生长出土的棒状顶生花序部分称为"头"。锁阳原药一般有去头和不去头之分，不带头者等级高。

4.154.2.2　0.2cm 以下碎末和灰渣

锁阳片碎末和泥沙可用 0.2cm 标准筛筛除。

4.154.3　规格等级定义（表 4-194）

4.154.3.1　锁阳大条 2.0

挑选大个的锁阳，直径在 2.0cm 以上，长在 10cm 以上，不带头。

4.154.3.2　锁阳中条 1.5

挑选较大的锁阳，直径在 1.5cm 以上，长在 10cm 以上，不带头。

4.154.3.3 锁阳大条带头 2.0

挑选大个的锁阳,直径在 2.0cm 以上,长在 10cm 以上,带头。

4.154.3.4 锁阳中条带头 1.5

挑选较大的锁阳,直径在 1.5cm 以上,长在 10cm 以上,带头。

4.154.3.5 锁阳小节

挑选大条和中条后剩下的小个,无 0.2cm 以下碎末和灰渣。(图 0118-1)

4.154.3.6 锁阳选片 1.5~2.5

锁阳大条或粗的锁阳断节切片,片宽 1.5~2.5cm 的片重量占比不低于 80%,无 0.2cm 以下碎沫和灰渣。(图 C118-2)

4.154.3.7 锁阳统片 1.5

大小不分匀锁阳个或断节切片,片宽 1.5cm 以上的片重量占比不低于 60%,无 0.2cm 以下碎末和灰渣。(图 C118-3)

表 4-194 中药材商品电子交易规格等级标准——锁阳

序号	品名	规格名称	流通俗称	大小	大片重量占比	0.2cm 以下碎末和灰渣重量占比	带头与否	虫蛀、霉变	干度
1	锁阳	锁阳大条 2.0	大条	长 10cm 以上,直径 2.0cm 以上	——	——	不带头	无	干货
2	锁阳	锁阳中条 1.5	中条	长 10cm 以上,直径 1.5cm 以上	——	——	不带头	无	干货
3	锁阳	锁阳大条带头 2.0	大条	长 15cm 以上,直径 2.0cm 以上	——	——	带头	无	干货
4	锁阳	锁阳中条带头 1.5	中条	长 15cm 以上,直径 1.5cm 以上	——	——	带头	无	干货
5	锁阳	锁阳小节	小节	——	——	无	——	无	干货
6	锁阳	锁阳选片 1.5~2.5	选片	——	宽 1.5~2.5cm 片≥80%/宽 1.5~2.5cm 片≥90%	无	——	无	干货
7	锁阳	锁阳统片 1.5	统片	——	宽 1.5cm 以上片≥60%/宽 1.5cm 以上片≥70%/宽 1.5cm 以上片≥80%	无	——	无	干货

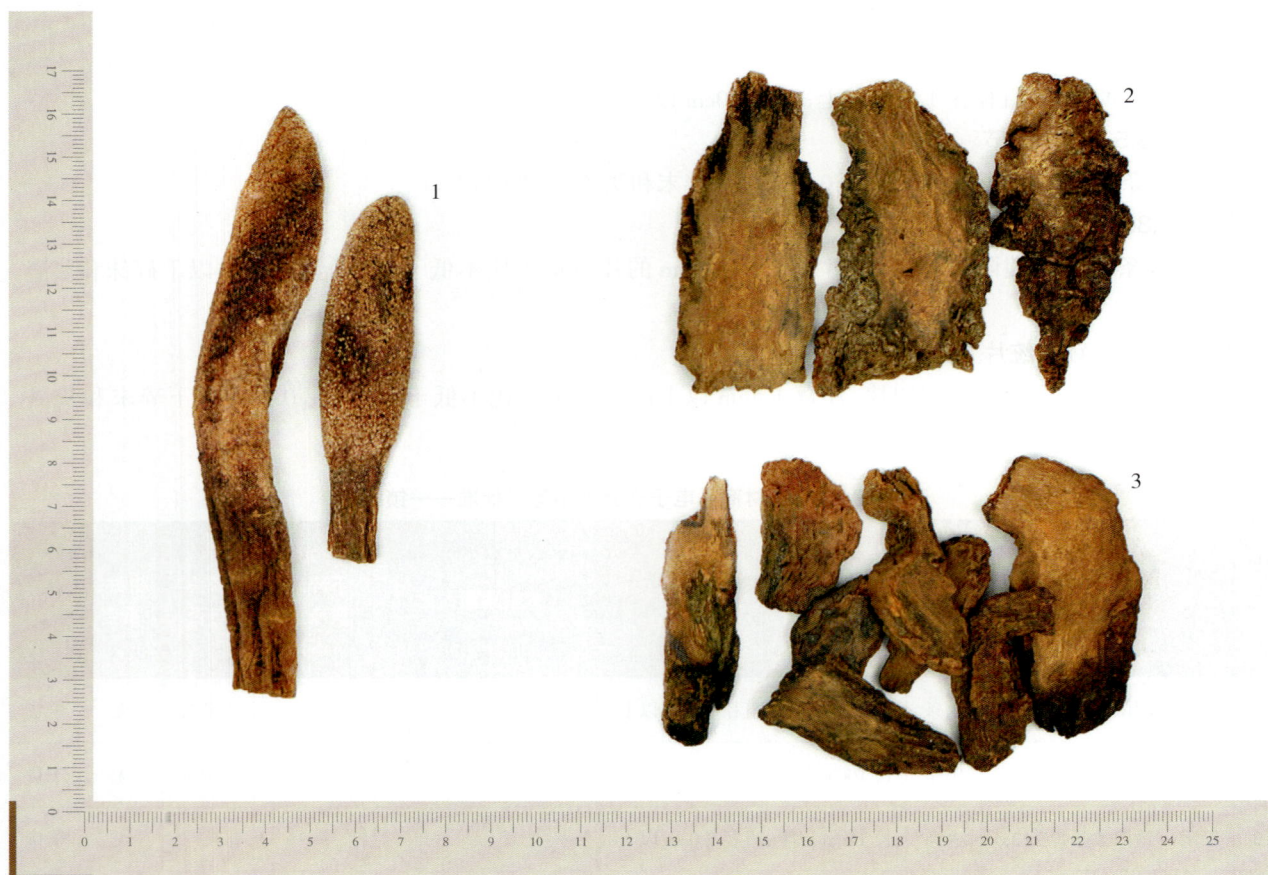

图 0118　锁阳商品部分规格图示
1. 锁阳小节；2. 锁阳选片 1.5~2.5；3. 锁阳统片 1.5

4.155　太子参

4.155.1　基础数据

4.155.1.1　来源
本品为石竹科植物孩儿参 *Pseudostellaria heterophylla*（Miq.）Pax ex Pax et Hoffm. 的干燥块根（《中国药典（2015年版）》）。栽培 1 年。夏季茎叶大部分枯萎时采挖，洗净，除去须根，置沸水中略烫后晒干或直接晒干。

4.155.1.2　产地
产于贵州、福建、安徽、山东、浙江、江苏等地，主产于贵州施秉、福建柘荣、安徽宣城。

4.155.1.3　太子参
呈细长纺锤形或细长条形，稍弯曲，长 3.0~10cm，直径 0.2~0.6cm。表面黄白色，较光滑，微有纵皱纹，凹陷处有须根痕。顶端有茎痕。质硬而脆，断面平坦，淡黄白色，角质样，或类白色，有粉性。气微，味微甘。

4.155.2　规格要素说明及名词解释

4.155.2.1　条数 /50g

每 50g 太子参的条数越少,规格等级越高。

4.155.2.2　去尾太子参

参尾是太子参块根末端须根的俗称,一般应搓掉,即"去尾"。

4.155.2.3　断节、尾须及 0.2cm 以下灰渣

断节为太子参块根断裂形成的段;尾须为太子参的须根,有时残存在货物中;泥土、砂粒和太子参碎末可用 0.2cm 标准筛筛除。(图 0119-8)

4.155.2.4　含硫情况

太子参在加工过程中不熏硫。在贮存和销售过程中会为了预防虫防霉或色泽美观而熏硫。

4.155.3　规格等级定义(表 4-195)

4.155.3.1　太子参特大选 150

挑选个头最大,每 50g 条数不超过 150,去尾太子参重量占比不低于 98%,断节、尾须及 0.2cm 以下灰渣重量占比不超过 3%。(图 0119-1)

4.155.3.2　太子参大选 200

挑选个头较大,每 50g 条数不超过 200,去尾太子参重量占比不低于 98%,断节、尾须及 0.2cm 以下灰渣重量占比不超过 3%。(图 0119-2)

4.155.3.3　太子参中选 240

挑选个头中等,每 50g 条数不超过 240 条,去尾太子参重量占比不低于 95%,断节、尾须及 0.2cm 以下灰渣重量占比不超过 3%。(图 0119-3)

4.155.3.4　太子参小选 350

挑选个头较小,每 50g 条数不超过 350 条,去尾太子参重量占比不低于 95%,断节、尾须及 0.2cm 以下灰渣重量占比不超过 3%。(图 0119-4)

4.155.3.5　太子参大统

去掉个头最大的,每 50g 条数不超过 280,大小参杂,断节、尾须及 0.2cm 以下灰渣重量占比不超过 10%。(图 0119-5)

4.155.3.6　太子参中统

去掉个头最大和较大的,每 50g 条数不超过 380,大小参杂,断节、尾须及 0.2cm 以下灰渣重量占比不超过 20%。(图 0119-6)

4.155.3.7　太子参小统

个头较小,每 50g 条数超过 380,大小参杂,断节、尾须及 0.2cm 以下灰渣重量占比不超过 30%。(图 0119-7)

表 4-195　中药材商品电子交易规格等级标准——太子参

序号	品名	规格名称	流通俗称	条数(/50g)	去尾太子参重量占比	断节、尾须及 0.2cm 以下灰渣重量占比	含硫情况	虫蛀、霉变	干度
1	太子参	太子参特大选 150	太子参特大选	≤150	≥98%/ 全去尾	≤3%/≤1%	有硫加工 / 无硫加工	无	干货
2	太子参	太子参大选 200	太子参大选	≤200	≥98%/ 全去尾	≤3%/≤1%	有硫加工 / 无硫加工	无	干货
3	太子参	太子参中选 240	太子参中选	≤240	≥95%/ 全去尾	≤3%/≤1%	有硫加工 / 无硫加工	无	干货
4	太子参	太子参小选 350	太子参小选	≤350	≥95%/ 全去尾	≤3%/≤1%	有硫加工 / 无硫加工	无	干货

续表

序号	品名	规格名称	流通俗称	条数 (/50g)	去尾太子参重量占比	断节、尾须及 0.2cm 以下灰渣重量占比	含硫情况	虫蛀、霉变	干度
5	太子参	太子参大统	太子参大统	≤280	——	≤10%/≤5%	有硫加工 / 无硫加工	无	干货
6	太子参	太子参中统	太子参中统	≤380	——	≤20%/≤10%	有硫加工 / 无硫加工	无	干货
7	太子参	太子参小统	太子参小统	>380	——	≤30%/≤15%	有硫加工 / 无硫加工	无	干货

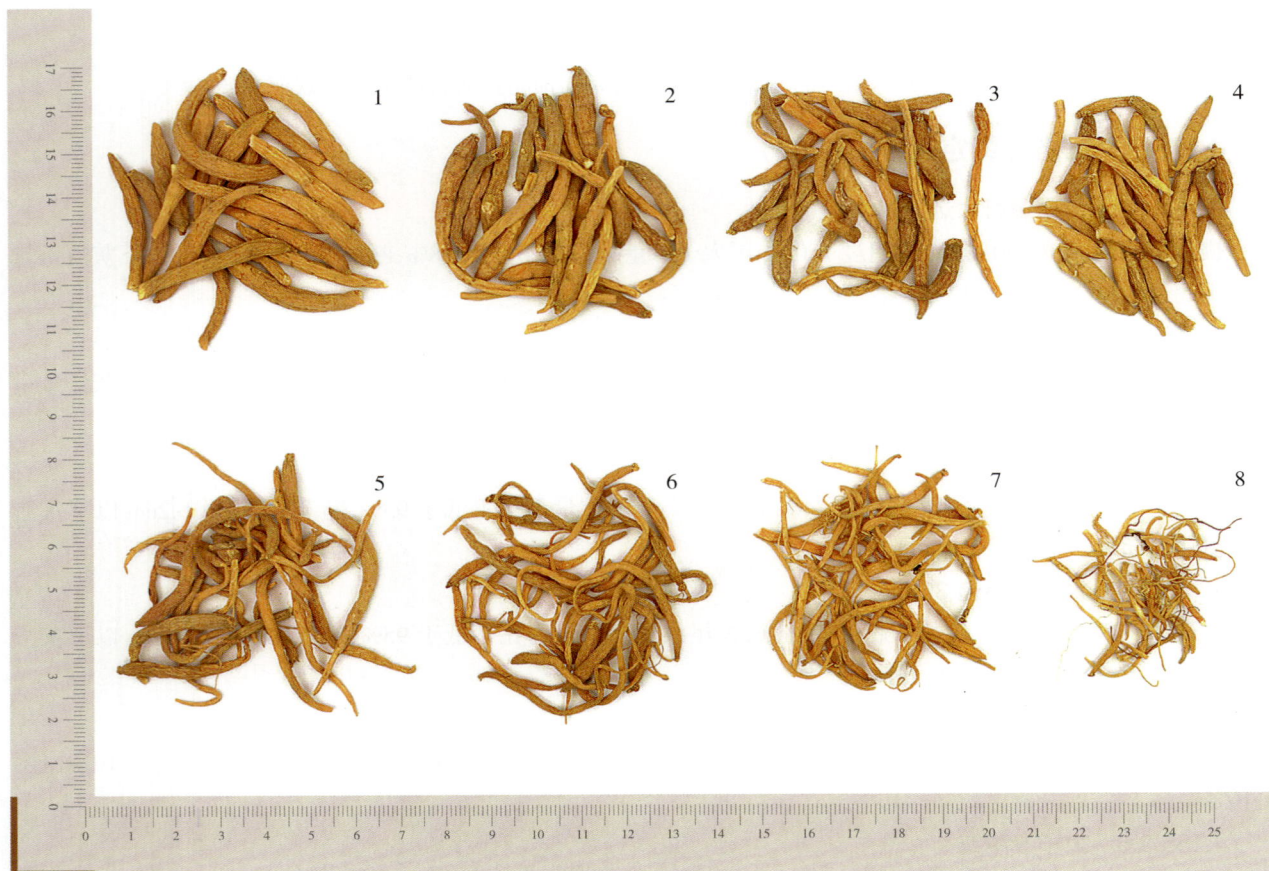

图 0119　太子参商品部分规格图示

1. 太子参特大选 150；2. 太子参大选 200；3. 太子参中选 240；4. 太子参小选 350；5. 太子参大统；6. 太子参中统；7. 太子参小统；8. 太子参断节、尾须示例

4.156　桃仁

4.156.1　基础数据

4.156.1.1　来源

本品为蔷薇科植物桃 *Prunus persica*（L.）Batsch 或山桃 *Prusua davidiana*（Carr.）Franch. 的干燥成熟种子（《中国药典(2015 年版)》）。野生或栽培，山桃为野生，桃为栽培。果实成熟后采收，除去果肉和核壳，取出种子，

晒干。桃仁为桃和山桃的去核种仁,因为桃的种仁呈扁平状,习称"扁桃仁",山桃的种仁称为"山桃仁"。

4.156.1.2 产地

全国大部分均有,山桃仁主产于山西运城、甘肃陇西;扁桃主产于云南文山、山东临邑、西藏林芝等地。

4.156.1.3 桃仁(扁桃仁)

呈扁长卵形,长 1.2~1.8cm,宽 0.8~1.2cm,厚 0.2~0.4cm,习称"扁桃仁"。表面黄棕色至红棕色,密布颗粒状突起。一端尖,中部膨大,另端钝圆稍偏斜,边缘较薄。尖端一侧有短线形种脐,圆端有颜色略深不甚明显的合点,自合点处散出多数纵向维管束。类白色,富油性。气微,味微苦。

4.156.1.4 山桃仁

呈类卵圆形,较小而肥厚,长约 0.9cm,宽约 0.7cm,厚约 0.5cm。

4.156.1.5 去皮山桃仁

取带皮山桃仁,沸水焯后去皮。呈类卵圆形,较小而肥厚,长约 1.0cm,宽约 0.7cm,厚约 0.5cm。

4.156.1.6 去皮桃仁(去皮扁桃仁)

取带皮扁桃仁,沸水焯后去皮。呈扁长卵形,长 1.2~1.8cm,宽 0.8~1.2cm,厚 0.2~0.4cm。表面浅黄白色。

4.156.2 规格要素说明及名词解释

4.156.2.1 碎瓣

破壳过程中机器打碎的种仁。

4.156.2.2 0.2cm 以下碎粒

去皮过程中用沸水浸泡,至种皮变软,再用机器搓皮,产生的碎粒,可用 0.2cm 标准筛筛出。

4.156.2.3 油粒

桃仁加工不及时或贮存不当导致走油,表皮变黑,种仁变软。(图 0120-8)

4.156.2.4 种壳

桃仁破壳后,未除尽的破碎种壳。

4.156.3 规格等级定义(表 4-196)

4.156.3.1 山桃仁选货

山桃仁,色选机选择或人工拣除碎瓣和种壳,碎瓣重量占比不超过 0.5%,油粒重量占比不超过 1%,种壳重量占比不超过 0.5%。(图 0120-1)

4.156.3.2 山桃仁统货

山桃仁,机器震动筛去破碎种壳,碎瓣重量占比不超过 5%,油粒重量占比不超过 2%,种壳重量占比不超过 1%。(图 0120-2)

4.156.3.3 扁桃仁选货

扁桃仁,色选机选择或人工拣除碎瓣和种壳,碎瓣重量占比不超过 0.5%,油粒重量占比不超过 1%,种壳重量占比不超过 0.5%。(图 0120-3)

4.156.3.4 扁桃仁统货

扁桃仁,机器震动筛去破碎种壳,碎瓣重量占比不超过 5%,油粒重量占比不超过 3%,种壳重量占比不超过 1%。(图 0120-4)

4.156.3.5 去皮山桃仁选片

去皮山桃仁,过孔径为 0.2cm 的筛,筛掉碎粒,油粒重量占比不超过 0.5%,种壳重量占比不超过 0.5%,0.2cm 以下碎粒重量占比不超过 0.5%。(图 0120-5)

4.156.3.6 去皮山桃仁统片

去皮山桃仁,油粒重量占比不超过 3%,种壳重量占比不超过 1%,0.2cm 以下碎粒重量占比不超过 3%。

4.156.3.7 去皮扁桃仁选片

去皮扁桃仁,过孔径为 0.2cm 的筛,筛掉碎粒,油粒重量占比不超过 0.5%,种壳重量占比不超过 0.5%,0.2cm 以下碎粒重量占比不超过 0.5%。(图 0120-6)

4.156.3.8 去皮扁桃仁统片

去皮山桃仁,油粒重量占比不超过 3%,种壳重量占比不超过 1%,0.2cm 以下碎粒重量占比不超过 3%。（图 0120-7)

表 4-196　中药材商品电子交易规格等级标准——桃仁

序号	品名	规格名称	流通俗称	碎瓣重量占比	油粒重量占比	种壳重量占比	0.2cm 以下碎粒重量占比	含硫情况	虫蛀、霉变	干度
1	桃仁	山桃仁选货	带皮山桃仁选	≤0.5%	≤1%	≤0.5%	——	有硫加工 / 无硫加工	无	干货
2	桃仁	山桃仁统货	带皮山桃仁统	≤5%/≤3%	≤2%	≤1%		有硫加工 / 无硫加工	无	干货
3	桃仁	扁桃仁选货	带皮扁桃仁选	≤0.5%	≤1%	≤0.5%		有硫加工 / 无硫加工	无	干货
4	桃仁	扁桃仁统货	带皮扁桃仁统	≤5%/≤3%	≤3%	≤1%		有硫加工 / 无硫加工	无	干货
5	桃仁	去皮山桃仁选片	去皮山桃仁选	——	≤0.5%	≤0.5%	≤0.5%	有硫加工 / 无硫加工	无	干货
6	桃仁	去皮山桃仁统片	去皮山桃仁统		≤3%	≤1%	≤3%/≤1.0%	有硫加工 / 无硫加工	无	干货
7	桃仁	去皮扁桃仁选片	去皮扁桃仁选		≤0.5%	≤0.5%	≤0.5%	有硫加工 / 无硫加工	无	干货
8	桃仁	去皮扁桃仁统片	去皮扁桃仁统	——	≤3%	≤1%	≤3%/≤1.0%	有硫加工 / 无硫加工	无	干货

图 0120　桃仁商品部分规格图示

1. 山桃仁选货;2. 山桃仁统货;3. 扁桃仁选货;4. 扁桃仁统货;5. 去皮山桃仁选片;6. 去皮扁桃仁选片;7. 去皮扁桃仁统片;8. 桃仁油粒示例

4.157　天冬

4.157.1　基础数据

4.157.1.1　来源

本品为百合科植物天冬 *Asparagus cochinchinensis*（Lour.）Merr. 的干燥块根（《中国药典（2015 年版）》）。野生。秋、冬二季采挖，洗净，除去茎基和须根，置沸水中煮或蒸至透心，趁热除去外皮，洗净，干燥。市场流通中习称"大天冬"。另有流通商品"小天冬"来自百合科密齿天门冬 *Asparagus meioclados* Levl. 干燥块根（《四川省中药材标准（2010 年版）》）。栽培或野生，栽培 3 年。

4.157.1.2　产地

产于广西、四川、云南、贵州。大天冬主产于云南、贵州，小天冬主产于广西。

4.157.1.3　大天冬

呈长纺锤形，略弯曲，长 5.0~18cm，直径 0.5~3.0cm。表面黄白色至淡黄棕色，半透明，光滑或具深浅不等的纵皱纹，偶有残存的灰棕色外皮。质硬或柔润，有黏性，断面角质样，中柱黄白色。气微，味甜、微苦。

4.157.1.4　小天冬

呈纺锤形。根较瘦小，长 2.0~8.0cm，直径 0.5~1.3cm。表面淡黄色或黄棕色，残存外皮棕褐色，质硬脆，易折断，断面类白色。有的呈空壳状。气微，味苦，微麻舌。家种小天冬多半透明。

4.157.2　规格要素说明及名词解释

4.157.2.1　家种／野生

大天冬一般为野生，也有家种；小天冬有家种或野生，主要家种。

4.157.2.2　黑皮

生长期间因虫蛀生病造成的黑褐色斑点或斑痕。

4.157.2.3　硬皮

水煮后去皮时没有去尽的表皮，晒干后呈黄白色，质地坚硬。

4.157.2.4　自然病虫个

生长过程中因得自然病虫害而留下虫口或疤痕的天冬。表面有黑褐色斑点或斑痕，或形态干瘪。

4.157.2.5　中部直径

用中部直径来衡量天冬个子的粗细大小。大天冬中部直径一般在 1.0~3.0cm，小天冬中部直径一般在 1.3cm 以下。

4.157.2.6　未去须个

没有去掉须根的天冬。

4.157.2.7　含硫情况

有硫加工：家种天冬含糖性，不易干燥，为防止生虫霉变，在加工过程中会熏硫，或者在销售过程中为增色而熏硫。

无硫加工：野生天冬一般煮后去皮晒干，不熏硫。

4.157.3　规格等级定义（表 4-197）

4.157.3.1　野生大天冬选货 2.0

野生大天冬，经过挑选，个头较大，中部直径 2.0cm 以上，去黑皮及硬皮个重量占比不低于 80%，未去须个重

量占比不超过 1%,自然病虫个重量占比不超过 5%。(图 0121-1)

4.157.3.2 野生大天冬统货

野生大天冬,未经挑选,大小不分,去黑皮及硬皮个重量占比不低于 50%,未去须个重量占比不超过 5%,自然病虫个重量占比不超过 30%。(图 0121-2)

4.157.3.3 家种大天冬选货 2.0

家种大天冬,经过挑选,个头较大,中部直径 2.0cm 以上,去黑皮及硬皮个重量占比不低于 80%,未去须个重量占比不超过 1%,自然病虫个重量占比不超过 1%。

4.157.3.4 家种大天冬统货

家种大天冬,未经挑选,大小不分,去黑皮及硬皮个重量占比不低于 50%,未去须个重量占比不超过 5%,自然病虫个重量占比不超过 20%。

4.157.3.5 野生小天冬选货 0.5

野生小天冬,经过挑选,个头较大,中部直径 0.5cm 以上,去黑皮及硬皮个重量占比不低于 80%,未去须个数量占比不超过 1%,自然病虫个重量占比不超过 5%。(图 0121-3)

4.157.3.6 野生小天冬统货

野生小天冬,未经挑选,大小不分,去黑皮及硬皮个重量占比不低于 60%,未去须个重量占比不超过 5%,自然病虫个数量占比不超过 30%。(图 0121-4)

4.157.3.7 家种小天冬统货

家种小天冬,未经挑选,大小不分,去黑皮及硬皮个重量占比不低于 80%,未去须个重量占比不超过 5%,自然病虫个重量占比不超过 20%。(图 0121-5)

表 4-197 中药材商品电子交易规格等级标准——天冬

序号	品名	规格名称	流通俗称	中部直径 / cm	去黑皮及硬皮个数量占比	去黑皮个数量占比	未去须个重量占比	自然病虫个重量占比	含硫情况	霉变	干度
1	天冬	野生大天冬选货 2.0	野生大天冬选货	≥2.0	≥80%/≥90%	——	≤1%/无	≤5%/≤3%	有硫加工 / 无硫加工	无	干货
2	天冬	野生大天冬统货	野生大天冬统货	——	≥50%/≥60%/≥70%	——	≤5%/≤1%	≤30%/≤20%	有硫加工 / 无硫加工	无	干货
3	天冬	家种大天冬选货 2.0	家种大天冬选货	≥2.0	≥80%/≥90%	——	≤1%/无	≤1%/无	有硫加工 / 无硫加工	无	干货
4	天冬	家种大天冬统货	家种大天冬统货	——	≥50%/≥60%/≥70%	——	≤5%/≤1%	≤20%/≤10%/≤5%	有硫加工 / 无硫加工	无	干货
5	天冬	野生小天冬选货 0.5	野生小天冬选货	≥1.2/≥0.8/≥0.5	——	≥80%//≥90%	≤1%/无	≤5%/≤3%	有硫加工 / 无硫加工	无	干货
6	天冬	野生小天冬统货	野生小天冬统货	——	——	≥60%/≥70%	≤5%/≤1%	≤30%/≤20%	有硫加工 / 无硫加工	无	干货
7	天冬	家种小天冬统货	家种小天冬统货	——	≥80%/≥90%/≥95%	——	≤5%/≤1%	≤20%/≤10%/≤5%	有硫加工 / 无硫加工	无	干货

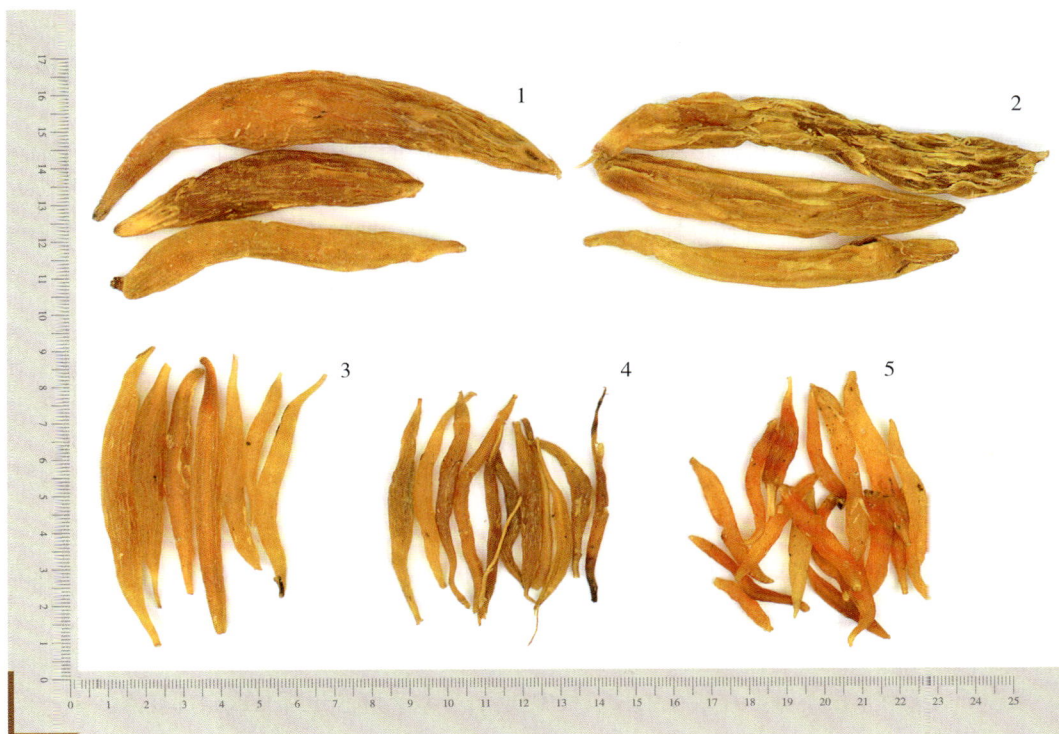

图 0121 天冬商品部分规格图示

1. 野生大天冬选货 2.0；2. 野生大天冬统货；3. 野生小天冬选货 0.5；4. 野生小天冬统货；5. 家种小天冬统货

4.158 天麻

4.158.1 基础数据

4.158.1.1 来源

本品为兰科植物天麻 *Gastrodia elata* Bl. 的干燥块茎（《中国药典（2015 年版）》）。野生或栽培，栽培 1~5 年。立冬后至次年清明前采挖，洗净，蒸透或煮透，低温干燥。

4.158.1.2 产地

产于陕西、云南、湖北、安徽、吉林、辽宁、四川等地，主产于陕西汉中、云南昭通、湖北宜昌、安徽大别山地区。

4.158.1.3 天麻

呈长条形，略扁，皱缩而稍弯曲，长 3.0~15cm，宽 1.5~6.0cm，厚 0.5~2.0cm。外皮黄白色，有纵皱纹及由潜伏芽排列而成的横环纹多轮。部分顶端有红棕色至深棕色鹦嘴状的芽或残留茎基，另端有圆脐形疤痕。质坚硬，断面较平坦，角质样。气微，味甘。

4.158.1.4 天麻片

将天麻洗净，蒸或煮后，切片，干燥。纵切片，长椭圆形或长条形，长 3.0~10cm，宽 1.0~3.0cm，厚 0.3cm 左右。

4.158.2 规格要素说明及名词解释

4.158.2.1 采收季节

秋末冬初采挖的为冬麻，体实；5 月刚出苗时采挖的为春麻，体轻。

4.158.2.2 野生 / 家种

野生天麻：野生天麻，一般体型较短。在云南，四川甘孜、丹巴、广元、万源、凉山，重庆城口，有极少量野生天麻。为区别其他称为"野生天麻"者，用"纯野生天麻"表示。

家种近野生天麻：在云南彝良和湖北，使用野生种源栽培生产的天麻，习称"野生一代种"，其品相、形态接近野生。

家种仿野生天麻：在云南镇雄，挑选家种天麻外形短而宽的，再仿照野生天麻的品相，加工挤压使变短而宽，外表可见多条横皱纹，习称"皱皱麻"。

家种天麻：陕西汉中、湖北宜昌、安徽大别山，为家种天麻主产地。家种天麻一般体长。

4.158.2.3 支数

一般天麻以每千克的天麻个数分级。

4.158.2.4 单支重量

野生天麻因为资源短缺，一般以单个重量分级。

4.158.2.5 形体（长宽比）

指家种近野生或家种仿野生天麻长度与宽度的比例，比例越小，形态短、宽，更接近野生，价格偏高。

4.158.2.6 焦糊、空壳、断节、黑芯子

因在炕干过程中，若火大急烤天麻，可产生焦糊和心子空泡的天麻个子，为焦糊、空壳。断节即采挖加工的断节天麻。黑芯子为天麻干度不够贮存或在生长过程中病变，导致天麻芯子部分或全部变黑。

4.158.2.7 形态

家种近野生天麻表皮黄白色、体宽、直、平，无破皮。家种仿野生天麻表皮黄白色、体宽、直、平、多条环皱纹，无破皮。家种天麻表皮黄白色，无破皮，体长而弯。

带棕色斑块片是天麻中黑芯子切片所产生，斑块色棕褐色或黑色。

4.158.2.8 大片

大个天麻原药切出的片大，大片是影响价格的主要因素。

4.158.2.9 含硫情况

天麻：天麻个子约七成干左右存入仓库，用硫黄熏蒸保存。经过一段时间后销售到市场，再用双氧水或烧碱水浸泡，用毛刷刷洗外皮后加硫黄熏蒸，炕干。通过清洗和熏后的天麻外皮色白，未熏硫的天麻外皮色较深。

天麻片：天麻片为使切面色白，通过硫黄烟熏，其切面为类白色；未熏硫的天麻片切面颜色较深。

4.158.3 规格等级定义（表 4-198，表 4-199，表 4-200）

4.158.3.1 纯野生冬麻大个

产于四川、重庆、云南等地，野生，冬麻，挑选出的单个重量不低于 15g，无空壳、黑芯子，断节重量占比不超过10%。（图 0122-1）

4.158.3.2 纯野生冬麻小个

产于四川、重庆、云南等地，野生，冬麻，大个选后，15g 以下的小个，无空壳、黑芯子，断节重量占比不超过10%。

4.158.3.3 纯野生春麻大个

产于四川、重庆、云南等地，野生，春麻，挑选单个重量大于 15 克，无黑芯子，断节重量占比不超过 10%，空壳重量占比不超过 20%。（图 0122-2）

4.158.3.4 纯野生春麻小个

产于四川、重庆、云南等地，野生，春麻，大个选后，15g 以下的小个，无空壳、黑芯子，断节重量占比不超过10%，空壳重量占比不超过 20%。

4.158.3.5　家种近野生天麻超特级 10 支

产于云南彝良、湖北,挑选特大个的野生一代种天麻,长宽比不大于 1.8,每千克不超过 10 支,无焦糊、空壳、断节、黑芯子。

4.158.3.6　家种近野生天麻特级 14 支

产于云南彝良、湖北,挑选大个的野生一代种天麻,长宽比不大于 2,每千克不超过 14 支,无焦糊、空壳、断节、黑芯子。

4.158.3.7　家种近野生天麻一级 24 支

产于云南彝良、湖北,挑选较大个的野生一代种天麻,长宽比不大于 2,每千克不超过 24 支,无焦糊、空壳、断节、黑芯子。(图 0122-3)

4.158.3.8　家种近野生天麻二级 40 支

产于云南彝良、湖北,挑选中个的野生一代种天麻,长宽比不大于 2,每千克不超过 40 支,无焦糊、空壳、断节、黑芯子。

4.158.3.9　家种近野生天麻三级 60 支

产于云南彝良、湖北,挑选中个的野生一代种天麻,长宽比约 2.5,每千克不超过 60 支,无焦糊、空壳、断节、黑芯子。

4.158.3.10　家种近野生天麻四级 75 支

产于云南彝良、湖北,挑选小个的野生一代种天麻,长宽比不大于 2,每千克不超过 75 支,无焦糊、空壳、断节、黑芯子。

4.158.3.11　家种仿野生天麻超特级 10 支

产于云南镇雄,人工将家种天麻加工成皱皱麻,挑选特大个,长宽比不大于 1.8,每千克不超过 10 支,无焦糊、空壳、断节、黑芯子。

4.158.3.12　家种仿野生天麻特级 14 支

产于云南镇雄,人工将家种天麻加工成皱皱麻,挑选大个,长宽比不大于 1.8,每千克不超过 14 支,无焦糊、空壳、断节、黑芯子。

4.158.3.13　家种仿野生天麻一级 22 支

产于云南镇雄,人工将家种天麻加工成皱皱麻,挑选中个,长宽比不大于 2,每千克不超过 22 支,无焦糊、空壳、断节、黑芯子。(图 0122-4)

4.158.3.14　家种天麻超特级 10 支

产于陕西、湖北、安徽等地,家种天麻,挑选特大个,每千克不超过 10 支,无焦糊、空壳、断节、黑芯子。

4.158.3.15　家种天麻特级 14 支

产于陕西、湖北、安徽等地,家种天麻,挑选大个,每千克不超过 14 支,无焦糊、空壳、断节、黑芯子。

4.158.3.16　家种天麻一级 24 支

产于陕西、湖北、安徽等地,家种天麻,挑选较大个,每千克不超过 24 支,无焦糊、空壳、断节、黑芯子。(图 0122-5)

4.158.3.17　家种天麻二级 40 支

产于陕西、湖北、安徽等地,家种天麻,挑选中等个,每千克不超过 40 支,无焦糊、空壳、断节、黑芯子。

4.158.3.18　家种天麻三级 50 支

产于陕西、湖北、安徽等地,家种天麻,挑选大个剩下的小个,每千克不超过 50 支,无焦糊、空壳、断节,含黑芯子不超过 1%。

4.158.3.19　家种天麻四级 60 支

产于陕西、湖北、安徽等地,家种天麻,挑选大个剩下的小个,每千克不超过 60 支,无焦糊、空壳、断节,含黑芯子不超过 1%。

4.158.3.20　角麻（下脚料）

产于陕西、云南、湖北、安徽等地，家种天麻，挑剩下的不分品种、大小，也不去除焦糊、断节、破碎、空壳以及沤黑的天麻。

4.158.3.21　家种近野生天麻中片 2.0

产于云南、湖北，野生一代种天麻，挑去体宽、直、平，无破皮、完整的个后，再选剩下的中等个子手工切片，宽 2.0cm 以上的片不低于 40%，带棕色斑块片不超过 2%。（图 0122-6）

4.158.3.22　家种近野生天麻小片

产于云南、湖北的野生一代种天麻，挑去体宽、直、平，无破皮的完整个后，再选剩下的小个子手工切片，片直径多在 2.0cm 以下，带棕色斑块片不超过 5%。

4.158.3.23　家种天麻大片 2.5

产于云南、湖北、陕西、安徽的家种天麻，挑去无破皮、体长而弯的完整个后，再选剩下的较大个子手工切片，宽 2.5cm 以上的片不低于 60%，无带棕色斑块片。

4.158.3.24　家种天麻中片 2.0

产于云南、湖北、陕西、安徽的家种天麻，挑去无破皮、体长而弯的完整个后，再选剩下的中等个子手工切片，宽 2.0cm 以上的片不低于 40%，带棕色斑块片不超过 2%。

4.158.3.25　家种天麻小片

产于云南、湖北、陕西、安徽的家种天麻，挑去无破皮、体长而弯的完整个后，再选剩下的小个子手工切片，片直径多在 2.0cm 以下，带棕色斑块片不超过 5%。

表 4-198　中药材商品电子交易规格等级标准——天麻

序号	品名	规格名称	流通俗称	产地	采收季节（冬/春）	单支重量/g	断节重量占比	空壳重量占比	含黑芯子	含硫情况	干度
1	天麻	纯野生冬麻大个	野生冬麻大个	四川、重庆、云南及其他地区	冬季	≥15	≤10%/无	无	无	有硫加工/无硫加工	干货
2	天麻	纯野生冬麻小个	野生冬麻小个	四川、重庆、云南及其他地区	冬季	<15	≤10%/无	无	无	有硫加工/无硫加工	干货
3	天麻	纯野生春麻大个	野生春麻大个	四川、重庆、云南及其他地区	春季	≥15	≤10%/无	≤20%/无	无	有硫加工/无硫加工	干货
4	天麻	纯野生春麻小个	野生春麻小个	四川、重庆、云南及其他地区	春季	<15	≤10%/无	≤20%/无	无	有硫加工/无硫加工	干货

表 4-199　中药材商品电子交易规格等级标准——天麻（续）

序号	品名	规格名称	流通俗称	产地	采收季节（冬/春）	形态	形体长宽比	支数（/kg）	焦糊、空壳、断节	含黑芯子	含硫情况	干度
5	天麻	家种近野生天麻超特级10支	近野生天麻超特级10支	云南彝良、湖北	冬季	表皮黄白色、体宽、直、平，无破皮	≤1.8	≤10	无	无	有硫加工/无硫加工	干货
6	天麻	家种近野生天麻特级14支	近野生天麻特级14支	云南彝良、湖北	冬季	表皮黄白色、体宽、直、平，无破皮	≤2	≤14	无	无	有硫加工/无硫加工	干货
7	天麻	家种近野生天麻一级24支	近野生天麻一级24支	云南彝良、湖北	冬季	表皮黄白色、体宽、直、平，无破皮	≤2	≤24	无	无	有硫加工/无硫加工	干货

序号	品名	规格名称	流通俗称	产地	采收季节（冬/春）	形态	形体长宽比	支数（/kg）	焦糊、空壳、断节	含黑芯子	含硫情况	干度
8	天麻	家种近野生天麻二级40支	近野生天麻二级40支	云南彝良、湖北	冬季	表皮黄白色、体宽、直、平、无破皮	≤2	≤40	无	无	有硫加工/无硫加工	干货
9	天麻	家种近野生天麻三级60支	近野生天麻三级60支	云南彝良、湖北	冬季	表皮黄白色、体宽、直、平、无破皮	≈2.5	≤60	无	无	有硫加工/无硫加工	干货
10	天麻	家种近野生天麻四级75支	近野生天麻四级75支	云南彝良、湖北	冬季	表皮黄白色、体宽、直、平、无破皮	≤2	≤75	无	无	有硫加工/无硫加工	干货
11	天麻	家种仿野生天麻超特级10支	镇雄家种皱麻超特级10支	云南镇雄	冬季	表皮黄白色、体宽、直、平、多条环皱纹、无破皮	≤1.8	≤10	无	无	有硫加工/无硫加工	干货
12	天麻	家种仿野生天麻特级14支	镇雄家种皱麻特级14支	云南镇雄	冬季	表皮黄白色、体宽、直、平、多条环皱纹、无破皮	≤1.8	≤14	无	无	有硫加工/无硫加工	干货
13	天麻	家种仿野生天麻一级22支	镇雄家种皱麻一级22支	云南镇雄	冬季	表皮黄白色、体宽、直、平、多条环皱纹、无破皮	≤2	≤22	无	无	有硫加工/无硫加工	干货
14	天麻	家种天麻超特级10支	家种天麻超特级10支	陕西、湖北、安徽及其他地区	冬季	表皮黄白色、无破皮、体长而弯	——	≤10	无	无	有硫加工/无硫加工	干货
15	天麻	家种天麻特级14支	家种天麻特级14支	陕西、湖北、安徽及其他地区	冬季	表皮黄白色、无破皮、体长而弯	——	≤14	无	无	有硫加工/无硫加工	干货
16	天麻	家种天麻一级24支	家种天麻一级24支	陕西、湖北、安徽及其他地区	冬季	表皮黄白色、无破皮、体长而弯	——	≤24	无	无	有硫加工/无硫加工	干货
17	天麻	家种天麻二级40支	家种天麻二级40支	陕西、湖北、安徽及其他地区	冬季	表皮黄白色、无破皮、体长而弯	——	≤40	无	无	有硫加工/无硫加工	干货
18	天麻	家种天麻三级50支	家种天麻三级50支	陕西、湖北、安徽及其他地区	冬季	表皮黄白色、无破皮、体长而弯	——	≤50	无	<1%	有硫加工/无硫加工	干货
19	天麻	家种天麻四级60支	家种天麻四级60支	陕西、湖北、安徽及其他地区	冬季	表皮黄白色、无破皮、体长而弯	——	≤60	无	<1%	有硫加工/无硫加工	干货
20	天麻	角麻（下脚料）	角麻（下脚料）	陕西、云南、湖北、安徽及其他地区	——	品种、断节、空壳、冬春季节，大小不分	——	——	——	——	有硫加工/无硫加工	干货

表 4-200　中药材商品电子交易规格等级标准——天麻（续2）

序号	品名	规格名称	流通俗称	产地	采收季节（冬／春）	形态	大片重量占比	含硫情况	干度
21	天麻	家种近野生天麻中片 2.0	近野生天麻中片	云南、湖北	冬季	带棕色斑块片≤2%	宽 2.0cm 以上片≥40%／宽 2.0cm 以上片≥60%	有硫加工／无硫加工	干货
22	天麻	家种近野生天麻小片	近野生天麻小片	云南、湖北	冬季	带棕色斑块片≤5%	宽 2.0cm 以上片 <40%	有硫加工／无硫加工	干货
23	天麻	家种天麻大片 2.5	家种天麻大片	云南、湖北、陕西、安徽	冬季	无带棕色斑块的片	宽 2.5cm 以上片≥60%	有硫加工／无硫加工	干货
24	天麻	家种天麻中片 2.0	家种天麻中片	云南、湖北、陕西、安徽	冬季	带棕色斑块片≤2%	宽 2.0cm 以上片≥40%／宽 2.0cm 以上片≥60%	有硫加工／无硫加工	干货
25	天麻	家种天麻小片	家种天麻小片	云南、湖北、陕西、安徽	冬季	带棕色斑块片≤5%	宽 2.0cm 以上片 <40%	有硫加工／无硫加工	干货

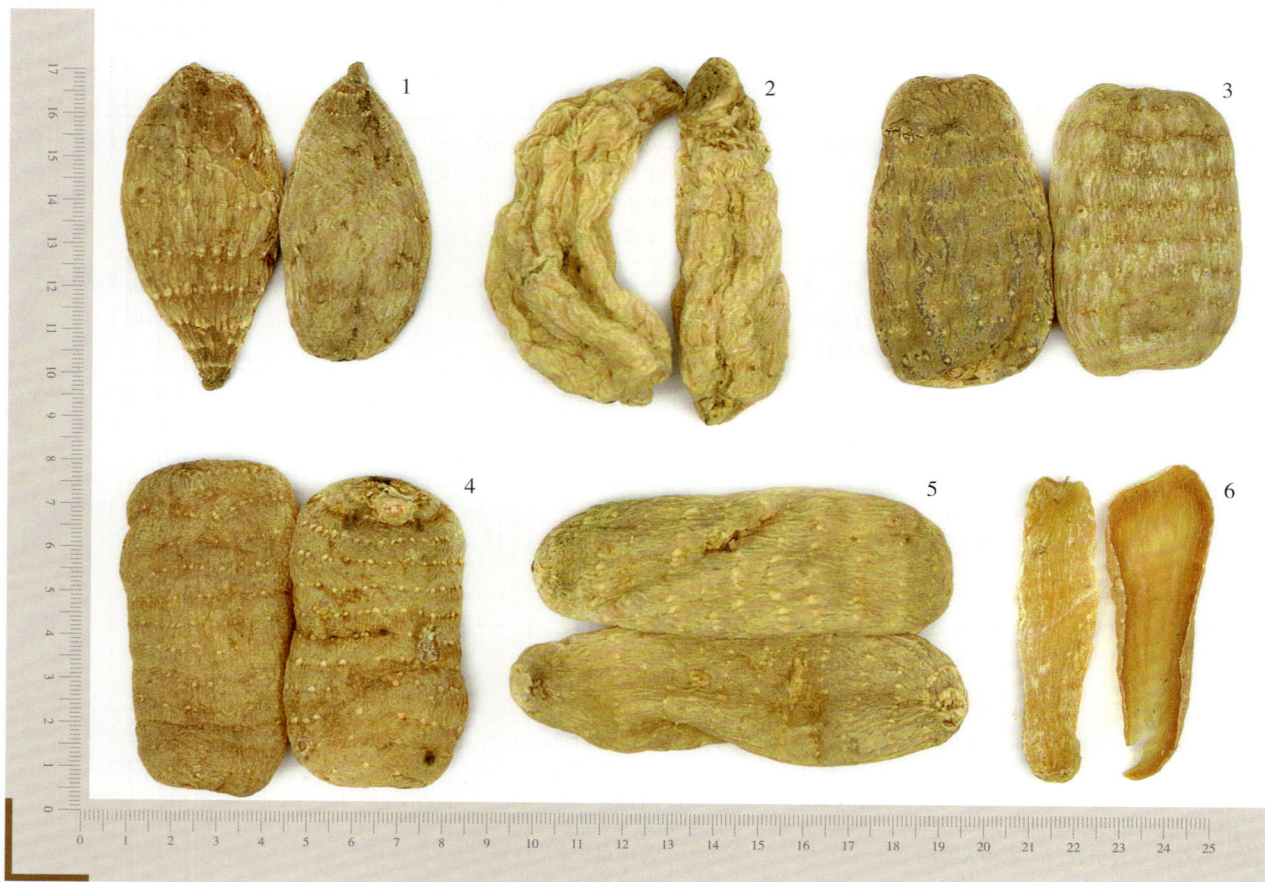

图 0122　天麻商品部分规格图示

1.纯野生冬麻大个；2.纯野生春麻大个；3.家种近野生天麻一级 24 支；4.家种仿野生天麻一级 22 支；5.家种天麻一级 24 支；
6.家种近野生天麻中片 2.0

4.159 葶苈子

4.159.1 基础数据

4.159.1.1 来源

本品为十字花科植物播娘蒿 *Descurainia Sophia* (L.) Webb. ex Prantl. 或独行菜 *Lepidium apetalum* Willd. 的干燥成熟种子(《中国药典(2015 年版)》)。野生或栽培。前者习称"南葶苈子",后者习称"北葶苈子"。夏季果实成熟时采割植株,晒干,搓出种子,除去杂质。市场上北葶苈子极少见到。

4.159.1.2 产地

产于山西、陕西、河南、河北、山东、安徽等地,主产于山西、陕西、河南。

4.159.1.3 葶苈子(南葶苈子)

本品呈长圆形略扁,长约 0.8~1.2mm,宽约 0.5mm。表面棕色或红棕色,微有光泽,具纵沟 2 条,其中 1 条较明显。一端钝圆,另端微凹或较平截,种脐类白色,位于凹入端或平截处。气微,味微辛、苦,略带黏性。

4.159.2 规格要素说明及名词解释

过 80 目筛杂质

葶苈子细小,一般用 80 目的筛子可筛除杂草种籽、枝干碎末等杂质。

4.159.3 规格等级定义(表 4-201)

4.159.3.1 南葶苈子净货

过 80 目筛,再风选,杂质重量占比不超过 0.5%。

4.159.3.2 南葶苈子统货

过 80 目筛,杂质重量占比不超过 3%。

表 4-201 中药材商品电子交易规格等级标准——葶苈子

序号	品名	规格名称	流通俗称	过 80 目筛杂质重量占比	虫蛀、霉变	干度
1	葶苈子	南葶苈子净货	选货	≤0.5%	无	干货
2	葶苈子	南葶苈子统货	统货	≤3%/≤1%	无	干货

4.160 通草

4.160.1 基础数据

4.160.1.1 来源

本品为五加科植物通脱木 *Tetrapanax papyrifer* (Hook.) K. Koch 的干燥茎髓(《中国药典(2015 年版)》)。野生。秋季割取茎,截成段,趁鲜取出髓部,理直,晒干。习称"大通草"。

4.160.1.2 产地

产于湖北、四川、湖南、贵州、云南等地,主产于湖北宜昌、四川东部。

4.160.1.3 通草

呈圆柱形,长 20~40cm,直径 1.0~2.5cm。表面白色或淡黄色,有浅纵沟纹。体轻,质松软,稍有弹性,易折断,断面平坦,显银白色光泽,中部有直径 0.3~1.5cm 的空心或半透明的薄膜,纵剖面呈梯状排列,实心者少见。气微,味淡。

4.160.1.4 通草片

干通草段人工剪厚片,或机器切不规则段。呈圆形厚片,直径 1.0~3.0cm,厚 0.2~2.0cm。

4.160.2 规格要素说明及名词解释

4.160.2.1 表面颜色

通脱木在生长过程中因虫蛀使木质部穿孔,遇雨水浸泡,髓部泛黄,切片后会带有黄白色片,以色白为佳。

4.160.2.2 厚度

通草加工为机器和手工切片,机器切片厚度多不均匀,手工切片一般较均匀,厚 0.2~0.5cm。精选片多为手工切片,机切片的大选片厚度差异比较小,0.2~0.8cm。

4.160.2.3 大片

通草为干燥茎髓,一般生长年限越长,直径越粗,切的片也越大。

4.160.2.4 残次片

切片时产生的不完整片。

4.160.3 规格等级定义(表 4-202)

4.160.3.1 大通草统个

大通草,大小均有,大个直径 2.0cm 以上,小个直径不小于 1.0cm,颜色白色或黄白色,以白色为主。

4.160.3.2 大通草精选片 1.5

大通草,手工切片,片厚 0.2~0.5cm,直径 1.5cm 以上片重量占比不低于 80%,残次片重量占比不超过 5%。

4.160.3.3 大通草大选片

大通草,机切片,片厚 0.2~0.8cm,直径 1.5cm 以上片重量占比不低于 50%,残次片重量占比不超过 20%。

4.160.3.4 大通草统片

大通草,机切片,片厚 0.5~2.0cm,直径 1.0cm 以上片重量占比不低于 60%,残次片重量占比不超过 20%。

表 4-202　中药材商品电子交易规格等级标准——通草

序号	品名	规格名称	流通俗称	表面颜色	直径/cm	厚度/cm	大片重量占比	残次片重量占比	干度
1	通草	大通草统个	大通草统条	白色或黄白色	≥1.0	——	——	——	干货
2	通草	大通草精选片 1.5	精选片	——	——	0.2~0.5	直径 1.5cm 以上片≥80%/直径 1.5cm 以上片≥90%	≤5%/≤3%	干货
3	通草	大通草大选片	大选片	——	——	0.2~0.8	直径 1.5cm 以上片≥50%/直径 1.5cm 以上片≥60%	≤20%/≤10%	干货
4	通草	大通草统片	统片	——	——	0.5~2.0	直径 1.0cm 以上片≥60%/直径 1.0cm 以上片≥70%	≤20%/≤10%	干货

4.161 土鳖虫

4.161.1 基础数据

4.161.1.1 来源

本品为鳖蠊科昆虫地鳖 *Eupolyphaga sinensis* Walker 或冀地鳖 *Steleophaga plancyi*（Boleny）的雌虫的干燥体（《中国药典（2015 年版）》）。市场中，雄虫也作为土鳖虫流通。养殖为主。捕捉后，置沸水中烫死，晒干或烘干。

4.161.1.2 产地

产于江苏、山东、河南、河北、四川等地，主产于江苏射阳、山东临邑、河南洛阳。

4.161.1.3 土鳖虫

呈扁平卵形，雌虫体形较大，宽 1.2~2.4cm；雄虫体形较小，宽 1.0~1.2cm，前端较窄，后端较宽，背部紫褐色，具光泽，无翅。前胸背板较发达，盖住头部；腹背板 9 节，呈覆瓦状排列。腹面红棕色，头部较小，有丝状触角 1 对，常脱落，胸部有足 3 对，具有细毛和刺。腹部有横环节。质松脆，易碎。气腥臭，味微咸。

4.161.2 规格要素说明及名词解释

4.161.2.1 腹空 / 饱满

收获前 1 个月养殖户会逐步减少饲料投放量，直至收获前完全停止投放，以保证其腹空无杂，为"腹空"；如果为了提高产量，收获前大量喂食饲料，其腹部饱满，为"饱满"。

4.161.2.2 大个

大个土鳖虫多为成熟雌虫，其虫体宽在 1.2cm 以上；小个土鳖虫多为雄虫，其虫体宽在 1.0~1.2cm 之间。

4.161.2.3 体表特征

水洗货经过清水反复冲洗，其体表无灰无杂，有光泽；统货未经过反复冲洗，其体表多会有少量灰渣，无光泽。

4.161.2.4 碎渣和残肢

干燥土鳖虫在包装运输过程中易发生虫腿和触角掉落。

4.161.3 规格等级定义（表 4-203）

4.161.3.1 土鳖虫水洗腹空大选货

主要为雌虫，腹空，体宽 1.2cm 以上个重量占比不低于 95%，体表光滑有光泽，碎渣残肢重量占比小于 2%。（图 0123-1）

4.161.3.2 土鳖虫水洗腹空小选货

主要为雄虫，腹空，体宽 1.0~1.2cm 个重量占比不低于占 95%，体表光滑有光泽，碎渣残肢重量占比小于 2%。（图 0123-2）

4.161.3.3 土鳖虫水洗腹空大统货

主要为雌虫，腹空，体宽 1.2cm 以上个重量占比不低于 80%，有灰末，无光泽，碎渣残肢重量占比小于 5%。（图 0123-3）

4.161.3.4 土鳖虫大统货

主要为雌虫，腹饱满，体宽 1.2cm 以上个重量占比不低于 90%，有灰末，无光泽，碎渣残肢重量占比小于 5%。

4.161.3.5 土鳖虫小统货

主要为雄虫,腹饱满或腹空,体宽 1.0~1.2cm 个重量占比不低于 90%,有灰末,无光泽,碎渣残肢重量占比小于 5%。(图 0123-4)

表 4-203 中药材商品电子交易规格等级标准——土鳖虫

序号	品名	规格名称	流通俗称	腹空/饱满	体表特征	大个重量占比	碎渣和残肢重量占比	虫蛀、霉变	干度
1	土鳖虫	土鳖虫水洗腹空大选货	水洗大选	腹空	光滑、有光泽	宽 1.2cm 以上个 ≥95%	≤2%	无	干货
2	土鳖虫	土鳖虫水洗腹空小选货	水洗小选	腹空	光滑、有光泽	宽 1.0~1.2cm 个 ≥95%	≤2%	无	干货
3	土鳖虫	土鳖虫水洗腹空大统货	腹空大统	腹空	有灰末、无光泽	宽 1.2cm 以上个 ≥80%/宽 1.2cm 以上个 ≥90%	≤5%	无	干货
4	土鳖虫	土鳖虫大统货	饱满统	饱满	有灰末、无光泽	宽 1.2cm 以上个 ≥90%	≤5%	无	干货
5	土鳖虫	土鳖虫小统货	投料	饱满/腹空	有灰末、无光泽	宽 1.0~1.2cm 个 ≥90%	≤5%	无	干货

图 0123 土鳖虫商品部分规格图示
1. 土鳖虫水洗腹空大选货;2. 土鳖虫水洗腹空小选货;3. 土鳖虫水洗腹空大统货;4. 土鳖虫小统货

4.162 土茯苓

4.162.1 基础数据

4.162.1.1 来源

本品为百合科植物光叶菝葜 *Smilax glabra* Roxb. 的干燥根茎(《中国药典(2015 年版)》)。野生。夏、秋二季采挖,除去须根,洗净,干燥;或趁鲜切成薄片,干燥。市场流通的另外两种商品"白土茯苓"和"红土茯苓"分别来自于百合科肖菝葜 *Heterosmilax japonica* Kunth 以及肖菝葜属植物[《湖南省中药材标准》(2009 年版)]和菝葜 *Smilax china* L. 以及菝葜属植物(《贵州省中药材、民族药材质量标准(2003 年版)》)的根茎。土茯苓正品价高,白土茯苓、红土茯苓价低。

4.162.1.2 产地

产于贵州、广东、广西、湖南、江西。主产于贵州。

4.162.1.3 土茯苓片

将土茯苓除去须根,浸泡,洗净,润透,切片,干燥。本品呈长圆形或不规则的片,长 1.0~16cm,宽 1.0~10cm,厚 0.1cm 或 0.2~0.4cm。外皮灰褐色,切面类白色至淡红棕色,粉性,可见点状维管束及多数小亮点,以水湿润后有黏滑感。气微,味微甘、涩。

4.162.1.4 白土茯苓片

表面类白色,断面不带粉性。其余类似土茯苓片。

4.162.1.5 红土茯苓片

表面土棕色或棕色,粗糙,略带粉性,气微,味微甘、淡。

4.162.2 规格要素说明及名词解释

4.162.2.1 片型

薄片,厚约 0.1cm,也叫刨片;厚片,厚约 0.2~0.4cm。

4.162.2.2 0.2cm 以下的碎片灰末

土茯苓相互碰撞掉落的碎片灰末用 0.2cm 标准筛筛除。

4.162.2.3 含硫情况

三种商品在销售过程中均会为美观而熏硫。也有直接晒干未熏硫者。

4.162.3 规格等级定义(表 4-204)

4.162.3.1 土茯苓刨片选片

选出土茯苓大个,刨切出厚约 0.1cm 的片,过筛使 0.2cm 以下的碎片灰末重量占比不超过 2%。

4.162.3.2 土茯苓厚片统片

土茯苓,大小不分,厚约 0.2~0.4cm,0.2cm 以下的碎片灰末重量占比不超过 1%。

4.162.3.3 白土茯苓选小片

将白土茯苓大片切成小片,片长 1~3cm,0.2cm 以下的碎片灰末重量占比不超过 3%。

4.162.3.4 白土茯苓统片

白土茯苓,大小不分,0.2cm 以下的碎片灰末重量占比不超过 3%。

4.162.3.5 红土茯苓统片

红土茯苓,大小不分,0.2cm 以下的碎片灰末重量占比不超过 3%。

表 4-204　中药材商品电子交易规格等级标准——土茯苓

序号	品名	规格名称	流通俗称	片型	0.2cm 以下的碎片灰末重量占比	含硫情况	虫蛀、霉变	干度
1	土茯苓	土茯苓刨片选片	土茯苓选片（刨片）	刨薄片（厚约 0.1cm）	≤2%	有硫加工 / 无硫加工	无	干货
2	土茯苓	土茯苓厚片统片	土茯苓统片（厚片）	厚片（厚约 0.2~0.4cm）	≤1%	有硫加工 / 无硫加工	无	干货
3	土茯苓	白土茯苓选小片	白土茯苓选小片	片长 1~3cm	≤3%/≤1%	有硫加工 / 无硫加工	无	干货
4	土茯苓	白土茯苓统片	白土茯苓统片	——	≤3%/≤1%	有硫加工 / 无硫加工	无	干货
5	土茯苓	红土茯苓统片	红土茯苓统片	——	≤3%/≤1%	有硫加工 / 无硫加工	无	干货

4.163　菟丝子

4.163.1　基础数据

4.163.1.1　来源

本品为旋花科植物南方菟丝子 Cuscuta australis R. Br. 或菟丝子 Cuscuta chinensis Lam. 的干燥成熟种子（《中国药典（2015 年版）》）。栽培 1 年生或野生。秋季果实成熟时采收植株，晒干，打下种子，除去杂质。另有商品大菟丝子为旋花科植物金灯藤 Cuscuta japonica Choisy 的干燥成熟种子（《湖南省中药材标准（2009 年版）》），为地方习用品，也称"川菟丝子"。

4.163.1.2　产地

菟丝子产于黄河以北地区，栽培主产于宁夏、内蒙古河套平原地区。宁夏地区的野生菟丝子，主要以小型灌木和杂草为寄主，草籽及杂质较多；内蒙古河套地区的栽培菟丝子以大豆为寄主，货物中杂草籽少。大菟丝子产于四川、陕西、贵州、云南等地，主产于四川。

4.163.1.3　菟丝子

本品呈类球形，直径 0.1cm 左右。表面灰棕色至棕褐色，粗糙，种脐线形或扁圆形。质坚实，不易以指甲压碎。气微，味淡。

4.163.1.4　大菟丝子

本品呈类圆球形或略显三棱形，直径 0.2~0.3cm。表面淡黄色，黄棕色或棕褐色，微凹陷，种脐圆形，色稍淡。质坚硬，用指甲不易压碎。气微，味微涩，嚼之微有黏滑感。

4.163.2　规格要素说明及名词解释

4.163.2.1　加工方式

加工方式为过风车吹去大部分碎叶、枝干等杂质；水洗以漂去泥沙；用色选机或 24 目筛子筛选，除去取大部分草籽，即"精选"。

4.163.2.2　直径

菟丝子直径多在 0.1cm 左右，大菟丝子直径 0.2~0.3cm。

4.163.2.3　水洗泥沙

水洗能去除的泥沙量。

4.163.2.4　杂草籽、枝干

风车可去除的杂草籽、碎叶枝干。

4.163.3　规格等级定义（表 4-205）

4.163.3.1　菟丝子水洗精选货
菟丝子,先水洗后过风车,再精选,直径 0.1cm 左右,无水洗泥沙,杂草籽、干枝重量占比不超过 1%。

4.163.3.2　菟丝子水洗选货
菟丝子,先水洗后过风车,直径 0.1cm 左右,水洗泥沙重量占比不超过 0.5%,杂草籽、干枝比重不超过 3%。

4.163.3.3　菟丝子水洗统货
菟丝子,先水洗后过风车,直径 0.1cm 左右,水洗泥沙重量占比不超过 0.5%,杂草籽、干枝比重不超过 5%。

4.163.3.4　菟丝子统货
菟丝子,只过风车,直径 0.1cm 左右,水洗泥沙重量占比不超过 3%,杂草籽、干枝比重不超过 5%。

4.163.3.5　大菟丝子水洗选货
大菟丝子,先水洗后过风车,直径 0.2~0.3cm,水洗泥沙重量占比不超过 1%,杂草籽、干枝比重不超过 3%。

表 4-205　中药材商品电子交易规格等级标准——菟丝子

序号	品名	规格名称	流通俗称	产地	直径	杂草籽、枝干重量占比	水洗泥沙重量占比	虫蛀、霉变	干度
1	菟丝子	菟丝子水洗精选货	净货	内蒙古、宁夏及其他西北华北地区	0.1cm 左右	≤1%	无	无	干货
2	菟丝子	菟丝子水洗选货	水洗选	内蒙古、宁夏及其他西北华北地区	0.1cm 左右	≤3%	≤0.5%	无	干货
3	菟丝子	菟丝子水洗统货	水洗统	内蒙古、宁夏及其他西北华北地区	0.1cm 左右	≤5%	≤0.5%	无	干货
4	菟丝子	菟丝子过风车统货	过风车统	内蒙古、宁夏及其他西北华北地区	0.1cm 左右	≤5%	≤3%	无	干货
5	菟丝子	大菟丝子水洗选货	川菟丝子净货	四川、云南、贵州及其他地区	0.2~0.3cm	≤3%/ ≤1%	≤1%/ ≤0.5%	无	干货

4.164　王不留行

4.164.1　基础数据

4.164.1.1　来源
本品为石竹科植物麦蓝菜 *Vaccaria segetalis* (Neck.) Garcke 的干燥成熟种子(《中国药典(2015 年版)》)。栽培 1 年。夏季果实成熟、果皮尚未开裂时采割植株,晒干,打下种子,除去杂质,再晒干。

4.164.1.2　产地
产于河北、甘肃、陕西和河南等地,主产于河北邢台和甘肃张掖。河北货颗粒略小,颜色黑亮,红籽少;甘肃货颗粒稍大,颜色灰黑色,红籽较多。

4.164.1.3　王不留行
呈球形,直径约 0.2~0.3cm。表面黑色,少数红棕色,略有光泽,有细密颗粒状突起,一侧有 1 个凹陷的纵沟。质硬。胚乳白色,胚弯曲成环,子叶 2 枚。气微,味微涩、苦。

4.164.2　规格要素说明及名词解释

4.164.2.1　红籽
未成熟果实,颜色红棕色。

4.164.2.2　碎米

采收晾晒过程中因敲打脱籽导致的碎粒。

4.164.2.3　风选杂质

风选未除尽的枝干、果荚和泥沙等杂质。

4.164.3　规格等级定义（表 4-206）

4.164.3.1　河北王不留行净货

产自河北，红籽重量占比不超过 5%，碎米重量占比不超过 0.5%，风选杂质重量占比不超过 2%。

4.164.3.2　河北王不留行统货

产自河北，红籽重量占比不超过 15%，碎米重量占比不超过 1%，风选杂质重量占比不超过 2%。

4.164.3.3　甘肃王不留行净货

产自甘肃，红籽重量占比不超过 15%，碎米重量占比不超过 0.5%，风选杂质重量占比不超过 2%。

4.164.3.4　甘肃王不留行统货

产自甘肃，红籽重量占比不超过 25%，碎米重量占比不超过 1%，风选杂质重量占比不超过 2%。

表 4-206　中药材商品电子交易规格等级标准——王不留行

序号	品名	规格名称	流通俗称	产地	红籽重量占比	碎米重量占比	风选杂质重量占比	虫蛀、霉变	干度
1	王不留行	河北王不留行净货	河北选货	河北、陕西、河南及其他华北地区	≤5%/≤3%	≤0.5%	≤2%	无	干货
2	王不留行	河北王不留行净货	河北统货	河北、陕西、河南及其他华北地区	≤15%/≤10%	≤1%	≤2%	无	干货
3	王不留行	甘肃王不留行净货	甘肃选货	甘肃	≤15%/≤10%/≤5%	≤0.5%	≤2%	无	干货
4	王不留行	甘肃王不留行净货	甘肃统货	甘肃	≤25%/≤20%	≤1%	≤2%	无	干货

4.165　乌梅

4.165.1　基础数据

4.165.1.1　来源

本品为蔷薇科植物梅 *Prunus mume* (Sieb.) Sieb. et Zucc. 的干燥近成熟果实（《中国药典（2015 年版）》）。栽培。夏季果实近成熟时采收，低温炕干形成"红梅"，红梅烟熏至色变黑形成"乌梅"。

4.165.1.2　产地

各地均产，主产于四川都江堰、西昌，云南。

4.165.1.3　乌梅

本品呈类球形或扁球形，直径 1.5~3.0cm。表面乌黑色或棕黑色，皱缩不平，基部有圆形果梗痕。气微，味极酸。

4.165.2　规格要素说明及名词解释

4.165.2.1　粒 /kg

每千克的乌梅粒数，筛选分级，粒大者等级高。

4.165.2.2 焦糊、骨梅、白霜粒

乌梅烘干过程中火力过旺，导致乌梅肉焦糊为"焦糊粒"（图 0124-8）。乌梅加工过程中果皮破损，果浆流失，或果肉薄、无果肉或部分无果肉为"骨梅粒"。红梅保存过程中受潮，表面析出的白色结晶粉末为"白霜粒"。

4.165.2.3 大小均匀与否

乌梅通过筛选分级，粒大均匀等级高。

4.165.3 规格等级定义（表 4-207）

4.165.3.1 乌梅选货 200

乌梅，筛选均匀的大颗粒，每 kg 不超过 200 粒，焦糊粒重量占比不超过 8%，骨梅粒重量占比不超过 2%。（图 0124-1）

4.165.3.2 乌梅选货 280

乌梅，筛选均匀的较大颗粒，每 kg 不超过 280 粒，焦糊粒重量占比不超过 8%，骨梅粒重量占比不超过 2%。（图 0124-2）

4.165.3.3 乌梅选货 360

乌梅，筛选均匀的中等颗粒，每 kg 不超过 360 粒，焦糊粒重量占比不超过 8%，骨梅粒重量占比不超过 4%。（图 0124-3）

4.165.3.4 乌梅小粒 500

乌梅，筛选大颗粒剩下的小颗粒，每 kg 不超过 500 粒，骨梅粒、焦糊粒总重量占比不超过 20%。（图 0124-4）

4.165.3.5 红梅统货 380

筛选中等的红梅粒，每 kg 不超过 380 粒，焦糊、骨梅、白霜粒总重量占比不超过 30%。（图 0124-5）

4.165.3.6 红梅统货 500

筛选大颗粒剩下的红梅小粒，每 kg 不超过 500 粒，焦糊、骨梅、白霜粒总重量占比不超过 35%。（图 0124-6）

4.165.3.7 红梅统货 600

筛选大颗粒剩下的红梅小粒，每 kg 不超过 600 粒，焦糊、骨梅、白霜粒总重量占比不超过 40%。（图 0124-7）

表 4-207 中药材商品电子交易规格等级标准——乌梅

序号	品名	规格名称	流通俗称	粒(/kg)	焦糊粒、骨梅粒及白霜粒重量占比	焦糊粒及骨梅粒重量占比	焦糊粒重量占比	骨梅粒重量占比	大小均匀与否	虫蛀、霉变	干度
1	乌梅	乌梅选货 200	贡梅	≤200	——	——	≤8%/≤4%	≤2% 无	均匀	无	干货
2	乌梅	乌梅选货 280	特级乌梅	≤280	——	——	≤8%/≤4%	≤2% 无	均匀	无	干货
3	乌梅	乌梅选货 360	一级乌梅	≤360	——	——	≤8%/≤4%	≤4%/≤2%无	均匀	无	干货
5	乌梅	乌梅小粒 500	二级乌梅	>360	——	≤20%/≤15%/≤10%	——		均匀	无	干货
4	乌梅	红梅统货 380	红梅统货	≤380	≤30%/≤20%					无	干货
6	乌梅	红梅统货 500	红梅统货	≤500	≤35%/≤25%					无	干货
7	乌梅	红梅统货 600	红梅统货	≤600	≤40%/≤30%					无	干货

图 0124　乌梅商品部分规格图示

1.乌梅选货 200;2.乌梅选货 280;3.乌梅选货 360;4.乌梅小粒 500;5.红梅统货 380;6.红梅统货 500;7.红梅统货 600;8.乌梅焦糊粒

4.166　乌梢蛇

4.166.1　基础数据

4.166.1.1　来源

本品为游蛇科动物乌梢蛇 *Zaocys dhumnades*（Cantor）的干燥体（《中国药典（2015 年版）》）。野生。多于夏、秋二季捕捉,全剖开或半剖开腹部留头尾,除去内脏或部分内脏,盘成圆盘状,干燥。

4.166.1.2　产地

产于贵州、四川、重庆、湖北、湖南等地,主产于贵州、四川、重庆。

4.166.1.3　乌梢蛇

呈圆盘状,盘径13~20cm。表面黑褐色或绿黑色,密被菱形鳞片,背鳞行数成双,背中央2~4行鳞片强烈起棱,形成两条纵贯全体的黑线。头盘在中间,扁圆形,眼大而下凹陷,有光泽。上唇鳞8枚,第4、5枚入眶,颊鳞1枚,眼前下鳞1枚,较小,眼后鳞2枚。脊部高耸成屋脊状。腹部剖开边缘向内卷曲,脊肌肉厚,黄白色或淡棕色,可见排列整齐的肋骨。尾部渐细而长,尾下鳞双行。气腥,味淡。

4.166.1.4 乌梢蛇节

将乌梢蛇去头,切段。段长 2.0~5.0cm。

4.166.2 规格要素说明及名词解释

4.166.2.1 蛇盘直径

乌梢蛇加工时,将活蛇去内脏,盘成圆盘晒或炕干,蛇盘直径一般在 13~20cm,蛇盘直径越大,等级越高。

4.166.2.2 死蛇

死蛇指扑捉、运输、存放过程中死亡后加工,腹部有腐烂、散发臭味。

4.166.2.3 内脏去净程度

乌梢蛇去净内脏,但有的未去净,去净程度影响价格。

4.166.2.4 去头与否

乌梢蛇切段一般有去头和不去头之分,去头者价高。

4.166.3 规格等级定义(表 4-208)

4.166.3.1 乌梢蛇选盘 16

乌梢蛇,活蛇加工,挑选全剖腹、全去内脏的大乌梢蛇盘,蛇盘直径不低于 16cm。(图 0125-1)

4.166.3.2 乌梢蛇统盘

乌梢蛇,大小不分的死蛇活蛇加工成盘,全去内脏或内脏未去尽,死蛇重量占比不超过 20%。

4.166.3.3 乌梢蛇选节

活蛇加工,挑选全剖腹、全去内脏的乌梢蛇盘,切段,无死蛇段,去掉内脏段重量占比不低于 98%。(图 0125-2)

4.166.3.4 乌梢蛇统节

大小不分的死蛇活蛇的蛇盘,全去内脏、部分内脏未去或其他去内脏的不同程度,切段,去掉内脏段重量占比不低于 50%,死蛇段重量占比不超过 50%。(图 0125-3)

表 4-208 中药材商品电子交易规格等级标准——乌梢蛇

序号	品名	规格名称	流通俗称	蛇盘直径/cm	死蛇重量占比	内脏去净与否	去头与否	虫蛀、霉变	干度
1	乌梢蛇	乌梢蛇选盘 16	选货	≥16	无	全去内脏	——	无	干货
2	乌梢蛇	乌梢蛇统盘	统货	——	≤20%/≤10%	全去内脏/内脏未去净	——	无	干货
3	乌梢蛇	乌梢蛇选节	选货	——	无	去掉内脏段≥98%/全去内脏	去头	无	干货
4	乌梢蛇	乌梢蛇统节	统货	——	≤50%/≤30%/≤10%/≤3%	去掉内脏段≥50%/去掉内脏段≥70%/全去内脏	去头/未去头	无	干货

图 0125　乌梢蛇商品部分规格图示
1. 乌梢蛇选盘 16；2. 乌梢蛇选节；3. 乌梢蛇统节

4.167　乌药

4.167.1　基础数据

4.167.1.1　来源

本品为樟科植物乌药 *Lindera aggregate* (Sims) Kos-term. 的干燥块根（《中国药典（2015 年版）》）。野生或栽培，野生为主。全年均可采挖，除去细根，洗净，晒干；或趁鲜切片，晒干。

4.167.1.2　产地

产于湖南、江西、浙江、福建等地，主产于湖南。

4.167.1.3　乌药片

乌药采收后趁鲜切片，或乌药药材润透，切薄片。呈类圆形片或不规则片，直径 0.4~2.5cm，厚 0.1~0.2cm。外皮黄白色或淡黄棕色，切面黄白色或淡黄棕色，射线放射状，可见年轮环纹。质脆。气香，味微苦、辛，有清凉感。

4.167.2　规格要素说明及名词解释

4.167.2.1　片形

有圆片和斜片两种。圆片多为较为规则的乌药药材（纺锤形）横切片，呈类圆形；斜片为不规则乌药药材，斜切或纵切，形状多不规则。

4.167.2.2　0.2cm 以下灰渣

乌药片质脆,在加工、贮存和运输过程中易碎落灰渣,可用 0.2cm 标准筛子筛除。(图 0126-4)

4.167.3　规格等级定义(表 4-209)

4.167.3.1　乌药圆片选片 1.0 以上

乌药切成类圆形片,再用孔径 1.0cm 的筛子筛选。直径 1.0cm 以上的片重量占比不低于 90%,无 0.2cm 以下灰渣。(图 0126-1)

4.167.3.2　乌药圆片统片

乌药切成类圆形片,未经筛选。直径 1.0cm 以上的片重量占比不低于 40%,0.2cm 以下灰渣重量占比不超过 1%。(图 0126-2)

4.167.3.3　乌药斜片统片

乌药原药切成不规则斜片,未经筛选。0.2cm 以下灰渣重量占比不超过 1%。(图 0126-3)

表 4-209　中药材商品电子交易规格等级标准——乌药

序号	品名	规格名称	流通俗称	直径 1.0cm 以上的片重量占比	0.2cm 以下灰渣重量占比	含硫情况	虫蛀、霉变	干度
1	乌药	乌药圆片选片 1.0 以上	选片	≥90%/≥95%	无	有硫加工 / 无硫加工	无	干货
2	乌药	乌药圆片统片	统片	≥40%/≥50%/≥70%	≤1%/≤0.5%	有硫加工 / 无硫加工	无	干货
3	乌药	乌药斜片统片	统片	——	≤1%/≤0.5%	有硫加工 / 无硫加工	无	干货

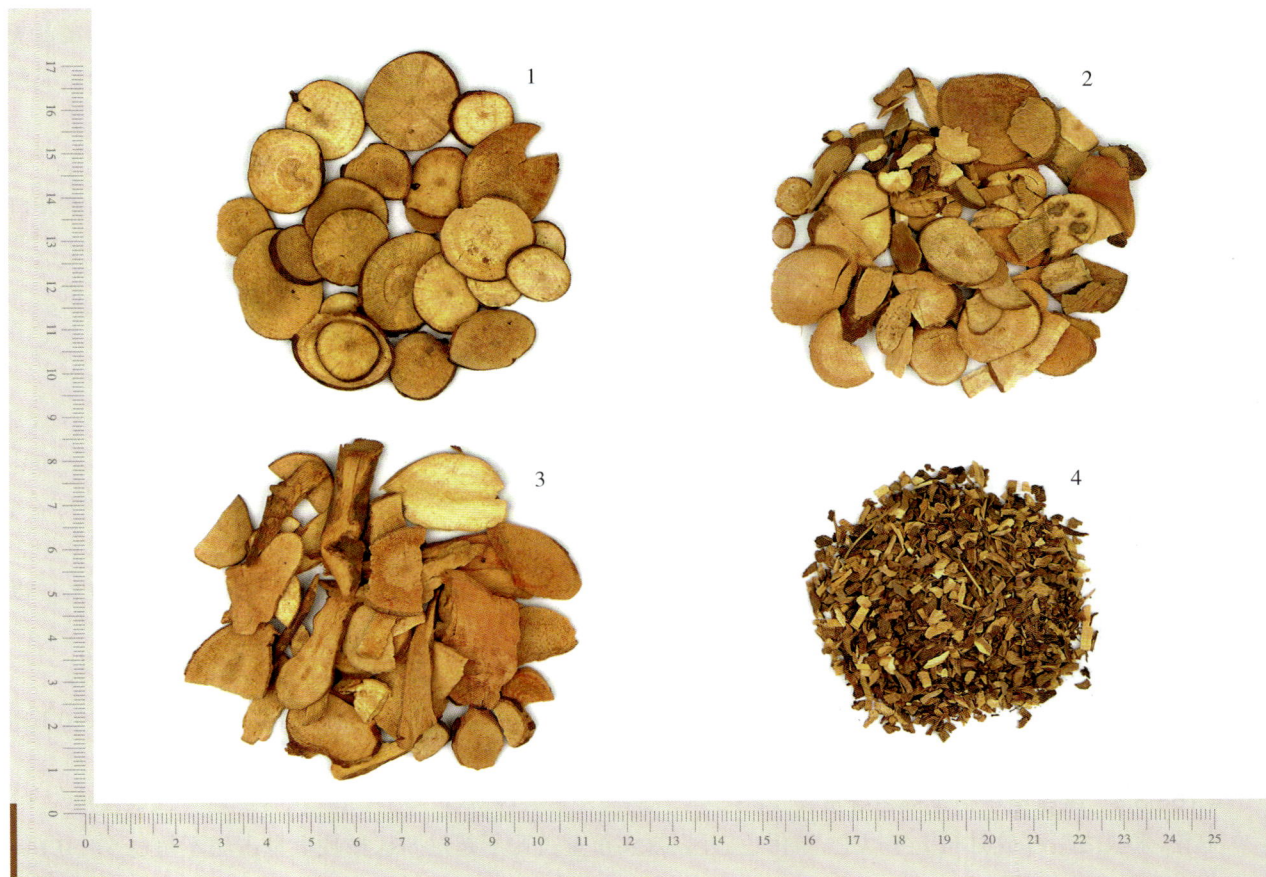

图 0126　乌药商品部分规格图示
1. 乌药圆片选片 1.0 以上;2. 乌药圆片统片;3. 乌药斜片统片;4. 乌药"0.2cm 以下灰渣"

4.168 吴茱萸

4.168.1 基础数据

4.168.1.1 来源

本品为芸香科植物吴茱萸 *Euodia rutaecarpa*（Juss.）Benth.、石虎 *Euodia rutaecarpa*（Juss.）Benth. var. *officinalis*（Dode）Huang 或疏毛吴茱萸 *Euodia rutaecarpa*（Juss.）Benth. var. *bodinieri*（Dode）Huang 的干燥近成熟果实（《中国药典（2015 年版）》）。野生或栽培，栽培为主。7~11 月采收，晒干，除去枝、叶、果梗等杂质。

4.168.1.2 产地

产于江西、四川、湖南、湖北、陕西、浙江、广西等地，主产于江西。江西为吴茱萸道地产区，主要产中花吴茱萸。湖南为吴茱萸小产区，主产小花吴茱萸。大花吴茱萸产江西和湖北。

4.168.1.3 吴茱萸

呈类球形或五角状扁球形，直径 2.0~6.0mm。表面青绿色或黄褐色，粗糙，有多数点状突起或凹下的油点。顶端有五角星状的裂隙，基部残留被有黄色茸毛的果梗。质硬而脆，气芳香浓郁，味辛辣而苦。

4.168.2 规格要素说明及名词解释

4.168.2.1 大花/中花/小花

吴茱萸商品分大花、中花、小花三种。大花、中花吴茱萸来源于吴茱萸，小花吴茱萸来源于石虎或疏毛吴茱萸。大花吴茱萸多为成熟果实，表面多呈黄褐色，直径 3.0~6.0mm，顶端多见五角星状裂隙质差。中花吴茱萸大多为未成熟果实，表面多呈青绿色，直径 2.0~5.0mm，顶端可见五角星状裂隙。小花吴茱萸未成熟或成熟（成熟也不开裂）果实，类球形，直径多在 3.5mm 以下。品质以中花最好。

4.168.2.2 果实开裂

开裂大小表示大花、中花吴茱萸果实成熟程度，成熟的大花、中花吴茱萸顶端可见五角星状裂隙，以不开口为好。小花吴茱萸顶端一般极少五角星状裂隙。

4.168.2.3 颜色

未成熟者青绿色，成熟者或者存放过久为黄褐色。以青绿色为佳。

4.168.2.4 0.1cm 以下灰末

吴茱萸表面粗糙，在贮存、运输过程中易摩擦产生灰末，可用 0.1cm 标准筛筛除。

4.168.3 规格等级定义（表 4-210）

4.168.3.1 吴茱萸中花选货

中花，青绿色，采收之后筛去枝梗、灰末。开裂果实重量占比不超过 8%，枝梗重量占比不超过 3%，0.1cm 以下灰末重量占比不超过 1%。

4.168.3.2 吴茱萸中花统货

中花，青绿色，采收之后未筛去枝梗、灰末。开裂果实重量占比不超过 8%，枝梗重量占比不超过 5%，0.1cm 以下灰末重量占比不超过 3%。

4.168.3.3 吴茱萸中花黄褐色统货

中花，采收之后存放时间 1 年以上，黄褐色，开裂果实重量占比不超过 8%，枝梗重量占比不超过 5%，0.1cm 以下灰末重量占比不超过 3%。

4.168.3.4 吴茱萸小花统货

小花,青绿色或黄褐色,采收之后未筛去枝梗、灰末。无开裂果实,枝梗重量占比不超过 3%,0.1cm 以下灰末重量占比不超过 1%。

4.168.3.5 吴茱萸大花统货

大花,黄褐色,采收之后未筛去枝梗、灰末。开裂果实重量占比不超过 30%,枝梗重量占比不超过 5%,0.1cm 以下灰末重量占比不超过 3%。

表 4-210 中药材商品电子交易规格等级标准——吴茱萸

序号	品名	规格名称	流通俗称	产地	颜色	开裂果实重量占比	枝梗重量占比	0.1cm 以下灰末重量占比	虫蛀、霉变	干度
1	吴茱萸	吴茱萸中花选货	精选	江西及其他地区	青绿色	≤8%/≤4%/≤1%	≤3%/≤1%	≤1%	无	干货
2	吴茱萸	吴茱萸中花统货	统	江西及其他地区	青绿色	≤8%/≤4%/≤1%	≤5%	≤3%	无	干货
3	吴茱萸	吴茱萸中花黄褐色统货	较差	江西及其他地区	黄褐色	≤8%/≤4%/≤1%	≤5%	≤3%	无	干货
4	吴茱萸	吴茱萸小花统货	统	湖南及其他地区	青绿色或黄褐色	无	≤3%	≤1%	无	干货
5	吴茱萸	吴茱萸大花统货	统	湖北、江西及其他地区	黄褐色	≤30%/≤20%/≤10%	≤5%	≤3%	无	干货

4.169 蜈蚣

4.169.1 基础数据

4.169.1.1 来源

本品为蜈蚣科动物少棘巨蜈蚣 *Scolopendra subspinipes mutilans* L. Koch 的干燥体(《中国药典(2015 年版)》)。野生或养殖,野生为主。春、夏二季捕捉,用竹片插入头尾,绷直,干燥。

4.169.1.2 产地

产于湖北、江苏、浙江、江西等地,主产于湖北。

4.169.1.3 蜈蚣

呈扁平长条形,长 9.0~17cm,宽 0.5~1.0cm。由头部和躯干部组成,头部暗红色或红褐色,略有光泽,有头板覆盖,头板近圆形,前端稍突出,两侧贴有颚肢一对,前端两侧有触角一对。躯干部第一背板与头板同色,其余 20 个背板为棕绿色或墨绿色,具光泽,自第 4 背板至第 20 背板上常有两条纵沟线;腹部淡黄色或棕黄色,皱缩;自第 2 节起,每节两侧有步足一对;步足黄色或红褐色,偶有黄白色,呈弯钩形,最末一对步足尾状,故又称尾足,易脱落。质脆,断面有裂隙。气微腥,有特殊刺鼻的臭气,味辛、微咸。

4.169.2 规格要素说明及名词解释

4.169.2.1 肢体完整状态

蜈蚣捕捉后多插入竹签,保持肢体完整;或不插竹签而肢体完整(带爪)或爪多已掉落(不带爪);或仅是爪,称为"蜈蚣爪"。

4.169.2.2　长度

体长14cm以上者,习称"大条蜈蚣",主要包括14~17cm、14~15cm、15~16cm、16~17cm四种长度规格。体长12~14cm者,习称"中条蜈蚣"。体长10~12cm者,习称"小条蜈蚣"。

4.169.2.3　断条、接条

部分蜈蚣在捕捉、贮存过程中断裂,称为断条;断裂后插入竹签拼接成条,称为接条。

4.169.3　规格等级定义(表4-211)

4.169.3.1　蜈蚣大条精选货16~17cm

带竹签,肢体完整,长16~17cm的蜈蚣条,接条、断条数量占比不超过2%。(图0127-1)

4.169.3.2　蜈蚣大条精选货15~16cm

带竹签,肢体完整,长15~16cm的蜈蚣条,接条、断条数量占比不超过2%。(图0127-2)

4.169.3.3　蜈蚣大条精选货14~15cm

带竹签,肢体完整,长14~15cm的蜈蚣条,接条、断条数量占比不超过2%。(图0127-3)

4.169.3.4　蜈蚣大条选货14~17cm

带竹签,肢体完整,长14~17cm的蜈蚣条,接条、断条数量占比不超过2%。

4.169.3.5　蜈蚣中条选货12~14cm

带竹签,肢体完整,长12~14cm的蜈蚣条,接条、断条数量占比不超过2%。(图0127-4)

4.169.3.6　蜈蚣小条选货10~12cm

带竹签,肢体完整,长10~12cm的蜈蚣条,接条、断条数量占比不超过2%。(图0127-5)

4.169.3.7　蜈蚣不带爪统货

未插入竹签,长短不分,爪已落掉的蜈蚣条。(图0127-6)

4.169.3.8　蜈蚣带爪统货

未插入竹签,长短不分,爪未落掉的蜈蚣条。(图0127-7)

4.169.3.9　蜈蚣爪统货

掉落的蜈蚣爪。

表4-211　中药材商品电子交易规格等级标准——蜈蚣

序号	品名	规格名称	流通俗称	肢体完整状态	长度/cm	断条、接条数量占比	虫蛀、霉变	干度
1	蜈蚣	蜈蚣大条精选货16~17cm	精选大条	插竹签,完整	16~17	≤2%/无	无	干货
2	蜈蚣	蜈蚣大条精选货15~16cm	精选大条	插竹签,完整	15~16	≤2%/无	无	干货
3	蜈蚣	蜈蚣大条精选货14~15cm	精选大条	插竹签,完整	14~15	≤2%/无	无	干货
4	蜈蚣	蜈蚣大条选货14~17cm	大条	插竹签,完整	14~17	≤2%/无	无	干货
5	蜈蚣	蜈蚣中条选货12~14cm	中条	插竹签,完整	12~14	≤2%/无	无	干货
6	蜈蚣	蜈蚣小条选货10~12cm	小条	插竹签,完整	10~12	≤2%/无	无	干货
7	蜈蚣	蜈蚣不带爪统货	不插竹签不带爪	不插竹签,不带爪	——		无	干货
8	蜈蚣	蜈蚣带爪统货	不插竹签带爪	不插竹签,带爪	——		无	干货
9	蜈蚣	蜈蚣爪统货	蜈蚣爪	蜈蚣爪	——		无	干货

图 0127 蜈蚣商品部分规格图示

1.蜈蚣大条精选货 16~17cm;2.蜈蚣大条精选货 15~16cm;3.蜈蚣大条精选货 14~15cm;4.蜈蚣中条选货 12~14cm;5.蜈蚣小条选货 10~12cm;6.蜈蚣不带爪统货;7.蜈蚣带爪统货

4.170 五加皮

4.170.1 基础数据

4.170.1.1 来源

本品为五加科植物细柱五加 *Acanthopanax gracilistylus* W. W. Smith 的干燥根皮(《中国药典(2015 年版)》)。野生。夏、秋二季采挖根部,洗净,剥取根皮,晒干。

4.170.1.2 产地

产于湖北、陕西、四川、安徽、河南、江苏等地,主产于湖北恩施。

4.170.1.3 五加皮段

五加根皮剥下后将较短的不规则段直接晒干,或较为规则的段切片后晒干。本品呈不规则卷筒状,长1.0~5.0cm,直径 0.4~1.4cm,厚约 0.2cm,或条状,长 3.0~5.0cm,宽 0.4~1.4cm。外表面灰褐色,有扭曲的皱纹及长圆皮孔,内表面灰黄色,体轻,断面灰黄。

4.170.2 规格要素说明及名词解释

4.170.2.1 片形

五加皮段呈短条状或卷筒状,条状长短不一。精选段只选择卷筒状段。

4.170.2.2　0.2cm 以下灰渣

五加皮段外皮易碎落灰渣,可用 0.2cm 标准筛筛除。

4.170.3　规格等级定义(表 4-212)

4.170.3.1　五加皮大选段 0.6

选择直径 0.6cm 以上的卷筒状五加皮药材切段。直径 0.6cm 以上的卷筒片重量占比不低于 70%,无 0.2cm 以下灰渣。(图 0128-1)

4.170.3.2　五加皮选段

筛去灰渣,条状和卷筒状段均有。直径 0.6cm 以上的卷筒片重量占比不低于 15%,0.2cm 以下灰渣重量占比不超过 1%。(图 0128-2)

4.170.3.3　五加皮统段

五加皮原药统货切段后,未筛选,条状和卷筒状段均有。直径 0.6cm 以上的卷筒片重量占比不低于 15%,0.2cm 以下灰渣重量占比不超过 10%。(图 0128-3)

表 4-212　中药材商品电子交易规格等级标准——五加皮

序号	品名	规格名称	流通俗称	形态	直径 0.6cm 以上的卷筒段重量占比	0.2cm 以下灰渣重量占比	虫蛀、霉变	干度
1	五加皮	五加皮大选段 0.6	精选	大多卷筒状	≥70%/≥90%	无	无	干货
2	五加皮	五加皮选段	选	条状或卷筒状	≥15%/≥30%/≥50%	≤1%	无	干货
3	五加皮	五加皮统段	统	条状或卷筒状	≥15%/≥30%	≤10%/≤5%/≤2%	无	干货

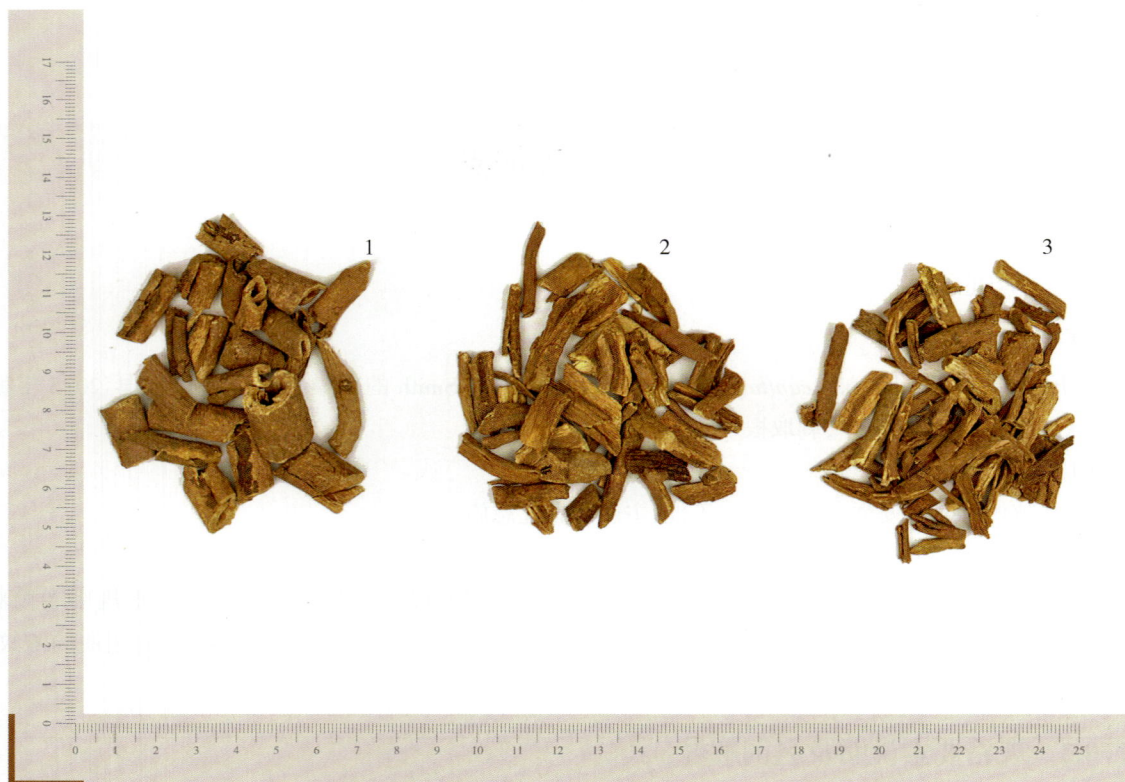

图 0128　五加皮商品部分规格图示
1. 五加皮大选段 0.6;2. 五加皮选段;3. 五加皮统段

4.171 五味子

4.171.1 基础数据

4.171.1.1 来源

本品为木兰科植物五味子 *Schisandra chinensis* (Turcz.) Baill. 的干燥成熟果实(《中国药典(2015年版)》)。习称"北五味子"。野生或栽培,栽培为主。秋季果实成熟时采摘,晒干或蒸后晒干,除去果梗和杂质。

4.171.1.2 产地

产于辽宁、吉林、黑龙江、内蒙古及河北等地,主产于辽宁新宾、清源和吉林白山、通化。

4.171.1.3 五味子

呈不规则的球形或扁球形,直径 5.0~8.0mm。表面红色、紫红色或暗红色,皱缩,显油润;有的表面呈黑红色或出现"白霜"。果肉柔软,种子 1~2 枚,肾形,表面棕黄色,有光泽,种皮薄而脆。果肉气微,味酸;种子破碎后,有香气,味辛、微苦。

4.171.2 规格要素说明及名词解释

4.171.2.1 果柄

采摘过程中自然掉落的果梗。

4.171.2.2 白霜粒

五味子存放时间长,导致果酸发酵,表面出现白色结晶。

4.171.2.3 0.2cm 以下灰渣

主要为果皮碎屑,可用 0.2cm 标准筛筛除。

4.171.2.4 颜色

新货分前中期货和后期货。前中期货颗粒较大,干燥度好不粘连,颜色为红色;后期货多粘连成团,颜色紫红色。陈货颜色暗红色或黑色,表面多有"白霜"。

4.171.2.5 含硫情况

五味子加工过程中多为自然晒干,不熏硫。在销售中为了改善外观或陈货变色严重时会熏硫。

4.171.3 规格等级定义(表 4-213)

4.171.3.1 五味子精选货

红色或紫红色,无白霜粒、0.2cm 以下灰渣,果柄重量占比不超过 1%。(图 0129-1)

4.171.3.2 五味子选货

红色或紫红色,无白霜粒,果柄重量占比不超过 2%,无 0.2cm 以下灰渣。(图 0129-2)

4.171.3.3 五味子统货

红色或紫红色,无白霜粒,果柄重量占比不超过 3%,0.2cm 以下灰渣重量占比不超过 1%。(图 0129-3)

4.171.3.4 五味子陈货统货

暗红色或黑色,多有白霜,果柄重量占比不超过 3%,0.2cm 以下灰渣重量占比不超过 1%。(图 0129-4)

表 4-213 中药材商品电子交易规格等级标准——五味子

序号	品名	规格名称	流通俗称	颜色	白霜粒重量占比	果柄重量占比	0.2cm 以下灰渣重量占比	含硫情况	虫蛀、霉变	干度
1	五味子	五味子精选货	精选	红色或紫红色,无白霜	无	≤1%/无	无	有硫加工/无硫加工	无	干货
2	五味子	五味子选货	选	红色或紫红色,无白霜	无	≤2%	无	有硫加工/无硫加工	无	干货
3	五味子	五味子统货	统	红色或紫红色	无	≤3%	≤1%	有硫加工/无硫加工	无	干货
4	五味子	五味子陈货统货	投料	暗红色或黑色,有白霜	——	≤3%	≤1%	有硫加工/无硫加工	无	干货

图 0129 五味子商品部分规格图示

1. 五味子精选货;2. 五味子选货;3. 五味子统货;4. 五味子陈货统货

4.172 西洋参

4.172.1 基础数据

4.172.1.1 来源

本品为五加科植物西洋参 *Panax quinquefolium* L. 的干燥根(《中国药典(2015 年版)》)。栽培 3~6 年(主要

3~4 年）。秋季采挖,洗净,晒干或低温干燥。

4.172.1.2　产地

国产货产于吉林、黑龙江、山东和北京,主产于吉林白山市、山东文登市和北京怀柔,进口货产于美国、加拿大。一般认为进口西洋参质量好,价格高。因此国产西洋参中形态近似于进口西洋参的个子通常会被选出,冒充进口西洋参销售。进口西洋参质地硬,环纹多,纹理细腻,气味浓。

4.172.1.3　西洋参

呈纺锤形、圆柱形或圆锥形,长 3.0~12cm,直径 0.8~2.0cm。表面浅黄褐色或黄白色,可见横向环纹和线形皮孔状突起,并有细密浅纵皱纹和须根痕。主根中下部有一至数条侧根,多已折断。有的上端有根茎(芦头),环节明显,茎痕(芦碗)圆形或半圆形,具不定根(芋)或已折断。体重,质坚实,不易折断,断面平坦,浅黄白色,略显粉性。气微而特异,味微苦、甘。

4.172.1.4　西洋参片

西洋参药材(一般是长支)用机器切薄片。呈长圆形或类圆形薄片,直径 0.6~2.0cm,片厚 0.1cm 左右。外表皮浅黄褐色。切面淡黄白至黄白色,形成层环棕黄色,皮部有黄棕色点状树脂道,近形成层环处较多而明显,木部略呈放射状纹理。气微而特异,味微苦、甘。

4.172.2　规格要素说明及名词解释

4.172.2.1　单支重

单支西洋参的重量越大,等级越高。

4.172.2.2　加工工艺

西洋参按加工工艺分为"软支"和"硬支"。西洋参烘干过程中通过小火慢烤加工,一般周期为 10~15 天,西洋参表皮褶皱多,口感微甜,为软支。进口西洋参、山东文登产西洋参多加工为软支。

4.172.2.3　形态

西洋参长支体形细长,少有分支断痕,多用于切片;西洋参粒头多呈圆锥形,有多个分支剪掉后的断痕。

4.172.2.4　碎片、黑片

西洋参在切片时会产生小碎片,存放不当或受潮霉变时西洋参片从皮层向内逐渐发黑变质,为黑片,一般手工挑出。(图 0130B-6)

4.172.2.5　含硫情况

西洋参多为电炕干或热气干燥,一般不含硫。小加工作坊有用燃煤热气炕干的情况,含微量硫。以往传统存放过程中采用硫黄熏库以防止西洋参不虫蛀、霉变,但目前已基本不使用。

4.172.3　规格等级定义（表 4-214,表 4-215）

4.172.3.1　西洋参长支 30g

西洋参,单只重不低于 30g。(图 0130A-1)

4.172.3.2　西洋参粒头 30g

西洋参,单只重不低于 30g。(图 0130A-5)

4.172.3.3　西洋参长支 20~30g

西洋参,单只重在 20~30g 之间,一般又细分为 20g、22g、25g、28g 销售。(图 0130A-2)

4.172.3.4　西洋参粒头 20~30g

西洋参,单只重在 20~30g 之间,一般又细分为 20g、22g、25g、28g 销售。(图 0130A-6)

4.172.3.5　西洋参长支 10~20g

西洋参,单只重在 10~20g 之间,一般又细分为 10g、12g、15g、18g 销售。(图 0130A-3)

4.172.3.6　西洋参粒头 10~20g

西洋参，单只重在 10~20g 之间，一般又细分为 10g、12g、15g、18g 销售。（图 0130A-7）

4.172.3.7　西洋参长支 2~10g

西洋参，单只重在 2~10g 之间，一般又细分为 2g、5g、7g、9g 销售。（图 0130A-4）

4.172.3.8　西洋参粒头 2~10g

西洋参，单只重在 2~10g 之间，一般又细分为 2g、5g、7g、9g 销售。（图 0130A-8）

4.172.3.9　西洋参特大片 2.0

西洋参圆片，切片后用孔径 2.0cm 的筛子筛选，无碎片、黑片，直径 2.0cm 以上的片重量占比不低于 70%，直径 1.8cm 以下的片重量占比不超过 10%。（图 0130B-1）

4.172.3.10　西洋参大片 1.8~2.0

西洋参圆片，切片后用孔径 1.8cm 的筛子筛选，直径 1.8cm 以上的片重量占比不低于 70%，直径 1.5cm 以下的片重量占比不超过 10%，碎片、黑片重量占比不超 5%。（图 0130B-2）

4.172.3.11　西洋参中片 1.6~1.8

西洋参圆片，用孔径 1.6cm 的筛子筛选，直径 1.6cm 以上的片重量占比不低于 70%，直径 1.2cm 以下的片重量占比不超过 10%，碎片、黑片重量占比不超过 5%。（图 0130B-3）

4.172.3.12　西洋参中片 1.4~1.6

西洋参圆片，过孔径 1.4cm 的筛子筛选，直径 1.4cm 以上的片重量占比不低于 70%，直径 1.0cm 以下的片重量占比不超过 10%，碎片、黑片重量占比不超过 5%。

4.172.3.13　西洋参中片 1.2~1.4

西洋参类圆片，过孔径 1.2cm 的筛，直径 1.2cm 以上的片重量占比不低于 70%，直径 0.8cm 以下的片重量占比不超过 10%，碎片、黑片重量占比不超过 5%。（图 0130B-4）

4.172.3.14　西洋参小片 1.2 以下

西洋参类圆片，过孔径为 1.0cm 的筛，筛下的片，直径 1.0cm 以上的片重量占比不低于 10%，碎片、黑片重量占比不超过 5%。（图 0130B-5）

表 4-214　中药材商品电子交易规格等级标准——西洋参

序号	品名	规格名称	流通俗称	加工工艺	单支重 /g	含硫情况	虫蛀、霉变	干度
1	西洋参	西洋参长支 30g	30g 长支	软支 / 硬支	≥30	有硫加工 / 无硫加工	无	干货
2	西洋参	西洋参粒头 30g	30g 粒头	软支 / 硬支	≥30	有硫加工 / 无硫加工	无	干货
3	西洋参	西洋参长支 20~30g	长支 20~30g	软支 / 硬支	20/22/25/28	有硫加工 / 无硫加工	无	干货
4	西洋参	西洋参粒头 20~30g	粒头 20~30g	软支 / 硬支	20/22/25/28	有硫加工 / 无硫加工	无	干货
5	西洋参	西洋参长支 10~20g	长支 10~20g	软支 / 硬支	10/12/15/18	有硫加工 / 无硫加工	无	干货
6	西洋参	西洋参粒头 10~20g	粒头 10~20g	软支 / 硬支	10/12/15/18	有硫加工 / 无硫加工	无	干货
7	西洋参	西洋参长支 2~10g	长支小抄	软支 / 硬支	2/5/7/9	有硫加工 / 无硫加工	无	干货
8	西洋参	西洋参粒头 2~10g	粒头小抄	软支 / 硬支	2/5/7/9	有硫加工 / 无硫加工	无	干货

表 4-215 中药材商品电子交易规格等级标准——西洋参（续）

序号	品名	规格名称	流通俗称	加工工艺	大片重量占比	小片重量占比	碎片、黑片重量占比	含硫情况	虫蛀、霉变	干度
1	西洋参	西洋参特大片 2.0	特大片	软支/硬支	直径 2.0cm 以上片≥70%/ 直径 2.0cm 以上片≥75%/ 直径 2.0cm 以上片≥80%	直径 1.8cm 以下片≤10%/直径 1.8cm 以下片≤5%	无	有硫加工/无硫加工	无	干货
2	西洋参	西洋参大片 1.8~2.0	大片	软支/硬支	直径 1.8cm 以上片≥70%/ 直径 1.8cm 以上片≥75%/ 直径 1.8cm 以上片≥80%	直径 1.5cm 以下片≤10%/直径 1.5cm 以下片≤5%	≤5%/ ≤2%/ ≤1%	有硫加工/无硫加工	无	干货
3	西洋参	西洋参中片 1.6~1.8	中片	软支/硬支	直径 1.6cm 以上片≥70%/ 直径 1.6cm 以上片≥75%/ 直径 1.6cm 以上片≥80%	直径 1.2cm 以下片≤10%/直径 1.2cm 以下片≤5%	≤5%/ ≤2%/ ≤1%	有硫加工/无硫加工	无	干货
4	西洋参	西洋参中片 1.4~1.6	小片	软支/硬支	直径 1.4cm 以上片≥70%/ 直径 1.4cm 以上片≥75%/ 直径 1.4cm 以上片≥80%	直径 1.0cm 以下片≤10%/直径 1.0cm 以下片≤5%	≤5%/ ≤2%	有硫加工/无硫加工	无	干货
5	西洋参	西洋参中片 1.2~1.4	小片	软支/硬支	直径 1.2cm 以上片≥70%/ 直径 1.2cm 以上片≥75%/ 直径 1.2cm 以上片≥80%	直径 0.8cm 以下片≤10%/直径 0.8cm 以下片≤5%	≤5%/ ≤2%	有硫加工/无硫加工	无	干货
6	西洋参	西洋参小片 1.2 以下	尾片	软支/硬支	直径 1.0cm 以上片≥10%/ 直径 1.0cm 以上片≥30%/ 直径 1.0cm 以上片≥50%/ 直径 1.0cm 以上片≥70%/ 直径 1.0cm 以上片≥80%	——	≤5%/ ≤2%	有硫加工/无硫加工	无	干货

图 0130A 西洋参（长支/粒头）商品部分规格图示

1.西洋参长支 30g；2.西洋参长支 20~30g；3.西洋参长支 10~20g；4.西洋参长支 2~10g；5.西洋参粒头 30g；6.西洋参粒头 20~30g；7.西洋参粒头 10~20g；8.西洋参粒头 2~10g

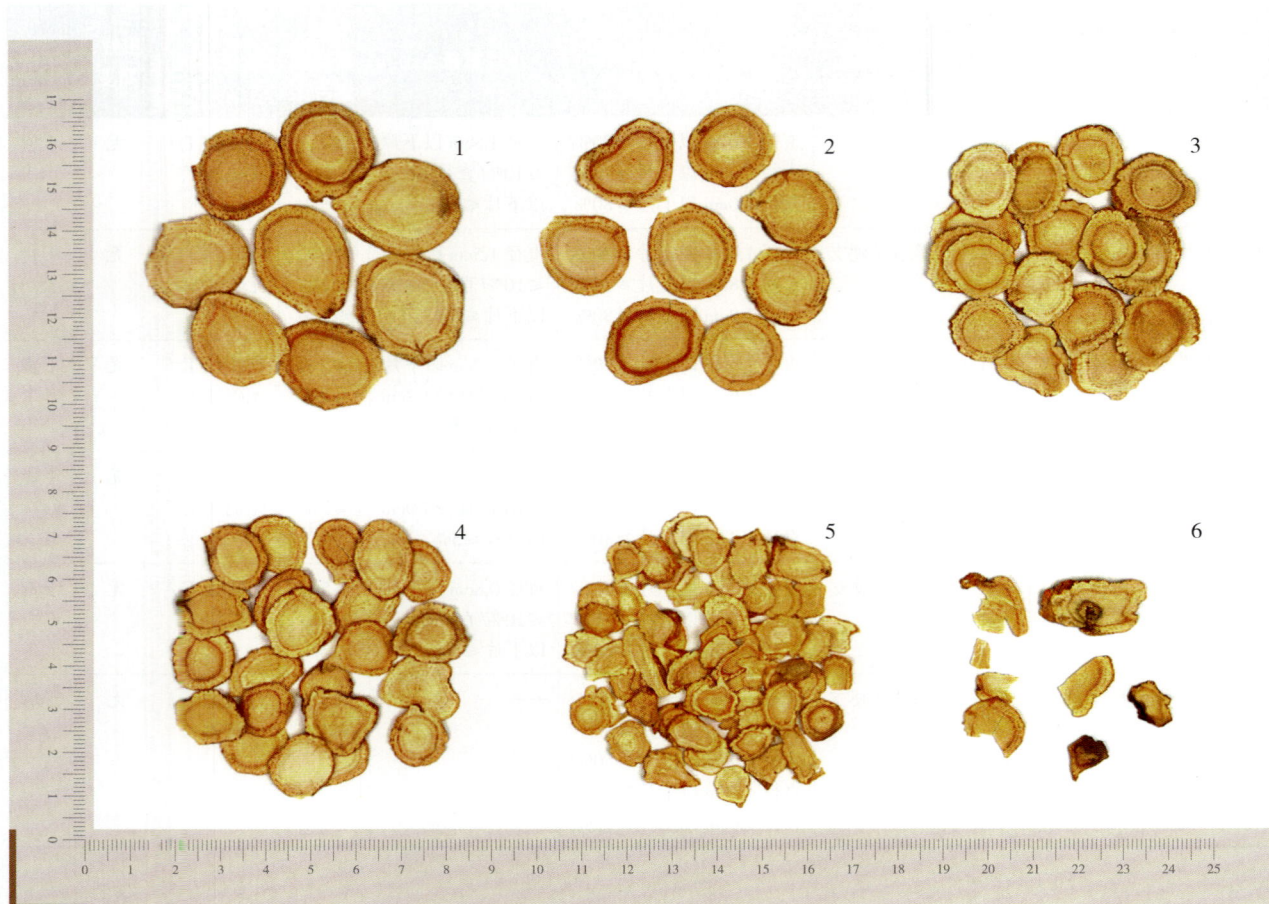

图 0130B　西洋参（片）商品部分规格图示

1. 西洋参特大片 2.0；2. 西洋参大片 1.8~2.0；3. 西洋参中片 1.6~1.8；4. 西洋参中片 1.2~1.4；5. 西洋参小片 1.2 以下；6. 西洋参碎片、黑片示例

4.173　夏枯草

4.173.1　基础数据

4.173.1.1　来源

夏枯草（夏枯球）：为唇形科植物夏枯草 *Prunella vulgaris* L. 的干燥果穗（《中国药典（2015 年版）》）。野生或栽培，栽培为主。夏季果穗呈棕红色时采收，除去杂质，晒干。习称"夏枯球"。

夏枯草（全草）：为唇形科植物夏枯草 *Prunella vulgaris* L. 的干燥全草（《四川省中药材标准（2010 年版）》）。药用部位为全草，习称"夏枯草"或"夏枯草全草"。

4.173.1.2　产地

产于河南、四川、湖北、江苏、安徽等地，主产于河南。

4.173.1.3 夏枯草(夏枯球)

本品呈圆柱形,略扁,长 1.5~8.0cm,直径 0.8~1.5cm,淡棕色至棕红色。全穗由数轮至 10 数轮宿萼与苞片组成,每轮有对生苞片 2 片,呈扇形,先端尖尾状,脉纹明显,外表面有白毛。每一苞片内有花 3 朵,花冠多已脱落,宿萼二唇形,内有小坚果 4 枚,卵圆形,棕色,尖端有白色突起。体轻。

4.173.1.4 夏枯草(全草)段

呈长短不一的段,紫红色或绿褐色,果穗少量,棕红色或棕褐色。

4.173.2 规格要素说明及名词解释

4.173.2.1 家种 / 野生

夏枯草家种和野生外观相似,仅果穗长度有所区别。家种夏枯球较长,多为 5.0~8.0cm;野生夏枯球较短,多为 2.0~5.0cm。

4.173.2.2 杂质

主要为泥土、草杆等,夏枯球杂质较少,全草杂质较多。

4.173.3 规格等级定义(表 4-216)

4.173.3.1 夏枯球净货

拣去草杆,筛去泥土的果穗。无杂质。(图 0131-1)

4.173.3.2 夏枯球统货

未去杂质的果穗。杂质重量占比不超过 3%。(图 0131-2)

4.173.3.3 野生夏枯草全草段

野生夏枯草全草切断。杂质不超过 7%。(图 0131-3)

4.173.3.4 家种夏枯草全草段

家种夏枯草全草切断。杂质不超过 7%。

表 4-216 中药材商品电子交易规格等级标准——夏枯草

序号	品名	规格名称	流通俗称	家种 / 野生	杂质重量占比	虫蛀、霉变	干度
1	夏枯草	夏枯球净货	夏枯球	家种 / 野生	无	无	干货
2	夏枯草	夏枯球统货	夏枯球	家种 / 野生	≤3%	无	干货
3	夏枯草	野生夏枯草全草段	夏枯草	野生	≤7%/≤5%/≤3%	无	干货
4	夏枯草	家种夏枯草全草段	夏枯草	家种	≤7%/≤5%/≤3%	无	干货

图 0131　夏枯草商品部分规格图示
1. 夏枯球净货;2. 夏枯球统货;3. 野生夏枯草全草段

4.174　仙鹤草

4.174.1　基础数据

4.174.1.1　来源

本品为蔷薇科植物龙芽草 *Agrimonia pilosa* Ledeb. 的干燥地上部分(《中国药典(2015 年版)》)。野生。夏、秋二季茎叶茂盛时采割,除去杂质,干燥。

4.174.1.2　产地

全国各地均产,主产于江苏、浙江、湖北、河南等地。

4.174.1.3　仙鹤草

长 50~100cm,全体被白色柔毛。茎下部圆柱形,直径 4.0~6.0mm,红棕色,上部方柱形,四面略凹陷,绿褐色,有纵沟和棱线,有节;体轻,质硬,易折断,断面中空。单数羽状复叶互生,绿色至暗绿色,皱缩卷曲;质脆,易碎;叶片有大小 2 种,相间生于叶轴上,顶端小叶较大,完整小叶片展平后呈卵形或长椭圆形,先端尖,基部楔形,边缘有锯齿。总状花序细长,花萼下部呈筒状,萼筒上部有钩刺,先端 5 裂,花瓣黄色。气微,味微苦。

4.174.1.4　仙鹤草段

将仙鹤草除去残根和杂质,切段。为不规则的段,段长 1.5~4.0cm。

4.174.2 规格要素说明及名词解释

4.174.2.1 颜色(新货/陈货)

仙鹤草新货多为绿色或暗绿色,暴晒或存储时间过长颜色变为灰色至灰绿色。

4.174.2.2 根

根为非药用部位,同时易附带泥土,影响药材质量。

4.174.2.3 杂质及 0.2cm 以下灰渣

仙鹤草杂质为杂草、灰渣及泥土,可用 0.2cm 标准筛筛出。

4.174.3 规格等级定义(表 4-217)

4.174.3.1 仙鹤草选货

仙鹤草,绿色或暗绿色,根重量占比不超过 2%,杂质及 0.2cm 以下灰渣重量占比不超过 5%。

4.174.3.2 仙鹤草绿色统货

仙鹤草,绿色或暗绿色,根重量占比不超过 7%,杂质及 0.2cm 以下灰渣重量占比不超过 7%。

4.174.3.3 仙鹤草灰绿色统货

仙鹤草,灰色至灰绿色为主,根重量占比不超过 7%,杂质及 0.2cm 以下灰渣重量占比不超过 7%。

4.174.3.4 仙鹤草选段

仙鹤草,切段,绿色或暗绿色,根重量占比不超过 2%,杂质及 0.2cm 以下灰渣重量占比不超过 3%。

4.174.3.5 仙鹤草绿色统段

仙鹤草,切段,绿色或暗绿色,根重量占比不超过 7%,杂质及 0.2cm 以下灰渣重量占比不超过 5%。

4.174.3.6 仙鹤草灰绿色统段

仙鹤草,切段,灰色至灰绿色为主,根重量占比不超过 7%,杂质及 0.2cm 以下灰渣重量占比不超过 7%。

表 4-217 中药材商品电子交易规格等级标准——仙鹤草

序号	品名	规格名称	流通俗称	新货/陈货	根重量占比	杂质及 0.2cm 以下灰渣重量占比	虫蛀、霉变	干度
1	仙鹤草	仙鹤草选货	全草选货	绿色或暗绿色(新货)	≤2%/≤1%	≤5%/≤3%	无	干货
2	仙鹤草	仙鹤草绿色统货	全草统货	绿色或暗绿色(新货)	≤7%/≤5%	≤7%/≤5%	无	干货
3	仙鹤草	仙鹤草灰绿色统货	全草统货	灰色至灰绿色为主(陈货)	≤7%/≤5%	≤7%/≤5%	无	干货
4	仙鹤草	仙鹤草选段	选段	绿色或暗绿色(新货)	≤2%/≤1%	≤3%/≤1%	无	干货
5	仙鹤草	仙鹤草绿色统段	统段	绿色或暗绿色(新货)	≤7%/≤5%	≤5%/≤3%	无	干货
6	仙鹤草	仙鹤草灰绿色统段	全草统货	灰色至灰绿色为主(陈货)	≤7%/≤5%	≤7%/≤5%	无	干货

4.175 香附

4.175.1 基础数据

4.175.1.1 来源

本品为莎草科植物莎草 *Cyperus rotundus* L. 的干燥根茎(《中国药典(2015 年版)》)。栽培或野生。栽培 1 年。秋季采挖,晒至须根全干,香附八成干时,烧去毛须,直接晒干或炕干,再滚筒撞去剩余的毛须。或经蒸透取出晒干,再撞去毛须。去毛须后又称为"光香附"。

4.175.1.2 产地

全国大部分地区均产,主产于广东湛江、广西、海南、安徽、河南、山西等地。

4.175.1.3 香附

多呈纺锤形,有的略弯曲,长 2.0~3.5cm,直径 0.5~1.0cm。表面棕褐色或黑褐色,有纵皱纹,质硬。生晒者断面色白而显粉性,经炕干或者蒸煮者断面黄棕色或红棕色,角质样;内皮层环纹明显,中柱色较深。气香,味微苦。

4.175.2 规格要素说明及名词解释

4.175.2.1 光香附

去掉毛须的香附。

4.175.2.2 大粒

一般指直径 0.7cm 以上的香附。

4.175.2.3 0.5cm 以下粒

中部直径 0.5cm 以下的香附。

4.175.2.4 断节粒

折断的香附。

4.175.2.5 须根、毛须

根茎上的须根和毛须,在加工时应当去除。

4.175.2.6 加工方式

直接晒干的香附断面白色,粉性;炕干的香附,断面一般红棕色或黄棕色,角质;蒸后晒干的断面情况与炕干者相似,但此加工方式已很少用。

4.175.2.7 含硫情况

用燃煤热气炕干的香附,含微量硫。晒干的香附不含硫。

4.175.3 规格等级定义(表 4-218)

4.175.3.1 光香附选个

筛选出的 0.7cm 以上大粒重量占比不低于 50% 以上的香附,无 0.5cm 以下粒,无须根、毛须,断节粒重量占比不超过 5%。(图 0132-1)

4.175.3.2 光香附统个

未经筛选的香附,0.5cm 以下粒重量占比不超过 30%,断节粒重量占比不超过 5%,无须根、毛须。(图 0132-2)

表 4-218　中药材商品电子交易规格等级标准——香附

序号	品名	规格名称	流通俗称	加工方式	大粒重量占比	0.5cm 以下粒重量占比	断节粒重量占比	须根、毛须重量占比	含硫情况	干度	虫蛀、霉变
1	香附	光香附选个 0.7	光香附选个	晒货(断面白色,粉性)/炕货(断面偏棕色,角质)/其他	0.7cm 以上粒≥50%/0.7cm 以上粒≥70%/0.7cm 以上粒≥90%	无	≤5%/ 无	无	有硫加工 / 无硫加工	干货	无
2	香附	光香附统个	光香附统个	晒货(断面白色,粉性)/炕货(断面偏棕色,角质)/其他	——	≤30%/≤20%/≤10%	≤5%/≤3%	无	有硫加工 / 无硫加工	干货	无

图 0132　香附商品部分规格图示
1. 光香附选个 0.7；2. 光香附统个

4.176　香加皮

4.176.1　基础数据

4.176.1.1　来源

本品为萝摩科植物杠柳 *Periploca sepium* Bge. 的干燥根皮（《中国药典（2015 年版）》）。野生。春、秋二季采挖，剥取根皮，晒干。

4.176.1.2　产地

产于甘肃、陕西、山西、河南等地，主产于甘肃。

4.176.1.3　香加皮

呈卷筒状或槽状，少数呈不规则的块片状，长 3.0~10cm，直径 1.0~2.0cm，厚 0.2~0.4cm。外表面灰棕色或黄棕色，栓皮松软常呈鳞片状，易剥落。内表面淡黄色或淡黄棕色，较平滑，有细纵纹。体轻、质脆，易折断，断面不整齐，黄白色。有特异香气，味苦。

4.176.1.4 香加皮片

香加皮除云杂质，润透，切段，干燥。呈卷筒状、槽状的段。长 1.0~3.0cm，厚 0.1~0.3cm。切面黄白色。

4.176.2 规格要素说明及名词解释

4.176.2.1 抽芯个（片）

木芯为非药用部位，香加皮鲜根去除木芯，呈卷筒状或槽状。

4.176.2.2 0.5cm 以下碎片及灰渣

香加皮碎末和泥沙，可用 0.5cm 标准筛筛除。

4.176.2.3 外观形态

香加皮大小越均匀，等级越高。

4.176.3 规格等级定义（表 4-219）

4.176.3.1 香加皮选货

去木芯、大小均匀的香加皮大个，抽芯片重量占比不低于 95%，0.5cm 以下碎片及灰渣重量占比不超过 1%。

4.176.3.2 香加皮统货

大小不分的香加皮，抽净木芯片重量占比不低于 60%，0.5cm 以下碎片及灰渣重量占比不超过 10%。

4.176.3.3 香加皮选片

挑选去木芯、大小均匀的大个香加皮切片，抽芯片重量占比不低于 95%，0.5cm 以下碎片及灰渣重量占比不超过 1%。（图 0133-1）

4.176.3.4 香加皮统片

大小不分的香加皮切片，抽净木芯片重量占比不低于 60%，0.5cm 以下碎片及灰渣重量占比不超过 10%。（图 0133-2）

表 4-219 中药材商品电子交易规格等级标准——香加皮

序号	品名	规格名称	流通俗称	抽芯个（片）重量占比	0.5cm 以下碎片及灰渣重量占比	外观形态	虫蛀、霉变	干度
1	香加皮	香加皮选货	选货	≥95%	≤1%	——	无	干货
2	香加皮	香加皮统货	统货	≥60%/≥70%/≥80%/≥90%	≤10%/≤5%	——	无	干货
3	香加皮	香加皮选片	选片	≥95%	≤1%	大小均匀	无	干货
4	香加皮	香加皮统片	统片	≥60%/≥70%/≥80%/≥90%	≤10%/≤5%	——	无	干货

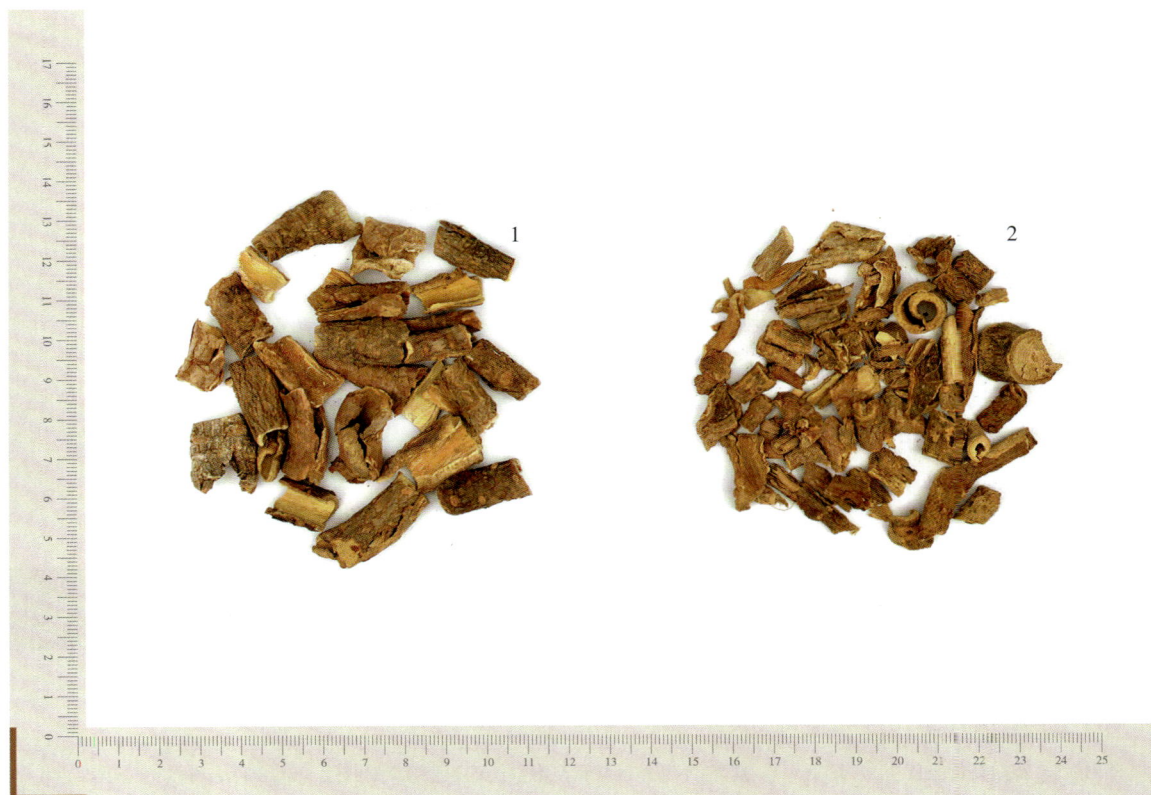

图 0133　香加皮商品部分规格图示
1.香加皮选片;2.香加皮统片

4.177　薤白

4.177.1　基础数据

4.177.1.1　来源

本品为百合科植物小根蒜 *Allium macrostemon* Bge. 或薤 *Allium chinense* G. Don 的干燥鳞茎(《中国药典(2015年版)》)。以野生的小根蒜为主。夏、秋二季采挖,洗净,除去须根,蒸透或置沸水中烫透 晒干。

4.177.1.2　产地

产于陕西、四川、贵州等地,主产于陕西、四川。

4.177.1.3　薤白

不规则的卵圆形,高 0.5~1.5cm,直径 0.5~1.8cm。表面黄白色、淡黄棕色,皱缩。有类白色膜质鳞片包被,底部有突起的鳞茎盘。质硬,角质样。有蒜臭,味微辣。

4.177.2　规格要素说明及名词解释

4.177.2.1　采收季节

薤白分为夏季与秋季采收。夏季采收因出苗而带柄、鳞茎体空质软,秋天采收因成熟鳞茎体实质较硬、不带柄。

4.177.2.2　颜色

新货鳞茎内外一致,颜色呈黄白色、淡黄白色;陈货颜色呈深棕色。

4.177.2.3 柄及鳞片

一般要除去柄及鳞片。

4.177.3 规格等级定义（表 4-220）

4.177.3.1 薤白新货选货

选秋季饱满的黄白色或淡黄白色薤白,柄及鳞片重量占比不超过 1%。(图 0134-1)

4.177.3.2 薤白陈货选货

选秋季饱满的深棕色薤白,柄及鳞片重量占比不超过 1%。

4.177.3.3 薤白新货统货

颜色黄白色或淡黄白色的薤白,柄及鳞片重量占比不超过 8%。(图 0134-2)

4.177.3.4 薤白陈货统货

颜色深棕色的薤白,柄及鳞片重量占比不超过 8%。

表 4-220 中药材商品电子交易规格等级标准——薤白

序号	品名	规格名称	流通俗称	采收季节	颜色	柄及鳞片重量占比	虫蛀、霉变	干度
1	薤白	薤白新货选货	选货	秋季(饱满)	黄白色或淡黄白色	≤1%	无	干货
2	薤白	薤白陈货选货	选货	秋季(饱满)	深棕色	≤1%	无	干货
3	薤白	薤白新货统货	统货	夏季(不甚饱满)/秋夏混	黄白色或淡黄白色	≤8%/≤4%	无	干货
4	薤白	薤白陈货统货	统货	夏季(不甚饱满)/秋夏混	深棕色	≤8%/≤4%	无	干货

图 0134 薤白商品部分规格图示
1. 薤白新货选货;2. 薤白新货统货

4.178　辛夷

4.178.1　基础数据

4.178.1.1　来源

本品为木兰科植物望春花 *MagnoLia biondii* Pamp.、玉兰 *Magnolia denudata* Desr. 或武当玉兰 *Magnolia sprengeri* Pamp. 的于燥花蕾(《中国药典(2015 年版)》)。栽培或野生,以栽培为主。冬末春初花未开放时采收,除去枝梗,用柴火或煤火熏干,或用柴火或煤火熏至半干之后晾干。

4.178.1.2　产地

产于河南、陕西、江苏等地,主产于河南。

4.178.1.3　辛夷(望春花)

本品呈长卵形,似毛笔头,长 1.2~4cm,直径 0.8~2cm。基部常具短梗,长约 5mm,梗上有类白色点状皮孔。苞片 2~3 层,每层 2 片,两层苞片间有小鳞芽,苞片外表面密被灰白色、灰绿色、淡黄色或淡黄绿色茸毛,内表面类棕色,无毛。体轻,质脆。

4.178.2　规格要素说明及名词解释

4.178.2.1　大小

辛夷在春节后采收,花蕾较大,一般长 2.2~4.0cm,直径 1.0~1.7cm,习称"大桃";辛夷在春节前采收,花蕾较小,一般长 1.2~2.5cm,直径 0.6~1.0cm,习称"小桃"。

4.178.2.2　带长 1.0cm 以上花柄的个

带花柄长度在 1.0cm 以上的辛夷。

4.178.2.3　0.2cm 以下碎末

在采收、贮存和运输过程掉落的少量绒毛、灰末,可用 0.2cm 标准筛筛除。

4.178.3　规格等级定义(表 4-221)

4.178.3.1　辛夷大桃无柄选货

多为春节后采摘,个头较大,长 2.2~4.0cm、直径 1.0~1.7cm,无带 1.0cm 以上花柄的个,无 0.2cm 以下碎末。(图 0135-1)

4.178.3.2　辛夷小桃无柄选货

多为春节前采摘,个头较小,长 1.2~2.5cm,直径 0.6~1.0cm,无带 1.0cm 以上花柄的个,无 0.2cm 以下碎末。(图 0135-2)

4.178.3.3　辛夷大桃统货

多为春节后采摘,个头较大,长 2.2~4.0cm、直径 1.0~1.7cm,带 1.0cm 以上花柄的个数量占比不超过 70%,0.2cm 以下碎末重量占比不超过 2%。(图 0135-3)

4.178.3.4　辛夷小桃统货

多为春节前采摘,个头较小,长 1.2~2.5cm,直径 0.6~1.0cm,带 1.0cm 以上的花柄的个数量占比不超过 70%,0.2cm 以下碎末重量占比不超过 2%。(图 0135-4)

表 4-221　中药材商品电子交易规格等级标准——辛夷

序号	品名	规格名称	流通俗称	大小	带 1.0cm 以上花柄个数量占比	0.2cm 以下碎末重量占比	虫蛀、霉变	干度
1	辛夷	辛夷大桃无柄选货	大桃精选	大桃（长 2.2~4.0cm，直径 1.0~1.7cm）	无	无	无	干货
2	辛夷	辛夷小桃无柄选货	小桃精选	小桃（长 1.2~2.5cm，直径 0.6~1.0cm）	无	无	无	干货
3	辛夷	辛夷大桃统货	大桃统货	大桃（长 2.2~4.0cm，直径 1.0~1.7cm）	≤70%/≤50%/≤30%	≤2%	无	干货
4	辛夷	辛夷小桃统货	小桃统货	小桃（长 1.2~2.5cm，直径 0.6~1.0cm）	≤70%/≤50%/≤30%	≤2%	无	干货

图 0135　辛夷商品部分规格图示
1. 辛夷大桃无柄选货；2. 辛夷小桃无柄选货；3. 辛夷大桃统货；4. 辛夷小桃统货

4.179　续断

4.179.1　基础数据

4.179.1.1　来源

本品为川续断科植物川续断 *Dipsacus asper* Wall. ex Henry 的干燥根（《中国药典（2015 年版）》）。野生或栽培。秋、冬季采挖,除去尾稍和须根,烘干;或烘或晒至半干,堆置"发汗",烘干或晒干。

4.179.1.2　产地

四川、湖北、云南、贵州、重庆等地均产,主产于四川、湖北、云南,四川为道地产区。

4.179.1.3　续断

呈圆柱形,略扁,有的微弯曲,长 5.0~15cm,直径 0.4~2.0cm。表面灰褐色或黄褐色,有稍扭曲或明显扭曲的纵皱及沟纹。断面不平坦,皮部墨绿色或棕色,木部黄褐色。气微香。

4.179.1.4　续断片

将续断洗净,润透,切厚片,干燥。本品呈类圆形段,长 0.5~2.0cm,直径 0.4~1.2cm。外表皮灰褐色至黄褐色,有纵皱。切面灰黄色或褐绿色。

4.179.2　规格要素说明及名词解释

4.179.2.1　直径

指续断中上部直径。

4.179.2.2　切面颜色

加工过程中"发汗"充分时,切片之后切面多褐绿色;"发汗"不充分时,切片之后切面多灰黄色。市场流通的多为"发汗"不充分的续断。

4.179.2.3　芦头片

续断根头部位称为"芦头",带芦头个切片者有芦头片。

4.179.2.4　直径 0.2cm 以下的须根、灰末

须根指加工过程中未去尽的须根和尾稍,灰末为碎末和泥土。一般用 0.2cm 标准筛筛除。

4.179.3　规格等级定义(表 4-222,表 4-223)

4.179.3.1　续断选货

挑选大个,直径 0.8cm 以上的续断不少于 80%。

4.179.3.2　续断统货

大小不分,直径 0.8cm 以上的续断不少于 30%。

4.179.3.3　续断选片 0.8

选取较粗(直径多在 0.8cm 以上)的续断切片。直径 0.8cm 以上的片重量占比不低于 80%,芦头片重量占比不超过 5%,直径 0.2cm 以下的须根、灰末重量占比不超过 1%。(图 0136-1)

4.179.3.4　续断统片

以大小不分的续断原药切片。直径 0.8cm 以上的片重量占比不低于 30%,芦头片重量占比不超过 10%,直径 0.2cm 以下的须根、灰末重量占比不超过 2%。(图 0136-2)

表 4-222　中药材商品电子交易规格等级标准——续断

序号	品名	规格名称	流通俗称	断面颜色	直径 0.8cm 以上片重量占比	虫蛀、霉变	干度
1	续断	续断选货	选个	褐绿色 / 灰黄色	直径 0.8cm 以上片≥80%	无	干货
2	续断	续断统货	统个	褐绿色 / 灰黄色	直径 0.8cm 以上片≥30%	无	干货

表 4-223　中药材商品电子交易规格等级标准——续断（续）

序号	品名	规格名称	流通俗称	断面颜色	直径 0.8cm 以上片重量占比	芦头片重量占比	直径 0.2cm 以下须根、灰末重量占比	含硫情况	虫蛀、霉变	干度
3	续断	续断选片 0.8	川续断	褐绿色 / 灰黄色	≥80%/≥90%	≤5%/≤2%	≤1%	有硫加工 / 无硫加工	无	干货
4	续断	续断统片	川续断	褐绿色 / 灰黄色	≥30%/≥50%/≥70%	≤10%/≤5%	≤2%	有硫加工 / 无硫加工	无	干货

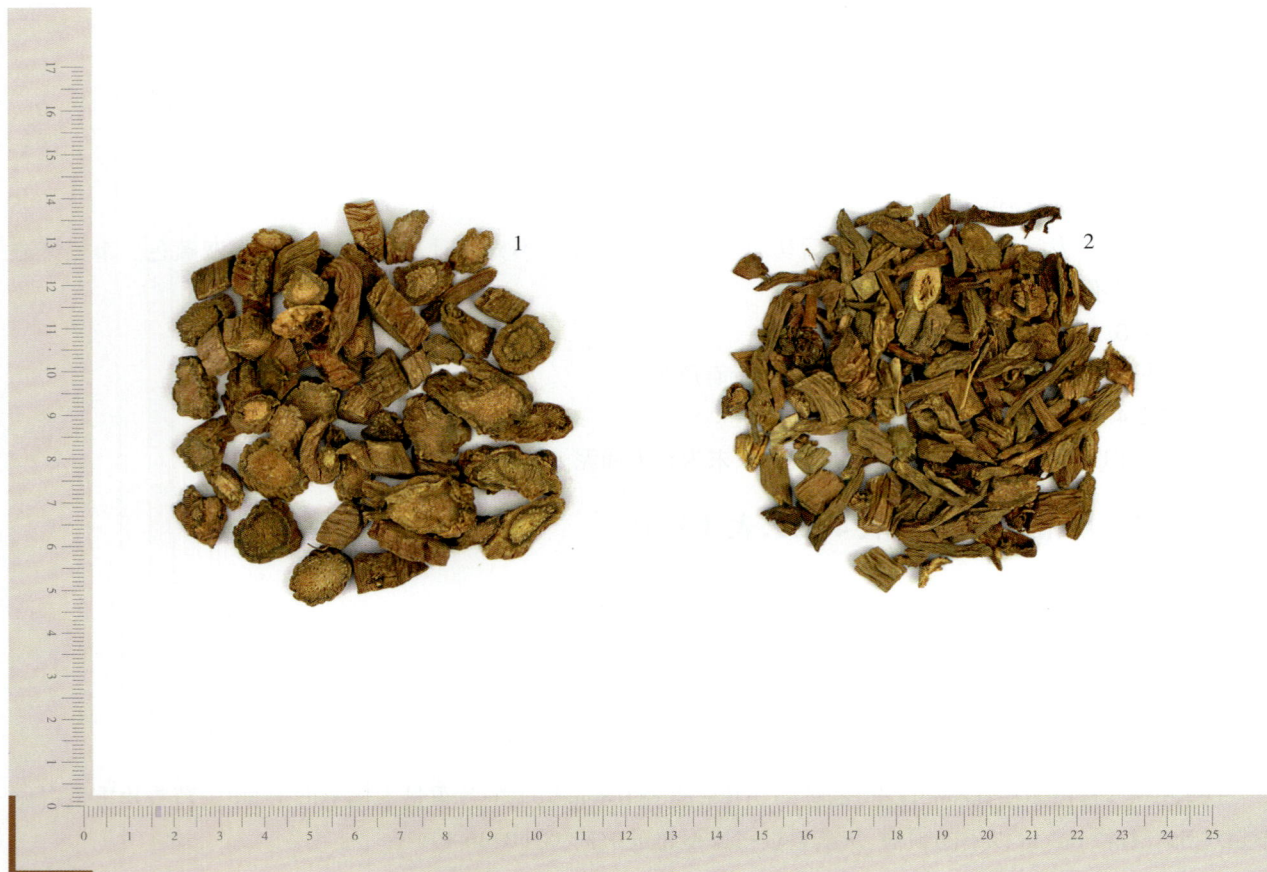

图 0136　续断商品部分规格图示
1. 续断选片 0.8；2. 续断统片

4.180　玄参

4.180.1　基础数据

4.180.1.1　来源

本品为玄参科植物玄参 *Scrophularia ningpoensis* Hemsl. 的干燥根（《中国药典（2015 年版）》）。栽培 1 年，冬季茎叶枯萎时采挖，除去根茎、幼芽、须根及泥沙，晒或烘至半干，堆放 3~6 天，发汗，反复数次至干燥。

4.180.1.2 产地

产于贵州、湖北、河南、浙江、湖南、安徽、陕西、四川等地,主产于贵州、湖北、河南。

4.180.1.3 玄参

呈类圆柱形,中间略粗或上粗下细,有的微弯曲,长 5.0~20cm,直径 0.5~2.5cm。表面灰黄色或灰褐色,有不规则的纵沟,断面乌黑色或棕褐色,微有光泽。气特异似焦糖。

4.180.1.4 玄参片

玄参除去残留根茎和杂质,洗净、润透,切厚片,干燥;或微泡,蒸透,稍晾,切厚片,干燥。呈类圆形、椭圆形或长条形,圆形或类圆形片直径 0.5~2.5cm,厚 0.2~0.4cm。长条形片长 1.0~10cm,宽 0.5~2.5cm,厚 0.2~0.4cm。

4.180.2 规格要素说明及名词解释

4.180.2.1 支数 /kg

每 kg 的玄参支数。

4.180.2.2 片形

圆片为玄参的横切片,多呈类圆形或椭圆形,直径 0.5~2.5cm,厚 0.2~0.4cm;斜片为玄参斜切片或纵切片,多呈长条形,长 1.0~10cm,宽 0.5~2.5cm,厚 0.2~0.4cm。

4.180.2.3 切面颜色

因产地和加工方法有差异,玄参片切面颜色有乌黑色和棕褐色两种。湖北、贵州、浙江等地加工精细,切面呈乌黑色,也称为"乌黑片"。河南、安徽、四川等地加工的玄参,切面多棕褐色。

4.180.2.4 带芦头片

玄参加工中根头(芦头)未完全去除,切片之后会产生带芦头片,一般需手工拣出。(图 0137-6)

4.180.2.5 0.5cm 以下碎块和灰渣

玄参在切片过程中易产生少量的碎块和灰渣,一般用 0.5cm 标准筛筛除。

4.180.3 规格等级定义 (表 4-224, 表 4-225)

4.180.3.1 玄参乌黑选货 36 支

玄参,断面乌黑色,每 kg 36 支以内,长度 8.0cm 以上。

4.180.3.2 玄参乌黑选货

玄参,断面乌黑色,大小均有的玄参。

4.180.3.3 玄参选货 36 支

玄参,断面乌黑色至棕褐色,每 kg 36 支以内,长度 8.0cm 以上的玄参。

4.180.3.4 玄参统货

玄参,断面乌黑色至棕褐色,大小均有的玄参。

4.180.3 5 玄参乌黑圆片大统片 1.5

选取玄参乌黑选货 36 支横切片。直径 1.5cm 以上的片重量占比不低于 70%,带芦头片重量占比不超过 1%,无 0.5cm 以下碎块和灰渣。(图 0137-1)

4.180.3.6 玄参乌黑圆片小统片

选取玄参乌黑统货横切片。直径 1.5cm 以上的片重量占比不低于 50%,带芦头片重量占比不超过 5%,0.5cm 以下碎块和灰渣重量占比不超过 1%。

4.180.3.7 玄参圆片大统片 1.5

选取玄参选货 36 支横切片。直径 1.5cm 以上的片重量占比不低于 70%,带芦头片重量占比不超过 1%,无 0 5cm 以下碎块和灰渣。(图 0137-2)

4.180.3.8　玄参圆片小统片

选取玄参统货横切片。直径 1.5cm 以上的片重量占比不低于 50%，带芦头片重量占比不超过 5%，0.5cm 以下碎块和灰渣重量占比不超过 1%。

4.180.3.9　玄参乌黑斜片大统片 1.5

选取玄参乌黑选货 36 支斜切或纵切片。宽 1.5cm 以上的片重量占比不低于 80%，带芦头片重量占比不超过 2%，无 0.5cm 以下碎块和灰渣。（图 0137-3）

4.180.3.10　玄参乌黑斜片小统片

选取玄参乌黑统货斜切或纵切片斜切或者纵切片。宽 1.5cm 以上的片重量占比不低于 40%，带芦头片重量占比不超过 5%，0.5cm 以下碎块和灰渣重量占比不超过 1%。

4.180.3.11　玄参斜片大统片 1.5

选取玄参选货 36 支斜切或纵切片。宽 1.5cm 以上的片重量占比不低于 80%，带芦头片重量占比不超过 1%，无 0.5cm 以下碎块和灰渣。（图 0137-4）

4.180.3.12　玄参斜片小统片

选取玄参统货斜切或纵切片。宽 1.5cm 以上的片重量占比不低于 40%，带芦头片重量占比不超过 10%，0.5cm 以下碎块和灰渣重量占比不超过 1%。

4.180.3.13　玄参头片

以带芦头较多的玄参原药切的片，重量占比不低于 60%，0.5cm 以下碎块和灰渣重量占比不超过 1%。（图 0137-5）

表 4-224　中药材商品电子交易规格等级标准——玄参

序号	品名	规格名称	流通俗称	切面颜色	支 /kg	长度	虫蛀、霉变	干度
1	玄参	玄参乌黑选货 36 支	玄参乌黑选货 36 支	乌黑色	≤36	≥8.0cm	无	干货
2	玄参	玄参乌黑统货	玄参乌黑统货	乌黑色	——	——	无	干货
3	玄参	玄参选货 36 支	玄参选货 36 支	乌黑色或棕褐色	≤36	≥8.0cm	无	干货
4	玄参	玄参统货	玄参统货	乌黑色或棕褐色	——	——	无	干货

表 4-225　中药材商品电子交易规格等级标准——玄参（续）

序号	品名	规格名称	流通俗称	切面颜色	宽（直径）1.5cm 以上片重量占比	带芦头片重量占比	0.5cm 以下碎块和灰渣重量占比	虫蛀、霉变	干度
5	玄参	玄参乌黑圆片大统片 1.5	精选大圆片	乌黑色	≥70%	≤1%	无	无	干货
6	玄参	玄参乌黑圆片小统片	精选小圆片	乌黑色	≥50%	≤5%/≤1%	≤1%/无	无	干货
7	玄参	玄参圆片大统片 1.5	大统片	棕褐色	≥70%	≤1%	无	无	干货
8	玄参	玄参圆片小统片	小统片	棕褐色	≥50%	≤5%/≤1%	≤1%/无	无	干货
9	玄参	玄参乌黑斜片大统片 1.5	大选片	乌黑色	≥80%	≤2%	无	无	干货
10	玄参	玄参乌黑斜片小统片	小统片	乌黑色	≥40%/≥50%/≥60%	≤5%/≤1	≤1%/无	无	干货
11	玄参	玄参斜片大统片 1.5	大统片	棕褐色	≥80%	≤1%	无	无	干货
12	玄参	玄参斜片小统片	小统片	棕褐色	≥40%/≥50%/≥60%	≤10%/≤5%/≤1%	≤1%/无	无	干货
13	玄参	玄参头片	头片	乌黑色或棕褐色	≥60%	——	≤1%/无	无	干货

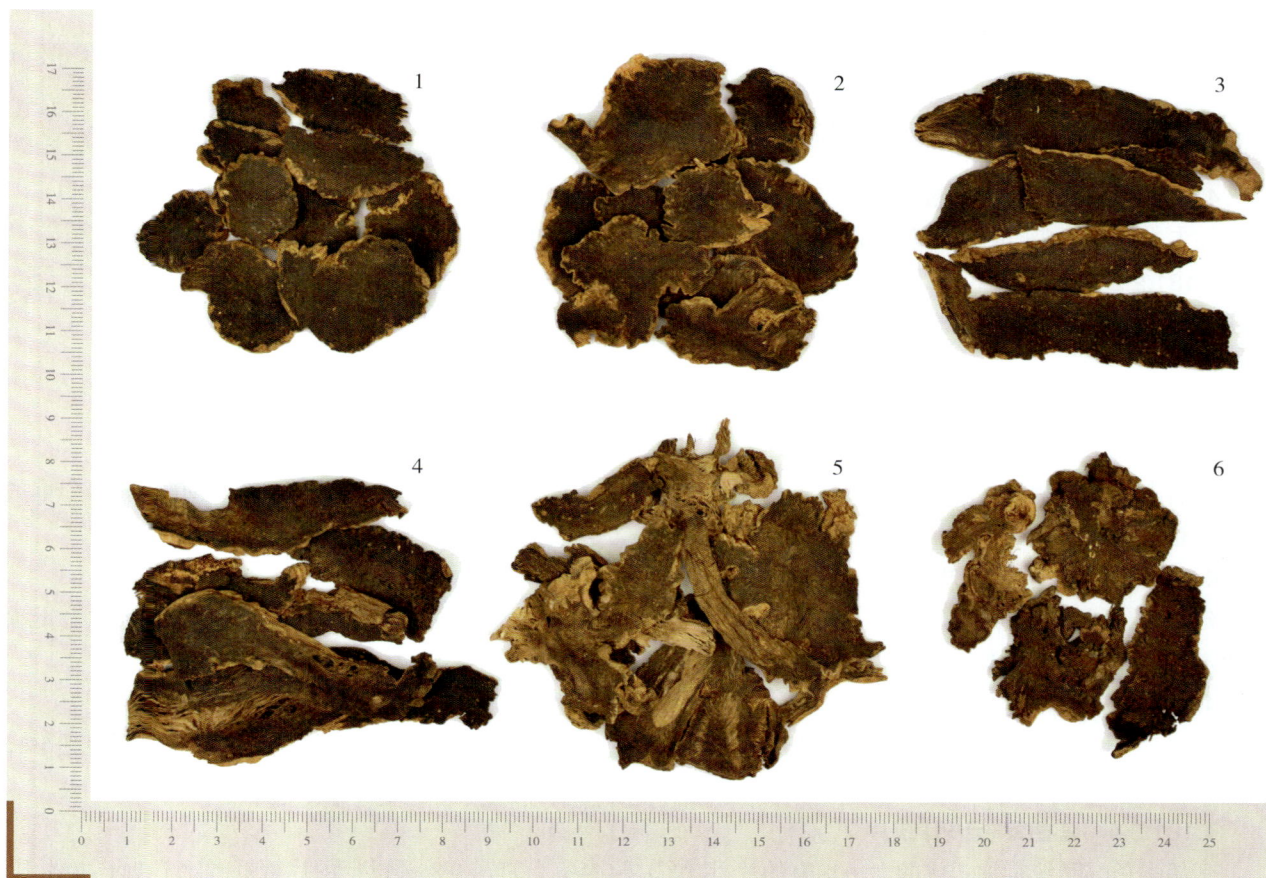

图 0137　玄参商品部分规格图示

1.玄参乌黑圆片大统片 1.5;2.玄参圆片大统片 1.5;3.玄参乌黑斜片大统片 1.5;4.玄参斜片大统片 1.5;5.玄参头片;6.玄参"带芦头片"示例

4.181　延胡索(元胡)

4.181.1　基础数据

4.181.1.1　来源

本品为罂粟科植物延胡索 *Corydalis yanhusuo* W. T. Wang 的干燥块茎(《中国药典(2015 年版)》)。栽培 1 年。夏初茎叶枯萎时采挖,除去须根,洗净,置沸水中煮至恰无白心时,取出,晒干。延胡索又称元胡。

4.181.1.2　产地

产于浙江、陕西、安徽等地,主产于浙江金华、陕西汉中。

4.181.1.3　延胡索(元胡)

呈不规则的扁球形,直径 0.5~1.5cm。表面黄色或黄褐色,有不规则网状皱纹。顶端有略凹陷的茎痕,底部常有疙瘩状突起。质硬而脆,断面黄色,角质样,有蜡样光泽。气微,味苦。

4.181.1.4　延胡索片

将延胡索除去杂质,洗净,润透,切厚片,干燥。本品呈类圆形厚片,直径 0.4~1.2cm,厚 0.2~0.4cm。外皮黄色或黄褐色,有不规则细皱纹。切面黄色,角质样,具蜡样光泽。

4.181.1.5 延胡索粒

将延胡索除去杂质，打碎。呈不规则碎粒，黄色或黄褐色，角质样，具蜡样光泽。

4.181.2 规格要素说明及名词解释

4.181.2.1 夹生个（片、粒）

加工过程中未煮透的延胡索在加工成片或粒之后切面呈黄白色，非角质样。（图 0138-6）

4.181.2.2 外皮

延胡索（元胡）采收不及时、加工中煮得过熟或贮存时间过长晒干之后外皮易脱落，一般风选去除。

4.181.3 规格等级定义（表 4-226）

4.181.3.1 延胡索（元胡）大选货 1.2

延胡索（元胡）晒干之后用孔径 1.2cm 的筛子筛选。直径 1.2cm 以上的个重量占比不低于 90%，夹生个重量占比不超过 5%，无外皮及 0.2cm 以下灰末。（图 0138-1）

4.181.3.2 延胡索（元胡）选货 0.8

延胡索（元胡）晒干之后用孔径 0.8cm 的筛子筛选。直径 0.8cm 以上的个重量占比不低于 90%，夹生个重量占比不超过 5%，无外皮及 0.2cm 以下灰末。（图 0138-2）

4.181.3.3 延胡索（元胡）统货

延胡索（元胡）晒干之后，大小不分。直径 0.8cm 以上的个重量占比不低于 50%，夹生个重量占比不超过 5%，外皮及 0.2cm 以下灰末重量占比不超过 1%。（图 0138-3）

4.181.3.4 延胡索（元胡）统片

延胡索（元胡）统货加工成的大小均有的片，片厚 0.2~0.4cm。直径 0.8cm 以上的片重量占比不低于 30%，夹生片重量占比不超过 5%，外皮及 0.2cm 以下灰末重量占比不超过 0.5%。（图 0138-4）

4.181.3.5 延胡索（元胡）统粒

延胡索（元胡）加工成的碎粒，用 0.2cm 筛子筛选，夹生粒重量占比不超过 5%，外皮、0.2cm 以下灰末重量占比不超过 3%。（图 0138-5）

表 4-226 中药材商品电子交易规格等级标准——延胡索（元胡）

序号	品名	规格名称	流通俗称	大个（片）重量比例	夹生个（片、粒）重量占比	外皮、0.2cm 以下灰末重量占比	虫蛀、霉变	干度
1	延胡索（元胡）	延胡索（元胡）大选货 1.2	精选	直径 1.2cm 以上的个 ≥90%	≤5%/≤1%	无	无	干货
2	延胡索（元胡）	延胡索（元胡）选货 0.8	中选	直径 0.8cm 以上的个 ≥90%	≤5%/≤1%	无	无	干货
3	延胡索（元胡）	延胡索（元胡）统货	统	直径 0.8cm 以上的个 ≥50%/直径 0.8cm 以上的个 ≥70%	≤5%/≤1%	≤1%/无	无	干货
4	延胡索（元胡）	延胡索（元胡）统片	统片	直径 0.8cm 以上的片 ≥30%/直径 0.8cm 以上的片 ≥50%	≤5%/≤1%	≤1%/无	无	干货
5	延胡索（元胡）	延胡索（元胡）统粒	统粒	——	≤5%/≤1%	≤3%/≤1%	无	干货

图 0138　延胡索（元胡）商品部分规格图示

1. 延胡索（元胡）大选货 1.2；2. 延胡索（元胡）选货 0.8；3. 延胡索（元胡）统货；4. 延胡索（元胡）统片；5. 延胡索（元胡）统粒；
6. 延胡索（元胡）"夹生个（片／粒）"示例

4.182　益母草

4.182.1　基础数据

4.182.1.1　来源

本品为唇形科植物益母草 *Leonurus japonicus* Houtt. 的新鲜或干燥地上部分（《中国药典（2015 年版）》）。野生为主。鲜品春季幼苗期至初夏花前期采割，直接入药使用；干品夏季茎叶茂盛、花未开或初开时采割，晒干，或切段晒干。花未开采收的称为"童子益母草"。

4.182.1.2　产地

全国各地均产，主产于湖北、河北等地。

4.182.1.3　益母草

茎表面灰绿色或黄绿色，体轻，质韧，断面中部有髓。叶片灰绿色，多皱缩、破碎，易脱落。轮伞花序腋生，小花淡紫色，花萼筒状，花冠二唇形。气微，味微苦。

4.182.1.4　益母草段

将益母草除去杂质，迅速洗净，略润，切段，干燥。本品呈不规则的段，段长 1.0~2.0cm。茎方形，四面凹下成纵沟,灰绿色或黄绿色。切面中部有白髓。

4.182.2　规格要素说明及名词解释

4.182.2.1　颜色(新货/陈货)

益母草新货多为青绿色或绿色,暴晒或存储时间过长颜色变为黄绿色。

4.182.2.2　前期货/后期货

益母草采收越嫩越好,在花开前时采收为前期货,也叫童子益母草,其中轮状花序少,入药品质好;于花开采收,为后期货,轮状花序较多。

4.182.2.3　杂质及 0.2cm 以下灰渣

益母草杂质为杂草,手选去除灰渣和泥土,可用 0.2cm 标准筛筛除。

4.182.3　规格等级定义(表 4-227)

4.182.3.1　童子益母草

前期货,轮状花序少,青绿色或绿色,杂质及 0.2cm 以下灰渣重量占比不超过 5%。

4.182.3.2　益母草选货

后期货,轮状花序较多,青绿色或绿色,杂质及 0.2cm 以下灰渣重量占比不超过 5%。

4.182.3.3　益母草统货

后期货,轮状花序较多,颜色不一,杂质及 0.2cm 以下灰渣重量占比不超过 10%。

4.182.3.4　童子益母草段

前期货,轮状花序少,青绿色或绿色,杂质及 0.2cm 以下灰渣重量占比不超过 4%。

4.182.3.5　益母草选段

后期货,轮状花序较多,青绿色或绿色,杂质及 0.2cm 以下灰渣重量占比不超过 3%。

4.182.3.6　益母草绿色统段

后期货,轮状花序较多,青绿色或绿色,杂质及 0.2cm 以下灰渣重量占比不超过 5%。

4.182.3.7　益母草黄绿色统段

后期货,轮状花序较多,黄绿色为主,杂质及 0.2cm 以下灰渣重量占比不超过 5%。

表 4-227　中药材商品电子交易规格等级标准——益母草

序号	品名	规格名称	流通俗称	新货/陈货	前期货/后期货	杂质及 0.2cm 以下灰渣重量占比	虫蛀、霉变	干度
1	益母草	童子益母草	童子益母草	青绿色或绿色(新货)	前期货(开花前采收)	≤5%/≤3%	无	干货
2	益母草	益母草选货	选货	青绿色或绿色(新货)	后期货(开花后采收)	≤5%/≤3%	无	干货
3	益母草	益母草统货	统货	——	后期货(开花后采收)	≤10%/≤5%	无	干货
4	益母草	童子益母草段	童子益母草	青绿色或绿色(新货)	前期货(开花前采收)	≤4%/≤2%	无	干货
5	益母草	益母草选段	选货	青绿色或绿色(新货)	后期货(开花后采收)	≤3%/≤1%	无	干货
6	益母草	益母草绿色统段	统货	青绿色或绿色(新货)	后期货(开花后采收)	≤5%/≤3%	无	干货
7	益母草	益母草黄绿色统段	统货	黄绿色为主(陈货)	后期货(开花后采收)	≤5%/≤3%	无	干货

4.183　薏苡仁

4.183.1　基础数据

4.183.1.1　来源

本品为禾本科植物薏苡 *Coix lacryma-jobi* L. var. *ma-yuen*（Roman.）Stapf 的干燥成熟种仁（《中国药典（2015 年版）》）。栽培 1 年。秋季果实成熟时采割植株，晒干，打下带壳果实，再晒干，用机器除去外壳、黄褐色种皮和杂质，收集种仁。

4.183.1.2　产地

全国大部分地区均产，主产于贵州兴仁县、云南，以及进口。进口多从老挝、缅甸进口。贵州和云南等国内其他地区所产薏苡仁粒较小、口感较细腻；老挝和缅甸进口的薏苡仁粒大，口感较粗糙。

4.183.1.3　薏苡仁

呈宽卵形或长椭圆形，长 0.4~0.8cm，宽 0.3~0.8cm。表面乳白色，光滑，偶有残存的黄褐色种皮，或保留种皮时为红色。一端钝圆，另端较宽而微凹，有 1 枚淡棕色点状种脐。背面圆凸，腹面有 1 条绞宽而深的纵沟。质坚实，断面白色，粉性。气微，味微甜。

4.183.2　规格要素说明及名词解释

4.183.2.1　宽度

云南和贵州所产较小，宽度在 0.3~0.6cm；老挝和缅甸进口薏苡仁粒较大，宽度在 0.5~0.8cm。

4.183.2.2　颜色

薏苡仁去壳后，为红色，经打磨后为白色；另有云南产薏苡仁糯米为半透明状。

4.183.2.3　碎瓣

碎裂的薏苡仁。

4.183.2.4　油籽

混入的云南薏苡仁糯米，呈半透明状。（图 0139-9）

4.183.3　规格等级定义（表 4-228）

薏苡仁药食同源，国产薏苡仁 95 米、98 米、薏苡仁碎末为药用规格，其余为食用规格。

4.183.3.1　国产薏苡仁头米 0.4

贵州、云南等国内其他地区产薏苡仁，经机器筛选出大粒、无油子的为头米，碎瓣重量占比不超过 1%。（图 0139-1）

4.183.3.2　国产薏苡仁 98 米

贵州、云南等国内其他地区产薏苡仁，经机器筛选，碎瓣重量占比不超过 2%，油子重量占比不超过 1%。（图 0139-2）

4.183.3.3　国产薏苡仁 95 米

贵州、云南等国内其他地区产薏苡仁，经机器筛选，碎瓣重量占比不超过 5%，油子重量占比不超过 1%。（图 0139-3）

4.183.3.4　国产薏苡仁红米

贵州、云南等国内其他地区产薏苡仁，除去外壳，未打磨，种皮依附在表面的薏仁米，红色，碎瓣重量占比不超过 5%，油子重量占比不超过 2%。（图 0139-4）

4.183.3.5　云南薏苡仁糯米

云南产薏苡仁，糯米品种，呈半透明，碎瓣重量占比不超过 5%。（图 0139-5）

4.183.3.6　进口薏苡仁 95 米

老挝、缅甸进口薏苡仁，经机器筛选，碎瓣重量占比不超过 5%，油子重量占比不超过 1%。（图 0139-6）

4.183.3.7　进口薏苡仁 90 米

老挝、缅甸进口薏苡仁，经机器筛选，碎瓣重量占比不超过 10%，油子重量占比不超过 2%，也称为统货。（图 0139-7）

4.183.3.8　薏苡仁碎米

过筛之后筛出的薏苡仁碎瓣，常被用于掺入其他规格销售。（图 0139-8）

表 4-228　中药材商品电子交易规格等级标准——薏苡仁

序号	品名	规格名称	流通俗称	产地	颜色	宽 /cm	碎瓣重量占比	油子重量占比	虫蛀、霉变	干度
1	薏苡仁	国产薏苡仁头米 0.4	头米	贵州、云南及国内其他地区	白色	0.4~0.6	≤1%	无	无	干货
2	薏苡仁	国产薏苡仁 98 米	98 米	贵州、云南及国内其他地区	白色	0.3~0.5	≤2%	≤1%	无	干货
3	薏苡仁	国产薏苡仁 95 米	95 米	贵州、云南及国内其他地区	白色	0.3~0.5	≤5%	≤1%	无	干货
4	薏苡仁	国产薏苡仁红米	红米	贵州、云南及国内其他地区	红色	0.3~0.5	≤5%/≤3%	≤2%	无	干货
5	薏苡仁	云南薏苡仁糯米	糯米	云南	半透明	0.3~0.5	≤5%	——	无	干货
6	薏苡仁	进口薏苡仁 95 米	95 米	老挝、缅甸（云南口岸）	白色	0.5~0.8	≤5%	≤1%	无	干货
7	薏苡仁	进口薏苡仁 90 米	统货（90 米）	老挝、缅甸（云南口岸）	白色	0.5~0.8	≤10%	≤2%	无	干货
8	薏苡仁	薏苡仁碎米	碎米	贵州、云南等国内产地，老挝、缅甸（云南口岸）	白色	——	——		无	干货

图 0139　薏苡仁商品部分规格图示

1. 国产薏苡仁头米 0.4；2. 国产薏苡仁 98 米；3. 国产薏苡仁 95 米；4. 国产薏苡仁红米；5. 云南薏苡仁糯米；6. 进口薏苡仁 95 米；7. 进口薏苡仁 90 米；8. 薏苡仁碎米；9. 薏苡仁"油籽"示例

4.184　茵陈

4.184.1　基础数据

4.184.1.1　来源

本品为菊科植物滨蒿 *Artemisia scoparia* Waldst. et Kit. 或茵陈蒿 *Artemisia capillaris* Thunb. 的干燥地上部分（《中国药典(2015年版)》）。野生。春季幼苗高 6~10cm 时采收或秋季花蕾长成至花初开时采割,除去杂质和老茎,晒干。春季采收的习称为"绵茵陈",秋季采割的称为"花茵陈"。

4.184.1.2　产地

全国各地均产,主产于甘肃、陕西、山西、安徽、山东等地。

4.184.1.3　花茵陈

茎呈圆柱形,多分枝,有纵条纹,被短柔毛;体轻,质脆,断面类白色。叶密集,或多脱落;叶多回羽状深裂,裂片条形或细丝状。气芳香,味微苦。

4.184.1.4　绵茵陈

多卷曲成团状,灰白色或灰绿色,全体密被白色茸毛,绵软如绒。茎细小,除去表面白色茸毛后可见明显纵纹,质脆,易折断。叶具柄,展平后叶片呈一至三回羽状分裂,小裂片卵形或稍呈倒披针形、条形,先端锐尖。气清香,味微苦。

4.184.1.5　茵陈段

花茵陈段呈不规则段,段长 3.0~5.0cm。除去残根和杂质,搓碎或切碎。绵茵陈筛去灰屑。

4.184.2　规格要素说明及名词解释

4.184.2.1　颜色

绵茵陈新货多为灰白色或灰绿色,花茵陈新货多为灰绿色;贮存时间过长颜色均会变为灰黄色。

4.184.2.2　枝干

绵茵陈采收时间较早,基本不含枝干;花茵陈枝干重量占比较高。

4.184.2.3　杂质及 0.05cm 以下灰末

茵陈杂质为杂草、灰末及泥土,挑选及用 0.05cm 标准筛筛除。

4.184.3　规格等级定义（表 4-229）

4.184.3.1　花茵陈选货

花茵陈茎段和绵绒,灰绿色,枝干重量占比不超过 15%,杂质及 0.05cm 以下灰渣重量占比不超过 5%。

4.184.3.2　花茵陈灰绿色统货

花茵陈茎段和绵绒,灰绿色,枝干重量占比不超过 30%,杂质及 0.05cm 以下灰渣重量占比不超过 7%。

4.184.3.3　花茵陈灰黄色统货

花茵陈茎段和绵绒,灰黄色,枝干重量占比不超过 30%,杂质及 0.05cm 以下灰渣重量占比不超过 10%。

4.184.3.4　绵茵陈选段

绵茵陈,绵绒状,灰白色或灰绿色,枝干重量占比不超过 1%,杂质及 0.05cm 以下灰末重量占比不超过 3%。

4.184.3.5　绵茵陈灰白色统段

绵茵陈,绵绒状,灰白色或灰绿色,枝干重量占比不超过 8%,杂质及 0.05cm 以下灰渣重量占比不超过 5%。

4.184.3.6 绵茵陈灰黄色统段

绵茵陈,绵绒状,灰黄色,枝干重量占比不超过 8%,杂质及 0.05cm 以下灰渣重量占比不超过 5%。

4.184.3.7 花茵陈选段

花茵陈茎段和绵绒,灰绿色,枝干重量占比不超过 10%,杂质及 0.05cm 以下灰渣重量占比不超过 5%。

4.184.3.8 花茵陈灰绿色统段

花茵陈茎段和绵绒,灰绿色,枝干重量占比不超过 30%,杂质及 0.05cm 以下灰渣重量占比不超过 10%。

4.184.3.9 花茵陈灰黄色统段

花茵陈茎段和绵绒,灰黄色,枝干重量占比不超过 30%,杂质及 0.05cm 以下灰渣重量占比不超过 10%。

表 4-229 中药材商品电子交易规格等级标准——茵陈

序号	品名	规格名称	流通俗称	颜色	枝干重量占比	杂质及 0.05cm 以下灰末重量占比	虫蛀、霉变	干度
1	茵陈	花茵陈选货	花茵陈选货	灰绿色(新货)	≤15%≤10%	≤5%/≤3%	无	干货
2	茵陈	花茵陈灰绿色统货	花茵陈统货	灰绿色(新货)	≤30%/≤15%	≤7/≤5%	无	干货
3	茵陈	花茵陈灰黄色统货	花茵陈统货	灰黄色(陈货)	≤30%/≤15%	≤10%/≤5%	无	干货
4	茵陈	绵茵陈选段	绵茵陈选段	灰白色或灰绿色(新货)	≤1%/≤0.5%	≤3%/≤1%	无	干货
5	茵陈	绵茵陈灰白色统段	绵茵陈统段	灰白色或灰绿色(新货)	≤8%/≤5%/≤3%	≤5%/≤3%	无	干货
6	茵陈	绵茵陈灰黄色统段	绵茵陈统段	灰黄色(陈货)	≤8%/≤5%/≤3%	≤5%/≤3%	无	干货
7	茵陈	花茵陈选段	花茵陈选段	灰绿色(新货)	≤10%/≤5%	≤5%/≤3%	无	干货
8	茵陈	花茵陈灰绿色统段	花茵陈统段	灰绿色(新货)	≤30%/≤15%	≤10%/≤5%	无	干货
9	茵陈	花茵陈灰黄色统段	花茵陈统段	灰黄色(陈货)	≤30%/≤15%	≤10%/≤5%	无	干货

4.185 银柴胡

4.185.1 基础数据

4.185.1.1 来源

本品为石竹科植物银柴胡 *Stellaria dichotoma* L. var. *lanceolata* Bge. 的干燥根(《中国药典(2015 年版)》)。野生或栽培。春、夏间植株萌发或秋后茎叶枯萎时采挖,栽培者于种植后第 3 年 9 月或第 4 年 4 月采挖。除去残茎、须根及泥沙,晒干。

4.185.1.2 产地

产于甘肃、宁夏等地,主产于甘肃。

4.185.1.3 银柴胡

呈圆柱形条状,长 10~12cm,直径 0.3~1.0cm,表面浅棕黄色至浅棕色,有扭曲的纵皱纹和支根痕。质硬而脆,易折断,断面较疏松,有裂隙,皮部甚薄,木部有黄、白色相间的放射状纹理。气微,味甘。

4.185.1.4 银柴胡段

将银柴胡除去杂质,洗净,润透,切段,干燥。本品呈圆柱形段,长 1.0~3.0cm,直径 0.3~1.0cm,表面浅棕黄色至浅棕色,有扭曲的纵皱纹和支根痕。切面,较疏松,有裂隙,皮部甚薄,木部有黄、白色相间的放射状纹理。

4.185.2　规格要素说明及名词解释

4.185.2.1　直径
测量根条上部直径。

4.185.2.2　冻条（段）
因采收不及时在土中被冻，导致外皮松泡的称为"冻条"。

4.185.2.3　泛油条（段）
存放前充分晒干或存放时间过长导致银柴胡条（段）质变软、色变深，称为"泛油"。

4.185.2.4　0.5cm/0.2cm 以下碎末、杂质
银柴胡条/段里面的碎末及泥沙等杂质。

4.185.3　规格等级定义（表 4-230，表 4-231）

4.185.3.1　银柴胡选货
选择近芦部直径 0.6cm 以上的粗条，去除冻条和泛油条。直径 0.6cm 以上条重量占比不低于 80%，冻条重量占比不超过 2%，泛油条重量占比不超过 3%，带 1.0cm 以上芦头条重量占比不超过 15%，0.5cm 以下碎末、杂质重量占比不超过 3%。

4.185.3.2　银柴胡统货
直径 0.6cm 以上的条重量占比不低于 30%，冻条重量占比不超过 20%，泛油条重量占比不超过 5%，带 1.0cm 以上芦头条重量占比不超过 30%，0.2cm 以下碎末、杂质重量占比不超过 5%。

4.185.3.3　银柴胡选片 0.6
挑选较大和外皮紧实的银柴胡切片，筛选使直径 0.6cm 以上的片重量占比不低于 90%，无冻条片，泛油片重量占比不超过 5%，无 0.2cm 以下碎末、杂质。（图 0140-1）

4.185.3.4　银柴胡统片
大小不分的银柴胡切片，直径 0.6cm 以上的片重量占比不低于 40%，冻条片重量占比不超过 20%，泛油片重量占比不超过 10%，0.2cm 以下碎末、杂质重量占比不超过 2%。（图 0140-2）

表 4-230　中药材商品电子交易规格等级标准——银柴胡

序号	品名	规格名称	流通俗称	直径 0.6cm 以上条重量占比	冻条重量占比	泛油条重量占比	带 1.0cm 以上芦头条重量占比	0.5cm 以下碎末、杂质重量占比	虫蛀、霉变	干度
1	银柴胡	银柴胡选货 0.6	选装	≥80%	≤2%/ 无	≤3%	≤15%	≤3%	无	干货
2	银柴胡	银柴胡统货	统装	≥30%	≤8%/≤5%	≤5%	≤30%	≤5%	无	干货

表 4-231　中药材商品电子交易规格等级标准——银柴胡（续）

序号	品名	规格名称	流通俗称	直径 0.6cm 以上段重量占比	冻段重量占比	泛油段重量占比	0.2cm 以下碎末、杂质重量占比	虫蛀、霉变	干度
3	银柴胡	银柴胡选片 0.6	选片	≥90%	无	≤5%/≤2%	无	无	干货
4	银柴胡	银柴胡统片	统片	≥40%/≥50%	≤20%/≤10%	≤10%/≤5%/≤2%	≤2%	无	干货

图 0140　银柴胡商品部分规格图示
1. 银柴胡选片 0.6;2. 银柴胡统片

4.186　淫羊藿

4.186.1　基础数据

4.186.1.1　来源

本品为小檗科植物淫羊藿 *Epimedium brevicornu* Maxim.、箭叶淫羊藿 *Epimedium sagittatum*（Sieb. et Zucc.）Maxim.、柔毛淫羊藿 *Epimedium pubescens* Maxim. 或朝鲜淫羊藿 *Epimedium koreanum* Nakai 的干燥叶（《中国药典（2015 年版）》）。野生。夏、秋季茎叶茂盛时采收,晒干或阴干。淫羊藿在流通中又叫"小叶淫羊藿";箭叶淫羊藿市面一般无流通。

4.186.1.2　产地

产于四川、甘肃、吉林、辽宁、陕西、重庆、山西、河南、湖北、湖南、广西等地。主产于四川、甘肃、吉林。

4.186.1.3　淫羊藿

4.186.1.3.1　小叶淫羊藿

三出复叶,小叶片卵圆形,长 3.0~8.0cm,宽 2.0~6.0cm;先端微尖,顶生小叶基部心形,侧小叶较小,偏心形,外侧较大,呈耳状,边缘具黄色刺毛状细锯齿;上表面黄绿色,下表面灰绿色,主脉 7~9 条,基部有稀疏细长毛,细脉两面突起,网脉明显;小叶柄长 1.0~5.0cm。叶片近革质。气微,味微苦。

4.186.1.3.2　柔毛淫羊藿

叶下表面及叶柄密被绒毛状柔毛。

4.186.1.3.3　朝鲜淫羊藿

小叶较大,长 4.0~10cm,宽 3.5~7.0cm,先端长尖。叶片较薄。

4.186.1.4　淫羊藿段

将淫羊藿去除杂质,切丝。本品呈丝片状,长 3.0~5.0cm,宽 0.5~1.0cm。上表面绿色、黄绿色或浅黄色,下表面灰绿色,网脉明显,中脉及细脉凸出,边缘具黄色刺毛状细锯齿,草质或革质。气微,味微苦。

4.186.2　规格要素说明及名词解释

4.186.2.1　形态

淫羊藿(小叶淫羊藿)叶卵圆形,3.0~8.0cm,宽 2.0~6.0cm,先端急尖,纸质。柔毛淫羊藿叶长卵形,长 3.0~15cm,宽 2.0~8.0cm,先端渐尖,背面密生白绒毛,革质。朝鲜淫羊藿叶卵圆形,长 4.0~10cm,宽 3.5~7.0cm,先端短渐尖,近革质。

4.186.2.2　叶片重量占比

叶为药用部位,是影响药材质量的关键因素。

4.186.2.3　杂质及 0.2cm 以下灰渣

淫羊藿杂质为杂草、根、灰渣及泥土,挑选及用 0.2cm 标准筛筛除。

4.186.3　规格等级定义(表 4-232)

4.186.3.1　心叶淫羊藿选货

心叶淫羊藿,叶片重量占比不低于 95%,无杂质及 0.2cm 以下灰渣。

4.186.3.2　心叶淫羊藿统货

心叶淫羊藿切段,叶片重量占比不低于 35%,杂质及 0.2cm 以下灰渣重量占比不超过 40%。

4.186.3.3　心叶淫羊藿统段

心叶淫羊藿切段,叶片重量占比不低于 40%,杂质及 0.2cm 以下灰渣重量占比不超过 10%。

4.186.3.4　柔毛淫羊藿选段

柔毛淫羊藿切段,叶片重量占比不低于 50%,杂质及 0.2cm 以下灰渣重量占比不超过 5%。

4.186.3.5　柔毛淫羊藿统段

柔毛淫羊藿切段,叶片重量占比不低于 40%,杂质及 0.2cm 以下灰渣重量占比不超过 20%。

4.186.3.6　朝鲜淫羊藿选段

朝鲜淫羊藿切段,叶片重量占比不低于 60%,杂质及 0.2cm 以下灰渣重量占比不超过 5%。

4.186.3.7　朝鲜淫羊藿统段

朝鲜淫羊藿切段,叶片重量占比不低于 50%,杂质及 0.2cm 以下灰渣重量占比不超过 10%。

表 4-232　中药材商品电子交易规格等级标准——淫羊藿

序号	品名	规格名称	流通俗称	叶片重量占比	杂质及 0.2cm 以下灰渣重量占比	虫蛀、霉变	干度
1	淫羊藿	心叶淫羊藿选货	心叶淫羊藿选货	≥95%/100%	无	无	干货
2	淫羊藿	心叶淫羊藿统货	心叶淫羊藿统货	≥35%/≥45%	≤40%/≤20%/≤10%	无	干货
3	淫羊藿	心叶淫羊藿统段	心叶淫羊藿统段	≥40%/≥50%	≤10%/≤5%	无	干货
4	淫羊藿	柔毛淫羊藿选段	柔毛淫羊藿选段	≥50%/≥55%	≤5%/≤3%	无	干货
5	淫羊藿	柔毛淫羊藿统段	柔毛淫羊藿统段	≥40%/≥40%	≤20%/≤10%/≤5%	无	干货

序号	品名	规格名称	流通俗称	叶片重量占比	杂质及 0.2cm 以下灰渣重量占比	虫蛀、霉变	干度
6	淫羊藿	朝鲜淫羊藿选段	朝鲜淫羊藿选段	≥60%/≥70%	≤5%/≤3%	无	干货
7	淫羊藿	朝鲜淫羊藿统段	朝鲜淫羊藿统段	≥50%/≥50%	≤10%/≤5%	无	干货

4.187 郁金

4.187.1 基础数据

4.187.1.1 来源

本品为姜科植物温郁金 Curcuma wenyujin Y. H. Chen et C. Ling、姜黄 Curcuma longa L.、广西莪术 Curcuma kwangsiensis S. G. Lee et C. F. Liang 或蓬莪术 Curcuma phaeocaulis Val. 的干燥块根(《中国药典(2015 年版)》)。栽培 1 年。前两者分别习称"温郁金"和"黄丝郁金",后两者习称"广郁金"和"绿丝郁金"。冬季茎叶枯萎后采挖,除去泥沙和细根,蒸或煮至透心,干燥。川郁金包括绿丝郁金和黄丝郁金。

4.187.1.2 产地

产于浙江、四川、广东、广西、云南、福建、台湾、江西等地,川郁金主产于四川双流、乐山。四川双流产绿丝郁金和黄丝郁金,均晒干,未撞去外皮,外皮呈灰褐色;四川乐山产黄丝郁金为炕干,撞去外皮,表面呈灰黄色。广郁金主产于广西,广郁金不去外皮,外皮灰白色。

4.187.1.3 黄丝郁金

本品呈纺锤形,有的一端细长,长 2.5~4.5cm,直径 1.0~1.5cm。外皮灰褐色,撞去外皮者表面灰黄色,断面黄棕色,具细皱纹。气芳香,味辛辣。

4.187.1.4 绿丝郁金

本品呈长椭圆形,较粗壮,长 1.5~3.5cm,直径 1.0~1.2cm。表面灰褐色,断面棕褐色,具细皱纹。气微,味淡。

4.187.1.5 广郁金

呈纺锤形、长圆形或略有弯曲,长 1.5~6.0cm,直径 0.5~1.8cm。表面灰白色,断面淡灰白或黄白色,角质发亮。略有姜气,味辛苦。

4.187.1.6 黄丝郁金片

黄丝郁金 润透,切斜片,干燥。本品呈不规则椭圆形。长 1.5~4.5cm,宽 0.8~1.5cm,厚 0.1~0.3cm,切面黄棕色。断面角质样,内皮层环明显。

4.187.1.7 绿丝郁金片

绿丝郁金,润透,切片,干燥。本品呈长椭圆形片,长 1.5~3.5cm,宽 0.8~1.2cm,厚 0.1~0.3cm,切面棕褐色。断面角质样,内皮层环明显。

4.187.1.8 广郁金片

广郁金润透,横切成圆片或切成不规则片,干燥。本品呈圆片或长斜片,直径 0.5~1.8cm,长 1.5~6.0cm,宽 0.5~1.8cm,厚 0.2~0.4cm,切面灰白色或黄白色。断面角质样,内皮层环明显。

4.187.2 规格要素说明及名词解释

4.187.2.1 粒数 /kg

每 kg 的郁金粒数,粒数越少,个头越大,等级越高。

4.187.2.2　须根

郁金尾端掉落的须根。

4.187.2.3　大片

根据品种和规格不同,分别以宽 1.0cm/0.8cm 以上的片为郁金大片。

4.187.2.4　0.4cm 以下碎块、杂质

用孔径 0.4cm 标准筛筛出的郁金碎块和须根。

4.187.2.5　含硫情况

为改善郁金切面颜色而用硫黄熏蒸,熏后黄丝郁金片切面颜色亮黄棕色,绿丝郁金片切面颜色为浅褐色。

4.187.3　规格等级定义（表 4-233,表 4-234）

4.187.3.1　黄丝郁金 400 粒

挑选较大的黄丝郁金,每 kg 不超过 400 粒,无须根。(图 0141-1)

4.187.3.2　黄丝郁金 800 粒

挑去大粒后,选中等大小的黄丝郁金,每 kg 不超过 800 粒,须根重量占比不超过 1%。(图 0141-2)

4.187.3.3　黄丝郁金小粒

挑选大粒、中粒以后剩下的金丝郁金小粒,须根重量占比不超过 2%。(图 0141-3)

4.187.3.4　绿丝郁金 400 粒

挑选较大的绿丝郁金,每 kg 不超过 400 粒,无须根。(图 0141-4)

4.187.3.5　绿丝郁金 800 粒

挑去大粒后,选中等大小的绿丝郁金,每 kg 不超过 800 粒,须根重量占比不超过 1%。(图 0141-5)

4.187.3.6　绿丝郁金小粒

挑选大粒、中粒以后剩下的绿丝郁金小粒,须根重量占比不超过 2%。(图 0141-6)

4.187.3.7　广郁金特选粒

过 1.2cm 筛,筛出直径 1.2cm 以上的广郁金个,无须根。

4.187.3.8　广郁金大选

过 0.8cm 筛,筛出直径 0.8cm 以上的广郁金个,无须根。

4.187.3.9　广郁金大统

过 0.5cm 筛,筛出直径 0.5cm 以上的广郁金个,须根重量占比不超过 2%。

4.187.3.10　广郁金统个

不过筛,大小不分的广郁金个,须根重量占比不超过 2%。

4.187.3.11　黄丝郁金大统片

大小不分的黄丝郁金切片,筛选片宽 1.0cm 以上的片重量占比不低于 60%,0.4cm 以下碎块、灰渣重量占比 5%。(图 0141-9)

4.187.3.12　黄丝郁金中统片

大小不分的黄丝郁金切片,筛选片宽 0.8cm 以上的片重量占比不低于 60%,0.4cm 以下碎块、灰渣重量占比 5%。(图 0141-7)

4.187.3.13　黄丝郁金小统片

大小不分的黄丝郁金切片,筛选片宽 0.8cm 以上的片重量占比不低于 30%,0.4cm 以下碎块、灰渣重量占比 10%。(图 0141-8)

4.187.3.14　绿丝郁金大统片

大小不分的绿丝郁金切片,片宽 1.0cm 以上的片重量占比不低于 60%,0.4cm 以下碎块、灰渣重量占比 5%。(图 0141-10)

4.187.3.15　绿丝郁金中统片

大小不分的绿丝郁金切片，片宽 0.8cm 以上的片重量占比不低于 60%，0.4cm 以下碎块、灰渣重量占比 5%。（图 0141-11）

4.187.3.16　绿丝郁金小统片

大小不分的绿丝郁金切片，片宽 0.8cm 以上的片重量占比不低于 30%，0.4cm 以下碎块、灰渣重量占比 10%。（图 0141-12）

4.187.3.17　云南郁金统片

大小不分的云南郁金切片，片宽 1.0cm 以上的片重量占比不低于 60%，0.4cm 以下碎块、灰渣重量占比 5%。

4.187.3.18　广郁金圆选片

大小不分的广郁金横向切片，过 0.4 筛。直径 1.0cm 以上的片不低于 60%，无 0.4cm 以下碎块、灰渣。

4.187.3.19　广郁金斜片

大小不分的广郁金切片，片宽 1.0cm 以上的片不低于 50%，0.4cm 以下碎块、杂质重量占比不超过 6%。

表 4-233　中药材商品电子交易规格等级标准——郁金

序号	品名	规格名称	流通俗称	过筛	粒数(/kg)	须根重量占比	含硫情况	虫蛀、霉变	干度
1	郁金	黄丝郁金 400 粒	黄丝 400 粒	——	≤400/≤380/≤360	无	有硫加工 / 无硫加工	无	干货
2	郁金	黄丝郁金 800 粒	黄丝 700 粒	——	≤800/≤750/≤700	≤1%/无	有硫加工 / 无硫加工	无	干货
3	郁金	黄丝郁金小粒	黄丝小货	——	>800	≤2%/无	有硫加工 / 无硫加工	无	干货
4	郁金	绿丝郁金 400 粒	绿丝 400 粒	——	400≤/380≤/≤360	无	有硫加工 / 无硫加工	无	干货
5	郁金	绿丝郁金 800 粒	绿丝 700 粒	——	800≤/750≤/≤700	≤1%/无	有硫加工 / 无硫加工	无	干货
6	郁金	绿丝郁金小粒	绿丝小货	——	>800	≤2%/无	有硫加工 / 无硫加工	无	干货
7	郁金	广郁金特选粒	广郁金特选粒	过 1.2cm 筛	——	≤2%/无	有硫加工 / 无硫加工	无	干货
8	郁金	广郁金大选粒	广郁金大选粒	过 0.8cm 筛	——	≤2%/无	有硫加工 / 无硫加工	无	干货
9	郁金	广郁金大统粒	广郁金大统粒	过 0.5cm 筛	——	≤2%/无	有硫加工 / 无硫加工	无	干货
10	郁金	广郁金统粒	广郁金统粒	——	——	≤2%/无	有硫加工 / 无硫加工	无	干货

表 4-234　中药材商品电子交易规格等级标准——郁金（续）

序号	品名	规格名称	流通俗称	过 0.4cm 筛	大片重量占比	0.4cm 以下碎块、灰渣重量占比	含硫情况	虫蛀、霉变	干度
11	郁金	黄丝郁金大统片	黄丝大片	——	宽 1.0cm 以上片≥60%/ 宽 1.0cm 以上片≥80%/ 宽 1.0cm 以上片 100%	≤5%	有硫加工 / 无硫加工	无	干货
12	郁金	黄丝郁金中统片	黄丝中片	——	宽 0.8cm 以上片≥60%/ 宽 0.8cm 以上片≥70%/ 宽 0.8cm 以上片≥80%	≤5%	有硫加工 / 无硫加工	无	干货
13	郁金	黄丝郁金小统片	黄丝小片	——	宽 0.8cm 以上片≥30%/ 宽 0.8cm 以上片≥40%/ 宽 0.8cm 以上片≥50%	≤10%/≤5%	有硫加工 / 无硫加工	无	干货
14	郁金	绿丝郁金大统片	绿丝大片	——	宽 1.0cm 以上片≥60%/ 宽 1.0cm 以上片≥80%/ 宽 1.0cm 以上片 100%	≤5%	有硫加工 / 无硫加工	无	干货

序号	品名	规格名称	流通俗称	过0.4cm筛	大片重量占比	0.4cm 以下碎块、灰渣重量占比	含硫情况	虫蛀、霉变	干度
15	郁金	绿丝郁金中统片	绿丝中片	——	宽 0.8cm 以上片≥60%/ 宽 0.8cm 以上片≥70%/ 宽 0.8cm 以上片≥80%	≤5%	有硫加工 / 无硫加工	无	干货
16	郁金	绿丝郁金小统片	绿丝小片	——	宽 0.8cm 以上片≥30%/ 宽 0.8cm 以上片≥40%/ 宽 0.8cm 以上片≥50%	≤10%/≤5%	有硫加工 / 无硫加工	无	干货
17	郁金	广郁金圆片选片	广郁金圆片选片	是	宽 1.0cm 以上片≥60%/ 宽 1.0cm 以上片≥70%/ 宽 1.0cm 以上片 80%	无	有硫加工 / 无硫加工	无	干货
18	郁金	广郁金斜片统片	广郁金斜片统片	——	宽 1.0cm 以上片≥50%/ 宽 1.0cm 以上片≥60%/ 宽 1.0cm 以上片 70%	≤6%/≤4%/≤2%	有硫加工 / 无硫加工	无	干货

图 0141　郁金商品部分规格图示

1. 黄丝郁金 400 粒；2. 黄丝郁金 800 粒；3. 黄丝郁金小粒；4. 绿丝郁金 400 粒；5. 绿丝郁金 800 粒；6. 绿丝郁金小粒；7. 黄丝郁金中统片；8. 黄丝郁金小统片；9. 黄丝郁金大统片；10. 绿丝郁金大统片；11. 绿丝郁金中统片；12. 绿丝郁金小统片

4.188　鱼腥草

4.188.1　基础数据

4.188.1.1　来源

本品为三白草科植物蕺菜 *Houttuynia cordata* Thunb. 的新鲜全草或干燥地上部分（《中国药典（2015 年版）》）。野生或栽培，栽培 1 年。鲜品全年均可采割，干品夏季茎叶茂盛花穗多时采割，除去杂质，晒干。

4.188.1.2 产地

主产于江苏、浙江、江西、安徽、四川、云南、贵州、广东、广西等。

4.188.1.3 鱼腥草

茎呈扁圆柱形，扭曲，表面黄棕色，具纵棱数条，质脆，易折断。叶片卷折皱缩，展平后呈心形，上表面暗黄绿色至暗棕色，下表面灰绿色或灰棕色。穗状花序黄棕色。

4.188.1.4 鱼腥草段

将鱼腥直除去杂质，切段。为不规则的段，段长 3.0~5.0cm。

4.188.2 规格要素说明及名词解释

4.188.2.1 家种 / 野生

野生鱼腥草较家种鱼腥草叶片多，品质好。

4.188.2.2 高山货 / 低山货

野生鱼腥草分为高山货和低山货。高山货颜色为青绿色，一般作茶用，价格稍高；低山货呈淡红棕色，做药用。

4.188.2.3 0.2cm 以下灰渣

鱼腥草杂质为灰渣及泥土，可用 0.2cm 标准筛筛除。

4.188.3 规格等级定义（表 4-235）

4.188.3.1 野生鱼腥草选货

野生鱼腥草，0.2cm 以下灰渣重量占比不超过 5%。

4.188.3.2 野生鱼腥草统段

野生鱼腥草，0.2cm 以下灰渣重量占比不超过 10%。

4.188.3.3 野生鱼腥草选段

野生鱼腥草，切段，0.2cm 以下灰渣重量占比不超过 4%。

4.188.3.4 野生鱼腥草统段

野生鱼腥草，切段，0.2cm 以下灰渣重量占比不超过 10%。

4.188.3.5 家种鱼腥草选段

家种鱼腥草，切段，0.2cm 以下灰渣重量占比不超过 3%。

4.188.3.6 家种鱼腥草统段

家种鱼腥草，切段，0.2cm 以下灰渣重量占比不超过 10%。

表 4-235　中药材商品电子交易规格等级标准——鱼腥草

序号	品名	规格名称	流通俗称	高山货 / 低山货	0.2cm 以下灰渣重量占比	虫蛀、霉变	干度
1	鱼腥草	野生鱼腥草选货	选货	高山（青绿色）/ 低山（淡红棕色）	≤5%/≤3%	无	干货
2	鱼腥草	野生鱼腥草选货	统货	高山（青绿色）/ 低山（淡红棕色）	≤10%/≤5%	无	干货
3	鱼腥草	野生鱼腥草选段	选货	高山（青绿色）/ 低山（淡红棕色）	≤4%/≤2%	无	干货
4	鱼腥草	野生鱼腥草统段	统货	高山（青绿色）/ 低山（淡红棕色）	≤10%/≤5%	无	干货
5	鱼腥草	家种鱼腥草选段	选货	——	≤3%/≤1%	无	干货
6	鱼腥草	家种鱼腥草统段	统货	——	≤10%/≤5%	无	干货

4.189　预知子(八月札)

4.189.1　基础数据

4.189.1.1　来源

本品为木通科植物木通 *Akebia quinata* (Thunb.) Decne.、三叶木通 *Akebia trifoliate* (Thunb.) Koidz. 或白木通 *Akebia trifoliata* (Thunb.) Koidz. var. *australis* (Diels) Rehd. 的干燥近成熟果实(《中国药典(2015 年版)》)。野生。夏、秋二季果实绿黄时采收,晒干,或置沸水中略烫后晒干。

4.189.1.2　产地

产于长江流域各省区,主产于湖北、安徽、河南、湖南、陕西等地。

4.189.1.3　预知子(八月札)片

将预知子(八月札)润透、切片、晒干;或趁鲜切片,晒干。本品呈类圆形或类长椭圆形片。长 3.0~5.0cm,宽或直径 1.0~3.0cm,厚 0.3~0.5cm。外皮灰黄色至灰褐色,有不规则的深皱纹,切面白色或黄白色;种子多数,扁长卵形,黄棕色或紫褐色。

4.189.2　规格要素说明及名词解释

4.189.2.1　片形

横切片为类圆形,斜切片为类长椭圆形。

4.189.2.2　0.6cm 以下的果皮 / 果核

切片过程中,少量外皮脱落形成的碎果皮。切片、贮存和运输过程中,脱落的少量果核(种子)。一般用 0.6cm 标准筛筛除。

4.189.2.3　含硫情况

无硫加工:加工过程不熏硫。晒干后的预知子(八月札)片外皮多灰褐色,切面黄白色。

有硫加工:为防止虫蛀和美化外观,预知子(八月札)切片后晒至八成干,熏硫后晒干。晒干后外皮多灰黄色,切面多白色。

4.189.2.4　虫蛀片

预知子(八月札)在生长过程中易被虫蛀,切片后未完全去除,以及切片后在干度较差和贮存不当的情况下也易发生虫蛀。

4.189.3　规格等级定义(表 4-236)

4.189.3.1　预知子(八月札)圆片统片

预知子(八月札)横切而成的类圆形片,直径 1.5cm 以上的片重量占比不低于 70%,0.6cm 以下的果皮 / 果核重量占比不超过 3%,虫蛀片重量占比不超过 10%。(图 0142-1)

4.189.3.2　预知子(八月札)斜片统片

预知子(八月札)斜切而成的类长椭圆形片,宽 1.5cm 以上的片重量占比不低于 70%,0.6cm 以下的果皮 / 果核重量占比不超过 3%,虫蛀片重量占比不超过 10%。(图 0142-2)

表 4-236　中药材商品电子交易规格等级标准——预知子(八月札)

序号	品名	规格名称	流通俗称	直径(宽)1.5cm 以上片重量占比	0.6cm 以下果皮、果核重量占比	虫蛀片重量占比	含硫情况	霉变	干度
1	预知子(八月札)	预知子(八月札)圆片统片	圆片	≥70%/≥90%	≤3%/≤1%	≤10%/≤5%/≤2%	有硫加工/无硫加工	无	干货
2	预知子(八月札)	预知子(八月札)斜片统片	斜片	≥70%/≥90%	≤3%/≤1%	≤10%/≤5%/≤2%	有硫加工/无硫加工	无	干货

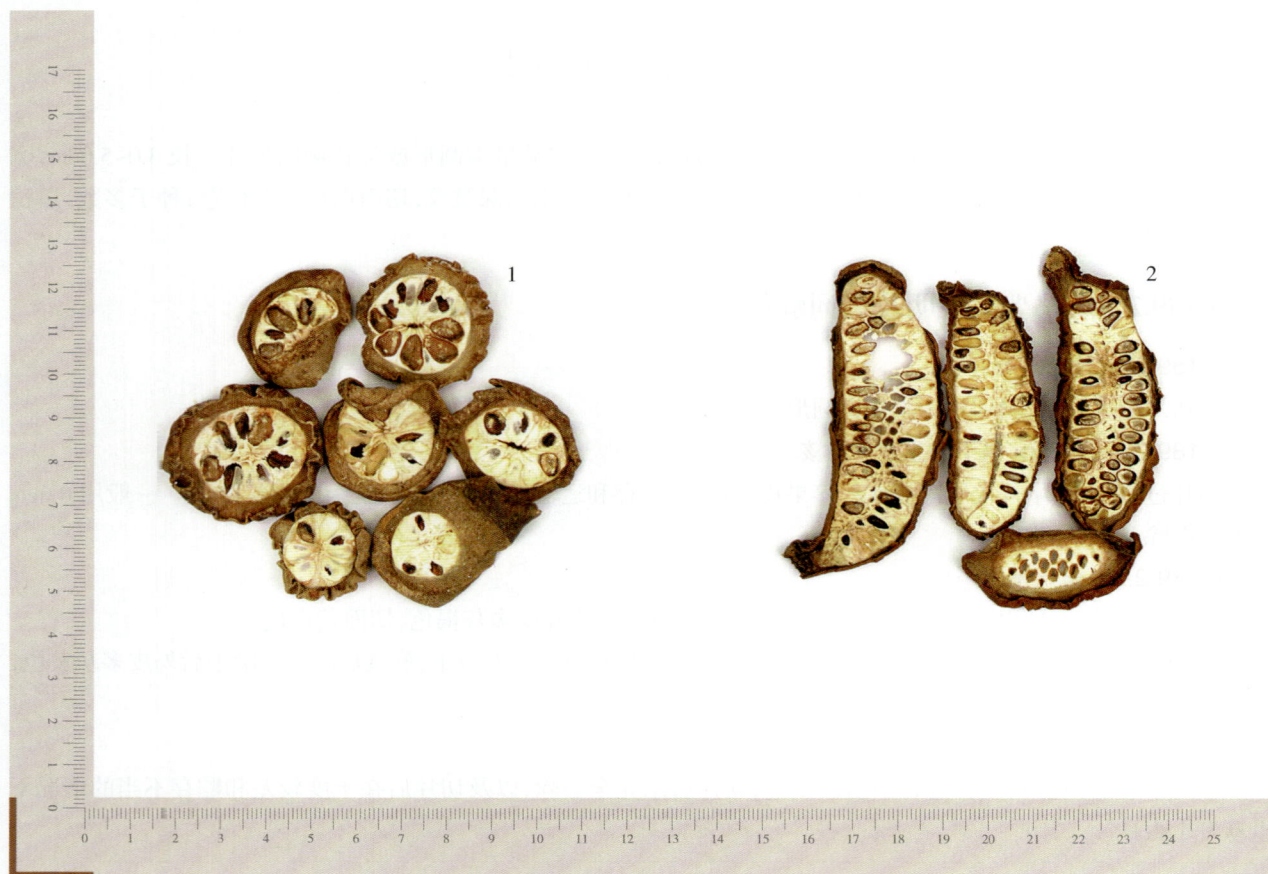

图 0142　预知子(八月札)商品部分规格图示
1.预知子(八月札)圆片统片；2.预知子(八月札)斜片统片

4.190　玉竹

4.190.1　基础数据

4.190.1.1　来源

本品为百合科植物玉竹 *Polygonatum odoratum*(Mill.)Druce 的干燥根茎(《中国药典(2015 年版)》)。栽培为主。秋季采挖,除去须根,洗净,晒至柔软后,反复揉搓、晾晒至无硬心,晒干；或蒸透后,揉至半透明,晒干。

4.190.1.2 产地

产于湖南、辽宁、吉林、黑龙江、内蒙古等地。主产于湖南。

4.190.1.3 玉竹

玉竹个子药材加工方式有两种,直接晒干和蒸煮晒干。直接晒干是将玉竹鲜根茎在太阳下晒 3~4 天,撞去根毛、泥土后继续晾晒,色黄白即可(少数在晒干过程中为便于干燥和防霉而熏硫,所得玉竹质软而透明)。蒸煮晒干是将鲜玉竹根茎用水洗净,经蒸或煮然后边晒边揉搓,反复多次,揉至软而透明时,再晒干(目前这种加工方法较少)。

呈长圆柱形,略扁,少有分枝,长 4.0~18cm,直径 0.3~2.0cm。表面黄白色或淡黄棕色,半透明,具纵皱纹和微隆起的环节,有白色圆点状的须根痕和圆盘状茎痕。质硬而脆或稍软,易折断,断面角质样或显颗粒性。气微,味甘,嚼之发黏。

4.190.1.4 玉竹片

将玉竹除去杂质,洗净,润透,切厚片或段,干燥。呈不规则厚片或段。外皮黄白色至淡黄棕色,半透明,有时可见环节。切面角质样或显颗粒性。气微,味甘,嚼之发黏。

4.190.2 规格要素说明及名词解释

4.190.2.1 边皮片

玉竹边缘切出的片。

4.190.2.2 0.5cm 以下碎末

通过 0.5cm 标准筛的碎末,一般是边皮的碎渣。

4.190.2.3 含硫情况

无硫加工:玉竹原药洗净,放入锅中蒸或煮,取出,切片,晒干。

有硫加工:在加工过程中为便于干燥,或销售过程中为美观而熏硫。

4.190.3 规格等级定义(表 4-237,表 4-238)

4.190.3.1 玉竹无硫大选个

挑选直径较大的玉竹,未熏硫,长 8.0cm 以上个重量占比不低于 50%,无 2.0cm 以下断节。

4.190.3.2 玉竹无硫小选个

挑选直径稍大的玉竹,未熏硫,长 8.0cm 以上个重量占比不低于 30%,无 2.0cm 以下断节。

4.190.3.3 玉竹无硫统个

大小不分,未熏硫,长 8.0cm 以上个重量占比不低于 20%,2.0cm 以下断节不超过 5%。

4.190.3.4 玉竹大选个

挑选直径 1.5~2.0cm 的玉竹,长 8.0cm 以上重量占比不低于 50%,无 2.0cm 以下断节。

4.190.3.5 玉竹小选个

挑选直径 1.5~2.0cm 的玉竹,长 8.0cm 以上个重量占比不低于 30%,无 2.0cm 以下断节。

4.190.3.6 玉竹统个

玉竹,不分大小,长 8.0cm 以上重量占比不低于 20%,2.0cm 以下断节不超过 5%。

4.190.3.7 玉竹无硫精选片 10

挑选玉竹大片,未熏硫,长 10cm 以上片重量占比不低于 90%,无边皮片。(图 0143-1)

4.190.3.8 玉竹无硫大选片 6.0

挑选玉竹较大片,去除边皮片,未熏硫,长 6.0cm 以上片重量占比不低于 90%,边皮片重量占比不超过 5%。

4.190.3.9 玉竹无硫小选片 4.0

挑选玉竹稍小片,去除边皮片,未熏硫,长 4.0cm 以上片重量占比不低于 80%,边皮片重量占比不超过 5%。

4.190.3.10　玉竹无硫大统片

玉竹，未经挑选，大小不分，未熏硫，长 6.0cm 以上片重量占比不低于 50%，边皮片重量占比不超过 30%。（图 0143-2）

4.190.3.11　玉竹无硫小统片

挑选玉竹较大片后，未熏硫，长 4.0cm 以上片重量占比不低于 50%，边皮片重量占比不超过 30%。

4.190.3.12　玉竹无硫边皮片

玉竹边缘切出的片，未熏硫，0.5cm 以下碎末重量占比不超过 5%。（图 0143-3）

4.190.3.13　玉竹大选片 6.0

挑选玉竹较大片，去除边皮片，熏硫，长 6.0cm 以上片重量占比不低于 90%，边皮片重量占比不超过 5%。（图 0143-4）

4.190.3.14　玉竹小选片 4.0

挑选玉竹稍小片，去除边皮片，熏硫，长 4.0cm 以上片重量占比不低于 80%，边皮片重量占比不超过 5%。（图 0143-5）

4.190.3.15　玉竹大统片

玉竹，未经挑选，大小不分，熏硫，长 6.0cm 以上片重量占比不低于 50%，边皮片重量占比不超过 30%。（图 0143-6）

4.190.3.16　玉竹小统片

挑选玉竹较大片后，熏硫，长 4.0cm 以上片不低于 50%，边皮片不超过 30%。

4.190.3.17　玉竹边皮片

玉竹边缘切出的片，熏硫，0.5cm 以下碎末不超过 5%。

表 4-237　中药材商品电子交易规格等级标准——玉竹

序号	品名	规格名名称	流通俗称	直径 1.5~2.0cm 重量占比	长 8.0cm 以上重量占比	2.0cm 以下断节重量占比	含硫情况	虫蛀、霉变	干度
1	玉竹	玉竹无硫大选个	玉竹无硫大统条	≥50%/≥60%/≥70%	≥50%/≥60%/≥70%	无	无硫加工	无	干货
2	玉竹	玉竹无硫小选个	玉竹无硫小统条	≥30%/≥40%/≥50%	≥30%/≥40%/≥50%	无	无硫加工	无	干货
3	玉竹	玉竹无硫统个	玉竹无硫统条	——	≥20%/≥30%/≥40%	≤5%/≤3%/≤1%	无硫加工	无	干货
4	玉竹	玉竹大选个	玉竹有硫大统条	≥50%/≥60%/≥70%	≥50%/≥60%/≥70%	无	有硫加工	无	干货
5	玉竹	玉竹小选个	玉竹有硫小统条	≥30%/≥40%/≥50%	≥30%/≥40%/≥50%	无	有硫加工	无	干货
6	玉竹	玉竹统个	玉竹有硫统条	——	≥20%/≥30%/≥40%	≤5%/≤3%/≤1%	有硫加工	无	干货

表 4-238　中药材商品电子交易规格等级标准——玉竹（续）

序号	品名	规格名名称	流通俗称	大片重量占比	边皮片重量占比	0.5cm 以下碎末重量占比	含硫情况	虫蛀、霉变	干度
7	玉竹	玉竹无硫精选片 10	无硫精选片	长 10cm 以上片≥90%/ 长 10cm 以上片≥95%/ 全部为长 10cm 以上片	无	——	无硫加工	无	干货
8	玉竹	玉竹无硫大选片 6.0	无硫大选片	长 6.0cm 以上片≥90%/ 长 6.0cm 以上片≥95%/ 全部为长 6.0cm 以上片	≤5%/≤2%/无	——	无硫加工	无	干货
9	玉竹	玉竹无硫小选片 4.0	无硫小选片	长 4.0cm 以上片≥80%/ 长 4.0cm 以上片≥90%/ 全部为长 4.0cm 以上片	≤5%/≤2%/无	——	无硫加工	无	干货

序号	品名	规格名名称	流通俗称	大片重量占比	边皮片重量占比	0.5cm 以下碎末重量占比	含硫情况	虫蛀、霉变	干度
10	玉竹	玉竹无硫大统片	无硫大统片	长 6.0cm 以上片≥50%/ 长 6.0cm 以上片≥60%/ 长 6.0cm 以上片≥70%	≤30%/≤20%/ ≤10%	——	无硫加工	无	干货
11	玉竹	玉竹无硫小统片	无硫小统片	长 4.0cm 以上片≥50%/ 长 4.0cm 以上片≥60%/ 长 4.0cm 以上片≥70%	≤30%/≤20%/ ≤10%	——	无硫加工	无	干货
12	玉竹	玉竹无硫边皮片	无硫边皮片	——	——	≤5%/≤3%/ ≤1%	无硫加工	无	干货
13	玉竹	玉竹大选片 6.0	有硫大选片	长 6.0cm 以上片≥90%/ 长 6.0cm 以上片≥95%/ 全部为长 6.0cm 以上片	≤5%/≤2%/ 无	——	有硫加工	无	干货
14	玉竹	玉竹小选片 4.0	有硫小选片	长 4.0cm 以上片≥80%/ 长 4.0cm 以上片≥90%/ 全部为长 4.0cm 以上片	≤5%/≤2%/ 无	——	有硫加工	无	干货
15	玉竹	玉竹大统片	有硫大统片	长 6.0cm 以上片≥50%/ 长 6.0cm 以上片≥60%/ 长 6.0cm 以上片≥70%	≤30%/≤20%/ ≤10%	——	有硫加工	无	干货
16	玉竹	玉竹小统片	小统片	长 4.0cm 以上片≥50%/ 长 4.0cm 以上片≥60%/ 长 4.0cm 以上片≥70%	≤30%/≤20%/ ≤10%	——	有硫加工	无	干货
17	玉竹	玉竹边皮片	边皮片	——	——	≤5%/≤3%/ ≤1%	有硫加工	无	干货

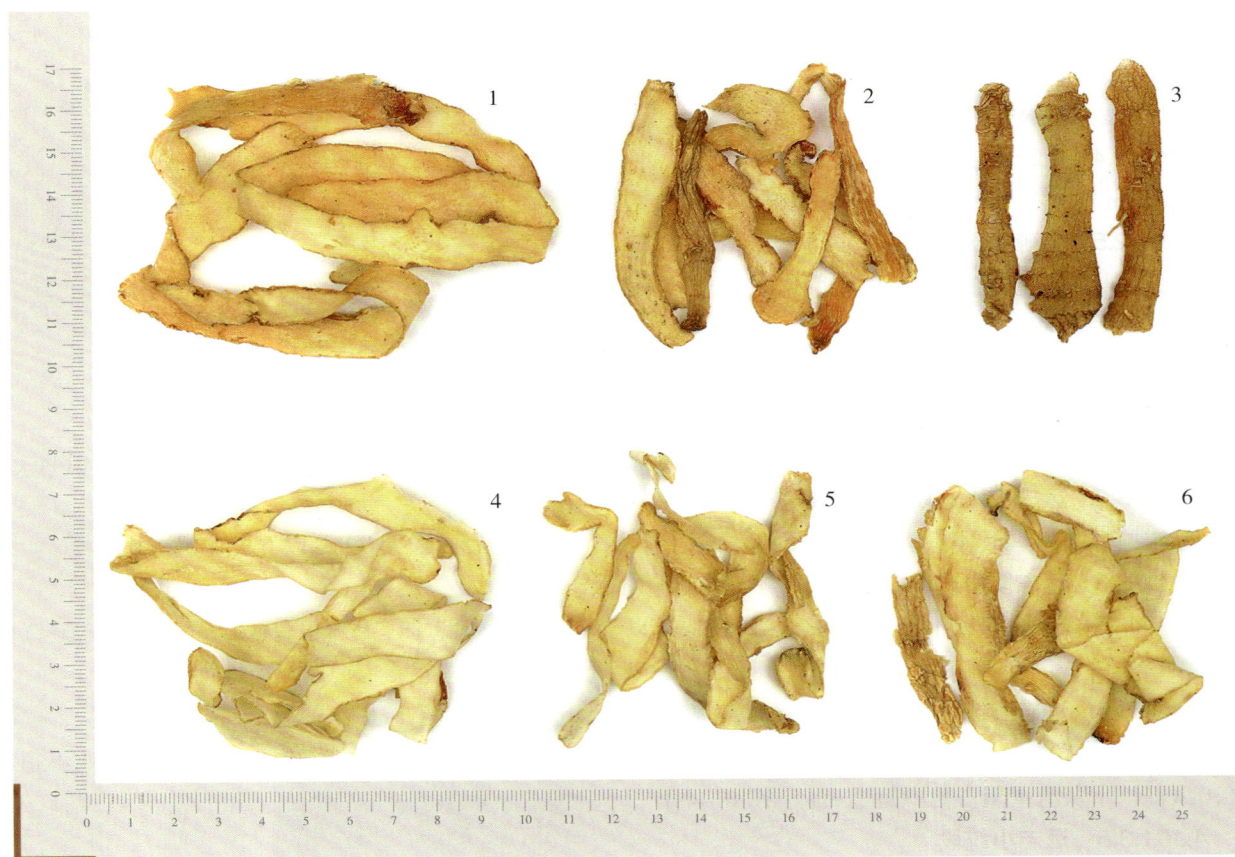

图 0143 玉竹商品部分规格图示

1. 玉竹无硫精选片 10；2. 玉竹无硫大统片；3. 玉竹无硫边皮片；4. 玉竹大选片 6.0；5. 玉竹小选片 4.0；6. 玉竹大统片

4.191 远志

4.191.1 基础数据

4.191.1.1 来源

本品为远志科植物远志 *Polygala tenuifolia* Willd. 或卵叶远志 *Polygala sibirica* L. 的干燥根(《中国药典(2015年版)》)。栽培,较少野生,栽培 5~6 年。春、秋二季采挖,除去须根和泥沙,晒至半干,粗者抽芯,晒干。抽芯者称为"远志筒",细根不抽芯者称为"远志棍"。

4.191.1.2 产地

产于山西、陕西等地,主产于山西闻喜。

4.191.1.3 远志段

将远志筒或远志棍除去杂质,润透,切段,干燥。本品呈圆柱形的段,长 3.0~6.0cm,直径 0.2~0.7cm。外皮灰黄色至灰棕色,有横皱纹。远志筒段中空,切面棕黄色,远志棍段切面木部黄白色。气微,味苦、微辛,嚼之有刺喉感。

4.191.2 规格要素说明及名词解释

4.191.2.1 抽芯段

远志根加工过程大多手工抽去木质芯。

4.191.2.2 直径

远志主要按直径进行大小分级,直径越大,一般抽芯率也越高,等级越高。

4.191.2.3 须根

远志外皮上有时带未去尽的须根。

4.191.2.4 0.2cm 以下灰渣

用 0.2cm 标准筛筛出的远志碎末和泥沙。

4.191.2.5 含硫情况

为改善外观颜色和保持水分而使用硫黄熏蒸,熏后颜色变浅。

4.191.3 规格等级定义(表 4-239)

4.191.3.1 远志筒特大选段 0.5

挑选抽芯段重量占比不低于 90%、直径 0.5cm 以上的特大个远志筒,无须根,无 0.2cm 以下灰渣。(图 0144-1)

4.191.3.2 远志筒大选段 0.4

挑选抽芯段重量占比不低于 85%、直径 0.4cm 以上的大个远志筒,无须根,无 0.2cm 以下灰渣。(图 0144-2)

4.191.3.3 远志筒中选段 0.3

挑选抽芯段重量占比不低于 80%、直径 0.3cm 以上的中等个远志筒,无须根,无 0.2cm 以下灰渣。(图 0144-3)

4.191.3.4 远志小选段 0.2~0.3

远志筒中选段挑选后剩余,选抽芯段重量占比不低于 60%、直径 0.2~0.3cm 的较小个,须根重量占比不超过 2%,0.2cm 以下灰渣重量占比不超过 3%。(图 0144-4)

4.191.3.5 远志小统段

远志筒,中小个不分,抽芯段重量占比不低于 30%,须根重量占比不超过 20%,0.2cm 以下灰渣重量占比不超过 10%。(图 0144-5)

4.191.3.6　远志未抽芯统段

远志中小个不分，未抽芯，须根重量占比不超过 20%，0.2cm 以下灰渣重量占比不超过 10%。（图 0144-6）

表 4-239　中药材商品电子交易规格等级标准——远志

序号	品名	规格名称	流通俗称	直径 /cm	抽芯段重量占比	须根重量占比	0.2cm 以下灰渣重量占比	含硫情况	霉变	干度
1	远志	远志筒特大选段 0.5	一等	≥0.5	≥90%/≥95%	无	无	有硫加工 / 无硫加工	无	干货
2	远志	远志筒大选段 0.4	二等 / 大选货	≥0.4	≥85%/≥90%	无	无	有硫加工 / 无硫加工	无	干货
3	远志	远志筒中选段 0.3	三等 / 中选货	≥0.3	≥80%/≥90%	无	无	有硫加工 / 无硫加工	无	干货
4	远志	远志筒小选 0.2~0.3	小选货 / 净货	0.2~0.3	≥60%/≥70%/≥80%	≤2%	≤3%	有硫加工 / 无硫加工	无	干货
5	远志	远志筒小统段	小统货 / 统货	——	≥30%/≥40%	≤20%/≤10%	≤10%/≤5%	有硫加工 / 无硫加工	无	干货
6	远志	远志未抽芯统段	远志棍	0.2~0.3	——	≤20%/≤10%	≤10%/≤5%/≤3%	有硫加工 / 无硫加工	无	干货

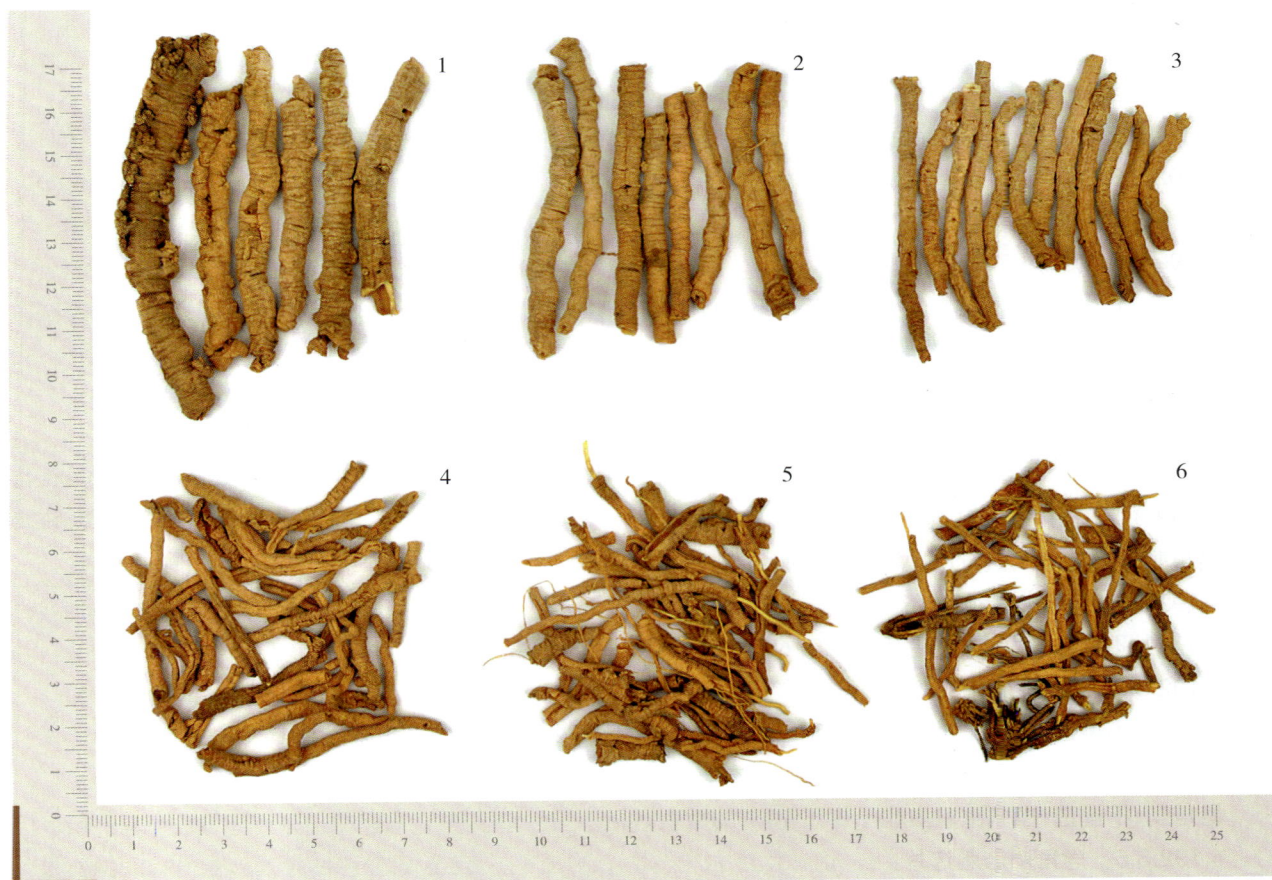

图 0144　远志商品部分规格图示

1. 远志筒特大选段 0.5；2. 远志筒大选段 0.4；3. 远志筒中选段 0.3；4. 远志筒小选段 0.2~0.3；5. 远志筒小统段；6. 远志未抽芯统段

4.192 皂角刺

4.192.1 基础数据

4.192.1.1 来源

本品为豆科植物皂荚 *Gleditsia sinensis* Lam. 的干燥棘刺(《中国药典(2015 年版)》)。野生或栽培。全年均可采收,干燥。

4.192.1.2 产地

全国各地均产,主产于湖北、河南。

4.192.1.3 皂角刺

为主刺和 1~2 次分枝的棘刺。主刺长圆锥形,长 3.0~15cm 或更长,直径 0.2~1.0cm,分枝刺长 1.0~6.0cm,刺端锐尖。表面紫棕色或棕褐色。体轻,质坚硬,不易折断。断面木部黄白色,髓部疏松,淡红棕色。气微,味淡。

4.192.1.4 皂角刺片

将皂角刺手剪或机器切成段或棘刺被剖开的片。为不规则段或片,段形状不规则,长 1.0~5.0cm,常带尖刺;刺剖开片,从刺正中剖开,长 1.0~5.0cm。表面紫棕色或棕褐色,切面木部黄白色,髓部淡红棕色,疏松。

4.192.2 规格要素说明及名词解释

4.192.2.1 老刺

生长年限较长,表面紫棕色至棕褐色,切面髓部较宽,刺基部直径 0.3~1.0cm,老刺为佳。

4.192.2.2 嫩刺

生长年限较短,表面多紫棕色,个别浅黄色,切面髓部细小,刺基部直径一般在 0.3cm 以下。

4.192.2.3 净刺

带有尖刺的皂角刺(片)。

4.192.2.4 片形

长约 3cm,均匀段:将皂角刺斜切成长约 3.0cm 的段。

长短不等的完整刺:将皂角刺剪成带刺的段,长 1.0~5.0cm 不等。

长短不等的剖开刺:将皂角刺原药剪成带刺的段,再从刺正中剖开,长 1.0~5.0cm 不等。

4.192.3 规格等级定义(表 4-240)

4.192.3.1 皂角刺老刺选货

皂角刺,挑选,净刺重量占比不少于 95% 的老刺。

4.192.3.2 皂角刺老刺统货

皂角刺,不挑选,净刺重量占比不少于 60% 的老刺。

4.192.3.3 皂角刺统货

皂角刺,不挑选,老刺重量占比少于 10%,净刺重量占比不少于 60% 的皂角刺。

4.192.3.4 皂角刺嫩刺统货

皂角刺,不挑选,净刺重量占比不少于 70% 的嫩刺。

4.192.3.5 皂角刺老刺选片

皂角刺,老刺片,净刺重量占比不低于 70%。(图 0145-1)

4.192.3.6　皂角刺老刺统片

皂角刺,老刺片,净刺重量占比不低于40%。(图0145-2)

4.192.3.7　皂角刺统片

皂角刺,老刺、嫩刺不分,老刺重量占比不低于10%,净刺重量占比不低于50%。(图0145-3)

4.192.3.8　皂角刺嫩刺统片

皂角刺,嫩刺片,净刺重量占比不低于50%。(图0145-4)

表 4-240　中药材商品电子交易规格等级标准——皂角刺

序号	品名	规格名称	流通俗称	形态	老刺重量占比	净刺重量占比	虫蛀、霉变	干度
1	皂角刺	皂角刺老刺选货	选个	——	100%	≥95%	无	干货
2	皂角刺	皂角刺老刺统货	统个	——	100%	≥60%/≥80%	无	干货
3	皂角刺	皂角刺统货	统个	——	≥10%/≥30%/≥50%	≥60%/≥80%	无	干货
4	皂角刺	皂角刺嫩刺统货	统个	——	——	≥70%	无	干货
5	皂角刺	皂角刺老刺选片	精选	长约3.0cm的均匀段/长短不等的完整刺/长短不等的剖开刺	100%	≥70%/≥80%/≥90%	无	干货
6	皂角刺	皂角刺老刺统片	统	长约3.0cm的均匀段/长短不等的完整刺/长短不等的剖开刺	100%	≥40%/≥50%/≥60%	无	干货
7	皂角刺	皂角刺统片	统货	长约3.0cm的均匀段/长短不等的完整刺/长短不等的剖开刺	≥10%/≥30%/≥50%	≥50%/≥60%/≥70%/≥80%	无	干货
8	皂角刺	皂角刺嫩刺统片	嫩刺	长约3.0cm的均匀段/长短不等的完整刺/长短不等的剖开刺	——	≥50%/≥60%/≥70%/≥80%/≥90%	无	干货

图 0145　皂角刺商品部分规格图示

1. 皂角刺老刺选片;2. 皂角刺老刺统片;3. 皂角刺统片;4. 皂角刺嫩刺统片

4.193　泽泻

4.193.1　基础数据

4.193.1.1　来源

本品为泽泻科植物 *Alisma orientale*（Sam.）Juzep. 的干燥块茎（《中国药典（2015 年版）》）。栽培 1 年。冬季茎叶开始枯萎时采挖，洗净，干燥，除去须根和粗皮。

4.193.1.2　产地

产于四川、广西、福建等地，主产于四川彭山、乐山，广西贵港。

4.193.1.3　泽泻

呈类球形、椭圆形或卵圆形，长 2.0~7.0cm，直径 2.0~6.0cm。表面黄白色或淡黄棕色，有不规则的横向环状浅沟纹和多数细小突起的须根痕，底部有的有瘤状芽痕。质坚实，断面黄白色，粉性，有多数细孔。气微，味微苦。

4.193.1.4　泽泻片

将泽泻润透，人工或机器切片，干燥。本品呈圆形或椭圆形厚片。直径 2.0~5.0cm，厚 0.2~0.5cm，切面淡黄白色、黄白色或黄棕色，粉性，有多数细孔。气微，味微苦。

4.193.2　规格要素说明及名词解释

4.193.2.1　个数 /kg

泽泻个以每 kg 泽泻个数表示，个数越少，单个重量越大，等级越高。

4.193.2.2　异形个子

泽泻个形状不甚规则或有分叉。

4.193.2.3　青皮

泽泻带粗皮，表皮呈灰褐色，称为青皮。

4.193.2.4　空心裂隙

在鲜泽泻个子炕干过程中干燥速度过快导致内部开裂。

4.193.2.5　瘤状芽碎粒

泽泻外皮上突起的瘤状芽，一般应削掉，如果未削净，加工时会掉落。

4.193.2.6　带毛须个

泽泻表面的须根未除尽。

4.193.2.7　裂片

在鲜泽泻个子炕干过程中干燥速度过快导致内部开裂，切片后则为裂片。

4.193.2.8　焦糊片

在鲜泽泻个子炕干过程中温度过高导致泽泻原药焦糊，表面颜色黄棕色，切片后则为焦糊片。（图 0146-4）

4.193.2.9　1.0cm 以下的碎片

泽泻片一般在 2.0cm 以上，1.0cm 以下的泽泻碎片影响质量。

4.193.2.10　0.5cm 以下的碎末灰渣

直径 0.5cm 以下的泽泻碎末、泽泻脱落的外皮及须根。

4.193.2.11　切面颜色

泽泻存放过久、加工温度过高会导致颜色变深。新货且加工正常的切面颜色较浅，呈淡黄白色或黄白色；陈货和焦糊的颜色呈浅黄棕色或黄棕色。

4.193.2.12　边皮片

泽泻带外皮的切片,正常统片随个子的大小,边片比例比较固定,如果将高规格的中心户选掉的边片掺入,会使边皮片比例提高。

4.193.2.13　含硫情况

泽泻贮存,为防止生虫、霉变,常用硫黄熏蒸;泽泻片为改善颜色,在切制干燥过程中熏硫,熏蒸后切片为淡黄白色。

4.193.3　规格等级定义（表 4-241，表 4-242）

4.193.3.1　泽泻精选货 40/50/60 头

泽泻,按照个头大小进行分级,细分为精选货 40 头,精选货 50 头,精选货 60 头。挑选 1kg 不超过 40 个、50 个、60 个,无带毛须个,无碎块、无焦糊个、无带瘤状芽粒的个,表面无青皮,无空心裂隙,无异形个。

4.193.3 2　泽泻选货 40/50/60 头

按照个头大小进行分级,细分为选货 40 头,选货 50 头,选货 60 头。挑选每 kg 不超过 40 个、50 个、60 个,焦糊个不超过 5%,无异形个。

4.193.3.3　泽泻统货

带部分带毛须个,碎块重量占比不超过 5%,焦糊个不超过 15%,带毛须个重量占比不超过 10%,瘤状芽碎粒重量占比不超过 2%,异形不超过 10%,须根及 0.5cm 以下碎末重量占比不超过 1%

4.193.3.4　泽泻中心选片 3.0

挑选直径较大的泽泻个子切片,切面淡黄白色或黄白色,挑选使直径 3.0cm 以上的片重量占比不低于 90%,无空心裂隙片、边皮片、1.0cm 以下的碎片及瘤状芽碎粒及 0.5cm 以下的碎末灰渣,破损片重量占比不超过 2%,焦糊片重量占比不超过 2%。

4.193.3.5　泽泻中心片 3.0

挑选直径较大的泽泻个子切片,机器筛选使直径 3.0cm 以上的片重量占比不低于 70%,切面淡黄白色或黄白色,1.0cm 以下的碎片及瘤状芽碎粒及 0.5cm 以下的碎末灰渣,空心裂隙片重量占比不超过 8%,边皮片重量占比不超过 1%,破损片重量占比不超过 3%,焦糊片重量占比不超过 8%。（图 0146-1）

4.193.3.6　泽泻大统片 2.5

挑选大个较多的泽泻个子切片,直径 2.5cm 以上的片重量占比不低于 70%,切面淡黄白色或黄白色,无 1.0cm 以下的碎片及瘤状芽碎粒,空心裂隙片重量占比不超过 10%,边皮片重量占比不超过 10%,破损片重量占比不超过 3%,焦糊片重量占比不超过 8%,1.0cm 以下的瘤状芽碎粒重量占比不超过 5%,0.5cm 以下的碎末灰渣重量占比不超过 0.5%。（图 0146-2）

4.193.3.7　泽泻统片

用大小不等的泽泻个子切片,直径 2.5cm 以上的片重量占比不低于 40%,切面淡黄白色或黄白色,无 1.0cm 以下的碎片及瘤状芽碎粒,空心裂隙片重量占比不超过 10%,边皮片重量占比不超过 20%,焦糊片重量占比不超过 15%,1.0cm 以下的瘤状芽碎粒重量占比不超过 5%,0.5cm 以下的碎末灰渣重量占比不超过 0.5%。（图 0146-3）

表 4-241　中药材商品电子交易规格等级标准——泽泻

序号	品名	规格名称	流通俗称	产地	个数(/kg)	碎块重量占比	焦糊个重量占比	带瘤状芽个重量占比	带毛须个重量占比	瘤状芽碎粒重量占比	异形个重量占比	须根及0.5cm以下碎末重量占比	虫蛀、霉变	干度
1	泽泻	泽泻精选货40头	外销选个	四川/广西/福建	≤40	无	无	无	无	无	无	无	无	干货
2	泽泻	泽泻精选货50头	外销选个	四川/广西/福建	≤50	无	无	无	无	无	无	无	无	干货
3	泽泻	泽泻精选货60头	外销选个	四川/广西/福建	≤60	无	无	无	无	无	无	无	无	干货
4	泽泻	泽泻选货40头	内销选个	四川/广西/福建	≤40	无	≤5%	——	≤2%	无	无	无	无	干货
5	泽泻	泽泻选货50头	内销选个	四川/广西/福建	≤50	无	≤5%	——	≤2%	无	无	无	无	干货
6	泽泻	泽泻选货60头	内销选个	四川/广西/福建	≤60	无	≤5%	——	≤2%	无	无	无	无	干货
7	泽泻	泽泻统货	统货	四川/广西/福建	≤70/≤60/≤50	≤5%	≤15%/≤8%	——	≤10%/≤5%	≤2%	≤10%	≤1%/无	无	干货

表 4-242　中药材商品电子交易规格等级标准——泽泻(续)

序号	品名	规格名称	流通俗称	切面颜色	大片重量占比	空心裂隙片重量占比	边皮片重量占比	破损片重量占比	焦糊片重量占比	1.0cm以下的碎片及瘤状芽碎粒重量占比	0.5cm以下的碎末灰渣重量占比	含硫情况	虫蛀、霉变	干度
8	泽泻	泽泻中心选片3.0	选片	淡黄白色或黄白色	直径3.0cm以上片≥90%	无	无	≤2%	≤2%/≤1%	无	无	有硫加工/无硫加工	无	干货
9	泽泻	泽泻中心片3.0	机选片	淡黄白色或黄白色	直径3.0cm以上片≥70%/直径3.0cm以上片≥90%	≤8%	≤1%/≤0.5%	≤3%	≤8%/≤3%	无	无	有硫加工/无硫加工	无	干货
10	泽泻	泽泻大统片2.5	六统片	——	直径2.5cm以上片≥70%/直径2.5cm以上片≥80%	≤10%	≤10%/≤7%	≤3%	≤8%/≤3%	≤5%/≤2%/无	无	有硫加工/无硫加工	无	干货
11	泽泻	泽泻统片	统片	——	直径2.5cm以上片≥40%/直径2.5cm以上片≥50%/直径2.5cm以上片≥60%	≤10%	≤20%/≤10%	——	≤15%/≤8%/≤5%	≤5%/≤2%/无	无	有硫加工/无硫加工	无	干货

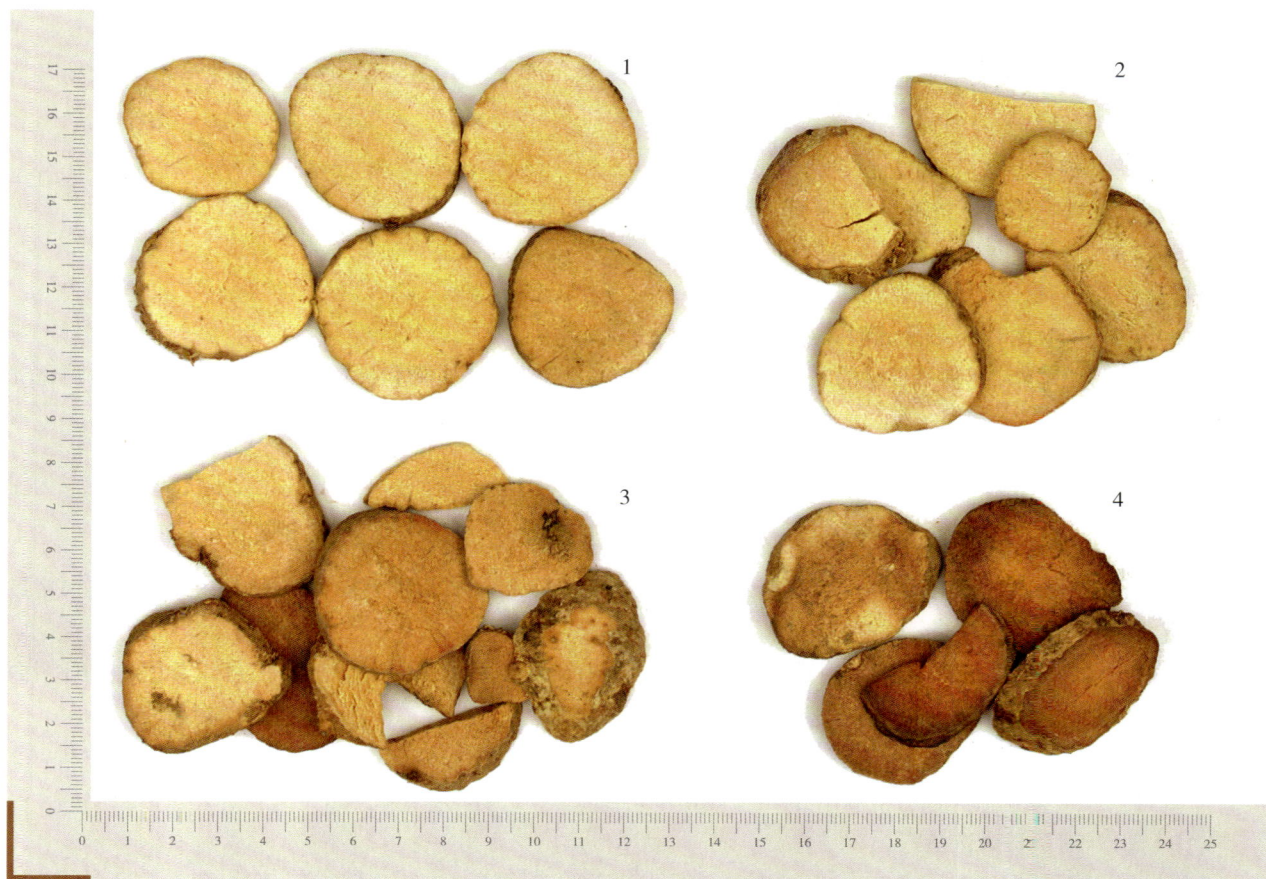

图 0146　泽泻商品部分规格图示
1. 泽泻中心片 3.0;2. 泽泻大统片 2.5;3. 泽泻统片;4. 泽泻"焦糊片"示例

4.194　浙贝母

4.194.1　基础数据

4.194.1.1　来源

本品为百合科植物浙贝母 *Fritillaria thunbergii* Miq. 的干燥鳞茎(《中国药典(2015 年版)》)。栽培 1 年。5 月初植株枯萎时采挖,切片晒干或者烘干。或者采挖后熏硫、晒干,切片前润透、熏硫、切片、晒干。

4.194.1.2　产地

主产于浙江磐安、宁波。

4.194.1.3　浙贝母

为完整或单瓣的鳞茎。完整鳞茎呈扁圆形,高 1.0~4.0cm,直径 1.0~4.0cm;单瓣鳞茎呈新月形,高 1.0~2.0cm,直径 2.0~3.5cm。表面黄白色至黄棕色,断面白色,有粉性。

4.194.1.4　浙贝片

为鳞茎外层的单瓣鳞叶切成的片。呈椭圆形或类圆形,直径 1.0~2.5cm,厚 0.2~0.4cm。外皮黄白色至浅黄色,或黄棕色至灰褐色而皱缩,切面平滑或粗糙,白色至黄白色,富粉性。质硬而脆,易折断。

4.194.2 规格要素说明及名词解释

4.194.2.1 大小（直径）

浙贝母中部直径。

4.194.2.2 种贝

种贝是采挖较晚用于留种的贝母，又被干燥作为药材流通，较小而干瘪。

4.194.2.3 边片

浙贝母切片后，有一面全带表皮的片称为边片。

4.194.2.4 0.4cm 以下芯芽、碎片、灰末

浙贝母原药切片后，会有一定量的芯芽从鳞茎上脱落。因浙贝母片质脆和显粉性而在切片、干燥、运输过程中产生的碎片和灰末。

4.194.2.5 厚度

一般为 0.2~0.4cm。

4.194.2.6 含硫情况

无硫加工：浙贝母原药鲜（生）切之后晒干或者烘干。无硫加工的浙贝母片表皮黄棕色，皱缩，切面白色，略显粉性，不光滑。

有硫加工：浙贝母熏硫晒干，润透时熏硫，切片，晒干。有硫加工的浙贝母片表皮黄白色或黄色，平坦，切面白色，富粉性，光滑。

4.194.3 规格等级定义（表 4-243）

4.194.3.1 浙贝母大选货

浙贝母，筛选使直径 2.2cm 或 2.0cm 以上的个重量占比不低于 90%，0.4cm 以下芯芽、碎片、灰末重量占比不超过 1%。

4.194.3.2 浙贝母大统货 1.8

浙贝母，筛选使直径 1.8cm 或 1.6cm 以上的个重量占比不低于 90%，0.4cm 以下芯芽、碎片、灰末重量占比不超过 1%。

4.194.3.3 浙贝母统货

浙贝母，不筛选，直径 1.6cm 以上的个重量占比不少于 50% 的浙贝母，0.4cm 以下芯芽、碎片、灰末重量占比不超过 1%。

4.194.3.4 浙贝母小统货 1.6 以下

浙贝母，大统货筛选剩余的，直径多在 1.6cm 以下，0.4cm 以下芯芽、碎片、灰末重量占比不超过 1%。

4.194.3.5 浙贝母小选货 1.0 以下

浙贝母，用 1.0cm 标准筛筛选出的直径多在 1.0cm 以下的小粒，0.4cm 以下芯芽、碎片、灰末重量占比不超过 1%，常用于充当川贝母。

4.194.3.6 浙贝母种贝统货

9~10 月采挖，用作母种的浙贝母加工成的干货，大小不分，0.4cm 以下芯芽、碎片、灰末重量占比不超过 1%。

4.194.3.7 浙贝母无硫中心片 1.8

浙贝母片，无硫加工，用孔径 1.8cm 的筛子筛选，再拣去边片。直径 1.8cm 以上的片重量占比不低于 85%，边片重量占比不超过 1%，无 0.4cm 以下芯芽、碎片、灰末。（图 0147-1）

4.194.3.8 浙贝母无硫选片 1.8

浙贝母片，无硫加工，用孔径 1.8cm 的筛子筛选。直径 1.8cm 以上的片重量占比不低于 90%，边片重量占比不超过 10%，无 0.4cm 以下芯芽、碎片、灰末。

4.194.3.9　浙贝母无硫统片

浙贝母片,无硫加工,大小不分。直径 1.8cm 以上的片重量占比不低于 30%,边片重量占比不超过 25%,0.4cm 以下芯芽、碎片、灰末重量占比不超过 2%。(图 0147-2)

4.194.3.10　浙贝母无硫小统片 1.8 以下

浙贝母片,无硫加工,筛选出的直径 1.8cm 以下。直径 1.2~1.8cm 的片重量占比不低于 35%,边片重量占比不超过 50%,0.4cm 以下芯芽、碎片、灰末重量占比不超过 2%。

4.194.3.11　浙贝母无硫种子片

以 7 月以后采挖的浙贝母种子通过无硫加工。直径 1.8cm 以上的片重量占比不低于 30%,边片重量占比不超过 50%,0.4cm 以下芯芽、碎片、灰末重量占比不超过 2%。(图 0147-3)

4.194.3.12　浙贝母中心片 1.8

浙贝母切片,用孔径 1.8cm 的筛子筛选,再拣去边片。直径 1.8cm 以上的片重量占比不低于 85%,边片重量占比不超过 1%,无 0.4cm 以下芯芽、碎片、灰末。(图 0147-4)

4.194.3.13　浙贝母选片 1.8

浙贝母切片,用孔径 1.8cm 的筛子筛选。直径 1.8cm 以上的片重量占比不低于 90%,边片重量占比不超过 10%,0.4cm 以下芯芽、碎片、灰末重量占比不超过 2%。(图 0147-5)

4.194.3.14　浙贝母统片

浙贝母切片,大小不分。直径 1.8cm 以上的片重量占比不低于 30%,边片重量占比不超过 25%,0.4cm 以下芯芽、碎片、灰末重量占比不超过 2%。(图 0147-6)

4.194.3.15　浙贝母小统片 1.8 以下

浙贝母切片,筛选出的直径 1.8cm 以下。直径 1.2~1.8cm 的片重量占比不低于 35%,边片重量占比不超过 50%,0.4cm 以下芯芽、碎片、灰末重量占比不超过 2%。

表 4-243　中药材商品电子交易规格等级标准——浙贝母

序号	品名	规格名称	流通俗称	厚度/cm	大个(片)重量占比	边片重量占比	0.4cm 以下芯芽、碎片、灰末重量占比	含硫情况	虫蛀、霉变	干度
1	浙贝母	浙贝母大选货	大选	——	直径 2.0cm 以上个≥90%/直径 2.2cm 以上个≥90%	——	≤1%/无	有硫加工/无硫加工	无	干货
2	浙贝母	浙贝母大统货	大统	——	直径 1.6cm 以上个≥90%/直径 1.8cm 以上个≥90%		≤1%/无	有硫加工/无硫加工	无	干货
3	浙贝母	浙贝母统货	统	——	直径 1.6cm 以上个≥50%		≤1%/无	有硫加工/无硫加工	无	干货
4	浙贝母	浙贝母小统货 1.6 以下	投料货	——	直径 1.6cm 以下		≤1%/无	有硫加工/无硫加工	无	干货
5	浙贝母	浙贝母小统货 1.0 以下	米贝	——	直径 1.0cm 以下		≤1%/无	有硫加工/无硫加工	无	干货
6	浙贝母	浙贝母种贝统货	种贝	——	——		≤1%/无	有硫加工/无硫加工	无	干货
7	浙贝母	浙贝母无硫中心片 1.8	精选片/中心片	约 0.4	1.8cm 以上片≥85%/1.8cm 以上片≥90%/1.8cm 以上片≥95%	≤1%/无	无	无硫加工	无	干货
8	浙贝母	浙贝母无硫选片 1.8	选片	约 0.4	1.8cm 以上片≥90%	≤10%/≤5%	无	无硫加工	无	干货

续表

序号	品名	规格名称	流通俗称	厚度/cm	大个(片)重量占比	边片重量占比	0.4cm以下芯芽、碎片、灰末重量占比	含硫情况	虫蛀、霉变	干度
9	浙贝母	浙贝母无硫统片	统片	约0.4	1.8cm以上片≥30%/1.8cm以上片≥50%	≤25%/≤15%	≤2%/≤1%	无硫加工	无	干货
10	浙贝母	浙贝母无硫小统片1.8以下	小统片	约0.4	1.2~1.8cm的片≥35%	≤50%/≤30%	≤2%/≤1%	无硫加工	无	干货
11	浙贝母	浙贝母无硫种子片	种子切片	0.1~0.3	1.8cm以上的片≥30%	≤50%	≤2%/≤1%	无硫加工	无	干货
12	浙贝母	浙贝母中心片1.8	精选片/中心片	约0.4	1.8cm以上片≥85%/1.8cm以上片≥90%/1.8以上的≥95%	≤1%/无	无	有硫加工	无	干货
13	浙贝母	浙贝母选片1.8	选片	约0.4	1.8cm以上的片≥90%	≤10%/≤5%	≤2%	有硫加工	无	干货
14	浙贝母	浙贝母统片	统片	约0.4	1.8cm以上的片≥30%/1.8以上的≥50%	≤25%	≤2%	有硫加工	无	干货
15	浙贝母	浙贝母小统片1.8以下	小统片	约0.4	1.2~1.8cm的片≥35%	≤50%/≤30%	≤2%	有硫加工	无	干货

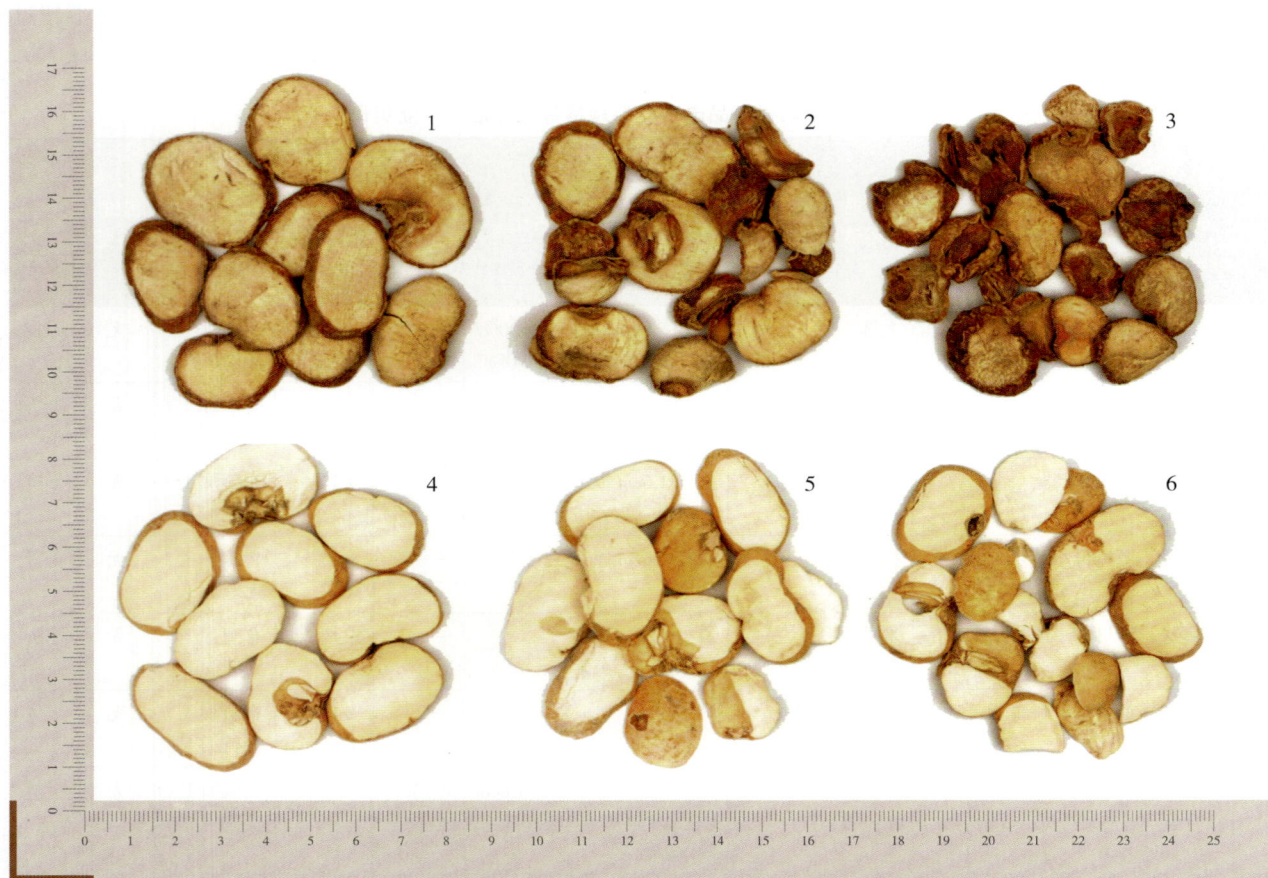

图 0147　浙贝母商品部分规格图示

1. 浙贝母无硫中心片1.8；2. 浙贝母无硫统片；3. 浙贝母无硫种子片；4. 浙贝母中心片1.8；5. 浙贝母选片1.8；6. 浙贝母统片

4.195　知母

4.195.1　基础数据

4.195.1.1　来源

本品为百合科植物知母 *Anemarrhena asphodeloides* Bge. 的干燥根茎(《中国药典(2015年版)》)。栽培或野生，栽培为主，栽培2~3年。春、秋二季采挖，除去须根和泥沙，晒干，习称"毛知母"，或撞去表面毛须，习称"光知母"；或除去外皮，晒干，习称"知母肉"。

4.195.1.2　产地

栽培产于河北、安徽、内蒙古、山东、河南、山西等地，主产于河北安国、安徽亳州，河北为知母的道地产区，质量较好，安徽知母质量稍差。野生产于河北张家口、承德，内蒙古赤峰。

4.195.1.3　知母

呈长条状，微弯曲，略扁，偶有分枝，长3.0~15cm，直径0.8~1.5cm，一端有浅黄色的茎叶残痕。表面黄棕色至棕色，上面有一凹沟，具紧密排列的环状节，节上密生黄棕色的残存叶基，由两侧向根茎上方生长；下面隆起而略皱缩，并有凹陷或突起的点状根痕。质硬，易折断，断面黄白色。气微，味微甜、略苦，嚼之带黏性。

4.195.1.4　知母片

取3年生以上的知母，人工削去外皮，切片，干燥，为知母肉片；滚筒撞去知母外表粗皮及须根，纵切成长条形片或横切成圆片，干燥，为光知母片。呈不规则类圆形薄片或长条形的厚片，圆片直径0.4~1.5cm，厚0.1~0.2cm，长条片长3.0~10cm，片厚0.2~0.3cm。知母肉片去外表皮，光知母片外皮黄棕色或棕色，可见少量残存的黄棕色叶基纤维和凹陷或突起的点状根痕。切面黄白色、黄色或浅黄白色。

4.195.2　规格要素说明及名词解释

4.195.2.1　家种/野生

家种知母一般指标成分含量刚达到药典标准；野生知母生长年限长，个头小，但指标成分含量多高于药典标准。

4.195.2.2　撞去毛须程度(带毛须片)

光知母撞去毛须的程度一般在90%~95%视为彻底去毛须，切片后带有少量的毛须为带毛须片。(图0148-4)

4.195.2.3　苗子

知母残留的地上部分或开春采挖时发出的芽苗。

4.195.2.4　带皮片

知母肉片在切片前去皮不完全，产生带少量外皮的切片。

4.195.2.5　片形

知母肉片和光知母圆片多为横切片或斜切片，片形小，类圆形。光知母长条片为纵切片，为长条形。

4.195.2.6　0.2cm以下毛须、碎屑

知母外皮的毛状须根和切片过程中形成的碎片。

4.195.2.7　含硫情况

有硫加工：鲜货切片后用硫黄熏蒸，晒干或炕干，其切面浅黄白色，片形平整好看。

无硫加工：鲜货切片后自然晒干，其切面黄白色至黄色，长条片多皱缩。

4.195.3 规格等级定义（表 4-244，4-245）

4.195.3.1 光知母个

光知母，撞去毛须程度不低于 90%，苗子重量占比不超过 1%，家种或野生，无 0.2cm 以下灰末。

4.195.3.2 毛知母个

毛知母，未撞去毛须，0.2cm 以下灰末重量占比不超过 3%，家种。

4.195.3.3 知母肉片

知母肉片，无皮，类圆形，带皮片重量占比不超过 5%，无带毛须片，0.2cm 以下毛须、碎屑重量占比不超过 2%。（图 0148-1）

4.195.3.4 光知母圆片

光知母片，带皮，类圆形，带毛须片重量占比不超过 10%，0.2cm 以下毛须、碎屑重量占比不超过 1%。（图 0148-2）

4.195.3.5 光知母长条片

光知母片，带皮，长条形，带毛须片重量占比不超过 10%，0.2cm 以下毛须、碎屑重量占比不超过 3%。（图 0148-3）

表 4-244 中药材商品电子交易规格等级标准——知母

序号	品名	规格名称	流通俗称	产地	家种/野生	撞去毛须程度	苗子重量占比	0.2cm 以下灰末重量占比	含硫情况	虫蛀、霉变	干度
1	知母	光知母个	光知母	河北、安徽	家种/野生	≥90%/≥95%	≤1%	无	有硫加工/无硫加工	无	干货
2	知母	毛知母个	毛知母	河北、安徽	家种	——	——	≤3%/≤1%	有硫加工/无硫加工	无	干货

表 4-245 中药材商品电子交易规格等级标准——知母（续）

序号	品名	规格名称	流通俗称	产地	家种/野生	片形	带皮片重量占比	带毛须片重量占比	0.2cm 以下毛须、碎屑重量占比	含硫情况	虫蛀、霉变	干度
3	知母	知母肉片	肉片	河北	家种/野生	类圆形	≤5%	——	≤2%/≤1%	有硫加工/无硫加工	无	干货
4	知母	光知母圆片	带皮圆片	河北、安徽	家种	类圆形	——	≤10%/≤5%	≤1%	有硫加工/无硫加工	无	干货
5	知母	光知母长条片	带皮长条片	河北、安徽	家种	长条形	——	≤10%/≤5%	≤3%	有硫加工/无硫加工	无	干货

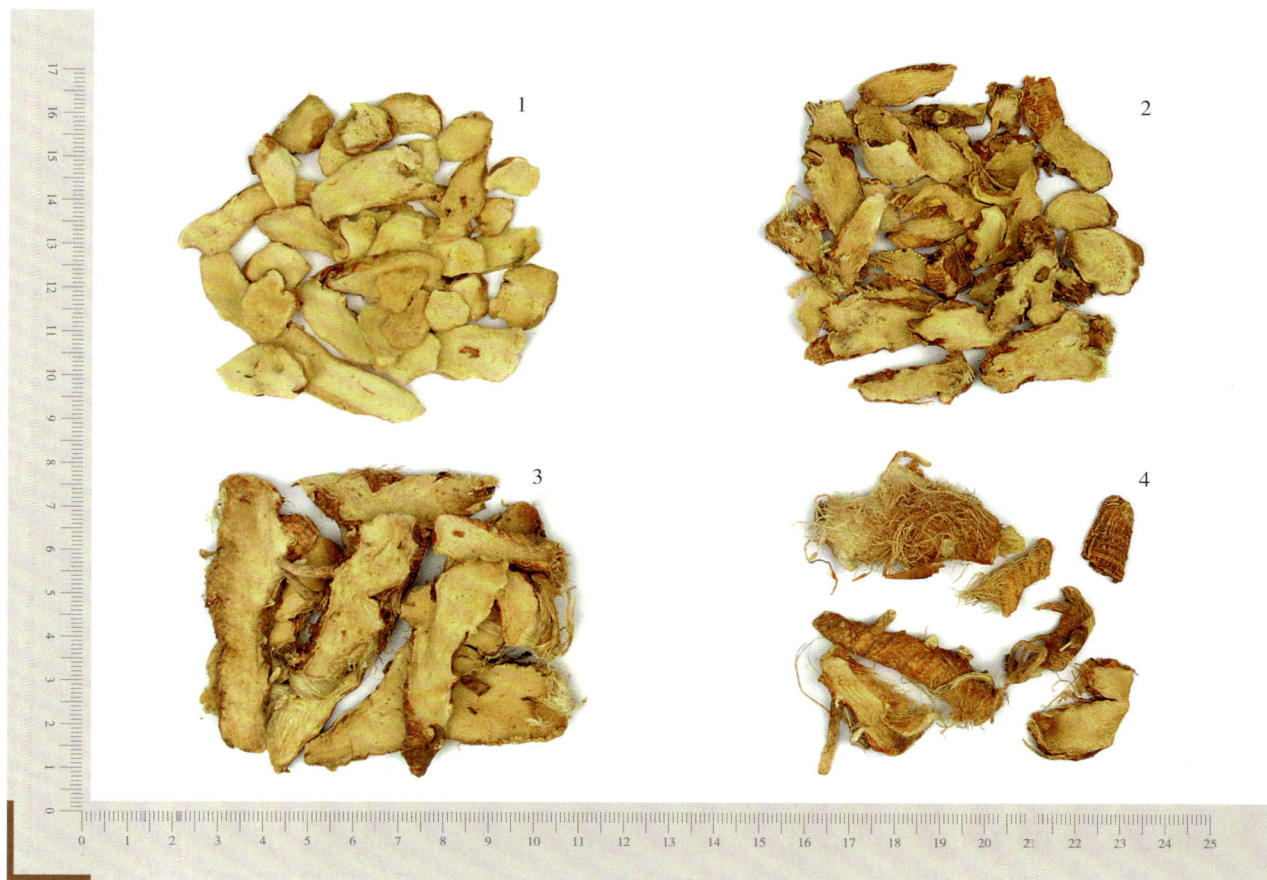

图 0148　知母商品部分规格图示
1.知母肉片；2.光知母圆片；3.光知母长条片；4.知母"带毛须片"示例

4.196　栀子

4.196.1　基础数据

4.196.1.1　来源

本品为茜草科植物栀子 *Gardenia jasminoides* Ellis 的干燥成熟果实（《中国药典（2015 年版）》）。野生或栽培，栽培为主。9~11 月果实成熟呈红黄色时采收，除去果梗和杂质，晒干或烘干。

4.196.1.2　产地

产于江西、湖南、福建、江苏、浙江、湖北、四川、贵州等地，主产于江西、湖南、福建。江西是栀子道地产区，也是市场流通的主流，江西产栀子体圆，长多为 1.5~2.5cm，直径多为 1.0~1.5cm。福建、湖南、湖北、四川等地也产栀子，所产栀子体长，长多为 2~3.5cm，直径多为 1.0~1.5cm。

4.196.1.3　栀子

呈长卵圆形或椭圆形，长 1.0~3.5cm，直径 0.5~1.5cm。表面红色、红黄色或青黄色，具 6 条翅状纵棱，棱间常有 1 条明显的纵脉纹，并有分枝。顶端残存萼片，基部稍尖，有残留果梗。果皮薄而脆，略有光泽；内表面色较浅，有光泽，具 2~3 条隆起的假隔膜。种子多数，扁卵圆形，集结成团，深红色或红黄色。

4.196.1.4　栀子片

栀子趁鲜切片,烘干。呈圆形或椭圆形厚片,直径0.5~1.5cm,厚0.2~0.4cm,外皮红黄色、红色或棕红色,切面红色,种子多数。

4.196.1.5　栀子碎粒

将栀子除去杂质,打碎。本品呈不规则的碎块。果皮表面红黄色或棕红色,有的可见翅状纵棱。种子多数。

4.196.2　规格要素说明及名词解释

4.196.2.1　家种/野生

目前,栀子多为家种,少量野生(也称"山栀子")。

4.196.2.2　加工方式

有晒干和烘干两种。

4.196.2.3　外皮颜色

栀子在果实尚未成熟时采收,表面多青黄色,习称"黄栀子";果实较成熟时采收,表面多红色或红黄色,习称"红栀子"。

4.196.2.4　青黄个

果实尚未成熟,外表皮呈青黄色的栀子。

4.196.2.5　焦黑个

栀子在烘干过程中温度过高,导致栀子表面呈焦黑状。

4.196.2.6　自然虫口

栀子在生长过程中遭虫蛀,在果实表面保留虫眼。

4.196.2.7　枝杆、果柄、叶

采收过程中会捎带少量的茎枝;采收、贮存或运输过程中会掉落少量果柄;采收过程中捎带的少量树叶或栀子表面脱落的形似叶的萼片。

4.196.3　规格等级定义(表4-246)

4.196.3.1　江西红栀子小选个

产于江西,直径0.4~1.2cm,表面红色的栀子。青黄个重量占比不超过1%,无焦黑个,自然虫口个重量占比不超过2%,枝杆、果柄、叶重量占比不超过1%。(图0149-1)

4.196.3.2　江西红栀子小统个

产于江西,直径0.4~1.2cm,表面红色至红黄色的栀子。青黄个重量占比不超过10%,焦黑个重量占比不超过1%,自然虫口个重量占比不超过30%,枝杆、果柄、叶重量占比不超过2%。(图0149-2)

4.196.3.3　江西红栀子统个

产于江西,大小不分,表面红色至红黄色的栀子。青黄个重量占比不超过10%,焦黑个重量占比不超过5%,自然虫口个重量占比不超过30%,枝杆、果柄、叶重量占比不超过2%。(图0149-3)

4.196.3.4　江西栀子统个

产于江西,大小不分,表面红色、红黄色或青黄色的栀子。青黄个重量占比不超过50%,焦黑个重量占比不超过5%,自然虫口个重量占比不超过30%,枝杆、果柄、叶重量占比不超过2%。(图0149-4)

4.196.3.5　江西黄栀子统个

产于江西,大小不分,表面青黄色的栀子。焦黑个重量占比不超过5%,自然虫口个重量占比不超过30%,枝杆、果柄、叶重量占比不超过5%。(图0149-5)

4.196.3.6　栀子统个

除了江西之外的其他产地,大小不分,颜色不分的栀子。焦黑个重量占比不超过5%,自然虫口个重量占比

不超过20%，枝杆、果柄、叶重量占比不超过2%。（图0149-6）

4.196.3.7　栀子鲜切选片

片形完整，外表皮多红色至红黄色，去除枝杆、果柄、叶的栀子片。自然虫口个重量占比不超过5%，枝杆、果柄、叶重量占比不超过5%。（图0149-7）

4.196.3.8　栀子鲜切统片

片形相对完整，外表皮红色至青黄色的栀子片。自然虫口个重量占比不超过5%，枝杆、果柄、叶重量占比不超过20%。（图0149-8）

4.196.3.9　栀子打碎粒

将栀子打碎，呈不规则碎粒或片状。自然虫口个重量占比不超过30%，枝杆、果柄、叶重量占比不超过10%。（图0149-9）

表4-246　中药材商品电子交易规格等级标准——栀子

序号	品名	规格名称	流通俗称	产地	加工方式	外皮颜色	大小	青黄个重量占比	焦黑个重量占比	自然虫口重量占比	枝杆、果柄、叶重量占比	虫蛀、霉变	干度
1	栀子	江西红栀子小选个	红栀子	江西	晒干/炕干	红色	长≤1.5cm，直径0.4~1.2cm	≤1%/无	无	≤2%/无	≤1%/无	无	干货
2	栀子	江西红栀子小统个	红栀子	江西	晒干/炕干	红色至红黄色	长≤1.5cm，直径0.4~1.2cm	≤10%/≤5%	≤1%/无	≤30%/≤20%/≤10%	≤2%	无	干货
3	栀子	江西红栀子统个	红栀子	江西	晒干/炕干	红色/红黄色或红色	长1.5~3.5cm，直径0.5~1.5cm	≤10%/≤5%/≤2%	≤5%/≤5%/≤2%	≤30%/≤20%/≤10%	≤2%	无	干货
4	栀子	江西栀子统个	统	江西	晒干/炕干	红色、红黄色或青黄色	长1.5~3.5cm，直径0.5~1.5cm	≤50%/≤30%/≤10%	≤5%/≤2%	≤30%/≤20%/≤10%	≤2%	无	干货
5	栀子	江西黄栀子统个	黄栀子	江西	晒干/炕干	青黄色	长1.5~3.5cm，直径0.5~1.5cm		≤5%/≤2%	≤30%/≤20%/≤10%	≤5%/2%	无	干货
6	栀子	栀子统个	统	福建、湖南、四川及其他地区	晒干/炕干	——			≤5%/≤2%	≤20%/≤10%/≤5%/≤2%	≤5%/2%	无	干货
7	栀子	栀子鲜切选片	选片	福建、湖南、四川及其他地区	晒干/炕干	红色至红黄色				≤5%/≤2%	≤5%/≤2%	无	干货
8	栀子	栀子鲜切统片	统片	福建、湖南、四川及其他地区	晒干/炕干	红色至青黄色				≤5%/≤2%	≤20%/10%	无	干货
9	栀子	栀子打碎粒	碎粒	——	晒干/炕干	——				≤30%/≤20%/≤10%	≤10%/≤5%	无	干货

图 0149　栀子商品部分规格图示

1. 江西红栀子小选个；2. 江西红栀子小统个；3. 江西红栀子统个；4. 江西栀子统个；5. 江西黄栀子统个；6. 栀子统个 7. 栀子鲜切选片；8. 栀子鲜切统片；9. 栀子打碎粒

4.197　枳壳

4.197.1　基础数据

4.197.1.1　来源

本品为芸香科植物酸橙 *Citrus aurantium* L. 及其栽培变种的干燥未成熟果实(《中国药典(2015 年版)》)。栽培。7 月果皮尚绿时采收，自中部横切为两半，晒干或低温干燥。或除去杂质，洗净，润透，切薄片，干燥后筛去碎落的瓤核。市场流通中的"杂枳壳"商品主要来源于为芸香科植物柑橘或胡柚的干燥未成熟果实。

4.197.1.2　产地

产于重庆、江西、湖南、四川、湖北、浙江、江苏、陕西。主产于江西、湖南、重庆。一般认为，重庆江津和江西所产质量最好，湖南次之，其他地方所产质量稍差。

4.197.1.3　枳壳对瓣

呈半圆球形，翻口似盆状。外皮棕褐色至褐色，切面中果皮黄白色至黄棕色，近外缘有 1~2 列点状油室，中心有紫褐色瓤囊，8~12 瓣。气清香。

4.197.1.4 枳壳片

枳壳洗净润透切薄片,干燥。呈不规则弧状条形薄片。厚0.1~0.2cm,瓤囊部分多已掉落,其余同枳壳对瓣。

4.197.1.5 杂枳对瓣

呈半圆球形,多不翻口,中果皮厚或薄、质轻,气味质。

4.197.1.6 杂枳壳片

呈不规则弧条形薄片,中果皮薄或厚,但轻质,气味淡。

4.197.2 规格要素说明及名词解释

4.197.2.1 沤果

枳壳不经采摘,自然落地,没有及时干燥而发霉、变质成为沤果,一般外皮暗黄色。

4.197.2.2 含硫情况

枳壳干燥过程中用燃煤炕干,带微量硫。其他干燥方法无硫。

4.197.3 规格等级定义(表4-247)

4.197.3.1 江津枳壳对瓣

枳壳,产于重庆江津,对剖两瓣,沤果重量占比不超过10%,无0.2cm以下灰渣。(图0150-1)

4.197.3.2 江西湖南枳壳对瓣

枳壳,产于江西、湖南,对剖两瓣,沤果重量占比不超过10%,无0.2cm以下灰渣。(图0150-2)

4.197.3.3 杂枳壳对瓣

杂枳壳,产于浙江、江苏、湖北、四川、陕西等地,非正品对剖两瓣,沤果重量占比不超过10%,无0.2cm以下灰渣。

4.197.3.4 江津枳壳片

枳壳片,产于重庆江津,沤果切片重量占比不超过10%,0.2cm以下灰渣重量占比不超过1%。

4.197.3.5 江西湖南枳壳片

枳壳片,产于江西、湖南,沤果切片重量占比不超过10%,0.2cm以下灰渣重量占比不超过1%。(图0150-3)

4.197.3.6 杂枳壳片

杂枳壳片,产于浙江、江苏、湖北、四川、陕西等地,非正品,沤片重量占比不超过10%,0.2cm以下灰渣重量占比不超过1%。(图0150-4)

表4-247 中药材商品电子交易规格等级标准——枳壳

序号	品名	规格名称	流通俗称	产地	沤果重量占比	0.2cm以下灰渣重量占比	含硫情况	虫蛀、霉变	干度
1	枳壳	江津枳壳对瓣	江津枳壳对瓣	重庆江津	≤10%/≤5%/无	无	有硫加工/无硫加工	无	干货
2	枳壳	江西湖南枳壳对瓣	江西枳壳对瓣、湖南枳壳对瓣	江西、湖南	≤10%/≤5%/无	无	有硫加工/无硫加工	无	干货
3	枳壳	杂枳壳对瓣	其他地区枳壳对瓣	其他地区	≤10%/≤5%/无	无	有硫加工/无硫加工	无	干货
4	枳壳	江津枳壳片	江津枳壳片	重庆江津	≤10%/≤5%/无	≤1%/无	有硫加工/无硫加工	无	干货
5	枳壳	江西湖南枳壳片	江西枳壳片、湖南枳壳片	江西、湖南	≤10%/≤5%/无	≤1%/无	有硫加工/无硫加工	无	干货
6	枳壳	杂枳壳片	其他地区枳壳片	其他地区	≤10%/≤5%/无	≤1%/无	有硫加工/无硫加工	无	干货

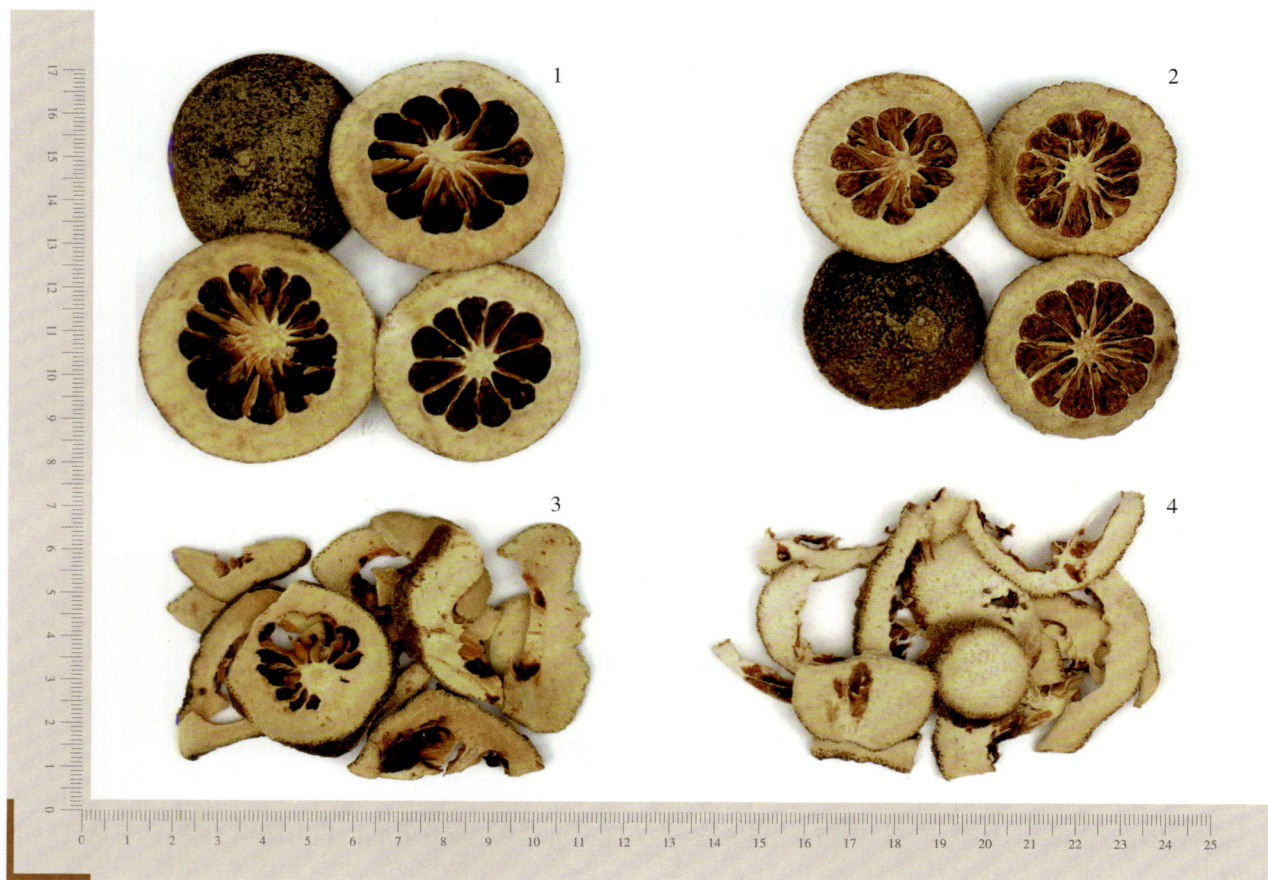

图 0150　枳壳商品部分规格图示
1. 江津枳壳对瓣；2. 江西湖南枳壳对瓣；3. 江西湖南枳壳片；4. 杂枳壳片

4.198　枳实

4.198.1　基础数据

4.198.1.1　来源

本品为芸香科植物酸橙 *Citrus aurantium* L. 及其栽培变种或甜橙 *Citrus sinensis* Osbeck 的干燥幼果(《中国药典(2015 年版)》)。栽培。5~6 月收集自落的果实,除去杂质,自中部横切为两半,晒干或低温干燥,较小者直接晒干或低温干燥。市场流通中的"杂枳实"商品主要来源于为芸香科植物柑橘或胡柚的干燥幼果。

4.198.1.2　产地

产于重庆、江西、湖南、四川、湖北、浙江、江苏。主产于江西、湖南、重庆。一般认为重庆江津和江西所产最好,湖南次之,浙江、江苏、四川等地所产质量较差。

4.198.1.3　枳实个

酸橙枳实果实呈球形或卵圆形,直径 0.5~2.5cm。外表面黑绿色或暗棕绿色,具颗粒状突起和皱纹。质坚硬。气清香,味苦、微酸。甜橙枳实外皮黑褐色,较平滑,具微小颗粒状突起。气清香,味酸、苦。

4.198.1.4　枳实对瓣

呈半圆球形,翻口似盆状。一般直径在 1.8cm 以上,切面中果皮类白色,厚 0.3~1.2cm,外皮黑绿色至暗棕绿色,切面中果皮部分黄白色至黄棕色,近外缘有 1~2 列点状油室,中央具棕褐色瓤囊。

4.198.1.5　枳实片

枳实除去杂质,洗净,润透,切薄片,干燥。呈圆形薄片,厚 0.1~0.2cm。其余同枳壳对瓣。

4.198.1.6　杂枳实

呈圆球形或卵圆形,直径 0.5~1.5cm。外表面灰褐色或灰黑色,具颗粒状突起和皱纹。质轻。气味淡,味苦、酸。

4.198.1.7　杂枳实片

杂枳实除去杂质,洗净润透,切薄片,干燥。呈圆形薄片,中果皮薄瓤多或厚,但比较泡松。

4.198.2　规格要素说明及名词解释

4.198.2.1　直径 1.3cm 以下个

枳实(对瓣)越小指标成分含量越高,根据来源品种不同,一般以直径 1.3cm、2.0cm、3.0cm 以下来衡量。

4.198.2.2　0.3cm 以下碎块、果瓤、灰末

碎块、果瓤、灰末用 0.3cm 标准筛筛除。

4.198.2.3　沤果

由于未能及时干燥而发霉变质的果实称沤果。

4.198.2.4　含硫情况

枳实干燥过程中燃煤炕干,带微量硫,其他干燥方法无硫。

4.198.3　规格等级定义（表 4-248）

4.198.3.1　江津枳实个

枳实,产于重庆江津,直径 2.0cm 以下个重量占比不低于 30%,直径 3.0cm 以下个重量占比不低于 50%,沤果重量占比不超过 15%。

4.198.3.2　江津枳实对瓣 2.0

枳实,产于重庆江津,直径 1.3cm 以下个重量占比不低于 10%,直径 2.0cm 以下个重量占比不低于 40%,直径 3.0cm 以下个重量占比不低于 70%,沤果重量占比不超过 15%,0.3cm 以下碎块、果瓤、灰末重量占比不超过 3%。

4.198.3.3　江津枳实对瓣 3.0

枳实对瓣,产于重庆江津,直径 2.0cm 以下个重量占比不低于 50%,直径 3.0cm 以下个重量占比不低于 90%,沤果重量占比不超过 15%,0.3cm 以下碎块、果瓤、灰末重量占比不超过 3%。

4.198.3.4　江西湖南枳实对瓣

枳实对瓣,产于江西、湖南,直径 1.3cm 以下个重量占比不低于 70%,直径 2.0cm 以下个重量占比不低于 70%,沤果重量占比不超过 15%,0.3cm 以下碎块、果瓤、灰末重量占比不超过 3%。

4.198.3.5　杂枳实个

杂枳实,无明确产地,非正品,直径 1.3cm 以下个重量占比不低于 20%,直径 2.0cm 以下个重量占比不低于 70%,直径 3.0cm 以下个重量占比不低于 95%,0.3cm 以下碎块、果瓤、灰末重量占比不超过 3%。

4.198.3.6　江西湖南枳实片

枳实片,产于江西、湖南,直径 1.3cm 以下个重量占比不低于 70%,直径 2.0cm 以下个重量占比不低于 70% 直径 3.0cm 以下个重量占比不低于 95%,沤果重量占比不超过 15%,0.3cm 以下碎块、果瓤、灰末重量占比不超过 3%。

4.198.3.7　杂枳实片 1.3

杂枳实片,无明确产地,非正品,直径 1.3cm 以下个重量占比不低于 70%,沤果重量占比不超过 15%,0.3cm 以下碎块、果瓤、灰末重量占比不超过 3%。

4.198.3.8　杂枳实片 2.0

杂枳实片,无明确产地,非正品,直径 2.0cm 以下个重量占比不低于 70%,沤果重量占比不超过 15%,0.3cm

以下碎块、果瓤、灰末重量占比不超过3%。

4.198.3.9　杂枳实片3.0

杂枳实片，无明确产地，非正品，直径3.0cm以下个重量占比不低于95%，沤果重量占比不超过15%，0.3cm以下碎块、果瓤、灰末重量占比不超过3%。

表4-248　中药材商品电子交易规格等级标准——枳实

序号	品名	规格名称	流通俗称	产地	直径1.3cm以下个（片）重量占比	直径2.0cm以下个（片）重量占比	直径3.0cm以下个（片）重量占比	沤果重量占比	0.3cm以下碎块、果瓤、灰末重量占比	含硫情况	虫蛀、霉变	干度
1	枳实	江津枳实个	江津枳实个	重庆江津	——	≥30%/≥50%	≥50%/≥70%	≤15%/≤5%/无		有硫加工/无硫加工	无	干货
2	枳实	江津枳实对瓣2.0	江津枳实对瓣	重庆江津	≥10%/≥20%	≥40%/≥60%	≥70%/≥80%	≤15%/≤5%/无	≤3%/≤1%	有硫加工/无硫加工	无	干货
3	枳实	江津枳实对瓣3.0	江津枳实对瓣	重庆江津	——	≥50%/≥30%	≥90%	≤15%/≤5%/无	≤3%/≤1%	有硫加工/无硫加工	无	干货
4	枳实	江西湖南枳实对瓣	江西湖南枳实对瓣	江西、湖南	≥70%/≥50%/≥30%	≥70%/≥90%	——	≤15%/≤5%/无	≤3%/≤1%	有硫加工/无硫加工	无	干货
5	枳实	杂枳实个	杂枳实个	——	≥20%/≥10%	≥70%/≥50%	≥95%	≤15%/≤5%/无	≤3%/≤1%	有硫加工/无硫加工	无	干货
6	枳实	江西湖南枳实片	江西湖南枳实片	江西、湖南	≥70%/≥50%	≥90%	——	≤15%/≤5%/无	≤3%/≤1%	有硫加工/无硫加工	无	干货
7	枳实	杂枳实片1.3	杂枳实片		≥70%/≥50%			≤15%/≤5%/无	≤3%/≤1%	有硫加工/无硫加工	无	干货
8	枳实	杂枳实片2.0	杂枳实片			≥70%/≥50%		≤15%/≤5%/无	≤3%/≤1%	有硫加工/无硫加工	无	干货
9	枳实	杂枳实片3.0	杂枳实片				≥95%	≤15%/≤5%/无	≤3%/≤1%	有硫加工/无硫加工	无	干货

4.199　竹黄

4.199.1　基础数据

4.199.1.1　来源

本品为肉座真菌竹黄菌 *Shiraia bambusicola* P. Henn. 的干燥子座（《湖南省中药材标准（2009年版）》）。寄生于禾本科植物短穗竹属 *Brachystachyum*、刺竹属 *Bambusa*、刚竹属 *Phyllostachys* 等植物的小枝上。5~6月采收，晒干。

4.199.1.2　产地

产于浙江、江西、江苏、安徽、福建、湖北、湖南、四川、贵州等地，主产于浙江、江西。

4.199.1.3　竹黄

呈短圆柱形或纺锤形，略扁，长1.0~5cm，直径0.5~2.5cm。表面灰白色、粉红色或棕红色，凹凸不平；有瘤状突起或具细小龟裂状的灰色斑点；底面有1条凹沟，紧裹于竹枝上。体轻，质脆，断面浅红色至红色，中央色较浅。

4.199.2　规格要素说明及名词解释

4.199.2.1　单个竹枝长度
竹黄常有竹枝残留,竹枝越短,质量越好。

4.199.2.2　直径
以直径大者为佳,一般以直径 1.2cm 以上个来衡量。

4.199.2.3　自然虫口
部分竹黄在采收之前经虫蛀,表面可见虫口。

4.199.2.4　黑个
表面有黑色斑块者称为黑个。

4.199.2.5　竹叶、竹枝、0.2cm 以下灰渣
竹黄采收过程中会捎带少量的竹叶、竹枝,可拣选去除;在贮存、运输过程也会产生少量的灰渣,一般用 0.2cm 标准筛筛除。

4.199.3　规格等级定义(表 4-249)

4.199.3.1　竹黄选货
单个竹枝长度不超过 0.5cm,直径 1.2cm 以上个重量占比不低于 90%,自然虫口个重量占比不超过 1%,无黑个,无竹叶、竹枝、0.2cm 以下灰渣。

4.199.3.2　竹黄统货
单个竹枝长度不超过 2.0cm,直径 1.2cm 以上个重量占比不低于 50%,自然虫口个重量占比不超过 3%,黑个重量占比不超过 5%,竹叶、竹枝、0.2cm 以下灰渣重量占比不超过 5%。

表 4-249　中药材商品电子交易规格等级标准——竹黄

序号	品名	规格名称	流通俗称	单个竹枝长度 /cm	直径 1.2cm 以上个重量占比	自然虫口个重量占比	黑个重量占比	竹叶、竹枝、0.2cm 以下灰渣重量占比	霉变	干度
1	竹黄	竹黄选货	选	≤0.5	≥90%/≥95%	≤1%	无	无	无	干货
2	竹黄	竹黄统货	统	≤2	≥50%	≤3%	≤5%/≤1%	≤5%/≤3%	无	干货

4.200　猪苓

4.200.1　基础数据

4.200.1.1　来源
本品为多孔菌科真菌猪苓 *Polyporus umbellatus* (Pers.) Fries 的干燥菌核(《中国药典(2015 年版)》)。野生,少量栽培。春、秋二季采挖,除去泥沙,干燥。菌核大分、叉少的,俗称"猪屎苓";菌核小、分叉多,或呈饼状的,俗称"鸡屎苓"。

4.200.1.2　产地
产于陕西、吉林、辽宁、四川、云南等地,主产于陕西。

4.200.1.3　猪苓
呈条形、类圆形或扁块状,有的有分枝,长 5.0~25cm,直径 2.0~6.0cm。表面黑色、灰黑色或棕黑色,皱缩或有

瘤状突起。体轻,质硬,断面类白色或黄白色,略呈颗粒状。气微,味淡。

4.200.1.4 猪苓片

将猪苓除去杂质,浸泡,洗净,润透,切厚片,干燥。呈不规则的厚片,长 1.0~5.0cm,宽 0.8~3.0cm,厚 0.2~0.4cm。外皮黑色或棕黑色,表面较光滑。切面米黄色,粗糙,质地较硬,略呈颗粒状。

4.200.2 规格要素说明及名词解释

4.200.2.1 水洗 / 未水洗

采收的猪苓干燥前水洗或不水洗,水洗者干净,价格高。

4.200.2.2 空心

猪苓生长过程形成的内部空心,常从外部可见空洞。

4.200.2.3 大片

大片者佳,猪屎苓价格较鸡屎苓高。

4.200.2.4 0.3cm 以下泥沙、灰渣

猪苓碎末和泥沙可用 0.3cm 标准筛筛出。

4.200.3 规格等级定义(表 4-250,表 4-251)

4.200.3.1 猪屎苓大选货

挑选使单个重量不低于 15g 的猪屎苓,无空心,无鸡屎苓,无 0.5cm 以下碎块及泥沙。

4.200.3.2 猪屎苓中选货

挑选使单个重量不低于 10g 的猪屎苓,无空心,无鸡屎苓,无 0.5cm 以下碎块及泥沙。

4.200.3.3 猪屎苓小选货

挑选使单个重量不低于 5g 的猪屎苓,无空心,含鸡屎苓重量占比不超过 20%,0.5cm 以下碎块及泥沙重量占比不超过 1%。

4.200.3.4 猪屎苓统货

大小不分的猪屎苓个子,空心比例不超过 5%,含鸡屎苓重量占比不超过 3%,0.5cm 以下碎块及泥沙重量占比不超过 5%。

4.200.3.5 鸡屎苓统货

大小不分的鸡屎苓个子,0.5cm 以下碎块及泥沙重量占比不超过 5%。

4.200.3.6 猪屎苓水洗选片 2.0

挑选较大个的水洗猪屎苓切片,筛选使片宽 2.0cm 以上的片重量占比不低于 70%,宽 1.0cm 以下片重量占比不超过 1%,无宽 0.5cm 以下片,无鸡屎苓,无 0.3cm 以下泥沙、灰渣。(图 0151-1)

4.200.3.7 猪屎苓水洗统片

大小不分的水洗猪屎苓切片,片宽 2.0cm 以上的片重量占比不低于 40%,片宽 1.0cm 以下片重量占比不超过 10%,鸡屎苓片重量占比不超过 20%,无 0.3cm 以下泥沙、灰渣。(图 0151-2)

4.200.3.8 猪屎苓水洗小统片

水洗猪屎苓大个挑选剩下的小个切片,或挑选大片后剩下的小片,片宽 1.0cm 以上的片重量占比不低于 50%,0.3cm 以下泥沙、灰渣重量占比不超过 1%。(图 0151-3)

4.200.3.9 鸡屎苓水洗统片

大小不分的水洗鸡屎苓切片,片宽 2.0cm 以上的片重量占比不低于 40%,片宽 1.0cm 以下的片重量占比不超过 10%,0.3cm 以下泥沙、灰渣重量占比不超过 1%。

4.200.3.10 猪屎苓选片

挑选较大个的猪屎苓切片,筛选使片宽 2.0cm 以上的片重量占比不低于 70%,1.0cm 以下片重量占比不

超过 1%，无宽 0.5cm 以下片，无鸡屎苓，0.3cm 以下泥沙、灰渣重量占比不超过 2%。

4.200.3.11　猪屎苓统片

大小不分的猪屎苓切片，片宽 2.0cm 以上的片重量占比不低于 40%，片宽 1.0cm 以下片重量占比不超过 10%，鸡屎苓片重量占比不超过 5%，0.3cm 以下泥沙、灰渣重量占比不超过 2%。

4.200.3.12　猪屎苓小片

猪屎苓挑选大个剩下的小个切片，或挑选大片后剩下的小片，片宽 1.0cm 以上的片重量占比不低于 50%，鸡屎苓片重量占比不超过 5%，0.3cm 以下泥沙、灰渣重量占比不超过 3%。

4.200.3.13　鸡屎苓统片

大小不分的鸡屎苓切片，片宽 2.0cm 以上的片重量占比不低于 40%，片宽 1.0cm 以下的片重量占比不超过 10%，0.3cm 以下泥沙、灰渣重量占比不超过 2%。（图 0151-4）

表 4-250　中药材商品电子交易规格等级标准——猪苓

序号	品名	规格名称	流通俗称	水洗 / 未水洗	单个重量 /g	空心个重量占比	含鸡屎苓重量占比	0.5cm 以下碎块及泥沙重量占比	虫蛀、霉变	干度
1	猪苓	猪屎苓大选货	猪屎苓一级选个	未水洗 / 水洗	≥15	无	无	无	无	干货
2	猪苓	猪屎苓中选货	猪屎苓二级选个	未水洗 / 水洗	≥10	无	无	无	无	干货
3	猪苓	猪屎苓小选货	猪屎苓三级选个	未水洗	≥5	无	≤20%/≤10%/≤5%	≤1%	无	干货
4	猪苓	猪屎苓统货	猪屎苓统个	未水洗	大小不分	≤5%/≤3%	≤3%	≤5%/≤2%	无	干货
5	猪苓	鸡屎苓统货	鸡屎苓统个	未水洗	大小不分	—	—	≤5%/≤2%	无	干货

表 4-251　中药材商品电子交易规格等级标准——猪苓（续）

序号	品名	规格名称	流通俗称	水洗 / 未水洗	大片重量占比	小片重量占比	含鸡屎苓重量占比	0.3cm 以下泥沙、灰渣重量占比	虫蛀、霉变	干度
6	猪苓	猪屎苓水洗选片 2.0	猪屎苓选片	水洗	宽 2.0cm 以上片≥70%/宽 2.0cm 以上片≥80%	宽 1.0cm 以下片≤1%，无宽 0.5cm 以下片	无	无	无	干货
7	猪苓	猪屎苓水洗统片	猪屎苓统片	水洗	宽 2.0cm 以上片≥40%/宽 2.0cm 以上片≥50%/宽 2.0cm 以上片≥60%	宽 1.0cm 以下片≤10%/宽 1.0cm 以下片≤8%/宽 1.0cm 以下片≤6%	≤20%/≤10%/≤5%	无	无	干货
8	猪苓	猪屎苓水洗小统片 1.0	猪屎苓小片	水洗	宽 1.0cm 以上片≥50%/宽 1.0cm 以上片≥60%	—		≤1%	无	干货
9	猪苓	鸡屎苓水洗统片	鸡屎苓统片	水洗	宽 2.0cm 以上片≥40%/宽 2.0cm 以上片≥50%/宽 2.0cm 以上片≥60%	宽 1.0cm 以下片≤10%/宽 1.0cm 以下片≤8%/宽 1.0cm 以下片≤6%	—	≤1%	无	干货
10	猪苓	猪屎苓选片 2.0	猪屎苓选片	未水洗	宽 2.0cm 以上片≥70%/宽 2.0cm 以上片≥80%	宽 1.0cm 以下片≤1%，无宽 0.5cm 以下片	无	≤2%	无	干货
11	猪苓	猪屎苓统片	猪屎苓统片	未水洗	宽 2.0cm 以上片≥40%/宽 2.0cm 以上片≥50%/宽 2.0cm 以上片≥60%	宽 1.0cm 以下片≤10%/宽 1.0cm 以下片≤8%/宽 1.0cm 以下片≤6%	≤5%	≤2%	无	干货
12	猪苓	猪屎苓小统片 1.0	猪屎苓小片	未水洗	宽 1.0cm 以上片≥50%/宽 1.0cm 以上片≥60%	—	≤5%	≤3%	无	干货
13	猪苓	鸡屎苓统片	鸡屎苓统片	未水洗	宽 2.0cm 以上片≥40%/宽 2.0cm 以上片≥50%/宽 2.0cm 以上片≥60%	宽 1.0cm 以下片≤10%/宽 1.0cm 以下片≤8%/宽 1.0cm 以下片≤6%	—	≤2%	无	干货

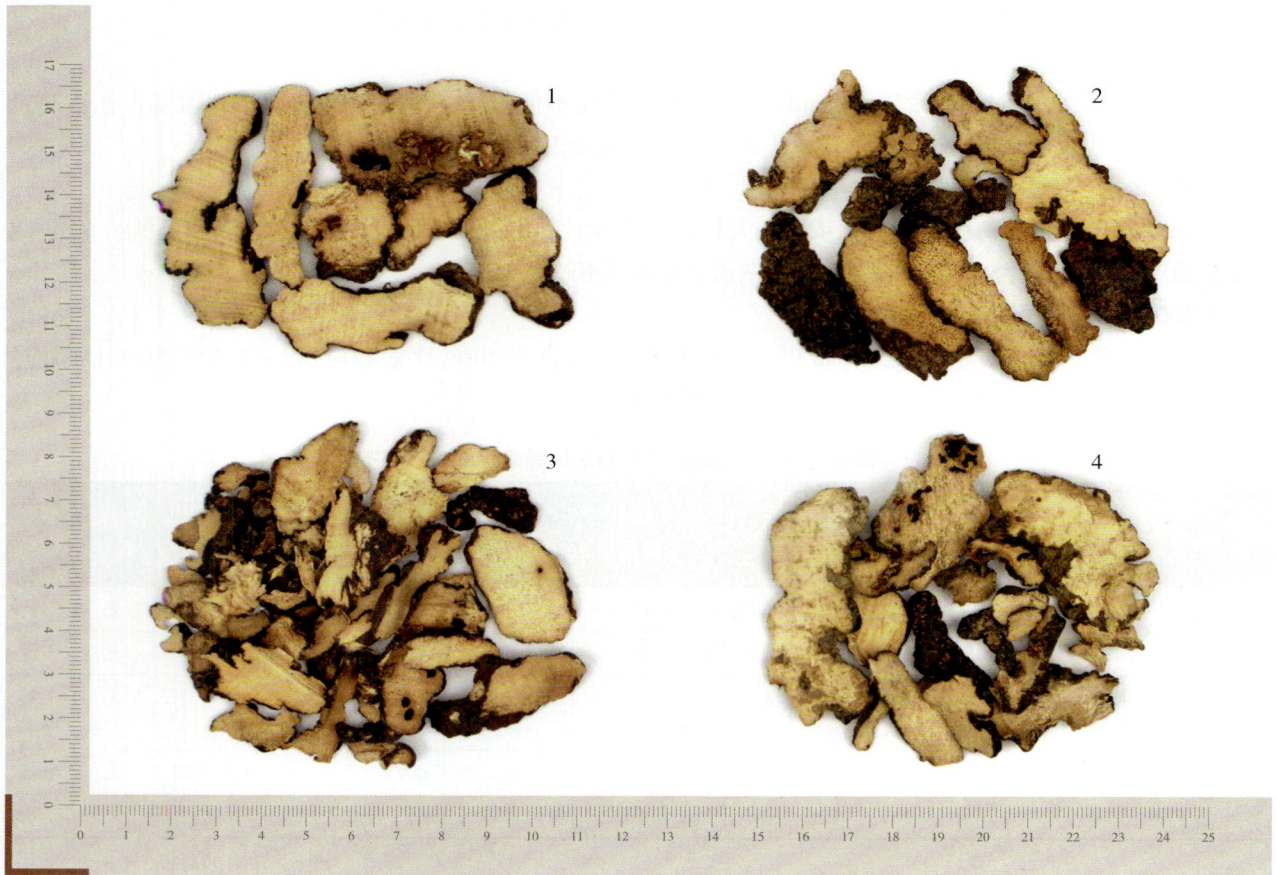

图 0151　猪苓商品部分规格图示
1. 猪屎苓水洗选片 2.0；2. 猪屎苓水洗统片；3. 猪屎苓水洗小统片 1.0；4. 鸡屎苓统片

第三章

中药材商品电子交易规格
等级标准的应用体验

1　标准在中药材诚实通平台的应用

1.1　中药材诚实通的标准应用

中药材诚实通平台是国内较早一批中药材电子商务平台(2012年5月上线),率先运用了本项目制定的电子交易规格标准。对于中药材这种非标类产品,电子交易平台历来的最大问题是货不对版(样板),好的经营商户主要是通过加大对商品的特征描述来取胜,但大多商户仍停留在供应货物的基本描述上,货品分类大多随意,可比性差。电子交易标准的使用,奠定了买卖双方信息交流的基础,增加了信息的透明度和可信度,规范了商品的规格分类,减少违约的可能性,增加订单转化率。从标准应用到现在,已经大大增加了静默下单量(不咨询直接下单)和整体订单量。中药材商品电子交易规格标准虽然是首先以网上交易形式使用,但是对于整个中药材行业都是普遍适用的。该标准的普及和推广,将引导上千种中药材规格细分与消费者的个性化需求精准对接,充分挖掘和提升中药材商品的市场价值和品牌价值。

诚实通平台为了实践标准的应用,建立了相应的运营体系。

1.2　中药材诚实通上架商品系统

交易标准制定后便发布到诚实通平台推广使用,定期更新,在实际应用中不断完善。在商品挂单上架方面,平台引导和指导卖家使用标准,为所提供的商品选择相对应的商品规格,并给出各规格要素的实测值。通过这种方式,商品详情得以标准化,在展现给买家时,买家可以更加全面而清晰地了解商品的具体信息,交易成功的机会大大增加。

1.3　中药材诚实通卖家认证体系

基于按照交易标准进行商品挂单上架这一规范行为在平台卖家中的逐渐推广,诚实通平台推出了中药材电子交易规格标准认证服务。即卖家提供样品,由第三方认证机构(即标准的研制机构)——中药材天地网标准中心,进行规范化的规格标准认证,判定其是否符合网上描述的规格。对符合交易标准要求的给予通过认证,卖家将获得认证结果的数据详情记录以及规格认证证书,挂单商品以醒目的认证标识,同时上述认证材料也会体现在挂单详情里面,商品的诚信度和可靠性大大提高。

1.4 中药材诚实通买家仲裁体系

对于通过认证的商品规格,诚实通平台推出了中药材电子交易规格标准仲裁服务。即买家若对所购买的认证商品有质疑,认为实际收到商品与描述和认证的标准规格不相符,可以提交诚实通平台,邮寄商品样品由第三方仲裁机构(即认证机构)——成都天地网流通科技有限公司,进行仲裁。如果商品经仲裁不符合描述和认证的规格,诚实通则以扣除卖家保证金的方式或其他方式对卖家进行制裁,以督促或约束卖家诚信经营,保障买家利益。

2 标准给中药材诚实通平台用户带来的实际意义

2.1 对供应商(卖家)的意义

卖家指整个中药材行业的供应商,俗称商户或药商,包括电商平台的商家。从中药材供应链来梳理,主要有产地药农(种植农户)、产地专营商、市场专营商、花药贩子这几个角色,这里选取前三者逐一作案例分析。

2.1.1 药农

过去,药农往往是根据家族传授的经验去种植药材,对同一种药材的分类大致懂得一些,但是如果问其所种药材有哪些规格,他们是不懂的。而且,药农往往只跟产地专营商、产地药材收购商打交道,不了解市场需求,一方面可能盲目种植,而导致药材滞销;另一方面,因为不懂规格分级,在同类药材竞争大、行业不规范的形势下,往往以最低价格甚至亏本出售给收购商。

标准的诞生,有望改变以往"看货定价"的模式,让药农清晰地认识到其所种药材的质量等级,不至于"亏本甩卖"。标准的普及和推广,将引导上千种中药材规格细分与消费者的个性化需求精准对接,充分挖掘和提升中药材商品的市场价值和品牌价值,有效促进药农增收,开启农业生产精细化、品牌化发展模式。

这里,分享两位药农的真实案例。

郭某,甘肃省宕昌县阿坞乡一个地地道道的农民。主要以种植当归、党参、黄芪、大黄为生。宕昌县中药材种植有着悠久的历史,素有"千年药乡"美誉,中药材种类达690多种。气候的垂直变化和南北差异明显,为北亚热带、温带、高原三种气候过渡地带,年平均日照时数2085.1小时,全年平均无霜期160天。土类多样,以褐土、黑钙土、红黏土、砂壤土、草甸土为主,土层深厚,耕作层有机质含量丰富,这些得天独厚的气候状况和土壤的多样性为发展药材种植,特别是名贵稀有药种提供和创造了良好的环境条件。

尽管有着天时地利的优势,但宕昌县却是国家级贫困县。由于种植农户多、面积大,产销对接失衡,2014年以来,县政府大力发展鼓励农村电商,为种植农户们创造了新的机遇。郭先生也不例外,在乡政府的帮助下,2016年7月在中药材诚实通上开店,第一次把自家种植的当归、党参、黄芪、大黄放上了网络。

由于文化不高,缺乏经验,郭先生的网店上只放了几个常见的品种规格,他说至今线上的成交量仍不是很理想,但是产品通过网络展示,打电话来咨询的人不少,从而增加了很多线下成交量。

如今中药材标准的出台,对郭先生这样的药农大有帮助,他们可以参考标准对自己种植的农产品进行规格分类,再逐个拍照,逐渐规范网店中的产品。郭先生也希望通过电商大宗批发新模式,借助标准,能更加着力扫造具有宕昌特色、阿坝特色的中药材产品,加快品牌化、效益化发展,脱贫致富。在政府的扶持以及自身的努力下,把农产品推向全国甚至世界。

2.1.2　产地专营商

产地专营商一般是指拥有产地一手货源的人,通常只经营单个或几个中药材品种,线下有固定的店铺,上游是产地药农。产地专营商的优点是一手货源,价格更低,质量可靠,缺点是经营品种单一。

这里,分享一个产地专营商的真实案例。

郝某,从事枸杞行业已有 10 年时间,内蒙古巴彦淖尔市先锋镇(被誉为"中国枸杞第一镇")是枸杞的主产地之一,从小就在浓浓的枸杞氛围下长大,2006 年初中没毕业的他也跟着家里人做起了枸杞生意,2007 年他和哥哥在父亲的安排下来到成都闯荡。初来乍到时因为经验不足和环境不适应几经波折,店铺搬迁了好几次,一度想过放弃,但在哥哥的鼓励下最终坚持了下来。他说卖产地货,利润堪比菜贩,加之市场同类产品竞争大,刚开始做的时候成绩也不是特别理想。

2013 年他意识到了传统生意的局限性(因为荷花池枸杞的销售地区主要面对西南地区),于是在宁夏成立了公司,并打算把枸杞生意做到互联网上。同年 5 月,他在中药材诚实通上开店,走上中药材电商之路。因为家里开枸杞加工厂的经验和父辈的指导,他把枸杞进行了详细分类,宁夏枸杞 280 粒、宁夏枸杞 380 粒、青海枸杞 380 粒等。加上平台的宣传、客户的积累,生意越做越大。他第一次发展到了广东、江苏、福建等地的客户,同时祁氏粒道枸杞的知名度也增加了,2015 年加上网上的客户一共售出了 800 多吨散货枸杞。

枸杞这一品种,之前也没有正规的流通标准,现在标准有了,郝先生的店铺也能针对现有的规格分类查漏补缺,还能引导他更精准的进行产地采购,更为消费者"同质比价"提供依据。从前好货不一定好卖,现在标准为好货正名,实为行业之福。

2.1.3　市场专营商

市场专营商一般是指在药材市场里开店,同时经营多种中药材的这样一类人,上游一般是产地专营商或产地货加工商。市场专营商的优点是品种齐全、货源稳定,有一定的客户资源,行业经验丰富,更懂中药材。在这类市场上,长期以来存在的两大问题就是,信息不透明和概念混淆。

主要表现在,由于没有规范化的质量分级,流通环节存在以次充好、好次掺杂、以假乱真等情况;交易双方对描述的规格和买到的商品存在纠纷、分歧的情况。

因此,对于中药材买卖的供需双方,流通标准的缺失已成为制约农产品发展电子商务的主要瓶颈。该标准的推广实施,提供了理论依据,填补了行业空白,有望改变千年来中药材需"看货定价"的落后模式。

这里,分享一个市场专营商的真实案例。

李某,中药材诚实通的老客户,最早一批开店的商家,经营全品类中药材多年。李先生最早做的是甘肃货,刚开始大家对这级市场缺乏信任,销量寥寥无几,可谓门可罗雀。于是他就开始琢磨如何得到客户信任,打开销路。在加入天地网大家庭之后,他参考市场主流规格对党参和三七进行简单的分类,便于采购方识别。他把党参按直径分为 0.6cm、0.8cm、1.0cm,按颜色分为有硫、无硫,细分规格之后应用在诚实通网店上,经过一个月的时间,党参的销售量一下上涨到两三吨,翻了好几倍。细分规格之后,客户的需求一下就被划分了,潜在的客户也被激活了,一些药厂、药商主动打电话来咨询不同的规格,要求发样品,他们看了样品觉得满意就选择长期合作。

他说零售客户是感性的,批发客户是理性的。他从客户的角度出发,把自己当作专业的客户。在商品描述上,注明有硫无硫、干度、灰渣等,还把加工过程用图片的形式展现出来,比如晾晒过程、专业烘干过程等。当时,同行的人很不理解,都认为他是在"找死"。

市场鱼龙混杂,供货商经常会拿低等规格货来充当中等规格货,拿中等规格货来充当高等规格货。他在向上游进货时,为避免被忽悠,严格用数码游标卡尺去测量中药材,久而久之,上游供货商只好拿标准尺寸的好货给他。

标准在中药材诚实通应用之后,李先生店铺的静默下单量明显增加了。原来70%的买家会先咨询再下单,现在商品规格规范了之后,只有20%的买家会这样,不仅订单量增加了,还大大减轻了客服的压力。他说自己是"选对了平台跟对了人(这里的人是指天地网公司董事长龙兴超)"。

李先生认为该标准的建立是顺势而为,广泛应用和推行还需要一段时间,将对整个行业起到指导性作用。

2.2 对采购商(买家)的意义

中药材商品电子交易规格标准虽然是首先以网上交易形式使用,但是对于整个中药材行业都是普遍适用的。该标准的普及和推广,将引导上千种中药材规格细分与消费者的个性化需求精准对接,充分挖掘和提升中药材商品的市场价值和品牌价值。

这里所说的采购商(买家)是指所有对中药材有原药需求的单位或个人,也包括电商平台的买家用户。主要包括三类对象:一是有滋补需求的个人,他们一般购买药食同源的中药材用来食用、泡茶或煲汤;二是医疗卫生服务机构,他们大批量采购各种中药材用于中药方剂;三是饮片厂及制药企业,他们采购大量的中药材原药将其加工成饮片或口成药。

2.2.1 个人用户

个人用户主要通过电商平台、药店、药材集散市场、菜市场这四个渠道购买中药材。个人用户的特点是,只知药材的功效和药食搭配,对中药材的产地来源和规格分级等知识知之甚少。这一特点导致的直接结果是容易被骗,同等价格容易买到低规格的商品(以次充好),或容易买到假货(伪品或不合格产品)。以大枣为例,骏枣产于新疆和田,一级骏枣的标准是每千克不超过85粒,个头较大;二级骏枣的标准是每千克不超过110粒,个头稍小,但由于个人买家不懂行和以往没有标准来划分,商家很可能把二级骏枣当一级骏枣卖,或用皮皮枣冒充骏枣,或用其他地方的大枣冒充骏枣。

现在有了标准来规范行业,使得信息更加透明,实现药材规格一一对应,一方面规范商家商品,对个人买家有益;另一方面对于个人买家来说,在了解了标准之后,在购买的时候也不至于吃亏。

案例:中药材诚实通在成都"第三届四川农业博览会暨成都国际都市现代农业博览会"上展示经标准规范规格后的农产品,获得市民火热追捧。(图0152)

(a)　　　　　　　　　　　　　　　(b)

图0152　第三届四川农业博览会中药材诚实通展位现场

2.2.2　医疗卫生服务机构

医疗卫生机构对中药材来源要求更加严格,但由于流通环节标准的缺失、采购鉴别难等问题,难免会采购到不合格的药材。中药材在流通环节掺杂使假现象较普遍,一旦采购到假药或不合格的药材,不仅影响疗效,还可能导致严重的后果。

标准的出台,细分出中药材的规格,明确了规格的各项属性,比如规格名称、形态(片 / 条 / 个 / 头)、尺寸、产地、整片重量占比、灰渣重量占比、含硫情况、干度等。在一定程度上解决了医疗机构采购的难点问题,从而降低医疗机构采购到低劣药材的可能性。

2.2.3　饮片厂及制药企业

根据《药品生产质量管理规范(2010 年版)》认证要求,中药饮片生产企业要在 2015 年 12 月 31 日前,必须通过国家新版 GMP(药品生产质量管理规范)认证,否则不得继续生产。根据国家食品药品监督管理总局(CFDA)的统计数据,截止 2013 年 12 月,我国取得中药饮片 GMP 资格的认证企业有 1580 家。

而由于质量问题频发,不少企业被收回了 GMP 证书。2014 年 CFDA 共收回了 50 家药企 GMP 证书,其中有 20 家为中药饮片企业;截止 2015 年 6 月 1 日,共有 44 家药企被收回 GMP 证书,其中有 35 家为中药饮片企业。

药企监管形势依然严峻,而标准的缺失或不完善也是导致饮片质量问题频发的重要原因。

目前,中药饮片主要执行国家标准与地方标准,即《中华人民共和国药典(2015 年版)》《全国中药饮片炮制规范》《各省市中药饮片炮制规范》三级标准,但标准之间不完全统一。这三级标准仅为生产环节的标准,而"中药材电子交易规格标准"填补了流通环节标准的空白。一方面,可以帮助饮片厂规范饮片分级;另一方面,给饮片监管提供依据。

3　国家中药相关部门应用

该标准对市场流通的中药材规格等级进行归纳总结,内容翔实,可作为国家药典以及地方药材标准的补充。其次,在行业标准缺乏的情况下,中药材行业的流通现状一片乱象,该标准正好可以解此燃眉之急,应在行业内进行推广应用以起到规范行业现状的作用。另外,由于该标准的制定是中药材天地网标准中心联合中国医学科学院药用植物研究所的专家建立的标准研究团队,基于对中药材产、供、销各个环节实际状况的充分调研结果而来,展示了当前中药材市场品类现状和特点,并提供了衡量标准,可以为国家药典以及地方标准的后续修订提供参考。

4　学术单位应用

对于研究中药材的科研机构,不论其研究药理作用机制、代谢过程,还是研究药材功用效应化学成分及含量特点,中药材样品的选择都很关键,决定了研究结果的可靠性。以往基本未将规格等级考虑在内,样品的代表性和不同样品之间的差异性都会存在问题。如果使用该标准,按标准规格等级选择样品,就能规避这些问题。对于进行中药材质量研究的科研机构,本标准可以为其研究提供了一个非常值得参考和借鉴的研究模式。对于中医药类高校,标准里大量来源于实际调研的丰富内容是现今高校教材里并未涵盖的,可以据此进行教材的更新(如《中药商品学》),对该标准进行学习和查阅,可以开拓学生的视野,增加学生知识储备量,以期培养出应用型人才。

第四章

标准编制过程中的趣闻故事六则

1 白芍的调研故事——白芍切片机
与不规则片的产生

在前期调研过程中,调查小组深入了解中药材的种苗培育、种植、生长、采收、加工、贮存等各个环节。2014年12月14日,我们来到全国最大的中药材市场——安徽省亳州市,在这里我们详细了解了亳白芍的加工过程,尤其对当地普遍使用的白芍切片机器(图0153)进行了详细的了解。

安徽亳州是白芍的主要产区、集散地和加工地,占全国白芍总产量的90%以上,市场流通中白芍主要以圆片为主,并以均匀、整齐为优。但是,即使同样的人使用同样的机器,加工出的白芍均匀、整齐程度也大相径庭。这是为什么呢?原来,白芍通过刀片旁边的圆孔进入,一次进入一根白芍,切出的白芍片多为规则的圆片,但是这样的方

图0153　白芍切片机(摄于安徽省亳州市十九里镇)

法加工效率较低;而同时进入多根白芍,切出的白芍片则有较多的长条状片,使得整体感觉不够均匀、整齐,但是这样的方法加工效率较高。

结合市场调查,我们了解到这两种方法加工出的白芍片商品价格差距在10%以上,因此在划分规格的时候我们将不规则片所占的重量占比作为一个要素将这两种商品划分为两种规格。

2 天麻的调研故事——湖北宜昌,
天麻的产地加工

天麻是常用的滋补保健类药材,药用和食用量都很大,并且产区分布广泛。2014年12月8日,我们来到了天麻主产区之一的湖北省宜昌市下堡坪乡。

目前,市场流通的天麻商品主要来源于家种,尤其是作为主产区的下堡坪,是国内目前为止发展较为成熟的天麻产区,经过多年实践发展,目前该产区已经发展成极具规模,天麻种植技术极为成熟,熟练地掌握了天麻有性和无性繁殖技术、菌种培育技术,以及成品加工及保鲜技术。

天麻的种植和加工是个相当繁琐的过程,当地天麻在烘炕之前要经过分级、水洗、水煮,部分天麻在生长、采挖过程中有损伤,肉质发黑,要用刀刮去黑色部分(图 0154-1),以使加工后的天麻色泽黄亮。

目前天麻加工方法主要有两种,一种是传统方法烘炕,另一种是无硫烘房烘炕,在下堡坪产区普遍采用的传统的方法烘炕(图 0154-2)。该方法是使用一张铁网,在铁网上面摊放天麻,并盖上毛毯,防止热气散失,铁网下面放置燃煤,持续烘炕。同是湖北省的五峰等地则采用砖、坯火炕(图 0154-3),该方法是将天麻单层排列,每 30 分钟翻转一次,当烘至半干时,麻体十分柔软,用洁净平滑木板轻压麻体(目的是使其平直呈扁状),然后持续烘炕。

以上两种方法加工出的天麻因烧煤热气中带硫,含硫量较高,目前产区有部分商户采用新型烘房加工(图 0154-4),该方法加工的天麻无硫。

图 0154　天麻的产地加工(湖北宜昌)
1. 用刀刮去天麻的黑色部分;2. 传统的天麻烘炕;3. 天麻砖、坯火炕;4. 新型天麻烘房

3　五峰县的调研故事——年老体迈采药困难,野生药材供应短缺

五峰土家族自治县位于鄂西南边陲,属武陵山支脉,系云贵高原东延部分的尾翼地带,东邻宜都市、松滋市、西倚鹤峰县、巴东县、南交湖南石门县、北毗长阳县。境内群山连绵,平均海拔 1100 米,中药材资源十分丰富。

2014年12月6日,我们来到了位于该县西南部的湾谭镇,镇上的地产药材购销部老板老杨做药材购销已经30余年了,常年购销的药材品种有100多种。我们赶去的时间正值当地独活、柴葛根的采收季节,老杨家里收了不少的货,我们答应帮老杨在市场找客户采购。另外当地川牛膝、续断、海桐皮、穿地龙等品种产量亦大。

老杨还告诉我们,由于近几年周围村民多外出打工,进山采药的人越来越少,他每年的收购量也在减少,来送货的药农普遍是老年人,我们聊天的过程中,恰好一位白发苍苍的老人来送来一些独活,老杨赶忙给他称一称重量,付给他现金(图0155)。老人收到钱非常高兴,我们上前去跟他聊,老人说,采来的药换点钱,可以买米或其他一些东西。

老杨这旦遇到的情况在全国各中药材产区也是一个普遍现象,在我们走到的很多地方都有发生。年轻人多外出务工,从事中药材的多为老年人,上山采药后继无人,导致野生中药材供应不足。

图0155　湖北省五峰县湾潭镇的一位采药人
1.老杨中药材购销部收购药农采来的药材;2.年迈的药农;3.与药农交谈

4　丹参的调研故事——冰天雪地丹参红,药材网站入基层

2014年11~12月,我们历时一个多月,足迹遍布山西、山东、河北、内蒙古等北方药材主要产地。12月中,为了了解丹参产地的真实情况,我们特意赶赴丹参的主产地山东省莒县。山东丹参以色红,含量高畅销国内外,是药厂生产丹参滴丸的主要原料,特别是莒县库山乡的库山丹参更是远近驰名。

　　时值深冬,北方已经一片冰天雪地,河流也早已经结了厚厚的冰,地里两年的丹参早已起挖,一年的小苗还冒着绿油油的新芽(图 0156-1,2),丝毫不畏惧零下十多度的寒冬。

　　库山丹参优点是色红,含量高,价格实惠,但是缺点也同样明显,那就是条细,毛根多(图 0156-3),切片损耗大,片形偏小,不好看。因此正宗的库山丹参很少切片,大多药厂就消耗掉了。近几年药厂对库山丹参的需求量持续增加,不少药厂直接和地方合作,建立大型 GAP 基地,保障优质货源的稳定供应,而这将是未来中药材发展

图 0156　严冬时节调研山东莒县库山丹参

1. 挖出的库山丹参;2. 越冬的丹参苗;3. 库山丹参色红但条细、毛条很多;4. 中药材诚实通会员广告横幅;5. 堆垛待装车的丹参;6. 产地会员积极配合调研取样

的一条必经之路。

到达库山的当天，正好赶上当地逢集，走在大街上无意中看见大街上挂着天地网诚实通会员的巨额横幅（图0155-4），一打听原来那是当地的一位大户，思想比较前卫，早早就用上网络拓展自己的渠道，现在的业务遍布全国，而且在当地天地网的会员不下十几家。看到这一切我们深感兴奋，农业电子商务还是有生命力的，在这么偏僻的鲁东丘陵地区会有这么好的群众基础，我们没有理由不把服务做得更好，而中药材电子商务的明天必定是光明的。

5　冬虫夏草的调研故事——深入藏地的
虫草专题调研

西藏南部拉萨、日喀则、山南、林芝，海拔在3600米以下，气候较温和多雨，年平均温度8℃，5~9月为雨季。高山灌丛草甸、针叶林、阔叶林森林资源丰富。西藏北部为青藏高原，地域辽阔，海拔在4000米以上，由许多坡度缓和的高原湖盆宽谷构成，为高寒草甸、草原、荒漠，是最好的高原牧场。多数地区年均气温0℃以下，最冷月均气温低于－10℃。西藏因其独特的高原环境，孕育出不少珍稀动物和药材，如雪豹、藏雪鸡、藏羚羊、冬虫夏草、野生藏灵芝、独一味、杜鹃、红景天等。天地网中药材考察队于2014年6月3-10日入藏对冬虫夏草进行专题调查。

首先考察的拉萨市到墨竹工卡县与林芝地区工布江达县分界上的米拉山口。米拉山口西坡，藏族同胞正在山上采挖虫草（图0157）。

图 0157　米拉山口西坡藏民采挖虫草

1. 山上采药的藏族同胞；2. 发现虫草子座后铁撬由下向上撬挖虫草；3. 取出虫草；4. 量取虫草尺寸

林芝地区工布江达县是西藏冬虫夏草的产地之一，每年都吸引大批的客商前来收购。我们在工布江达县内调研了虫草的收购与加工（图 0158），刚采挖的虫草称为"泥巴草"（图 0158-1），而对"泥巴草"外面的黑褐色囊皮及泥沙进行刷净去泥的过程称为"刷虫草"（图 0158-2），刷得的新虫草再进行晾晒（图 0158-3）。

图 0158　工布江达县城内考察虫草
1. 工布江达县内考察"泥巴草"；2. 藏民正在"刷虫草"；3. 林芝地区的虫草正在晾晒

拉萨当雄地区，阴山峡谷山高林密、地形险要，寻找虫草十分艰难，需趴着或坐着对面前地上 1 平米范围仔细观察，上山采挖的人员为身体健硕的青壮年（图 0159）。

最后是对虫草之乡那曲地区比如县的考察（图 0160-1）。比如县是以牧业为主的半农牧县以低山丘陵为主，间有高山峡谷，四周冰山雪峰环绕，平均海拔 4000 米以上，雄有"藏北江南"之称。比如境内虫草虫体表面色泽黄净，不论虫体大小，色泽均一致，虫体粗壮（图 0160-2）。那曲地区比如县、索县、巴青县，虫草虫体一般为四至五厘米，子座长至虫体的长度，这时的虫草称为"头草"，质量最好，子座能长至虫体的两倍左右，称为"二草"，质量

图 0159　当雄地区藏民正在采挖虫草

次之。其他产地虫草色淡，泛红或灰白。那曲虫草眼睛颜色为棕色，青海玉树和果洛虫草眼睛颜色为黄色，四川虫草多为红色。西藏那曲、青海玉树虫草颜色黄亮油润，具较浓的菌香味。其他产地的虫草菌香味淡，或略带腥味。

图 0160　那曲地区的虫草调研
1. 比如县的"泥巴草"；2. 比如县的虫草；3. 量取虫草尺寸参数

6　天冬调研故事——家种天冬主产地的深入调研

广西玉林市樟木镇是家种天冬主产地之一，离玉林市约 20 公里，2015 年 9 月 27 日天地网到产区进行调研（图 9）。整个场镇走完 35 分钟左右，场镇上并无天冬收购点，经多方打听，得知天冬种植及销售在场镇周边几公里范围的乡下。

通过对附近岭头塘村、塘肚村、石围村的走访，见到几家在田里采挖及门口加工鲜天冬的种植加工户（图 0161-1，2）。据农户介绍，家种天冬在地 3 年就采收天冬，采收时间 10~11 月。采收初期采挖，亩产鲜货 800 公斤左右，大约 10 斤鲜天冬可加工成 1 公斤干货。而采收末期采挖的鲜天冬，亩产量能达 1 吨左右，出干货的量相应提高，大约 7 斤鲜天冬可加工成 1 公斤干货，天冬所含糖分也会增高。

鲜天冬经人工采挖掰根（图 0161-4），大小一起下锅水煮，趁热去皮，太阳下凉晒 2~3 天即可（熏硫过程是凉晒时便于干燥，不会出现粘连）。

干货表面黑斑的形成，是因为天冬在地时，被虫啃咬或因根部缺水干燥，表皮出现裂纹所致（图 0161-3）。据当地种植户介绍天冬有两个品种，一种是当地品种，另一种是移植野生天冬（成品个头偏大）。

今日遇见的种植户是为赶行情提前采挖。经路上观察，在地天冬地块零星（图 0161-5），管理也不是很好，种植户认为经 3 年种植才卖 40~50 元每千克不划算，2013~2014 年，很多人改种植甘蔗（图 0161-6）。

图 0161　家种天冬主产地广西玉林市樟木镇调研

注：1-2. 农户在地里采挖天冬；3. 表皮有裂纹的鲜天冬；4. 采挖后人工掰根；5. 天冬地块零星；6. 天冬地已种植甘蔗